Informatik-Fachberichte

Herausgegeben von W. Brauer
im Auftrag der Gesellschaft für Informatik (GI)

81

Koordination von Informationen

Die Bedeutung von Informations- und
Kommunikationstechnoligien in
privaten und öffentlichen Verwaltungen
IX. Verwaltungsseminar
Konstanz, 5.-7. Mai 1983

Herausgegeben von R. Kuhlen

Springer-Verlag
Berlin Heidelberg New York Tokyo 1984

Herausgeber

Rainer Kuhlen
Universität Konstanz, Informationswissenschaft
D-7750 Konstanz 1

CR Subject Classifications (1982): K.4.3, K.6.4

ISBN-13:978-3-540-12929-5   e-ISBN-13:978-3-642-69396-0
DOI: 10.1007/978-3-642-69396-0

Vorwort

Unter der inhaltlichen und organisatorischen Federführung der Informationswissenschaft fand vom 5. bis 7. Mai 1983 das IX. Konstanzer Verwaltungsseminar zum
Thema "Koordination von Informationen. Die Bedeutung von Informations- und
Kommunikationstechnologien in privaten und öffentlichen Verwaltungen" statt. Beide
Disziplinen, Informationswissenschaft und Verwaltungswissenschaft, in Konstanz in
einer Fachgruppe integriert, finden sich darin, daß Verwaltungshandeln nicht zuletzt
auch als Verarbeitung von Information begriffen werden kann.

Für die Verarbeitung von Information und den damit zusammenhängenden methodischen,
technologischen und organisatorischen Aspekten fühlt sich die Informationswissenschaft zuständig. Traditionell mehr im engeren Bereich der wissenschaftlich-
technischen Fachkommunikation, zunehmend aber auch in organisationellen Umgebungen
von Politik und öffentlicher und privater Verwaltung.

Für Aufgaben der Koordination in .Verwaltungen ist die Verwaltungswissenschaft
zuständig. Koordination der Ressource "Information" ist ein neues Thema, das in
erster Linie durch die fortschreitende Informatisierung (d.i. die weitgehende
Durchdringung mit Informations- und Kommunikationstechnologien) für Organisationen
jeder Art unvermeidbar wird.

In diesen Band sind die meisten der auf dem Seminar gehaltenen Vorträge in zum Teil
stark überarbeiteten Fassungen aufgenommen. Nach Vorliegen der Manuskripte wurde
eine gegenüber dem Tagungsverlauf veränderte Gliederung in sechs Hauptgruppen
vorgenommen (vgl. Inhaltsverzeichnis). Jedoch kommen thematische Überlappungen vor,
so daß der eine oder der andere Artikel auch zu einer anderen Gruppe gehören könnte.
Auch kann nicht der Anspruch erhoben werden, das Thema der jeweiligen Gruppe sei
durch die zugeordneten Beiträge annähernd erschöpfend behandelt. Die Artikel mögen
so aufgenommen werden, wie sie von den Autoren beabsichtigt waren: zum Teil erste
Versuche einer theoretischen Verallgemeinerung, zum Teil Offenlegen empirischen
Materials, zum Teil subjektive Einschätzungen und kritische Bewertungen, und zum Teil
Erfahrungsberichte aus der Praxis mit konstruktiven Vorschlägen. Es wurde bewußt
keine Vereinheitlichung in den Standards oder gar in den inhaltlichen Tendenzen
angestrebt. Das Verwaltungsseminar sollte ein Forum im Austausch von
Wissenschaftlern, Praktikern aus Verwaltung und Politik, Studenten und – auf diesem
Seminar vielleicht zum ersten Mal in Konstanz – Systementwicklern und Anbietern von
Informationsprodukten sein. Die Vielfalt spiegelt sich hoffentlich wider.

Ohne die Hilfe vieler engagierter Personen wäre die Durchführung eines größeren
Seminars und die Herausgabe eines Sammelbandes nicht möglich. Wolfgang Rank sei noch
einmal an dieser Stelle für die Mithilfe bei der Organisation des Verwaltungsseminars
gedankt. Die Gesellschaft für Information und Dokumentation, Frankfurt, hat mit
einer finanziellen Unterstützung die Herstellung dieses Buches ermöglicht. Alle
Manuskripte wurden neu erfaßt. Unsere Sekretärinnen, Frau Beck und Frau Rahmig,
sowie Frau Hilpert haben diese Aufgabe, immer wieder an anderen Terminals, schnell
bewältigt. Beim Korrekturlesen war die in langen Lehrerjahren bewährte Regelkenntnis
meines Vaters, Ernst Kuhlen, nützlich und beruhigend. Bei verbliebenen Fehlern haben
wir wahrscheinlich seine Korrekturen übersehen. Frau Barbara Müller-Heiden hat sich
um die Referate und Abstracts gekümmert. Frau Dipl.-Inform. Claudia Heese hat die
Transformation der maschinenlesbaren Fassung in die Druckvorlage (sprich: das
Ausdrucken) in mancher Nacht- und Samstagssitzung geleistet. Den größten Anteil an
der aufwendigen Arbeit der Koordination und Durchführung der Texterstellung hat
jedoch unsere Diplom-Dokumentarin, Frau Bettina Reuter, gehabt. Ihr sei noch einmal
besonders für ihren Einsatz, ihre Genauigkeit und Geduld gedankt.

                                                    Der Herausgeber

INHALTSVERZEICHNIS

DER EINFLUSS VON INFORMATIONS- UND KOMMUNIKATIONSTECHNOLOGIEN AUF
ORGANISATIONSSTRUKTUREN

Rainer Kuhlen
Informationserarbeitung in Organisationen. Zur Rekonstruktion der
Notwendigkeit eines Informationsmanagements in öffentlichen
Verwaltungen und privaten Unternehmungen 1

Werner van Treeck
Dezentrale Datenverarbeitung und Organisation der Arbeit in der
Kommunalverwaltung. Ergebnisse der UDEV/BENDA-Begleitforschung 26

Bernd Jungesblut
Strukturveränderungen in Kommunalverwaltungen und im DV-Verbund als
Folge der Dezentralisierung von DV-Anwendungen 41

Karl-Heinz Neumann / Bernhard Wieland
Der Einfluß der neuen Informations- und Kommunikationstechnologien
auf die Marktstruktur 54

Jürgen Mataré
Informationswirtschaft als Dienstleistung 61

Walter Schiebel
Der Einfluß der Informationstechnologien auf die Organisationsstruktur 80

ORGANISATIONELLE FOLGEN, ORGANISATIONSVORSCHLÄGE

Ulrich Hanfland
Organisation und Rationalisierung der Verwaltungsarbeit 95

Wilhelm Haneke
Organisationsschemata im Hinblick auf kommunale Ämter und ihre
Informationstechnik 108

Dieter Bullinger
Klein und dezentral? Zentralisierungs- und Dezentralisierungswirkungen
neuer Informations- und Kommunikationstechnologien in bezug auf
räumliche und Unternehmensgrößenstrukturen 120

Rainer Niebur
Personalinformationssysteme 131

Wolfgang Seibel
Kosten-Nutzen-Flechtung von EDV-Systemen in der öffentlichen Verwaltung 142

EINFÜHRUNGSSTRATEGIEN, AKZEPTANZ, RECHTSPROBLEME

Christian Streit
Einführungsstrategien für neue Bürotechnologien 158

Fritz L. Steimer
Automation und Kommunikation im Büro und Verwaltungsbereich 170

Gerd Pflaumer
Akzeptanzprobleme bei der Einführung moderner Bürotechnologie 180

Ulrich Seidel
Voraussetzungen und Gestaltungsgrundsätze ordnungsmäßig wirkender
Systeme´ 190

Stefan Bischoff / Benedikt Burkard
Zum Verhältnis von Datenschutz und Organisation 195

ARBEITSABLÄUFE, BERUFSSTRUKTUREN, QUALIFIKATION

Roland Stolz
Der Einfluß neuer Informationstechnologien auf Berufsstruktur
und Qualifikation im Bürobereich 205

Bernd Kummer
Personelle und organisatorische Auswirkungen des Einsatzes von
Bürotechnologien 222

Reinhardt Diehl / Volker Röske
Veränderungen der Arbeitssituation durch dezentralisierten
DV-Einsatz in der Kommunalverwaltung 232

Heinrich Bücker-Gärtner
Bürorationalisierung und kaufmännische Angestellte. Empirische
Befunde zu den Auswirkungen des Einsatzes von Bürotechnologien 245

Elisabeth Vogel
Zur Konzeption, Realisierung und Akzeptanz des Konstanzer
Diplom-Aufbaustudiengangs Informationswissenschaft 259

SYSTEME IN DER KONZEPTIONELLEN UND REALEN ENTWICKLUNG

Harald H. Zimmermann
Erfahrungen mit einem Labormodell ´Computergestütztes Büro-
Informationssystem´ (COBIS) 276

Rolf Deininger
Das Landesinformationssystem Baden-Württemberg 288

Heinz Munter
Integrierte Bürokommunikation - Chancen und Risiken 298

Josef L. Staud
Integrierte Abspeicherung und Verarbeitung numerischer Fakten.
Zur Konzeption eines neuen Systemtyps 305

BEITRÄGE ZU EINER INFORMATIONSPOLITIK

Mitsou Sasaki
  Die japanische Informationsgesellschaft 327

Klaus Lenk
  Fachinformationsversorgung als öffentliche Aufgabe 336

Norbert Henrichs
  Informationspolitik. Stichworte zu einer Podiumsdiskussion 348

Thomas Ellwein
  Politische und informationelle Rationalität 356

ANSCHRIFTENVERZEICHNIS DER AUTOREN 365

INFORMATIONSERARBEITUNG IN ORGANISATIONEN. ZUR REKONSTRUKTION DER

NOTWENDIGKEIT EINES INFORMATIONSMANAGEMENTS IN ÖFFENTLICHEN

VERWALTUNGEN UND PRIVATEN UNTERNEHMUNGEN

Rainer Kuhlen
Universität Konstanz
Informationswissenschaft

1.   Problemstellung
2.   Verwaltungshandeln als Informationsverarbeitung
3.   Informationserarbeitung - Zur pragmatischen Komponente eines informations-
       wissenschaftlichen Ansatzes
3.1   Daten, Wissenseinheiten, Informationen
3.2   Transformationen: Wissen/Information - Information/Wissen
3.2.1 Aktuelle Relevanz
3.2.2 Potentielle Relevanz
3.3   Informationeller Kontingenzansatz
4.   Organisationeller Kontingenzansatz: Strukturen und Variablen
5.   Grundzüge einer informationellen Organisationstheorie
6.   Informationsmanagement zur Reduktion organisationeller Ungewißheit
6.1   Einige Überlegungen zum Berufsbild
6.2   Instabile organisationelle Umwelt-Rahmenbedingungen - Bedarf an externen Infor-
       mationen
6.3   Innerorganisationelle Aufgabenkomplexität - Aufgabe der Koordination interner
       Informationen
6.4   Zunahme informeller Kommunikationswege - Aufgabe der Koordination intersekto-
       raler Kommunikation durch technologiegestützte Organisationsmaßnahmen
6.5   Ungewißheit als Innovationschance bei informationeller Absicherung

Anmerkungen
Literaturhinweise

Referat

Ausgehend von einem Verständnis von Organisation als informationsverarbeitendes
System wird ein pragmatischer, d.h. handlungsrelevanter Begriff von Information und
Bedingungen für einen informationellen Kontingenzansatz entwickelt. Aus dem Aufweis
verschiedener Situationen organisationeller Ungewißheit werden Aufgaben eines
professionellen Informationsmanagements in Form von 6 Thesen formuliert.

Abstract

With respect to the concept of an organization as an information processing unit
information is considered in its pragmatic character. The analysis leads to the
development of an information dependent contingency approach. The different types of
job related uncertainty demand professional forms of information management. This is
discussed via 6 theses.

1. Problemstellung

Daß Informationen als Ressourcen (1), die in problematischen Situationen in Organisationen zuweilen zu knapp, zuweilen im hinderlichen Überfluß vorkommen können, koordiniert werden müssen, weil das optimale Zusammenspiel von Information bereitstellenden und Information nutzenden Personen und Medien sich nicht gleichsam von selber ergibt (2), ist noch nicht durchgängig fest im Bewußtsein deutscher Verwaltungsspezialisten verankert, schon gar nicht die im Angelsächsischen geläufige Bezeichung "Information Management" (3).

In der Verwaltung von privaten Unternehmungen hat man traditionell weniger Schwierigkeiten, den Begriff des Management für sehr unterschiedliche Koordinationsaufgaben, also auch für solche, die mit Information zusammenhängen, zu verwenden (4); in der öffentlichen Verwaltung und in der Politik tut man sich, zumindest in Deutschland, noch schwer.

Wenn im folgenden eine Rekonstruktion der Notwendigkeit eines Informationsmanagements unternommen wird, so geschieht dies aus einem dreifachen Interesse:

(1) Unter der Voraussetzung, daß Information (nicht nur, aber wesentlich) als politischer und ökonomischer Faktor zu bewerten ist, stellt es für die Informationswissenschaft eine neue Herausforderung dar, Prozesse zur Verarbeitung, Bereitstellung und Koordination von Information in dem Kontext zu untersuchen, in dem sie unter der politischen und ökonomischen Ressourcenfunktion in erster Linie relevant werden, d.h. im Kontext von Organisationen. Es wird damit ein Ansatz für informationswissenschaftliche Untersuchungen gewählt, der als Perspektive nicht das (autonome) Informationssystem und auch nicht den individuellen (autonomen) Benutzer wählt, sondern die Organisation. Das theoretische Interesse zielt hier langfristig auf die Ausarbeitung einer informationellen Organisationstheorie ab (Vgl. Janovsky/ Müller-Heiden:1983).

(2) Indem die in der Organisationswissenschaft gut abgesicherte Perspektive der Informationsverarbeitung gewählt wird, aus der Unterschiede in den Organisationstypen und -aufgaben von öffentlichen Verwaltungen und privaten Unternehmungen als nicht distinktiv angesehen werden können, soll ein Beitrag zu einer integrativen Theorie der Verwaltungswissenschaft geleistet werden.

(3) Die Aufgaben des Informationsmanagements verlangen offensichtlich eine professionelle Absicherung, die in der Regel nur durch reguläre Ausbildungsgänge garantiert werden kann. Entsprechend werden seit einiger Zeit weltweit einschlägige Studiengänge geplant bzw. angeboten (z.B. an den Universitäten in Syracuse, Luxemburg, Konstanz), ohne daß das auf sie bezogene Berufsbild (Informationsmanagement) bislang ausreichend theoretisch und empirisch abgesichert ist (Kuhlen:1982; Vogel:1983). Dieser Artikel versucht in theoretischer Hinsicht einen Beitrag zur Absicherung zu leisten (5).

2. Verwaltungshandeln als Informationsverarbeitung

Unter den Verwaltungswissenschaftlern - erst recht, wenn man die Organisationswissenschaftler hinzunimmt - gibt es nicht wenige, die keine Probleme damit haben, Verwaltungshandeln als Informationsverarbeitung zu verstehen, wenn auch gewiß im Ausgang von zum Teil sehr unterschiedlichen wissenschaftlichen Positionen (cf. Galbraith:1977; Knight/McDaniel:1979; Miller:1972; Tushmann/Nadler:1978; Kubicek: 1979; Kirsch/Klein:1977; Szyperski:1980; Ostermann:1980; Reinermann:1981; Daniel: 1983).

Von einer sehr abstrakten Ebene aus gesehen bestehen Verwaltungstätigkeiten aus bzw. beruhen auf dem Sammeln, Speichern, Zusammenstellen, Umformen, Interpretieren, Herausgeben von Daten und dienen damit der Vorbereitung und Durchführung von Handlungen. Dies - Sammeln, Speichern etc. - ist nichts anderes als Informationsverarbeitung (Schmitz/Szyperski/Höring:1983). Wir sprechen allerdings später - wie zu begründen sein wird - von Informationserarbeitung (vgl. Witte:1980, 431).

Sicherlich - und dessen sind sich auch die engagiertesten Vertreter eines Informationsverarbeitungsansatzes immer bewußt gewesen - hängt die Realisierung von Verwaltungsakten, nämlich das Treffen und Durchsetzen von Entscheidungen, zumindest auf den Leitungsebenen, noch von ganz anderen Faktoren ab, die, wie Einbringen von Machtinteressen, Berücksichtigung von Sympathien, Entscheiden unter Zeitdruck oder nach Analogie etc., nur in einem weiteren Verständis noch unter den Begriff der menschlichen Informationsverarbeitung subsumiert werden können. Diese Einsicht kann aber keinesfalls die Wichtigkeit von Information für alle Phasen der Entscheidung (Planung, Formulierung von Alternativen, Auswahl einer Lösung, Implementierung, Bewertung) beeinträchtigen. Wenn für politische und ökonomische Entscheidungen schon in der theoretischen Begründung die Notwendigkeit zur Legitimierung bzw. Absicherung durch Informationen bestritten würde, stünde es um die Begründbarkeit politischer und ökonomischer Rationalität schlecht (vgl. Ellwein, in diesem Band).

Um diese bislang noch sehr abstrakte, lediglich auf Grund von Struktureigenschaften vollzogene Gleichsetzung von Verwalten und Informationsverarbeitung konkret und damit produktiv zu machen, müßten typische Ausprägungen von Informations(v)erarbeitung in Organisationen zu Klassen zusammengefaßt (6) und diesen dann bestimmte Organisationsformen zugeordnet werden. In der Regel spiegeln diese Organisationsformen für die Informationsverarbeitung dann die tatsächlichen Organisationsstrukturen wider, so daß sich Organisations- und Informationsverarbeitungsstrukturen wechselseitig bedingen bzw. lediglich unterschiedliche Ausprägungen (Macht respektive Rationalität) derselben Grundstruktur sind. Entwürfe für Büro-Informationssysteme berücksichtigen beispielsweise andere Tätigkeiten und andere hierarchische Stufen als solche für Management-Informationssysteme (7) und beeinflussen damit auf unterschiedliche Weise organisationelle Strukturen.

Im Rahmen dieses Beitrags, in dem es um die konzeptionelle Rekonstruktion der Notwendigkeit eines Informationsmanagements durch die Integration von organisations- und informationswissenschaftlichen Ansätzen und Fragestellungen geht, muß auf diese Konkretisierung verzichtet werden. Es gilt also zunächst allgemein - unter Vernachlässigung von Unterschieden in den Organisationstypen und den einzelnen informationell abhängigen Tätigkeiten - um die allgemeine Begründung eines Informationsmanagements aufgrund funktionaler Anforderungen.

3. Informationserarbeitung - Zur pragmatischen Komponente eines informationswissenschaftlichen Ansatzes

Die folgende Entwicklung einer informationswissenschaftlichen Perspektive geschieht in der Absicht, den sehr allgemeinen Begriff der Informationsverarbeitung, der häufig für jede Manipulation von Daten auf Rechnern verwendet wird, in einen solchen Zusammenhang zu bringen, der von den Interessen derjenigen bestimmt ist, die Informationen nutzen wollen (8).

In der breiteren Öffentlichkeit, aber auch in den Führungsebenen von Verwaltungen (Szyperski:1980, 141; Busch:1983, 21f), wird das Thema "Informationsverarbeitung" weitgehend als technologisches und auch technologisch zu bewältigendes aufgefaßt. Informationsverarbeitung wird häufig mit Datenverarbeitung gleichgesetzt und daher in den Zuständigkeitsbereich von DV-Spezialisten gerückt. Insofern ist für unsere

Zwecke die umfangreiche Literatur zum Verhältnis von Informationsverarbeitung und Organisationsstruktur bzw. -leistung nur von begrenztem Wert, da sie auf die pragmatischen Aspekte von Information kaum eingeht.

Dieses Bewußtsein ist keineswegs synchronisiert mit den faktischen Möglichkeiten, die sich heute aus der fortschreitenden Informatisierung (d.i. die weitgehende Durchdringung mit Informations- und Kommunikationstechnologien) auch organisationeller Umgebungen ergeben. Die Potentiale der Informatisierung bestehen in unserem Zusammenhang darin, daß Informationskompetenzen nicht mehr überwiegend an Spezialisten (im Rechenzentrum, im Archiv, in der Dokumentation) delegiert werden (müssen), sondern integrale Bestandteile einer jeden individuellen Organisationsleistung werden (können). Anders formuliert: Die Rückgewinnung der individuellen Informationshoheit (vgl. Ostermann:1980, 302) könnte schrittweise durch die individuelle (arbeitsplatzbezogene) Verfügung über Information bereitstellende und verarbeitende Technologien und durch den Anschluß an die Kompetenzen von im Prinzip allen anderen Organisationsmitgliedern sowie externen Experten (über lokale und externe Kommunikationseinrichtungen) geschehen. Es sollte damit deutlich sein, daß in diesem Beitrag mit "Informations- und Kommunikationstechnologien" weniger die Geräte als die Information erarbeitenden Methoden assoziiert werden sollen.

Diese Einsicht in die mögliche Rückgewinnung von Informationshoheit, die im übrigen in der neueren Literatur zu innerorganisationellen (betrieblichen und administrativen) Information- und Kommunikationssystemen (Rauch:1982; Busch:1983) weitgehend akzeptiert ist, soll hier ergänzt werden um die Präzisierung dessen, was inhaltlich "Informationshoheit" bedeuten kann. Informatisierung unter technologischer Perspektive ist nur die Bedingung (und keinesfalls eine hinreichende) der Möglichkeit dafür, daß auch tatsächlich Informationen genutzt werden.

3.1 Daten, Wissenseinheiten, Informationen

Zur Herausarbeitung des pragmatischen Charakters von Information ist es zweckmäßig, auf die terminologisch geläufige (Lockemann/Mayr:1978) Unterscheidung zwischen Daten, Wissenseinheiten und Informationen zurückzukommen. Daten sind formal (also lediglich über ihre syntaktischen Eigenschaften) definierte Zeichen(ketten) jeder (textueller, numerischer, graphischer, akustischer) Art, die heute zunehmend elektronisch gespeichert und weiterverarbeitet werden (deshalb "Datenverarbeitung") (9).

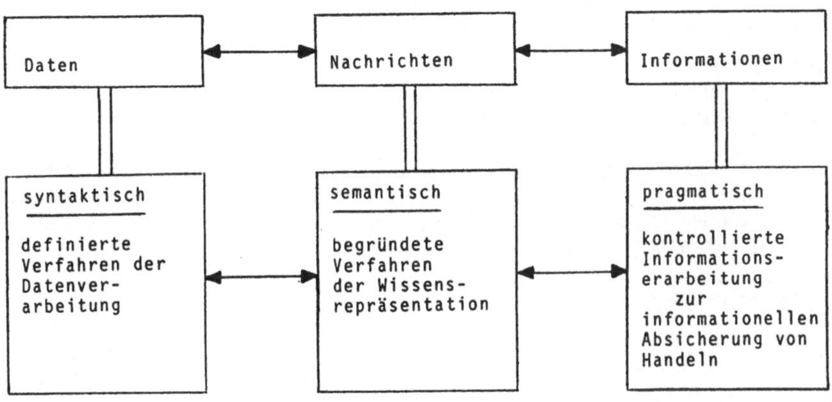

Abbildung 1   Semiotischer Zusammenhang von Daten,
                     Nachrichten, Informationen

Als Wissenseinheiten werden die durch ihre semantischen Eigenschaften definierten Zeichen(ketten) verstanden, die heute auch zunehmend durch intelligente Verfahren der Wissensrepräsentation (10) rechnergestützt verarbeitet werden (knowledge acquisition bzw. knowledge management).

Von Informationen sollte man in diesem Zusammenhang erst dann sprechen, wenn syntaktisch/semantisch definierte Zeichen(ketten) pragmatisch definiert, d.h. in einen aktuellen oder potentiellen, auf jeden Fall aber zweckorientierten Handlungszusammenhang gebracht werden; d.h. sie müssen Relevanz für Handlungen haben. Der Verwendungszweck bestimmt den Informationscharakter. Information ist nicht objektives, interesseloses abrufbares Wissen, sondern in diesem Zusammenhang eine Funktion der organisationellen Zwecke. Diese sollten aus der Organisationsperspektive klar formulierbar sein - sind sie es nicht, verselbständigen sich die Möglichkeiten der Informations- und Kommunikationstechnologien. Information wäre dann nicht das, was gebraucht wird, sondern das, was möglich ist. Insofern wird es die allgemeine Aufgabe eines Informationsmanagements sein, organisationelle Zwecke und Verfahren zur Informationsverarbeitung zu koordinieren. Auf die Wichtigkeit, Unternehmensziele als Basis für die Einführung betrieblicher Informations- und Kommunikationsziele klar zu formulieren, weist u.a. Busch:1983, 37ff, hin.

Allerdings gibt es Anzeichen dafür, daß die zweckunterstützende Funktion von Information ("goal paradigm", vgl. Janovsky/Müller-Heiden:1983) zumindest in stark umweltdependenten Organisationen durch eine zweck- bzw. zielbildende Funktion ergänzt werden muß. Der pragmatische Charakter von Information würde dadurch eher noch verstärkt.

3.2 Transformationen: Wissen/Information - Information/Wissen

Die für pragmatische Informationsprobleme zuständige Informationswissenschaft interessiert sich für Daten oder Wissenseinheiten nur, insofern diese etwas bewirken, d.h. handlungsrelevant werden bzw. handlungsrelevant werden können.

Information ist im Rahmen dieser organisationsbezogenen Überlegung also lediglich die Teilmenge des Wissens, die innerhalb einer Organisation für einen Handlungsträger in einer problematischen Situation neu und relevant ist bzw. diejenige, welche für den Adressaten eines Verwaltungsaktes solche Eigenschaften hat.

3.2.1 Aktuelle Relevanz

Durch geeignete Verfahren zur Informationserarbeitung (IE-Verfahren) wird nach dieser Konzeption Wissen in Information transformiert. Informationssysteme sind also nicht bloße Wissensverwaltungssysteme, sondern erzeugen durch Operationen über die systeminternen und aus externen Quellen erschlossenen Wissenseinheiten anläßlich konkreter Bedarfssituationen relevante Informationen (vgl. Corsten:1982, 123). Informationsprozesse verändern Wissen durch die verschiedenen Formen der Selektion, Transformation, Kompilation, zuweilen auch der Modifikation und Manipulation. Dabei können diese Prozesse entweder von Menschen wahrgenommen oder zunehmend durch Maschinen unterstützt bzw. ersetzt werden.

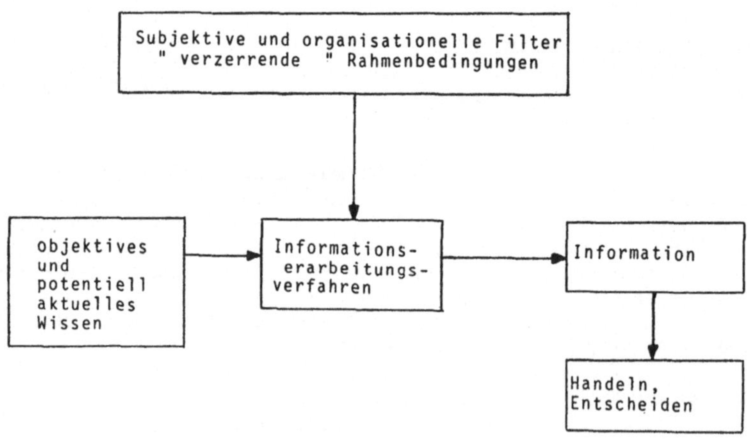

Abbildung 2   Transformation von Wissen in Information

Unter rigider Interpretation des pragmatischen Charakters handelt es sich also bei der Information um ein höchst "flüchtiges" Ereignis, bei dem aus allgemein verfügbarem oder bereitgestellem Wissen aktuelles Wissen gemacht wird, das in Handlungen umgesetzt wird. Um diesen "flüchtigen" Transformationsvorgang untersuchen zu können, wird die allgemeine Fragestellung "Transformation von Wissen in Information" umgeformt in eine operationalisierbare: Welches sind die Rahmenbedingungen (bzw. die Situationen) dafür, daß Wissen in Verwaltungen zur Information werden kann? (Kuhlen:1983). Welche Einflußfaktoren steuern die transformationsleistende Informationserarbeitung? (vgl. Absatz 3.3)

3.2.2 Potentielle Relevanz

Informationen sind zwar "flüchtig", "verflüchtigen" sich aber nicht. Im Gegensatz zu anderen Ressourcen verbraucht sich Information (zumindest in ihren syntaktischen und semantischen Anteilen) in der Nutzung nicht. Information, in aktuellen Handlungen genutzt, kann, falls sie nicht vergessen wird oder nicht vergessen werden soll, in einen zunächst wiederum statischen Zustand überführt werden, der dann durch entsprechende IE-Verfahren erneut als Information aktualisiert werden kann.

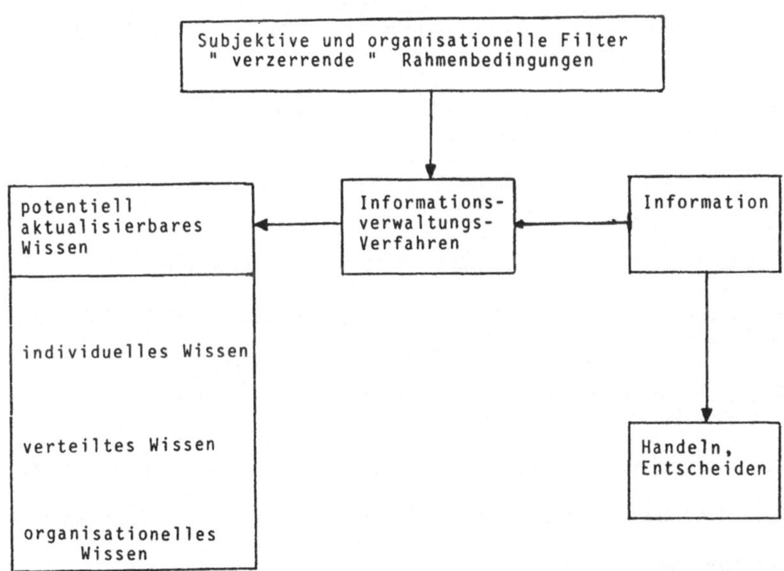

Abbildung 3   Transformation von Information in Wissen

Offenbar erfordert diese zweite Art von Transformation (Information zu latentem Wissen) andere Verfahren, die mehr auf Informationsverwaltung und Distribution ausgerichtet sind (IW-Verfahren). Hierbei könnte man unterscheiden zwischen subjektiver, arbeitsplatzbezogener Informationsverwaltung und allgemeiner organisationsbezogener. Die Distributionsfunktion bezieht sich auf das Streuen von Wissenseinheiten (sozusagen auf Verdacht), ohne daß die Handlungsrelevanz unmittelbar erkennbar ist. Die Transformationsleistung (Wissen in Information) geschieht erneut durch IE-Verfahren und macht dann aus diesen informationellen Halbprodukten Information (vgl. Abbildung 2).

Zu IW-Verfahren gehört auch die organisationsgerechte Ausnutzung des Informations-
marktes. Angesichts des (ständig anwachsenden) Umfangs von öffentlich zugänglichen
Informationsbanken (nach Cuadra von 4/83 gibt es zur Zeit weltweit 1.596
Informationsbanken, die 275 Fachgebiete abdecken) wird eine rationale
Informationsverwaltung, Verfügung über potentielle Information, immer wichtiger.

3.3 Informationeller Kontingenzansatz

Die zentrale Fragestellung "unter welchen Bedingungen kann Wissen zur Information
werden?" läßt sich am besten im Rahmen eines informationellen Kontingenzansatzes
bearbeiten. Zu den Faktoren, die als verzerrende Rahmenbedingungen auf diesen
Transformationsprozeß einwirken, gehören etwa:

a) kulturelle und gesellschaftliche Makrostrukturen als Organisationsumwelt,
   sozusagen die informationelle Kultur

b) informationelles Klima, d.i. die Bereitschaft der Organisation, Information als Rationalisierungsgrundlage von Handeln (Zielunterstützung und
   Zielbildung) anzuerkennen

c) Interessen, Informationsverarbeitungskapazität und Vorwissen der individuellen Nutzer von Information

d) normative Vorgaben (Zwecke und Ziele) der Organisation, in denen
   Information benötigt wird

e) Komplexität der zu bewältigenden Organisationsaufgaben

f) institutionelle Vorgaben wie Aufbauorganisation, Organisation der Untereinheiten bzw. ihres Zusammenspiels

g) Grad der Formalisierung/Programmierung bzw. Strukturierung der Ablauforganisation

h) Stand der Technologien und Methoden der Informations(v)erarbeitung

i) Ökonomische Begrenzungen zur Nutzung des Angebotes des Informationsmarktes

j) Zeitliche Restriktionen

Ähnliche Faktoren wirken auf den zweiten Transformationsvorgang (Information zu
latentem Wissen) ein. Nicht jede irgendwann einmal erarbeitete Information wird als
potentiell relevant verwaltet oder weiter verteilt. Kontrollierte IW-Verfahren
verhindern teure Informationsfriedhöfe.

Abbildung 4 zeigt die in diesem Abschnitt diskutierten Zusammenhänge:

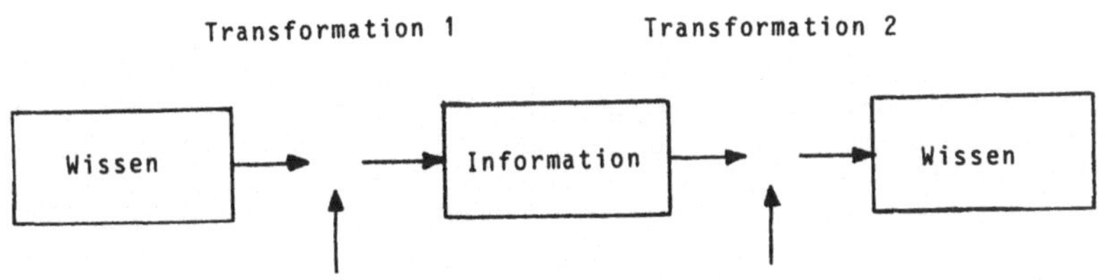

Abbildung 4   Transformationen

4. Organisationeller Kontingenzansatz: Strukturen und Variablen

Seit T.Burns und G.Stalker in ihrem 1961 erschienenem Standardwerk "The Management of Innovation" nachgewiesen haben, daß die Effizienz von Organisationen vom Zusammenspiel verschiedener Variablen abhängt, die ingesamt die Organisationsstruktur (als Oberbegriff für die verschiedenen Variablen einschließlich ihrer Relationen) ausmachen, hat sich der sogenannte Kontingenz-Ansatz bis heute als produktiv herausgestellt (vgl. Lawrence/Lorsch:1967; Morrow:1981, 856; Daniel:1983). Der Forschungsansatz hierbei besteht darin, die Variablen zu identifizieren, die Einfluß auf Organisationshandeln haben können bzw. noch eine Ebene tiefer: welches die Faktoren sind, welche die Werte der Variablen bestimmen. Dies soll ansatzweise in diesem Abschnitt geschehen (ausführlicher in Janovsky/Müller-Heiden:1983).

Im ursprünglichen Modell von Burns/Stalker wurde lediglich zwischen organischen und mechanistischen Organisationsstrukturen unterschieden, deren Unterschiede in ihrer Fähigkeit, auf Ungewißheit zu reagieren, auf empirisch fundierte situative Verfahren zurückgeführt wurden (vgl. Kieser/Kubicek:1977, 38). Organische Strukturen können aus heutiger Sicht als stark verdichtete, relativ formlos strukturierte Kommunikationsnetze verstanden werden, deren Vorteil darin liegt, mit auftretenden Formen der Unsicherheit besser umgehen zu können. Entsprechend hohe Kosten müssen für Verfahren der Informations(v)erarbeitung und des -austausches eingebracht werden. Dahingegen müssen mechanistische Strukturen eher auf die Einhaltung von Regeln und Formalismen achten. Sie sind damit weniger flexibel, d.h. sie können bei geringerer Informationsverarbeitungskapazität nicht so schnell auf sich ändernde Anforderungen reagieren.

Sicherlich treten die mehr idealtypisch definierten Strukturen nicht in Reinkultur auf, sondern in der Praxis wird es immer Mischformen geben. Als generelle Tendenz kann jedoch festgehalten werden, daß Organisationen unter hoher Unsicherheit, d.h. unter hohen informationellen Anforderungen dazu neigen, organische Strukturen mit der ihnen eigenen hohen Informationsverarbeitungskapazität zu adaptieren, die dann allerdings, um der Gefahr der organisationellen Verselbständigung von Teilbereichen entgegenzusteuern, auch eine Erhöhung des Koordinations- und Kontrollaufwandes nach sich ziehen.

In der neueren Literatur (vgl. Rauch:1982, 76) wird ganz in Übereinstimmung mit den Annahmen von Burns/Stalker davon ausgegangen, daß der intensivierte Einsatz von Kommunikationsmedien "organischere" Organisationsformen bewirkt. In den Extremfällen (nach Rauch): Hauptsächlich schriftlich organisierte Kommunikation realisiert sich in streng hierarchischen, vertikalen Organisationsformen mit hochspezialisierten und engbegrenzten Funktionen der Mitarbeiter, während im anderen Extrem stark elektronisch unterstützte Kommunikation sich in weit (auch geographisch) gestreuten, stark vernetzten Organisationsformen realisiert, die sehr anpassungsfähig und innovationsfreudig sind und in denen es keine festgelegten Entscheidungs- und Kommunikationskanäle gibt (Rauch:1982, Tab. S.76). Ähnliche Argumente werden bei Busch (1983, 18ff) angeführt, allerdings aus einer sehr viel stärker praktischen betrieblichen Perspektive.

Diese zunächst plausible Annahme, die auch als Argument für die Dezentralisierung durch die Möglichkeiten der neuen Technologien verwendet wird, stellt aber möglicherweise zu deterministisch Technologien/Medien und Strukturen in Beziehung. Genauso wie man in der Informationswissenschaft gelernt hat, daß Technologien an sich noch wenig über erfolgreiche Transformationsprozesse (von Wissen in Information) aussagen, und sich deshalb ein multivariabler Kontingenzansatz als adäquater erweist, sind auch in der organisationstheoretischen Literatur im Anschluß an Burns/Stalker eine Vielzahl von Variablen herausgearbeitet worden, die Einfluß auf den "Organisationserfolg" haben können. Grob lassen sich zumindest zwei Ebenen unterschiedlicher Komplexität bzw. Variabilität unterscheiden: eine mehr strukturelle und eine mehr funktionelle (vgl. Staehle:1973, 70f).

In der Auseinandersetzung mit dem Faktorenmodell von Hage/Aiken (1970) ist in einer Konstanzer Diplomarbeit von Jürgen Janovsky (11) ein Modell entwickelt worden, in dem - mit Blick auf betriebliche Innovationspotentiale der Datenverarbeitung - zwischen drei generellen Implikationen unterschieden wird (vgl. Abb. 5).

Aus methodischen Gründen hat es also wenig Sinn, den positiven oder negativen Einfluß von Technologien (Geräten und Methoden) für Informations- und Kommunikationszwecke und ihren Einfluß auf Organisationsstrukturen direkt messen zu wollen (vgl. Schiebel:1983, in diesem Band). Vielmehr müssen vorab die den Organisationserfolg (das können etwa sein: Innovation, Stabiliät, Effizienz, Effektivität) bestimmenden Variablen - wie Formalisierung, Hierarchisierung etc. - identifiziert, ihre möglichen Auswirkungen interpretiert und dann ihre sie wiederum determinierenden Einflußfaktoren gemessen werden. Das ist bislang mehr ein Programm als durchgeführte empirische Praxis.

Faktoren	Variablen
strukturelle	- Zentralisierung - Formalisierung - Stratifikation
informative	- Professionalisierung - Reduktion von Unsicherheit
koordinativ	- interstrukturale Kommunikation - Steuerung

Abbildung 5   Organisationelle Kontingenzbedingungen

Im Kontext der hier zu bearbeitenden Fragestellung wird der Faktor "Informationserarbeitung" (im diskutierten informationsmethodischen Verständnis) als die die Variablen entscheidend determinierende Komponente angesehen. Konkret müßte also die Fragestellung heißen:

Auf welche Variablen innerhalb eines allgemeinen Organisationsmodells wirkt sich der Einsatz von Verfahren der Informationserarbeitung und der Kommunikation wie aus?

Um diesen Ansatz zu konkretisieren, sollen die bisherigen informations- und organisationswissenschaftlichen Fragestellungen unter Verwendung und Modifikation eines Modellvorschlags von Tushman/Nadler zusammengefaßt werden.

5. Grundzüge einer informationellen Organisationstheorie

Greifen wir den pragmatischen Charakter des Informationsbegriffs auf, so bedeutet im Kontext dieses Beitrags ´Handlungsrelevanz von Information´ zunächst vor allem ´Organisationsrelevanz´. Der bislang herausgearbeitete informationswissenschaftliche Begriff ist konsequenterweise dann auch vollständig kompatibel mit dem betriebs- und allgemein organisationswissenschaftlichen Informationsbegriff. Im deutschen Sprachbereich hat sich die Definition von Waldemar Wittmann (zuerst 1959, bis heute in der 2.Auflage des Handbuches für Organisation, Grochla, 1980) als tragfähig erwiesen: "Information ist also zweckorientiertes Wissen, wobei der Zweck in der Vorbereitung des Handelns liegt" (Grochla, 894). In der entscheidungsorientierten Betriebswirtschaftslehre wird Handeln weitgehend auf Entscheiden zurückgeführt und deren Qualität in Abhängigkeit von der Information gesetzt: "Die Güte einer Entscheidung steht in unmittelbarem Zusammenhang mit den verfügbaren Informationen.

Die Gesamtheit des im Entscheidungsprozeß zu verwertenden zweckorientierten Wissens beinhaltet eine Menge von Teilinformationen. Die für das Erkennen und Klarstellen des Problems erforderlichen Anregungsinformationen stehen mit den Alternativen und Zielinformationen in enger Beziehung. Das gleiche gilt für die Anweisungs- und Kontrollinformationen. Die Menge dieser Teilinformationen konstituiert das zur unternehmerischen Willensbildung und Willensdurchsetzung erforderliche Informationssystem" (Heinen:1976, 24).

Das zweite pragmatische, also handlungsrelevante Moment kann durch ein Zitat aus Tushman/Nadler verdeutlicht werden: "Information refers to data which are relevant, accurate, timely, and concise. As information must effect a change in knowledge, data may or may not be information, and data processing may or may not be information processing" (Tushman/Nadler:1978, 614). Deshalb sprechen wir (im geglückten Fall) von "Informationserarbeitung".

Auch dieser Begriff von Information als Veränderung des Wissenstandes ist in der Informationswissenschaft gebräuchlich (Wersig:1971), häufig wird dort Information als Reduktion von Ungewißheit bezeichnet, allerdings mehr mit Bezug auf den kognitiven Stand eines Individuums. Ungewißheit ist allgemein die Diskrepanz zwischen verfügtem und benötigtem Wissen. Natürlich sind es auch in Organisationen immer einzelne Individuen bzw. dann Individuen in organisationellen Untereinheiten, die Informationen suchen, aufnehmen, verarbeiten und nutzen. Jedoch wird bei Einnehmen eines nicht-reduktionistischen (also nicht vom Individuum ausgehenden) organisationsbezogenen Ansatzes angenommen, daß gegenüber den individuellen Faktoren Organisationszwecke und -bedürfnisse und organisationsinterne Kommunikationsstrukturen den individuellen Informationsbedarf und das individuelle Informationsverhalten wenn nicht determinieren, so doch erheblich steuern. Entsprechend macht es auch Sinn, von organisationeller Ungewißheit (im Englischen klingt das weniger emphatisch als "work related uncertainty") zu sprechen und als generellen Zweck der Informations(v)erarbeitung in Organisationen die iterative Beseitigung von Ungewißheit festzustellen (iterativ deshalb, weil häufig genug die partielle Beseitigung von Ungewißheit neue Ungewißheit produziert).

Für Tushmann/Nadler, in der Weiterführung von Vorstellungen von Galbraith (1977), entsteht Ungewißheit in Organisationen vor allem durch unstabile Umwelt, durch bereichsinterne Aufgabenkomplexität und durch Schwierigkeiten in der Koordination zwischen den einzelnen Bereichen. Die Gesamtheit des durch die Ungewißheitsformen entstehenden Informationsbedarfs machen die informationellen Anforderungen der Organisation (information requirements) aus. Eine Organisation ist dann als optimal organisiert anzusehen, wenn eine adäquate Entsprechung (match) zwischen informationellen Anforderungen und Informationskapazitäten besteht.

Um diesen "match" zu ereichen, müssen also erstens Mechanismen zur Erarbeitung von Information (z.B. über Marktdaten und technogische Entwicklung) verfügbar sein; zweitens zur Bewältigung interner, stark informationsabhängiger Aufgaben (Haushalt, Leistungskontrolle, Pläne, Zielbildungsprozesse, Konsensualisierungsvorgänge etc.) muß eine angemessene Konfiguration der Arbeitseinheiten entwickelt werden; drittens, da wegen zunehmender Arbeitsteilung die Arbeitseinheiten sich tendenziell verselbständigen, muß eine effektive Koordination zwischen den selbständigen, aber interdependenten Einheiten gefunden werden.

Faßt man die drei Punkte zusammen, so ist die Informationsverarbeitungskapazität von Organisationen eine Funktion a) der informationellen Anforderung, b) des Grades der Professionalisierung der Informationserarbeitung und c) der (die Informationserarbeitung beeinflußenden) Organisationsstruktur. Letztere wird häufig, so auch von Tushmann/Nadler, auf die Dichotomie von Burns/Stalker zwischen organisch und mechanistisch mit den erwähnten Implikationen zurückgeführt.

Information Processing as an Integrating
Concept in Organizational Design

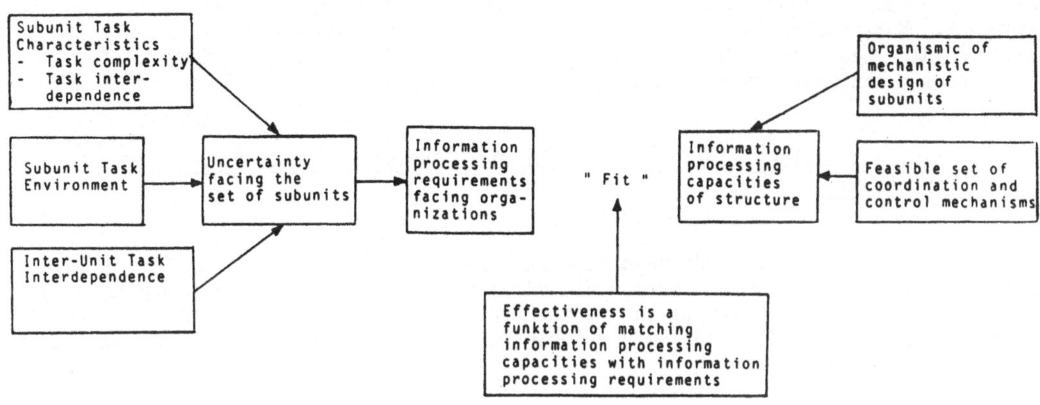

Abbildung 6   Informationsverarbeitungsmodell
                        nach Tushman/Nadler

6. Informationsmanagement zur Reduktion organisationeller Ungewißheit

6.1. Einige Überlegungen zum Berufsbild

Die Bezeichnung "Informationsmanagement" verbindet in sich ("Information" und "Management") den informations- und organisationswissenschaftlichen Standpunkt. Allgemein ist ein Informationsmanager (in der Terminologie Tushman/Nadlers) für die Anpassung informationeller Anforderungen und der organisationellen Informationsbearbeitungskapazität , bzw. in unserer Terminologie für die Erarbeitung und Bereitstellung geeigneter Informationserarbeitungs- und Informationsverwaltungsverfahren zuständig.

Der Tätigkeitsbereich ist neu und das Berufsbild noch unscharf (Vogel:1983). Die Notwendigkeit hierfür wurde sicherlich mit provoziert durch den intensivierten Einsatz von Informations- und Kommunikationstechnologien, die - an sich dafür konzipiert, den Umgang mit Information zu erleichtern, ihn aber faktisch häufig genug komplizieren - den Einsatz von Spezialisten verlangen. Entsprechend haben sich in der Literatur sehr unterschiedliche Bezeichnungen dafür herausgebildet (12). Aus informationswissenschaftlicher Sicht wird der Begriff "Informationsmanager" zuweilen etwas irreführend mit dem des "Informationsvermittlers" bzw. des "information broker" gleichgesetzt.

Dies könnte dadurch gerechtfertigt sein, als es zu den wesentlichen Aufgaben eines Informationsvermittlers gehört, das Informationsangebot des Marktes auf informationelle Benutzerbedürfnisse hin auszurichten. Dies ist auch eine Koordinations-, also Management-Aufgabe. Deshalb wird im Amerikanischen auch häufig von "Information Resource Management" gesprochen (Horton:1979), ebenso vom "Records Manager". Entsprechend der gewählten organisationellen Perspektive wollen wir jedoch den Begriff auf den innerorganisationellen Aufgabenbereich beziehen, der die Koordination des externen Informationsmarktes allerdings mit einbezieht (13).

6.2 Unstabile organisationelle Umwelt-Rahmenbedingungen – Bedarf an externen Informationen

Die allgemeine Ursache für Ungewißheit besteht darin, daß Organisationen offene Systeme sind (Busch:1983, 65ff), die mit ihrer Umwelt kommunizieren und daher mit einem gewissen Grad an Unstabilität rechnen müssen. Informationen über unstabile Rahmenbedingungen sind daher als Bedingungen der Möglichkeit für eine erfolgreiche Anpassung überlebensnotwendig.

Diese abstrakte Aussage wird sofort verständlich, wenn man sie in Beispiele umgießt. Eine Organisation, die keine Informationen über die Akzeptanz, d.i. z.B. der Verkauf ihrer Produkte, bezieht, produziert ins Leere; Technologien, die in ihrer Relevanz nicht erkannt werden, lassen Produktionsvorteile schwinden; fehlende Marktinformationen vernachlässigen potentielle Kundengruppen; Nichtbeachtung von Schutzrechtsvorschriften oder anderen rechtlichen Rahmenbedingungen können erhebliche Nebenkosten verursachen; Verkennen oder Ignorieren sozialer Trends (z.B. in der Kernenergie, in der Umweltverschmutzung, im Straßenbau oder im Bau von Flughäfen) können Investitionsruinen bewirken, wenn ihre Fertigstellung verzögert oder unmöglich gemacht wird.

Die gleichen Argumente gelten gleichermaßen bei Organisationen der öffentlichen Verwaltung: das gerade zurückliegende Beispiel der verschobenen Volksbefragung ist ein Musterbeispiel des Ignorierens von an sich absehbaren öffentlichen Reaktionen. Die Folge des informationellen Defizits sind erhebliche Kosten und der Verlust planungsrelevanter Informationen. Hieraus läßt sich die erste These über die Aufgabe der Informationserarbeitung in Organisationen ableiten:

These 1

Organisationen müssen Mechanismen entwickeln, um die Kommunikation, d.i. der Austausch von Informationen mit der Umwelt, intakt zu halten.

Dies bedeutet zum einen, daß Informationen aus Organisationen adressatenbewußt ausgesandt werden, zum anderen, daß externe Informationen die Chance erhalten müssen, zu internen zu werden. Erst interne Information ist organisationsrelevante Information, wie es Ernst Deutsch bereits 1969 formuliert hatte: "Eine Information, die bereits im System gespeichert oder durch gut eingespielte Kanäle einströmt, kann im allgemeinen über kürzere Kommunikationswege und einfachere Zugriffsverfahren an die strategischen Entscheidungsstellen und Entscheidungsbereiche der Organisation gelangen" (Deutsch: 1969, 303ff).

Trotz der Einfachheit von These 1, ist die Realisierung ihres Postulats sowohl mit Blick auf Über- als auch auf Unterinformation offenbar schwierig.

Auf den ersten Blick besteht das Problem der externen Informationszufuhr (d.i. die
eine Seite der Kommunikation mit der Umwelt) in erster Linie darin, an die relevante
Information überhaupt heranzukommen. Möglicherweise ist das gravierendere, weil
schwerer zu steuerndere Problem dadurch gegeben, daß zu viele Informationen (in
unserem Sprachgebrauch müßte man jetzt konsequenterweise sagen: Daten oder
Wissenseinheiten) einströmen: "zur Vermeidung von Unsicherheit (bei hoher Komplexität
der Umweltanforderung) werden häufig Informationen gesammelt, die gar nicht direkt
gebraucht werden" (Feldmann/ March: 1981, 182), so daß es wegen der zunehmenden
Schwierigkeit, wesentliche von unwesentlichen Informationen zu trennen (Strecfort:
1973, 224ff.), zu Störungen in Entscheidungssituationen kommt. Ohnehin gilt - wie es
O'Reilly (1980) in einer polemischen Formulierung: is more necessarily better? zum
Ausdruck brachte - in der Organisationswissenschaft die These von der Verbesserung
der Entscheidungsqualität bei steigendem Informationsgrad (gegen 1 strebender
Quotient zwischen vorhandener, entscheidungsrelevanter und notwendiger Information)
als zumindest fragwürdig. Überladene Kommunikation ist keine effektive Kommunikation.

Unmittelbar einsichtiger als die Gefahren des "information overload" sind jedoch
Informationsdefizite. Die Gründe sind allgemein bekannt. Die Produktion von Wissen
(in einem sehr allgemeinen Verständnis) hat sowohl in quantitativer als auch in
qualitativer Hinsicht eine solche Komplexität erreicht, daß Kommunikationswege
zwischen Wissensproduzenten und Informationsnutzern (häufig in produktionsrelevanten
technischen Bereichen auch als Transfer zwischen Technologieproduzenten und
Technologienutzern angesprochen) nicht mehr quasi naturwüchsig funktionieren. Auf
der anderen Seite ist gerade diese Komplexität in der Wissensproduktion das latente
Innovationspotential für Organisationen. Gewußtes, handlungsrelevantes, neues
Wissen, also Information, ist notwendige, wenn auch sicherlich nicht ausreichende
Bedingung für eine erfolgreiche, also in ein Marktprodukt oder in eine
Reorganisationsmaßnahme umgesetzte Innovation (Gee:1981; Corsten:1982).

Nicht umsonst unternehmen Staat und gesellschaftliche Gruppen wie Verbände, Kammern
etc. erhebliche Anstrengungen und Initiativen, die Infrastruktur des Informationsmarktes optimal zu organisieren (14). Diese Bestrebungen haben häufiger eher
den Erfolg gehabt, daß die Markstruktur der Information komplexer, d.h.
diversifizierter und damit auch unüberschaubarer geworden ist, so daß für die
Realisierung in der Anforderung an These 1 (effektive Kommunikation mit der
Organisationsumwelt) erhebliche Management-Anstrengungen in Form von Koordination
notwendig sind (Anmerkung Komplexität). Aus dieser Feststellung läßt sich These 2
ableiten:

These 2

Eine erfolgreiche Nutzung von Informationen des Marktes setzt ein leistungsfähiges
Informationsmanagement (in diesem Fall: "information resource management") voraus.
Dies besteht in der Koordination und Steuerung an sich verfügbarer Wissens-
ressourcen.

Wie zu Anfang angedeutet, wird die Notwendigkeit, für jeden Typ von Organisation
externe Information bereitzustellen, abstrakt kaum bestritten; daraus die Konsequenz
zu ziehen, ein effektives Information Resource Management zu betreiben, ist etwas
anderes. Dabei erfordert Information u.a. dadurch, daß sie auf dem Markt gehandelt
wird, Management-Aktivitäten, wie sie bei anderen Marktressourcen selbstverständlich
sind. Der Markt stellt nur bereit; unter der Forderung, Wissen entsprechend
Organisationszielen in Informationen zu transformieren, müssen alle Möglichkeiten des
Marktes genutzt werden.

In der folgenden Abbildung 7 erkennt man (ohne Anspruch auf Vollständigkeit) die
komplexe Struktur des Informationsmarktes. Mit der dort dargestellten Verkettung

soll keineswegs ein linearer Zusammenhang behauptet werden. In der Praxis können und
werden durchaus verschiedene Zwischenstufen übersprungen bzw. es kommen
feed-back-Mechanismen vor. Wenn man sich nur verdeutlicht, daß zur Zeit weltweit
über 1.500 online-Datenbanken angeboten werden, daß zur Bearbeitung eines
nicht-trivialen Informationsproblems in der Regel mehrere Datenbanken einschlägig
sind, die dann sehr unterschiedlich strukturiert sind, die über unterschiedliche
Anbieter vermarktet, mittels unterschiedlicher Retrievalsprachen befragt, über
unterschiedliche Abrechnungsverfahren verwaltet werden etc., kann man sich
vorstellen, was "komplexe Struktur des Informationsmarktes" bedeutet.

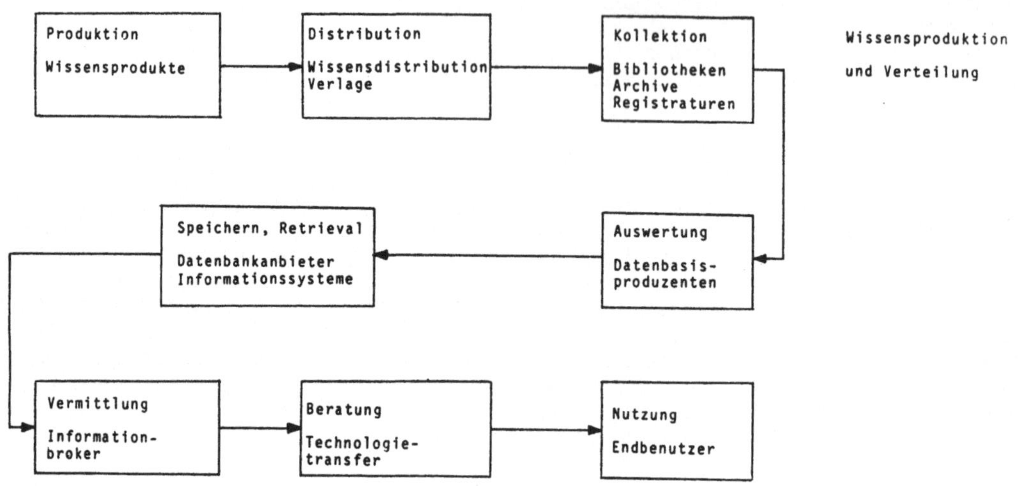

Abbildung 7   Funktionen auf dem Informationsmarkt

6.3 Innerorganisationelle Aufgabenkomplexität – Aufgabe der Koordination interner Informationen

Nach allgemein anerkannter Einschätzung korreliert die Komplexität von
Aufgabenbereichen einerseits positiv mit der Innovations- oder, allgemeiner
formuliert, mit der Funktionsfähigkeit und andererseits negativ mit einem hohen
Informationsgrad, d.h. Komplexität in der Form starker Spezialisierung fördert an
sich latent die Organisationsleistung, bedarf aber intensiver informationeller
Absicherung und zusätzlichen Koordinationsaufwands. In der Organisationsliteratur
hat sich für solche Situationen, für die es leider – leider unter dem Wunsch nach
einer einheitlichen Theorie – sehr viele gibt, der Begriff ´organisationelles
Dilemma´ eingebürgert. Damit ist das Vorkommen gegenläufiger Tendenzen gemeint: Zum
einen ist organisationelle Komplexität als starke Differenzierung, Arbeitsteilung,
Dezentralisierung, Spezialisierung, Teilautonomien in Untereinheiten etc. günstig

für die Motivation von Mitarbeitern und deren Arbeitszufriedenheit und für die Homogenität in den Subbereichen, zum andern kann Kastenbewußtsein, informationelle Abkapselung, Desintegration oder Verselbständigung in den einzelnen Subeinheiten vorkommen, zum Schaden der Interessen der Gesamtorganisation.

Auch hier ist Koordination von Information erforderlich – eine Aufgabe für einen Informationsmanager, hier in seiner Rolle des Spezialisten für interne Informationsprobleme. Das führt in der Weiterführung der Thesen 1 und 2 zur

These 3

Komplexe, d.h. in hohem Maße spezialisierte Tätigkeiten bedürfen intensiver informationeller Absicherung und Koordination.

Um diese in These 3 enthaltene Aufgabe (Bereitstellen von Information) lösen zu können, bedarf es einer Professionalisierung im Umgang mit Informationsmethoden. So wie sich in Organisationen wie selbstverständlich Zuständigkeiten für Rechnungswesen, Haushaltswesen, Personalplanung, Materialverwaltung etc. herausgestellt haben, wird es "professionelle" Zuständigkeiten für Informationserarbeitung geben (Horton, Jr.:1982, 512; vgl. Anm.3).

Aus dem bisher Diskutierten dürfte deutlich geworden sein, daß Informationsmanagement keineswegs mit dem Rechenzentrumspersonal abgedeckt werden kann. Eine elaborierte DV-Abteilung ist keine Garantie für eine informationell abgesicherte Organisation, der Umkehrschluß muß heute allerdings wohl gezogen werden: eine informationelle Absicherung einer Organisation ist – unabhängig von der Größe und der Aufgabe – ohne den Einsatz von Informations- und Kommunikations-Technologien (das sind Geräte und Methoden) zumindest schwer vorstellbar.

Damit ist die folgende These formuliert

These 4

Die informationelle Absicherung komplexer Organisationsaufgaben bedarf einer Professionalisierung der Informationserarbeitung, d.h. es muß speziell für Informationsprobleme ausgebildetes Personal vorhanden sein. Möglicherweise deutet sich aber hier ein weiteres "informationelles Dilemma" an. Auf der einen Seite steht das Postulat der Rückgewinnung von Informationshoheit (als individuelle arbeitsplatzbezogene Verfügung über Verfahren der Informationsverarbeitung und -verwaltung), aber auf der anderen Seite die These der Professionalisierung (d.h. spezielle Zuständigkeiten für Informationsaufgaben). Faktisch wird sich das Dilemma immer nur durch Kompromisse lösen lassen.

Die Professionalisierungsthese besagt auch, daß eine funktionsgerechte Bewältigung informationell stark abhängiger Aufgaben sich auf geeignete Technologien abstützen muß. Aus informationswissenschaftlicher Sicht überrascht dabei nach wie vor die relative Einfachheit der verfügbaren Technologien, einfach, wenn man sie unter der hier gewählten Perspektive der Umwandlung von Wissen in Information betrachtet (15).

6.4 Zunahme informeller Kommunikationswege – Aufgabe der Koordination intersektoraler Kommunikation durch technologiegestützte Organisationsmaßnahmen

Die dritte Quelle organisationeller Ungewißheit besteht darin, daß es – nicht zuletzt auch angesichts der Ungewißheitsfaktoren "externe Umwelt" und "Aufgabenkomplexität" – immer schwieriger wird, Organisationsstrukturen (im Verständnis der Aufbauorganisation) als gewonnene Abbilder der ihnen zugeordneten Wirklich-keitsbereiche und schon gar nicht als Hypothesen über Anforderungen an die Zukunft zu begreifen. In der Organisationswissenschaft ist man sich seit der schon zitierten Arbeit von Burns und Stalker darüber einig, daß stark hierarchisch und formal strukturierte Organisationen (mit klarer Kompetenz- und Aufgabenverteilung) bei gegebener hoher Ungewißheit nicht mit organischen, d.h sehr stark kommunikativ vernetzten und spontan in der Kompetenz variierenden Organisationstypen konkurrieren können. Der Erfolg japanischer Managementmodelle wird nicht zuletzt auf den Verzicht auf Arbeitsplatzbeschreibungen, Tätigkeitsmerkmale, Funktions- und Kompetenz- regelungen, Programmierung und Formalisierung von Tätigkeiten erklärt, aus der Einsicht, daß Festschreibungen zum Zeitpunkt der Formulierung schon Geschichte geworden sind. Formale Kommunikationsbeziehungen sind nicht innovationsfreundlich (vgl.Corsten:1982, 144). Dies führt zur

These 5

Die intraorganisationelle Kommunikation darf nicht durch horizontale und vertikale Struktur- und Kompetenzbarrieren behindert werden; vielmehr muß sie problemorientiert koordinierbar sein.

Die Lösung auch dieser Ungewißheitsquelle kann nicht mehr sich selbst überlassen werden, sondern bedarf ebenso gezielter Steuerung, wobei mit Steuerung allerdings nicht die traditionellen Instrumente, wie Programmierung oder Arbeits- platzbeschreibung, verstanden werden. Kommunikative Steuerung bedeutet lediglich die Zuordnung der sich weitgehend selbst organisierenden Kommunikationswege auf konsensfähige (und damit auch für eine gewisse Zeit stabile) Organisationsziele.

Funktionsfähige Verwaltungskommunikation "muß betriebsweit geplant, koordiniert und gesteuert werden. Und dafür benötigt man Informationsmanager mit umfassenden Kompetenzen - also eine neue Spezies von Spitzenkräften" (16).

Schon 1975 haben Geschka/Alter/Schwerdtner auf die Bedeutung informeller Kommuni- kationsbeziehungen hingewiesen und dafür die Einsetzung eines "Kommunikations- promotors" vorgeschlagen (vgl. Corsten, S.144)(17). Die Realisierung dieser durch These 5 angedeuteten Aufgabe ist sicherlich am schwierigsten, zumal sie ja keinesfalls als bloße Ausrichtung auf mehr oder weniger feste Organisationsziele verstanden werden kann. Die Kommunikationsleistung gegenwärtiger Organisationen besteht möglicherweise gerade in der Herausarbeitung angemessener Organisations- ziele. Die Leistung des Managements besteht dann darin, im Sinne der These 5, die Kommunikation informationell abzusichern und zielbildend zu steuern. In der Erweiterung von These 5 trägt dem These 6 Rechnung.

These 6

Intersektorale zielbildende Kommunikation muß durch informationelle Koordinations- mechanismen ermöglicht und abgesichert werden.

6.5 Ungewißheit als Innovationschance bei informationeller Absicherung

Damit haben wir die letzte Form der Koordination von Informationen herausgearbeitet. Stellen wir sie noch einmal zusammen:

a) Koordination externer Informationsressourcen

b) Koordination interner Informationsressourcen

c) Koordination intersektoraler Kommunikation

Wie schon oben angedeutet, müssen die drei strukturellen Quellen der Unsicherheit (unstabiler Informationsmarkt, Komplexität der Aufgaben, intensivierte Kommunikation) nicht nur als Einschränkung für Organisationen verstanden, sondern können auch als Potentiale angesehen werden und damit als Chancen, rationale, effektive, effiziente, innovative Wege einzuschlagen. Kurz: Unstabilität, Komplexität, Ungewißheit sind notwendige Bedingungen für Innovation, allerdings – und das ist an dem Beispiel des organisationellen Dilemmas gezeigt worden – werden sie erst zu hinreichenden, wenn sie tatsächlich informationell und kommunikativ bewältigt werden. Dafür ist ein professionelles Informationsmanagement erforderlich.

Anmerkungen

(1) Forest W. Horton, Jr:1982, 50 erläutert in sechs Punkten, was es bedeutet, wenn man Information als Ressource betrachtet: "1. Something of fundamental value, like money, capital, goods, labor, or raw materials 2. Something with specifiable and measurable characteristics, such as method of collection, utitilies and uses, a life cycle pattern with different attributes at each stage, and interchangeability with other resources 3. An input, which can be transformed into useful output(s) that is (are) beneficial to achieving the organization´s goals and objectives 4. Something that can be capitalized or expensed, depending on management´s purposes 5. An expense for which standard costs can be developed and cost accounting techniques, such as variance analysis, can be used to control 6. Something that presents to top management a variety of deployment choices (e.g. making trade-off decisions between information-intensive and manpower-intensive investments, between teleprocessing and manual processing approaches, or between producing an information product or service in-house or buying it from an external source)."

Eine systematische Herleitung der Beziehung von "Information Resources" und "Organizational Structure" findet sich in Daniel:1983. Dieser Artikel konnte erst nach Fertigstellung dieses Beitrags eingesehen werden. Die Ähnlichkeiten im Ansatz beider Arbeiten sowie auch die Ähnlichkeit in den entsprechenden Ausbildungs- konzeptionen (Syracuse, Konstanz) sollten eher Ermutigung sein.-

(2) Im gleichen Artikel arbeitet Horton deutlich heraus, daß Information weder in privaten Unternehmungen noch in öffentlichen Verwaltungen als freies Gut (free good) behandelt werden dürfe. Als Gründe führt er für Unternehmungen an: 1. Starker Anstieg und große Vielfalt an Produkten und Dienstleistungen, deren Entwurf, Entwicklung, Vermarktung, Herstellung und Verkauf immer höhere Anforderungen stellt; 2. Ausweitung und Diversifizierung des Marktes, bewußteres Konsumentenverhalten; 3. fortgesetzter Trend zu immer stärker spezialisiertem Personal; 4. stärkere Leistungskontrolle und Effektivitätsnachweise; 5. Anstieg sozialer und ökonomischer Probleme; stärkere Anforderungen wegen regulierender (staatlicher) Rahmenbedingungen. – All dies erfordert intensivierte Informations- und Koordinationsarbeit. Beim Übergang der Argumentation zum öffentlichen Bereich stellt Horton bemerkenswerter Weise heraus, daß sich bisherige Bemühungen zur Reduzierung und Rationalisierung der Verwaltungsarbeit in erster Linie auf "physical paperwork instead of the data content of reports, records, forms, and regulations"(47f) gerichtet habe. Das Problem – und damit greift Horton eine genuin informationswissenschaftliche Aufgabe auf – liegt weniger in der Vereinfachung und Mechanisierung/Automatisierung der Verwaltungsarbeit als "dealing with fundamental questions of whether the data collected through the paperwork were used, were useful, contributed to the achievement of positive results, and so forth" (48).-

(3) Der Sammelband von Forest W. Horton; Donald A. Marchand: Information management in public administration (1982) enthält einige der Hintergrundunterlagen, die 1977

zum Schlußbericht der "Commission on Federal Paperwork" und 1980 zur Verabschiedung des "Paperwork Reduction Act" geführt haben. In diesem Band wird deutlich dokumentiert, daß Informationsmanagement eine zentrale Aufgabe auch öffentlicher Verwaltungen ist.-

Im deutschen Bereich haben Artikel wie Szyperski:1980; Reinermann:1981; Kuhlen:1982 eher noch Seltenheitswert.-

(4) Horton, a.a.O. Anm.(1), zeigt in einer Tabelle (S.51) auf, daß auch andere Management-Bereiche erst in diesem Jahrhundert auf Grund verstärkter Umwelt- und Komplexitätsanforderungen entstanden sind, so Financial Management ab 1920, Manpower Management ab 1930, Materials Management ab 1940, Space and Property Management ab 1940, Information Management ab 1960, Service Management ab 1970 (vieleicht kann man ergänzen Pollution Management ab 1980). Unabhängig von der richtigen Datierung ist der Gedanke der historischen Dependenz von Koordinationsmechanismen wichtig.-

(5) Zu einer theoretischen Begründung für die Ausbildungskonzeption von Syracuse "Information Resources Management" vgl. jetzt Daniel (1983).-

Eine erste empirische Absicherung wird von der im Rahmen des Konstanzer Projektes "Informationsverarbeitung in Organisationen" durchgeführten Erhebung bei insgesamt 5000 Organisationen, vorwiegend im Raum Baden-Württemberg, erwartet; erste Ergebnisse in Kuhlen:1983; vgl. auch Kuhlen et al:1983.-

(6) W.Kirsch/H.K.Klein:1977, 54ff diskutieren, angelehnt an Dearden, McFarlan, Zani und Daniel, einige Klassifikationsvorschläge zur Strukturierung von informationell abhängigen (Management-)Tätigkeiten. Vgl. Reinermann:1981, Tab. S.4.-

Im Rahmen einer empirischen Erhebung zur Informationsverarbeitung in Organisationen (erste Ergebnisse in: Kuhlen, 1983) wurde nach folgenden informationsintensiven Tätigkeiten unterschieden, die in ihrer Relevanz in Beziehung zu organisationellen Einheiten, wie z.B. Organisationsabteilung, Rechenenzentrum, gesetzt werden sollten:

- Verwaltung organisationsinterner Daten (Stammdaten, Lagerverwaltung usw.)
- Organisation des Berichts- und Kontrollwesens
- Aufbereitung von Information für Planung und Entscheidung
- Planung und Aufbau von Informationsdienstleistungen
- Konzeptionelle Planung und Realisierung von Datenbanken
- Beobachtung des Informationsmarktes/Informationsbeschaffung aus externen Quellen
- Marktanalyse und Auswahl neuer Informations- und Kommunikationstechnologien
- Implementierung von Informations- und Kommunikationstechnologien
- Analyse und Koordination von internen Kommunikations- und Informationsprozessen
- Organisation von Fort- und Ausbildung im Bereich Informationsverarbeitung.-

(7) Auf diesen Unterschied macht Rauch:1982, 34ff aufmerksam: "Informations-, dokumentations- und kommunikationsorientierte Büro-Informations-Systeme unterscheiden sich von Management-Informations-Systemen vor allem in der Art der Information, die durch das jeweilige System bearbeitet werden soll. Management-Informations-Systeme operieren hauptsächlich mit aggregierten bzw. aggregierbaren Daten ... Das Büro-Informations-System be- und verarbeitet in erster Linie nichtaggregierbare Daten. Hier handelt es sich vor allem um Textdaten, also Nachrichten ('Informationen'), die in natürlicher Sprache abgefaßt sind. ... Diese verschiedenen Möglichkeiten von BIS und MIS machen beide Systeme auch für ganz unterschiedliche Managementebenen interessant." (37-39, vgl. Tab. auf S.38) Aber auch Rauch sieht beide Typen nicht in ausschließender Konkurrenz.-

Ansätze zu einer Integration von Tätigkeiten und Systemtypen entwickeln Kirsch/Klein: 1977, 63ff in der Übernahme von Abgrenzungen von Dooley. Dort werden Trans-

aktionsdatensysteme (entsprechend Informationsbedürfnissen für die Abwicklung von
Geschäftsvorfällen), Berichts- und Kontrollsysteme (entsprechend Informations-
bedürfnissen für die Überwachung und Rechnungslegung des laufenden
Unternehmensgeschehens) und Planungs- und Entscheidungssysteme (entsprechend
Informationsbedürfnissen für Entscheidungen auf allen Ebenen der Unter-
nehmenshierarchie) unterschieden, aber als horizontale Subsysteme eines integralen
Management-Informationssystems angesehen (vgl. Tab. S.68).-

(8) Der Stand der bisherigen informationswissenschaftlichen Diskussion wird immer
noch von Wersig:1971 bestimmt, der in Anlehnung an das KYBIAC-Modell von Stachowiak:
1965 Information als die Bedingung der Möglichkeit für die Anpassung eines
bestehenden internen (auf ein Individuum bezogenen) Außenweltmodells an ein neues
Modell ansieht, welche (die Anpassung) aufgrund einer problematischen, d.h.
Ungewißheit verursachenden Situation erforderlich wird (vgl. auch Rauch:1982,
164-167).-

(9) Vermutlich ohne Kenntnis der informationswissenschaftlichen Literatur definiert
Busch:1983, 80) Information als "pragmatischen Wert einer Nachricht" und schlägt im
weiteren Verlauf die Differenz zwischen Zielzustand und Ist-Zustand als Maß zur
Ermittlung dieses pragmatischen Wertes vor (95).-

(10) Am Lehrstuhl für Informationswissenschaft an der Universität Konstanz wird an
solchen Verfahren, speziell zum Zwecke der Textkondensierung, in den Projekten TOPIC
und TOPOGRAPHIC gearbeitet, vgl. Hahn/Kuhlen/Reimer:1982; Heese:1983; allgemein zur
Entwicklung intelligenter Informationssysteme: Moto-Oka:1982; Fuchi:1982; Suwa et al:
1982; Barr/Feigenbaum:1981; Cohen/Feigenbaum:1982.-

(11) In der Arbeit von Janovsky sollte untersucht werden, inwieweit ein fortgeschrittener Computereinsatz in Organisationen die sieben oben aufgeführten
Variablen, die als mögliche Einflußfaktoren für innovatives organisationelles
Verhalten identifiziert wurden, positiv oder negativ beeinflussen kann. Janovsky
kommt zu einem sehr eindeutigen Ergebnis, daß nämlich Zentralisierung, Formalisierung
und Stratification mit Computereinsatz und Innovationpotential negativ korreliert,
d.h. also daß der Computereinsatz solche Variablen, wie z.B. Zentralisierung und
Formalisierung, die sich nach allgemeiner Einsicht als innovationshemmend
herausgestellt haben, nicht verstärkt, während die übrigen vier Faktoren -
Professionalisierung, Reduktion von Unsicherheit, Intersektorale Kommunikation und
Steuerung - durch den Computereinsatz positiv verstärkt werden und damit das
Innovationspotential erhöhen. Janovskys These besagt also, daß die für Innovation
(neben Stabilität das wohl allgemeinste Organisationsziel) negativen Faktoren durch
den Computereinsatz nicht verstärkt, sondern eher begünstigt werden (vgl. den
auszumachenden Trend zur Dezentralisierung in der Datenverarbeitung und die häufig
behauptete Freisetzung von formalisierter Routinearbeit zugunsten kreativer
höherwertiger Arbeit), während die positiven Faktoren durch den Computereinsatz eher
noch verstärkt werden, also höhere Ausbildungsprofile verursachen, größere Chancen
für informationelle Absicherungen eröffnen, die Kommunikation zwischen
Organisationseinheiten, z.B. durch interne mail- und message-Systeme, erleichtern
und dem Management erhebliche Chancen der Steuerung bei Beibehaltung der dezentralen
partizipativen Organisationsformen einräumen. Dieses nicht durch eigene empirische
Untersuchungen belegte, sondern in der umfangreichen Auseinandersetzung mit der
Organisationsliteratur gewonnene eindeutige Ergebnis muß sicherlich sehr vorsichtig
interpretiert werden. Am ehesten wird man es wohl mit dem Argument der v rtneutralen
Instrumentalisierung bzw. Trendverstärkung durch Datenverarbeitung deuten können.
Nicht untersucht worden ist bislang die analoge Fragestellung, ob ähnliche Effekte
auch beim Einsatz von Informationsverarbeitungstechnologien (also nicht
Datenverarbeitung allgemein) entstehen, ob also durch sie innovationshemmende
Variablen reduziert und innovationsfördernde unterstützt werden.-

(12) Otten:1982, 109 weist mit 62 (!) Bezeichungen für Informationsfachkräfte in den USA auf "das weite Spektrum der informationsbezogenen Tätigkeiten" hin.-

In der deutschen Literatur (vgl. auch Schmitz-Esser:1983) sind etwa die folgenden Bezeichnungen verwendet worden: Informationslogistiker; Informationsreferent; Telekommunikationsbeauftragter (Diebold Management Report 6 (1979) 11-12, anonym); Informationsombudsman; Sozialkommunikator; Medieninformator (Kuhlen:1982); Kommunikationspromotor (Geschka/Alter/Schwerdtner:1975, 139ff; vgl. Corsten:1982, 144); Datendedektiv; Informationsmittler; knowledge worker (Straßmann,bürotechnik 3/80 206ff; wohl originär von Rank-Xerox eingeführt); Informationsvermittler (Nachrichten für Dokumentation 31, 4/5, 1980, darin auch Bibliographie zum Begriff "Informationsvermittlung" von M.Ockenfeld und H.-R.Simon, 190-192); Kommunikationsplaner (A. Musiol, ZO 3/81, 168); Informationsorganisator; Organisator (nach Busch:1983, 207) in den hier relevanten Ausprägungen Systemanalytiker, Datenmanager, Data-Dictionary-Spezialist, Datenbank-Spezialist, Konfigurationsplaner, System-Engineer; Informationswirt; Organisationsentwicklungs-Ingenieur (Busch:1983, 201ff, detailliertes Anforderungsprofil 211ff); Informationsmanager (Reinermann:1981; Kuhlen:1982; Müller, Hrsg.:1982).-

(13) Mit Bezug auf informationsintensive Organisationen wird heute schon zuweilen vorgeschlagen, die Aufgaben der Koordination externer Informationen, allgemeiner, die Aufgaben der exteren Unterstützung der Informationsversorgung, auch in der personellen Zuständigkeit von den Aufgaben der innerorganisationellen Informationslogistik, die Koordination interner Informationen, zu trennen. Sicherlich werden sich mit Zunahme der Bedeutung von Informationsverarbeitung in Organisationen speziellere Berufe herausbilden (vgl. Stukenbröker:1979). Bleiben wir jedoch bei der Einheit der internen und externen Koordination in der Person des Informationsmanagers.-

(14) Vgl. BMFT-Leistungsplan Fachinformation. Planperiode 1982-1984. Der Bundesminister für Forschung Technologie, Bonn 1982; Gutachten über die Fachinformation in der Bundesrepublik Deutschland, erstellt vom Präsidenten des Bundesrechnungshofes als Bundesbeauftragter für Wirtschaftlichkeit in der Verwaltung (BWV), April 1983; vgl. dazu R.Kuhlen: Warnung vor wissenschaftlicher Kurzatmigkeit. Zu einem Bericht des Bundesrechnungshofs zur Situation der Fachinformation. FAZ Nr. 163, 18.7.1983, S.7.-

(15) Dazu eine kleine Anekdote aus der Geschichte der Textsysteme, wie sie von einem XEROX-Manager erzählt wurde, dessen Sekretärin die Eigenschaft entwickelt hatte, auf jeder Floppy lediglich vier Texte, oft nur kurze Briefe, unterzubringen, obwohl damit die Speicherkapazität nur zu einem Bruchteil ausgenutzt wurde. Angesichts der allmählich hoch werdenden Kosten für Floppies wegen dieser Verschwendung zur Rede gestellt, erklärte die Sekretärin, daß das Etikett der Floppies lediglich Raum für vier Eintragungen habe und sie ja schließlich nicht den Floppies sonst ansehen könne, was denn in ihnen enthalten sei. Dies ist ein banales, aber in seiner Struktur typisches Beispiel für die Vernachlässigung der Erschließungskomponente, die für die dauerhafte Nutzung einer Technologie wie Textsystem entscheidend ist.-

(16) Friedrich Ediner; Jürgen Roth; August W.Scheer; Wolfgang Wiechert: Computer Magazin 5/82, 28.-

(17) Angesichts der durch technische Verfahren (Telex, Teletex, Telefax, etc.) erweiterten externen Kommunikationsmöglichkeiten, deren effektive Nutzung weniger ein technisches als mehr ein organisatorisches bzw. methodisches Problem ist, wird im Diebold Management Report 6/79, 11-12 die Realisierung eines Berufsbildes der Zukunft in Form eines Telekommunikationsbeauftragten gefordert, der neben Kenntnissen in der Technologie genaue Einsicht in Organisationsstrukturen und interne Informationsflüsse haben muß. Dafür ist eine starke Management-Unterstützung unabdingbar.-

Literaturhinweise

Barr, A.; Feigenbaum, E.A., Hrsg. (1981): The handbook of artificial intelligence, Vols 1 u.2. HeurisTech Press, Stanford/Los Altos, Ca..-

Burns, T.; Stalker, G. (1961) : The management of innovation. Tavistock Press, London.-

Busch, U. (1983): Konzeption betrieblicher Informations- und Kommunikationssysteme (IKS). E. Schmidt, Berlin.-

Cohen. P.R.; Feigenbaum, E.A., Hrsg. (1982): The handbook of artificial intelligence, Vol. 3. Heuristech Press, Stanford/Los Altos, Ca..-

Corsten, H. (1982): Der nationale Technologietransfer. Formen - Elemente - Gestaltungsmöglichkeiten - Probleme. E. Schmidt, Berlin.-

Cuadra, R.N. et al (1982): Directory of online databases. Vol. 3, no. 4, summer 1982. Cuadra Assoc., Santa Monica, Ca.-

Daniel, E. (1983) : Information resources and organizational structure. Journal of the American Society for Information Science 34 (3), S. 222-228.-

Feigenbaum, E.A. (1982): Innovation and symbol manipulation, in: Moto-Oka (1982), S.223-226.-

Feldmann, M.J.; March, J.G. (1981): Information in organizations as signal and symbol. ASQ , S.171-186.-

Fuchi, K. (1982): Aiming for knowledge information processing systems, in: Moto-Oka (1982), S. 107-120.-

Galbraith, J.K. (1977): Organizational design. Addison-Wesley, Reading, Mass.-

Gee, S. (1981): Technology transfer, innovation and international competitiveness. Wiley, New York.-

Hage, J.; Aiken, M. (1970): Social change in complex organizations. Random House, New York.-

Hahn, U.; Kuhlen, R.; Reimer, U. (1982): Konzeption und Aufbau des automatischen Textkondensierungssystems TOPIC. Universität Konstanz, Informationswissenschaft, TOPIC-1/82, 77pp.-

Hansen, H.R., Hrsg. (1982): Büroinformations- und -kommunikationssysteme. Anwendergespräch, Wirtschaftsuniversität Wien, 30.9. bis 1.10.1982. Springer, Berlin Heidelberg New York.-

Heese, C. (1983): Die Konzeption einer interaktiven graphischen Mensch-Maschine-Schnittstelle für das System TOPIC: TOPOGRAPHIC (TOPic Operating with GRAPHical Interactive Components). Universität Konstanz, Informationswissenschaft, TOPIC-4/83.-

Heinen, E. (1976) : Grundlagen betriebswirtschaftlicher Entscheidungen. Das Zielsystem der Unternehmung. 3. Aufl. Gabler, Wiesbaden.-

Horton, F.W.   (1979): Information resource   management: Concept   and   cases. Association for Systems Management, Cleveland.-

Horton, F.W.;   Marchand,   D.A.   (1982):   Information   management   in   public administration.   An introduction and resource guide to government in the information age. Information Resources Press, Arlington, Va.-

Horton, F.W.   Jr.   (1982): Needed: A new doctrine for information resources management,in: Horton/Marchand (1982), S.45-57.-

Janovsky, J.   (1983): Wirkungsmöglichkeiten des Computereinsatzes für das betriebliche Innovationspotential. Verwaltungswissenschaftliche Diplomarbeit an der Universität Konstanz.-

Janovsky, J.; Müller-Heiden, B. (1983): Ansätze zu einer informationellen Organi-sationstheorie. Kommunikationstechnologie und Organisationsstruktur. Universität Konstanz, Informationswissenschaft. Bericht 4/83.-

Keen, P.G.W. (1981) : Information system and organizational change.   Communications of the ACM 24 (1), S.24-33.-

Kieser, A.; Kubicek, H. (1977): Organisation. De Gruyter, Berlin New York.-

Kirsch, W.; Klein, H.K.   (1977): Management-Informationssysteme I.   Wege   zur Rationalisierung der Führung. Kohlhammer, Stuttgart Berlin Köln Mainz.-

Knight, K.E.; McDaniel, R.R.   (1979) : Organizations: An information systems perspective. Wadsworth, Belmont, Ca.-

Kubicek, H.   (1979): Informationstechnologie und Organisationsforschung.   Eine kritische Bestandsaufnahme der Forschungsergebnisse, in: H.R.Hansen; K.T.Schröder; H.J. Weihe (Hrsg.): Mensch und Computer. Oldenbourg, München, S.53-79.-

Kuhlen, R.   (1982): Informationsvermittlung und Information Management,in: Nachrichten für Dokumentation 33 (3), S.103-108.-

Kuhlen, R.   (1983): Kommunikationstechnologien und Organisationsstruktur. Proceedings des Deutschen Dokumentartages 3.-7.Okt. 1983, Göttingen.-

Lawrence, P.R.; Lorsch, J.W. (1967): Organization and environment.   Irwin, Home-wood, Il.-

Lockemann, P.C.; Mayr, H.C. (1978): Rechnergestützte Informationssysteme. Springer, Berlin.-

Miller, J.G.   (1972): Living systems: The organization. Wiley, New York.-

Morrow, P.C. (1981) : Work related communication, environmental uncertainty, and subunit effectiveness: A second look at the information processing approach to subunit communication. Academy of Management Journal, 24 (4), S.851-858.

Moto-Oka, T., Hrsg. (1982): Fifth generation computer systems. Proceedings of the International Conference on Fifth Generation Computer Systems, Tokyo, Japan, Oct. 19-22, 1981. North Holland Publ. Co., Amsterdam New York Oxford.-

---

Müller, F.R., Hrsg. (1982): Wandel im Berufsbild des DV-Leiters - Das Konzept des Information Resources Management. Verl. CSMI Gmbh, München, CSMI/TTP.-

Ostermann, J. (1980) : Auf dem Wege in die kommunale Informationsverwaltung. Die Verwaltung 13 (3), S.297-327.-

Otten, K. (1982) : Ausbildungstrends für informationsbezogene Berufe in den USA. Gesellschaft für Information und Dokumentation. Frankfurt.-

Rauch, W.-D. (1982): Büro-Informations-Systeme. Böhlau, Wien.-

O´Reilly, C.A. (1980): Individuals and information overload in organizations; is more necessarily better? Academy of Management Journal 23, S. 684-696.-

Reinermann, H. (1981) : Verwaltungsaufgaben beim Einsatz der Ressource Information. ÖVD 1-2, S. 3-8.-

Schmitz, P.; Szyperski, N.; Höring, K. (1983): Bürokommunikation. Bezugsrahmen und Perspektiven der Anwendungen. Office Management 6, S.504-509.-

Schmitz-Esser,W. (1983) : Neue Berufsfelder in IuD. Deutscher Dokumentartag Lübeck-Travemünde 27.9.-30.9.1982. Saur, München, S.104-114.-

Staehle, W.H. (1973):, Organisation und Führung soziotechnischer Systeme. Grundlagen der Situationstheorie. Stuttgart.-

Strecfort, S.C. (1973): Effects of information relevance on decision-making in complex environments: Memory and cognition. Academy of Management Journal, 16, S.224-228.-

Stukenbröker, B. (1979): IuD-Informationsvermittlung aus Online-Systemen im Unternehmen - eine neue Organisationsaufgabe. Nachrichten für Dokumentation 30 (1), S.12-16.-

Suwa, M. et al (1982): Knowledge base mechanisms, in: Moto-Oka (1982), S.139-145.-

Szyperski, N. (1980) : Strategisches Informationsmanagement im technologischen Wandel. Angewandte Informatik, S.141-148.-

Tushman, M.L.; Nadler, D.A. (1978) : Information processing as an integrating concept in organizational design. Academy of Management Review, July, S.613-624

Vogel, E.(1983): Konstanzer Ausbildungskonzeption Informationswissenschaft: Informationsvermittlung/Informationsmanagement (in diesem Band).-

Wersig, G. (1971): Information/Kommunikation/Dokumentation. Verl. Dokumentation, Pullach b. München.-

Witte, E. (1980) : Die organisatorische Verknüpfung von Informations- und Kommunikationssystemen. Zeitschrift für Organisation 8, S.430-438.-

DEZENTRALE DATENVERARBEITUNG UND ORGANISATION DER ARBEIT IN DER KOMMUNALVERWALTUNG

ERGEBNISSE DER UDEV/BENDA-BEGLEITFORSCHUNG

Werner van Treeck
Gesamthochschule Kassel
Forschungsprojekt Verwaltungsautomation

(Einleitung)
I.   Fach- und DV-bezogene Funktionen
II. Aufgabenbezogene Arbeitsteilung
III. Zeitliche und räumliche Dimensionen der Arbeit
IV. Organisation und Qualifikation
V.   Organisation und Belastung
Anmerkungen

Referat

Ziel der sozialwissenschaftlichen Begleitforschung zum UDEV/BENDA-Projekt (Dezentralisierung des Zugriffs zu Landesdatenzentralen) war es u.a. herauszufinden, ob die technische Umstellung von der Stapelverarbeitung auf on-line-Auskunftsmöglichkeiten auch neue und bessere Organisationsformen in den betroffenen Verwaltungseinheiten mit sich gebracht haben. Bei Anlegen der Kriterien - flexible Aufgabenerfüllung, Abbau von überflüssigen Hierarchien, selbstbestimmte zeitliche Arbeitsdisposition, individuelle Persönlichkeitsentfaltung am Arbeitsplatz, Chancen zur weiteren Qualifizierung - wird der Schluß gezogen, daß im Projekt zu wenig Bewußtsein über die Notwendigkeit innovatorischer Reorganisationsmaßnahmen vorhanden war und sich daher an den Verwaltungsstrukturen und -aufgaben selbst kaum etwas geändert habe. Diese These wird an verschiedenen Beispielen (z.B. fachliche Arbeitsteilung, Ablaufsequenzen, Qualifikation der Mitarbeiter) diskutiert.

Abstract

The aim of the social science research accompanying the UDEV/BENDA project (decentralization of access to the states data centers) was to establish whether the technical change from batch processing to the online information system has also brought with it new and better forms of organization in the administrative units concerned. The conclusion drawn from - by applicating the criteria of flexibility in the execution of tasks, the elimination of superfluous hierarchies, the increase in individual autonomy and development at work, opportunities for on-the-job training - is that within the project team there was not enough awareness of the necessity for innovative measures for reorganization and therefore administrative structures and tasks had hardly changed. This thesis is discussed citing examples of division at work according to professional expertise, procedural steps and staff qualifications.

Vom August 1976 bis zum Ende des Jahres 1981 wurde von den Datenzentralen Baden-Württembergs und Schleswig-Holsteins und von der Anstalt für Kommunale Datenverarbeitung in Bayern das Projekt UDEV (1) durchgeführt. In diesem Projekt ging es um die Entwicklung und den Einsatz dezentraler Datenverarbeitungssysteme für verschiedene Funktionsbereiche in Gemeinden, Gemeindeverbänden und Landkreisen. Dabei vollzog die Baden-Württembergische Modellvariante (unter dem Namen BENDA) (2) den Entwicklungsschritt von der Stapelverarbeitung mit physischem Datentransport zwischen Verwaltung und Rechenzentrum zur Dezentralisierung von Datenerfassung und -vorverarbeitung und zum direkten Zugriff auf zentrale Datenbestände, also zur on-line-Auskunft.

Vom Oktober 1978 bis zum Anfang dieses Jahres wurde von der Forschungsgruppe Verwaltungsautomation an der Gesamthochschule Kassel die sozialwissenschaftliche Begleitforschung zum UDEV/BENDA-Projekt durchgeführt. Ich stelle hier die Forschungsergebnisse zum Zusammenhang von dezentraler Datenverarbeitung und Arbeitsorganisation in den Kommunalverwaltungen vor: welche Bedeutung hatte in den untersuchten Verwaltungen die Entwicklung der Datenverarbeitung für die Strukturen der Arbeitsteilung, für die fachliche Arbeitsteilung und die Arbeitsteilung zwischen fachlichen und DV-bezogenen Funktionen? Wie haben sich die zeitlichen und räumlichen Dimensionen der Verwaltungsarbeit verändert? Wie entwickelte sich der Zusammenhang von Organisation und Qualifikation und wie der Zusammenhang von Organisation und Belastung?

Ein Forschungs- und Entwicklungsprojekt in den finanziellen Größenordnungen wie UDEV/BENDA, in einem drei Bundesländer übergreifenden Verbund ausgelegt, von dem mit Sicherheit zu erwarten ist, daß von ihm Signalwirkungen für weitere DV-Projekte ausgehen werden, sollte erwarten lassen, daß es nicht bloß den technischen Entwicklungsprozeß vorantreibt, sondern daß es gleichgewichtig und mit ebenso innovativer Kraft den sozialen Zusammenhang der technischen Problemlösung bedenkt und bewußt weiterentwickelt. Mit Lenk sollten Innovationen "für die betreffende Organisation auch den Charakter einer Zielinnovation haben, soweit man nicht bloße Absatzförderung für die DV-Industrie oder Einsparungseffekte anstrebt" (3). Ein neues DV-System, das gewiß mehr als ein halbes Jahrzehnt überdauern wird, das dementsprechend über einen längeren Zeitraum Kapazitäten und Strukturen mehr oder weniger festlegt, verlangt geradezu die (ggf. experimentierende) Herausbildung neuer und besserer Organisationsformen und -bedingungen.

Inwieweit das UDEV/BENDA-Projekt diesem Erfordernis Rechnung getragen hat, wollen wir im folgenden prüfen. Wir greifen dazu auf Kriterien zurück, die die Veränderungen der Arbeitsorganisation im Zusammenhang mit dem Dezentralisierungsprozeß der Datenverarbeitung hinsichtlich ihres Stellenwerts für die Verwaltungsbeschäftigten und hinsichtlich der Entwicklungsrichtung von Verwaltungsarbeit zu bestimmen erlauben; und umgekehrt: die Kriterien sollen es zugleich ermöglichen, auch den Tatbestand der Nicht-Veränderung der Arbeitsorganisation und eventuell sich daraus ergebender Probleme begreifbar zu machen, obwohl eine Weiterentwicklung im Rahmen des UDEV/BENDA-Projekts nahegelegen hätte. Auf die Begründung der Kriterien müssen wir an dieser Stelle verzichten (4); wir können sie nur knapp skizzieren:

- Zwar ist in der öffentlichen Verwaltung der Aufgabenbestand in weitem Umfang und auch der Aufgabenvollzug zu großen Teilen rechtlich geregelt und vorgegeben; dennoch verändern sich mit der gesellschaftlichen Entwicklung die Aufgaben und auch die Anforderungen an die Art der Erfüllung der Aufgaben. Das erfordert Aufmerksamkeit für veränderte oder neuartige Problemlagen im gesellschaftlichen Umfeld, Neugier auf neue Informationen, ihre Untersuchung und Bewertung, die Entwicklung von Anregungen, Initiativen, Vorschlägen zur Problemlösung. Das verlangt aber auch ständige Überprüfung und Kritik der überlieferten Aufgaben und ihres eingefahrenen Vollzugs. Mangelnde Nutzung solcher Aktivitäten auf Seiten der Beschäftigten, die bloße Beschränkung des Verwaltungshandelns auf den gegebenen Normenrahmen und seine eingeübte Anwendung kann Lähmungen und Störungen der gesellschaftlichen Entwicklung zur Folge haben.

- Zwar ist für die Organisation der öffentlichen Verwaltung (in den Worten Max Webers) der "bureaukratische Verwaltungsstab" mit "fester Amtshierarchie" und "festen Amtskompetenzen" charakteristisch; dennoch stellen sich mit den Verschiebungen der gesellschaftlichen Funktionen öffentlicher Verwaltung neue Anforderungen an die Prinzipien der Arbeitsteilung, die auf den Abbau von Hierarchie, auf die Abkehr von einseitigen Tätigkeiten, auf die Verbindung fachlicher und technischer Kompetenzen zielen.

- Die zeitliche Disposition über die Arbeitsabläufe soll bei den fachlich zuständigen Beschäftigten liegen. Das erfordert die Zurückdrängung fremdbestimmter Ablaufzwänge, sei es aufgrund der Anbindung an unbeeinflußbare Sequenzen, Rhythmen oder Ereignisse (wie unvorhergesehene Störungen), sei es in Gestalt vorgegebener Unterbrechungen zusammenhängender Tätigkeitsfolgen und/oder verzögerter Tätigkeitsabschlüsse.

- Arbeitsplatz, Arbeitsmittel wie Arbeitsumgebung dürfen Gesundheit und Persönlichkeitsentwicklung der Beschäftigten nicht beeinträchtigen. Der Modernität der Technik darf die Kultur des Arbeitsraumes nicht nachstehen. Es muß die Möglichkeit zu individueller, besonderen Bedürfnissen entsprechender Anpassung der Arbeitsumwelt offenstehen.

- Die Arbeit soll lernförmig strukturiert sein und Chancen zur beruflichen Qualifizierung eröffnen. Beim Arbeiten soll dazugelernt werden können, und dieses Dazulernen wiederum soll den Arbeitsvorgang verbessern und entwickeln helfen. Ziel sind die Beschäftigten als Subjekte der Arbeit.

Wenn wir diese Kriterien der Analyse der Veränderungen (bzw. Nicht-Veränderung) der Arbeitsorganisation zugrunde legen, dann muß dem die Methodik der empirischen Erhebungen und ihrer Auswertungen entsprechen. Die Zielstellung, daß die Beschäftigten zu Subjekten ihrer Arbeit werden sollen, verlangt einen methodischen Zugriff, der das Mehr oder Weniger der Subjektwerdung in der Wirklichkeit zu erfassen gestattet. Von hier aus begründen sich drei methodische Entscheidungen unserer Begleitforschung:

(i) Die Problemorientierung unserer Forschung verlangte nicht die große Zahl der Erhebungseinheiten, sondern das intensive Studium ausgewählter Einzelfälle. Ob die vorgetragenen Ergebnisse repräsentativ sind, wissen wir nicht; wohl aber machen sie auf reale Problemlagen aufmerksam und zeigen Richtungen sinnvoller Problemlösungen.

(ii) Die Entwicklungsorientierung unserer Forschung verlangte eine mehrstufige Anlage der Erhebungen im Zeitablauf; die ausgewählten vier Gemeinden und ein Landratsamt sind von uns in jeweils (mindestens) vier aufeinander folgenden Phasen untersucht worden: eine Erkundungsphase diente zunächst der ersten Orientierung, der Abklärung des Zeitbedarfs für den Umstellungsprozeß und der Planung des weiteren Vorgehens; in einer Vorher-Phase wurde die Verwaltungsarbeit vor dem Einsatz des UDEV/BENDA-Modells und in einer Nachher-Phase nach der Modell-Implementierung erforscht; eine Rückkopplungs-Phase schließlich ermöglichte die Diskussion der Erhebungsbefunde mit den in die Untersuchung einbezogenen Verwaltungsbeschäftigten und -leitungen.

(iii) Eine Überprüfung der Leistungskraft der verfügbaren Erhebungstechniken angesichts des Gegenstands unserer Begleitforschung ergab spezifische Beschränkungen und Probleme der einzelnen Verfahren, so daß uns die "einkreisende" Anwendung möglichst aller - der Beobachtung ebenso wie der Befragung, der Gruppendiskussion, der Dokumentenanalyse und auch ergonomischer Meßverfahren - geboten schien, um ihre spezifischen Schwächen wechselseitig kompensieren und ihre jeweiligen Erschließungsmöglichkeiten gebündelt nutzen zu können; dies in einem zweifachen Sinne: Wir haben die einzelnen Erhebungsinstrumente nicht nur in (wechselnden) zeitlichen Folgen zusammengefügt, darüber hinaus haben wir sie in einem weiteren Erhebungsverfahren systematisch integriert: In einigen Gemeindeverwaltungen hatten wir in der Phase der Nachher-Untersuchung die Gelegenheit zu einer praktikumsartigen Teilnahme an den Arbeitsprozessen.

Andere methodische Entscheidungen wie die Auswahl der Untersuchungsgemeinden, die Festlegung der Verfahrens- und Verwaltungsbereiche etc. waren pragmatisch zu treffen (Berücksichtigung der Größenordnungen der Gemeinden, der wichtigsten landeseinheitlichen Verfahren Einwohnerwesen und Finanzwesen etc.). Der Zeitraum der Begleitforschung war durch den Zeitbedarf des UDEV/BENDA-Projekts vorgegeben.

Ich komme nun zu einigen Ergebnissen.

I. Fach- und DV-bezogene Funktionen

Am ehesten noch hat das UDEV/BENDA-Projekt Bewegung in die Arbeitsteilung zwischen fachlichen und DV-bezogenen Funktionen gebracht.

1) Im Funktionsbereich der Datenerfassung lassen sich zwei Verteilungstendenzen unterscheiden (wir sehen hier ab von der Reduktion der Datenerfassung durch vermehrten Austausch maschinenlesbarer Datenträger, weil dieser sich unabhängig vom UDEV/BENDA-Projekt entwickelt):

a) Die Verlagerung der Datenerfassung in die Fachabteilungen wird nur sehr un-
   einheitlich, streckenweise halbherzig oder überhaupt nicht durchgeführt. Wir
   fanden das beharrende Festhalten an der alten Trennung ebenso wie Mischformen, bei
   denen die Datenerfassung zwar in der Fachabteilung angesiedelt, dort aber als
   ausschließliche Tätigkeit an bestimmte Personen gefesselt wird. Dies, sowie die
   Tatsache, daß in der Verwaltung, in der die Datenerfassung (weitgehend) vollständig in die Facharbeit integriert ist, dies auch schon vor dem UDEV/BENDA-
   Projekt so praktiziert worden war, lassen an der Bedeutung von UDEV/BENDA für
   diese Bewegungstendenz zweifeln; die Beharrungskraft alter Organisationstraditionen einerseits, die Sogwirkung neuer Organisationsdiskussionen (Dezentra-
   lisierungsdebatte etc.) andererseits spielen offenbar eine wichtige Rolle.
   Generell halten wir eine weitgehende Aufhebung der Arbeitsteilung zwischen
   Sachbearbeitung und Datenerfassung von der Technik her für machbar und von der
   Sache her für sinnvoll:

   - Eine arbeitsteilige verselbständigte Datenerfassung bedeutet die Fesselung der
     eher monotonen Erfassungstätigkeit an besondere Arbeitskräfte.

   - Bei einer arbeitsteilig verselbständigten Datenerfassung müssen die Sach-
     bearbeiter Erfassungsbelege schreiben, d.h. auch sie bleiben keineswegs von der
     Monotonie der Erfassungsarbeit verschont.

   - Ein Sachbearbeiter, der zugleich die in seinem Fachgebiet anfallenden Daten ins
     System eingibt, weiß, was er eingibt, und hält auf diese Weise die Fehlerquote
     geringer als eine fachunspezifische Erfassungskraft.

   - Eine Integration der Datenerfassung in die Sachbearbeitung eröffnet bessere
     Möglichkeiten, DV-spezifische Qualifikationen mit den Fachqualifikationen zu
     verbinden.

b) Die Verlagerung der Datenerfassung in die Fachabteilung stößt dort auf räumlich-
   organisatorische und finanzielle Schranken, wo mehrere Gemeinden sich einer
   zentralen Erfassungsstelle beim Kreis bedienen. In dem von uns untersuchten
   Landratsamt ist während unserer Erhebungen die Diskussion über eine Vermischung

von Datenerfassung und DV-Sachbearbeitung in Gang gekommen. Die Durchsetzungschancen einer solchen Vermischung beider Tätigkeiten werden allerdings vorwiegend aus Eingruppierungsgründen als gering erachtet.

Daß aus der Perspektive der Datenerfassung die Aufhebung der Arbeitsteilung sowohl zur Sachbearbeitung wie zu weiteren DV-Funktionen zunehmend als leichter möglich erscheint, hängt nicht zuletzt mit einer Reihe von Erleichterungen zusammen, die das UDEV/BENDA-Projekt für die Datenerfassung (gegenüber dem abgelösten System) gebracht hat. Die wichtigsten Verbesserungen seien hier stichwortartig zusammengefaßt:

- ermäßigter Aufwand für das Einlesen und Wechseln der Erfassungsprogramme
- vereinfachtes Korrigieren und Löschen fehlerhafter Daten
- erweiterte Duplizierungsmöglichkeiten
- informationshaltigerer Maskenaufbau
- erweiterte Prüfroutinen
- Eingabevereinfachungen

Freilich waren auch Ungereimtheiten und Inkonsistenzen zu registrieren, vor allem mangelnde Abstimmungen zwischen den landeseinheitlichen Verfahren des Einwohner- und Finanzwesens und zwischen den Plausibilitätskontrollen vor Ort im Regionalen Rechenzentrum (RRZ).

2) Mit dem UDEV/BENDA-Projekt ist ein neuer Funktionsbereich von DV-bezogenen Supervisionstätigkeiten entstanden, der vor allem Operatingfunktionen wie Systemstart, Systemsicherung, Datensicherung, Reorganisation der Dateien, kleine Reparaturen etwa am Drucker etc. umfaßt. Diese Supervisionstätigkeiten fanden wir durchweg in den untersuchten Gemeindeverwaltungen auf bestimmte Personen konzentriert vor, entweder arbeitsteilig spezialisiert (DV-Sachbearbeiter) oder mit einer Fachaufgabe verbunden, wo sich eine spezifische DV-Kompetenz (aus welchen Gründen auch immer) bereits herauskristallisiert hatte.

Für die Konzentration der Supervisorfunktion gibt die Technik Gründe vor: System- und Datensicherheit, Ansprechpartner des RRZ in der Gemeindeverwaltung, Koordination der DV-Aktivitäten in der Gemeinde. Dennoch wäre ihre Verbindung mit anderen DV-Funktionen, insbesondere mit der Tätigkeit der Datenerfassung, wo sie arbeitsteilig separiert ist, aber auch mit Verwaltungstätigkeiten, die von der Datenverarbeitung durchdrungen werden, machbar und sinnvoll, um das Verständnis für diese Funktionen zu verbreitern und nicht von einzelnen Beschäftigten abhängig zu sein.

Wir fanden in den von uns untersuchten Gemeindeverwaltungen durchaus Hinweise für diese Entwicklung: In einer vertreten Supervisor und die (einzige) Datenerfasserin sich gegenseitig, während ein junger Schaltersachbearbeiter in seiner Schulung noch nicht so weit vorangeschritten ist, daß er den Supervisor vollständig ersetzen könnte.

3) Hinsichtlich des Funktionsbereichs der Programmierung sollte das UDEV/BENDA-Projekt nach dem Willen seiner Initiatoren keine Veränderung bewirken: Die Entwicklung der Programme sollte weiterhin möglichst zentral und landeseinheitlich erfolgen. Nun sind wir in den untersuchten Gemeindeverwaltungen verschiedentlich auf Defizite dieser Orientierung gestoßen: Auf spezifische Gemeindeanforderungen bezogene DV-Anwendungen werden nicht verwirklicht. Andererseits erlaubt das im Rahmen des UDEV/BENDA-Projekts eingeführte DV-System, gemessen an der zuvor verfügbaren Maschine, in größerem Umfang eigene Programmierung.

Inwieweit diese Möglichkeit genutzt wird, hängt von zusätzlich vorhandenen DV-Qualifikationen und individuellen Initiativen in den Verwaltungen selbst ab, ist also eher ein zufälliges Ergebnis einer gemeindespezifischen Entwicklung. Vereinzelt fanden wir, daß dort, wo die Möglichkeit eigener Programmierung (wie zufallsbestimmt auch immer) genutzt wurde, sich ein Bedarf an Organisationsformen artikulierte, die breitere und systematischere Lernprozesse in diesem Funktionsbereich eröffnen könnten:

Eine Buchhalterin etwa hat sich - unzufrieden mit der Beschränkung bisheriger Schulungen auf reines Bedienungswissen - das Programmierhandbuch des Herstellers beschafft (dabei sich auch durch mehrmaliges Nicht-Reagieren des Herstellers auf ihre Bestellung nicht abschrecken lassen) und stellt nun fest, daß dieses Handbuch kaum verständlich und für praktische Zwecke nicht gut nutzbar ist. Sie zieht daraus die Schlußfolgerung, daß man, um Programmieren zu lernen, sich praktische Probleme vornehmen und an ihrer Lösung kooperativ arbeiten müsse. Die Interessierten eines Amtes sollten beispielsweise zur Einübung kleine Programme (wie Urlaubsverwaltung oder Dienstjubiläen) erarbeiten oder bereits vorhanden Programme nachbauen. Kooperation könnte - bei Zeitknappheit - auch in einem zeitlichen Nacheinander durch Übergabe des jeweiligen Zwischenergebnisses an andere Kollegen zur Weiterarbeit realisiert werden.

Ein solcher Bedarf an neuen, weiterentwickelten Organisationsformen kollidiert mit Organisationsstrukturen, die die DV-Funktionen in den Gemeinden hierarchisch anordnen und sich damit an die überlieferten Organisationsformen der Gemeindeverwaltungen wie der Rechenzentren anlehnen. Der Zuwachs an DV-Funktionen und -Kompetenz vor Ort ermöglicht zwar mehr als früher einen "lautlosen" Umgang mit den Fehlern und Ausfällen des DV-Systems, von denen Außenstehende zumeist nichts merken. So gesehen ist die DV-Verantwortung ein Stück weit aus den Regionalen Rechenzentren in die Gemeindeverwaltungen (zurück)verlagert worden. Dort allerdings ist sie zu sehr konzentriert auf die Supervisorfunktion und die vorgeschalteten "Spezialisten". Vieles bleibt den meisten Beschäftigten verborgen. Die Herausbildung bewußter DV-Qualifikationen auf allen Ebenen der Verwaltungsarbeit wird behindert.

Zusammenfassend kann man hinsichtlich des organisatorischen Einbaus der verschiedenen DV-Funktionen in die Gemeindeverwaltungen davon sprechen, daß zwar dort einiges in Bewegung gekommen ist, daß es aber vielfach insbesondere auf kommunaler Seite an präzisen Vorstellungen über die eigenen Anforderungen an optimale Organisationsformen fehlt, daß offenbar auch die DV-Seite (Rechenzentren, Datenzentrale) mit Beratung und Hilfestellungen vielfach überfordert ist. So werden die DV-Funktionen "irgendwie" in die vorhandenen Strukturen hineingebaut. Organisationstraditionen, Machtorientierungen, Qualifikationsprägungen, auch Unsicherheit und Nichtwissen bilden wichtige Determinanten der Reorganisation.

II. Aufgabenbezogene Arbeitsteilung

Nahezu keine Veränderungen hat das UDEV/BENDA-Projekt in die Organisation der fachlichen Arbeitsteilung gebracht. Wo diese zuvor stark arbeitsteilig ausgeprägt war, blieb sie es in der Regel auch; und ebenso in den Gemeinden mit geringerem Spezialisierungsgrad in der Aufgabenbewältigung und weniger strengen Grenzziehungen zwischen den Aufgabengebieten. Änderungen in Hierarchie und Leitungsspanne waren nicht zu konstatieren. Kooperativität in der Verwaltungsarbeit wurde kaum verstärkt: Nach wie vor finden sich hauptsächlich entweder "handwerkliche Einzelfertigung von Verwaltungsakten" (5) oder sequentielle Teilbearbeitung von in Einzelschritte zerlegten Verwaltungsvorgängen. Eine organisatorische Innovation wie der informelle Wechsel der Arbeitsgebiete zwischen den Beschäftigten für jeweils eine Woche im Monat, wie wir ihn in einer Gemeindekasse fanden, mit dem Ziel, durch eine regelmäßige Übernahme von Tätigkeiten des jeweils anderen ihre Bewältigung (etwa bei Urlaub oder Krankheit) sicherer und leichter zu machen - eine solche organisatorische Innovation blieb eine Ausnahme.

Arbeiten unter anderen Bedingungen in anderen Formen ist offenbar in öffentlichen Verwaltungen nur schwer vorstellbar. Wir halten diesen organisationspolitischen "Konservatismus" um so weniger für angebracht, als die Entwicklung der Aufgaben wie der Mittel zu ihrer Bewältigung stark arbeitsteilige spezialisierte Tätigkeiten perspektivisch immer weniger als sinnvoll erscheinen läßt (6) und eine verwaltungspolitische Zäsur wie das UDEV/BENDA-Projekt zugleich eine günstige Gelegenheit für organisatorische Veränderungen eröffnet hätte. Diese wurde freilich selbst dort, wo die Überwindung arbeitsteiliger Vereinseitigungen leicht möglich gewesen wäre, wie etwa die Verknüpfung des separierten Mahnwesens mit anderen Tätigkeiten des Kassenamts in einer Großstadt, nicht genutzt. Daß die Verwaltungen mit geringer ausgeprägtem Arbeitsteilungsgrad sozusagen von Haus aus einen Vorsprung in der Entwicklung haben, liegt nahe. Für den Sachbearbeiter hat das den Vorteil, einen größeren Überblick über das Verwaltungsgeschehen zu besitzen und über ein breiteres Qualifikationsspektrum zu verfügen. Für den Bürger liegt der Vorteil in einer umfassenden und leichter abschließbaren Beratung bzw. Bearbeitung seiner Angelegenheiten, soweit wie möglich ohne Verweisungen.

Daß die Gelegenheit zu organisatorischen Veränderungen zu wenig genutzt wurde, hängt nicht zuletzt damit zusammen, daß das UDEV/BENDA-Projekt nur in sehr begrenztem Maße die beteiligten Gemeindeverwaltungen veranlaßt hat, den Stand und die mögliche Entwicklung ihrer Aufgaben intensiveren Diskussions- und Überprüfungsprozessen zu unterziehen. Dieses Versäumnis wollen wir kurz an den beiden fachlichen Funktionsbereichen verdeutlichen, die im Mittelpunkt unserer Untersuchungen gestanden haben: dem Einwohnerwesen und dem Finanzwesen.

1) Der Automatisierungsschritt im Einwohnerwesen hätte Gedanken darüber wecken und mobilisieren können, wie sich dieser Aufgabenbereich im Interesse der Bürger erweitern und quartiersnäher gestalten läßt. Dabei hätte es nahegelegen, an bereits laufende Versuche und Überlegungen zu einem gemeindezentralen Bürgeramt (7) oder zu weiterentwickelten dezentralen Ortsverwaltungs- oder Bezirksstellen (8) anzuknüpfen. Gerade die DV-Entwicklung hat ja dazu beigetragen, daß die Einwohnermeldeämter zunehmend Serviceleistungen für andere Stellen und Ämter übernommen haben, ohne daß dies überall in einer Integration mit Lohnsteuerkartenstelle, Wahlamt, Paßamt, Ausländeramt, Statistischem Amt organisatorischen Ausdruck gefunden hätte. Ein Sachbearbeiter zu solchen "Übergriffen": "Das empfinden wir fast so als unser Eigentum." Auch ganz meldeamtsfremde Funktionen werden verschiedentlich unternommen, wie Fundbüro, Entgegennahme von Anträgen auf Familiendarlehen, Aushändigung der Ausweise der Versorgungsämter u.a.m.

Wie also und unter welchen Bedingungen wäre beispielsweise das Einwohnermeldeamt zu einer qualifizierten Anlaufstelle für die Bürger zu erweitern, die den Zugang zu den Fachämtern in der Gemeindeverwaltung und die Vermittlung zu anderen Verwaltungen (Landes- und Bundesverwaltung, Sozialversicherung etc.) erleichtert, gegebenenfalls einfache Fälle entweder in enger Verbindung mit den Fachämtern oder selbständig, abschließend oder zumindest so weit bearbeitet, daß sich der Bürger weitere Wege und Wartezeiten ersparen kann? Und welche Unterstützung könnte hierbei Informationstechnik leisten, um Informationen zu erschließen, Kommunikation (zwischen den Ämtern und zwischen Amt und Bürgern) zu verbessern und Entscheidungen zu unterstützen?

2) Der Automatisierungsschritt im Finanzwesen hätte Gedanken darüber wecken und mobilisieren können, wie sich dieser Aufgabenbereich - bei gewachsenem Aufgabenbestand und knapper gehaltenen Mitteln, unter Bedingungen einer globalen ökonomischen Krise - im Interesse einer genaueren Übersicht und erweiterten Planungsfähigkeit der Gemeinden hinsichtlich ihrer Finanzen gestalten läßt. Zumindest eine wirksamere Unterstützung der Haushaltsüberwachung hätte nahegelegen. Darüber hinaus verlangt die Notwendigkeit einer besseren Erkennbarkeit der Wechselwirkungen ökonomisch wirksamer Maßnahmen auf den verschiedenen staatlich-

kommunalen Ebenen, oft unter Zeitdruck, Steuerungsinstrumente, Konzepte und Verfahren der Wirtschaftlichkeitsermittlung, die größere Transparenz und bessere Begründbarkeit von Entscheidungen, schnellere Verfügbarkeit entscheidungsrelevanter Daten und genauere Kontrolle der Handlungsresultate erlauben als bisher.

Wie also und unter welchen Bedingungen wären, über das kameralistische Rechnungssystem hinaus, zusätzliche Rechnungssysteme und Entscheidungshilfen wie etwa die Kostenrechnung, Kalkulationsrechnungen oder soziale Rechnungsverfahren (die über den einzelbetrieblichen Horizont oder sonstigen Methoden der Wirtschaftlichkeitsermittlung hinausgehen und die Einbeziehung von externen Effekten verlangen) nutzbar zu machen? Und welche Unterstützung könnte hierbei Informationstechnik leisten, Informationen besser verfügbar zu halten, umfassender und schneller auszuwerten und Entscheidungen begründbarer zu machen?

Anstrengungen zur praktischen Beantwortung solcher Fragen sind uns im Rahmen unserer Begleituntersuchung nur vereinzelt als Bestandteil des UDEV/BENDA-Projekts und mehr zufällig als Resultate individueller Bemühungen begegnet (9).

III. Zeitliche und räumliche Dimensionen der Arbeit

Wie verändert sich die Organisation der Verwaltungsarbeit in der zeitlichen und räumlichen Dimension?

1) Jeder Maschineneinsatz schafft das Problem der Abstimmung verschiedener Zeitstrukturen und -rhythmen von Mensch und Maschine, wobei im allgemeinen unbestritten ist, daß diese Abstimmung primär von den Bedürfnissen und Interessen der arbeitenden Menschen auszugehen hat und daß nicht umgekehrt die Arbeitenden an die Maschinen anzupassen sind.

Vor dem UDEV/BENDA-Projekt fanden wir in den untersuchten Gemeindeverwaltungen folgende Situation: Die (Stapel-)Verarbeitung der kommunalen Daten in Regionalen Rechenzentren schafft ein Abhängigkeitsgefälle der Verwaltungsabläufe in den Gemeinden von den Stapelläufen (deren Zeitplanung von dem RRZ bestimmt wird) und der Transportorganisation zwischen Gemeinden und RRZ (in der Regel Kurierdienst dreimal wöchentlich). Dieses Abhängigkeitsverhältnis kann allenfalls durch die Zeitbemessung der Gemeinden, eventuell zu einem späteren Zeitpunkt über das Ergebnis eines DV-Zyklus verfügen zu wollen, abgepuffert werden, allerdings um den Preis einer weiter nachlassenden Datenaktualität (die ja aufgrund der Stapelverarbeitung sowieso schon eingeschränkt ist und von daher nur wenig Spielraum übrig läßt). Vor dem UDEV/BENDA-Projekt fanden wir in den untersuchten Gemeindeverwaltungen Verarbeitungszyklen zwischen einer und drei Wochen.

Auf der Ebene der Arbeitsabläufe der Sachbearbeiter bedeutet dies (mindestens) zweierlei:

- Die von der Verwaltungsarbeit zeitlich und räumlich abgetrennte Datenverarbeitung im Rechenzentrum bedeutet eine Unterbrechung in der Sachbearbeitung: Der einzelne Vorgang kann nicht von Anfang bis Ende in einem Stück bearbeitet werden; zusammenhängende Arbeitsabläufe werden auseinandergezogen, in Teilprozesse aufgespalten, zwischen denen andere Arbeiten eingelagert sind.

- Dadurch, daß die Verarbeitung der Daten im Rechenzentrum von den Problemen vor Ort abgekoppelt ist, besteht eine gewisse Dispositionsmöglichkeit, die eigene Arbeit selbst oder mit anderen einzuteilen; diese Dispositionsmöglichkeit hat ihre scharfe Grenze an den Rhythmen der Stapelläufe und der Transportzeiten: "Wenn der Kurier am Ende des Vormittags ins Haus steht, kann die Arbeit zur Hetze werden", sagt eine Buchhalterin.

Abhängigkeit (der Sachbearbeitung wie der Gemeindeverwaltung insgesamt) von der zentralen Datenverarbeitung bedeutet also nicht eine lückenlose und unentrinnbare Zwangsanbindung (wie etwa an einen kurzzyklischen Maschinentakt), wohl aber schließt sie einen unausweichlichen Druck zu verstärkter Organisation und Planung der Verwaltungsabläufe ein; die fremde Rhythmik des Rechenzentrums muß einkalkuliert werden. Dem Sachbearbeiter kann (sofern nicht verwaltungsinterne Organisationsfestlegungen dies verhindern) ein begrenzter Entscheidungsspielraum darüber verbleiben, zu welchem Tageszeitpunkt er einen Arbeitsgang in Angriff nehmen will, ob es etwa sinnvoll ist, daß bestimmte Daten zu einem bestimmten Zeitpunkt ins Rechenzentrum kommen oder ob dies nicht notwendig sein muß.

Das UDEV/BENDA-Projekt hat zunächst am Prinzip von Stapelverarbeitung und Transportorganisation nichts geändert. Es hat die Zeiträume der DV-Zyklen verkürzt:

- Die Gemeinden gehen zunehmend dazu über, die erfaßten Daten täglich per Post (anstatt durch den Kurier) an das Rechenzentrum zu übermitteln.

- Die on-line-Auskunft aus den Datenbeständen des Rechenzentrums verkürzt die Wartezeit auf die Verarbeitungsergebnisse, allerdings nicht umfassend, weil die zeitliche Verzögerung durch off-line-Erfassung und Stapelverarbeitung (zunächst) bestehen bleibt.

- Bei einzelnen Pilotanwendern und Verfahren inzwischen realisiert, bei anderen für die Zukunft geplant, ist die tägliche (abendliche) Übertragung der erfaßten Daten von der Gemeinde ins Rechenzentrum, die Verarbeitung über Nacht und die Abfragbarkeit der Ergebnisse am nächsten Morgen.

Mit der Verkürzung der DV-Zyklen ist zweifellos ein Gewinn an Datenaktualität für die Gemeinden verbunden; zugleich bedeutet sie jedoch auch ein Zusammenpressen der Pufferzeiten und Dispositionsmöglichkeiten. Eine weitere Einschränkung ist mit der Direktverbindung zwischen Gemeindeverwaltung und Rechenzentrum (zunächst zu Auskunfts-, später auch zu Erfassungszwecken) verbunden: Hier behindern die Unregelmäßigkeiten des Antwortzeitverhaltens, Störungen und auch Ausfälle die Ausprägung individueller Arbeitsrhythmen und auch die Kalkulierbarkeit des Zeitverhaltens des DV-Systems auf seiten der Sachbearbeiter bzw. Datentypistinnen. Ähnliches gilt für die Wartezeiten während des Ablaufs von Systemfunktionen an der Zentraleinheit.

Einschränkungen können zusätzlich dort entstehen, wo eine beschränkte Anzahl und damit Zugänglichkeit der Datensichtgeräte die Beschäftigten dazu zwingt, Zeitkonkurrenzen untereinander auszugleichen, um sich in ihrer Arbeit nicht gegenseitig zu behindern; eine Situation, die in einer der untersuchten Gemeindeverwaltungen noch dadurch verschärft wurde, daß an den wenigen Datensichtgeräten überdies feste Zuordnungen auf bestimmte Erfassungs- und Auskunftsprogramme vorgenommen wurden.

Geht man davon aus, daß die Entscheidung, wann was wie an Daten maschinell verarbeitet werden soll, so weit wie möglich beim fachlich zuständigen Sachbearbeiter liegen soll, dann wird dem ein DV-System, das nur die Erfassungs- und Auskunftsfunktionen in die Gemeindeverwaltungen verlagert und nicht auch Datenbestände mitsamt den Möglichkeiten ihrer Verarbeitung, nicht gerecht. Hier liegt bislang ein gravierendes Defizit des UDEV/BENDA-Projekts zumindest in Baden-Württemberg. Es ist daher nicht verwunderlich, daß eine Reihe von Beschäftigten in den untersuchten baden-württembergischen Gemeinden (soweit sie über die DV-Entwicklung informiert waren) beim schleswig-holsteinischen UDEV-Modell Vorteile sahen: Teilbestände der Daten sind unmittelbar bei den Kommunen verfügbar, Massenauswertungen, die - wollte man sie vor Ort machen - mitunter tagelang die Druckkapazität binden könnten, werden über das Rechenzentrum bezogen.

Darüber hinaus sollte der fachlich zuständige Sachbearbeiter überall dort, wo er eine sofortige Verarbeitung für sinnvoll oder gar notwendig hält, vom System unterstützt werden, die eingegebenen Daten als Informationen zu Personen und zu gesellschaftlichen Zusammenhängen begreifen und bearbeiten zu können. Dem steht die Struktur der Erfassungsprogramme des UDEV/BENDA-Projekts entgegen, die jeden, der nicht allzu umständlich arbeiten will, in eine stapelförmige Ordnung der Datenerfassung zwängt und damit einer Integration von Verwaltungsvorgang und Datenerfassung im Wege steht. Sicherlich ist es unstrittig, daß es eine ganze Reihe von Verwaltungsvorgängen gibt, die selbst stapelförmig strukturiert sind, nur gilt es zu beachten, daß es von der Verwaltungsaufgabe, mithin von der Entscheidung des Sachbearbeiters abhängen sollte, ob und wie in Stapeln gearbeitet wird.

2) Jeder Maschineneinsatz schafft das Problem der räumlichen Zuordnung von Mensch und Maschine, wobei im allgemeinen unbestritten ist, daß die Gestaltung des räumlichen Umfelds primär von den Bedürfnissen und Interessen der arbeitenden Menschen auszugehen hat und daß von hier aus die Anforderungen der Maschinerie (etwa an eine bestimmte Raumtemperatur oder Luftzirkulation) berücksichtigt werden müssen. In den untersuchten Gemeindeverwaltungen fanden wir eine Vielfalt von äußerst beengten, aber auch räumlich ausreichenden Arbeitsverhältnissen, von völlig veralteten und unter der Bedingung neuer Maschinerie kurzfristig und notdürftig improvisierten Raumausstattungen, aber auch von ergonomisch günstigen Raumbedingungen. Dies auf einen Nenner bringen zu wollen, ist unmöglich; statt dessen begnügen wir uns mit der Wiedergabe zweier Extremdarstellungen.

- Teilweise sind die Datensichtgeräte in einer Weise aufgestellt, daß die Arbeit daran zur Qual werden muß. Der Raum ist überfüllt. Die Vorteile einer vom Bildschirm unabhängigen Tastatur gehen verloren. Der notwendige Beinraum beim Sitzen ist nicht vorhanden. Aus Platzgründen werden die Datensichtgeräte in direktem Gegenlicht zu den Fenstern aufgestellt. Sie stehen nicht auf verstellbaren Tischen. In der Regelung der Helligkeit und der Lautstärke der akustischen Fehleranzeige bleibt es bei der einmal gewählten Einstellung. "Nein, das macht niemand, daß das verstellbar ist, wußte ich nicht." Insgesamt vermittelt sich der Eindruck, daß den ergonomischen Problemen der Arbeit nicht viel Bedeutung beigemessen wird.

- Die Möblierung der Räume, einschließlich für die neue Maschine, wurde von den Beschäftigten des Amtes, angeregt durch den Besuch einer Büromöbelausstellung, selbst ausgesucht. Die Auflagefläche für den Bildschirm läßt sich sowohl in der Höhe als auch in der Entfernung vom Auge wie im Neigungswinkel variieren. Die Tastatur kann versenkt werden, so daß das Tastenfeld auf gleichem Niveau mit der Umgebungsfläche ist und damit ein Abstützen der Handfläche bei der Dateneingabe möglich wird. Die Tageslichtsituation ist aufgrund der Lage der Fenster optimal: Der Platz hat an beiden Seiten gleichmäßig Licht, so daß Gegenlichtsituationen vermieden werden. Die künstliche Lichtquelle befindet sich allerdings hinter dem Arbeitsplatz, so daß im Falle ihrer Nutzung der Körper Eigenschatten auf die Arbeitsfläche wirft. Lärmbelästigung entsteht durch den Nadeldrucker.

Es läßt sich sagen, daß der räumlichen Dimension in der Organisation der Verwaltungsarbeit im Verlauf des UDEV/BENDA-Projekts (nicht zuletzt aufgrund unserer arbeitswissenschaftlichen Erhebungen, deren Ergebnisse frühzeitig (1981) den Gemeinden verfügbar gemacht wurden) zunehmend mehr Aufmerksamkeit geschenkt wurde; einige der untersuchten Gemeindeverwaltungen haben Verbesserungen in Angriff genommen.

IV. Organisation und Qualifikation

Lenk hat darauf hingewiesen, daß die "Denkform der Alternative, die bei der juristischen Absicherung von Verwaltungshandeln eine große Rolle spielt", in der öffentlichen Verwaltung "nicht ohne weiteres auf die Bereiche ´Organisation´ und ´Verfahren´ übertragen" wird. Er hat die "mangelnde Fähigkeit ..., Alternativen zu bestehenden Organisationsformen zu konzipieren", vor allem auf Qualifikationsrückstände zurückgeführt, auf mangelndes Wissen über Organisation und über Einsatzmöglichkeiten technischer Mittel. Positiv formuliert: "Verbessertes Wissen über neue technische und organisatorische Möglichkeiten kann nicht nur dazu führen, daß eine vorgegebene Zielstruktur durch neue Verfahren besser erfüllt werden kann. Es führt vielmehr auch zu einer Zielinnovation. Das Wissen über Mittel der Zielerreichung beeinflußt das Bezugssystem, in dem Ziele formuliert oder erkannt werden" (10).

Das läßt uns nach den Entwicklungsbedingungen technisch-organisatorischer Qualifikation im Zusammenhang mit dem UDEV/BENDA-Projekt fragen. Die Einweisung in die Arbeit mit dem neuen DV-System wurde zum größten Teil von den Regionalen Rechenzentren in Zusammenarbeit mit dem Hersteller organisiert und durchgeführt. Im Vordergrund standen Supervisor-Lehrgänge, zu denen die Beschäftigten geschickt wurden, die später in ihren Verwaltungen Supervisor-Funktionen übernehmen sollten: wegen der Vertretungsproblematik waren es in der Regel mindestens zwei Beschäftigte. Eine Ausnahme bildete eine Gemeindeverwaltung, in der von acht Beschäftigten des Rechnungsamtes vier an einem Supervisor-Lehrgang teilgenommen haben.

In der Beurteilung des vier- bis fünftägigen Lehrgangs sind sich die Teilnehmer durchgängig einig: Ihre Abstraktheit wird kritisiert; sie seien zu einseitig auf die technische Funktionsweise der Maschine bezogen. Es habe die Verbindung zu den fachlichen Aufgabenstellungen und Arbeitsprozessen gefehlt. Die Beispiele seien vorwiegend aus der Industrieverwaltung oder aus dem Krankenhausbereich genommen worden. Nirgendwo sei die spezifische Bedeutung der elektronischen Datenverarbeitung für das Fachgebiet deutlich geworden. Es werde gesagt, man solle dies oder jenes tun oder nicht tun, aber es werde nicht gesagt, warum.

Daß bei der Weitergabe des so erworbenen Wissens an die daheim gebliebenen Kolleginnen und Kollegen noch einmal Informationsverluste hinzunehmen sind, ist wahrscheinlich. Auf der anderen Seite haben die Bemühungen um Selbstschulung vor Ort in den Verwaltungen durch eigene Beschäftigte den Vorteil, daß gerade die Verbindung zum Fachgebiet hergestellt wird.

Wir sind nicht nur auf unterschiedliche Schulungsbemühungen der Kommunen und ihrer Beschäftigten anläßlich der Implementation des UDEV/BENDA-Projekts gestoßen, sondern auch auf unterschiedliche Vorstellungen über die Qualifizierungsnotwendigkeiten für die Verwaltungsbeschäftigten: Sie reichen von dem Bewußtsein, daß es in Zukunft umfassender und ständiger Aus- und Weiterbildungsmaßnahmen bedarf, in enger Verzahnung von Fach und Datenverarbeitung, bis zu Überlegungen, es genüge die Fähigkeit zur Bedienung von Bildschirm und Tastatur; es reiche hin, daß man die Interessierten mehr tun lasse als die Nicht-Interessierten; und je mehr Leute überdies Bescheid wüßten, um so unkontrollierbarer werde die Arbeit.

In der Mehrzahl der untersuchten Gemeindeverwaltungen wie auch in der Datenzentrale und in den Regionalen Rechenzentren herrschen Unsicherheit und Konzeptionslosigkeit; auch ist mitunter der Eindruck nicht von der Hand zu weisen, als sei die Furcht vor einer Verallgemeinerung des Wissens auf alle Beschäftigten sehr stark, als präferiere man lieber eine hierarchische Zuteilung der Qualifikationen, entsprechend der organisatorischen Hierarchie.

Zwar sind in einigen Gemeinden die Etats für Weiterbildungszwecke erhöht worden; andererseits stoßen Weiterbildungsbemühungen auf finanzielle und andere Restriktionen:

- finanzielle Restriktionen
  (im Falle einer von uns untersuchten Gemeindeverwaltung hat der Gemeinderat die Mittel für einen Programmierkurs für zwei Verwaltungsbeschäftigte verweigert; sie mußten privat aufgebracht werden)

- personelle und zeitliche Restriktionen
  (nicht ausreichende Vertretungsmöglichkeiten, die Arbeit bleibt während der Weiterbildung liegen)

- geschlechtsspezifische Restriktionen
  (gelegentlich wird auf die familiäre Situation weiblicher Beschäftigter verwiesen, die gegen ihre Teilnahme an Weiterbildungsprozessen spreche).

In dieser alles in allem eher unbefriedigenden Situation verwundert es nicht, daß viele Qualifizierungsbemühungen, über die verfügbaren und angebotenen Schulungsmöglichkeiten hinaus, das Resultat individueller Initiativen bleiben: der einzelne Sachbearbeiter im Einwohnermeldeamt, der der Erfassungskraft bei jeder Gelegenheit über die Schulter schaut und die Erfassungsprogramme für sich selbst durcharbeitet; die einzelne Buchhalterin, die sich das Programmierhandbuch des Herstellers besorgt und sich da durchzuarbeiten versucht. Solche Initiativen sind bewundernswert, sie sind aber auch nicht verallgemeinerbar.

Ihr Gegenstück sind Trends naturwüchsiger Herausbildung von DV-Spezialisten selbst dort, wo sie von der Organisation her noch nicht einmal vorgesehen sind. Das Vorsehen bzw. die Hinnahme von DV-Spezialisten ist bequem, ist auch beim jetzt erreichten Entwicklungsstand funktionsfähig, aber perspektivisch bleibt es unzureichend: Nicht nur entsteht für die Gemeindeverwaltung das Problem der Vertretung bzw. des Ersatzes, wenn solche Spezialisten ausfallen oder ausscheiden sollten; zugleich bilden sich für die Beschäftigten der Verwaltung entwicklungshemmende Differenzierungslinien heraus. Im Interesse zukünftiger Beherrschbarkeit ihrer Arbeit und Arbeitsmittel sollte eine allgemeine und anwendungsorientierte DV-Qualifikation in enger Verbindung mit der Fachqualifikation so weit wie möglich auf alle Sachbearbeiter verteilt sein.

Hierzu bedürfte es einer entsprechenden Orientierung des öffentlichen Aus- und Weiterbildungswesens, die sich gegenwärtig freilich so nicht finden läßt: Völlig unzureichend sind offenbar die Ausbildungsbedingungen für den Verwaltungsfachangestellten und für den mittleren Beamtendienst. Von einer Verwaltungsschule im Untersuchungsraum wird berichtet, daß sie es mit 12 Stunden "Einführung in die Datenverarbeitung" genug sein läßt. Dabei werden im wesentlichen drei Themen angesprochen: Aufbau eines elektronischen Datenverarbeitungssystems, Grundbegriffe des Programmierens und EDV in der öffentlichen Verwaltung. (Das UDEV/BENDA-Projekt ist bislang keine Thema dieses Einführungskurses.) Die dem Unterricht zugrunde liegende IBM-Broschüre mit dem gleichen Titel enthüllt das Dilemma solcher Art Kurse: Sie sind abgehoben von den realen Praxisbedingungen der Verwaltungsautomation und bleiben von einer aneignenden Annäherung an diesen Gegenstand weit entfernt.

Weiter entwickelt sind die Ausbildungsbedingungen für den gehobenen Dienst an den Verwaltungsfachhochschulen. Insbesondere am Beispiel der Fachhochschule in Kehl konnten wir uns überzeugen, daß die Ausbildungspraxis sogar mehr leisten kann, als es die Rahmenlehrpläne vorschreiben. Zusätzlich zu einem (obligatorischen) Einführungskurs im zweiten Studienjahr werden hier angeboten:

- ein Praktikum in den landeseinheitlichen Verfahren (die Fachhochschule ist an das Regionale Rechenzentrum angeschlossen und wird von dort wie eine Gemeinde, allerdings nur mit Spieldaten, bedient)

- ein Programmierkurs in BASIC

- Klein-Gruppen-Übungen über an der Fachhochschule entwickelte Programme.

Am Zusammenhang der DV-Ausbildung mit der fachlichen Ausbildung mangelt es freilich auch hier: Haushaltsrecht beispielsweise wird auf eine Weise gelehrt, als werde das Journal noch heute von Hand geschrieben.

Auf diesem Felde bedarf es neuer Impulse des öffentlichen Aus- und Weiterbildungswesens, aber auch in verstärktem Maße kommunaler Organisationsformen, die das Prädikat "lernfähig" verdienen.

V. Organisation und Belastung

Belastungen haben wir, außer in unseren arbeitswissenschaftlichen Erhebungen, nicht unmittelbar untersucht. Dort ergab sich die Belastungsfeststellung aus einer (gemessenen) Überschreitung rechtlich normierter und/oder arbeitswissenschaftlich gesicherter Grenzwerte. Darüber hinaus aber wirft der Belastungsbegriff eine Reihe von theoretisch und methodisch bislang schlecht gelösten Problemen auf, die seine umstandslose Verwendung verbieten. Vor allem ist Belastung nicht mit menschlicher Kraftanstrengung schlechthin zu verwechseln. Wenn Anstrengung nicht als losgelöst vom Begriff menschlicher Arbeit gedacht werden kann, so kann als Belastung nur eine Anstrengung gelten, in der die Entwicklung menschlicher Fähigkeiten in der Arbeit nicht mehr stattfindet bzw. blockiert wird.

Infolgedessen haben wir hier den Zusammenhang von Arbeitsorganisation und menschlicher Entwicklungsfähigkeit aufgesucht: Dort, wo organisatorische Diskrepanzen Entwicklungs- und Handlungsfähigkeit der Beschäftigten hemmen oder blockieren, kann auf Belastungen geschlossen werden. Auf solche organisatorischen Diskrepanzen als Quellen von Belastung sind wir in unserer bisherigen Analyse mehrfach gestoßen; wir fassen sie hier zusammen:

- Wenn an Arbeitsteilungs- und Hierarchielinien festgehalten wird, die von der technisch-organisatorischen Entwicklung her weder geboten noch sinnvoll sind, dann resultieren objektiv unnötige Einschränkungen für die arbeitenden Persönlichkeiten und ihre Handlungsfelder, durch Beschneidung der Kompetenzen und Entscheidungsmöglichkeiten, durch ein Übermaß an Routine in den Tätigkeiten, mit daraus folgenden psychischen Reaktionen wie Monotonie und Sättigung.

  An die überlieferten Arbeitsteilungs- und Hierarchielinien wurde im Verlauf des UDEV/BENDA-Projekts zu wenig oder gar nicht gerührt. Für die Verteilung der verschiedenen DV-Funktionen (Datenerfassung, Supervision, Programmierung) in den Kommunalverwaltungen zeichnete sich sogar eine zusätzliche hierarchische Stufung ab. Daß weniger stark ausgeprägte Arbeitsteilungsformen prinzipiell möglich sind, war wenigstens an einem Fallbeispiel zu belegen; freilich war auch in diesem Falle die organisationspolitische Orientierung längst vor dem UDEV/BENDA-Projekt entwickelt worden. Auf einen Änderungsbedarf bei den Verwaltungsbeschäftigten verweisen vereinzelte informelle "Übergriffe" über bestehende Grenzlinien der Arbeitsverteilung hinweg: gegenseitiges Aushelfen, Wechsel der Arbeitsgebiete.

- Wenn das DV-System die Verwaltungsbeschäftigten in unabänderliche Ablaufsequenzen hineinzwängt, die zeitliche Bestimmung der Beschäftigten über ihre Arbeit einschränkt und die Zeitstruktur der Arbeit selbst verdichtet, obwohl die Technik

Freiheitsgrade zuläßt, dann muß eine solche Beschneidung der zeitlichen Arbeits-
autonomie belastend wirken.

Das mit dem UDEV/BENDA-Projekt durchweg verbundene Problem ist, daß, solange am
Prinzip der Stapelverarbeitung und den mit ihr verbundenen Problemen der
Arbeitsorganisation (Abhängigkeit der Verwaltung von den Verarbeitungsrhythmen des
Regionalen Rechenzentrums, Unterbrechung der Sachbearbeitung) sich nichts ändert,
die Dezentralisierung einzelner DV-Funktionen (wie die on-line-Auskunft und
-Erfassung) zwar zu einer Verkürzung des Zeitraums der DV-Zyklen führt, dies aber
zu Lasten der Verwaltungsbeschäftigten geht: DV-bezogene Sachbearbeitung wird
verdichtet und die zeitlichen Dispositionsmöglichkeiten der Sachbearbeiter werden
eingeschränkt; unvorhergesehene Störungen und Ausfälle des Systems schlagen
unmittelbar auf die Arbeit durch.

- Wenn die Kultur des Arbeitsraums mit den Anforderungen der technischen Entwicklung
  nicht Schritt hält und der Rückstand mit tradierten oder improvisierten Notlösungen
  notdürftig überbrückt wird, dann müssen Brüche in der Arbeitssituation für die
  Beschäftigten die Folge sein.

Diese Belastungsquelle fanden wir im Zusammenhang mit dem UDEV/BENDA-Projekt
überall, wenn auch in unterschiedlicher Schärfe ausgeprägt. Die Pilotanwender traf
die Aufgabe, Vorsorge gegen Lärm- und Wärmebelastung zu treffen, nahezu
unvorbereitet. Am besten war noch jene Kommunalverwaltung verfahren, die den
Beschäftigten die Möglichkeit eröffnet hatte, sich über räumliche Gestaltungs-
bedingungen und -möglichkeiten zu informieren und die Entscheidungen über die
eigenen Arbeitsräume selbst zu treffen. Die zunächst überwiegend vorfindliche
Chaotik der Verhältnisse wich im Laufe des Projekts einer zunehmenden Problem-
sensibilität und Verbesserungsbereitschaft.

- Wenn der Qualifikationsstand der Beschäftigten hinter den Anforderungen der
  technisch-organisatorischen Entwicklung zurückbleibt, fehlenden Überblick und
  mangelndes Wissen im Gefolge, müssen Unsicherheit und Angst die Arbeit behindern
  und die Bewältigung neuartiger und unvorhergesehener Arbeitssituationen erschweren.

Qualifikationsrückstände als Belastungsquelle für einzelne Beschäftigte fanden sich
im UDEV/BENDA-Projekt auch in den Kommunalverwaltungen, die mit ihren Bemühungen um
die Qualifizierung ihrer Beschäftigten an der Spitze lagen. Paradoxerweise waren
Qualifikationsrückstände sogar das Resultat der im Rahmen des UDEV/BENDA-Projekts
realisierten Schulungsmaßnahmen - aufgrund ihrer Mängel und Einseitigkeiten, vor
allem aufgrund fehlender Vermittlung von DV- und Fachinhalten. Unsicherheit bei
der Arbeit, starres Sich-Anklammern an fixe (aber unbegriffene) Folgen von Griffen
auf der Tastatur, Ohnmacht angesichts vorenthaltener Qualifizierungsmöglichkeiten
und Angst vor zukünftigen Entwicklungen gehörten zu den beobachteten Folgen.

- Wenn die Aufgaben, deren Bearbeitung Gegenstand der Automatisierung wird, nicht auf
  ihren gesellschaftlichen Sinn befragt, gegebenenfalls verändert und weiterentwickelt
  werden, dann resultieren möglicherweise technisch perfektionierte Systeme für
  unzeitgemäße Aufgaben, werden möglicherweise gesellschaftlich drängende Probleme
  überhaupt nicht zu lösen versucht, mit der Folge struktureller Spannungen zwischen
  den Tätigkeiten der Verwaltungsbeschäftigten und den Bedürfnissen der Bürger.

Das UDEV/BENDA-Projekt hat zur Reflektion und Entwicklung der kommunalen Aufgaben
kaum etwas beigetragen. Auf den Bedarf an einer gesellschaftlich rationalen
Aufgabenkritik verweisen einerseits Aufgabenverschiebungen zwischen Ämtern und
Stellen, etwa im Einwohnermeldebereich, die unverkennbar mit der DV-Entwicklung
zusammenhängen ("Bürgeramt"), andererseits vereinzelte Initiativen zu gemeindespezifischen DV-Lösungen. Zwar konnten durchaus einzelne positive Veränderungen im

Sinne von Bürgerfreundlichkeit festgestellt werden; die Möglichkeiten der Verbesserung bestehender und der Entwicklung neuer Leistungen sind jedoch nicht
systematisch thematisiert und weitergetrieben worden.

Ebensowenig, wie die skizzierten organisatorischen Diskrepanzen sein müssen, gibt es
irgendeinen sinnvollen Grund für die mit ihnen erwartbaren Belastungen, erst recht
nicht für ihr Auftreten in gehäufter Form.

Mit diesen Hinweisen zu Gefährdungsbereichen in der automatisierten Verwaltungsarbeit, die den Bogen zurückschlagen zu den eingangs skizzierten Analysekriterien,
wollte ich den Vorschlag verbinden, darauf in zukünftigen Entwicklungen der
Verwaltungsautomation verstärkte Aufmerksamkeit zu richten.

Anmerkungen

(1) Untersuchung über die Auswirkungen auf den Verfahrensaufbau, die Verfahrenstechnik und die EDV-Organisation bei DEzentralisierung von Verarbeitsvorgängen in
einem Verbundsystem zwischen Groß- und Klein-EDV-Anlagen. UDEV wurde vom
Bundesminister für Forschung und Technologie gefördert.

(2) BENutzerorientierte DAtenverarbeitung

(3) Lenk, K.: Probleme der Verwaltungsinnovation durch DV-gestützte Verfahren. In:
ÖVD (1980), 10, S. 4.

(4) Vgl. den Abschlußbericht zur UDEV/BENDA-Begleitforschung, Kap. 1.

(5) Lenk, K., a.a.O.

(6) Vgl. Banner, G.: Die Anforderungen der Kommunalverwaltung an ein Verwaltungs-
studium. In: Der Städtetag (1975), 2, S. 72 ff.

(7) Vgl. Kommunale Gemeinschaftsstelle für Verwaltungsvereinfachung: Bürgerberatungs-
stelle. KGSt-Bericht Nr. 10/1974; Gesellschaft für Mathematik und Datenverarbeitung, Stadt Unna (Hrsg.): Forschungs- und Entwicklungsvorhaben Bürgeramt,
Bonn 1982.

(8) Vgl. Brinckmann, H.: Informationstechnik in der Bezirksstelle. Szenario eines
Wunsch- oder Alptraums. Masch.Mskt., Kassel 1981.

(9) Wie etwa das Fuchs´sche Programmpaket "Entscheidungshilfen für die Gemeinde-
wirtschaft", das dann auf das mit dem UDEV/BENDA-Projekt neu installierte
DV-System umgesetzt wurde; Einzelheiten vgl. in unseren Fallstudien zum
UDEV/BENDA-Projekt III (Verfahren Mündelbuchhaltung und öffentlicher Personen-
nahverkehr) und IV (Verfahren Vereine-Förderung und Entscheidungshilfen für die
Gemeindewirtschaft); Fuchs, K.: Mikrocomputer für Entscheidungshilfen im
Rathaus. In: Baden-Württembergische Verwaltungspraxis (1980), 10, S. 227 ff.

(10) Lenk, K., a.a.O., S. 7.

Bernd Jungesblut
Gesamthochschule Kassel
Forschungsprojekt Verwaltungsautomation

Referat

Es wird über die Ergebnisse der empirischen sozialwissenschaftlichen Begleitforschung zum UDEV/BENDA-Projekt (Dezentralisierung des Zugriffs zu Landesdatenzentralen) berichtet. Über fünf Fallstudien werden die Methoden des Interviews, der Arbeitsplatzbeobachtung und der Sekundär-/Dokumentanalyse eingesetzt. Durch Vorher-Nachher-Untersuchungen wurde zur lang diskutierten Frage, inwieweit der DV-Einsatz die Konzentration und Zentralisierung von Verwaltungstätigkeit fördert, neues empirisches Material erarbeitet. Es wird kritisiert, daß die in der heutigen Technologie liegenden Möglichkeiten der dezentralen Datenhaltung und -verarbeitung nur unzulänglich genutzt wurden, wenn auch die dezentrale Datenerfassung und der on-line-Zugriff auf die Zentralen Erleichterungen in der Organisation und der Verfügung über die Daten brachten. Die Gründe für die teilweise verpaßte Chance der innovatorischen Reorganisation werden mit Blick auf künftige Projekte diskutiert, wobei besonders auf die Schwierigkeiten in der Koordination zentraler DV-Instanzen und Bedürfnissen der kommunalen Anwender hingewiesen wird.

Abstract

A report is made on the results of the empirical social science research accompanying the UDEV/BENDA-project (decentralization of access to the states´ data centers). With the methods of interviewing and observation of workplaces and secondary document analysis five case-studies were conducted; through investigations before and after implementation new empirical material was produced about the long-discussed question to what degree data processing encourages the concentration and centralization of administrative tasks. - A criticism is that the current technological possibilities of decentralized data storage and data processing have only been insufficiently used, even if the decentralized data collection and the online access have brought with them advantages for the organization as well as the availability of data. The reasons for the partly missed chance of innovative reorganization are discussed with regards to future projects with an emphasis on the need for coordination between central data processing authorities and local users.

I

Die Diskussion um die "richtige" Organisationsform von DV-Einsatz und -Entwicklung ist so alt wie die Datenverarbeitung selbst. Als die Kommunalverwaltung Ende der 60er Jahre begann, ausgehend von den Rechenzentren der Großstadtverwaltungen ´Gemeinsame Kommunale Datenzentralen´ (GKD) zu gründen und umfangreiche DV-Verfahren für die Schwerpunktanwendungen Einwohnerwesen, Finanzwesen, Personalwesen usw. zu entwickeln, die den Automationsbedürfnissen sowohl der Großstädte wie auch der kleinen Kommunen entsprechen sollten, fand dies nicht nur Zustimmung seitens der Gemeinden. Die Kritik richtete sich insbesondere auf die folgende Merkmale der gemeinsamen kommunalen Datenverarbeitung:

- begrenzter Einfluß der kommunalen Anwender auf die Verfahrensgestaltung sowie das Fehlen gemeindespezifischer DV-Verfahren

- Zentralisierung des DV-know-hows in den Kommunalen Gebietsrechenzentren und ein entsprechender Entzug vergleichbarer Qualifikationen in den angeschlossenen Verwaltungen

- funktionelle Abhängigkeit der Gemeinden vom Rechenzentrum, d.h. bei Datenübertragung und Fehlerkorrekturen müssen große Entfernungen überbrückt und Zeitverluste in Kauf genommen werden

- Mängel in den Verfahrensabläufen (Fehlerhaftigkeit von Programmen und nur eingeschränkte Möglichkeiten zur Verfahrensverbesserung).

Von den Anwenderverwaltungen wurde häufig Klage darüber geführt, daß Verfahrensänderungen oder Neuentwicklungen wegen Überlastung des DV-Personals in den Kommunalen Datenverarbeitungszentralen, aber auch wegen des ständig steigenden Koordinationsaufwandes bei der Abstimmung der Bedürfnisse und Aufgaben der eigenen Verwaltung mit denen anderer (landeseinheitliche Entwicklung), nicht oder zu spät durchgeführt werden. Daß die Wünsche der Anwender nach Verfahrensänderungen oder Neuentwicklungen nur mit größeren Zeitverzögerungen erfüllt werden können, ist nicht allein auf die häufig zitierte "Softwarekrise" zurückzuführen. Wesentlicher erscheint hier der Mangel an Flexibilität der Datenverarbeitungszentralen, benutzerorientierte Lösungen auf immer komplexer werdenden Groß-DV-Systemen zu entwickeln. So erfordert die Entwicklung von Dialogsystemen einen sehr viel engeren Kontakt mit dem Benutzer, als er noch bei der Programmierung zentraler Stapelverarbeitungsverfahren erforderlich war.

Ein weiterer Grund dürfte auch in der Größe der kommunalen Datenverarbeitungszentralen zu suchen sein, die sich nicht nur aus der Anzahl der betreuten Einwohner (Fallzahl) bestimmt, sonder auch aus der Anzahl der einbezogenen Verwaltungen und deren organisatorischen Eigenarten.

Bei der Bildung der Kommunalen Gebietsrechenzentren blieb die Zusammensetzung der Anwenderverwaltungen weitgehend unberücksichtigt: Unabhängig von ihrer Größe, Bevölkerungsstruktur, Finanzkraft, ihrem geographischen Standort zum Rechenzentrum wurden die beteiligten Gemeinden und Kreise zusammengefaßt, eben wie sie zur Auslastung der vorgesehenen DV-Anlage gebraucht wurden.

Die Diskussion um die richtige Organisationsform der kommunalen Datenverarbeitung wurde belebt, als es aufgrund technologischer Neuerungen auf dem Sektor elektronischer Bauelemente einzelnen DV-Herstellern gelang, kleine, preisgünstigere Rechner, sogenannte Mikro- und Minicomputer, auf den Markt zu bringen. Viele kleinere Unternehmen, auch Kommunalverwaltungen sowie Abteilungen von Großunternehmen, versprachen sich von Einsatz dieser Kleinrechner einen besseren

Service als er von den zentralen Groß-Rechenzentren geboten werden konnte. Angesichts wachsender Kritik an den zentralen Organisationsformen der Datenverarbeitung sahen sich auch Kommunale Datenverarbeitungszentralen zu Zugeständnissen an ihre Anwender veranlaßt, indem sie den Zugang zu den zentral gespeicherten Anwenderdaten erleichterten, Verarbeitungszyklen zwischen Dateneingabe und Datenausgabe verkürzten und schrittweise die Dialogverarbeitung an die Stelle der auch heute noch vorherrschenden Stapelverarbeitung setzten.

Bei der Entwicklung der hierzu erforderlichen Organisationsform stellte sich die Frage, in welchen Umfang Datenverarbeitungsfunktionen aus den Rechenzentren herausgelöst und den Anwenderverwaltungen übertragen, also dezentralisiert werden sollten. Die Beantwortung dieser Frage war Gegenstand eines vom Bundesministerium für Forschung und Technologie (BMFT) geförderten Forschungsvorhabens, das die Datenzentrale Baden-Württemberg gemeinsam mit der Anstalt für Kommunale Datenverarbeitung in Bayern (AKDB) und der Datenzentrale Schleswig-Holstein mit dem Titel

"Untersuchung über die Auswirkungen auf den Verfahrensaufbau, die Verfahrenstechnik und die EDV-Organisation bei DEzentralisierung von Verarbeitungsvorgängen in einem Verbundsystem zwischen Groß- und Klein-EDV-Anlagen (UDEV)"

durchführte.

Phase 1 dieser Vorhabens lief vom August 1976 bis Februar 1978, die Phasen 2 und 3 bis Dezember 1981. Im August 1978 erhielt die Forschungsgruppe Verwaltungsautomation an der Gesamthochschule Kassel (GhK) vom BMFT den Auftrag, die Auswirkungen der neuen DV-Verfahren begleitend zu untersuchen. Zu diesem Zeitpunkt waren die wichtigsten Gestaltungsentscheidungen im UDEV-Projekt bezüglich der zu realisierenden Organisationskonzepte bereits gefallen. Der Zeitpunkt, zu dem die Begleitforschung ihre Arbeit aufnahm, ist jedoch von entscheidender Bedeutung, wenn man ihre Funktionen und Arbeitsweise richtig einschätzen will.

Zielsetzung der sozialwissenschaftlichen Begleitforschung war die Evaluation dezentralisierter DV-Systeme der Kommunalverwaltung im Hinblick auf

- den Kontakt zwischen Bürger und Verwaltung sowie zwischen Verwaltung und Verwaltung

- die Arbeitssituation des Sachbearbeiters

- das Selbstverwaltungsrecht, insbesondere die Organisationshoheit der Aufgabenträger

- die Gewährleistung des Datenschutzes bei arbeitsplatznahem DV-Einsatz.

Der Schwerpunkt der Begleitforschung im empirischen Bereich lag bei fünf Fallstudien, die in vier Kommunalverwaltungen unterschiedlicher Größe (8 bis 140 000 Einwohner) sowie einer Landkreisverwaltung durchgeführt wurden. Primärer Untersuchungs-gegenstand waren dabei die UDEV-Modelle für das kommunale Finanzwesen, das Einwohnerwesen sowie ein Textverarbeitungssystem für Baugenehmigungsverfahren, das von der ausgewählten Landkreisverwaltung entwickelt wurde. Die Vielschichtigkeit der dabei angesprochenen Problemstellungen wie auch die Differenziertheit der in den untersuchten Verwaltungen vorfindlichen Ausgangsbedingungen und Aufgaben erforderten ein entsprechendes Forschungsinstrumentarium. Deshalb standen im Mittelpunkt der empirischen Arbeiten insbesondere

- Experteninterviews (mit Mitgliedern des Verwaltungsmanagements der Kommunen, der Datenzentrale sowie der Regionalen Rechenzentren)

- Intensivinterviews (insbesondere mit Sachbearbeitern, Mitarbeitern und Daten-
  erfassungskräften in den von der Umstellung betroffenen Funktionsbereichen)

- Arbeitsplatzbeobachtungen in ausgewählten Funktionsbereichen

- Dokumentenanalyse (Arbeitsanleitungen, Verfahrenshandbücher, gesetzliche Regelungen
  usw.).

Nach Abschluß der Erhebungen wurden die Untersuchungsergebnisse mit den beforschten
Verwaltungen zurückgekoppelt. Dieser Rückkopplungsprozeß sollte evtl. falsche
Beschreibungen und Schlußfolgerungen korrigieren sowie neue Gesichtspunkte, die sich
möglicherweise später einstellten, in Form von Gruppen- oder Einzelinterviews bzw.
Gruppendiskussionen in das Untersuchungsergebnis einbeziehen. Aus den Fallstudien
resultierte eine Fülle von Einzelergebnissen, die zum einen in in sich
abgeschlossenen Fallstudienberichtn, zum andern in einem zusammenfassenden Endbericht
der UDEV-Begleitforschung ihren Niederschlag fanden (vgl. Arbeitspapiere der
Forschungsgruppe Verwaltungsautomation). Im folgenden wollen wir uns jedoch auf den
Teil der Begleitforschungsergebnisse beschränken, die es mit den organisatorischen
Konsequenzen des Einsatzes dezentraler DV-Technik, konkret des UDEV-Modells der
Datenzentrale Baden-Württemberg für die Kommunalverwaltungen zu tun haben.

II

Seit Einführung der Datenverarbeitung Ende der 50er Jahre interessiert sich die
Wissenschaft für die Auswirkungen des DV-Einsatzes auf die Organisationsstrukturen
von Unternehmen und Verwaltungen. Zunächst standen noch technische Probleme im
Vordergrund. Was die Untersuchungen der organisatorischen Auswirkungen anbetrifft,
so verstellten allzu optimistische Einschätzungen über die Möglichkeiten der
DV-Technologie den Blick der Forscher und auch der DV-Praktiker. Eine der ersten
empirischen Untersuchungen in diesem Bereich kam zu dem Ergebnis, daß eine
wesentliche Folge des DV-Einsatzes für die Organisationsstruktur die Zentralisierung
der Entscheidung, der Autorität und Kontrolle und damit der Macht in Organisationen
schlechthin sei (vgl. SHULTZ/WHISLER 1960).

Erst heute, nachdem die Datenverarbeitung in großer Breite Eingang in Unternehmen und
Verwaltungen gefunden hat, ist man in der Lage, diese sogenannte Zen-
tralisierungsthese hinsichtlich ihres Realitätsgehaltes zu überprüfen. Die Prognose,
daß der EDV-Einsatz zu einer zentralen öffentlichen Verwaltung führen werde, hat sich
nicht erfüllt; auch zu einer grundsätzlichen Revision des Verwaltungsaufbaus als
Folge des DV-Einsatzes ist es nicht gekommen. Was die Struktur der öffentlichen
Verwaltung allerdings verändert hat, ist der Aufbau einer mehr oder weniger
selbständigen DV-Verwaltung, deren Rechenzentren in zunehmendem Maße Aufgaben der
Verwaltung zentral abwickeln.

Ob nun der Computer "den Konzentrationsprozeß in der Verwaltung im allgemeinen und in
der Kommunalverwaltung im besonderen" fördert, ist nicht so ohne weiteres zu
bestimmen (vgl. KLÜBER 1971, S. 16). Schon früh hat es nicht an Untersuchungen
gefehlt, die der vor allem von Whisler festgestellten Zentralisierungstendenz
widersprachen (z.B. DELEHANTY 1967).

Die offensichtlichen Widersprüche sind auf eine Reihe von Faktoren zurückzuführen
(vgl. hierzu KUBICEK 1975, S. 159 f.; GRABER 1978, S. 169):

- unzureichende Untersuchungsmethode, vorherrschend war eine globale Betrachtungsweise anhand sogenannter Strukturdimensionen, wobei die einzelnen
Untersuchungen jeweils eine unterschiedliche Zahl von Variablen einbezogen

- unterschiedliche Einsatz- und Anwendungsbereiche der DV-Technik (Unterschiede
hinsichtlich der Aufgabenbereiche, der Organisationsebenen, und -größe, Zugehörigkeit zu Branchen bzw. Verwaltungszweigen usw.)

- unterschiedlicher Stand der technischen Entwicklung (Automationsgrad), den die
untersuchten Organisationen realisiert haben

- Verwendung unterschiedlicher Begriffe, wie z.B. Zentralisation der Entscheidung und
Zentralisation der Informationsverarbeitung.

Zwar hat man in der Zwischenzeit diese methodischen Mängel, die zu der fehlenden
Vergleichbarkeit von Untersuchungen über Auswirkungen des DV-Einsatzes führten,
erkannt, so daß heute gesicherte Ergebnisse vorliegen. Jedoch haben sich
Fragestellung wie auch Untersuchungsgegenstand etwas verändert. Während man früher
vom Einsatz DV-technologischer Verfahren unmittelbar auf die daraus resultierenden
organisatorischen Veränderungen schloß, stehen nun die organisationspolitischen Ziele
und Entscheidungen, die zu bestimmten Organisationsmaßnahmen und damit zu
Veränderungen in der Organisationsstruktur führen, im Mittelpunkt der Betrachtungen.
Unsere Begleitforschung hat deshalb den Gestaltungs- und Implementationsprozeß des
UDEV-Projektes in den Vordergrund gestellt.

Als die technologische Entwicklung insbesondere auf dem Gebiet der Telekommunikation
und der kleineren, weniger kostspieligen, dafür sehr leistungsstarken Mini- und
Mikrocomputer der Diskussion um "Zentralisation oder Dezentralisation der
Datenverarbeitung" in der Kommunalverwaltung neuen Auftrieb gab, stand die in der
Zwischenzeit geschaffene zentrale DV-Organisation keinesfalls zur Disposition.
Vielmehr gelang es den DV-Instanzen der Kommunalverwaltung, in Baden-Württemberg
vekörpert durch die Datenzentrale Baden-1Württemberg und die Regionalen
Rechenzentren, die Gefahr einer heillosen Zersplitterung, eines "Durcheinander in der
DV-Landschaft" durch viele autonome Lösungen, abzuwehren. Die nach mehr Autonomie
der Datenverarbeitung strebenden Gemeinden wurden mit Hilfe des UDEV-Projektes in das
nun noch engere Netz der zentralen Rechenzentren eingebunden.

Die organisatorischen Auswirkungen des Projektergebnisses, das sogenannte UDEV-Modell
basierend auf einem Datensammel- und -vorverarbeitungssystem mit Direktanschluß an
die zentrale Groß-DV-Anlage im Regionalen Rechenzentrum, sind nur schwert meßbar.
Ein praktikables Konzept, das alle relevanten Details der organisatorischen Realität
einbezieht und übersichtlich gliedert, liegt bislang nicht vor. Zur Bewertung der
strukturellen Veränderungen sind die folgenden Größen von besonderem Interesse:

- Merkmale der DV-Konfiguration

- Ausgangszustand der Verwaltung

- Motivation, Ziele und Interessenlagen der Beschäftigten aller Hierarchieebenen

- DV-bezogene Ziele der Verwaltung

Die Schwierigkeiten, alle diese Größen empirisch zu bestimmen, dürften auf der Hand
liegen. Die Begleitforschung hatte mit der Analyse der DV-bezogenen Ziele der
DV-Verwaltung in Baden-Württemberg begonnen, dann in einer Untersuchungsphase, die
wir Vorher-Untersuchung nennen, den Ausgangszustand der Verwaltung vor Einführung des
UDEV-Modells sowie die Ziele und Interessenlagen des Verwaltungsmanagements, der

Sachbearbeiter, Zuarbeiter und Datenerfasserinnen erhoben. Nach der Einführung des UDEV-Modells führten wir bei den Pilotanwendern die Nachher-Untersuchungen durch.

III

Bei der Analyse der organisatorischen Konsequenzen des UDEV-Modells lassen sich vier Systemkomponenten unterscheiden, auf die sich technisch-organisatorische Gestaltungsmaßnahmen beziehen können (vgl. hierzu DEMB 1979, S. 34 f.):

- DV-Anlagen nebst Peripherie (Hardware)
- Datenspeicherung
- Anwendungssoftware
- Benutzer

Diese vier Komponenten lassen sich in ganz unterschiedlichem Umfang zentralisieren oder dezentralisieren. Man erhält so verschiedenartige, technisch realisierbare Dezentralisierungs- bzw. Zentralisierungsstufen. Da einzelne Systemkomponenten aufgrund technischer Bedingungen miteinander verknüpft sind, können sie auch nur zusammen genommen zentralisiert oder dezentralisiert werden. Zudem ist jede noch so geringfügig erscheinende Veränderung in der technischen Struktur der Datenverarbeitung mit Konsequenzen für jede der genannten Komponenten verbunden.

Anhand der genannten Systemkomponenten lassen sich die technisch-organisatorischen Veränderungsmöglichkeiten darstellen, mit denen man verschiedenartige, technisch realisierbare De-/Zentralisierungsstufen der DV-Technik erhält und denen jeweils ganz bestimmte strukturelle Auswirkungen zuzuordnen sind. Es lassen sich demnach nicht nur die technische Struktur des UDEV-Modells in seiner derzeitigen Ausprägung beschreiben, sondern auch die Auswirkungen, Potentiale und Risiken für die Kommunalverwaltungen bestimmen, die dieses Modell einsetzen.

1. Im Hardwarebereich sind die Konsequenzen des UDEV-Modells für seine Anwender noch am besten zu ermitteln. Probleme bestehen jedoch hinsichtlich der Zurechenbarkeit der Kosten und Leistungen; man benötigt sehr differenzierte technische Leistungsmerkmale, die wir nur summarisch erhoben haben. Ohnehin dürften sich diese überwiegend gerätetechnischen Eigenschaften mit jeder Hannover-Messe verändern.

Die Groß-DV der Regionalen Rechenzentren war zu Beginn der 70er Jahre nicht in der Lage, alle Kommunalverwaltungen in ihrem Einzugsbereich mit DV-Kapazität zu versorgen. Gründe hierfür waren u.a. Störanfälligkeit der Datenfernübertragung, geringe Rechnergeschwindigkeit, begrenzte Verarbeitungs- und Speicherkapazitäten. In der Zwischenzeit sind Mini- und Mikrorechner leistungsfähig und kostengünstig genug, um - unter Hardwareaspekten - autonome DV zu ermöglichen.

Zudem ist der Aufwand des handlings, der Bedienung dieser Systeme aufgrund ihres hohen Benutzerkomforts gesunken. Ein weiterer Aspekt betrifft die Koordination, die bei der Nutzung zentraler DV-Anlagen anfällt. Wie die Erfahrungen der Kommunalverwaltungen mit den Regionalen Rechenzentren zeigen, ist sie nicht frei von Problemen. Insbesondere bei Systemausfällen zeigt sich, daß ein zentraler DV-Betrieb riskanter ist als die Nutzung von Anlagen mittlerer Datentechnik oder eine manuelle Fallbearbeitung in der Verwaltung.

Auf der Ebene der Regionalen Rechenzentren hat das UDEV-Modell dazu geführt, daß die vorhandenen Verarbeitungs- und Speicherkapazitäten ausgebaut werden mußten. Zusätzliche DV-Anlagen übernehmen heute die Steuerung der Datenfernverarbeitung und -übertragung. Sie sind auch deshalb notwendig, um für etwaige Störungen im Betrieb genügend Reservekapazitäten zur Verfügung zu haben, um eine zentrale Verfügbarkeit zu aufrechtzuerhalten.

In den Kommunalverwaltungen wurden jeweils ein oder auch zwei Mehrplatzsysteme eingesetzt, die Aufgaben der dezentralen Datenverarbeitung und der Datenfernübertragung Übernehmen.

Die Hardware der Mehrplatzsysteme besteht aus:

- Zentraleinheit
- Magnetplattenstationen
- Magnetbandstationen
- Datenübertragungseinrichtungen
- Terminal- und Systemdrucker
- Diskettenstation

Die Zentraleinheit des Systems 620/8850 enthält einen 16-Bit-Parallelrechner mit 48- bis 128-KB-Arbeitsspeicher. Mit Hilfe des Betriebssystems steuert die Zentraleinheit die Aktivitäten der Bildschirme, der angeschlossenen Ein-/Ausgabeeinheiten und die Datenfernübertragung.

Die Speicherkapazität der Zentraleinheit mußte bereits während des ersten Einsatzjahres mehrfach erweitert werden. In Abhängigkeit von der Anzahl der angeschlossenen Bildschirme sowie der Zahl der implementierten Anwenderprogramme (Einwohner-, Finanz-, Sozialwesen usw.) wurde eine Erweiterung von zunächst 64 auf später 96 KB vorgenommen. Insofern bestehen Unsicherheiten bezüglich der Leistungsmerkmale und folglich auch der Wirtschaftlichkeit des DV-Systems.

Für die UDEV-Konzeption eines arbeitsteiligen Verbundes zwischen Anwenderverwaltungen und Regionalen Rechenzentren kommt der Datenübertragungssteuereinheit eine besondere Bedeutung zu. Zusammen mit der entsprechenden Software stellt sie sicher, daß Bildschirmplätze bis 1200 m und remote-Anschlüsse der Bildschirmplätze in beliebiger Entfernung geschaltet werden können.

Grundsätzlich sind zwei Betriebsarten mit dem Mehrplatzsystem möglich:

- Datenfernübertragung (DFÜ) zur stapelweisen Übertragung zentral gesammelter Daten zu bestimmten Terminen, wobei günstige Übertragungsgebühren dadurch genutzt werden können, daß das Rechenzentrum die "wartenden" Daten erst nachts abruft;

- Datenfernverarbeitung (DFÜ) für zeitkritische Arbeiten, die den direkten Zugriff auf Bearbeitungsfunktionen und Daten des zentralen Rechenzentrums erforderlich machen.

Eine Reihe von organisatorischen Konsequenzen sind mit der Dezentralisierung der Hardware verbunden, obwohl es sich hierbei um "leblose Geräte" handelt. So hat die Installierung von Mehrplatzsystemen in den untersuchten Fallstudiengemeinden nicht nur zu einer Produktivitätssteigerung geführt, sie hat auch die Motivation ihrer Beschäftigten beeinflußt. Letzteres kommt u.a. im gewachsenen Interesse der Beschäftigten an zusätzlichen Schulungsangeboten, zusätzlicher Software und ähnlichem zum Ausdruck. Denn mit dem Einsatz dezentraler DV-Systeme fallen in der Kommunalverwaltung zusätzliche DV-bezogene Tätigkeiten an, die wir hier unter der Bezeichung "Operating und Supervisoraufgaben" zusammenfassen. Verglichen mit derartigen Aufgaben in größeren Rechenzentren sind Umfang und Schwierigkeitsgrad bei einem kleineren Mehrplatzsystem gering, so daß die Bezeichnung "Operating" zu hoch gegriffen erscheinen mag. Von der Funktion her sind diese Aufgaben jedoch vorhanden - im Kern bereits auch bei Datenerfassungsgeräten -, und sie gewinnen mit dem Wachstum an Leistungsfähigkeit und der Breite der Anwendung von Datensammelsystemen an Bedeutung für die Entwicklung von Dienstposten und Qualifikationen bei Anwenderverwaltungen.

Mit der Einführung des UDEV-Modells bilden sich bereits in größeren Anwenderverwaltungen spezialisierte Dienstposten für Maschinenbedienertätigkeiten heraus. Als erster Ansatz ist der Dienstposten der Datenerfasserin (Datentypistin) schon seit längerem in den Verwaltungsalltag als spezifische Frauentätigkeit eingeführt. Nun gewinnt die Funktion des Supervisors, des DV-Verbindungsmannes zum Rechenzentrum oder des Systemkoordinators, an Bedeutung. Daß dieses Gebiet für männliche Beschäftigte interessant ist, zeigt die Aufwertung derartiger handling-Funktionen.

Mit dem Funktionszuwachs des Systemkoordinators oder DV-Verbindungsmannes geht nicht selten ein Funktionsverlust der Datentypistin einher. So werden Tätigkeiten von der Datenerfassungsstelle in den Arbeitsbereich des Supervisors verlagert, ohne daß die sich bietende Chance, durch Aufgabenerweiterung die Arbeitssituation der Datentypistinnen zu verbessern, genutzt würden. In der Regel führt die Aufgabenverlagerung dazu, daß zusätzliche Datenerfassungsarbeiten, auch aus anderen Abteilungen der Stadtverwaltung, auf die Datenerfassungskräfte übertragen werden. Die Spielräume, die eigene Arbeit selbst zu planen und zu organisieren, wurden dadurch in einem nicht unbeträchtlichen Umfange gegenüber dem früheren Zustand eingeschränkt.

Schließlich ist die Arbeitssituation des Supervisors durch einen steigenden Anteil dispositiver Aufgaben gekennzeichnet: Er ist Ansprechpartner für Beschäftigte, für das RRZ und für den Kundendienst der dezentralen DV-Anlage. Er hat häufig eine Schlüsselposition bei der Verteilung von Informationen, die vom RRZ kommen und in die Fachämter weiterzuleiten sind. Seine Funktion ist daher ein Element einer Hierarchie, bei der neben die fachliche eine funktionale Hierarchie tritt.

2. Die Konsequenzen einer dezentralen Datenspeicherung entsprechen denen der Hardware-Dezentralsierung. Zudem treffen die technisch-ökonomischen Entwicklungen im Hardwarebereich auch für den Speicherbereich zu. Denn auch die externen Speichergeräte sind heute wirtschaftlicher nutzbar als noch Anfang der 70er Jahre.

Insofern stellt sich die Frage, ob die zentrale Speicherung großer Datenmengen überhaupt noch zu rechtfertigen ist. Technisch ist es jederzeit möglich, für eine zentral durchzuführende Verwaltungsaufgabe (z.B. Statistik) benötigte Daten per Datenfernübertragung rasch zusammenzuführen. Unter dem Aspekt des Datenschutzes und der Datensicherheit läßt sich zumindest feststellen, daß dezentrale Datenspeicher weit weniger riskant sind als zentrale.

Obwohl das im Rahmen des UDEV-Projektes entwickelte Mehrplatzsystem durchaus in der Lage wäre, einen Teil der ausschließlich dezentral benötigten Daten der Kommunalverwaltung zu speichern, wurde von einer Dezentralisierung der Datenhaltung abgesehen. Nach wie vor erfolgt die Datenspeicherung zentral in den Regionalen Rechenzentren. Allerdings wurde der Zugang zu diesen Daten wesentlich erleichtert. Im Endzustand des UDEV-Modells sieht die Nutzung des Datenfernverarbeitungssystems folgendermaßen aus:

- Dateneingabe am Terminal mit Direkanschluß oder im remote-Betrieb, wobei von jedem Terminal alle Datenerfassungsprogramme genutzt werden können; Datensammlung in der Datensammelstation; an diese können je nach Gerätetyp unterschiedlich viele Terminals angeschlossen werden

- bedienergesteuerter Datenabruf durch das RRZ über Stand- oder Wählleitung der Bundespost

- Stapelverarbeitung der Daten im RRZ unter Anwendung der landeseinheitlichen Verfahren, die unverändert blieben

- Ausgabe der Verarbeitungsergebnisse (Listen, Protokolle, Karteikarten usw.) auf Druckern des RRZ mit physischem Datentransport zum Anwender

- Abfrage von jedem Terminal aus bestimmten Datenbeständen im RRZ (Abfragesystem on-line)

- Rückübertragung und Ausdruck von Verarbeitungsergebnissen, Abfragen, Protokollen (bzw. ausgewählter Teile davon) über System- oder Arbeitsplatzdrucker (im Rahmen von UDEV/BENDA nicht realisiert).

Die Nutzungsform des gesamten DV-Systems kann somit auf der Eingabeseite als Stapelfernverarbeitung, auf der Ausgabeseite als Stapelverarbeitung kombiniert mit Abfrage (interaktives Element) bezeichnet werden.

In der ursprünglichen Konzeption des UDEV-Modells war zunächst eine Teildezentralisierung der Datenhaltung für das Einwohnerwesen vorgesehen. Durch ausgelagerte ("redundante") Datenhaltung sollten spezielle Anwendungen "vor Ort", wie z.B. das Drucken von Bescheinigungen, Personalausweisen, Reisepässen, möglich sein. Dieses Vorhaben wurde zurückgestellt.

Bislang findet eine dezentrale Datenhaltung nur in eingeschränktem Umfang statt. Sie wird vor allem im Rahmen der Textbe- und Textverarbeitung, zur Erstellung von Statistiken, Verzeichnissen, Adreßaufklebern u.ä. genutzt. Ein weiterer Ausbau dieser "autonomen" Nutzung des dezentralen DV-Systems wird weniger von der Hardware- oder Softwareseite als vielmehr von den noch vorhandenen Defiziten an DV-Qualifikation der Beschäftigten in den Anwenderverwaltungen begrenzt.

3. Die Qualität der Anwendersoftware hängt wesentlich von der Organisation der DV-Entwicklung, d.h. auch von der Einbindung des DV-Personals in die Verwaltungsorganisation ab. Durch sie werden die Qualifikationen, die Bereitschaft und Fähigkeiten der DV-Experten bestimmt, Potentiale der dezentralen DV-Technik adäquat zu nutzen. Die Fähigkeit der Handhabung bedarf der Schulung, der Aus- und Fortbildung.

Eine enge Zusammenarbeit zwischen Rechenzentren und Kommunalverwaltung bei der Entwicklung von Anwendersoftware dürfte zu kreativeren und effektiveren Problemlösungen für die Datenverarbeitung führen, mit denen Eignungspotentiale dezentraler DV-Technik besser als bisher genutzt werden können. Leider ist die Kooperation auf der Verwaltungsebene nicht sehr verbreitet.

Eine weitere ungenutzte Chance liegt in der Standardisierung von DV-Anwendungen. Allerdings sollte Software nicht für alle Anwendergruppen, beispielsweise von Gemeinden mit 4 000 Einwohnern bis zur Großstadt von 140 000 Einwohnern, gemeinsam entwickelt werden. Um Doppelentwicklungen zu vermeiden und so Entwicklungskosten zu sparen, sollten vielmehr Einzelprogramme für bestimmte Größenklassen und Problembereiche standardisiert werden.

Die Vermeidung von Doppelarbeit bei der Systementwicklung ist nur eine Seite des Problems: Denn die Effizienzsteigerung wird in der Regel durch eine Standardisierung der Verwaltungsabläufe erkauft, die aber nur dort sinnvoll sein kann, wo die Verwaltung entsprechend strukturiert ist. Diese Voraussetzungen sind bestenfalls in der staatlichen Verwaltung, etwa in der Steuerverwaltung, die eine Gleichmäßigkeit der Besteuerung zu gewährleisten hat, gegeben. Für die Kommunalverwaltung erscheint eine Standardisierung nicht im jedem Falle wünschenswert.

4. Planung und Entwicklung des UDEV-Modells fanden weitgehend unter Ausschluß der Anwenderverwaltung statt. Eine Dezentralisierung der DV-Organisation wurde von keinem der am Projekt Beteiligten ernsthaft erwogen, obwohl ein vom BMFT gefördertes Vorhaben hier hätte experimentieren können. Zu stark waren die Interessen der zentralen DV-Instanzen an der Aufrechterhaltung und Sicherung ihrer Positionen.

Was spricht für eine Konzentration des DV-Personals und damit des gesamten DV-know-hows? Es ist bekannt, daß Teamstrukturen (nicht nur bei der Software-entwicklung) kreativitätsfördernd wirken. Arbeiten die DV-Experten der öffent-lichen Verwaltung getrennt voneinander an der Entwicklung neuer DV-Systeme, so besteht das Problem der Isolation und Doppelarbeit. Ein Wissenstransfer findet nicht statt oder wird behindert.

Bei der Zentralisierung der DV-Entwicklung wird das DV-Personal in den Regionalen Rechenzentren dann produktiv sein, wenn die Anwenderverwaltungen über qualifiziertes Personal verfügen, das bei der Softwareerstellung Zuarbeit leisten kann. Diese Anforderung gewinnt umso mehr Bedeutung, je näher die DV an den Sach-bearbeiter-Arbeitsplatz gelangt.

Auf der anderen Seite müssen die Kommunen befürchten, nicht in ausreichendem Umfang am DV-know-how der Experten in den Regionalen Rechenzentren zu partizipieren. Es ist offensichtlich, daß bei zentraler DV-Entwicklung primär zentrale Interessen - *ggf.* identisch mit den größten Anwendern oder "Kunden" - Berücksichtigung finden.

Die Frage ist nicht, ob man in der Kommunalverwaltung vollständig zentral oder dezentral DV-Entwicklung betreibt. Zu fragen ist vielmehr nach der angemessenen Einbindung von DV-Projekten in die Verwaltungsorganisation. Dabei dürfte es sicher sinnvoll sein, Systemprogrammierung und andere Spezialistenfunktionen zu zentra-zentralisieren, um dieses Wissen möglichst breit nutzen zu können, während die Anwendungsprogrammierung so dicht wie möglich beim Anwender, also dezentral erfolgen sollte.

Die Entwicklung des UDEV-Modells war zentral organisiert, wobei eine Arbeitsteilung zwischen Regionalem Rechenzentrum, Datenzentrale und Herstellerfirmen bestand. Entsprechend kompliziert und kostspielig war die Koordination. Für die Anwenderverwaltungen ist die Zentralisierung der DV-Entwicklung gleichbedeutend mit einem Mangel an Tansparenz über die weitere Entwicklung im DV-Bereich.

Die DV-Experten ihrerseits haben mit dem Problem zu kämpfen, nichts über die Bedürfnisse der Systembenutzer zu wissen. Es ist nicht auszuschließen, daß es oft Mitglieder zentraler DV-Instanzen sind, die Probleme der Verwaltung gut kennen. Aber selbst wenn sie benutzerfreundliche DV-Systeme entwickeln wollten, verhindern die gegebenen Rahmenbedingungen wie knappe Haushaltsmittel, Maschinenkapazitäten, Personal und Zeit die Durchsetzung dieser Entwicklungsziele.

IV

Abschließend wollen wir den mit dem UDEV-Projekt errreichten technisch-organisatorischen Stand kommunaler Datenverarbeitung darstellen und ihn vor dem Hintergrund der bisherigen Entwicklung kurz bewerten. Obwohl das eingesetzte Mehrplatzsystem keine prinzipielle technische Neuerung darstellt, seine einzelnen Komponenten bereits längere Zeit bekannt und die anderen DV-Systeme, insbesondere bei Banken, Verwendung fanden, bieten sie doch gegenüber den früheren Daten-erfassungstechniken eine Reihe von Potentialen und Risiken, die Gegenstand der Begleitforschung waren. Solche Potentiale sind eine höhere Leistungsfähigkeit der

Zentraleinheit, größere Kapazitäten der Magnetplatten- und Magnetbandeinheiten, der Drucker und insbesondere der für dezentrale Anwendungen vom Hersteller entwickelten Software. Wie diese Potentiale genutzt werden, entscheidet schließlich darüber, mit welchen Folgen der Einsatz der Mehrplatzsysteme für den Anwender verbunden ist.

Als die wichtigsten Folgen des UDEV-Modells sind zu nennen:

- Entlastung des Zentralrechners: Durch die Datenverarbeitung sowie die Erweiterung von dezentralen Plausibilitätsprüfungen wird der Großrechner im Rechenzentrum entlastet. Dieser Entlastung steht eine zusätzliche Belastung durch Datenfernübertragung gegenüber.

- Datenfernübertragung: Die Zentraleinheit und/oder einzelne Erfassungsplätze können beliebig weit vom Zentralrechner aufgestellt werden. Durch den Einsatz einer remote-Anschlußeinrichtung wird auch die lokale Entfernungsgrenze aufgehoben. Der Vorteil für den kommunalen Anwender besteht insbesondere in der Erleichterung und Beschleunigung der innergemeindlichen Transportvorgänge.

- Datensicherheit: Durch Verwendung von Magnetplatten und Magnetbändern wird das Hantieren mit Datenkassetten überflüssig; zudem entfällt - bei der Nutzung der Datenfernübertragung - der physische Datenträgertransport.

- Datenerfassung: Neben mehr Bedienerführung, mehr Prüfungen und Kontrolle und dadurch rationelleren Arbeit ist der größere Spielraum in der Aufstellung der Terminals ein potentieller Vorteil. Damit wird eine stärkere Eingliederung der Datenerfassung in die Sachbearbeitung möglich. Da von jedem Bildschirmarbeitsplatz alle anfallenden Erfassungs- und Aufbereitungsarbeiten durchgeführt werden können, entfällt eine gerätespezifische Statusdifferenzierung.

- Ausbaufähigkeit: Mehrplatzsysteme lassen sich bis zu einer vorgegebenen Größenordnung verhältnismäßig problemlos erweitern, so hinsichtlich der Zahl der Bildschirmgeräte sowie der Arbeitsplatzdrucker, der Speicherkapazität und der Anzahl der Magnetplattenstationen sowie der Speicherkapazität der Zentraleinheit.

- Verwaltungsorganisatorische Vorteile: Das dezentrale DV-System schafft die Voraussetzungen für eine neue, weniger arbeitsteilige Organisation der Datenerfassung. Die Datenerfassung durch den Sachbearbeiter verbessert den Gesamtablauf in der Datenverarbeitung: Erfassungsfehler können schon während der Eingabe beseitigt werden, nur aufbereitete und geprüfte, direkt verarbeitungsfähige Daten gehen in die Produktion ein.

- DV-organisatorische Vorteile: Auch bei Ausfall oder Wartung des zentralen Großrechners kann dezentral weitergearbeitet werden. Diese Entkoppelung hat gegenüber zentralisierter Organisation der Datenerfassung den Vorteil einer geringeren Störanfälligkeit und wirkt damit konfliktvermeidend.

- Eigene DV-Anwendungen: Die dezentralen Systeme erlauben den Verwaltungen, lokale und/oder autonome Verfahrensteile und Programme anzuwenden. In der Realität des Verwaltungsalltags stehen der Nutzung dieser Potentiale zahlreiche Hindernisse entgegen. Zu nennen sind hier in erster Linie knappe Haushaltsmittel, fehlende qualifikatorische Voraussetzungen des DV-Personals ebenso wie des Benutzers in den Anwenderverwaltungen, überkommene Organisationsstrukturen und rechtliche Normierungen.

- Ausfallrisiko: Je stärker die Einbeziehung des DV-Systems in die Sachbearbeitung vollzogen ist, desto eher verursacht ein Systemausfall schwerwiegende Störungen des Arbeitsablaufs.

- Personeller und sachlicher Aufwand: Die Kosten von Datensammel- und -vorverarbeitungssystemen liegen weit über denen, die die Kommune bislang für die Beteiligung an landeseinheitlichen Verfahren aufzuwenden hatte. Die Nutzenschwelle liegt daher verhältnismäßig hoch und ist vor allem in der Kostspieligkeit der Zentraleinheit und der Magnetplatteneinheiten begründet. Dieser Umstand verleitet die Hersteller, ihren potentiellen Kunden relativ preiswerte, aber leistungsschwache Systemkonfigurationen anzubieten, die alsbald erweitert werden müssen. An Kosten kommen Leitungskosten bei der Nutzung der remote-Anschlußmöglichkeit von Terminals hinzu; das gleiche gilt für das Aufrechterhalten der ständigen Verbindung zum RRZ. Weiterhin stellten die Systeme spezifische Anforderungen an die Räume, insbesondere in bezug auf Klimatisierung und Schallschutz. Sie erfordern einen zusätzlichen Aufwand bei der Bedienung, höherqualifiziertes Personal, weil Systemfunktionen zu erfüllen sind, die höhere Anforderungen stellen als die Datenerfassungsgeräte.

Damit steht dem geringeren Aufwand in den Regionalen Rechenzentren, der sich auch in sinkenden Fallpreisen ausdrückt, ein hoher Aufwand bei den Gemeinden gegenüber. Dezentralisierung ist auch eine Dezentralisierung der Kosten und des Aufwandes.

Ein Teil der genannten Folgen des Einsatzes von Mehrplatzsystmen belasten die Kommunalverwaltungen höher, als sie es in der Regel erwartet hatten. Das verstärkt vor allem die Probleme, die mit der Einführung von DV-Systemen ohnehin verbunden sind. Hier bestehen auch die meisten Unsicherheiten bei der Beurteilung des UDEV-Projektes. Am leichtesten lassen sich die aufgeworfenen Fragen unter technisch-ökonomischen Aspekten veantworten. Wie die Begleitforschung zeigen wollte, sind die Probleme des DV-Einsatzes in der Kommunalverwaltung zu vielschichtig, um sie nur unter engen wirtschaftlichen Gesichtspunkten zu sehen. Zudem schwinden mehr und mehr die wirtschaftlichen Vorteile einer Zentralisation von DV-Aufgaben. Den möglicherweise noch vorhandenen Vorteilen stehen gravierende Nachteile gegenüber, die sich einer quantitativen Bewertung widersetzen.

Bereits angesprochen wurden die Schwierigkeiten der zentralen DV-Instanzen, auf die Bedürfnisse der kommunalen Anwender einzugehen. Hiervon hängt auch die Motivation der Beschäftigten ab, sich der neuen DV-Technologie zu bedienen. Eher bringt man den Veränderungen Widerstand entgegen - wenn auch verhalten.

Es ist anzunehmen, daß darin ein Hauptgrund liegt, daß man in der Verwaltung von einer zielgerichteten, bewußten Nutzung der verschiedenen Potentiale der DV-Technik noch weit entfernt ist. Zwar werden schrittweise organisatorische Veränderungen vorgenommen, die u.a. zur Arbeitserleichterung, Fehlerreduzierung und einer verbesserten Aktualität der Daten führen. Aus der Sicht der Beschäftigten spielen andere Aspekte des DV-Einsatzes, z.B. physisch-psychische Belastungen, Arbeitsplatz- oder Statusverluste eine Rolle (siehe hierzu den Beitrag von R. Diehl und V. Röske in diesem Band).

Die dezentralen DV-Systeme wie das UDEV-Modell eröffnen der Verwaltung durchaus Potentiale, die zur Verbesserung ihrer Dienstleistungen genutzt werden könnten. Hierzu wäre aber eine grundlegende Umorientierung der Verwaltungs- und DV-Politik im Lande erforderlich. Allzu oft dient die Technik dazu, Personal insbesondere in kundennahen Bereichen der Verwaltung abzubauen und die Tätigkeit der verbliebenen Beschäftigten zu intensivieren. Bürgernähe der Verwaltung wird weiter reduziert durch eine zunehmende Standardisierung der Dienstleistungen, die vom Bürger erwartete individuelle Behandlung seines Falles erscheint noch weniger als bisher gewährleistet. Bislang konnte die DV-Technik nicht dazu beitragen, die Verständlichkeit der Bescheide und Formulare zu verbessern, oder die Verwaltung insgesamt transparenter zu machen. Im Gegenteil, die Verwaltungsabläufe werden für den Bürger als Klienten der Kommunalverwaltung immer undurchsichtiger.

Literatur

Demb, A.: Computer Systems for Human Systems, Oxford u.a. 1979

Delehanty, G.E.: Computers and the Organization Structure in Life-Insurance Firms: The External and Internal Economic Environment. In: Myers, C.A. (ed.): The Impact of Computers on Management, Cambridge (Mass.) 1967, S. 61 ff.

Graber, B.: Computergestützte Informationssysteme in kleineren bis mittleren Unternehmen, Bern/Stuttgart 1978

Klüber, H.: Handbuch der Kommunalpolitik, Göttingen 1971

Kubicek, H.: Informationstechnologie und organisatorische Regelungen, Berlin 1975

Shultz, G.P/Whisler, T.L. (eds.): Management Organization and the Computer, Glencoe (Ill.) 1960

Arbeitspapiere der Forschungsgruppe Verwaltungsautomation an der Gesamthochschule Kassel:

21 Gabler, Wolfgang: UDEV/BENDA-Begleitforschung. Kommunale Selbstverwaltung und dezentrale Datenverarbeitung, Kassel 1983

22 Jungesblut, Bernd: UDEV/BENDA-Begleitforschung. Fallstudie I: Einwohnermeldeamt in einer größeren Stadt, Kassel 1983

23 Brinckmann, Hans / Gräßle, Dieter: UDEV/BENDA-Begleitforschung. Fallstudie II: Einwohnermeldeabteilung in einer mittleren Stadt, Kassel 1983

24 Diehl, Reinhard: UDEV/BENDA-Begleitforschung. Fallstudie III: Datenbearbeitungsstelle in einem Landratsamt, Kassel 1983

25 van Treeck, Werner: UDEV/BENDA-Begleitforschung. Fallstudie IV: Rechnungsamt in einer kleinen Gemeinde, Kassel 1983

26 Röske, Volker: UDEV/BENDA-Begleitforschung. Fallstudie V: Kassen- und Steueramt in einer Großstadt, Kassel 1983

27 Jungesblut, Bernd / Röske, Volker: UDEV-Begleitforschung. Dezentralisierung im kommunalen DV-Verbund Bayerns und Schleswig-Holsteins, Kassel 1983

28 Brinckmann, Hans / Jungesblut, Bernd: Dezentralisierung im kommunalen DV-Verbund. Abschlußbericht der UDEV-Begleitforschung, Kassel 1983

29 Brinckmann, Hans / Diehl, Reinhardt / Jungesblut, Bernd / Röske, Volker / van Treeck, Werner: UDEV-Begleitforschung. Kurzfassung von Abschlußbericht und Fallstudien, Kassel 1983

<u>DER EINFLUSS DER NEUEN INFORMATIONS- UND KOMMUNIKATIONSTECHNIKEN</u>

<u>AUF DIE MARKTSTRUKTUR</u>

Karl-Heinz Neumann / Bernhard Wieland
Wissenschaftliches Institut für Kommunikationsdienste
der Deutschen Bundespost

Referat

Der Zusammenhang zwischen Wettbewerbsintensität und Unternehmenskonzentration wird differenziert unter dem Aspekt des Einflußfaktors von Informations- und Kommunikationstechnologien diskutiert. Der Autor vermutet, daß Nachteile, die gerade größeren Unternehmen aus eben ihrer Größe entstehen, durch effizientere Arbeit und verbesserte betriebliche Informationsflüsse aufgehoben werden. Dies wird zur weiteren Vergrößerung dieser Unternehmen und Verdrängung kleinerer Unternehmen führen, besonders wenn sie standardisierte Güter und Dienstleistungen anbieten. Die Chance kleinerer Unternehmen liegt in spezialisierten Angeboten, wo z.B. durch die Verwendung von Bildschirmtext ihre Wettbewerbsnachteile wieder aufgehoben werden können.

Abstract

The relation between competition and business concentration are discussed with regard to the influence of information and communication technologies. The author suggests that disadvantages spezific to size of the larger organizations will be overcome by more efficient work and better streaming of organizational information. This will lead to even more concentration and thrust aside small organizations especially if they produce standardized goods and services. There will be advantages, however, for small firms specializing, if the new medium of videotex is used that is able to reverse their competitive disadvantages to large firms.

Die Struktur von Märkten wird häufig durch den Grad der Unternehmenskonzentration auf den jeweiligen Märkten beschrieben. Die Kenntnis der derart definierten Marktstruktur bringt aber noch keinen Erkenntniswert an sich. Die wettbewerbspolitische Dimension, die mit der über den Konzentrationsgrad charakterisierten Marktstruktur häufig in Verbindung gebracht wird, sieht einen eindeutigen Zusammenhang zwischen der Intensität des Wettbewerbs auf einem Markt und dem Grad der dort herrschenden Unternehmenskonzentration. Konzentration, so wird argumentiert, vermindere den Wettbewerb, und Dekonzentration verstärke ihn. Konzentration ist also etwas Schlechtes, Dekonzentration etwas Gutes. Weitet man diese Betrachtungsweise auf das mehr gesellschaftspolitisch bedeutsame Begriffspaar Zentralisierung und Dezentralisierung aus, wird der Zusammenhang - scheinbar - noch deutlicher. Denn Dezentralisierung wird gleichgesetzt mit Autonomie und Selbstbestimmung, Zentralisierung dagegen mit Bürokratisierung, Fremdbestimmung und Anonymität. In der neueren wettbewerbstheoretischen Literatur wird der Zusammenhang zwischen Konzentrationsgrad und Wettbewerbsintensität immer mehr in Frage gestellt. Das heißt nicht, daß die Konzentrationsentwicklung auf einem Markt unerheblich ist für die Beantwortung der Frage, ob auf diesem Markt Wettbewerb herrscht oder nicht. Es gibt aber auch Märkte, bei denen selbst bei einem hohen Konzentrationsgrad erheblicher Wettbewerb herrschen kann.

Wir wollen deshalb im folgenden nicht nur den Einfluß neuer Informations- und Kommunikationstechniken auf die Unternehmenskonzentration betrachten, sondern getrennt davon auch untersuchen, welcher Einfluß sich auf die Wettbewerbsintensität in Märkten ergibt. Den letzteren Aspekt wollen wir vor allem am Beispiel des Mediums "Bildschirmtext" diskutieren.

Die neuen Informations- und Kommunikationstechniken sind nur ein Einflußfaktor neben vielen anderen für die Struktur von Märkten. Durch sie können andere Tendenzen auf den jeweiligen Märkten abgeschwächt werden. Es gibt Märkte, in denen der Einfluß der neuen Technik die Marktstruktur entscheidend determinieren wird und andere, in denen sie überhaupt keinen Einfluß haben werden. Diese Einschränkung ist wichtig, da in der öffentlichen Debatte gerade in bezug auf dieses Thema häufig monokausale Erklärungsmuster dominieren. Jeder Markt und jede Branche ist durch ökonomische Besonderheiten gekennzeichnet, die globale Antworten von vornherein fragwürdig machen. Auf jedem Markt gibt es ökonomische Kräfte, die in Richtung auf mehr Konzentration wirken, und andere, die den Anreiz zur Konzentration begrenzen. Sehr häufig wird es auf eine quantitative Abschätzung des Ausmaßes dieser entgegengesetzten Kräfte ankommen. Hierin liegen aber natürlich gleichzeitig die größten Probleme wissenschaftlich-praktischer Arbeit.

Die neuen Informations- und Kommunikationstechniken haben insofern Auswirkungen auf Marktstrukturen, als sie die ökonomischen Determinanten dieser Strukturen verstärken bzw. abschwächen. Hier ist vor allem ihr Einfluß auf die Größenvorteile bzw. Größennachteile von Unternehmen zu nennen. Je nach Einflußrichtung können sie sowohl zur Konzentration in Märkten als auch zur Dekonzentration beitragen.

Marktstrukturen werden aber auch durch die in den einzelnen Märkten vorhandenen Transaktionskosten bestimmt. Transaktionskosten, wie z.B. die Suchkosten der Konsumenten, vermindern die mögliche Effizienz eines Marktes. Muß ein Konsument etwa Suchkosten (in Form von Wegen, Zeit oder Geld) aufwenden, um sich über Angebot und Preis einzelner Anbieter zu informieren und sind diese Suchkosten im Verhältnis zum Wert des in Frage stehenden Produktes erheblich, dann ist es für ihn nicht optimal, von jedem Anbieter ein Angebot abzufragen. Dieses bei gegebener Höhe der Suchkosten rationale Verhalten des Konsumenten führt aber dazu, daß sich der Wettbewerb zwischen den einzelnen Anbietern nicht voll entfalten kann. In dem Ausmaß, in dem neue Informations- und Kommunikationstechniken zur Senkung der Transaktionskosten in Märkten und insbesondere der Suchkosten beitragen, in dem Ausmaß erhöhen sie die Markttransparenz und damit die Wettbewerbsintensität.

Wir wollen nun auf den Zusammenhang von Größenvorteilen und Marktstruktur eingehen. Einige Produkte lassen sich nur in relativ großen Betriebseinheiten effizient produzieren (z.B. Flugzeuge oder bestimmte Telekommunikationsleistungen). Daß dies der Fall ist, liegt daran, daß die Produktionsprozesse gewisser Güter und Dienstleistungen Größenvorteile (economies of scale) aufweisen. Grob gesprochen liegen "economies of scale" dann vor, wenn bei der Produktion eines Gutes oder einer Dienstleistung der Kostenanteil eines produzierten Stückes mit steigendem Produktionsvolumen der Firma sinkt: Bei einer größeren produzierten Stückzahl nehmen die Kosten pro Stück ab. Theoretisch könnte in manchen Bereichen dieser Effekt zu ständig sinkenden Durchschnittskosten führen. Diese Erfahrung zeigt jedoch, daß es im allgemeinen einen Punkt gibt, an dem die Kosten zu sinken aufhören. Dieser Punkt definiert ökonomisch die sog. mindest-optimale Betriebsgröße. Die Empirie zeigt, daß von diesem Punkt an häufig, z.B. wegen zunehmender Kosten im Verwaltungsbereich, zunehmende Durchschnittskosten entstehen. Dadurch, daß eine immer größere Verwaltungsbürokratie notwendig wird, können Kostenzuwächse entstehen, die weitere betriebliche "economies of scale" überkompensieren. Die Kostenfunktion hat dann eine U-förmige Gestalt.

Wir sahen, daß "economies of scale" das Entstehen großer Unternehmen begünstigen. Wie groß diese Unternehmen nun im Verhältnis zum Makt wirklich sind, hängt aber davon ab, wie groß die mindestoptimale Betriebsgröße im Verhältnis zum Markt ist. Da ein großes Unternehmen kostengünstiger produzieren kann als ein kleines, wird es zunächst einmal in der Lage sein, durch Preisunterbietung die kleineren Unternehmen vom Markt zu verdrängen. Hat es zu diesem Zeitpunkt noch nicht die mindestoptimale Betriebsgröße erreicht, wird der Konkurrenzkampf mit den anderen noch im Markt befindlichen Unternehmen weitergehen. Sind die "economies of scale" sehr groß, so kann dies im Extremfall dazu führen, daß auf dem Markt nur ein Unternehmen überlebt. Der Ökonom spricht in diesem Fall von einem natürlichen Monopol. In diesem Fall erfolgt die gesamtwirtschaftlich kostengünstige Industrieproduktion durch ein einziges Unternehmen. Natürliche Monopole sind etwa die Elektrizitätsversorgung, die Eisenbahn oder auch der Netzbereich im Fernmeldewesen. Branchen mit natürlichen Monopolen werden aus naheliegenden Gründen in Deutschland als wettbewerbliche Ausnahmebereiche betrachtet und überwiegend als öffentlich-rechtliche Unternehmen oder in den USA als private, aber staatlich regulierte Unternehmen geführt.

Wichtig ist, daß das Ausnützen von Größenvorteilen volkswirtschaftlich ein erwünschter Effekt ist. Die optimale Ausnutzung von Größenvorteilen führt ja dazu, daß die entsprechenden Produkte mit dem geringsten gesamtwirtschaftlichen Kostenaufwand produziert werden. Damit sollen nicht die politischen Probleme übersehen werden, welche die Existenz von Großunternehmen aufwerfen kann.

In welcher Weise wirken sich nun die neuen Informations- und Kommunikationstechniken auf Größenvorteile bzw. Größennachteile von Unternehmen aus? Am einfachsten nähern wir uns dieser Frage, wenn man in diesen Zusammenhang auf den Einfluß auf die U-förmige Gestalt der Kostenfunktion reduziert. Die neuen Informations- und Kommunikationstechniken können dann einesteils die Abwärtsstrecke der Kostenfunktion bis zur mindestoptimalen Betriebsgröße verlängern oder verkürzen sowie sie steiler oder flacher werden lassen. Sie können die Talsohle der Durchschittskostenfunktion verbreitern, so daß mehrere Betriebsgrößen optimal werden, und sie können schließlich die Aufwärtsstrecke steiler oder flacher werden lassen.

Betrachten wir zunächst die durch Managementprobleme entstehenden Größennachteile. Neue Informations- und Kommunikationstechniken können diese Größennachteile vermindern. Denn die qualitative Verbesserung und höhere Geschwindigkeit des innerbetrieblichen Informationsflusses ermöglicht eine bessere Verwaltung und Koordination von Großunternehmen. Dies gilt auch für die Entscheidungsprozesse, die sich nicht nur auf bessere innerbetriebliche Information, sondern auch auf einen besseren Überblick über die außerbetrieblichen Parameter werden stützen können. Die

Möglichkeit, Unternehmen zu dezentralisieren und durch eine zentrale Plan- und Verwaltungseinheit zu koordinieren, werden erfolgreicher sein als bisher. Diese Verbesserungen führen zu einer Verbreiterung der Talsohle der U-förmigen Kostenkurve und zu einem flacheren Anstieg der Aufwärtsstrecke. Unterstellt man, daß die Struktur der Größenvorteile in der Produktion durch die Informations- und Kommunikationstechniken nur wenig verändert wird, so wäre demnach eine Verstärkung von Konzentrationstendenzen zu erwarten. Gleichzeitig mit diesem Konzentrationsprozeß auf der Ebene der Unternehmen wird von vielen eine stärkere betriebliche Dezentralisierung erwartet.

Im Bereich der Produktion ist zu unterscheiden zwischen den Effekten auf den Märkten der Herstellung kommunikations- und informationstechnischer Hard- und Software und den Branchen, bei denen diese Produkte zum Einsatz kommen. Uns interessiert hier nur der Anwendungsbereich.

Anwendungen von Informations- und Kommunikationstechnik können im Bereich von Fertigung, Verwaltung und Distribution liegen. Im Bereich der Fertigung charakterisiert das Schlagwort von der vollautomatisierten Fabrik die Stoßrichtung der Anwendung von Informations- und Kommunikationstechniken bei der Fertigung von Produkten. Die Automatisierung der Fertigungsprozesse wird immer weiter fortschreiten. Dabei wird sich das Preis-Leistungsverhältnis der dabei eingesetzten technischen Komponenten kontinuierlich verbessern. Die Hardware wird nicht nur billiger, sondern der ganze Produktionsprozeß wird in zunehmendem Maße flexibler auf wechselnde Erfordernisse reagieren können. Welche Auswirkungen hat dies auf die Größenvorteile? Bei der Produktion von Gütern, die sich in besonderem Maße für die Massen- bzw. Großserienproduktion eignen, ist zu erwarten, daß die bisher den Großbetrieben vorbehaltene Ausschöpfung von Größenvorteilen auch schon von kleineren Unternehmen zumindest annähernd erreicht werden kann. Geht es andererseits um spezielle, auf individuelle Anwendungen zugeschnittene Endprodukte oder Dienstleistungen, so ist zu erwarten, daß trotz der gewachsenen Flexibilität des Produktionsprozesses der Großunternehmen die kleineren Firmen ihre Wettbewerbsposition halten, wenn nicht sogar verbessern können. Hier spielen die "economies of scale" eine geringere Rolle, während auch die kleineren Unternehmen von den Kosteneinsparungen Gebrauch machen können, die mit Hilfe der neuen Informations- und Kommunikationstechniken möglich werden. Zum Teil haben sie auch ein Abflachen der Kostenkurve bewirkt. Dadurch wird die Einzel- und Kleinserienfertigung auch preislich mit der Großserienproduktion konkurrenzfähiger. Da es außerdem wahrscheinlich ist, daß die Nachfrage nach standardisierten Gütern insgesamt abnimmt, würde wiederum die Massenproduktion in ihrer Bedeutung zurückgedrängt werden.

Bei der Beurteilung der informations- und kommunikationstechnischen Anwendung muß darauf hingewiesen werden, daß die Kostenentwicklung bei der Software nicht mit der festgestellten Entwicklung bei der Hardware schritthält. Die Softwareerstellung ist nach wie vor sehr personalintensiv und erfordert eine hohe Qualifikation, die gegenwärtig noch relativ knapp ist. Insofern stellen die Softwarekosten gegenwärtig noch einen limitierenden Faktor für den Einsatz von neuen Informations- und Kommunikationstechniken dar. In welchem Ausmaß die Herstellung von Software in der Zukunft standardisiert werden kann, ist gegenwärtig wohl noch nicht präzise zu prognostizieren. Vorerst tut sich hier ein weites Betätigungsfeld für Spezialunternehmen auf. Möglicherweise wird es aber in naher Zukunft möglich, Größenvorteile auch bei der Erstellung von Software zu nutzen.

Um auf der schmalen Basis der bisher vorgetragenen Argumente ein erstes Fazit zu ziehen: Wachsende Unternehmensgrößen und Marktaustritt kleinerer Unternehmen sind überall dort zu erwarten, wo es um mehr oder weniger standardisierbare Güter oder Dienstleistungen geht. Durch den Einsatz der neuen Informations- und Kommunikationstechniken wird zudem das Management von Großunternehmen effizienter werden. Damit wird ein wesentlicher, den Größenvorteilen bislang entgegen wirkender Faktor abgebaut. Dieses Potential verstärkter "economies of scale" wird in Richtung offener internationaler Märkte drängen. Nur so lassen sich die Marktgrößen erreichen, die eine Ausschöpfung der Größenvorteile ermöglichen. Nur durch diese Ausschöpfung bleibt aber die heimische Industrie preislich international wettbewerbsfähig. Die Erwartung, daß sich bei mehr oder weniger standardisierbaren Produkten eine zunehmende Konzentration internationalen Ausmaßes einstellen wird, erscheint somit jedenfalls für den europäischen Raum gerechtfertigt. Diese Entwicklung wäre an sich bedenklich, würde sie nicht von einer gleichzeitigen Zunahme der Wettbewerbsintensität begleitet. Denn die zunehmende Verzahnung und Überlappung der Nachrichten-, Daten- und Bürotechnik wird den Kreis der Anbieter sowie den relevanten geographischen Markt erweitern. Dies dürfte aber zu einer Verschärfung des Wettbewerbs führen. International wird zunehmender Wettbewerbsdruck vor allem von japanischen und amerikanischen Unternehmen ausgehen. Nur durch erweiterte intraindustrielle nationale Spezialisierung werden sich europäische Hersteller in diesem Wettbewerb behaupten können. Gleichzeitig werden durch die erheblichen Kosteneinsparungen im Bereich der Hardware auch kleinere Unternehmen, die sich auf "maßgeschneiderte" Produkte oder Dienste spezialisieren, preislich mit den großen Unternehmen konkurrenzfähig. Die Verbilligung dieser maßgeschneiderten Produkte und Dienstleistungen läßt eine höhere Nachfrage danach zu Lasten der massengefertigten Produkte erwarten.

Man kann die bis hierhin theoretische Analyse greifbar machen, indem man für einzelne Branchen prüft, inwieweit sich durch den Einsatz von Informations- und Kommunikationstechniken Einflüsse auf die Konzentration und Wettbewerbsintensität identifizieren lassen. Dieser empirisch orientierte industrieökonomische Ansatz ist anspruchsvoll und schwierig. Schwierig vor allem deshalb, weil wir erst am Anfang des Einsatzes moderner Informations- und Kommunikationstechniken im Produktions-, Verwaltungs- und Distributionsbereich der Unternehmen stehen. Dadurch bewirkte industriestrukturelle Umwälzungen lassen sich derzeit deshalb empirisch kaum verifizieren, zumal die industriestrukturökonomische Forschung hierzu auf Zeitreihenanalysen angewiesen ist. Entsprechend aussagefähige empirische Untersuchungen liegen deshalb auch noch nicht vor. Ein erster Ansatz zur Beantwortung unserer Ausgangsfrage des Einflusses der Informations- und Kommunikationstechniken auf die Marktstruktur ist der der Untersuchung einer konkreten technischen Neuerung und der Versuch der Abschätzung möglicher Effekte. Wir wollen hier diesen Weg für den von der Deutschen Bundespost neu eingeführten Dienst "Bildschirmtext" gehen. Dabei wird es unerläßlich sein, auch auf einzelne Branchen, in denen sich ein großes Einsatzpotential abzeichnet, einzugehen.

Bildschirmtext, als ein neuer Kommunikationsdienst der Deutschen Bundespost, hat wie wohl kein anderer bereits lange vor seiner allgemeinen Einführung ein weites Echo gefunden. Sollte man allein hieraus auf die Akzeptanz schließen, müßte man sicher sein, daß Bildschirmtext ein Erfolg wird.

Für unser Thema interessieren hier vor allem vier Aspekte von Bildschirmtext:

1) Für den kommerziellen Anwender wird durch Bildschirmtext eine sehr kostengünstige Datenkommunikation möglich. Der Zugang zu Datenbanken und zur Datenfernverarbeitung wird wesentlich erleichtert.

2) Für den privaten Nutzer stellt sich Bildschirmtext als ein vielfältig nutzbares Informations- und auch Kommunikationsinstrument dar.

3) Für viele Unternehmen und speziell in einzelnen Branchen schafft Bildschirmtext ganz neue Formen des Kontaktes mit dem Kunden. Es eröffnen sich neue Distributionswege und Möglichkeiten der Abwicklung des Dienstleistungsgeschäftes durch eine stärkere Beteiligung des Kunden.

4) Neue Dienstleistungen und damit neue Märkte werden möglich. Es gibt aber auch substitutive Beziehungen zu bisher in anderer Form erbrachten Leistungen (z.B. im Bereich des Anzeigenmarktes).

Der zuerst genannte Aspekt hat klare Implikationen für die Marktstruktur. Die durch Bildschirmtext bewirkte Dezentralisierung von Computerkapazität senkt die Zutrittskosten der Inanspruchnahme von Datenverarbeitungsleistungen. Ein Beispiel hierzu ist die Automatisierung der Warenbestandsführung. Für viele kleine und mittlere Unternehmen, die zwar bisher schon die Nutzungskosten der Inanspruchnahme von Datenverarbeitungsleistungen hätten zahlen können, denen aber bei ihrer insgesamt geringen Nutzung die Zutrittskosten, z.B. in Form der Beschaffung von Terminals, bislang zu hoch waren, können nun auch Datenverarbeitungssysteme nutzen und die dadurch möglichen Effizienzsteigerungen in Anspruch nehmen. Ihre Wettbewerbsposition gegenüber größeren Unternehmen wird dadurch besser, sie können zu potenteren Wettbewerbern werden. Dadurch wird auf jeden Fall die Wettbewerbsintensität gestärkt, und wenn dadurch Marktzutritt auf Märkten möglich wird, die bislang größeren Unternehmen vorbehalten waren, wird so auch Konzentrationstendenzen entgegengewirkt bzw. zur Dekonzentration beigetragen. Die genannten Wirkungen werden auch in der kurz- bis mittelfristigen Perspektive der Einführung von Bildschirmtext im Vordergrund stehen. Denn in der Einführungsphase wird die geschäftliche Nutzung von Bildschirmtext dominieren.

Die wettbewerbspolitischen Implikationen der Nutzung von Bildschirmtext durch Unternehmen unterscheiden sich in einem wesentlichen Punkt von denen, die durch die Nutzung von Bildschirmtext durch private Haushalte bedingt sind. Die vorhin genannten wettbewerblichen Effekte treten auf dem einzelnen Markt ein, unabhängig davon, wie intensiv Bildschirmtext insgesamt als DV-System genutzt wird. Ob aber Bildschirmtext wirtschaftsstrukturelle Auswirkungen durch die Nutzung im privaten Bereich hat, hängt entscheidend vom Ausmaß der Inanspruchnahme dieses Dienstes ab. So ist etwa die wissenschaftliche Begleitforschung zum Bildschirmtext-Versuch Düsseldorf/Neuss zu dem Ergebnis gekommen, daß erst bei einem Verbreitungsgrad von 10 % der privaten Haushalte die Mindestvoraussetzungen der Nutzung von Bildschirmtext als Vertriebsweg gegeben sind. Diese Ausbreitung wird als "kritische Masse" angesehen, von der ab die direkte Kommunikation mit den Verbrauchern für Unternehmen interessant wird.

Bildschirmtext hat vor allem zwei Effekte, die aus gesamtwirtschaftlicher Sicht ganz allgemein zur Intensivierung des Wettbewerbs beitragen: Bildschirmtext verbessert bei hinreichendem Angebot und hinreichender Nutzung dieses Angebots die Markttransparenz und senkt die Transaktionskosten des Kaufs. Mehr Markttransparenz ergibt sich daraus, daß der Käufer ohne große Kosten sich Informationen über Angebot und Preise einholen kann. Insbesondere die räumliche Distanz wird in Zukunft aller Vermutung nach ein weitaus geringerer hemmender Faktor beim Hereinholen von Angeboten sein. Der Wettbewerb wird intensiviert, da die Zahl der erreichbaren Anbieter für den einzelnen Konsumenten zunimmt. Dieser Effekt wird noch dadurch verstärkt, daß bei manchen Gütern und Dienstleistungen auch für die Realisierung des Kaufaktes die räumliche Nähe zum Kunden überhaupt nicht mehr erforderlich ist. Als Beispiel seien hier nur der Versandhandel, Reisemittler, Banken und Versicherungen genannt. Dennoch sollte man bei dieser möglichen Wirkung von Bildschirmtext noch vorsichtig in seiner Einschätzung sein. Dann auch das Medium Bildschirmtext mag aufgrund der Fülle von Informationen, die jetzt potentiell verfügbar werden, seinerseits besondere Suchkosten, z.B. verstanden als Zeitaufwand, verursachen. Der geeigneten Gestaltung des Suchbaumes zur Minimierung dieser Suchkosten kommt damit eine ganz besondere Bedeutung zu.

Insbesondere bei den zuletzt genannten zwei Beispielen wird auch überregionaler Marktzutritt möglich ohne die entsprechende regionale Repräsentanz des Unternehmens. Die durch Bildschirmtext mögliche Senkung der Marktzutrittskosten intensiviert den

Wettbewerb. Hiervon können möglicherweise auch Dekonzentrationseffekte ausgehen. Denn kleinere und mittlere Unternehmen können über Bildschirmtext Nachteile im Wettbewerb ausgleichen, die ihnen durch die flächendeckende Präsenz von Großunternehmen entstehen. Sie müssen nicht an jedem Ort, an dem sie anbieten wollen, büromäßig repräsentiert sein.

Einen ähnlichen Effekt wird der neue, demnächst von der Deutschen Bundespost eingeführte Service 130 haben. Mit diesem Dienst können Unternehmen die Kosten eingehender Gespräche übernehmen. Auch dadurch wird es ihnen möglich, ohne kostenaufwendige büromäßige Repräsentanz in der Nähe des Kunden dennoch (über den Einsatz von Telekommunikation) die allgemeine Erreichbarkeit zu geringen Kosten für den Konsumenten aufrecht zu erhalten.

Die genannten wettbewerbsfördernden Effekte treten vor allem deshalb ein, weil die Konsumenten weniger Zeit und Geld für die Suche nach geeigneten Kaufalternativen und die Auswahl aufwenden müssen. Durch diese Vergrößerung der relevanten Märkte tritt eine Dekonzentration ein, die in dieser Form bei landesweiten Marktabgrenzungen so nicht meßbar ist.

Mit dieser allgemeinen Intensivierung des Wettbewerbs durch Bildschirmtext wird aber auch einhergehen, daß Unternehmen verschiedener Größe und Struktur auf manchen Märkten nicht mehr wettbewerbsfähig sind. Denn zunehmender Wettbewerb zeichnet sich u.a. auch dadurch aus, daß bisher gerade noch überlebensfähige Anbieter, die den durch mehr Wettbewerb gestiegenen Effizienzanforderungen nicht mehr genügen, aus dem Markt ausscheiden. Dies mag z.B. für Einzelhandelsgeschäfte gelten, die sich durch Bildschirmtext verstärktem überlokalen Wettbewerbsdruck ausgesetzt sehen. Ihre Chance am Markt wird dann vor allem in einem persönlicheren Zuschnitt ihrer Dienstleistungen liegen, der nur schwer durch Telekommunikation substituierbar ist. Wir haben hier ein Beispiel für ein Phänomen, daß mehr Konzentration als Folge von Wettbewerb eintritt. Die Telekommunikation hat hier ganz ähnliche Effekte wie vor einiger Zeit die Entwicklung moderner Verkehrsmittel. Auch dadurch wurden lokale oder regionale Märkte geöffnet, was auf diesen Märkten häufig zu mehr Konzentration, aber nicht zu weniger Wettbewerb geführt hat.

Neben dem Bereich des Handels wird man bei hinreichender Verbreitung von Bildschirmtext in zahlreichen Dienstleistungssektoren (z.B. Reisebüros, Banken, Versicherungen, Hotelgewerbe) strukturelle Veränderungen erwarten können, die dem Konsumenten zusätzliche Wahlalternativen bieten werden. Allerdings werden sich strukturelle Änderungen nur in einem sehr langen Zeitraum realisieren. Wie gesagt, erst ab 1988 wird mit einem Verbreitungsgrad von Bildschirmtext für 10 % der privaten Haushalte gerechnet. Dieser Zeitrahmen läßt genügend Raum für Anpassungsmaßnahmen der Betroffenen.

INFORMATIONSWIRTSCHAFT ALS DIENSTLEISTUNG

Jürgen Mataré
Messerschmidt-Bölkow-Blohm GmbH, München

1. Standortbestimmung:
   Organisationshilfen mit Kommunikationshilfen
2. Alternativen
3. Beschränkungen versus Öffnungen:
   Budgetorientierung und Marktorientierung
4. Entscheidung:
   Vorteile der Zentralisierung und Dezentralisierung gemeinsam nutzen
5. Rollenwechsel
6. Ausblick auf künftige Organisationsarbeit
7. Eine Entscheidung für ein divisionalisiertes Unternehmen

Referat

Unter dem Aspekt der Information als Produktionsfaktor muß Informationswirtschaft eines Unternehmens gleichrangig mit Funktionen wie Entwicklung, Fertigung, Personal, und Vertrieb behandelt werden. Der Autor plädiert für eine weitgehende Dezentralisierung nach dem Divisionalisierungsprinzip, unter einer zentralen Lenkung der Informationswirtschaft durch einen Anlagenchef, der übergeordnete und koordinative Funktionen wahrnimmt. Die Zuordnung einer Aufgabe zur zentralen oder peripheren Stelle muß unter rein pretialen Gesichtspunkten entschieden werden. Eine aufgabenadäquate Reorganisation wird eine Abkehr von der traditionellen zentralen Datenverarbeitungs-Abteilung mit sich bringen.

Abstract

Regarding information as a production factor the author states that information management must be given the same priority as the functions of development, production, staffing and marketing within a companies´ management. However, an extensive decentralization according to the principles of divisionalization should be reached that comes under the direction of a central information management department responsible for the overall and coordinative functions and office technologies. The attachment of tasks to either unit must be decided under purely economic viewpoints. The task adequate reorganization will imply a turn away from the traditional central data processing department.

Die strukturelle Eingliederung der "Hilfsbetriebe" Datenverarbeitung und Büroorganisation (Kommunikationstechnik) im Industriebetrieb wird anhand der vielfach geäußerten Meinung überprüft, Information sei ein Produktionsfaktor, und damit müsse die Funktion "Information" (Informatik) gleichrangig in der Unternehmensleitung neben den Funktionen

- Entwicklung
- Fertigung
- Betriebswirtschaft
- Vertrieb

hierarchisch höchste Bedeutung erhalten und strategisch zentrale Wirkung erzielen.

Durch den technologischen Wandel im Elektronikbereich findet das Schlagwort vom ´Büro der Zukunft´ in allen Gazetten euphorischen Niederschlag. Es läßt sich aber zeigen, daß

- das ´Büro der Zukunft´ nichts als ein Schlagwort ist (das mehr verbirgt, als es aufdeckt),

- das ´Büro der Zukunft´ zu Veränderungen in den Beziehungen und dem Verhalten der Mitarbeiter zueinander führen wird (Zusammenarbeit),

- dem ´Büro der Zukunft´ nicht mit schlagartigen Änderungen in der Unternehmens-organisation (Struktur) der Weg geebnet wird, sondern daß es eines mehrjährigen Prozesses der Verhaltensschulung/-änderung der Mitarbeiter bedarf (Rollenwechsel), und

- daß Netze nicht "a priori" (von vornherein) geplant, sondern "a posteriori" (nachträglich) geknüpft werden.

1. Standortbestimmung
Organisationshilfen mit Kommunikationshilfen

Die betriebliche Informationsproduktion dient essentiell der Entscheidungsfindung (Optimierung). Sie bedient sich der Produktionsfaktoren

- Arbeitsleistung: Mensch am Arbeitsplatz

- Betriebsmittel: Kommunikationshilfen (Geräte)

- Werkstoff: Papier, Bänder, Platten, Filme

- Planung und
  Betriebsorganisation: Organisationshilfen.

Im Unternehmen erfüllen die Organisationsstäbe (Organisationsplanung) die Funktion der Organisationshilfen (Abläufe, Aufbau).

Allgemeine Verwaltungsdienste stellen Kommunikationshilfen wie z.B. Telefon, Telex, Kopierwesen etc. zur Verfügung. Nur das Kommunikationshilfsmittel "Daten-verarbeitung" hat sich zu einem eigenen exklusiven Funktionsbereich entwickelt (Abbildung 1).

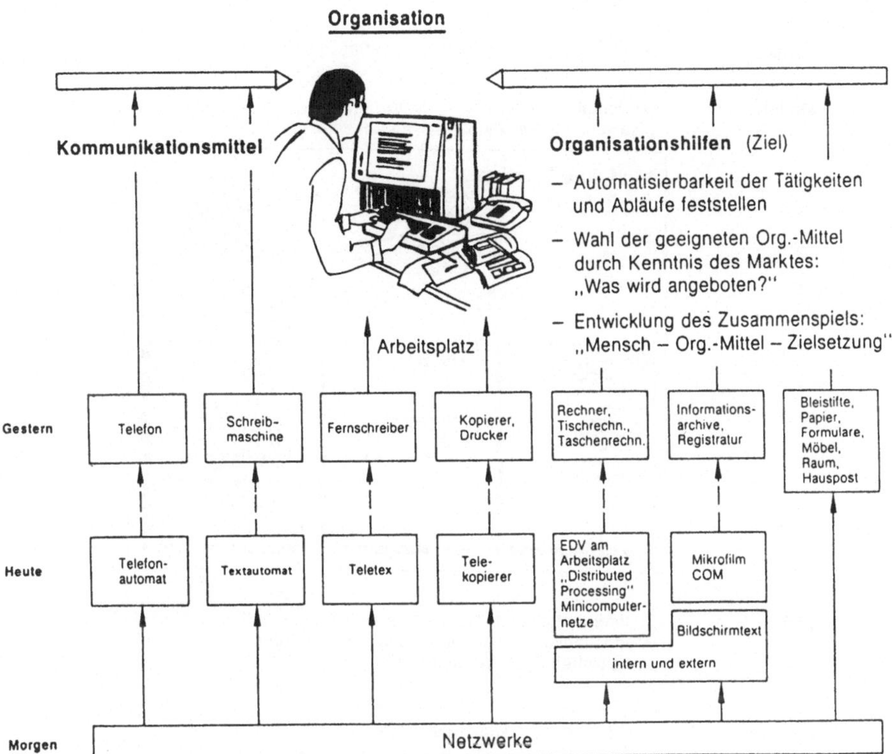

2. Alternativen

Nach der von den Herstellern von Großrechenanlagen gemeinsam mit Theoretikern der Hochschulen verursachten

"MIST–Euphorie"
(Management Information Systems, 1965 – 1970)

haben dieselben Propheten sich wieder von dem Undurchführbarkeitssyndrom erholt (10 Jahre!!) und sehen sich erneut als die Ayatollahs einer Bürorevolution.

Die Heilslehre heißt "INTEGRAM" (Alles in einem / Abbildung 2).

Vielfalt statt Einfalt

Einfalt   Entscheidungsorientierter/integrierter Systemarbeitsplatz

Modell   Universal-Musik-Fernseh-Truhe
                         „Gelsenkirchner Barock"

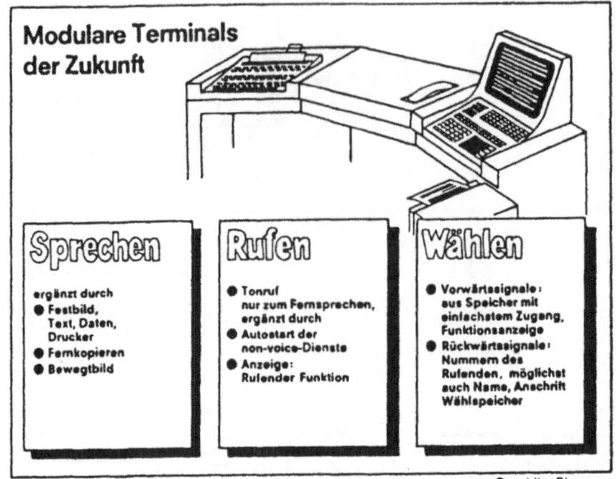

Ziel   Zusammenfassung aller informationsverarbeitenden und
                         informationsübertragenden Dienste im Büro in einem
                         einheitlichen System (Siemens).

Bewertung   – Utopie der Hersteller (Siemens)

                         – Wer soll das bedienen? (und bezahlen?)

                         – Nicht beherrschbare Komplexität der Groß-EDV wird
                           nunmehr auch noch auf alle Kommunikationsmittel über-
                           tragen

                           „nichts geht mehr"

                         – Das haben wir doch 1965 schon einmal gehabt
                           (Alle sprachen von „Mist" – wo ist er geblieben?)

                         – Traum der technikorientierten EDV-Chefs
                           (Das wird ein Maschinchen! † 1980)

Wie schnell ihnen die Fäden ihrer gesponnenen Netze aus den Händen gleiten werden,
wird die nahe Zukunft weltweit zeigen. Ihrer Einfalt (Altersstarrsinn) steht das
Konzept der Vielfalt "chacun à son goût" gegenüber, das eine Bürorevolution durch
Verhaltenswandel der Büromitarbeiter unter sukzessiver Nutzung der einzelnen, in
kleinsten Portionen gebotenen Kommunikationshilfen prognostiziert. Beherrschbarkeit, Akzeptanz, Bedarf und Nutzen aus der Sicht des Mitarbeiters stehen dabei im
Vordergrund (Abbildung 3).

Vielfalt statt Einfalt

Vielfalt   Bedarfsgerechter, beherrschbarer Arbeitsplatz

Modell   Eins nach dem anderen!

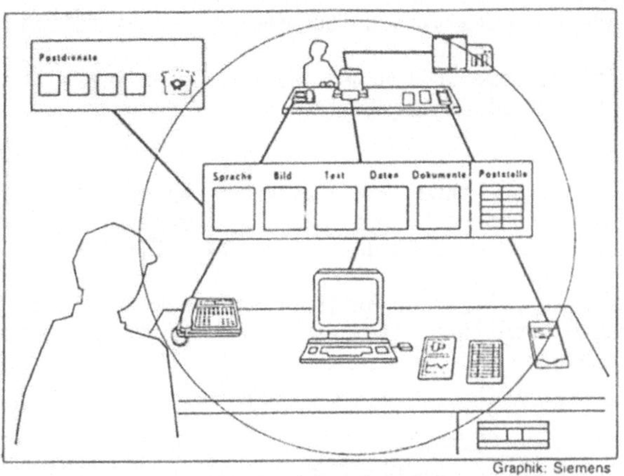

Ziel   Je nach Arbeitsablauf werden die Kommunikationshilfen aus der Gesamtpalette zu einem bedarfsorientierten Arbeitsplatz kombiniert (Nachfrage – Angebot).

Bewertung

– Heute bereits realisiert – in Zukunft stets verbesserbar durch leichten Austausch einzelner Subsysteme

– Kein Warten auf die nächste Generation

– Fehlkäufe nicht so gewichtig

– Redundanz der Systeme, d. h. vielfältige Substitutionsmöglichkeiten

– Anfälligkeit geringer:
Nervenbahn statt Hauptschlagader

– Keinen Hoflieferanten mit monopolisierten Erpressungsmöglichkeiten

– Reparatur der Einzelkomponenten einfacher

Alle Welt warnte vor der steigenden Dezentralisierung, insbesondere natürlich die zentralen Computerabteilungen. Die Desintegration der Bürofunktionen, verminderte Kompatibilität und Insellösungen sind die Schlagworte der um ihre Existenz bangenden Zentralinformatiker.

Während die Zentralisten noch warnen, versammeln sich die Dezentralisten mit ihren beherrschbaren Systemen, um zu prüfen, wie weit sie ihre Netze spinnen können, um Lösungen zu finden, über die die Theoretiker noch im Papierstadium diskutieren.

So suchen

- dezentrale Rechner Anschluß an zentrale Rechner
- dezentrale stand-alone-Textverarbeitungsmaschinen Anschluß an dezentrale Telex-
  maschinen
- dezentrale DV-Bildschirme wollen teletexten
- Telefonsysteme wollen bildschirmtexten
  usw.

Es vollzieht sich auch ohne die großen theoretischen Gesamtkonzepte eine Netzkonstruktion von unten nach oben. Es ist wie mit der Blüte der Sonnenblume. Sie wandert mit der Sonne und erzielt dabei höchste Effizienz.

Warum sollen sich alle Teilnehmer an Informationssystemen ineffizient verhalten und nur ein "Zentralinformationssystemressourcemanager" die Kommunikationsweisheit mit Löffeln zu sich nehmen?

3. Beschränkungen versus Öffnungen
   Budgetorientierung und Marktorientierung

Das Machbare, das Konsumierbare wird begrenzt durch die Mittel, die der einzelne Haushalt zur Verfügung hat. Auch die Org.-Einheit eines Unternehmens muß haushalten, insbesondere, wenn sie nach pretialen (Profit-Center) und qualitativen Zielsetzungen (management by objectives) geführt wird.

Einen optimalen Nutzen (Abbildung 4) erzielt die Org.-Einheit dann, wenn sie auch die für die Leistungserstellung notwendige "Information" aus verschiedenen Quellen günstig einkaufen kann. Die Org.-Einheit wird daher Wahlmöglichkeiten präferieren, statt sich an einen Hoflieferanten zu binden. Bei gegebener Teilbarkeit der "Informationen" führt dies zu einer Informationswirtschaft, die zum Funktionieren des "Marktes der Informationen" benötigt wird.

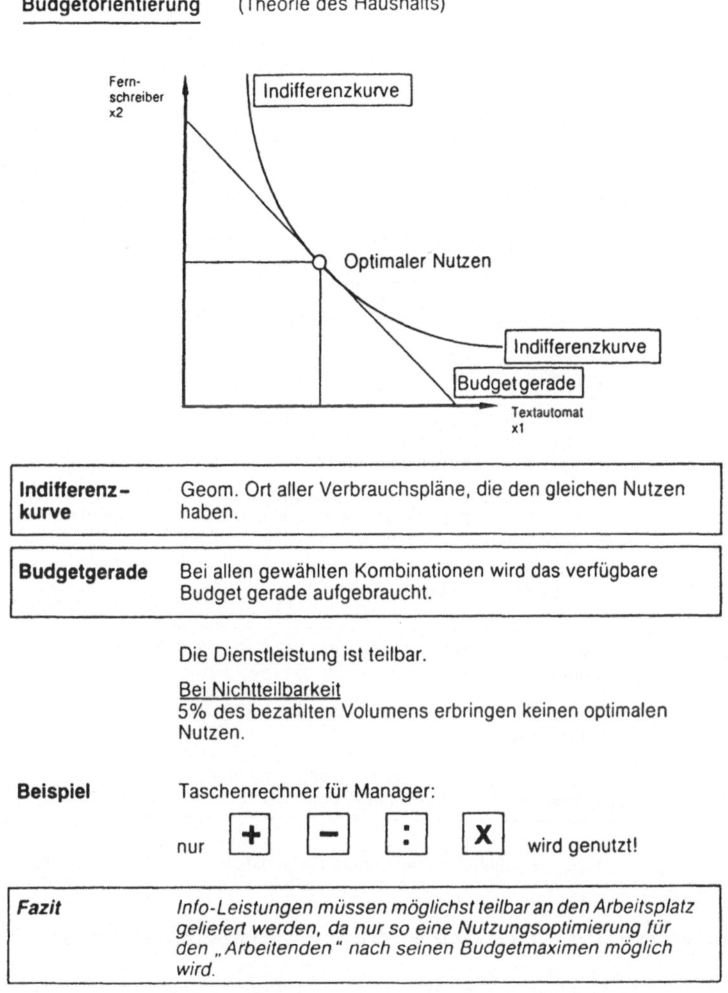

Indifferenzkurve	Geom. Ort aller Verbrauchspläne, die den gleichen Nutzen haben.
Budgetgerade	Bei allen gewählten Kombinationen wird das verfügbare Budget gerade aufgebraucht.

Die Dienstleistung ist teilbar.

Bei Nichtteilbarkeit
5% des bezahlten Volumens erbringen keinen optimalen Nutzen.

Beispiel   Taschenrechner für Manager:

nur   +   −   :   X   wird genutzt!

Fazit	*Info-Leistungen müssen möglichst teilbar an den Arbeitsplatz geliefert werden, da nur so eine Nutzungsoptimierung für den „Arbeitenden" nach seinen Budgetmaximen möglich wird.*

Auf diesem Markt stehen sich auch im Unternehmen eine Vielzahl "Informationsanbieter" und "Informationsnachfrager" gegenüber. Als Steuerungsmittel wird ein Preis benötigt, der sich für die jeweilige Information bilden muß (Abbildung 5).

Marktorientierung   (Theorie der Nachfrage)

Nachfrage nach der Ware „Information/Kommunikation"

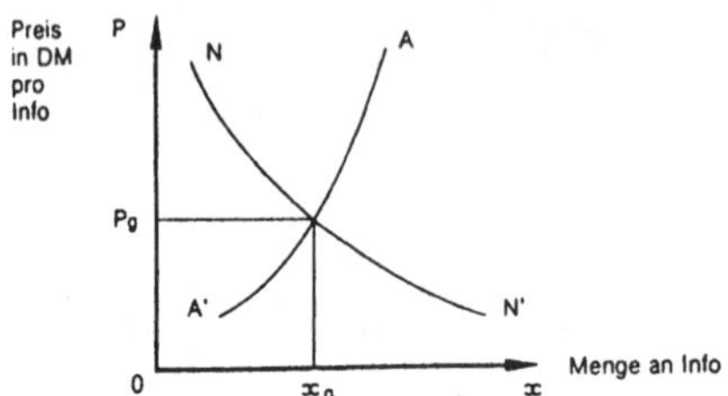

P_0 = Gleichgewichtspreis bei vollständiger atomistischer Konkurrenz

Problem   der ceteris paribus-Klausel*

- Wenn die Haushaltseinkommen (Budgets) kleiner werden (Gemeinkostenreduzierung), ändert sich die Nachfrage nach EDV-Informationen und damit der Preis.

- Wenn Substitutionsdienstlungen, z. B. Mikrocomputer-Informationen billiger werden, ändert sich die Nachfrage nach Groß-Computerleistungen sofort und damit der Preis.

  Es werden EDV-Informationen substituiert durch Taschenrechner-Informationen.

Fazit   *Liefere ich nur EDV-Informationen, muß ich, um mich am Markt behaupten zu können, entweder*

- diversifizieren, d. h. alle denkbaren Kommunikationsmittel anbieten,
oder
- den vollständigen Kommunikationsmarkt/Wettbewerb (vollkommene Informationswirtschaft) durch Monopole brechen.

---

* ceteris paribus = alles andere bleibt gleich

Als Marktmittler dienen die einschlägigen freien Kommunikationssysteme.

Ein zu breites Informationsangebot wird häufig von der Unternehmensleitung im Sinne einer "Gesamtkostenrechnung" als zu teuer angesehen. Eine leider noch vorzufindende Organisationsregel besagt, daß Zentralisierung billiger sei als Dezentralisierung. So wird dann auch in vielen Unternehmen gehandelt.

Die Information wird zentralisiert (Abbildung 6), kanalisiert, rationiert, gefiltert, und der mit der zentralen Informationsverteilung betraute Manager wird aufgefordert, die "Wirtschaftlichkeit der Information" (häufig der EDV) nachzuweisen. Da er das nie schafft, finden wir in den Betrieben einerseits den häufigen Wechsel dieses Informationsmanagers und andererseits den Ruf nach dem "Informationspapst".

Diversifikation und Monopolisierung

Das Angebot „Information/Kommunikation" wird im Unternehmen auf einen Anbieter übertragen (alle Kommunikationsmittel), d. h. monopolisiert (Angebotsmonopol).

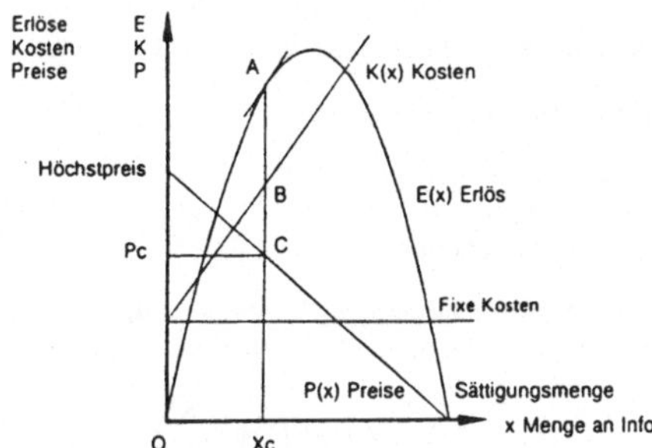

Problem

Ein solcher Anbieter braucht preispolitisch keine Rücksichten auf irgendwelche anderen Anbieter nehmen. Er kann (insbesondere wegen Fehlens jeder Surrogatkonkurrenz):

— Sich preispolitisch autonom verhalten

— Einen Höchstpreis fordern, den der „kaufkräftigste" Nachfrager noch zahlen kann

bzw.

— Wird den Preis und die Menge so kombinieren, daß die Erlöse „innerbetrieblich" gleich den Kosten bzw. gleich Kosten plus Gewinn sind

— Keine bessere Versorgung der Verbraucher bieten, da er alte Anlagen mit Abwälzen der Kosten benutzen kann, oder er leistet sich preistreibende Spielereien mit den teuersten Anlagen

— Kein Fortschritt als Triebfeder der Konkurrenz

Fazit

Will ein Unternehmen keine innerbetrieblichen Monopole dulden, um durch Preistreiberei an der Kostensteigerung nicht zu ersticken, muß es einen Markt der Informationen mit Kartellgesetzgebung (pretiale Informationswirtschaft) organisieren, anstatt eine zentrale Informationswirtschaft zu dulden.

Ein Informationsmanager, der dies erkannt hat, wird daher die "Pretiale Informationswirtschaft" (Abbildung 7) einer "Zentral gelenkten Informationswirtschaft" (Abbildung 8) vorziehen, obwohl diese Entscheidung seine Rolle im Betrieb verändert.

Markt der Informationen

Anbieter   Jedes Mitglied des Unternehmens

Nachfrager   Jedes Mitglied des Unternehmens

Marktmittler   – Freie Kommunikationssysteme
                    – Leistungsverrechnung
                    – Tausch der Informationen

Spekulanten   Eigentümer von Informationen, die Informationen zurückhalten,
                    verfälschen oder in nicht aufnehmbarer Menge verbreiten.

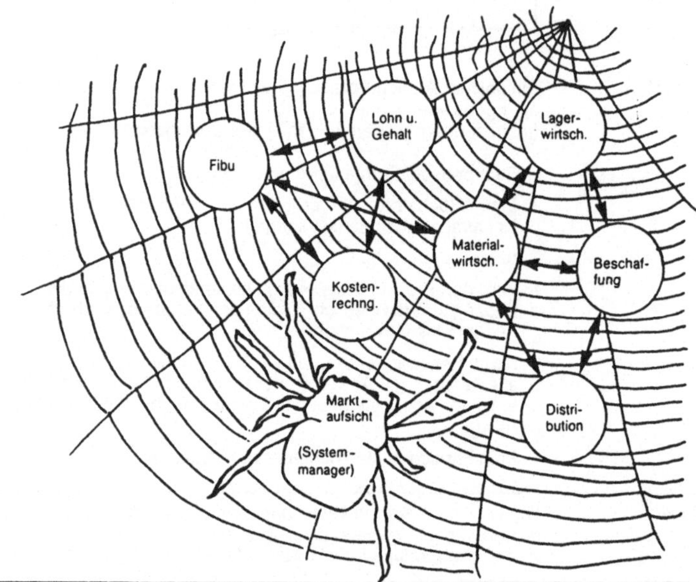

| Fazit | Freies Spiel der Kräfte unter Ausnützung des Marktmechanis- mus. |

Schlagwort   Distributed Processing
              Verteilte Intelligenz

Zentrale Informationswirtschaft

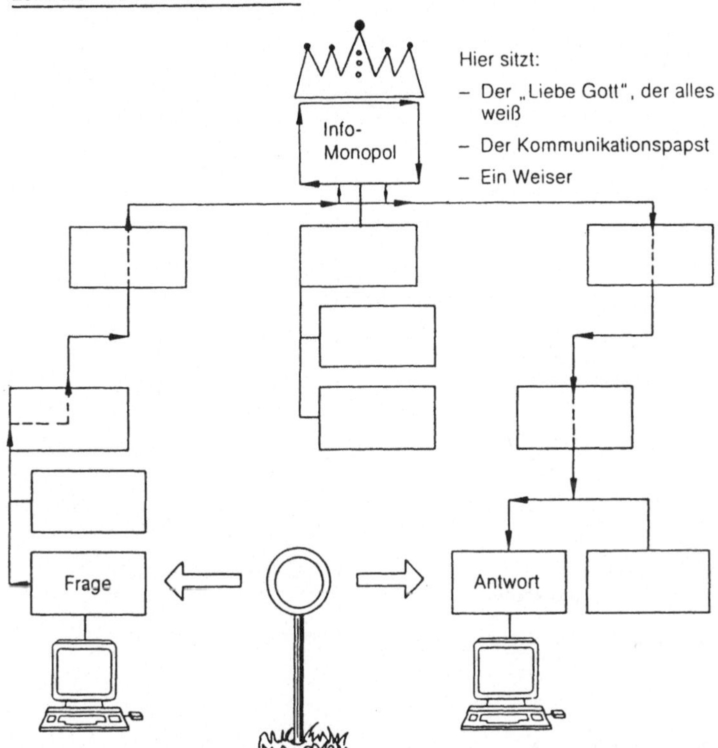

Fazit	*Bei Zentralismus müssen Gesetze mit Sanktionsmöglich-keiten (Strafe) die Produktion und den Vertrieb der Informationen regeln.*
	„Niemand darf ohne Zustimmung des Zentralisten . . ."
	(Fördert informelle Organisation: Heimlichkeiten, zurückhalten besseren Wissens etc.).

Diese veränderte Rolle (Abbildung 9)

**Kartellgesetzgebung auf dem freien Info-Markt
(auch im Unternehmen)**

Markt und Wettbewerbsregeln	= Richtlinien
Beratung durch funktionale Autorität (Experten)	= Interne Unternehmens- beratung (Org.-Planung)
Test- und Verbraucherschutz	= Berichte und TN's

– weniger Macht
– weniger unterstellte Mitarbeiter
– keine direkte Weisungsbefugnis
– nur Richtlinienkompetenzen bzw. strategische Unternehmensfunktion
– Stabsfunktion statt Geschäftsbereich

macht ihm diese Entscheidung menschlich fast unmöglich. Sie geht einher mit der Trennung der strategischen Unternehmensleitungsfunktion von der Dienstleistungsfunktion. Daher muß sie an einer anderen Stelle, der Unternehmensleitung, getroffen werden.

4. Entscheidung
   Vorteile der Zentralisierung und Dezentralisierung gemeinsam nutzen

Bei freier Marktwirtschaft, im Sinne der Kartellgesetzbehörde, bedarf die Unternehmensleitung einer nach betriebswirtschaftlichen Grundsätzen geführten "internen Unternehmensberatung" (Organisationsplanung). Sie ist der Garant für das Funktionieren (Organisation der Kommunikation), aber nicht der Lieferant von Informationen (Abbildung 10).

**Organisation der Kommunikationshilfen
„Geschäftsführungsebene"**

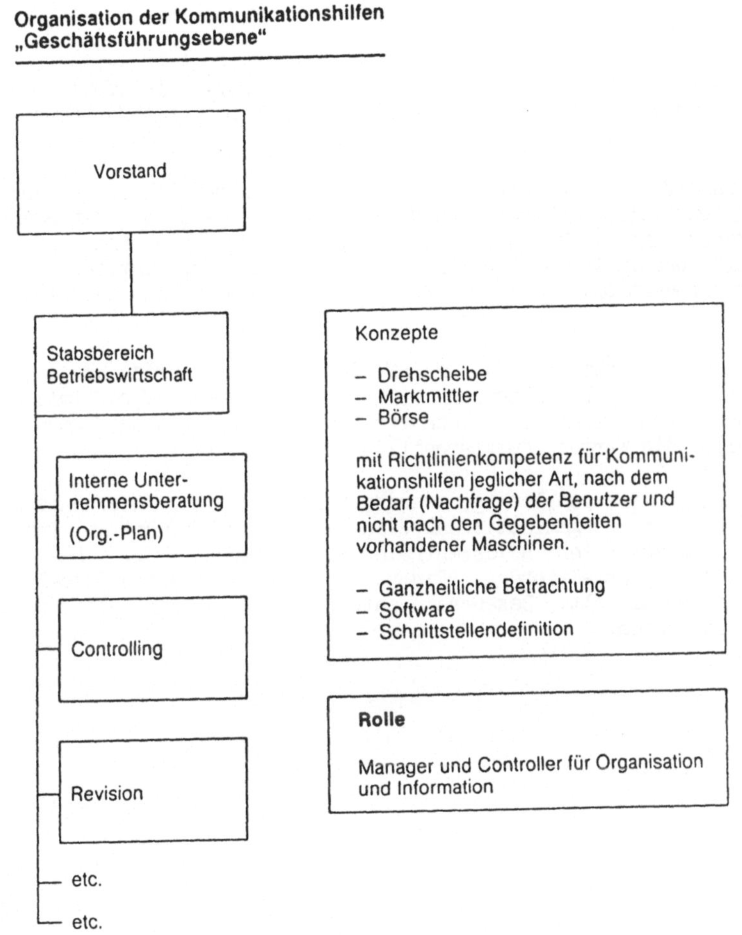

Diese Funktion wird dem Stabsbereich "Betriebswirtschaft" zugeordnet (Interessenvertretung). Eine eigenständige Zentralfunktion und Beteiligung des Vorstands für
den Produktionsfaktor "Information" wird gefordert, um die hohe Abhängigkeit des
Unternehmens von "richtiger" Information durch eine gewaltige Kompetenz zu
dokumentieren. Gleichzeitig lehnen die zentralen Informationskonfektionäre die
Verantwortung für die "richtigen" Daten ab und erklären sich für die "richtigen" Wege
zuständig.

Welche Entscheidungskompetenz hätten sie dann in einem Vorstand:

- Einem Produktmanager den richtigen Weg zu weisen?
- Einem Personalmanager zu sagen, welche Information er für die Kündigung des
  Produktmanagers braucht?

Wohl kaum!

Ich meine:

Maximal die Auswahl eines Info-Produktionsmittels (z.B. Telefon) oder einer Kombination (z.B. Telefon mit Bildschirmtext)! Ob da ein Vorstandsposten gerechtfertigt ist?

Die Kommunikationshilfen werden, soweit sie zentral wirtschaftlicher geführt werden können, einem Dienstleistungsbereich und dort dem sogenannten "Anlagenchef" als Betreiber zugeordnet. Er liefert damit das Vehikel und den Weg für Informationen. Der "Anlagenchef" bestimmt aber nicht Art und Umfang der Informationen, sondern die wirtschaftlichste Produktion. Er ist ein Mitglied im Markt der Informationen (Abbildung 11).

Kommunikationshilfen, die dezentral wirtschaftlicher geführt werden können, werden im Verantwortungsbereich der Fachabteilung (Textverarbeitung, Mikrofilmlese-/Kopiergeräte etc.) betrieben, zentral jedoch vom "Anlagenchef" betreut (gewartet), wenn nicht der Hersteller die Wartung "wirtschaftlicher" bereitstellt.

Die individuellen Organisationsplanungen werden durch die den Unternehmensbereichen zugeordneten "internen Organisationsabteilungen" durchgeführt. Indifferenzen bestehen hinsichtlich zentraler und dezentraler Softwareerstellung. Das löst sich aber durch die Nachfrageorientierung. Ein von allen nachgefragtes Info-System (z.B. CADAM) wird zentral entwickelt. Dezentral entwickelt wird nur ein speziell vom Anwender benötigtes System.

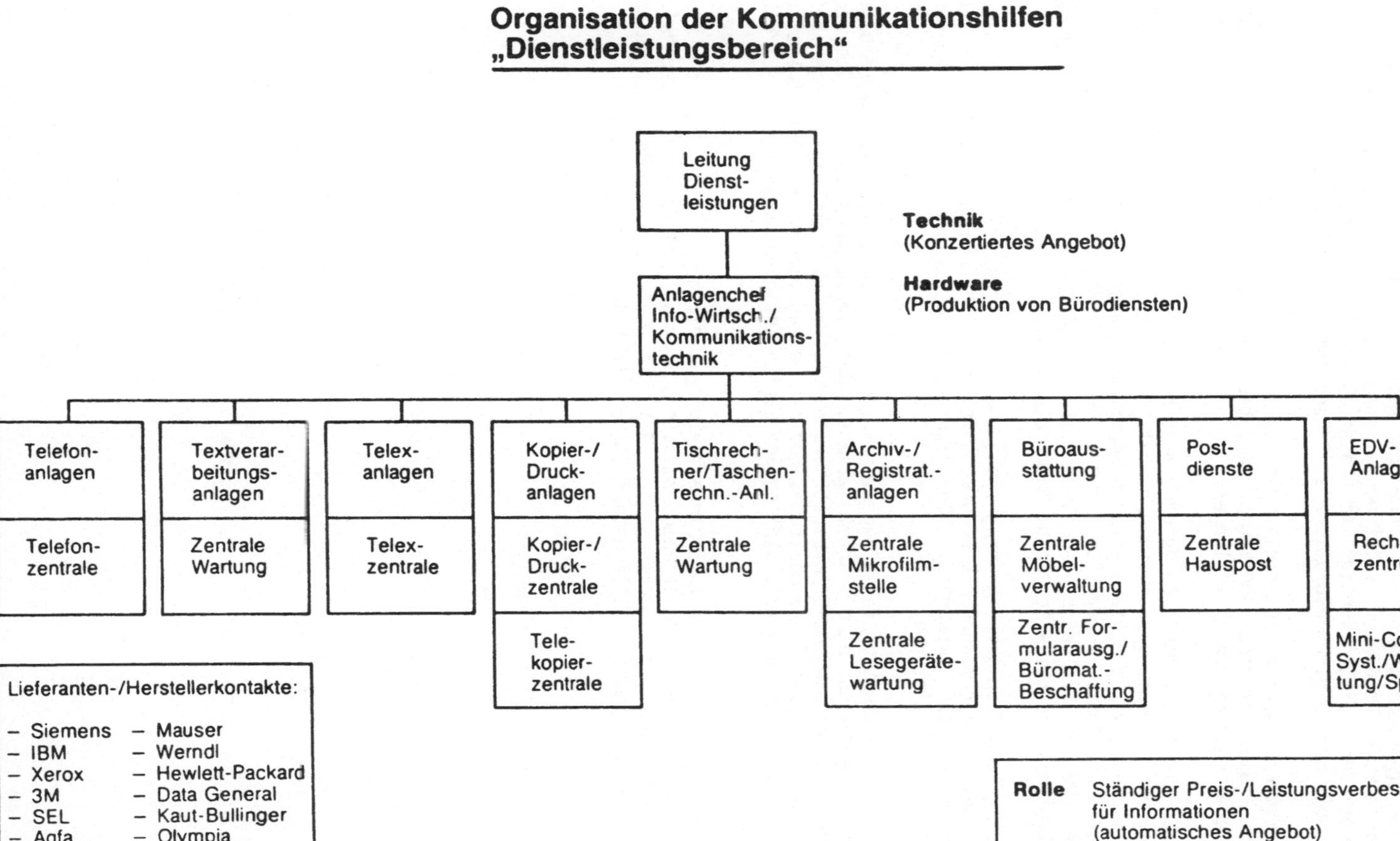

Organisation der Kommunikationshilfen
„Dienstleistungsbereich"

Leitung Dienstleistungen

Anlagenchef Info-Wirtsch./ Kommunikationstechnik

Technik
(Konzertiertes Angebot)

Hardware
(Produktion von Bürodiensten)

Telefonanlagen
Telefonzentrale

Textverarbeitungsanlagen
Zentrale Wartung

Telexanlagen
Telexzentrale

Kopier-/Druckanlagen
Kopier-/Druckzentrale
Telekopierzentrale

Tischrechner/Taschenrechn.-Anl.
Zentrale Wartung

Archiv-/Registrat.-anlagen
Zentrale Mikrofilmstelle
Zentrale Lesegerätewartung

Büroausstattung
Zentrale Möbelverwaltung
Zentr. Formularausg./Büromat.-Beschaffung

Postdienste
Zentrale Hauspost

EDV-Anlagen
Rechenzentrum
Mini-Comp.-Syst./Wartung/Springer

Lieferanten-/Herstellerkontakte:
– Siemens   – Mauser
– IBM   – Werndl
– Xerox   – Hewlett-Packard
– 3M   – Data General
– SEL   – Kaut-Bullinger
– Agfa   – Olympia

Rolle   Ständiger Preis-/Leistungsverbesserer für Informationen (automatisches Angebot)

5. Rollenwechsel

Die Ursachen für die Überlegungen zu einem Rollenwechsel, insbesondere bei den bisherigen EDV-/Organisationschefs, können nur gemutmaßt werden. Wichtig erscheint mir, daß es viele Wege für diesen Rollenwechsel geben wird. Garantiert aber nicht nur einen, der der allein richtige ist (Papstdoktrin). Dazu sind zu viele Fragen unbeantwortet, die nur in einem evolutionären Prozeß Antwort finden werden.

Probleme zukünftiger Organisationsabteilungen, egal auf welcher Unternehmensebene, sind nur als Fragekategorien andiskutierbar, bis der Rollenwechsel vollzogen ist. Dieser trifft aber auch die Fachabteilungen.

Hauptproblem für die "Mächtigen" des Unternehmens bleibt bei einer Dezentralisierung die Kontrolle und Steuerung. Allzulange ist gelehrt worden, daß Föderalismus und Liberalismus im Staat zwar Wohlstand stiften, aber noch lange nicht im Unternehmen Gewinn. Hier herrschte eher der fröstelnde Wind der Diktatur und seiner Kontrollorgane. Selbst die Weichenstellung einer vollzogenen Divisionalisierung bereitet den Zentralisten bei aller Macht Ohnmachtsgefühle.

Dezentralisierung bedarf in der Führungsphilosophie der Verteilung von Kompetenzen und Verantwortung. In der modernen Kommunikationstechnik ist sie mit der "Verteilung von Intelligenzmaschinen" verbunden. Ohne "Führung durch Zielsetzung" (MbO) können beide nur schlecht funktionieren.

Der Strohhalm bei mangelhaften Zielsetzungsverfahren ist die Investitionskontrolle (Investitionslenkung, wenn eine Partei glaubt, der Marktmechanismus funktioniere nicht). Das Problem der zentralen Investitionskontrolle zeigt sich insbesondere bei der Risikoentscheidung. Ist der dezentrale, für den Gewinn verantwortliche UB-Leiter risikofreudig (Pionierunternehmer), ist es der Zentralist noch lange nicht ("Z" wie zaudern, zögern).

Ich vertrete die Meinung, daß das vollzogene Divisionalisierungsprinzip Maßstab für alle weiteren Handlungen im Unternehmen zu sein hat, wobei zentrale und dezentrale Vorteile in die Waagschale zu legen sind. Nur bei "Überwiegen" der zentralen Vorteile muß die Entscheidung auch "Zentral" lauten (Abbildung 12).

| These 1 | Die Rolle der technikorientierten EDV-Org.-Chefs muß sich wandeln. |

| These 2 | Die Technik „Kommunikationsmittel" gehört nicht in die Hände des Org.-Chefs
(Technik bestimmt nicht Kommunikation, sondern Kommunikation bestimmt Technik). |

| These 3 | Organisationsplanung (Aufbau/Ablauf) und „Kommunikations-mitteltechnik" (inkl. Rechenzentrum) sind verschiedenen Funktionsbereichen zuzuordnen
(Spannung statt päpstliche Unfehlbarkeit). |

| *Fazit* | *In einem*
zielorientierten, liberalen, föderalistischen, dezentralen, divisionalisierten
Großunternehmen
hat der
machtorientierte, planifizierende, monopolistische, techno-kratische
Zentralist
in den 80er Jahren eine niedrige, geringe Gewinnchance. |

6. Ausblick auf künftige Organisationsarbeit

Unter Anerkennung der Gutenbergschen Meinung, Organisation sei ein Produktionsfaktor, müssen Schwerpunkte zum ökonomischen Einsatz des Produktionsfaktors gesetzt werden. Statt Diskussionen um Hierarchie-, Struktur-, Machtansprüche oder Informationsverbote gilt es endlich, auch in Großunternehmen, die Zusammenarbeit und das Miteinander durch organisationspolitische Maßnahmen zu fördern, statt dem Nebeneinander und Gegeneinander unterschwellig das Wort zu reden.

Das Miteinander wird aber nicht erreicht, indem man Menschen, Material und Betriebsmittel zentralisiert, sondern indem man diese am richtigen Ort miteinander kombiniert und wirken läßt. Vasallen und Claqueure bewirken das Wohlgefühl des Burgherren; Verbündete und "Jünger" eines gemeinsamen Anliegens bewirken Veränderungen in den Provinzen zum Wohle aller. So wäre die wichtigste Aufgabe eine Organisations-Informations-Kommunikationspolitik des Unternehmens zu erarbeiten (Thesen), anstatt die vorhandenen "Figuren" auf dem Schachbrett der Unternehmung neu zu formieren.

Was die "Figuren" anbetrifft, erscheint es mir ausgesprochen schwierig, ein Heer von Organisatoren (Unternehmensberater, Systemanalytiker, Organisationsprogrammierer und wie sie sich alle nennen) mit dem neuen Rollenverhältnis aus dem Nichts zu rekrutieren.

Diese Aufgabe wird ein Jahrzehnt in Anspruch nehmen. Ebenso schwierig wird es sein, die Leitungsfunktionen mit dem richtigen Mann am richtigen Platz zu bekleiden. Ist es der Fachmann, mit den man über Bits und Bytes reden kann, der Informationspapst oder ein schlichter ergebnisorientierter Manager?

So wird heute nur die Entscheidung über die Schlagworte "Zentrale Informatik" und "Büro der Zukunft" getroffen. Eine bessere Problemlösung für alle Menschen am Arbeitsplatz wird auch durch eine neue Struktur nicht gefunden, wenn man die Verhaltenskomponenten - weil schwierig - vergißt.

7. Eine Entscheidung für ein divisionalisiertes Unternehmen

Sind die Gedanken zur Organisation künftiger Bürosysteme schlüssig, wird folgende Organisationsstruktur empfohlen:

- Es wird als Zentralbereich eine Organisationseinheit

   "Interne Unternehmensberatung"
    oder
   "Zentrale Organisationsplanung"
    oder
   "Organisation, Kommunikation, Information"

  gebildet.

  Dieser zentrale Stabsbereich wird dem Vorstandsvorsitzenden oder dem Vorstand "Betriebswirtschaft" direkt unterstellt.

- In einem zentralen Dienstleistungsbereich wird der Betrieb aller Anlagen der Kommunikationstechnik zusammengefaßt (betreiben, beschaffen, warten). Der Dienstleistungsbereich nimmt den Automatisierungsservice zentral (Softwarehaus) wahr.

- Alle Unternehmensbereiche gründen (soweit nicht vorhanden) entweder als direkte Funktion der UB-Leitung oder im Geschäftsbereich Wirtschaft die Hauptabteilung

  "Interne Unternehmensbereichs-Beratung"
   oder
  "Organisationsplanung" (UB)
   oder
  "Organisation, Kommunikation, Information" (UB).

  Die Zusammenarbeit/Zusammenlegung mit dem Controllingbereich ist wünschenswert (Abbildung 13).

Organisation der Kommunikationshilfen „Unternehmensbereichsebene"

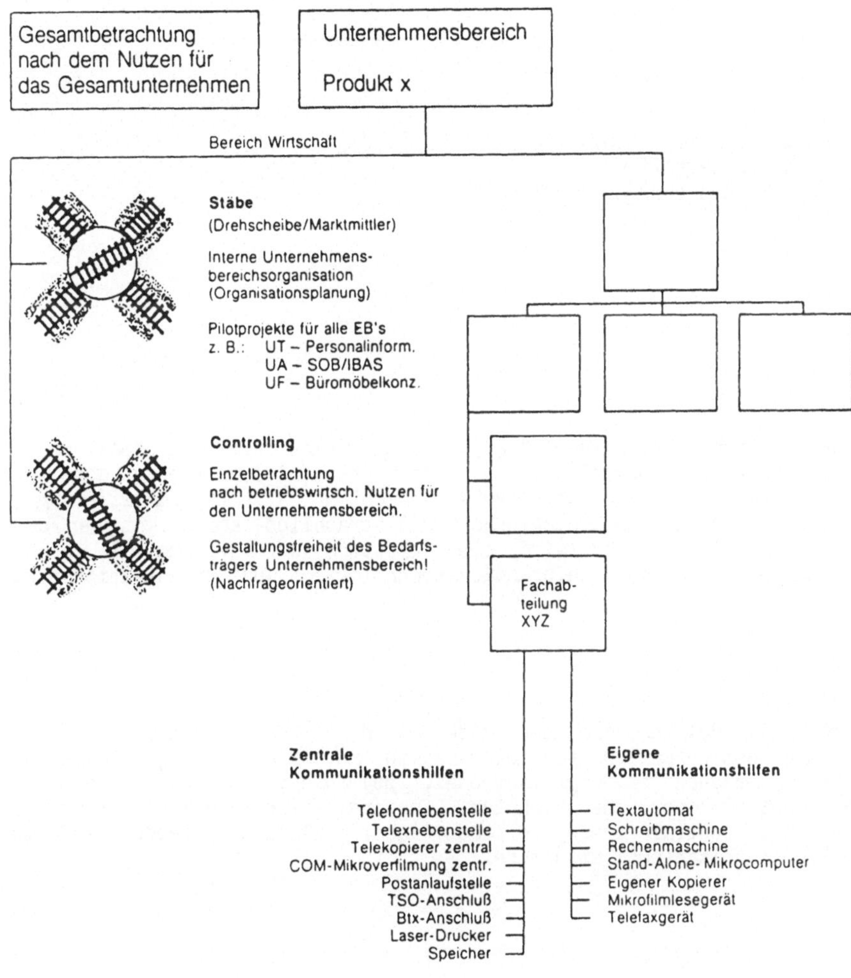

<u>DER EINFLUSS DER INFORMATIONSTECHNOLOGIEN AUF DIE ORGANISATIONSSTRUKTUR</u>

Walter Schiebel
Wirtschaftsuniversität Wien
Institut für Absatzwirtschaft

1. Die Formulierung der Fragestellung
2. Die Definition von Begriffen
3. Das Modell des Untersuchungsgegenstandes
4. Diskussion
Anmerkung
Literatur

Referat

Angesichts der umfassenden Folgen des Zusammenwirkens von Informations- und Kommunikationstechnik für Organisationen werden verschiedene theoretische Modelle diskutiert, die gegenüber den technischen Momenten der Informatisierung die organisationstheoretischen, psychologischen und sprachlich- kommunikativen Faktoren zur Geltung bringen sollen. Dabei wird die Akzeptanz der Systeme als Kern des Kausalzusammenhangs zwischen Informationstechnologie und Organisationsstruktur dargestellt.

Abstract

Various theoretical models are discussed with regard to the extensive effects of information and communication technologies in an organisation. These models underline the importance of organisational, psychological and speech-related communicative factors over the technical factors. The acceptance of systems is introduced as the central issue in the causal relation between information technologies and organizational structure.

1. Die Formulierung der Fragestellung

Der im Titel intendierte Kausalzusammenhang – als hypothetischer Manipulations-
zusammenhang (BUNGE, 1959; HOLM, 1975) – legt auch bereits die hypothetische
Manipulationsrichtung fest, so daß ein bivariates Modell gegeben ist, dessen
unabhängige Variable die Informationstechnologie(n), die davon abhängig erklärte
Variable die Organisationsstruktur ist.

Die darauf aufbauende Fragestellung ("Wie beeinflussen die Informationstechnologien
die Organisationsstruktur?") ist wegen ihres Komplexitätsgrades vorerst einer
dimensionalen Auflösung (HOLM, 1975), d.h. einer begrifflichen Auflösung in ein aus
verschiedenen Variablen (oder Dimensionen) gebildetes Modell zuzuführen.

2. Die Definition von Begriffen

Als Informationstechnologie sei im weiteren die Gesamtheit des Wissens über Verfahren
der Informationsverarbeitung und –übertragung verstanden (LANGE/KUBICEK/REESE J./
REESE U., 1982). Dieses Wissen umfaßt eine Reihe unterschiedlicher Technikfamilien,
gegliedert nach

- ihren physikalischen Realisationsformen (z.B. Mikroprozessoren)
  oder
- ihren Funktionen (Ein-, Ausgabe, Speicherung, Verarbeitung, Übertragung).

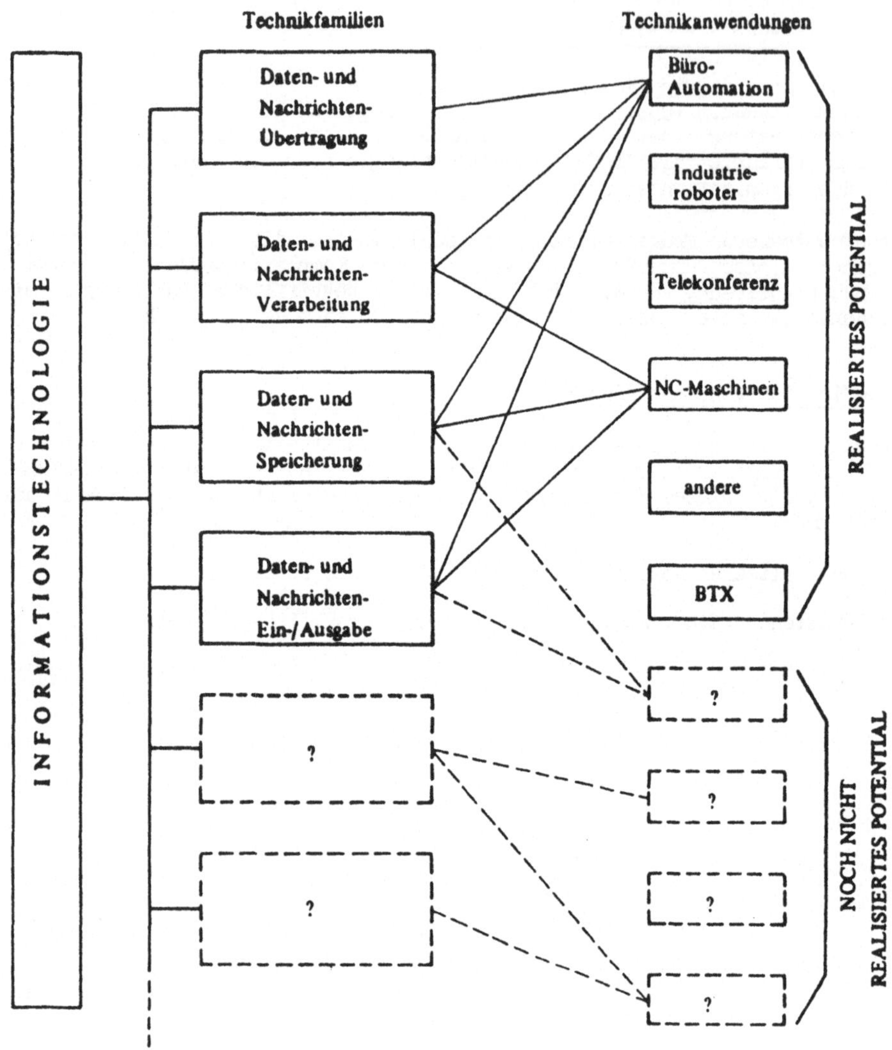

Quelle: Lange/Kubicek/Reese J./Reese U.,
        Sozialpolitische Chancen der Informa-
        tionstechnik, campus 1982, S. 5o

Die hochindustrialisierte Halbleitertechnik läßt es heute zu, praktisch alle – auch
die ursprünglich in Analogform vorliegenden Informationen – einheitlich in digitaler
Form darzustellen und zu behandeln. Dadurch wird das Zusammenwachsen der
Informationstechnik und Kommunikationstechnik
in Hinblick auf Text, Bild und Sprachnachrichten begünstigt.

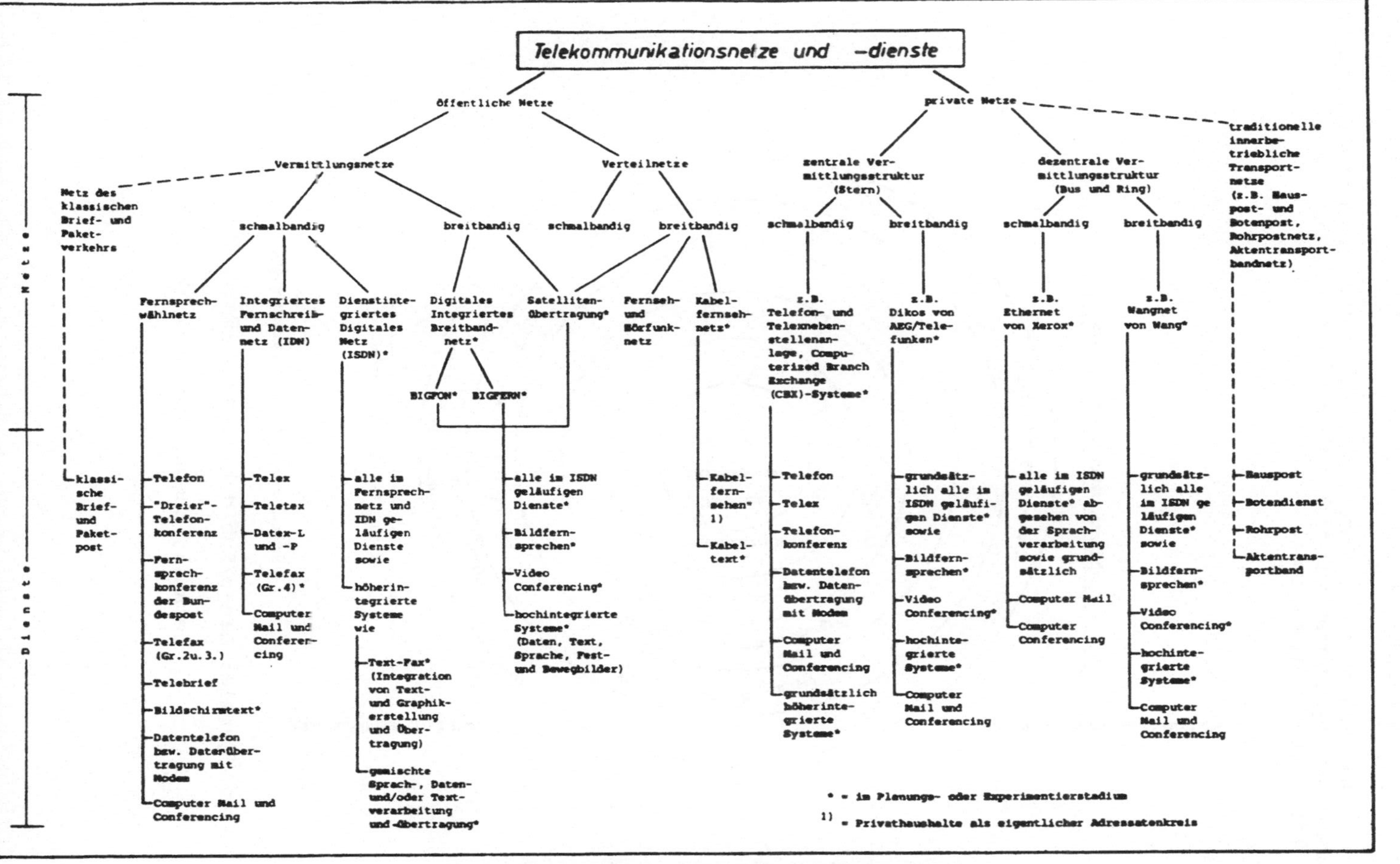

Quelle: Picot/Anders, Telekommunikationsnetze als Infrastruktur neuerer Entwicklungen der
geschäftlichen Kommunikation, in: WiSt 4/1983, S. 188

Die Auffassung von Technikanwendungen als technische Systeme in der Form von Kombinationen unterschiedlicher Technikelemente bzw. -familien entspricht der vorherrschenden Betrachtungsweise der Techniker. Diese technische Betrachtungsweise (ausgerichtet auf Kapazitäts-, Schnelligkeits-, Zuverlässigkeits- und Kosten- kriterien) vernachlässigt jedoch jene Wirkungen, an denen Benutzer und Betroffene einer Technikanwendung interessiert sind und die die Akzeptanz im Sinne einer sozialen Verträglichkeit mitbestimmen.

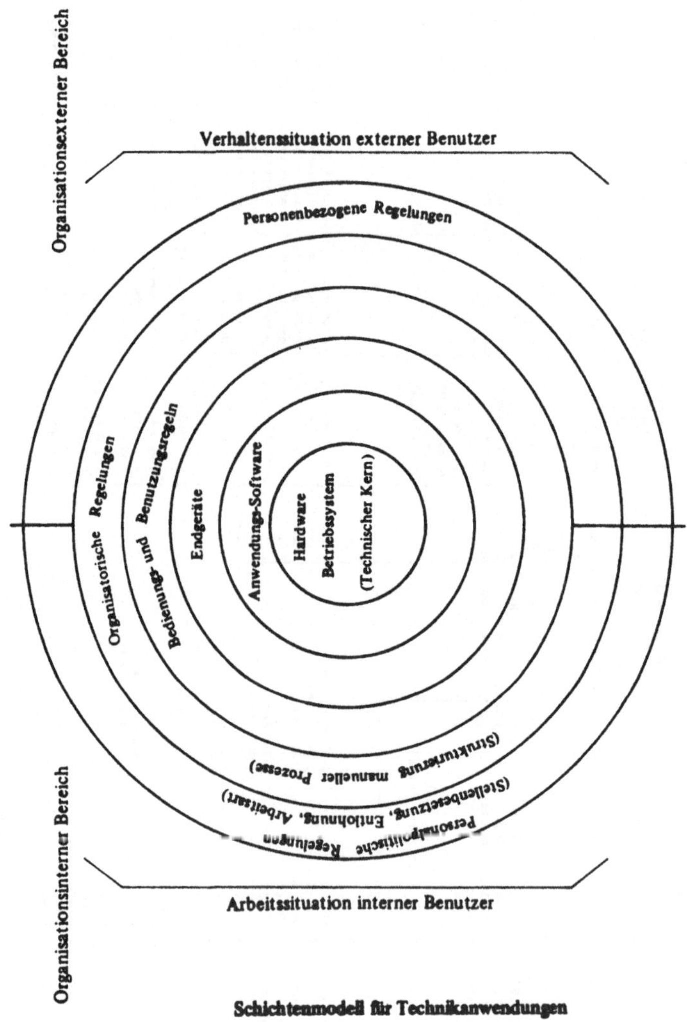

Schichtenmodell für Technikanwendungen

Quelle: Lange/Kubicek/Reese J./Reese U., Sozialpolitische Chancen der Informa- technik, campus 1982, S. 55

Schiebel   Informationstechnologien–Organisationsstruktur

Während es auf der ersten Ebene, der Technikfamilie, fast ausschließlich um technische, technik-historische und gesellschaftliche Analysen geht, handelt es sich auf der zweiten Ebene, der Technikanwendung, zusätzlich um organisationstheoretische und psychologische Analysen.

Verläßt man die zeitpunktbezogene Auflösung des Konstrukts Informationstechnologie zugunsten einer zeitraum- und prozeßbezogenen Betrachtungsweise, können die vorgenannten zwei Ebenen dem Vierphasenmodell von GIBSON/NOLAN (1974) bei der Einführung einer neuen Technik zugeordnet werden:

**Technik-
elemente-
orientiert**

- ENTWICKLUNGSPHASE

  (OHNE DETAILLIERTE PLANUNG ZUR UNMITTEL-
  BAREN KOSTENVERMINDERUNG UND ZUR STEI-
  GERUNG DER PRODUKTIVITÄT)

- EXPANSIONSPHASE

  (KEINE WESENTLICHE ÄNDERUNG DER ORGANISA-
  TION, ANHÄUFEN ALLER IN DER ENTWICKLUNGS-
  PHASE NOCH IN GERINGEM UMFANG VORHANDENEN
  GERÄTE)

**Technik-
anwendungs-
orientiert**

- FORMALISIERUNGSPHASE

  (VORHANDENE HARDWARE WIRD IM HINBLICK AUF
  ORGANISATIONSZIELE INTEGRIERT:
  MECHANISIERUNG - AUTOMATISIERUNG)

- REIFEPHASE

  (AKZEPTANZFORSCHUNG: VERHÄLTNIS
  MENSCH - MASCHINE - AUFGABE)

3. Das Modell des Untersuchungsgegenstandes

Erinnern wir uns an die hypothetische Wirkungsrichtung (der Fragestellung) im Titel dieses Beitrages, so wird die Akzeptanz soziotechnischer Systeme zum Strukturkern (WESTMEYER, 1982) des kausalen Modells.

Die Akzeptanz der mit einer Systemimplementierung vorhergehenden organisatorischen Änderung kann auf Erwartungen und Befürchtungen, die sich generell mit Technikelementen verbinden, zurückgeführt werden. Insofern wird die Akzeptanz auch häufig mit der Einstellung zur elektronischen Datenverarbeitung - von MÜLLER-BÖLING (1978) als ADV-Attitüde bezeichnet - gleichgesetzt.

Daraus ergeben sich zwei grundsätzliche Fragestellungen:

- Welche situativen Faktoren oder Bedingungen führen zu einer positiven/negativen ADV-Attitüde?

- Welche Auswirkungen hat eine positiv/negative ADV-Attitüde?

Ein hypothetisches Modell zur Erklärung von ADV-Attitüden nach Müller-Böling

Es gilt die Annahme, daß aufgabenbezogenes Benutzerverhalten einem zweckorientierten, effizienten Verhalten gleichzusetzen sei.

Da die Benutzer einerseits Elemente des sozio-technischen Systems (Mensch-Maschine-System), andererseits Elemente eines Organisationssystems sind, ist deren Beziehung zueinander über Transferfunktionen (SCHIEBEL, 1979b) geregelt (vgl. nachstehende Abbildung), welche sich durch die Organisationsstruktur unter dem Aspekt der Zentralisation bzw. Dezentralisation sowie der Handlungsspielräume ergeben.

Semiotisch-strukturierte Transferfunktionen:

Transfer-funktion	semiotische Relationskategorie		
	syntaktisch	semantisch	pragmatisch
Transmissions-funktion	masch. Beleg-transport „R_1/syn"	Transport v. Art. nr. code „R_1/sem"	Transport v. Org. anweisung „R_1/pra"
Translations-funktion	Stenotypie Phonotypie „R_2/syn"	Übersetzung Art.codie-rung „R_2/sem"	Kennzahlen-verdichtung „R_2/pra"
Transforma-tionsfunk-tion	EDV-Programm „R_3/syn"	Umstellung eines indiv. Art. codes auf ban-L od. ban-austria „R_3/sem"	Entschei-dungsprozeß „R_3/pra"

Mit fortschreitender "Informatisierung" (RAUCH, 1978) entstehen stark vernetzte Organisationen,

Die Wirkung der Informationstechnologie auf die Organisationsstruktur

Stufe	Kommunikationsmedium	Organisationsform	Informationsfluß	Charakterisierung
1	Hauptsächlich schriftsprachliche Kommunikation	Entscheidungszentrum 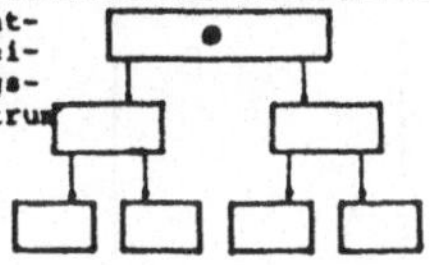		Streng hierarchische, vertikale Organisationsform; starre Kommunikations- und Entscheidungskanäle; hochspezialisierte und engbegrenzte Funktionen der Mitarbeiter; geringe Mobilität.
2	Schriftliche und mündliche Kommunikation (Telefon), Austausch von Kopien etc.	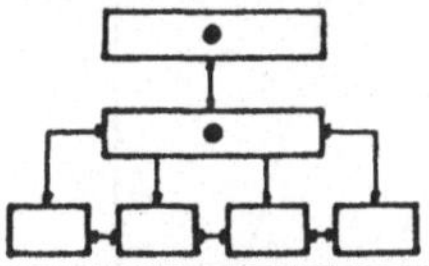		Horizontale Organisation mit 'Funktionsbereichen'; kürzere Entscheidungswege und mehr Entscheidungsstellen; Mischung von Linien- und Stabsstellen.
3	Wie oben, allerdings unter Beschleunigung der Kommunikation durch elektronische Unterstützung.	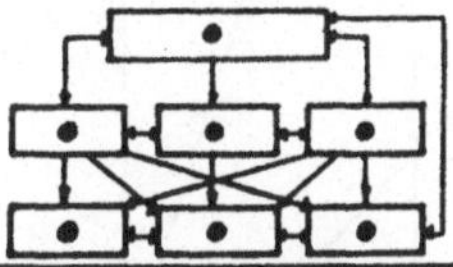		Netzwerkartige Organisationsform; Aufgabenorientiert mit flexiblen Entscheidungsregeln; Qualifizierung der Mitarbeiter nicht auf einzelne Aufgaben beschränkt.
4	Stark elektronisch unterstützte Kommunikation: Terminals, Tele-Konferenzen; Büro-Informations-Systeme	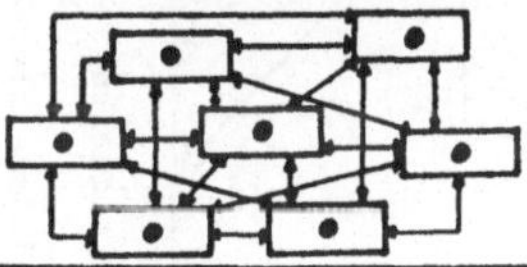		Extrem weit (auch geographisch) gestreute, stark vernetzte Organisation; sehr anpassungsfähig und innovationsfreudig; keine festgelegten Entscheidungs- und Kommunikationskanäle.

(in Anlehnung an McHALE 1976, Seiten 68 und 69)

Quelle: Rauch W.D., Büro-Informations-Systeme, Böhlau, Wien 1982, S. 76

wodurch nach dem ASTON-KONZEPT (die als "Aston-Gruppe" bekannt gewordene Forschergruppe Pugh, Hickson, Hinings, Turner usw. hat die bisher umfangreichsten empirischen Untersuchungen der organisatorischen "Makrostruktur" geleistet. Vgl. HILL/FEHLBAUM/ULRICH, 1976) die Zahl und Interdependenz der Kollektiv- wie Individualvariablen (KUBICEK/WOLLNIK, 1973, 1975) zunimmt.

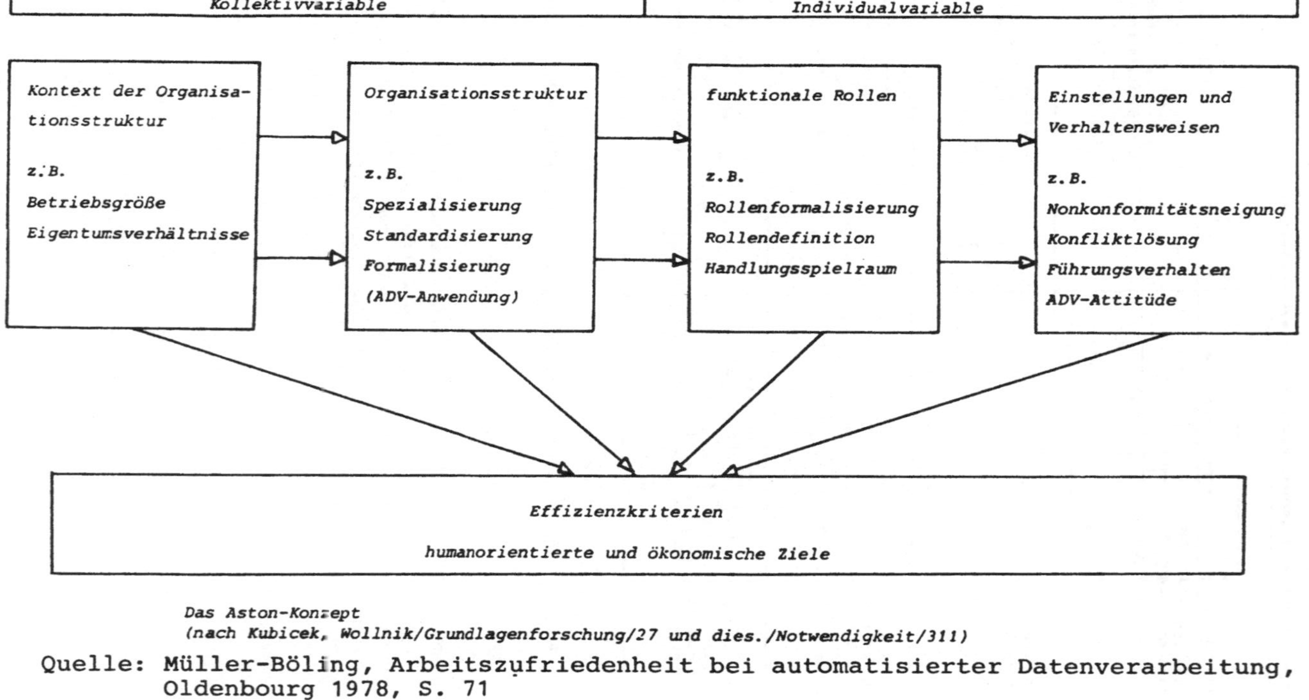

Quelle: Müller-Böling, Arbeitszufriedenheit bei automatisierter Datenverarbeitung, Oldenbourg 1978, S. 71

Eine prozeßbezogene Betrachtungsweise, wie sie aus der Notwendigkeit eines
"technology assessment", im engeren Bereich der Informationstechnologie eines
"information assessment" abgeleitet werden muß, kann ohne die Umsetzung der
Sinngehalte der Sozialstruktur (BERNSTEIN, 1970), d.h. der Organisationsstruktur, im
engeren Sinn der Transferfunktionen nicht geschehen. Das bedeutet, daß die
Organisationsstruktur die jeweiligen Formen der sozialen Bedingungen, die ihrerseits
in entsprechenden linguistischen Codes ablaufen, bestimmt.

Für BERNSTEIN und andere Soziolinguisten ist also die Kommunikationsstruktur das
entscheidende und vermittelnde Glied zwischen Sozialstruktur, so wie sie sich im
Rollenspiel der Organisation spiegelt, und den linguistischen Codes.

BERNSTEIN (1972) unterscheidet zwei allgemeine Code-Typen (vgl. auch GRAUMANN, 1974,
325-326 sowie HÖRMANN, 1977, 186-187):

- Den elaborierten Code
  sowie
- den restringierten Code (1).

POTENTIELLE KONFLIKT-FELDER ("Sprachbarrieren")	DURCH DIE ORGANISATIONSSTRUKTUR BEDINGTE CODES IN ABHÄNGIGKEIT VON DER AUFGABE DER ORGANISATIONS-MITGLIEDER	
	ELABORIERT	RESTRINGIERT
CODE DER ORG. MIT-GLIEDER — ELABORIERT		
CODE DER ORG. MIT-GLIEDER — RESTRINGIERT		

Die Technikanwendung im Beziehungsgefüge der Organisation bedingt für den einzelnen
don Übergang vom z.B. elaborierten zum restringierten Code, dessen Ergebnis GOLFMANN
(1964) die "vernachlässigte Situation" genannt hat.

Eine ökonomische Betrachtungsweise dieser vernachlässigten Situation läßt sprach-
lich-bedingte Störungsursachen ("Sprachbarrieren" i.S. von BADURA, 1973) bei der
Realisierung geplanter sozio-technischer Systeme erkennen bzw. im Prozeßverlauf
bestehender Systeme diagnostizieren.

Diese sprachlich-bedingten Soll-/Ist-Abweichungen in den Informationsverarbeitungs-
und -übermittlungsprozessen (SCHIEBEL, 1979a) können durch das hypothetische Konzept
einer "Corporate Language" (SCHIEBEL, 1981) verringert bzw. beseitigt werden.

Ansatzpunkte zu einer "Corporate Language":

semiotisch-strukturiert	STÖRUNGS-		BESEITIGUNGS-MÖGLICHKEITEN
	URSACHEN	WIRKUNGEN	
SYNTAKTISCHE	Soll/Ist-Abweichung der Stelligkeit von Funktoren	Redundanzvernichtungsaktivitäten bzw. Rückfrageaktivitäten des Senders	Mit Hilfe der Sprachlenkung (im Hinblick auf eine gewünschte Betriebssprache)
SEMANTISCHE	Nichtverstehen bzw. Mißverstehen	Schattenbildkonstruktion Schattenbildanreicherung Redundanzvernichtungsaktivität (Schattenbildeinengung)	Mit Hilfe "generalisierter Wortbedeutungen"
PRAGMATISCHE	Veränderungsaktivitäten (bedingt durch die individuelle Zielsetzung und abhängig von der Kommunikationsrichtung): Ausweiten, Einschränken, Methodenwechsel, Methodenwechsel mit Ausweitung, Methodenwechsel mit Einschränkung, Erklären	Rückfrageaktivitäten Redundanzvernichtungsaktivitäten Schattenbildanreicherung Schattenbildkonstruktion	Schulung in der allgemeinen Strategie beim Problemlösen Veränderung der Elemente und Struktur betrieblicher Kommunikationssysteme auf Subjektebene

Quelle: Schiebel W., Interface Gap: Abweichungsursachen
bei der Realisierung geplanter Kommunikationsprozesse im Betrieb und ihre Analyse, in:
Hansen H.R. (Hrsg.), Büroinformations- und
kommunikationssysteme, Springer Verlag 1982,
S. 196-21o

Die im Vierphasenmodell von GIBSON/NOLAN (1974) abgestufte Einflußnahme auf die Organisationsstruktur bewirkt die Zunahme von Koordinationsaufgaben, welche nach KUBICEK (1978) als partizipatives Innovationsmanagement soziale Äquivalente als den Verlust sozialer Rechte gewährleisten sollen.

"Interface Gap" (Erklärungsmodell-auszugsweise, vgl. SCHIEBEL, 1982):

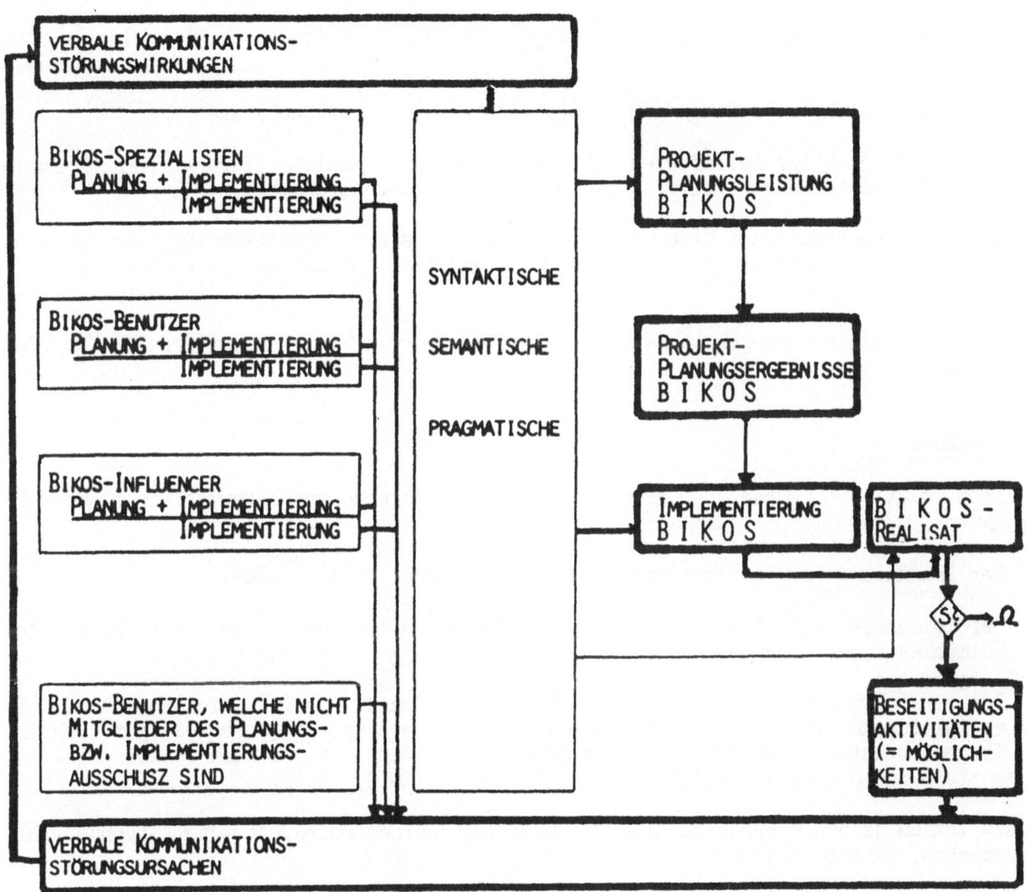

Wodurch ist jedoch der Verlust "sozialer Rechte" gegeben?

Durch die

- rationelle Durchdringung und funktionale Zusammenfassung der Arbeitsabläufe in der privaten wie öffentlichen Verwaltung,

- gemeinschaftliche Nutzung von Informations- und Kommunikationsdienstleistungen Dritter,

- Kooperation, bedingt durch die Normierung und Standardisierung und damit Lockerung bestehender Hierarchien.

RAUCH (1978) schlägt deshalb soziale und psychologische Begleitmaßnahmen im Sinne "sozialer Äquivalente" vor:

- Ausbildung, Information und Fortbildung (z.B. in Hinblick auf Technologien und Codes),

- Beratung und Unterstützung durch ausgebildete Kommunikationsberater,

- Partizipation aller Betroffenen bei der Planung und Implementierung von Kommunikationssystemen in der privaten wie öffentlichen Verwaltung,

- zweckentsprechende Exekutive und Legislative, um einer Fehlentwicklung der Informatisierung entgegenzuwirken (z.B. durch Datenschutz und Datensicherung).

Das alles jedoch gesehen unter dem Schlüsselbegriff der Zumutbarkeit für den Benutzer.

4. Diskussion

Daraus folgt die Forderung nach zukünftigen, forschungsprogrammatischen Schwerpunkten:

- Der Behandlung des Institutionalisierungsprozesses von Normcodes.

- Der Diagnose und Therapie sprachlich-bedingter Störungen in organisationalen Kommunikationsprozessen.

- Der verstärkten Auseinandersetzung mit Akzeptanz- und Partizipationsforschung als sozialwissenschaftlicher Begleitforschung. ("Dies bedeutet jedoch weniger Technikfolgenabschätzung, sondern mehr Zukunftsbeschreibung - auch wenn diese unexakt, wertend und subjektiv ausfallen sollte", vgl. WERSIG, 1981).

Dazu ist es jedoch notwendig, sich verstärkt mit beiden Polen, die das Spannungsfeld ausmachen, zu beschäftigen.

Das heißt, Techniker, Informationswissenschaftler, Betriebswirte und Betriebslinguisten müssen einfach mehr wissen über diese Informationstechnologien, also Technikelemente und Technikfamilien, und müssen mehr von den Menschen verstehen, zu deren Nutzen sie die Organisationsstruktur mitgestalten (WERSIG, 1981).

Somit könnten wir auch versuchen, eine bewußte Nutzung der Chancen der "Informatisierung" herbeizuführen, zum Wohle der Hersteller-Marketingkonzepte für benutzerfreundliche Soft-/Hardware-Applikation einerseits als auch zum Wohle der Benutzer und ihrer Dissonanzbewältigung.

Anmerkung:

(1) Nach BERNSTEIN ist ein restringierter Code dann gegeben, wenn seine lexikalischen
    wie - vor allem - syntaktischen Elemente hochwahrscheinlich prognostizierbar
    sind.   Als soziale Voraussetzung nennt BERNSTEIN (1970, 19 f.) "soziale
    Beziehungen, die auf einer allgemeinen, ausgedehnten Reihe von weitgehend
    geteilten Übereinstimmungen und Erwartungen beruhen, an denen die Mitglieder
    dieser sozialen Beziehungen unbefragt festhalten" (zit. nach GRAUMANN, 1974,
    325).

    Im Gegensatz dazu ist ein elaborierter Code nur geringwahrscheinlich progno-
    stizierbar und beruht nach BERNSTEIN (1970, 20 f.) auf einer "sozialen Beziehung,
    die auf ihre Mitglieder Druck ausübt, aus ihren linguistischen Reserven ein
    verbales Arrangement auszuwählen, das bestimmten Gegenständen genau angemessen
    ist" (zit. nach GRAUMANN, 1974, 325)... "Diese Situation entsteht dann, wenn
    die Intention der anderen Person nicht als selbverständlich vorausgesetzt werden
    kann, infolgedessen müssen die Bedeutungen erweitert und auf die Ebene verbaler
    Explikation gehoben werden ... Die Vorbereitung und Übermittlung verhältnismäßig
    explizierter Inhalte ist die Hauptfunktion dieses Codes" (zit. nach GRAUMANN,
    1974, 326).

    Zur Entwicklung der Bernstein´schen Code-Theorie siehe u.a. HÖRMANN (1977,
    186-187).

Literatur

BADURA, B., Sprachbarrieren, Zur Soziologie der Kommunikation, Stuttgart-Bad
    Cannstatt 1973

BERNSTEIN, B., Lernen und soziale Struktur, in: BERNSTEIN/ OEVERMANN/ REICHWEIN/ROTH,
    Lernen und soziale Struktur, de Munter, Amsterdam 1970, 7-33.

BERNSTEIN, B., Studien zur sprachlichen Sozialisation, Schwann, Düsseldorf 1972,
    154-174.

BUNGE, M., Causality, Cambridge (Mass.) 1959

GIBSON/NOLAN, Managing the four stages of EDP growth. Harward Business Review,
    Januar-Februar 1974

GOLFMANN, E., The neglected situation, in: American Anthropologist, 1964, 6, 133-136

GRAUMANN, C.F., Sprache im sozialen Kontext, in: WEINERT/GRAUMANN/HECKHAUSEN/ HOFER
    u.a., Pädagogische Psychologie, Bd. 1, Fischer, Frankfurt/Main 1974

HILL/FEHLBAUM/ULRICH, Organisationslehre 2, Haupt, Bern-Stuttgart, 1976

HÖRMANN, H., Psychologie der Sprache, 2. Aufl., Springer-Verlag, Berlin-Heidelberg-
    New York, 1977

HOLM, K. (Hrsg.), Die Befragung 1, Francke, München 1975, 22-23

KUBICEK, H., WOLLNIK, M., Zur empirischen Grundlagenforschung in der Organisationstheorie, Arbeitspapier Nr. 2, Seminar für Allgemeine Betriebswirtschaftlehre und Organisationslehre der Universität zu Köln Februar 1973

KUBICEK, H., WOLLNIK, M., Zur Notwendigkeit empirischer Grundlagenforschung in der Organisationstheorie, in: Zeitschrift für Organisation, 1975, 301-312

KUBICEK, H., Partizipatives Innovationsmanagement, in: ÖVD, Sonderausgabe, 1978, 26-30

LANGE/KUBICEK/REESE/REESE, Sozialpolitische Chancen der Informationspolitik, Campus, Frankfurt/Main, New York 1982

Mc HALE, J., The Changing Information Environment, Elek, London 1976

MÜLLER-BÖLING, D., Arbeitszufriedenheit bei automatisierter Datenverarbeitung, Oldenbourg, München-Wien, 1978

PICOT/ANDERS, Telekommunikationsnetze als Infrastruktur neuerer Entwicklungen der geschäftlichen Kommunikation, in: Wirtschaftswissenschaftliches Studium, 4/1983, 183-189

PUGH/HICKSON/HININGS, Writes on Organisations, Penguin, Hammondsworth 1971

RAUCH, W.D., Büro-Informations-Systeme, Böhlau, Wien-Köln-Graz 1978

SCHIEBEL, W. (1979a), Die Beseitigung sprachlich-bedingter Störungsursachen in betrieblichen Kommunikationsvorgängen, Deutsch, Frankfurt/Main 1979

SCHIEBEL, W. (1979b), Zur Verwendung informationeller Bilder von Stelleninhabern beim Aufbau entscheidungsprozeßorientierter Kommunikationssysteme, in: Angewandte Informatik, 4/79, 151-157

SCHIEBEL, W., Corporate Language - Zeichensysteme und Lenkungsmaßnahmen, in: Zeitschrift für Organisation, 1981, 397-402

SCHIEBEL, W., Interface Gap: Abweichungsursachen bei der Realisierung geplanter Kommunikationsprozesse im Betrieb und ihre Analyse, in: HANSEN, H.R. (Hrsg.), Büroinformations- und -kommunikationssysteme, Springer, Berlin-Heidelberg-New York 1982, 196-210

WEINERT/GRAUMANN/HECKHAUSEN/HOFER u.a., Pädagogische Psychologie, Bd. 1 u. 2, Fischer, Frankfurt/Main 1974

WERSIG, G., Technologieeinsatz und -entwicklung bewußt planen, in: FDZ 4, 1981, 12-16

WESTMEYER, H., Wissenschaftstheoretische Aspekte der Feldforschung, in: PATRY, J.-L. (Hrsg.), Feldforschung, Huber, Bern-Stuttgart-Wien, 1982, 67-84, insb. 72

ORGANISATION UND RATIONALISIERUNG DER VERWALTUNGSARBEIT

Ulrich Hanfland
Dr. Rosenkranz Beratungs-GmbH, München

1. Rahmenbedingungen für die Rationalisierung bei begrenztem Wachstum
2. Zusammmenhang zwischen Organisieren, Rationalisieren und Ablauforganisation
3. Einflußgrößen für die Rationalisierung
4. Rationalisierungspotential
5. Auffinden des Rationalisierungspotentials
6. Akzeptanzprobleme und Realisierungshindernisse
7. Neue Anforderungen und Lösungsmöglichkeiten

Referat

Der Autor zeigt die Bedingungen auf, unter denen betriebswirtschaftlich angezeigte
Rationalisierung auch in volkswirtschaftlicher Perspektive sinnvoll sein kann. Trotz
bereits erfolgter starker Produktivitätssteigerung, auch im Verwaltungsbereich,
verbleibt ein hohes Rationalisierungspotential, wobei ein Teil bereits - ohne Einsatz
von Technologien - allein durch arbeitsorganisatorische Maßnahmen zu erreichen ist.
Maßnahmen sind zu ergreifen, um weitreichende positive Beschäftigungseffekte zu
erzielen, z.B. durch Arbeitszeitverkürzung ohne Lohnausgleich, Schaffung neuer
Arbeitsplätze und Humanisierung des Arbeitslebens durch Reduktion der Arbeitsteilung.

Abstract

The author discusses the conditions, under which rationalization advisable from a
business economics´ view can be meaningful even from the perspective of political
economy. Despite remarkable growth in productivity already achieved in
administration, there remains a large potential for rationalization, part of which
could be attained through reorganization of tasks without the implementation of new
technology. Measures have to be taken to achieve far-reaching positive employment
effects, as through a shortening of the workweek without wage compensation, through
the creation of new jobs as well as by making working life more humane by reducing
the division of labor.

1. Rahmenbedingungen für die Rationalisierung bei begrenztem Wachstum

Rationalisierung auf betrieblicher Ebene ist nicht nur gleichbedeutend mit Maßnahmen zur Erhöhung der Rendite einzelner Unternehmen, sondern sie verändert auch soziale Prozesse im Betrieb und - noch wichtiger - wirtschafts- und sozialpolitische Entwicklungen der gesamten Gesellschaft.

Das war schon immer so; in unserer heutigen Situation stellt sich die Frage: Kann und darf man bei begrenztem Wachstum überhaupt rationalisieren?

Unserer heutige Situation ist gekennzeichnet durch:

- Stagnierende oder sogar zurückgehende Nachfrage auf vielen Märkten (z.B. Straßenbau, Bergbau, Stahlprodukte, auf Exportmärkten usw.)

- Andrang arbeitssparender technischer Hilfmittel (Mikroprozessoren, Personalcomputer, Btx usw.)

- Aufblähung überflüssiger Verwaltungsarbeit (in der öffentlichen Verwaltung sowie in privatwirtschaftlichen Unternehmen)

- Sinkende Rendite der meisten Unternehmen

Offensichtlich stecken wir in einem Dilemma: Wenn die Nachfrage stagniert, arbeitssparende technische Hilfsmittel sich ausbreiten und viele Millionen Arbeitsstunden durch nutzlose Tätigkeiten, die nicht auf die Produktion von Gütern und Dienstleistungen für Verbraucher gerichtet sind, vergeudet werden, dann bedeutet das volkswirtschaftlich: wir stehen vor einem weiteren Schub wachsender Arbeitslosigkeit. Hat unter diesen Rahmenbedingungen die Rationalisierung ihren Sinn verloren, und wie gehen Unternehmen mit dieser schwierigen Thematik um?

Meine Erfahrungen aus der Beratungspraxis: Die meisten Unternehmensleitungen haben aus der Erkenntnis heraus, daß Kostensenkung zur Erhaltung ihres Unternehmens notwendig ist, versucht (oft ohne Erfolg!) pauschale Sparmaßnahmen durchzusetzen nach dem Motto "jedes Jahr ./. 10 %".

Diese von mir als "Radikalkuren" bezeichnete Maßnahmen sind gefährlich, weil

- globale Einsparungen lebenswichtige Funktionen eines Unternehmens, die ausgebaut werden müßten, angreifen,

- ein allgemeines Klima mit der Denkrichtung "nach unten" im ganzen Unternehmen entsteht und

- globale Streichungen ungerecht sind, da Rationalisierungsreserven in den einzelnen Abteilungen sehr unterschiedlich sind.

Gezielte Rationalisierungs-Maßnahmen sind jedoch schwierig. Sie

- bedürfen einer Methodik

- kosten Zeit

- sind mit psychologischen Hindernissen belastet.

Aus diesem Grunde verlassen sich die Unternehmensleitungen oft darauf, daß die leitenden Mitarbeiter ihre Zuständigkeitsbereiche aus sich selbst heraus kostengünstig organisieren - und, wenn es fast zu spät ist, treten sie "auf die Bremse".

2. Zusammenhang zwischen Organisieren, Rationalisieren und Ablauforganisation

Welche Erkenntnisse sind daraus zu ziehen? Zunächst sollten die verschiedenen Begriffe geklärt werden:

a) Organisieren
Festlegen, welche Aufgaben durch die Verrichtung welcher Tätigkeiten erfüllt werden sollen, um bestimmte Ziele zu erreichen.

b) Rationalisieren
Tätigkeiten so gestalten, daß die Aufgaben (und damit das Ziel) mit geringerem Aufwand erfüllt werden können.

c) Automatisieren
Technische Hilfsmittel beim Organisieren und Rationalisieren einsetzen.

Ist Rationalisierung nur betriebswirtschaftlich oder auch volkswirtschaftlich notwendig? Die betriebswirtschaftliche Notwendigkeit ist unmittelbar einzusehen, weil durch die Senkung des Aufwandes der Gewinn erhöht wird.

Volkswirtschaftlich gelten (immer noch) folgende Formeln:

$$A \times B = C \times D$$

Menge aller Güter/Dienstleistungen (A)	$\times$	jeweilige Preise (B)	$=$	Entgelt pro Erwerbstätigen (C)	$\times$	Zahl der Erwerbstätigen (D)

$$A = \frac{D \times E}{F}$$

$$\text{Menge aller Güter/Dienstleistungen (A)} = \frac{\text{Zahl der Erwerbstätigen (D)} \times \text{Arbeitszeit (E)}}{\text{Zeit für die Erstellung von Gütern und Dienstleistungen (F)}}$$

Abgesehen von Umverteilungen zwischen den Generationen und von außenwirtschaftlichen Einflüssen gibt es nur folgende Konsequenzen:

- Die Menge an produzierten Gütern/Dienstleistungen kann nur steigen, wenn die Zeit pro hergestellter Einheit sinkt (unter der Voraussetzung, daß die Zahl der Erwerbstätigen und die Arbeitszeit nicht abnehmen).

- Wenn die Menge an Gütern/Dienstleistungen nicht steigen kann, weil eine Sättigung eingetreten ist, dann kann die zwangsläufig eintretende Rationalisierung nur durch Arbeitszeitverkürzung aufgefangen werden.

Zur Produktivität $= \dfrac{\text{Output an Leistungen}}{\text{Input an Zeit und Kosten}}$

wird häufig eine irreführende These aufgestellt: es wird behauptet, daß die Produktivität in der Fertigung und in der Verwaltung unterschiedlich verlaufen:

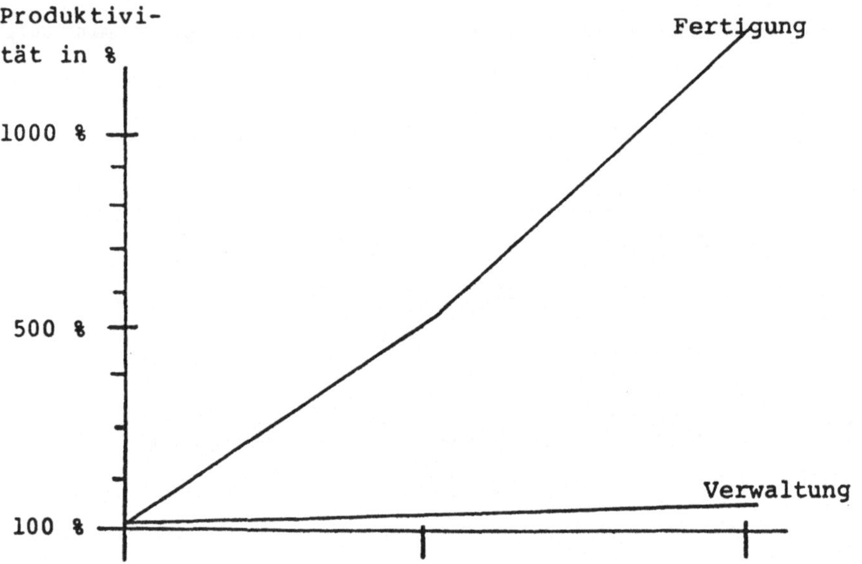

Diese Kurve bringt nicht zum Ausdruck, daß die Produktivitätssteigerung in der Fertigung nur möglich ist, weil Automaten mit erheblichem Aufwand entwickelt wurden und der Absatz von in großen Stückzahlen erzeugten Gütern mit höherem Aufwand geplant und gesteuert werden muß.

Richtig betrachtet, ist die Verwaltungsarbeit in einem wesentlich höheren Ausmaß rationalisiert worden, als man üblicherweise annimmt. Wenn man die Kennzahl so interpretiert, wie es betriebs- und volkswirtschaftlich richtig ist, dann erkennt man das Ausmaß der Rationalisierung:

Ausgewählte Beispiele:

$$\frac{\text{Anzahl Anschläge bei Schreibarbeiten}}{\text{Zeiteinheit}}$$

$$\frac{\text{Anzahl Versicherungsanträge}}{\text{Zeiteinheit}}$$

$$\frac{\text{Anzahl Schadensmeldung}}{\text{Zeiteinheit}}$$

$$\frac{\text{Anzahl Zahlungsverkehrsaufträge}}{\text{Zeiteinheit}}$$

Steigerung
der Produktivität
um über 100 %
in 5 Jahren

Wir haben festgestellt, daß in den letzten 5 bis 10 Jahren bei gleichbleibender Anzahl der Arbeitsplätze (gleichbedeutend mit der Zeit und mit "Input") der Output sich verdoppelt bis verdreifacht hat.

Aber wir müssen uns die Frage stellen, ob wir noch weitere (bisher nicht erkannte) Reserven haben; und – wenn wir sie haben – wie sie verwendet werden sollen.

3. Einflußgrößen für die Rationalisierung

Losgelöst vom Ergebnis der Rationalisierung, d.h. von der Frage, ob Arbeitsplätze verändert, vernichtet werden oder neue Aufgaben übernehmen sollen, sollte man sich zunächst einmal damit befassen, welche Faktoren beeinflußt werden können, damit die Produktivität der Verwaltungsarbeit verbessert wird.

Man kann zwischen sachbezogenen und personenbezogenen Einflußgrößen unterscheiden.

Nach unseren Erfahrungen können die personenbezogenen Einflußfaktoren nur in sehr geringem Umfang von den Organisatoren verändert werden; dies trifft fast ausschließlich auf die Festlegung des richtigen Arbeitswertes zu (= materielle Anerkennung).

Die arbeitsorganisatorischen Größen werden in der Praxis zu wenig beachtet; damit meine ich: es besteht der Fehlschluß, daß es ausreicht, die Ausrüstung der Arbeitsplätze, die Büroräume, die Formulare und die Maschinen zu verbessern, um eine Reduzierung des Aufwandes zu erreichen. Tatsächlich ist es mindestens genauso wichtig, die Arbeiten richtig (d.h. gleichmäßig auf die Mitarbeiter) zu verteilen, logisch und chronologisch richtige Arbeitsabläufe zu gestalten.

Eine Übersicht über die Einflußgrößen zeigt die folgende Übersicht:

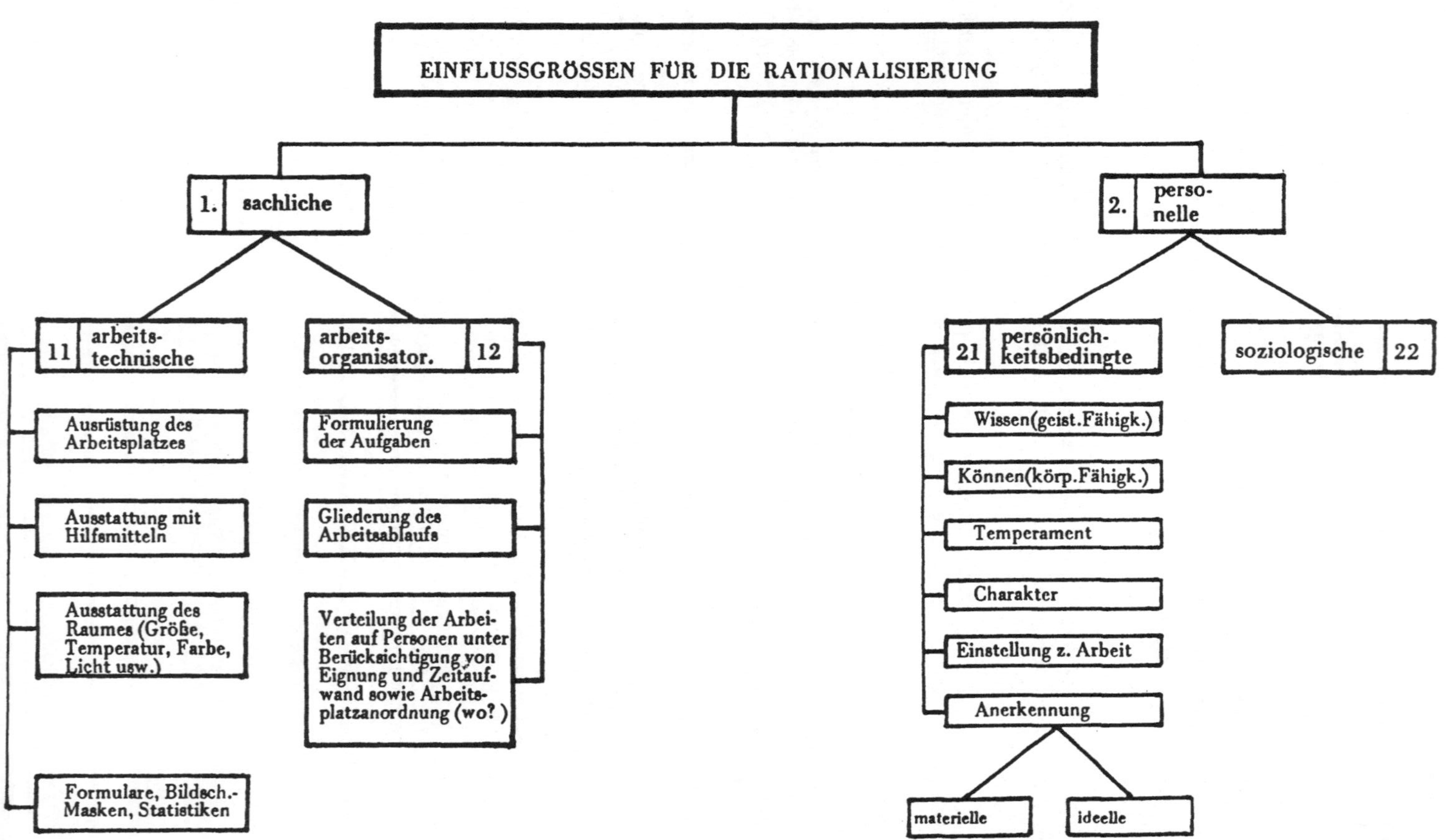
EINFLUSSGRÖSSEN FÜR DIE RATIONALISIERUNG
1. sachliche
2. perso-nelle
11 arbeits-technische
arbeits-organisator. 12
21 persönlich-keitsbedingte
soziologische 22
Ausrüstung des Arbeitsplatzes
Ausstattung mit Hilfsmitteln
Ausstattung des Raumes (Größe, Temperatur, Farbe, Licht usw.)
Formulare, Bildsch.-Masken, Statistiken
Formulierung der Aufgaben
Gliederung des Arbeitsablaufs
Verteilung der Arbeiten auf Personen unter Berücksichtigung von Eignung und Zeitaufwand sowie Arbeitsplatzanordnung (wo?)
Wissen (geist. Fähigk.)
Können (körp. Fähigk.)
Temperament
Charakter
Einstellung z. Arbeit
Anerkennung
materielle
ideelle

4. Rationalisierungspotential

Wir haben die Ergebnisse von ca. 500 Untersuchungen daraufhin ausgewertet, wie hoch die Einsparungsmöglichkeiten sind. Sie schwanken zwischen 10 % und 45 % der im Ist-Zustand aufgewendeten Arbeitszeit. Dazu folgende Beispiele:

a) Personalabteilung und Sozialabteilung (etwa 100 Mitarbeiter) eines Unternehmens der Grundstoffindustrie:

35 % Einsparung durch Wegfall von Karteien, Beschleunigung der Bearbeitung mit Hilfe eines Dialogsystems, Automatisierung von Statistiken usw.

b) Filialen und Zweigstellen (etwa 1.000 Mitarbeiter) eines Geldinstitutes:

39 % Einsparung durch Einführung neuer Abläufe wie Sofortkassen-Abwicklung, maschinelle Disposition, Anpassung des Personalbestandes an den schwankenden Arbeitsanfall.

c) Vertriebsabteilung (ca. 25 Mitarbeiter) eines mittleren Betriebes der Metallverarbeitung:

24 % Einsparung durch Vereinfachung des Formularwesens, Neuordnung der Arbeitsverteilung, Bildung größerer Arbeitseinheiten usw..

d) Bausparkassen (ca. 350 Mitarbeiter):

19 % Einsparung durch Straffung der Antragsbearbeitung, Automatisierung der Textverarbeitung bei der Darlehensbearbeitung, Umstellung der Registratur auf Mikroverfilmung, Bildung größerer Arbeitseinheiten.

e) Öffentliche Verwaltung (ca. 200 Mitarbeiter):

35 % Einsparung durch Verbesserung der Arbeitsverteilung, Zentralisierung der Schreibarbeiten und der Rechnungsprüfarbeiten, Wegfall von Büchern, Karteien und Statistiken.

f) Großbetrieb der Nahrungs- und Genußmittelindustrie (ca. 300 Arbeitsplätze aus den Bereichen Einkauf, Verkauf, Rechnungswesen und Kalkulation):

30 % Einsparung durch Vermeidung von Doppelarbeiten, Zentralisierung der Schreibarbeiten, Übernahme bestimmter Arbeitsgebiete auf EDV.

g) Versicherungsgesellschaften (ca. 700 Arbeitsplätze in den Bereichen Betrieb, Schaden, Inkasso, Buchhaltung usw.):

28 % kurzfristig einsparbar durch Abbau überhöhter Verteilzeiten, Änderung der Arbeitsabläufe und der Arbeitsverteilung.

Diese Einsparungen sind nicht in jedem Fall durch den Abbau von Arbeitsplätzen realisiert worden; oft konnten statt dessen neue Aufgaben und Geschäftsvolumen-Steigerungen ohne Personalzuwachs aufgefangen werden.

Einsparungsmöglichkeien dieser Größenordnung können als repräsentativ angesehen werden.

5. Auffinden des Rationalisierungspotentials

Obwohl es eine gesicherte Erkenntnis ist, daß immer noch große Reserven in den Verwaltungsabteilungen bestehen, ist es unzulässig, mit globalen Einsparungssätzen diese Reserven zu realisieren. Im Gegenteil: vor der Realisierung steht eine sehr akribische Arbeit, in der außer der notwendigen Genauigkeit von Erhebungen des Ist-Zustandes auch kreative Fähigkeiten verlangt werden. Das Finden von Arbeitsabläufen, durch die dasselbe Arbeitsergebnis (quantitativ und qualitativ) mit geringerem Aufwand erzielt wird, ist die hohe Kunst des Oganisators.

Die schematische Darstellung einer ablauforganisatorischen Untersuchung, die in 4 Phasen abläuft, zeigt die folgende Abbildung.

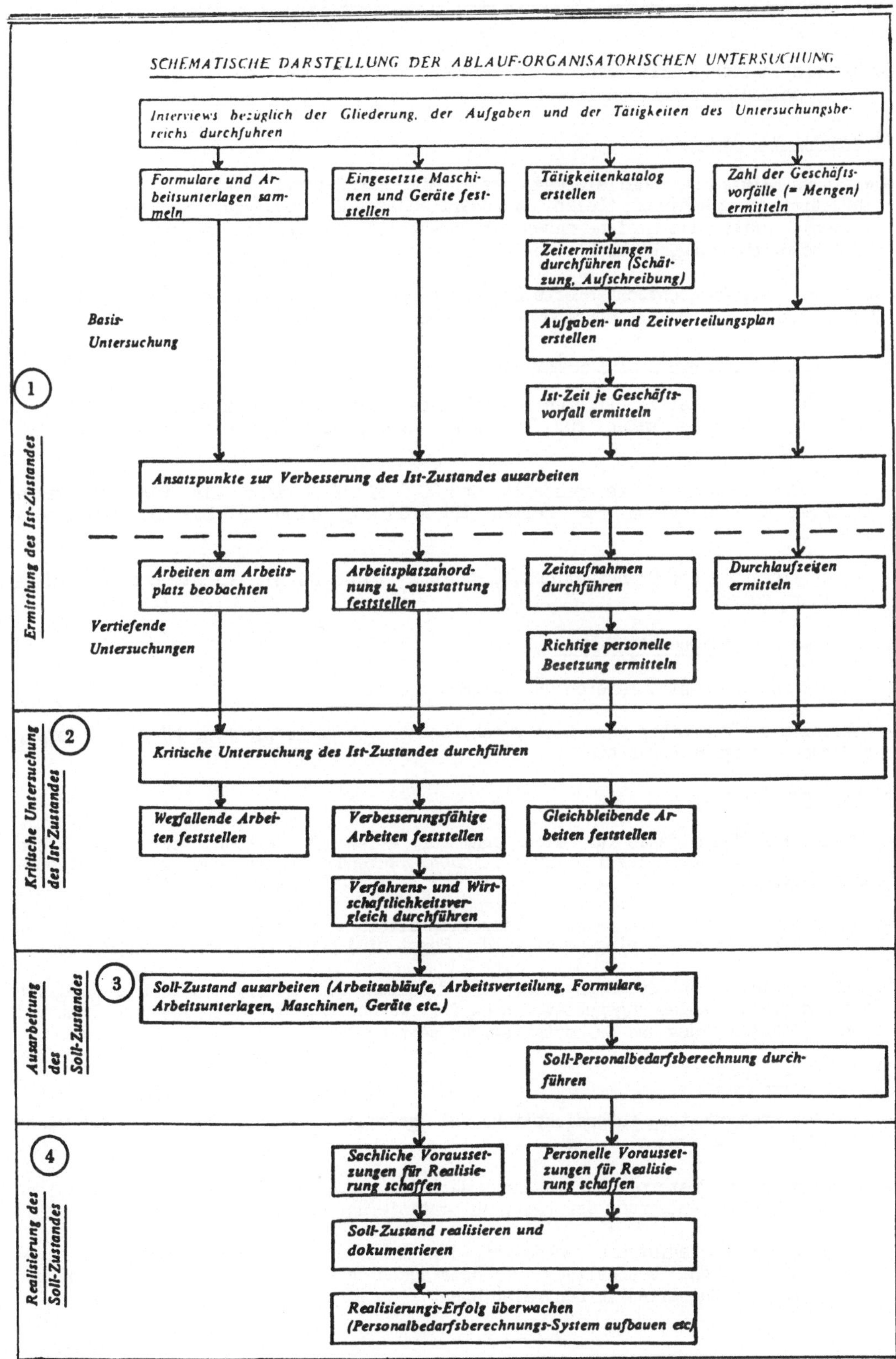
SCHEMATISCHE DARSTELLUNG DER ABLAUF-ORGANISATORISCHEN UNTERSUCHUNG
Interviews bezüglich der Gliederung, der Aufgaben und der Tätigkeiten des Untersuchungsbereichs durchführen
Formulare und Arbeitsunterlagen sammeln
Eingesetzte Maschinen und Geräte feststellen
Tätigkeitenkatalog erstellen
Zahl der Geschäftsvorfälle (= Mengen) ermitteln
Zeitermittlungen durchführen (Schätzung, Aufschreibung)
Aufgaben- und Zeitverteilungsplan erstellen
Ist-Zeit je Geschäftsvorfall ermitteln
Basis-Untersuchung
1
Ansatzpunkte zur Verbesserung des Ist-Zustandes ausarbeiten
Ermittlung des Ist-Zustandes
Arbeiten am Arbeitsplatz beobachten
Arbeitsplatzahordnung u. -ausstattung feststellen
Zeitaufnahmen durchführen
Durchlaufzeigen ermitteln
Richtige personelle Besetzung ermitteln
Vertiefende Untersuchungen
2
Kritische Untersuchung des Ist-Zustandes durchführen
Kritische Untersuchung des Ist-Zustandes
Wegfallende Arbeiten feststellen
Verbesserungsfähige Arbeiten feststellen
Gleichbleibende Arbeiten feststellen
Verfahrens- und Wirtschaftlichkeitsvergleich durchführen
3
Soll-Zustand ausarbeiten (Arbeitsabläufe, Arbeitsverteilung, Formulare, Arbeitsunterlagen, Maschinen, Geräte etc.)
Ausarbeitung des Soll-Zustandes
Soll-Personalbedarfsberechnung durchführen
4
Sachliche Voraussetzungen für Realisierung schaffen
Personelle Voraussetzungen für Realisierung schaffen
Soll-Zustand realisieren und dokumentieren
Realisierung des Soll-Zustandes
Realisierungs-Erfolg überwachen (Personalbedarfsberechnungs-System aufbauen etc)

Selbstverständlich trifft man immer wieder auf gleichartige Vorschläge; einige typische sollen hier aufgezählt werden:

a) <u>Wegfall von Arbeiten</u>

- Wirkungsvollste Rationalisierung, weil sie kurzfristig möglich ist und ohne Investitionen geschieht (Beispiel: überflüssige Eintragungen, Karteien, Statistiken). Dies gilt gleichermaßen für Angestelltentätigkeiten im Fertigungsbereich, Arbeitsvorbereitung, Werkschreiber.

- Gut geeignet, wo hochtechnisierte Systeme eingesetzt worden sind (weil aus der Vergangenheit heraus oft mehrere Medien nebeneinander vorhanden sind).

b) <u>Reduzierung überhöhter Verteilzeiten</u>

- Überhöhte Verteilzeit = Differenz zwischen der Zeit, die die Mitarbeiter für die Erfüllung ihrer Aufgaben zur Verfügung haben, und der Zeit, die sie wirklich benötigen.

- In der Praxis wurde oft festgestellt, daß 20 % bis 50 % mehr als für das reine Arbeiten einschließlich der Zeiten für Erholung, Urlaub und Krankheit notwendig ist.

- Gründe liegen in der Organisation und Führung (Motivation), nicht bei den Mitarbeitern selbst.

c) <u>Einsatz konventioneller Mittel</u>

- Schreibarbeiten zentralisieren und automatisieren.

- Diktieren und Schreiben vermeiden durch Einsatz von Fernkopierern, FS und Telefon, Vordrucken, Kopiermasken etc.

d) <u>EDV und Mikrofilm</u>

- EDV und Mikrofilm (jedes für sich und vor allem im Verbund) erfordern einen erheblichen Aufwand bezüglich Investitionen, laufenden Kosten und Qualifikationsanforderung.

- Bei getrennter Aufwendung – d.h. Mikrofilm allein – ist darauf zu achten, daß er aktiv, d.h. dezentral eingesetzt wird. Sonst sind nur Raumeinsparungen möglich.

- Auch bei kleinen EDV-Systemen immer darauf achten, daß Dialogverarbeitung möglich ist und daß die Anwendungsgebiete integriert werden (nicht Kostenrechnung, Lohn und Gehalt, Fakturierung und Erlösstatistiken getrennt).

e) <u>Sonstige Vorschläge</u>

- Arbeitsplatzgestaltung (übersichtliche und griffgünstige Unterbringung reduziert Such- und Laufzeiten).

- Reduzierung der Postein- und -ausgangsbearbeitung und des Botendienstes (weniger Stellen, direkte Zuordnung der Post, Automatisierung des Transportes).

- Verbesserung des Registraturwesens von der Arbeitsplatzablage bis zur Zentralregistratur durch Ausschaltung von Mehrfachablagen und Verlagerung von Vorgängen mit geringeren Zugriffen in Zentralablagen.

6. Akzeptanzprobleme und Realisierungshindernisse

Die aufgezeigten Möglichkeiten der Rationalisierung werden nur langsam angenommen, weil ganz wesentliche Hindernisse überwunden werden müssen:

a) Angst vor der "Übertechnisierung" der Arbeitsplätze und damit der Isolierung der arbeitenden Menschen; es wird befürchtet, daß die persönliche Kommunikation im "normalen Arbeitsablauf" stark reduziert wird.

b) Nicht ausreichender und nicht wahrnehmbarer Nutzen für die einzelnen Mitarbeiter; d.h. für ihre Anstrengungen, neue technische Hilfsmittel anzuwenden, werden sie nicht ausreichend belohnt (materiell oder durch mehr Freizeit).

c) Angst vor Unbekanntem. Die Mitarbeiter machen Veränderungen nur zögernd mit, weil sie Bekanntes aufgeben und sich auf etwas einstellen müssen, das sie nicht kennen. Außerdem haben Mitarbeiter in der Vergangenheit schlechte Erfahrungen mit organisatorischen Umstellungen gemacht. Welche Folgen aus der zu erwartenden Technisierung resultieren können, zeige ich am Beispiel der sogenannten Verteilzeit auf:

- heute sind erhebliche Verteilzeiten für Suchen, Laufen, miteinander Sprechen beim Abholen von Vorgängen usw. notwendig, die gleichzeitig der persönlichen Erholung und der Entspannung durch Abwechslung dienen;

- im "papierlosen" Büro sind diese Verteilzeiten nicht mehr notwendig. Die Frage der Mitarbeiter: werden die Verteilzeiten ersatzlos gestrichen?

d) Die Interessenlage der Gewerkschaften: Der Auftrag der Gewerkschaften besteht zentral darin, die Arbeit menschenwürdig zu gestalten. Dazu gehören

- Sicherung des Einkommens innerhalb des Arbeitsprozesses

- soziale Absicherung außerhalb des Arbeitsprozesses

- Schaffung gesunder und ungefährlicher Arbeitsbedingungen

Rationalisierungs-Schutzabkommen sollen die Arbeitnehmer schützen, jedoch nicht die Rationalisierung verhindern. In Zukunft bedarf es anderer Maßnahmen als Sozialplänen o.ä., um den Arbeitnehmer wirklich vor den Auswirkungen des technischen Fortschritts zu schützen.

7. Neue Anforderungen und Lösungsmöglichkeiten

Zukünftig werden erhebliche neue Anforderungen auf alle Beteiligte zukommen:

a) Arbeitszeitverkürzung

Da die neuen Technologien nicht verhindert werden können (das Erfinden und das Einsetzen verbesserter Hilfsmittel läßt sich nicht verbieten), ist es unausweichlich, daß ein Rationalisierungspotential entsteht, das nach unseren Schätzungen bei etwa 40 bis 50 % der Arbeitszeit - bezogen auf den Verwaltungsbereich - liegt. Heute ist bereits, d.h. ohne Einsatz neuer Technologien, eine Reserve von 20 bis 25 % vorhanden.

Von den Tarifpartnern wird immer wieder die Frage gestellt, "ob unsere Volkswirtschaft sich eine Arbeitszeitverkürzung leisten kann". Die Antwort lautet: wir leisten sie uns bereits, indem wir 2,0 bis 2,5 Millionen Arbeitslose (ca. 9 bis 10 %)

haben. Die ungleiche Verteilung der Arbeit ist die größte Ungerechtigkeit des gesamtgesellschaftlichen Systems:

- Die Arbeitenden haben zu wenig Freizeit (d.h. sie müssen für die Arbeitslosen mitarbeiten und zahlen dafür eine erheblichen Teil ihres Einkommens für Steuern und Arbeitslosenversicherung).

- Die Arbeitslosen dürfen nicht arbeiten, erhalten nur einen wesentlich geringeren Lebensstandard.

Umverteilung findet also tatsächlich statt, jedoch unzulänglich und verbunden mit immensen Verwaltungskosten.

Gewerkschaften, Arbeitgeberverbände und Politiker müssen mit Tabus brechen, um zu einem neuen Gleichgewicht zu kommen. Das bedeutet:

- nur eine radikale Arbeitszeitverkürzung nutzt in dem hier gemeinten Sinn,

- ein Lohnausgleich darf nicht stattfinden (der positive Effekt wirkt sich in geringeren Abgaben und Steuern für den bisher Vollbeschäftigten aus).

Rein rechnerisch wäre es möglich, die Arbeitszeit der im Büro tätigen Bürger (ca. 10 bis 11 Millionen) sofort um 25 % zu kürzen und einen Teil der eingesparten Zeit für neue Arbeitsplätze zu verwenden. Wenn 50 % der eingesparten Arbeitszeit (=12,5 %) für die Schaffung neuer Arbeitsplätze verwendet würden, ergibt sich ein Beschäftigungseffekt von über 1 Mio. Arbeitsplätzen, verbunden mit Vorteilen für die Unternehmen und ohne Minderung des Sozialproduktes.

b) Qualifikation

Es ist bereits seit Jahren festzustellen, daß die Arbeitsteilung (= Spezialisierung auf wenige Verrichtungen) abnimmt, z.B. reine Schreibarbeitsplätze, Aktenführungs-Arbeitsplätze, Datenerfassungsplätze gehen rapide zurück.

Diese Entwicklung ist positiv zu beurteilen, weil die Eintönigkeit ab- und die Motivation für die Arbeit zunimmt. Der Sachbearbeiter überblickt einen größeren Zusammenhang, indem er Vorgänge vom Anfang bis zum Ende bearbeitet; gleichzeitig steigt seine Handlungsfreiheit, weil Eingriffsmöglichkeiten durch Vorgesetzte geringer werden (sollten).

An Mitarbeiter und Vorgesetzte werden höhere qualitative Anforderungen gestellt:

- Die Mitarbeiter müssen ein breiteres Spektrum an Wissen und Können haben (statt Schere, Bleistift und Papier die Bedienung von komplizierten Geräten)

und

- die Vorgesetzten müssen besser delegieren können.

Dazu bedarf es einer besseren Aus- und Weiterbildung, die wiederum neue Arbeitsplätze schafft. In diesem Sinne kann sich Rationalisierung positiv für alle Beteiligten auswirken und entspricht auch der Forderung nach Humanisierung des Arbeitslebens.

c) Anforderungen an das Management

Aus zwei Arbeitsplätzen drei Arbeitsplätze schaffen, bedeutet für das Management:

- flexible Arbeitszeiten einführen (nicht gleichbedeutend mit gleitender Arbeitszeit); "Job-Sharing" erfordert hohe organisatorische Anstrengungen,

- eine genauere Abgrenzung der Aufgaben herstellen, damit der Effekt nicht durch zusätzlichen Abstimmungsaufwand überkompensiert wird,

- die neuen Technologien gezielt einsetzen und nicht nur neue Geräte an die Arbeitsplätze stellen. Das bedeutet eine stärkere Planung von EDV-Anwendungen.

Insgesamt beurteile ich die Rationalisierungsmöglichkeiten, die jetzt schon bestehen und noch geschaffen werden, als Chance, die Lebensqualität zu erhöhen, weil die Arbeit inhaltsreicher werden kann und für das Leben mehr Freizeit zur Verfügung steht.

ORGANISATIONSSCHEMATA IM HINBLICK AUF KOMMUNALE ÄMTER UND IHRE INFORMATIONSTECHNIK

Wilhelm Haneke
Gesellschaft für Mathematik und Datenverarbeitung mbH Bonn

1. Einleitung
2. Charakterisierung der Gestaltungssituation durch Ziele und ´Elemente´
   2.1 Bildung von organisationspolitischen Zielen der Organisationsgestaltung
       bezogen auf IT-gestützte Ämter
   2.2 Organisatorische ´Elemente´ IT-gestützter Ämter
3. Organisationsinstrumente für IT-gestützte Ämter
   3.1 Kleinste Aktionseinheiten
   3.2 Institutionelle Subsysteme
   3.3 Leitungsspanne und -tiefen
   3.4 Leitungssysteme
   3.5 Delegation
   3.6 Führung und Beteiligung
   3.7 Ergänzende Kommunikationsstruktur
   3.8 Standardisierung
   3.9 Formalisierung
4. Organisationsschemata IT-gestützter Ämter
Anmerkungen

Referat

In der Gestaltung kommunaler Ämter müssen organisationspolitische Aspekte, Mitarbeiter- als auch Bürgerinteressen Berücksichtigung finden. Situationsgerechte Organisationsschemata können aus einer detaillierten Analyse der Organisationsinstrumente entwickelt werden. So werden Aufgaben, ihre Komplexität und Dynamik nach ihrem Routine- bzw. innovativen Charakter beurteilt. Personenbezogene Merkmale sollen Verhaltensmuster, Einstellungen und Fähigkeiten unter dem Aspekt der ´Verwalter´- bzw. kreativen Problemlösungsmentalität berücksichtigen. Der Autor geht davon aus, daß die technologische Unterstützung umso geringer sein muß, je kreativer der Mitarbeiter und je innovativer die Arbeitsaufgabe ist. Der Einsatz von Informationstechnologien verändert Kommunikationsstrukturen, wobei insbesondere durch veränderte Leitungsspannen die Rolle der Amtsleitung gestärkt wird.

Abstract

In architecturing municipal administrations organizational and political factors, as well as the employees´ and citizens´ interests have to be considered. Appropriate organization schemes can be developed from a detailed analysis of organizational instruments. In this way one can judge the complexity and dynamics of assignments according to their routine or innovative character. The employees´ characteristics are considered in an analysis of their behavior patterns, attitudes, and capabilities with respect to administrative and creative problem solving abilities. The author assumes that the more creative an employee is and the more innovation a task requires the smaller the amount of technical support needed. The implementation of information technology causes changes in communicative structures bringing with it a strengthening of the role of the office head through changes in the distribution of authority.

1. Einleitung

Eine Behörde besteht aus mehreren strukturellen Subsystemen; diese wiederum aus strukturellen Sub-Subsystemen usw. Unterste strukturelle Organisationseinheiten (Basiseinheiten) sind Stellen oder Mensch-Maschine-Aktionseinheiten. Ämter heißen in der Kommunalverwaltung jene Zwischensysteme, denen "in der Regel sämtliche Aufgaben einer Aufgabengruppe zum Vollzug zugeordnet sind" (1). Die soziale Organisation der Ämter ist neuerdings insbesondere durch die Entwicklung der Informationstechnik (IT) Gegenstand der praktischen Gestaltungsarbeit und der Forschung in der Informatik und den Organisationswissenschaften geworden (z.B. "Bürgeramt" (2) der Stadt Unna). Mit der sozialen Organisation der IT-gestützten Ämter befaßt sich der folgende Beitrag.

Es werden zunächst die Situationsfaktoren aufgezeigt und charakterisiert. Anschließend werden die organisatorischen Gestaltungsinstrumente in ihrer Abhängigkeit von der Gestaltungssituation diskutiert und beispielhaft zu Organisationsschemata IT-gestützter Ämter miteinander kombiniert.

2. Charakterisierung der Gestaltungssituation durch Ziele und ´Elemente´

2.1 Bildung von organisationspolitischen Zielen der Organisationsgestaltung, bezogen auf IT-gestützte Ämter

Die Ziele, die bei der Gestaltung IT-gestützter Ämter berücksichtigt werden müssen, können aus den ´Behördenzielen´ abgeleitet werden. Damit werden im wesentlichen nur die Vorstellungen der Behördenleitung erfaßt. Die Akzeptanz eines darauf ausgerichteten IT-gestützten Amtes durch andere Interessengruppen wird bei dieser Vorgehensweise vielfach nicht erreicht. Es empfiehlt sich daher, weitere Interessensgruppen am Zielfindungsprozeß der Organisation IT-gestützter Ämter zu beteiligen oder zumindest ihre Zielvorstellung zu berücksichtigen. Dazu gehören insbesondere:

- Amtsleitung
- sonstige Führungskräfte des Amtes
- Sachbearbeiter/-gruppen
- Büropersonal
- Personalrat
- Kommunalpolitiker
- Verwaltungsklientele.

Bei der Vielzahl möglicher Ziele kann eine erste Strukturierung der einzelnen Ziele nach Haupt- und Nebenzielen sowie Randbedingungen erfolgen. Wenn alle Beteiligten die Ziele bewerten und gewichten, entstehen komplementäre, indifferente oder konkurrierende Zielbeziehungen und Zielgewichtungen.

Die aufbereiteten Ziele der Interessengruppen müssen von allen Beteiligten, insbesondere von den Organisatoren, erkannt und akzeptiert sein, bevor sie für die Auswahl der Organisationsalternativen herangezogen werden können. Die Legitimation der Ziele erfolgt vielfach durch die Entscheidungsinstanz des Projektes. Danach können die Organisatoren den bereinigten und gewichteten Zielkatalog zu einem Zielsystem aufarbeiten, das von der Entscheidungsinstanz abgestimmt und der Auswahl der Organisationsalternativen zugrunde gelegt wird. Im Zielsystem werden die legitimierten Teilziele zu Zielbereichen zusammengefaßt, z.B. (3)

- Schnelligkeit und Qualität der Entscheidungsprozesse
- Flexibilität / Anpassungsfähigkeit der Organisation
- Arbeitszufriedenheit

Neben diesen Zielbereichen der Effizienz und Arbeitszufriedenheit sollten für die Gestaltung IT-gestützter Ämter Machtziele der beteiligten Interessengruppen (z.B. die Akzeptanz der Mitarbeiter) und Bürgerziele (z.B. vollständige Bearbeitung zusammenhängender Bürgeranliegen) hinzugefügt werden.

2.2 Organisatorische ´Elemente´ IT-gestützter Ämter

Zu den ´Elementen´ IT-gestützter Ämter gehören die ´Arbeitsaufgaben´ und das ´Personal´. Sie können auf verschiedenen Analyseebenen betrachtet werden.

1. Die ´Arbeitsaufgaben´ können mit Hilfe des in Tabelle 1 wiedergegebenen Polaritätsprofils gekennzeichnet werden (4):

Aufgabenmerkmale	Routine-aufgaben	Innovative Aufgaben
(1) Aufgabenkomplexität		
Anzahl der Einflußfaktoren	gering	groß
Verschiedenheit der Einflußfaktoren	gering	groß
Interdependenz zwischen den Einflußfaktoren	niedrig	hoch
(2) Aufgabendynamik		
Häufigkeit von Änderungen	gering	groß
Geschwindigkeit von Änderungen	niedrig	hoch
Umfang von Änderungen	gering	groß
Kontinuität von Änderungen	groß	gering
(3) Aufgabendeterminiertheit		
Eindeutigkeit der Endresultate	hoch	niedrig
Eindeutigkeit der Verfahrensweise	hoch	niedrig

Tabelle 1: Polaritätsprofil zur Typisierung von Aufgaben eines Amtes

Die linke Spalte des Profils kennzeichnet die Routineaufgaben, die rechte Spalte die Innovationsaufgaben. Der Begriff ´Innovationsaufgaben´ wird im folgenden nicht eingeschränkt auf bestimmte Gestaltungsaufgaben von Strukturen, wie vielfach üblich. Typische Beispiele von ´Innovationsaufgaben´ sind neuartige oder komplexe Verwaltungsaufgaben, wie sie beispielsweise in einem Bürgeramt auftreten können.

2. Der Erfassung der Personencharakteristika dient das in Tabelle 2 wiedergegebene
   Polaritätsprofil (5):

Personenbezogene Merkmale	Verwalter kreativer Problemlöser	
(1) Verhaltensmotive		
Sicherheitsmotivation	hoch	– niedrig
Leistungsmotivation	niedrig	– hoch
Selbstverwirklichungsmotivation	niedrig	– hoch
(2) Einstellungen gegenüber der Umwelt		
Selbstvertrauen	niedrig	– hoch
Risikofreudigkeit	niedrig	– hoch
autoritärer Charakter	stark	– schwach
Anpassungsbereitschaft	niedrig	– hoch
Fortschrittsfreundlichkeit	niedrig	– hoch
Bereitschaft zu Einstellungsänderungen	gering	– hoch
Interessenfeld	klein	– groß
Verantwortungsbereitschaft	gering	– groß
(3) Einstellung gegenüber der IT		
Erfahrung	gering	– groß
Informationsstand	niedrig	– hoch
(4) Fähigkeiten und Kenntnisse		
Sensitivität für Probleme	niedrig	– hoch
Denkbeweglichkeit	gering	– groß
Originalität	gering	– groß
Wissensniveau	niedrig	– hoch
Lernfähigkeit	gering	– groß
Soziale Fähigkeiten	gering	– groß
(5) Informationsverhalten		
Informationssuche	gering	– groß
Informationsaufnahme	gering	– groß
Informationsverarbeitung	schnell	– langsam
Informationsweitergabe	schnell	– langsam

Tabelle 2: Polaritätsprofil zur Typisierung des Personals

Die Kennzeichnung einer Person als ´Verwalter´ bzw. als ´kreativer Problemlöser´
soll nicht wertend verstanden werden, sondern als Hilfsmittel für die organisatorische Analyse und Synthese dienen.

Die in der Wirklichkeit auftretenden Phänomene der ´Arbeitsaufgaben´ und ´Personen´
können neben den Extremen als Abstufungen zwischen diesen eingeordnet werden.

Die Ausprägungen der ´Arbeitsaufgaben´ und des ´Personals´ stellen ein bestimmtes Potential dar, das durch den Einsatz der Organisationsinstrumente genutzt werden kann.

3. Organisationsinstrumente für IT-gestützte Ämter

3.1 Kleinste Aktionseinheiten

1. "Unter einer Aktionseinheit ist ein versachlichter Komplex von Verrichtungen zu verstehen, der durch synthetische Zusammenfassung analytisch gewonnener Teilaufgaben und deren Zuordnung auf einen oder mehrere gedachte Aktionsträger entstanden ist" (6). Diese Definition soll insoweit erweitert werden, daß neben versachlichten Komplexen auch auf (IT-gestützte) Personen oder Gruppen zugeschnittene Aufgaben- und Wissenskomplexe treten können.

   Beispiel einer Aktionseinheit: Sachbearbeiter X am IT-gestützten Einheitsschalter A. Am Einheitsschalter werden im Unterschied zum klassifizierten Schalter alle Aufgaben eines Amtes erledigt.

2. Die Aufgaben, die einer Aktionseinheit eines Amtes zugeordnet werden, können unterschiedlich spezialisiert sein. Bei einem Amt mit Publikumsverkehr können z.B. klassifizierte oder Einheitsschalter eingerichtet werden. Die geringere Spezialisierung beim Einheitsschalter setzt allerdings ein entsprechend großes Wissen voraus (Schulung). Ist dieses vorhanden und streben die Sachbearbeiter nach Selbstverwirklichung, wirkt die Einführung der Einheitsschalter in Richtung auf größere Arbeitszufriedenheit und -effizienz (7). Daneben können innovative Sonderaufgaben von Spezialisten wahrgenommen werden.

3. Bei der Wahl zwischen örtlich zentralen oder dezentralen Aktionseinheiten ist vor allen Dingen zu entscheiden zwischen größerer Wirtschaftlichkeit (zentrale Lösung) und mehr Bürgernähe (Außenstellen).

4. Bei der Aufteilung der Arbeiten auf die Sachbearbeiter und die IT sind die Polaritätsprofile der Aufgaben und Personen hilfreich: Je mehr ein Sachbearbeiter dem Typ des ´kreativen Problemlösers´ ähnelt bzw. die Aufgabe ´innovativ´ ist, desto geringer sollte die IT-Unterstützung sein, die über die Entlastung von Routineaufgaben hinausgeht (8). Während der innovative Charakter einer Aufgabe der IT-Unterstützung Grenzen setzt, sollte dem ´kreativen Problemlöser´ ein möglichst großer Handlungsspielraum reserviert bleiben, um seine Fähigkeiten und Kenntnisse in Anpruch zu nehmen und seine Motivation aufrechtzuerhalten.

5. Jeder Aktionseinheit werden die Informationsflüsse zugeordnet, die zur Erledigung ihrer Aufgaben erforderlich sind. Bei Mensch-Maschine-Aktionseinheiten ist ein Teil der Aufgaben des Wissens an die IT delegiert. Für das richtige Funktionieren der Programme ist das Individuum/die Gruppe nur insoweit verantwortlich, weil es/sie die Programmerstellung kontrolliert hat. Für die Richtigkeit der Wissensbasis ist die Aktionseinheit nur insoweit verantwortlich, wie sie diese eingegeben und organisiert hat. Eine IT-Unterstützung der Aufgabenerledigung führt in vielen Fällen zu einer Verringerung der Anzahl der Aktionseinheiten.

3.2 Institutionelle Subsysteme

1. Anlaß für die (Neu-)Bildung der institutionellen Grundstruktur eines Amtes ist häufig eine Entscheidung der Verwaltungsleitung, eine veränderte oder neue Aufgabe an das Amt zur Ausführung zu delegieren (top-down-Strategie). Die Verwaltungsleitung hat vorher zu entscheiden, ob die Aufgabe in den Ämtern oder einem eigenen Amt (z.B. Bürgeramt) erledigt werden soll. Bei der Einrichtung

eines zentralen Bürgeramtes sind einerseits Widerstände der bisher zuständigen Ämter gegen ein zentrales Bürgeramt zu erwarten, andererseits sprechen Wirtschaftlichkeitsgründe und auch die bessere Bedienung der Verwaltungsklientele für eine Zusammenfassung der bürgerbezogenen Aufgaben in einem Amt.

2. Mit der Entscheidung für die Einrichtung eines neuen Amtes ist auch über den Umfang der zu delegierenden Aufgabe(n) zu befinden. Hinsichtlich des Aufgabenumfanges wird die Verwaltungsleitung sich auch daran orientieren, daß möglichst wenige Beziehungen zwischen dem neuen Amt und den Fachämtern verbleiben (Beziehungsregel); hinsichtlich der Komplexität der zu delegierenden Aufgabe sind vor allen Dingen die Fähigkeiten und die Motivation der Mitarbeiter im Bürgeramt und in den abgebenden Fachämtern zu berücksichtigen: können die Mitarbeiter der betroffenen Fachämter und des Bürgeramtes als ´kreative Problemlöser´ angesehen werden, ergibt sich eine Konfliktsituation. In den gemischten Situationen ist die komplexe Aufgabe eher dort anzusiedeln, wo die ´kreativen Problemlöser´ beheimatet sind. Stehen nur ´Verwalter´ zur Verfügung, sollte versucht werden, die komplexe Aufgabe in einfachere zu zerlegen.

3. Die Kommunikationsbeziehungen zwischen Subsystemen können nach dem steigenden Unabhängigkeitsgrad geordnet werden:

Kommunikation unmittelbar zwischen Untersystemen

Kommunikation zwischen Untersystemen über   Erhöhung des
Koordinationseinheiten   Unabhängigkeits-
                                                    grades
keine unmittelbare Kommunikation zwischen den
Untersystemen

Mit zunehmender Entscheidungsfreiheit von Untersystemen erhöhen sich deren Chancen, Effizienz, Arbeitszufriedenheit ihrer Mitglieder (9) und deren Macht zu steigern. Der Einfluß von Umweltturbulenzen und organisatorischen Mängeln wird relativ geringer.

4. Bei der heute noch weithin ausgelagerten DV-Kompetenz haben und nehmen die DV-Spezialisten Einfluß auf die Erledigung von Sachaufgaben, deren Verantwortung sie mangels Fachkompetenz nicht tragen können, bzw. der Fachbereich wird für die Mängel der Aufgabenerledigung verantwortlich gemacht, die er nicht beeinflussen kann. Um die notwendige Übereinstimmung von Aufgaben, Kompetenzen und Verantwortung wiederherzustellen, ist die IT so zu dezentralisieren, daß der Fachbereich sie kontrollieren und damit verantworten kann. Bei dem heutigen Stand der IT ist das technisch machbar und auch für viele Verwaltungsaufgaben - vor allen Dingen außerhalb der Batch-Automatisierung des Massengeschäfts - ökonomisch vertretbar. Programmierung und Abwicklung IT-gestützter Aufgabenerledigung sollten also durch die Fachämter kontrolliert und verantwortet werden.

3.3 Leitungsspannen und -tiefen

Die personelle Feinabgrenzung der Subsysteme auf einer Gliederungsebene wird von der Größe der einzelnen Leitungsspannen bestimmt. Als Leitungsspanne wird die Anzahl der Mensch-Maschine-Aktionseinheiten bezeichnet, die einem Vorgesetzten in direkter Linienbeziehung unmittelbar unterstellt sind (10).

Die Leitungsspanne kann um so größer sein je

- mehr der Vorgesetzte und die Untergebenen als ´kreative Problemlöser´ bezeichnet werden können und kooperativ sind
- mehr es sich um Routineaufgaben handelt

- mehr Informationen schriftlich statt mündlich ausgetauscht werden (11)
- mehr programmierbare Entscheidungen mittels IT getroffen werden und mittels IT kontrolliert werden können
- stärker die Kompetenzen definiert und delegiert sind (11)
- geringer die Beteiligung
- mehr die Koordination durch Programme und Pläne erfolgt (12).

Aus den Gesichtspunkten zur Bestimmung der Leitungsspannen geht keine eindeutige Tendenz hervor. So ist beispielsweise die Ermöglichung einer großen Beteiligung für ´kreative Problemlöser´ zur Erreichung einer möglichst großen Arbeitszufriedenheit und -effizienz erforderlich (13). Außerdem hat sich für Routineaufgaben eine größere Gliederungstiefe und für ´innovative´ Aufgaben - soweit sie in der Hierarchie wahrgenommen werden - eine geringere Gliederungstiefe als zweckmäßig erwiesen (14).

Die Festlegung der Leitungsspannen kann von oben nach unten oder umgekehrt fortschreitend und nach den jeweiligen Situationen erfolgen. Dabei ist von dem verfügbaren Personal und seiner gegebenen Besoldung bzw. Vergütung auszugehen, wodurch die Gestaltungsmöglichkeiten mehr oder weniger eingeschränkt werden. Die resultierenden Leitungsspannen und Gliederungstiefen können in einem Amt unterschiedlich sein.

3.4 Leitungssysteme

Eine Leitungsbeziehung zwischen zwei Aktionseinheiten entsteht, wenn eine Leitungsinstanz gegenüber einer Aktionseinheit eine Weisungsbefugnis besitzt. Die Leitungsbeziehungen können befristet (Projektorganisation) oder unbefristet (Linienorganisation) sein.

Das Einliniensystem ist für Routineaufgaben, über die von ´Verwaltern´ entschieden wird, - besonders wenn dies schnell geschehen muß - geeignet. Die Einheit der Auftragserteilung und Verantwortung wird durch Einräumung eines funktionalen Weisungsrechts zentraler Dienststellen wegen der Spezialisierungsvorteile, die mit dieser Lösung verbunden sind, durchbrochen. Nachteilig kann sich hier auswirken, daß die Fachamtsleitung sich z.B. für organisatorische oder personelle Fragen nicht mehr zuständig fühlt (15).

Handelt es sich um ´innovative´ Aufgaben, ist höhere Leitungskapazität erforderlich. Dies kann erreicht werden durch zwei gleichberechtigte Weisungslinien mit entsprechender Spezialisierung der Leiter. Um den produktiven Konflikt der Matrixorganisation ausnutzen zu können, sind genaue Kompetenzregelungen zur Vermeidung persönlicher Konflikte erforderlich. Die Einführung eines Matrix-Weisungssystems wird erleichtert, wenn es sich bei den Leitern und den Untergebenen um ´kreative Problemlöser´ und gut zusammenarbeitende Personen handelt. Ohne Absprache zwischen den Leitern wird eine Informationsfilterung durch das Matrix-Berichtssystem erschwert, so daß die Amtsleitung ihre Entscheidungen und Weisungen auf besserer Informationsbasis fällen kann. - Bei dem Matrix-Leitungssystem sind mehr Leitungskräfte erforderlich. Der Entscheidungsprozeß kann langwieriger sein, was hingenommen werden kann, wenn es in erster Linie um die Lösung komplexer, neuartiger Probleme und nicht um schnelle Entscheidungen geht.

3.5 Delegation

Die dauerhafte Verteilung von Entscheidungskompetenzen auf die Leitungsinstanzen der verschiedenen hierarchischen Ebenen eines Amtes soll als Delegation bezeichnet werden. Die Delegation von Entscheidungskompetenzen soll so erfolgen, daß jede Entscheidung jeweils von dem Entscheidungsträger auf der relativ untersten Leitungsebene getroffen wird, der aufgrund seiner Qualifikation und der ihm zur Verfügung stehenden Information dazu noch in der Lage ist (16). Die Delegationsmöglichkeiten sind umso größer, je mehr es sich um Routineaufgaben und `kreative Problemlöser´ handelt und je leistungsfähiger das Informationssystem ist. Bei großem Datenumfang, großer Spezifizierung, Änderungsgeschwindigkeit und räumlicher Extension der Daten ist eine größere Entscheidungsdelegation zu erwarten (17). Dieser Tendenz kann durch den Einsatz von IT entgegengewirkt werden.

3.6 Führung und Beteiligung

Unter Beteiligung soll die direkte Teilhabe einer Aktionseinheit an der Willensbildung der ihr unmittelbar vorgesetzten Leitungsinstanz verstanden werden.

Der repressive Führungsstil (Befehl und Androhung von Sanktionen) dürfte für Kommunalverwaltungen nur in seltenen Ausnahmefällen angemessen sein. Wird die Manipulation von den Untergebenen bemerkt, sind negative Reaktionen wahrscheinlich. Alleinentscheidung und ihre Begründung vor den Mitarbeitern ist beim Vorliegen von Verwaltern und Routineaufgaben der angemessene Führungsstil. Je mehr es sich bei den Untergebenen um `kreative Problemlöser´ handelt, desto mehr Beteiligung ist zur Erreichung einer hohen Arbeitseffizienz und -zufriedenheit erforderlich. Dem wird der Vorgesetzte um so mehr entsprechen, je mehr er selber `kreativer Problemlöser´ ist.

Bei dem Modell der teilautonomen Arbeitsgruppe wird auf einen formellen Vorgesetzten verzichtet. Entscheidungskompetenz und -verantwortung werden von der gesamten Gruppe zugeordnet, die ihren Vertreter demokratisch wählt. Die Bildung teilautonomer Arbeitsgruppen setzt relativ hohe Gruppenkohäsion, Bereitschaft zur Verantwortungsübernahme, präzise Bekanntgabe und Kontrolle der Gruppenziele und Arbeitsmethoden voraus (18). In der Kommunalverwaltung kommen nur für bestimmte zusammenhängende Aufgaben `partiell´ teilautonome Arbeitsgruppen infrage.

3.7 Ergänzende Kommunikationsstruktur

1. Die Regelungen hinsichtlich der Aktionseinheiten, struktureller Subsysteme, Leitungssysteme, Delegation und Partizipation legen die Grundstruktur der Kommunikation fest, so daß im folgenden noch einige ergänzende Kommunikationsregelungen behandelt werden.

   Der völlig indirekte Kommunikationsweg ("Dienstweg") ist für Routineentscheidungsverfahren geringer Häufigkeit und geringer sozialer Bedürfnisse der Sachbearbeiter zweckmäßig (19). Wiederholt sich eine Routineentscheidung oft, ist eine dauernde Ausnahme vom Instanzenverkehr (sog. "Pasarelle") vorzusehen, um die Schwerfälligkeit und relativ lange Dauer des Entscheidungsverfahrens zu vermeiden (20). Das gilt ebenfalls für die übrige Kommunikation, wodurch auch soziale Bedürfnisse der Sachbearbeiter befriedigt werden können.

   Handelt es sich dagegen um eine `innovative´ Aufgabe, empfiehlt sich der Direktverkehr (21). Um die Konflikte mit den vorgesetzten Instanzen zu vermindern, empfiehlt sich ihre nachträgliche Unterrichtung. Bei `kreativen Problemlösern´ wird durch den Direktverkehr auch die Arbeitszufriedenheit wesentlich erhöht. Außerhalb der Entscheidungsprozesse empfiehlt sich beim Vorliegen `innovativer´ Aufgaben und `kreativer Problemlöser´ der Direktverkehr.

2. Die Informationstechnik kann Einfluß auf das Kommunikationssystem haben:

   - Hinsichtlich der Routineentscheidungen kann der Einfluß der Amtsleitung auf die Entscheidungsprozesse wachsen durch

     (1) Die Konkretisierung ihrer Vorstellungen und Zielsetzungen in den Anwendungsprogrammen,

(2) den Wegfall von Ermessensspielräumen bei Routineentsscheidungen der Sachbearbeiter und

(3) vermehrte Kontrollinformationen über die Sachbearbeitung.

- Durch den Einsatz der IT wird einerseits die Anzahl der Kommunikationsverbindungen durch den Ersatz der manuellen durch maschinelle Verarbeitung von Aufgabenkomplexen gesenkt, andererseits kann sie durch vermehrte Bereitstellung von Informationen erhöht werden. Der erste Effekt führt vielfach zur Freisetzung von Personal; der zweite Effekt kann die Qualität der Entscheidungsprozesse erhöhen.

- Eine Stufung der Kommunikationsverbindungen liegt vor, wenn ein Kommunikationsvorgang mit mehreren Sende- und Empfangsvorgängen verbunden ist. Eine Stufung der Kommunikationsverbindungen dient der Speicherung und Verteilung der Informationen sowie der Einschaltung von Leitungsinstanzen. Bei Abfragesystemen wird der Wegfall der Stufungen und damit von Störmöglichkeiten besonders deutlich.

- Die Schichtung der Kommunikationsverbindung bezieht sich auf den hierarchischen Aufbau einer Verwaltung (vertikale, horizontale, diagonale Kommunikationsbeziehungen). Ist die DV-Organisationseinheit außerhalb eines Amtes angesiedelt, werden horizontale und vertikale durch diagonale Kommunikationsbeziehungen ersetzt. Wird die Datenverarbeitung weitgehend vom Computer durchgeführt, können sich die Strukturen eines Amtes wesentlich verändern.

3. Der Einsatz der IT kann einen wesentlichen Einfluß auf das Kommunikationsverhalten ausüben und umgekehrt:

- Räumliche und zeitliche Kommunikationsbarrieren können leichter überwunden werden.

- Mangelndes Wissen über die technische Lösung kann die Intensität der Nutzung der IT erheblich erschweren.

- Zurückhaltung des Wissens durch die Sachbearbeiter kann eine entscheidende Barriere für die Kommunikation mit dem Computer darstellen.

3.8 Standardisierung

Der Grad der Standardisierung kennzeichnet das Ausmaß, in dem bestimmte Gruppen von Aktivitäten durch Verfahrensvorschriften geregelt sind.

Ein niedriger Standardisierungsgrad ist für ´innovative´ Aufgaben und ´kreative Problemlöser´ zweckmäßig (22). Je routinisierter die Vollzugaufgaben werden, desto größer ist das Standardisierungspotential, das aber nur für ´Verwalter´ voll ausgeschöpft werden sollte. Es ist auch zu berücksichtigen, daß ein großer Teil der Routineaufgaben IT-gestützt durchgeführt wird. Die verbleibenden Aufgaben sind mehr oder weniger ´innovativ´. - Eine größere Standardisierung erleichtert die Delegation von Kompetenzen (23).

Neuartige oder komplexe, zeitlich begrenzte Aufgaben sollten außerhalb der Hierarchie (z.B. durch Projektgruppen) gelöst werden, damit die zur Lösung erforderliche Kreativität nicht eingeschränkt wird.

Die Standardisierung von Entscheidungsprozessen führt zu einer Verringerung der Konflikte zwischen den beteiligten Instanzen und damit zur Verkürzung der Prozeßdauer und Verringerung der Prozeßkosten (29).

3.9 Formalisierung

Unter dem Formlisierungsgrad wird das Ausmaß an schriftlich formulierten organisatorischen Regelungen und die Aktenmäßigkeit der Arbeiten, Entscheidungen und Ergebnisse verstanden.

Im Extremfall wird die Organisation vollständig und bis in Einzelheiten schriftlich fixiert. Ein höherer Strukturformalisierungsgrad hilft, Konflikte zu vermeiden und trägt insofern zur Senkung der Prozeßdauer/-kosten bei. Dieser Vorteil muß jedoch mit dem Aufwand für die schrifliche Fixierung und Fortschreibung der organisatorischen Regelungen verglichen werden. Außerdem kann sich im Zuge der schriftlichen Fixierung der Organisation in unzweckmäßiger Weise der Standardisierungsgrad erhöhen. - Organisatorische Regelungen von Routineaufgaben sollten stärker formalisiert sein als die innovativer Aufgaben (24).

Eine hohe Aktenmäßigkeit der Aktivitäten erhöht ihre Dauer und Kosten. Sie erleichtert aber auch die Zusammenarbeit zwischen den Aktionseinheiten. Mit dem vermehrten Einsatz moderner IT (z.B. Telefax) kann eine wesentliche Erhöhung der Aktenmäßigkeit verbunden sein (25).- Die schriftliche Vorlage von Berichten erleichtert die Entscheidungsfindung, schriftliche Anweisungen vermindern Mißverständnisse zwischen den Trägern der Entscheidung und den ausführenden Aktionseinheiten. Bei ´kreativen Problemlösern´ können schriftliche Weisungen jedoch mit einer Verringerung der Arbeitseffizienz und -zufriedenheit verbunden sein.

4. Organisationsschemata IT-gestützter Ämter

Durch Kombination der Organisationsinstrumente erhält man Organisationsschemata. Aus der Vielzahl möglicher Organisationsschemata wird im folgenden beispielhaft auf zwei Alternativen näher eingegangen.

Das nachfolgende Organisationsschema 1 ist vor allen Dingen dann geeignet, wenn

(1) ausschließlich hohe Effizienz angestrebt wird,
(2) es sich um Routineaufgaben und
(3) um ´Verwalter´ handelt.

Das Organisationsschema 1 besteht aus folgenden Organisationsinstrumenten:

(1) Individuum-Maschine-Aktionseinheiten des Verwaltungsvollzuges
(2) Klassifizierte Schalter
(3) Örtlich zentrale Schalter
(4) Relativ großer Umfang an IT-Unterstützung
(5) Individuum-Instanzen
(6) Aufteilung der Aufgaben auf Fachämter
(7) Zuordnung einfacher Aufgaben
(8) Amt mit unmittelbaren Beziehungen zu anderen Ämtern und zum externen DV-Bereich
(9) Tiefgegliederte Pyramide mit geringen Leitungsspannen
(10) Einliniensystem
(11) Hohe Entscheidungszentralisation
(12) Autoritativer Führungsstil
(13) Indirekter Kommunikationsweg mit Ausnahmen
(14) Hoher Standardisierungsgrad
(15) Hoher Grad an Strukturformalisierung und Aktenmäßigkeit

Während die Machtziele der oberen hierarchischen Ränge bei diesem herkömmlichen Organisationsschema weitgehend gewahrt bleiben – Ausnahme: Zentraler DV-Bereich – bleiben Mitarbeiter- und Bürgerziele weitgehend unerreicht.

Das Organisationsschema 2 ist vor allen Dingen geeignet, wenn

(1) neben Effizienz- auch Mitarbeiter- und Bürgerziele hohe Priorität haben,
(2) es sich um innovative Aufgaben und
(3) um ´kreative Problemlöser´ handelt.

Das Organisationsschema 2 besteht aus folgenden Organisationsinstrumenten:

(1)   Gruppen-Maschinen-Aktionseinheiten des Verwaltungsvollzuges
(2)   Einheitsschalter
(3)   Außenstellen neben Zentrale
(4)   Relativ geringer Umfang und hohe Qualität der IT-Unterstützung
(5)   Individuum-Maschine-Instanzen auf Abteilungsebene
(6)   Zuordnung der Aufgaben zum Bürgeramt
(7)   Zuordnung komplexer Aufgaben
(8)   IT-Bereich innerhalb eines Bürgeramtes; keine unmittelbaren Beziehungen zu den anderen Ämtern
(9)   Flache Pyramide mit relativ großen Leitungsspannen
(10) Matrix-Leitungssystem auf Abteilungsleitungsebene
(11) Hohe Entscheidungsdezentralisation
(12) Teilautonome Arbeitsgruppen
(13) Direktverkehr zwischen Aktionseinheiten des Verwaltungsvollzuges
(14) Relativ geringer Standardisierungsgrad der Abläufe
(15) Relativ geringer Grad an Strukturformalisierung und Aktenmäßigkeit

Soll von einem Organisationsschema 1 auf das Organisationsschema 2 übergegangen werden, sind die damit verbundenen Machtverschiebungen (z.B. durch Übergang auf ein Matrix-Leitungssystem oder teilautonome Gruppen) zu berücksichtigen. Die auftretenden Konflikte können die Auswahl nicht ganz so extremer Organisationsinstrumente zur Folge haben.

<u>Anmerkungen</u>

(1)   Vgl. KGSt: Grundlagen der Verwaltungsorganisation, Köln 1978, S. 33.
(2)   In einem "Bürgeramt" sollen Aufgaben mit starkem Bürgerbezug (z.B. Einwohnermeldewesen) zusammengefaßt werden.
(3)   Vgl. E. Grochla – N. Thom: Organisationsformen, Auswahl von, in: Handwörterbuch der Organisation (HWO), hrsg. von E. Grochla, Stuttgart 1980, Sp. 1501 ff.
(4)   Vgl. U. Spies: Grundlagen, Determinanten und situationsbezogene Gestaltung der optimalen Arbeitsaufgabe, Berlin 1976, S. 81.
(5)   Vgl. W. Haneke: Zur Organisation von Gestaltungssystemen, in: Zeitschrift für Organisation, 50. Jahrgang, Wiesbaden 1981, S. 202; U. Spies: a.a.O., S. 83.
(6)   E. Grochla: Unternehmensorganisation, Reinbeck 1972, S. 45.
(7)   W. Haneke: Situative Arbeitsorganisation am Beispiel IT-gestützter Arbeitssysteme in der öffentlichen Verwaltung, in: Zeitschrift Führung + Organisation, 51. Jahrgang, Baden-Baden 1982, S. 24 f.
(8)   Ebenda, S. 24.
(9)   W. Jermakowicz: Dezentralisationsgrad von Organisationsstrukturen und die Effizienz kreativer, adaptiver und produktiver Organisationen, in: Zeitschrift für Organisation, 49. Jahrgang, Wiesbaden 1980, S. 76 f.

(10) W. Hill, u.a.: Organisationslehre - Ziele, Instrumente und Bedingungen der Organisation sozialer Systeme, Bern und Stuttgart 1974, S. 219.
(11) Ebenda, S. 231 f.
(12) Vgl. A. Kieser - H. Kubicek: Organisation, Berlin-New York 1977, S. 126 f.
(13) Vgl. W. Haneke, 1982, a.a.O., S. 24 f.
(14) Vgl. J.W. Lorsch: Introduction to the Structural Design of Organizations, in: G.W. Dalton - P.R. Lawrence - J.W. Lorsch: Organizational Structure and Design, Homewood, Ill., 1970, p. 6 f.
(15) Vgl. G. Banner: Personal- und Organisationspolitik - was geschieht ohne Dienstrechtsreform? Köln 1981, S. 8 f.
(16) Vgl. E. Meyer: Delegation, in: HWO 80, a.a.O., Sp. 550.
(17) Vgl. K. Bleicher: Zentralisation und Dezentralisation, in: HWO 80, a.a.O., Sp. 2413.
(18) Vgl. auch W. Hill u.a.: a.a.O., S. 248.
(19) J.R. Galbraith: Organization Design, Reading u.a. 1977, p. 42.
(20) Vgl. auch W. Hill u.a.: a.a.O., S. 193.
(21) Vgl. M.C. Tushman: Work Characteristics and Subunit Communication Structure: A Contingency Analysis, in: Administrative Science Quarterly, Vol. 24, 1979, p. 89.
(22) Vgl. W. Haneke: 1982, a.a.O., S. 25 f.
(23) Vgl. H. Kubicek: Informationstechnologie und Organisationsforschung - Eine kritische Bestandsaufnahme der Forschungsergebnisse, in: H.R. Hansen u.a.: Mensch und Computer - zur Kontroverse über die ökonomischen und gesellschaftlichen Auswirkungen der EDV, München 1979, S. 62.
(24) Vgl. B. Becker: Aufgabentyp und Organisationsstruktur von Verwaltungsbehörden - Strukturfolgen programmierter und nicht-programmierter Verwaltungsaufgaben, in: Verwaltungsführung, hrsg. von A. Rehmer, Berlin 1982, S. 156.
(25) Vgl. W. Haneke: Kommunikation in der Ministerialverwaltung des Bundes - zur Anwendung einiger moderner Kommunikationstechniken, in: Zeitschrift Führung und Organisation, Gießen 1983, S.

<u>KLEIN UND DEZENTRAL?</u>

<u>ZENTRALISIERUNGS- UND DEZENTRALISIERUNGSWIRKUNGEN NEUER INFORMATIONS- UND</u>

<u>KOMMUNIKATIONSTECHNOLOGIEN IN BEZUG AUF RÄUMLICHE UND UNTERNEHMENSGRÖSSENSTRUKTUREN</u>

Dieter Bullinger
Prognos AG, Basel

1. Die neuen Technologien und ihr Markt
2. Zentralisierungs- und Dezentralisierungswirkungen
   2.1 Auswirkungen auf Unternehmensgrößenstrukturen
   2.2 Auswirkungen auf die räumliche Entwicklung
3. Konsequenzen für Politik und Planung
Anmerkungen
Literatur

Referat

Ausgehend von der mikroelektronischen Entwicklung diskutiert der Autor die Dezentralisierungstendenzen durch Bürotechnologien hinsichtlich der Unternehmensgröße und räumlichen Strukturen. Sie ermöglichen Großbetrieben zumindest kurzfristig ihre Position durch Differenzierung ihrer Produkte zu stärken, solange Mittel- und Kleinbetriebe in Befürchtung organisationeller Strukturveränderungen Hemmschwellen bei der Einführung entsprechender Technologien haben; eine Einschätzung kann heute noch nicht getroffen werden. Alternative Szenarios bis hin zu ´electronic cottages´ zeigen auf, daß Dezentralisierung nur unter starken strukturellen Veränderungen vonstatten gehen kann, die durch politische Konzepte abgesichert sein müssen.

Abstract

Summarizing the technological development the author discusses decentralizing effects of office technologies with special regard to size of organizations and regional structures. At least on a short-time basis large companies are advantaged by new chances of differentiating their products while smaller firms still show a reluctancy to introduce new technologies in anticipation of structural change in their organization; a clear prognosis cannot be given yet. Alternative scenarios including ´electronic cottages´ show that decentralization will be accompanyied by strong structural changes that can only be directed by political concepts.

---

1. Die neuen Technologien und ihr Markt

Die Entwicklungen in den drei ursprünglich eigenständigen Technologiebereichen

- Halbleitertechnik / Mikroelektronik
- Computertechnik
- Nachrichtentechnik

haben sich in den letzten 20 Jahren derart kumuliert und ergänzt, daß heute nur noch von einer einzigen Informations- und Kommunikationstechnologie gesprochen werden kann (1).

Im Mittelpunkt der öffentlichen Diskussion und Auseinandersetzung über die neuen Informations- und Kommunikationstechnologien steht die Mikroelektronik, die selbst aus einem ganzen Bündel unterschiedlicher technischer Varianten besteht (2). Wichtigster Auslöser für die Entwicklung dieser Technologien und für die gesellschaftspolitischen Diskussionen sind die Mikroprozessoren. Diese bilden die Steuer- und Operationszentralen der Mikrocomputer (3) und sind wesentlich verantwortlich für die gewaltig angestiegenen Einsatzmöglichkeiten der neuen Informations- und Kommunikationstechnologien insgesamt.

Die Mikroprozessoren und die Chips, aus denen sie zusammengesetzt sind, werden oft als die Träger einer "dritten industriellen Revolution" bezeichnet. Schlagworte wie die "kolossalen Winzlinge", die "revolutionärste Technologie unseres Jahrhunderts" oder die "Bombe im Quadrat" kennzeichnen die öffentliche Diskussion über die neuen Möglichkeiten. Diese Bezeichnungen werden dann verständlich, wenn man sich vergegenwärtigt, daß Chips vor 25 Jahren nicht einmal erfunden waren. Anfang der 60er Jahre gelang es erstmals, die einzelnen Bauelemente einer Schaltung (also Transistoren etc.) in Form einer integrierten Schaltung auf einem kleinen Plättchen bzw. Scheibchen (Chip) aus Silizium bzw. Silikon zu vereinen. Heute enthält jeder Chip, der selbst nur 3-10 mm2 groß ist, bis zu 200.000 hochintegrierte elektronische Schaltungen. Die Chips sind übrigens ein Abfallprodukt der militärischen Forschung, wo eine Elektronik entwickelt werden sollte, die Raketen selbständig zu einem Ziel steuern, sich selbst korrigieren und den Kurs ständig neu durchrechnen, also lenken, fühlen und messen kann. Die letzten 10-15 Jahre haben eine geradezu explosionsartige Entwicklung der Chip-Technologie mit sich gebracht. 1971 kamen universell verwendbare, programmierbare Standardbausteine (Mikroprozessoren) auf den Markt. Damit kann man die Mikroelektronik praktisch an jede Maschine bringen und ganz gezielt (mit dem Ziel: Messen, Steuern, Regeln) programmieren.

Das Volumen des gesamten Elektronik-Weltmarkts (einschließlich der Mikroelektronik) wird auf rund 70 Mrd. US-$ pro Jahr geschätzt. Allein der eigentliche Mikroelektronik-Sektor (d.h. nur die Mikroelektronik produzierenden Branchen, also nicht jene Branchen, die Mikroelektronik- Bauelemente weiterverarbeiten) dürfte einen Weltmarkt-Umfang von rund 10-12 Mrd US-$ pro Jahr haben. Es ist keineswegs selten, daß einzelne Firmen dieses Sektors Wachstumsraten von 20-30 % pro Jahr realisieren. Dies muß verglichen werden mit einem realen Null- bzw. leichten Minus- Wachstum der Gesamtwirtschaft in den westlichen Industrieländern seit 1980. Über 50 % der Chips, Mikroprozesoren und Mikrocomputer werden in den USA hergestellt, über 25 % in Japan, ca. 10 % in Westeuropa. Die westeuropäische Industrie verbraucht allerdings ca. 25 % der Welterzeugung. Dementsprechend groß ist der Import in die EG-Staaten (4). Dies hat die EG-Kommission unter anderem dazu veranlaßt, zu bestimmten Zeiten die Zollschranken für die Einfuhr von Mikroelektronik-Bausteinen vollständig fallen zu lassen, damit die westeuropäische Industrie ihren Bedarf an Bauelementen decken kann. Solche Importerleichterungen waren allerdings temporär und galten, wie man weiß, nicht für den gesamten Bereich der neuen Informations- und Kommunikationstechnologien (siehe etwa die Handelsbarrieren Frankreichs, das selbst keine Video-Recorder herstellt, gegenüber der Einfuhr von Video-Recordern).

Gesamtwirtschaftlich, aber auch gesellschaftspolitisch umstritten sind weniger die neuen Informations- und Kommunikationstechnologien an sich, sondern ihre Anwendung und ihr Einsatz in der Produktion industrieller Güter und öffentlicher und privater Dienstleistungen. Denn die gesamten neuen Technologien, insbesondere aber die isoliert einsetzbaren elektronischen Bauelemente, müssen in ihrer Mehrheit als klassische Investitionsgüter bzw. Investitionsgüterteile betrachtet werden, die die Voraussetzungen, den Ablauf und die Ergebnisse industrieller Produktion wesentlich verändern und weitreichende Folgen für die Umstrukturierung von Arbeitsvorgängen haben werden. Die Grenzen der Umsetzung und Anwendungsmöglichkeiten der neuen Technologien sind noch keineswegs sichtbar. Eine Vielzahl von Einsatzmöglichkeiten findet sich bereits heute in den Bereichen (5):

- Datenverarbeitung
- Nachrichtentechnik
- Meß-, Steuerungs- und Regeltechnik
- Unterhaltungs- und Freizeit-Elektronik
- Haushaltselektronik
- Industrieroboter

So sind etwa in Japan z.Zt. rund 34.000 Industrieroboter im Einsatz, in den USA ca. 4.000, in der Bundesrepublik ca. 1.500. Setzt man den Nutzungsgrad der Mikroelektronik für das Jahr 2000 mit 100 % an, so beträgt er gegenwärtig nur 5 %, im Jahre 1990 soll er rund 25 % betragen (6). Insofern stehen uns eigentlich revolutionäre Veränderungen der Produkte und Produktionsabläufe erst noch bevor.

2. Zentralisierungs- und Dezentralisierungswirkungen

Die Auswirkungen des Einsatzes neuer Technologien auf die Zahl der Beschäftigten und auf die Arbeitsorganisation sind häufig sehr direkt sichtbar. Demgegenüber gibt es zwei andere Bereiche, in denen die Auswirkungen weniger klar erfaßbar sind, nämlich die Auswirkungen auf Unternehmensgrößenstrukturen und die Auswirkungen auf räumliche Strukturen.

2.1 Auswirkungen auf Unternehmensgrößenstrukturen

Was zunächst die Auswirkungen auf die Unternehmensgrößen angeht, so handelt es sich um folgende Grundfrage: Kann man erwarten, daß die neuen Technologien eine neue Blüte der kleinen und mittleren Unternehmen hervorbringen, weil diese Technologien es auch den kleinen und mittleren Unternehmen ermöglichen, innovationsorientiert am Markt zu arbeiten und Planung, Produktion und Vermarktung ihrer Produkte wesentlich zu verbessern? Oder wird die Nutzung neuer Technologien zunächst oder langfristig eher die Position der Großen stärken?

Um es vorweg zu nehmen: die Antwort auf diese Frage ist nicht eindeutig, aber die Chancen sprechen (trotz allen gegenteiligen Bekundungen) zunächst eher für die Großen. Zwar kann nun - eigentlich - jeder Landwirt seinen Heimcomputer haben, um seine Buchhaltung zu erledigen; jeder Einzelhändler kann über Btx oder sonstige Technologien seine Waren vermarkten; und jeder kleinste Industriebetrieb kann sich an internationale Patentinformationssysteme zum Zwecke des Technologietransfers ankoppeln. Solange es sich dabei um netzartige Kommunikationstechnologien handelt, werden die Kleinen auch häufig dazu gezwungen, sich derartiger Technologien zu bedienen (siehe z.B. das Kontengebührenverhalten der Großbanken, das eindeutig das home-banking bevorzugt). Ganz anders jedoch sieht es bei den isoliert einsetzbaren Teilen der neuen Technologien aus (z.B. Mikroprozessoren). Hier hat eine Untersuchung ergeben, daß kleinere Unternehmen (unter 200 Beschäftigten) nur knapp zur Hälfte bereits Mikroprozessoren und Mikrocomputer in ihrem Betrieb in der Produktion eingesetzt haben. Bei den größeren Unternehmen dieser Stichprobe steigen die Werte mit zunehmender Unternehmensgröße bis auf 86 % an (Unternehmen mit 5.000 und mehr Beschäftigten). Die Großunternehmen sind damit eindeutig Vorreiter bei der Anwendung der Mikroelektronik (7).

Eine andere Untersuchung, ebenfalls aus dem Jahre 1980, hat ergeben, daß die kleineren Unternehmen (unter 200 Beschäftigten) ihre Innovationsaufwendungen deutlich stärker für Rationalisierungs- und Produktionsvorbereitungsinvestitionen verwenden. Die größeren Unternehmen dieser Untersuchung hingegen benutzten ihre Innovationsaufwendungen in wesentlich höherem Maße für Forschung und Entwicklung und für Patente und Lizenzen.

Wohl fällt auf, daß der Grad der Automatisierung bzw. Mechanisierung über alle Größenklassen hinweg bei den genannten Untersuchungen etwa derselbe ist. Die Großunternehmen sind aber deutlich stärker bemüht, die Verfahrens- und Fertigungstechniken zu ändern, d.h. sie durch den Einsatz von Mikroelektronik und anderen neuen Technologiebereichen zu "informatisieren". Obwohl die Innovationsfreudigkeit kleinerer Unternehmen und ihre Flexiblität immer wieder - auch und gerade von der offiziellen Mittelstands- und Wirtschaftspolitik - gelobt werden (8), scheinen diese kleineren und mittleren Unternehmen bisher eher noch zögernd die neuen Technologien aufzunehmen und eher bei traditionellen Verfahren zu bleiben (9). Sie sind damit eine der "Sorgenkindergruppen" bzw. "Peripherien" (10) der <u>Technologieanwendung</u>. Die Gründe dafür sind nur schwer zu erfassen. Einer davon mag sein, daß insbesondere Großunternehmen über eine höhere Anpassungsfähigkeit ihrer Produktionsanlagen verfügen als kleinere Unternehmen. Wichtiger aber ist, daß kleinere Unternehmen nur wenig geneigt sind, ihre bisherige technische Basis zu verlassen, um rentable Chancen für Innovationen zu suchen und zu finden. Ein wesentlicher Grund ist sicherlich auch darin zu sehen, daß die Einführung neuer Technologien die bisherigen Organisationsstrukturen in den kleinen und mittleren Unternehmen aufbricht. Gerade hier, wo häufig noch Familienunternehmen mit durchaus stark hierarchisierten Entscheidungstrukturen anzutreffen sind, verlangt der Einsatz neuerer Technologien eine stärkere Delegation und dürfte so für einen großen Teil der mittelständischen Unternehmen gravierende Konsequenzen haben, da sie die ihnen nachgelagerte Hierarchieebene stärker und aktiver am Entscheidungsprozeß beteiligen müssen, als sie das bisher getan haben (11).

Insofern dürfte der eigentliche Hinderungsgrund für die Einführung neuer Technologien in kleineren und mittleren Unternehmen weniger im fehlenden Informationszugang oder in den hohen Anfangsinvestitionen zu sehen sein, sondern in der Angst vor der Veränderung von Entscheidungsstrukturen und in dem "organisatorischen Stress", den die Einführung neuer Technologien für die bisher entscheidende Gruppe innerhalb der Unternehmen mit sich bringt.

Es muß zudem gesehen werden, daß die kleineren und mittleren Unternehmen (bislang zumindest) mit der <u>Technologieförderung</u> am meisten Schwierigkeiten haben. Aufgrund fehlender Qualifikation und Informiertheit des Managements, der Kompliziertheit der Antragsverfahren etc. werden die kleineren und mittleren Betriebe von der offiziellen Technologieförderung wenig erreicht und erfaßt. Die Mittel landeten bisher überwiegend bei den großen Firmen, die über ausgebaute Forschungs- und Entwicklungsabteilungen ebenso wie über spezialisierte "Förderungsbeantrager" verfügen. Trotz vieler Bemühungen zur Änderung dieser Förderungswege hat sich hier in den letzten Jahren nur sehr wenig verändert.

Dies alles verschlechtert <u>kurzfristig</u> die Lage der kleinen und mittleren Unternehmen, zumal die Mikroprozessorentechnik den Großunternehmen in zunehmendem Maße die Möglichkeit zu Kleinserien bietet und sie damit in Märkte eindringen läßt, die früher spezialisierten Kleinunternehmen vorbehalten waren (12). Eine der wesentlichsten Erfahrungen mit dem bisherigen Einsatz neuer Technologien ist nämlich, daß sie den Großunternehmen die Möglichkeit bieten, sich von der Massenproduktion weg zur differenzierteren Einzelfertigung hin zu entwickeln. Damit haben diese Firmen die Möglichkeit, in die traditionellen Märkte der flexiblen Kleinbetriebe einzudringen.

Letztere jedoch sind häufig die entscheidenden Betriebe auf den Arbeitsmärkten in peripheren Räumen, so daß eine Bedrohung ihrer Marktposition die peripheren Gebiete in besonderem Maße gefährdet. Da die Beherrschungs- und Kontrollmöglichkeiten insbesondere durch die netzartigen neuen Kommunikationstechniken noch verstärkt werden können, besteht zudem die Gefahr, daß die ländlichen Räume durch die (Konzern-)Entscheidungen in den Verwaltungszentren, die hauptsächlich in den Ballungsgebieten zu finden sind, tendenziell entmündigt werden können. Nicht zuletzt ergeben sich Marktveränderungen dadurch, daß durch die anstehenden riesigen Investitionen im Kommunikationstechnologiebereich insbesondere die traditionellen Zulieferbetriebe der Bundespost bevorzugt werden, die im Normalfall Großbetriebe in Ballungsgebieten sind. So ist für die absehbare Zukunft keineswegs auszuschließen, daß die neuen Kommunikations- und Informationstechnologien zunächst einmal die Position der Großunternehmen kräftig stärken können.

<u>Langfristig</u> allerdings wird damit gerechnet, daß die neuen Technologien durchaus und in starkem Maße die Dezentralisierung von Produktionen und damit auch von Betrieben begünstigen und sich insofern für kleinere Betriebe oder für dezentralisierte Betriebseinheiten neue Chancen ergeben. Dabei ist folgendermaßen zu differenzieren:

- Bei Unternehmens- und Verwaltungseinheiten, die überwiegend planerisch-strategische und koordinierend-administrative Funktionen ausüben, könnten größere Einheiten durchaus auch an Gewicht gewinnen. Gerade hier, wo innovatives und kreatives Denken und Planen und ein entsprechend intensiver Informationsaustausch erforderlich sind, ist letztlich der notwendige face-to-face-Kontakt, wie er etwa für ein Brainstorming unabdingbar ist, auch durch die neuen netzartigen Kommunikationstechniken (wie Bildschirmtelefone etc.) nicht zu ersetzen. Allerdings erlauben es die Kommunikationstechnologien, einen großen Teil von Arbeitsfunktionen auch zu Hause an Heimarbeitsplätzen zu erledigen. Insofern könnten hier einzelne Betriebsteile und -funktionen durchaus verlagert und in kleinere Einheiten integriert werden.

- Die isoliert einsetzbaren Technologieteile können jedoch bei ausführenden Produktions- und Dienstleistungsbetrieben eine Verkleinerung der Betriebseinheiten und der Betriebsgrößen wesentlich begünstigen. Hier können kleinere Aggregate an unterschiedlichen Standorten in insgesamt sehr kleinen Betrieben durchaus die Existenzmöglichkeiten und die Marktpositionen einzelner Betriebe und Produkte sichern. Dies bedeutet, daß sowohl für kleinere Unternehmen selbst als auch für die Abspaltung kleinerer Unternehmen aus größeren Unternehmen (wie dies in den USA verstärkt der Fall ist) die Chancen überaus gut stehen (13).

2.2 <u>Auswirkungen auf die räumliche Entwicklung</u>

Damit im Zusammenhang stehen die voraussichtlichen räumlichen Wirkungen. Denn zur ersten ´Sorgenkindergruppe´ gesellen sich die strukturschwachen Regionen als zweite Peripherie der Technologieverbreitung und -anwendung. Da die größeren Unternehmen, die öffentlichen Forschungs- und Verwaltungseinheiten in ihrer Mehrzahl in ökonomisch prosperierenden Ballungsgebieten ansässig sind, ist dort auch der Schwerpunkt des Einsatzes neuer Technologien - die strukturschwachen Gebiete bleiben bislang bei der Technologieanwendung ebenso wie bei der Technologieförderung weitgehend ausgespart. Dies gilt zunächst und ganz auffällig für den Ausbau der netzartigen Kommunikationstechnologien, der in der Bundesrepublik von der Post nachfrageabhängig betrieben wird: Da die Zahl der Nachfrager in den Ballungsgebieten verständlicherweise größer ist als in ländlichen Regionen, werden diese tendenziell bevorzugt. Langfristig allerdings könnten sich aufgrund des Einsatzes neuer Technologien auch neue und überaus große Chancen für eine weitergehende räumliche

Dezentralisierung ergeben. Sie müßte allerdings so gesteuert werden, daß Dezentralisierung nicht gleichbedeutend wird mit Zersiedlung. Kennzeichen der neuen Technologien ist es u.a., daß sie an vielerlei Standorten einsetzbar sind (Mikroprozessoren) und daß Information prinzipiell überall verfügbar ist. Information läßt sich damit über sehr weite Strecken sehr schnell transportieren und an jedem Ort verarbeiten (14).

Die äußerste Möglichkeit, welche die Informations- und Kommunikationstechnologien eröffnen, ist die Rückkehr zur Heimarbeit auf elektronischer Basis mit quasi dörflichen Lebensformen. Das "electronic cottage" ist keineswegs auszuschließen (15). Speziell für produzierende Unternehmensbereiche ergeben sich damit große Chancen auch bezüglich einer weitergehenden räumlichen Dezentralisierung. Was Büro- und Verwaltungstätigkeiten angeht, so dürften sich wohl die Dezentralisierungsmöglichkeiten im Sinne einer verstärkten Einrichtung von Heimarbeitsplätzen mit Kommunikationsverbindung zur Zentrale in Grenzen halten. Gerade für diese Büro- und Verwaltungsbetriebe und -funktionen ist ein großräumiger, technisch bedingter Rückzug aus der Fläche keineswegs auszuschließen (16). Die Produktfindung und Betriebsleitung eines in ländlichen Räumen gelegenen Zweigbetriebes ließe sich dann wieder problemlos und effizienter von einer Zentralstelle aus erledigen. Damit würde die in den letzten Jahren häufiger zu beobachtende Verlagerung von Entscheidungskompetenzen aus den Mutterhäusern heraus in die Zweigbetriebe wieder rückgängig gemacht werden können.

Die "electronic cottages" wären wohl vor allem kleinräumig, d.h. innerhalb des Stadt-Umland-Verbundes denkbar: Die Ballungskerne könnten polyzentrisch entlastet werden. Damit würden die neuen Kommunikations- und Informationstechnologien die Verwirklichung eines Wunschbildes ermöglichen, von dem die Raumplaner schon seit langem geträumt haben. Gleichwohl dürfte die Attraktivität der Ballungskerne selbst für Bürodienstleistungen und als Einkaufsstandorte wohl fortdauern. Insgesamt jedoch käme es durch eine solche Dezentralisierung im regionalen Bereich sowohl zu mehr Distanz (räumlich gesehen) als auch zu mehr (informationellem) Kontakt (17).

Dies ist lediglich ein wenn auch wohl begründetes Szenario. Nimmt man zusammen, was bislang an unterschiedlichen Prognosen für die Entwicklung bis zum Jahre 2000 vorliegt, so könnte sich u.a. ergeben: Eine Verdoppelung des Verkehrsaufwandes, eine Verringerung der Arbeitszeit von derzeit rund 220 auf rund 160 Arbeitstage pro Jahr und eine Verdoppelung der Realeinkommen. Es sind aber auch gegenläufige Tendenzen denkbar: Wenn man am Terminal auch öfters zu Hause arbeiten kann, anstatt in den Betrieb fahren zu müssen, so entfallen Arbeitswege, der Verkehrsaufwand könnte sich also wesentlich reduzieren. Jedoch ist nicht jede Entzerrung der Arbeit in diesem Sinne (z.B. heute zu Hause auf eine Kassette diktieren, welche morgen im Büro getippt wird) auch erwünscht und willkommen. Wäre sie es, so könnten z.B. die Referenten eines Kongresses ja auch bespielte Kassetten an alle Tagungsteilnehmer versenden, die Tagung selbst könnte entfallen – doch damit würden auch alle jene informellen (Pausen-)Kontakte entfallen, die Tagungen erst das Flair geben, von dem sie ihre Existenzberechtigung wesentlich herleiten.

Für die einzelnen Raumkategorien existieren sehr widersprüchliche Aussagen zu den Gefahren und Chancen der Entwicklung aufgrund der neuen Informations- und Kommunikationstechnologien. Was die Ballungsräume angeht, so kann für sie eine Gefahr darin bestehen, daß die Einführung neuer Kommunikations- und Informationstechnologien eine verstärkte Abwanderung von Betrieben oder Betriebsteilen in benachbarte Gebiete (Stadtrand oder Stadtumland) oder aus der Region hinaus bewirkt. Die Führungsvorteile der Zentralbereiche verlören dann als Standortkriterien an Bedeutung, und durch ein vergrößertes kulturelles und Handelsangebot, das die neuen Kommunikationsmedien ermöglichen, würde das Nachfragepotential für zentrale Angebote und damit der Einkaufsverkehr in die Ballungskerne reduziert. Dies ist jedoch zugleich auch eine Chance: Die gesellschaftlichen und individuellen Bedürfnisse nach konkret erlebten Ereignissen (wie etwa einem Theater- oder Konzertbesuch, einer Einkaufsfahrt etc.) können durch Kommunikations- und Informationsmedien nicht ersetzt werden. Vielmehr könnte die Attraktivität der City sogar noch gesteigert werden, indem der Kunde über bessere Informationen über die Angebotspalette in der City verfügen kann. Allerdings würden sich die Standortvorteile in jedem Falle verändern. Hierbei muß jedoch differenziert werden. Es gibt klassische zentrale Einrichtungen wie etwa Stadttheater oder hochwertigen Einzelhandel, die ihre Zentralfunktionen wohl nicht verlieren werden. Für eine Reihe von Verwaltungen, für private Dienstleistungsbetriebe, für Versicherungszentralen und andere Organisationen wäre jedoch der Stadtkern als Standort nur noch eine Möglichkeit unter mehreren, wahrscheinlich gar nicht einmal mehr die beste. Insoweit sind zahlreiche größere Bauvorhaben in den Kernstädten im Grunde jetzt schon anachronistisch und von der Technologieentwicklung überholt – einmal ganz abgesehen davon, daß sie in den meisten Fällen nicht gerade zur Verschönerung der Stadtzentren beitragen.

Was die ländlichen Räume angeht, so werden sie durch die Rationalisierung der Produktion und durch die Veränderungen im Dienstleistungsbereich aufgrund der neuen Informations- und Kommunikationstechniken sicher nicht verschont. Hier könnten im Bereich dispositiver Unternehmensfunktionen Arbeitsplätze entfallen, die aus teilautonomen Zweigbetrieben wieder in die Mutterzentralen zurückverlagert werden könnten. Darüberhinaus könnte sich im Bildungsbereich eine wesentliche Verarmung bezüglich gesellschaftlicher Kontakte und Kontaktfähigkeiten ergeben. Hier ist bereits daran gedacht worden, angesichts abnehmender Schülerzahlen in den ländlichen Räumen die Schule im Sinne eines Fernunterrichts zu organisieren und das Bildungsangebot über Kommunikationstechnologien aufrecht zu erhalten. Wiewohl dies technisch durchaus möglich wäre, sollte doch nicht übersehen werden, daß Bildungsvermittlung – vor allem in Schulen – durch neue Kommunikationstechnologien allenfalls ergänzt, nicht aber ersetzt werden kann.

Chancen für die ländlichen Räume ergeben sich hingegen vor allem durch die größere Standortunabhängigkeit von Betrieben, Verwaltungen und Dienstleistungsunternehmen. In diesem Falle wird vor allem damit gerechnet, daß sich Standortverlagerungen in die ländlichen Räume und hier insbesondere in die dort befindlichen Mittelstädte vermehren. Doch gerade bei den "high technology"-Branchen, die, wie etwa im Silicon-Valley, in wesentlichem Maße auch von einem mehr oder minder informellen Informationsaustausch der Betriebe untereinander profitieren, darf nicht davon ausgegangen werden, daß bestehende Konzentrationen verschiedener Betriebe derselben Branche an einem Ort nunmehr aufgelöst würden. In gewisser Weise agglomeriert werden derartige Betriebe auch weiterhin bleiben, aber sie benötigen künftighin als Standort nicht mehr den Ballungsraum oder verdichtete Gebiete insgesamt. Dies ist insbesondere dann der Fall, wenn die benötigten hochqualifizierten Kräfte künftighin nicht mehr allein in den Ballungsräumen ausgebildet werden, sondern entsprechende Ausbildungsgänge auch in den peripheren Räumen (z.B. in den während der vergangenen 15 Jahre neu errichteten Universitäten außerhalb der Verdichtungsräume) angeboten werden. Hier könnte der Bildungsbereich durchaus Vorreiterfunktion übernehmen.

Damit wird es entscheidend, ob die Lippenbekenntnisse über Standortverlagerungen öffentlicher Einrichtungen oder Teilen davon in die ländlichen Räume und dort in die Mittelstädte auch von Taten gefolgt werden. Wenn heutzutage der Zugang etwa zu Patenten und Lizenzen in zunehmendem Maße über weltweite Informations- und Kommunikationsnetze erfolgt, so spricht kein Argument mehr dafür, daß etwa Patentämter (wie das Europäische Patentamt in München) in Agglomerationen errichtet werden müssen. Im übrigen muß auch beachtet werden, daß die Dezentralisierungsmöglichkeiten, die sich für die Unternehmen aus einer verstärkten Anwendung neuer Informations- und Kommunikationstechnologien ergeben, einen durchaus hohen Kapitaleinsatz erforderlich machen. Das klassische Instrumentarium der regionalen Wirtschaftsförderung allerdings, das auf Betriebsansiedlungen und Verlagerungen in die ländlichen Räume zielt, setzt bekanntlich an Investititonen mit einem relativ

hohen Arbeitsplatzeffekt an und wird deswegen wohl kaum große Verlagerungsanreize für
"high technology"-Unternehmen (insbesondere aus dem Dienstleistungsbereich) bieten
können.

Zusammengefaßt wären die Vorteile, die in Richtung einer räumlichen Dezentralisierung
wirken, die folgenden (18):

- Ausgleich der traditionellen Standortvor- bzw. -nachteile

- Aufwertung der peripheren Standorte und Vermehrung der Zahl der günstigen Standorte
  insgesamt aufgrund des Abbaus von Standortnachteilen in peripheren Räumen durch
  ökonomische Distanzverkürzungen und die Ausbreitung der Standortvorteile in die
  Fläche

- offenere Standortstrukturen, die eine flexiblere Befriedigung der Raumansprüche
  gewährleisten können

- Flächenersparnisse in Kernstädten durch die Erleichterung von Verlagerungsvor-
  gängen.

Demgegenüber stehen aber auch eine ganze Reihe von Nachteilen, so u.a.:

- Wachsende Zentrifugaltendenzen der Städte mit zwangsläufiger Zersiedelung im
  Stadtumland

- Verstärkung der Entleerungs- und Segregationstendenzen in den Kernstädten

- Weitere Abhängigkeit von Großtechnologien mit der Tendenz zu noch mehr Gleich-
  förmigkeit und noch weniger Identifikationsmöglichkeiten in den Städten

- Weitere Ausdifferenzierungen der Lebensfunktionen Wohnen, Arbeiten und Erholen mit
  einer Erhöhung der Pendlerentfernungen und Verschärfung städtebaulicher Mono-
  strukturen.

Ganz offensichtlich ist bezüglich der räumlichen Entwicklung, so wie sie wohl durch
die neuen Technologien beeinflußt wird, die Unsicherheit besonders groß. Ob die
räumlichen Auswirkungen der marktlichen Verbreitung neuer Technologien zu
Zentralisierungen oder Dezentralisierungen führen, ist überaus unklar, ja es ist
sogar noch nicht einmal bekannt, ob die neuen Technologien überhaupt eigenständige
Entwicklungsprozesse auslösen oder ob sie nur räumliche Entwicklungsprozesse, die
langfristig ohnehin ablaufen, allenfalls unterstützen können (19).

Insgesamt ergeben sich auf die Frage nach den Zentralisierungs- bzw. Dezentralisierungswirkungen der neuen Technologien in bezug auf räumliche und
Unternehmensgrößenstrukturen unterschiedliche Szenarien, nämlich jeweils ein
zentralisierendes und ein dezentralisierendes. Beide sind gleichermaßen denkbar und
möglich.

3. Konsequenzen für Politik und Planung

Was bedeutet dies alles für die Politik und die Planung? Zunächst: wenn also in
beiden Fällen alternative Szenarios möglich sind, so wird daraus ersichtlich, daß der
Ziel- und Optionsspielraum für Politik und Planung ganz augenfällig größer geworden
ist. Anders formuliert: Von der Ausgestaltung und den zugrundegelegten Zielvorstellungen der Politik wird es mitentscheidend abhängen, welche Wirkungen
tatsächlich eintreten werden. Allerdings wird man sich darüber klar sein müssen, daß
die Steuerung durch die Politik die marktlichen Entwicklungsrichtungen, die sich

aufgrund der neuen Informations- und Kommunikationstechnologien ergeben, allenfalls marginal verändern dürfte – sofern sie überhaupt von dem Ziel ausgeht, die Entwicklungsrichtung beeinflussen zu wollen. Genau das aber, die Definition von Zielvorstellungen für eine Politikgestaltung, ist nicht nur im Bereich der neuen Informations- und Kommunikationstechnologien überaus schwierig.

Geht man von den bisherigen Politikvorstellungen aus, so kann man vermuten, daß eine Dezentralisierung sowohl im Bereich der Unternehmensgrößenstrukturen als auch im Bereich der räumlichen Entwicklung politisch lieber gesehen würde als eine Zentralisierungstendenz. Ob die Entwicklung tatsächlich dahin gelenkt werden kann, hängt in erster Linie jedoch von nicht-technischen Faktoren ab, so z.B. von kulturellen, rechtlichen, tarifvertraglichen und sozial-organisatorischen Vorkehrungen. Was können das für Faktoren und Vorkehrungen sein, wie kann man sie gestalten, ohne allzu intensiv in die technisch-marktlichen Abläufe eingreifen zu müssen? Einige stichwortartige Hinweise müssen hier genügen.

Was die <u>Unternehmensgrößenstrukturen</u> angeht, so wäre zu fordern:

- Überwindung der Scheu der kleinen und mittleren Unternehmen vor der Einführung von Informations- und Kommunikationstechnologien, z.B. durch eine personalintensive Beratung

- Veränderung der offiziellen Technologieförderung insgesamt

- Reduzierung der hohen Anfangsinvestitionen beim Einsatz von Informations- und Kommunikationstechnologien

- Vereinfachung der Bewältigung des zusätzlichen organisatorischen und personellen Aufwandes in den Unternehmen

- Verringerung der Software- und Wartungskosten

- Veränderte Tarifgestaltung der Post bei öffentlichen Informations- und Kommunikationstechnologien, d.h. Verbilligung von entscheidungsrelevanten Informationen für das Mangagement

Was die <u>räumlichen Strukturen</u> angeht, so könnte eine entsprechend gestaltete Politik in folgende Richtungen zielen:

- Aktive Standortverlagerungspolitik von öffentlichen Stellen, insbesondere in bezug auf hochqualifizierte Ausbildungsgänge

- Einführung regionaler Komponenten in die allgemeine Technologieförderung

- Planerische Förderung von Dezentralisierung mit gleichzeitiger Verhinderung von Zersiedlungen

- Regional gleichwertiges Angebot an öffentlichen Informations- und Kommunikationsdiensten, d.h. Abgehen der Post von nachfrageorientierten Ausbaustrategien

- Entfernungsunabhängigkeit von Fernmelde- und anderen Tarifen

Diese Liste kann politische Handlungsbedarfe nur kurz andeuten und erhebt keineswegs Anspruch auf Vollständigkeit. Die gesamte öffentliche Diskussion über dieses Thema erscheint bisher genausowenig entwickelt, wie die entsprechenden Vorschläge zur Ausgestaltung einer konkreten Politik hierzu ausgearbeitet erscheinen. Ja, es bleibt sogar die Frage bestehen und bislang unbeantwortet, ob es sinnvoll sein kann, in gewissem Maße eine <u>Schubladenpolitik</u> und -planung zu betreiben, die sich auf beide

Tendenzen einrichtet, die also sowohl eine dezentralisierende Entwicklungsrichtung wie auch eine zentralisierende Entwicklung abzufangen und abzufedern vermag. Gewiß aber ist es bereits höchste Zeit, daß sich die Politik verstärkt mit diesem Thema beschäftigt und entsprechende Konzepte entwickelt – andernfalls können die Chancen einer frühzeitigen Ausrichtung der Politik auf künftige Auswirkungen bereits vorhandener Technologien verspielt werden und es bliebe der Politik und Planung (wieder einmal) nur die nachträgliche Reaktion auf Entwicklungen, die ohne sie stattgefunden haben werden.

Anmerkungen

(1) Dostal/Köstner, S. 243; Prognos AG (H. Afheldt), S. 13; Prognos AG (K. Schrape), S. 3
(2) vgl. Scholz, S. 96
(3) vgl. Balkhausen, S. 3
(4) vgl. Bullinger (1), S. 10 ; Bullinger (2), S. 10 f; Klug, S. 11; Morneweg, S. 3
(5) vgl. z.B. Hofmeister/Wiehl, S. 487 ff
(6) vgl. Morneweg, S. 7; Prognos AG/Mackintosh (2), S. 24
(7) vgl. Hirth, S. 118
(8) vgl. Bierfelder, S. 48
(9) vgl. Soziale Sprengkraft, S. 59
(10) Wittkämper, S. 49
(11) vgl. Manz, S. 138
(12) vgl. Black, S. 19 f
(13) vgl. Bundesminister für Forschung und Technologie, S. 156; Kapral, S. 96
(14) vgl. Fischer, S. 307
(15) vgl. Döpping/Heckel/Rauch, S. 269
(16) vgl. Bundesminister für Forschung und Technologie, S. 159, Prognos AG/ Mackintosh (1), S. 170
(17) vgl. Fischer, S. 307
(18) vgl. Fischer, S. 305 ff
(19) vgl. Schulz-Trieglaff, S. I/II

Literaturverzeichnis

1. Dieter Balkhausen, Mikroelektronik – die dritte industrielle Revolution, in: aus politik und zeitgeschichte, beilage zur Wochenzeitung Das Parlament, Nr. 7/1980 vom 16.2.1980, S. 3 ff.
2. Wilhelm Bierfelder, Betriebswirtschaftliche Innovationsforschung – Warnung vor Propheten, in: Wirtschaftswoche, Nr. 33/1980 vom 15.8.1980, S. 46 ff.
3. Andrew P. Black, Some Considerations on Information Technology and its Impact on Market Structures, Wissenschaftszentrum Berlin, Discussion Paper IIM/IP 81-20, September 1982
4. Dieter Bullinger (1), Die neuen Technologien: Sprengsatz für die EG?, in: Europäische Zeitung, Nr. 10/1981 vom Okt. 1981, S. 10
5. Dieter Bullinger (2), Consequences of New Technology on North-South Economic Convergence in the EC, in: ECB Information Bulletin, Hrsg.: European Coordination Bureau of Nongovernmental Youth Organizations, Bruxelles, Nr. 2/1981, Okt. 1981, S. 10 ff

6. Bundesminister für Forschung und Technologie (Hrsg.), Technischer Fortschritt – Auswirkungen auf Wirtschaft und Arbeitsmarkt (identisch mit Nr. 18), (Schriftenreihe Technologie und Beschäftigung, Band 2), Düsseldorf: Econ 1980

7. Friedrich Döpping/Dietrich Henckel/Nizan Rauch, Informationstechnologie und Dezentralisierung, in: Stadtbauwelt Nr. 71 vom 25. Sept. 1981, S. 269 ff

8. Werner Dostal/Klaus Köstner, Mikroprozessoren – Auswirkungen auf Arbeitskräfte?, in: Mitteilungen zur Arbeitsmarkt- und Berufsforschung, Nr. 2/1977, Sommer 1977, S. 243 ff

9. Klaus Fischer, Telekommunikation und Siedlungsstruktur – Fakten, Spekulationen und mögliche Konsequenzen, in: der landkreis, Nr. 5/1981, Mai 1981, S. 305 ff

10. Brigitte Hirth, Ein Berufsstand geht unter, in: Bild der Wissenschaft, Nr. 3/1981, März 1981, S. 116 ff

11. Ernst Hofmeister/Hans-Eberhard Wiehl, Auswirkungen des technischen Fortschritts auf Arbeitsplätze und Energieverbrauch am Beispiel der Mikroelektronik, in: Energie Wachstum Arbeitsplätze, (Argumente in der Energiediskussion, Band 4/5), Villingen: Neckar-Verlag 1978, S. 487 ff

12. Peter Kapral, Diskussionsbeitrag, in: Helmut Kramer/Felix Butschek (Hrsg.), Entindustrialisierung?, Wien/Stuttgart: Österreichisches Institut für Wirtschaftsforschung/Gustav Fischer Verlag 1981, S. 95 ff

13. E.-E. Klug, Namen & Nachrichten, in: EG-magazin, Nr. 3/1981, März 1981, S. 11

14. Ulrich Manz, Auswirkungen des Einsatzes neuer Technologien auf die Beschäftigungsstruktur – vorwiegend im Angestelltenbereich, in: Institut für Arbeitsmarkt- und Berufsforschung (Hrsg.), Forschungspreis 1979 der Bundesanstalt für Arbeit, (Beiträge aus der Arbeitsmarkt- und Berufsforschung, Band 52), Nürnberg 1980, S. 71 ff

15. Kurt Morneweg, Neue Informationstechnologien und Arbeitsplatzstrukturen, Sonderdruck zum Geschäftsbericht der FAAG Frankfurter Aufbau AG 1981, S. 1 ff

16. Prognos AG (Heik Afheldt), Die längerfristige Entwicklung der Drupa-Branchen in der Bundesrepublik, Vortragsmanuskript, Basel, Mai 1982

17. Prognos AG (Klaus Schrape), Chancen und Risiken der neuen Informations- und Kommunikationstechnologien, unveröff. Vortragsmanuskript, Basel, Mai 1982

18. Prognos AG/Mackintosh Comp. (1), (Hans Browa u.a.), Technischer Fortschritt – Auswirkungen auf Wirtschaft und Arbeitsmarkt (identisch mit Nr. 6), Basel, Okt. 1979

19. Prognos AG/Mackintosh Comp. (2), (Materialband I: Wichtige technische Entwicklungen und ihre Bedeutung für die wirtschaftliche Anwendung), Basel, Okt. 1979

20. Lothar Scholz, Technologie und Innovation in der industriellen Produktion – Theoretischer Ansatz und empirische Analyse am Beispiel der Mikroelektronik, (Schriften der Kommission für wirtschaftlichen und sozialen Wandel, Band 21), Göttingen: Schwartz 1974

21. Michael Schulz-Trieglaff, Einführung – Räumliche Wirkungen neuer Medien: überwiegt die Spekulation?, in: Informationen zur Raumentwicklung, Nr. 3/1982, S. I/II

22. Soziale Sprengkraft – Rationalisierung, in: Wirtschaftswoche, Nr. 7/1979 vom 12. Febr. 1979, S. 58 ff

23. Gerhard W. Wittkämper, Technologieförderung und Ordnungspolitik, in: List Forum, Nr. 1/1981, Febr. 1981, S. 45 ff

PERSONALINFORMATIONSSYSTEME

Rainer Niebur
Hans-Böckler-Stiftung, Düsseldorf

Referat

Die Zahl der Personalverwaltungssysteme, die für administrative Zwecke eingesetzt werden, ist im Steigen begriffen. Der Autor zeigt auf, wie durch ein wachsendes Bausteinkonzept immer stärker auch dispositive Funktionen möglich werden, deren wesentliches Element das Auswerten von Leistungs- und Qualifikationsdaten des einzelnen Arbeitnehmers, insbesondere im Vergleich zu anderen Arbeitnehmern, ist. Für diese unternehmensinternen Entwicklungen haben sich bereits Kriterien zur Gestaltung von betrieblichen EDV-Systemen herauskristallisiert, welche die Schutzwürdigkeit von Arbeitnehmerbelangen berücksichtigen. Entsprechend müssen auch im politischen Bereich Kriterien für neue Technologien wie Verkabelung und Bildschirmtext entwickelt werden.

Abstract

The number of personnel information systems for administrative tasks is increasing. The author demonstrates that a growing modul system makes evaluation and controlling functions possible, whose essential elements are the evaluation of the individual employee´s performance, especially in comparison with his colleagues. In view of these internal organizational developments criteria have been developed for the design of business data processing systems, which should take into account the right of protection of the employees´ interests. Such criteria have to be developed in the political sphere also for the new technological developments of cabeling and videotex.

<u>Verbreitungsgrad von Personalinformationssystemen</u>

Seit Ende der siebziger Jahre ist eine Entwicklung festzustellen, die durch folgende
Punkte gekennzeichnet ist:

- einer Weiterentwicklung einfacher EDV-Anwendung im Personalbereich bis zu komplexen
  Informationssystemen

- dem Übergang von Eigenentwicklungen der Unternehmen hin zu Standardsystemen,
  entwickelt und verkauft von Softwarehäusern

- der Entwicklung von EDV-Systemen, in denen Personalinformationsbausteine umfangreicher Art direkt eingebunden sind (z.B.   umfangreiche Betriebsdatenerfassungssysteme)

- der Zunahme von allgemeinen Datenbanksystemen (z.B.   ADABAS), die für unterschiedliche Zwecke eingesetzt werden können.

Dies entwickelt sich auf dem Hintergrund zunehmender Kosten für eigene Soft-
wareentwicklungen durch das Unternehmen.   Darüber hinaus zeichnet sich eine noch
weitergehende Entwicklung ab. Gerade große Unternehmen vermarkten immer stärker ihre
eigenen Programme. Als Beispiel soll hier nur der Mediengigant Bertelsmann genannt
werden (vgl. ÖVD/Online 6/83, S. 26).

Die Namen dieser Personalinformationssysteme sind vielfältig, so z.B.

PEDATIS   - Personaldateninformationssystem von VW

PIS   - Personalinformationssystem von Mercedes

ISA   - Arbeitsplatzinformationssystem von Mercedes

SIPASS   - Zugangssystem von Siemens

KSPA   - Krupp-Standardsystem-Personalabrechnung

IPIS   - Integriertes Personalinformationssystem der Ford AG

PDS   - Personalinformationssystem der Standard Elektrik Lorenz AG

MOPSS   - Modules Personalstatistiksystem

IVIP   - Integriertes Verarbeitungs- und Informationssystem für Personaldaten
                 der Siemens AG

PERSIS   - Personalinformationssystem der IBM

IPAS   - Informatives Personalabrechnungssystem der Unternehmensberatungsfirma
                 ADV Orga Meyer

INTERPERS   - Interactive Personnel System / IBM

Das wohl derzeit meist verkaufte System aus dieser Liste ist PAISY der Firma
Softmark, das in der öffentlichen - so z.B. bei Opel - und betrieblichen Diskussion
eine große Rolle spielt und häufig zu teils heftigen Konflikten geführt hat und auch
noch führt.   Nach eigenen Angaben ist dieses System zwischenzeitlich über 450 mal
installiert und somit sind ca. 2 Mio. Arbeitnehmer betroffen. Während PAISY
allerdings sowohl Abrechnungs- als auch Informationsteile aufs engste verknüpft,

treten derzeit auch immer häufiger Systeme auf, die als "reines" Personalinformationssystem ohne eigenen Abrechnungsteil organisiert sind. Das folgende Bild
zeigt ein solches System in einer schematischen Darstellung:

Schematische Darstellung von INTERPERS

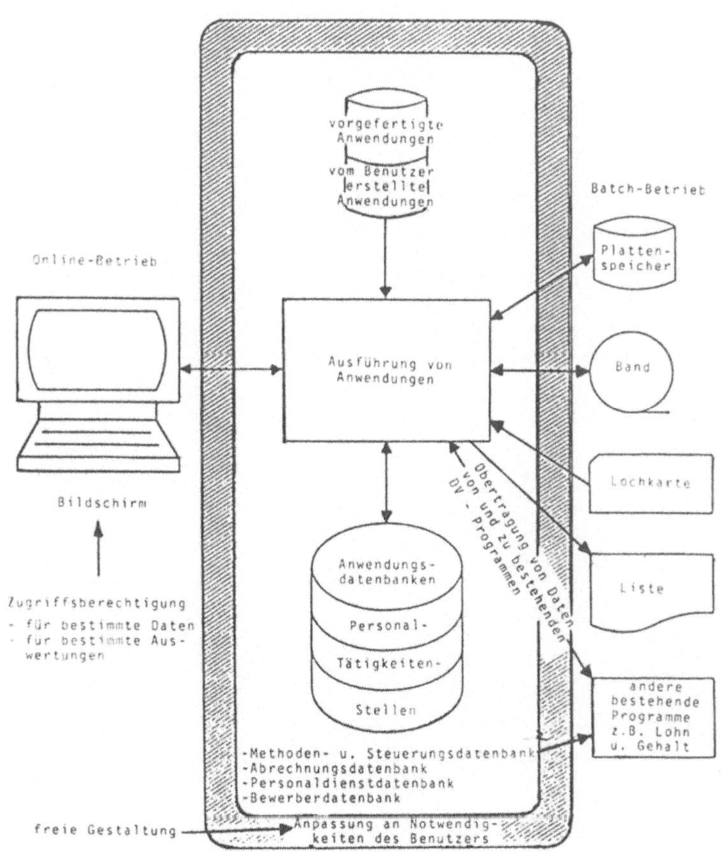

Diese Einsatzmöglichkeiten basieren im wesentlichen auf der Weiterentwicklung und dem Ausbau der Datenbanktechnik und der zunehmenden Verkabelung der Unternehmen (In-House-Networks), die über die Möglichkeiten des ständigen und freien Dialogverkehrs den Direktzugriff auf immer größere und detailliertere Datenmengen ermöglichen. Hier sind insbesondere zu nennen:

- Betriebsdatenerfassungssysteme (BDE), die sowohl arbeitnehmer- als auch produktionsbezogene Daten beinhalten

- Produktplanungssysteme (PPS)

- sonstige Kontrollsysteme, die die Leistung und das Verhalten der Arbeitnehmer kontrollieren und überwachen.

Diese EDV-Einsatzbereiche entwickeln sich immer stärker zu einem Instrumentarium, mit dem alle Bereiche des Unternehmens überzogen werden. Als Beispiel soll hier das bei der Maschinen Turbinen Union (MTU) praktizierte Konzept dienen:

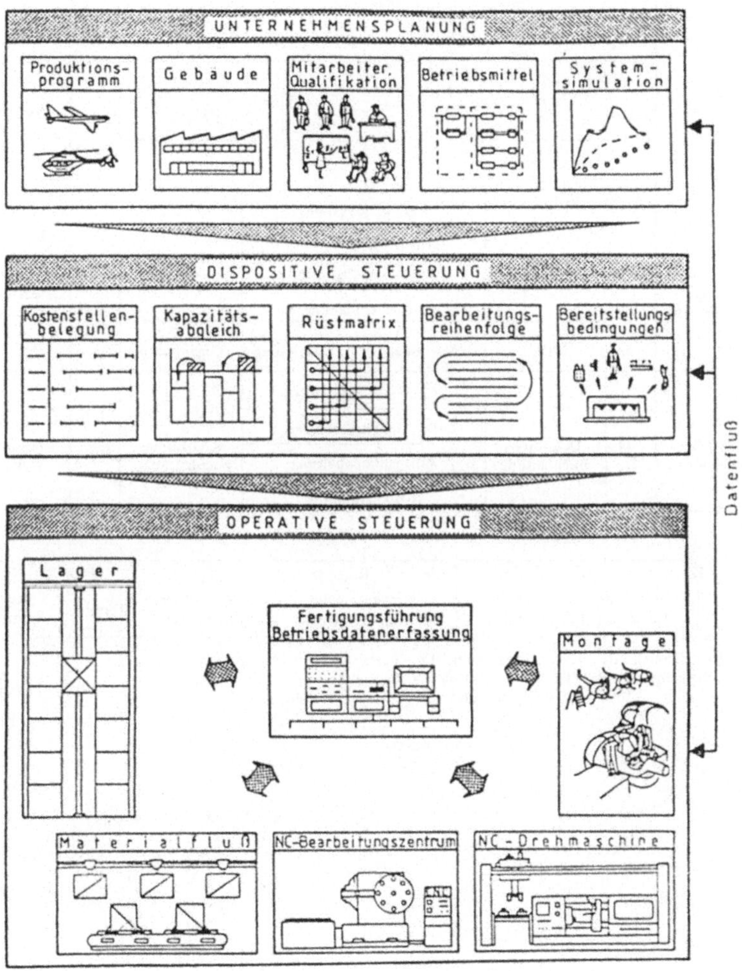

Quelle: Fraunhofer-Institut
für Produktionsanlagen
und Konstruktionstechnik,
Berlin

Damit kommen die Unternehmen ihren Vorstellungen nach einem umfassenden Managementinformationssystem Baustein für Baustein immer näher. Nach Dworatschek stellt sich ein solches Konzept wie folgt dar:

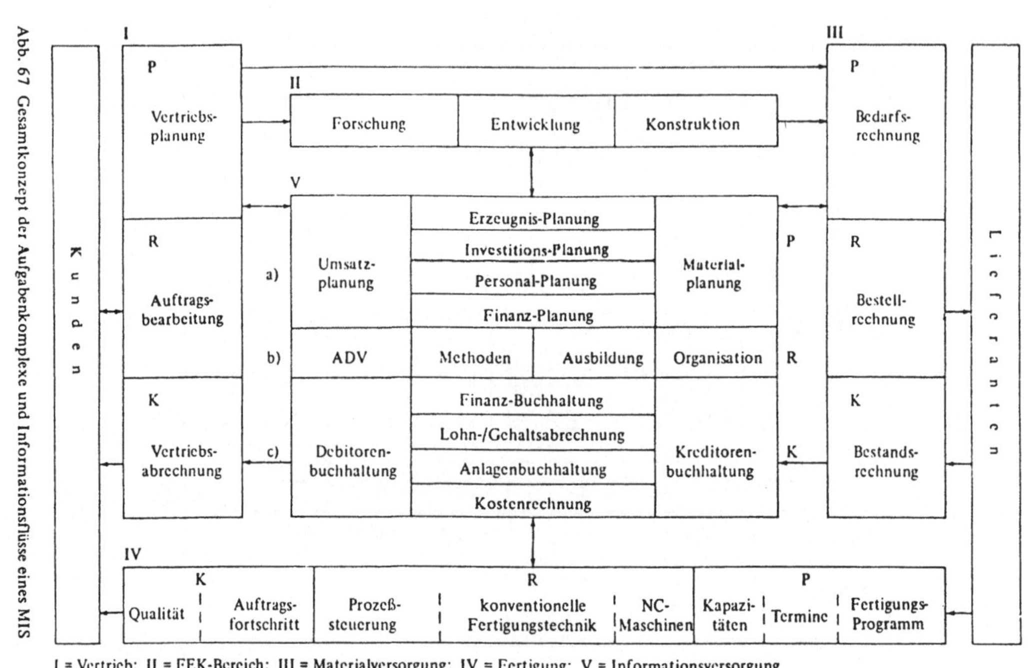

I = Vertrieb; II = FEK-Bereich; III = Materialversorgung; IV = Fertigung; V = Informationsversorgung
IV, II, III = Technikbereich   P = Planung   R = Realisation   K = Kontrolle
a = Unternehmensplanung   b = ADV/Organisation c = Rechnungswesen

Quelle: Sebastian Dworatschek, Managementinformationssysteme, S. 146

Daraus ergibt sich, daß die Möglichkeiten für die Speicherung und Verarbeitung personenbezogener und -beziehbarer Daten in den verschiedensten Bereichen schlagartig ansteigen und mit zunehmender Vernetzung der innerbetrieblichen Systeme eine immer stärkere Brisanz für die Arbeitnehmer erhalten. Es werden die Grundlagen für umfassende Schwachstellenanalysen des gesamten Arbeitsablaufs in der Produktion und in der Verwaltung gelegt. Dies wird für die Arbeitnehmer, insbesondere in Angestelltenfunktionen, zu immer stärkerem Rationalisierungsdruck führen.

In diesem Zusammenhang spielen Personalinformationssysteme oder EDV-Systeme mit einem hohen Anteil an Personaldaten eine besondere Rolle. Solche Systeme greifen in alle Bereiche des Personalwesens ein:

- der Personalabrechnung und der damit verbundenen Aufgaben

- der Realisierung von Verwaltungsaufgaben vielfältiger Art im Personalbereich

- der Durchführung von Personalbetreuungs- und -entwicklungsaufgaben.

Damit nehmen solche Systeme nicht nur administrative, sondern auch in immer stärkerem Maße dispositive Aufgaben war. Damit werden aber immer mehr zusätzliche Daten in diese Systeme gespeichert.

Bausteine eines Personalinformationssystems

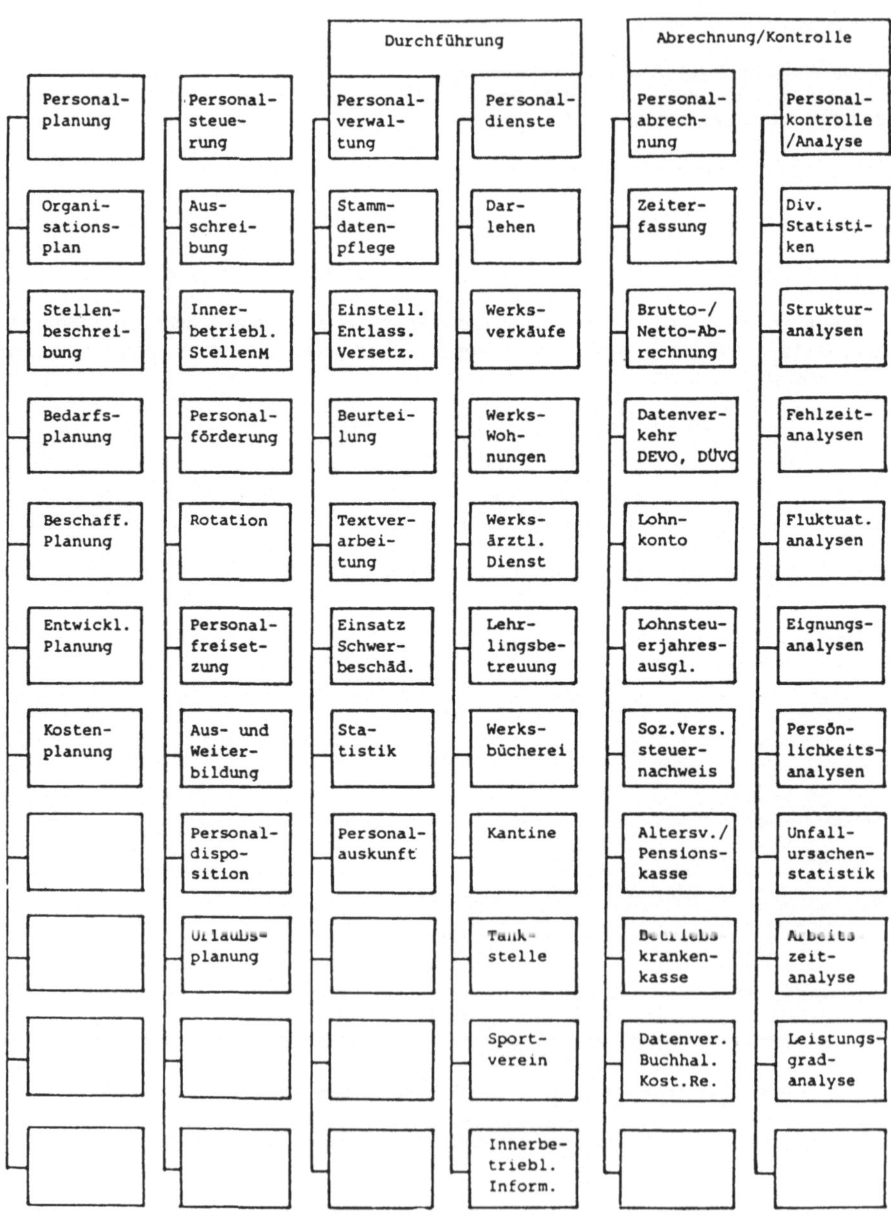

Mit all diesen verschiedenen Bausteinen sollen die Unternehmensleitungen die Möglichkeit erhalten - so die IBM in ihrer Beschreibung ihres Personalinformationssystems INTERPERS -,

- kritische Veränderungen rechtzeitig zu erkennen

- wesentliche Einflußgrößen sowie die entscheidenden Zusammenhänge zu sehen und ihre Wirkung qualitativ abzuschätzen

- auch unter großem Zeitdruck Analysen, Planungs- und Kontrollrechnungen sorgfältig und umfassend durchzuführen

- dezentrale Aktivitäten durch ein gezieltes und umfassendes Berichtswesen schnell und wirksam zu koordinieren

Wesentliches Instrument zur Realisierung dieser Zwecke ist das Auswerten von Leistungs- und Qualifikationsdaten des einzelnen Arbeitnehmers oder auch von Arbeitnehmergruppen mit den Anforderungen von Arbeitsplätzen - dem sogenannten Profilvergleich:

Methodische Vorgehensweise eines Profilvergleichs

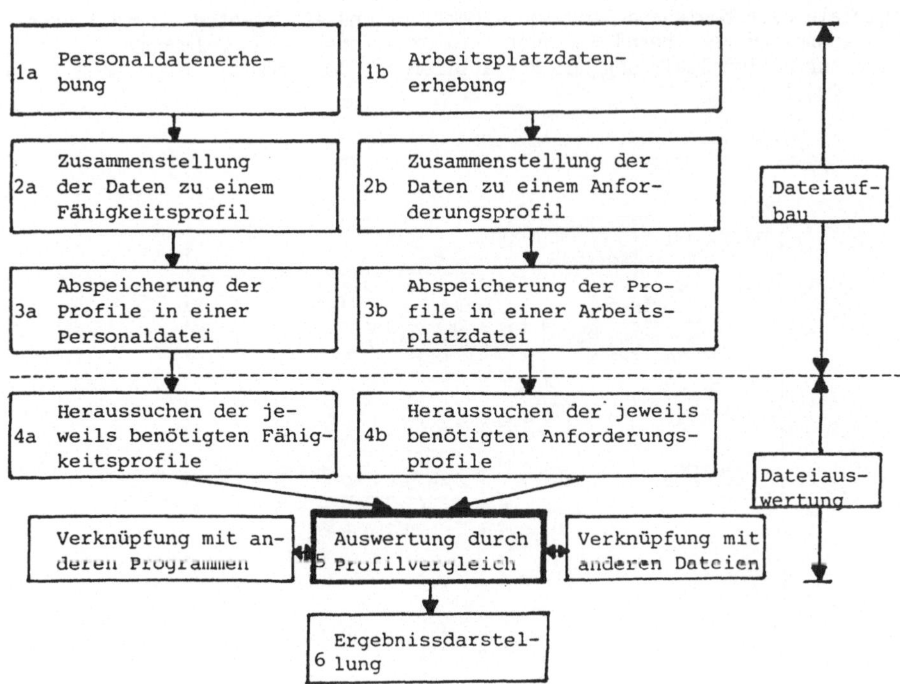

Neben diese unternehmensinternen Entwicklungen treten aber in stärkerem Maß auch politische Entwicklungen, die im engen Verbund miteinander noch weitere Rationalisierungswirkungen auf die Arbeitnehmer haben werden – gemeint ist die Verkabelung der Bundesrepublik mit Kupfer und in der Weiterentwicklung mit Glasfaserkabeln. Aber auch die Entwicklung der Analog- zur Digitaltechnik wird zu einem Kommunikationsnetz in der gesamten Bundesrepublik und grenzüberschreitend nach einheitlichen Standards führen. Eine der wesentlichen Anwendungen auf dieser Grundlage stellt der Bildschirmtext dar, durch den es möglich sein wird, zu jedem beliebigen Rechner und Datenbanksystem im Direktzugriff Zugang zu haben. Damit wird es möglich,

– Lager- und Produktinformationssysteme (z.B. für Buchhändler, Apotheker, Versandhandel)

– Vertriebsinformationssysteme (beispielsweise für Außendienstorganisationen)

– Auskunftssysteme für geschlossene Benutzergruppen (wie Ärzte, Rechtsanwälte, Landwirte)

– Marktinformationssysteme (für Heizöl, Rohstoffe, Schlachtvieh etc.)

– Buchungssysteme (für das Reise- und Hotelgewerbe)

– Auskunfts- und Auftragsdienst (für Banken, Versicherungen, Versandhäuser, Flughäfen)

zu entwickeln oder bestehende Ansätze effektiver und effizienter fortzuführen (vgl. hierzu insbesondere Bernd Schütt, Informations- und Kommunikationstechniken: Schlüssel zur Rationalisierung und Privatisierung der Arbeit, in: WSI-Mitteilungen 8/83, S. 490 ff).

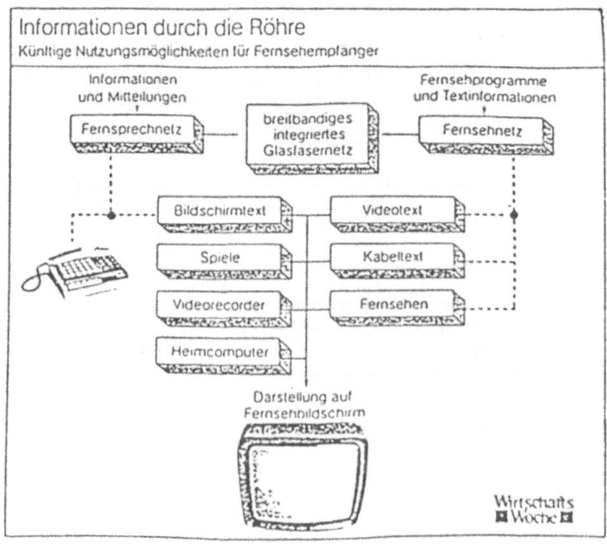

Gerade zu diesem Themenkomplex muß die politische Diskussion intensiviert werden. Für die betriebliche Ebene allerdings haben sich dagegen schon einige wesentliche Punkte für die Gestaltung der betrieblichen EDV-Systeme herauskristallisiert:

- Begrenzung und Definition des Datenkatalogs

- Transparenz und Begründung der verwendeten Schlüssel

- Begrenzung und Definition der Auswirkungen und Anwendungen

- Festlegung und Begrenzung der Zugriffsberechtigungen in den verschiedenen Abteilungen eines Unternehmens.

- Festlegung der konkreten Hardware.

KOSTEN-NUTZEN-FLECHTUNG VON EDV-SYSTEMEN IN DER ÖFFENTLICHEN VERWALTUNG

Wolfgang Seibel
Gesamthochschule Kassel
FB Wirtschaftswissenschaften

Referat

Es wird ein neuer Ansatz zur Wirtschaftlichkeitsanalyse von EDV-Systemen in der
öffentlichen Verwaltung vorgestellt, der sich nicht auf die quantifizierenden
Faktoren in bisherigen Nutzen-Kosten-Analysen beschränkt. Grundidee dabei ist, daß
Wirtschaftlichkeitsüberlegungen stärker auf die Verflechtung von organisatorischen
Einheiten untereinander und mit betroffenen Bürgern bzw. auf die Wirkungskette (auch
Nebenwirkungen) von EDV-Einsätzen eingehen sollten. Die These wird anhand einiger
Beispiele (Abwicklung der Erhebung verschiedener kommunaler Steuern und Gebühren)
diskutiert. Mit diesem Ansatz, der die Instrumente der Kosten-Nutzen-Analyse
ergänzen will, soll ein Beitrag zu einer rationaleren Gesamtplanung des Einsatzes von
modernen Informationstechnologien im öffentlichen Bereich geleistet werden.

Abstract

A new approach to the economic analysis of data processing systems in public
administration is presented, confining itself not to the quantifying factors in the
ususal cost-benefit analysis. The basic concept is that economic considerations
should comply more with the interweavement of organizational units and with the
citizens concerned as well as with the chain of results (including the secondary
effects) of data processing applications. The proposition is discussed using several
examples as the settlement of the levying of communal taxes. This approach, which
aims to improve on the instruments of the cost-benefit analysis should contribute a
more rational overall-plan for the application of modern information technologies in
public administration.

Vorbemerkung

Die Wirtschaftlichkeit von EDV-Systemen in der öffentlichen Verwaltung findet in den letzten Jahren zunehmendes Interesse (1). Das hängt natürlich mit der allgemeinen Finanzknappheit der öffentlichen Hände zusammen, die ja einen zum Teil ganz heilsamen Zwang ausübt, das Verhältnis von Aufwand und Effekt öffentlichen Handelns zu überprüfen. Die EDV ist jedoch außerdem noch ein recht junges Instrument öffentlicher Aufgabenerledigung, das seinerseits wiederum von einer ausgeprägten technologischen Eigendynamik geprägt ist. Schon die Überprüfung der Wirtschaftlichkeit öffentlichen Handelns generell gehört bis heute zu den – salopp gesagt – theoretischen "Dauerbrennern" der Verwaltungswissenschaft (2). Und die Erforschung der komplexen Wirkungen moderner Informationstechnologien allgemein steht überhaupt erst am Anfang (3). Zumal im öffentlichen Bewußtsein dürfte sich der Problemkreis EDV und öffentliche Verwaltung weitgehend auf den Aspekt des Datenschutzes reduzieren.

Ich spreche diese allgemeine Aspekte nur an, um zu verdeutlichen, daß sich eigentlich niemand wundern darf, wenn die Überlegungen zur Analyse von Kosten und Nutzen von EDV-Systemen in der öffentlichen Verwaltung noch nicht allzuweit fortgeschritten sind.

Im folgenden will ich kurz Aspekte der Unzulänglichkeit herkömmlicher Kosten-Nutzen-Analysen ansprechen und anschließend einen Ansatz zur Wirtschaftlichkeitsanalyse von EDV-Systemen in der öffentlichen Verwaltung vorstellen, den Jürgen Reese (Kassel) und ich derzeit in einem empirischen Forschungsprojekt erproben, das von der Deutschen Forschungsgemeinschaft gefördert wird. Erste Ergebnisse dieser Untersuchungen sollen ebenfalls vorgestellt werden.

Bisherige Überlegungen zur Wirtschaftlichkeit informationstechnologischer Systeme in der öffentlichen Verwaltung

Jeder EDV-Praktiker in der öffentlichen Verwaltung hat heute ein starkes Interesse am Nachweis der Wirtschaftlichkeit "seiner" EDV. Soweit festzustellen ist, konzentrieren sich daher die Überlegungen auf die Operationalisierung, Quantifizierung und – wenn irgend möglich – auch auf die Monetarisierung von Kosten-Nutzen-Kalkülen (4). Zwangsläufig konzentrieren sich diese Überlegungen auf die Faktoren, die sich am ehesten finanziell oder wenigstens zahlenmäßig erfassen lassen, also auf der Kosten-Seite vor allem auf die finanziellen Mittel, die für Anschaffung und Pflege der EDV-Anlagen und -systeme aufgewandt werden müssen, und auf der Nutzen-Seite vor allem auf eingesparte Personalmittel und größere Leistung (z.B. höhere Fallbearbeitungszahlen). Bei der Systematisierung dieser Kosten-Nutzen-Faktoren sind in den letzten Jahren erhebliche Fortschritte gemacht worden, wobei insbesondere der Einfluß der KGSt-Empfehlungen hervorzuheben ist.

Wesentlicher Mangel dieser Überlegungen ist, daß sie eingestandenermaßen auf mehr oder minder einfach zu quantifizierende Faktoren beschränkt sind. Dies ist ein fast schon "klassisches" Problem der Kosten-Nutzen-Analyse, das jedoch in jüngerer Zeit auch mit gewissem Erfolg angegangen worden ist. Ein Beispiel ist das Analysemodell von Ralf Reichwald und Arnold Picot, die vier Stufen von Wirtschaftlichkeitskriterien unterscheiden:

- die isolierte technikbezogene Wirtschaftlichkeit,
- die systembezogene Wirtschaftlichkeit,
- die organisationsbezogene Wirtschaftlichkeit,
- gesellschaftliche Wirkungen (5).

Hier werden in Stufe 2 und 3 zum Beispiel auch Faktoren berücksichtigt wie: Veränderung der organisatorischen Anpassungsfähigkeit oder der "Humansituation" am Arbeitsplatz, in Stufe 4 ("gesellschaftliche Wirkungen") etwa auch die Faktoren: Auswirkungen auf den Arbeitsmarkt und Auswirkungen auf den Bürger als Leistungsempfänger.

Auch das Analysemodell von Reichwald/Picot beschränkt sich jedoch auf die Betrachtung bestimmter technischer Rationalisierungsmittel in einer einzelnen Organisation und ihres "Umfeldes". Dies ist die Perspektive des - wenn man so will - "aufgeklärten" EDV-Planers, zum Beispiel in einem größeren Betrieb oder einer größeren Behörde, der vermeiden möchte, daß bestimmte, bei den herkömmlichen Kosten-Nutzen-Analysen nicht berücksichtigte Auswirkungen einer EDV-Anwendung dem Betrieb oder der Behörde früher oder später Nachteile bringen. Dazu können ja durchaus auch "politische Kosten" gehören, die sich dann in negativen Presseberichten oder Bürgerbeschwerden niederschlagen.

Unser Gedanke war nun, daß diese, auf eine einzelne organisatorische Einheit ausgerichteten Wirtschaftlichkeitsüberlegungen zum EDV-Einsatz der Realität gerade im Bereich der öffentlichen Verwaltung nur bedingt gerecht werden. Charakteristisch für den privatwirtschaftlichen Bereich ist in der Tat das Handeln unabhängiger Wirtschaftssubjekte, wie sie typischerweise im betriebswirtschaftlichen Modell der Unternehmung gefaßt werden. Eine "gesamtwirtschaftliche" Verantwortung oder etwa das "Gemeinwohl" sind solchen Modellen fremd (6), und dies kann dem Grundsatz nach in einer marktwirtschaftlichen Ordnung auch nicht anders sein. Charakteristisch für den öffentlichen Bereich aber ist das voneinander abhängige Handeln vieler organisatorischer Einheiten, die durchaus unter einer Gesamtverantwortung - nämlich: der staatlichen Gesamtverantwortung - stehen. Viele uns geläufige Grundsätze des öffentlichen Rechts zum Beispiel drücken diesen schlichten Tatbestand aus: Der "Gemeinwohl"-Begriff in erster Linie, ebenso die sogenannte "Einheit der Verwaltung", aber auch das Prinzip der Non-Affektation von Steueraufkommen des Bürgers und der "Leistung" der öffentlichen Hand (denn der vielbemühte "Steuerzahler" hat Anspruch auf eine sinnvolle Gesamtleistung der öffentlichen Hand und möchte Zustände vermieden sehen, wo "die linke Hand nicht weiß, was die rechte tut").

Hinzu kommt aber noch, daß auch das technische Medium EDV eine einzelorganisatorische Betrachtungsweise allein wenig sinnvoll erscheinen läßt. In vielen Fällen ist es ja gerade ihr spezifischer Zweck, die kommunikativen Verbindungen herzustellen, die faktisch die "Einheit der Verwaltung" ausmachen.

Einzelorganisatorische Kosten-Nutzen-Analysen einer EDV-Anwendung in der öffentlichen Verwaltung sind unserer Meinung nach deshalb nicht etwa hinfällig. Im Gegenteil. In der Regel sind sie der erste Schritt zu einem halbwegs kontrollierbaren Umgang mit dem Rationalisierungsmittel EDV. Zudem hat die Operationalisierung von Kosten-Nutzen-Kriterien in den vergangenen Jahren, wie erwähnt, erhebliche Fortschritte gemacht (ohne die übrigens auch die konkrete Durchführung der hier vorzustellenden Untersuchung kaum denkbar wäre!). Diese Betrachtungen sollten jedoch systematisch ergänzt werden durch Analysen der Kosten-Nutzen-Flechtung von EDV-Systemen in der öffentlichen Verwaltung. Mit anderen Worten: Die EDV-Planung der öffentlichen Hand muß systematisch berücksichtigen, daß eine bestimmte EDV-Anwendung aus der Perspektive einer einzelnen Behörde sinnvoll, aus der Perspektive der Gesamtverwaltung und des Bürgers aber wenig sinnvoll sein kann. Umgekehrt kann der Fall eintreten, daß eine EDV-Anwendung insgesamt sehr sinnvoll wäre, für die aus technisch-organisatorischen Gründen unmittelbar betroffene Behörde aber kaum Vorteile, vielleicht sogar Nachteile mit sich bringt, weshalb dann der EDV-Einsatz insgesamt unterbleibt. Wir haben ein Analysemodell für solche Kosten-Nutzen-Flechtungen entworfen, das auf folgenden Grundgedanken beruht:

Die "Wirkungsketten" von EDV-Systemen

Jeder EDV-Einsatz in einer bestimmten Behörde der öffentlichen Verwaltung löst "Wirkungsketten" aus, das heißt positive oder negative Nebenwirkungen bei anderen Ämtern beziehungsweise Behörden, aber natürlich auch beim Publikum der öffentlichen Verwaltung. So war zum Beispiel die Einführung der EDV im Personalbereich, also namentlich bei der Vergütungsabrechnung, auch eine Erleichterung für die Finanzämter, und vom EDV-Einsatz bei den Kraftfahrzeug-Zulassungsstellen profitiert auch das Kraftfahrt-Bundesamt. Umgekehrt kann zum Beispiel der EDV-Einsatz in einer übergeordneten Behörde für nachgeordnete Behörden einen kostspieligen "Anschlußzwang" bedeuten. Ebenso kommt es vor, daß nach Einführung der EDV eine Behörde sich nicht mehr so flexibel auf Bedürfnisse der Bürger einstellen kann, wie dies vorher möglich war. Natürlich sind alle EDV-anwendenden Ämter und Dienststellen auch ihrerseits von anderen EDV-Anwendungen in anderen Ämtern und Dienststellen positiv oder negativ betroffen. Ebenso gibt es Behörden, die gar keine EDV einsetzen und gleichwohl Glieder solcher "Wirkungsketten" sind. Es wird daher deutlich geworden sein, was mit dem Begriff "Flechtung" von Kosten-Nutzen-Beziehungen gemeint ist (7).

Eine möglichst realitätsnahe Abbildung dieser Kosten-Nutzen-Flechtungen wäre also, wie ich anfangs dargestellt habe, ein Beitrag zu realistischeren Wirtschaftlichkeitsüberlegungen bei der EDV-Planung der öffentlichen Hand. Was die analytische Seite betrifft, so sind dabei eine Reihe von theoretischen Anleihen nötig, die kurz erwähnt werden sollen. Dies betrifft zum Beispiel die ökonomische Theorie der externen Effekte (8) und das, was Eberhard Hamer die "Theorie der Bürokratieüberwälzung" (9) nennt sowie die soziologische Theorie komplexer Organisationen (10). Was die deskriptive Seite betrifft – der ich mich hier ausschließlich widmen möchte –, so kommt es vor allem und zunächst darauf an, das Bild der Kosten-Nutzen-Flechtung einer EDV-Anwendung möglichst vollständig nachzuzeichnen, und hierfür möchte ich einige Beispiele anführen.

Die Beschreibung von "Wirkungsketten"

Zunächst zwei Beispiele für die zwei prinzipiellen Erscheinungsformen, in denen suboptimale EDV-Anwendungen auftreten können (siehe Schaubild 1).

<u>Schaubild 1</u>: EDV–Anwendung in einem Forstplanungsamt (Obere Landesbehörde)

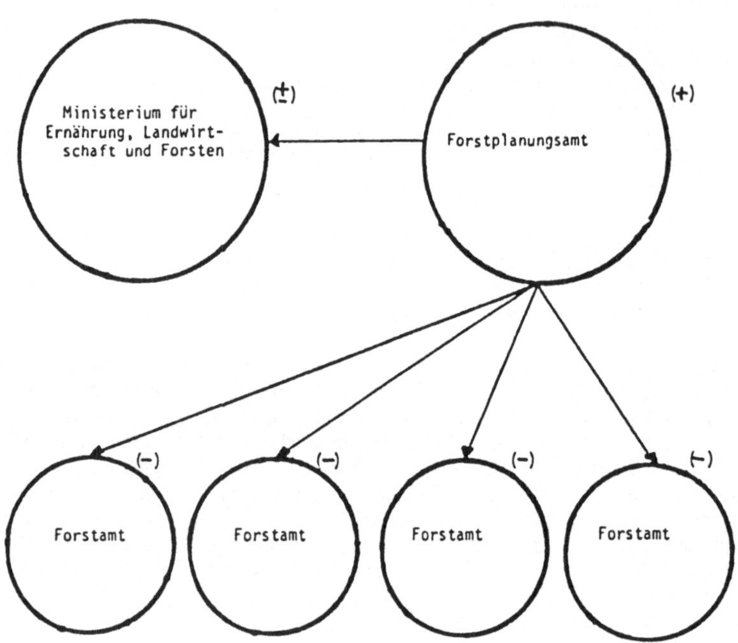

Hier haben wir den Fall, daß eine EDV–Anwendung zwar der anwendenden Behörde selbst Nutzen bringt, aber fast allen anderen beteiligten Dienststellen in erster Linie Kosten verursacht und damit einen negativen Nutzen–Saldo erzeugt. Der Rechner im zentralen Forstplanungsamt verarbeitet unter anderem statistisches Material zu Planungszwecken. Dieses Material muß von den nachgeordneten Dienststellen – den Forstämtern und den Forstbetriebsbezirken – beschafft werden. Dabei liegt es im "natürlichen" Interesse der Landesbehörde, möglichst viele Daten zu erfassen, die mit der EDV auch in großer Menge bequem verarbeitet werden können – auch wenn in vielen Fällen fraglich ist, ob die erhobenen Daten jemals sinnvoll genutzt werden. Die Daten müssen aber mit viel Aufwand von nachgeordneten Dienststellen erhoben werden. Insgesamt erzeugt daher der EDV–Einsatz keinen Rationalisierungsgewinn, sondern einen höheren Aufwand, der die nachgeordneten Dienststellen zudem zu der Feststellung veranlaßt, daß sie dadurch von ihren "eigentlichen" Aufgaben abgehalten würden.

Ebenso aber gibt es den Komplementärfall (siehe Schaubild 2):

Schaubild 2: EDV-Anwendung in einer Kfz-Zulassungsstelle

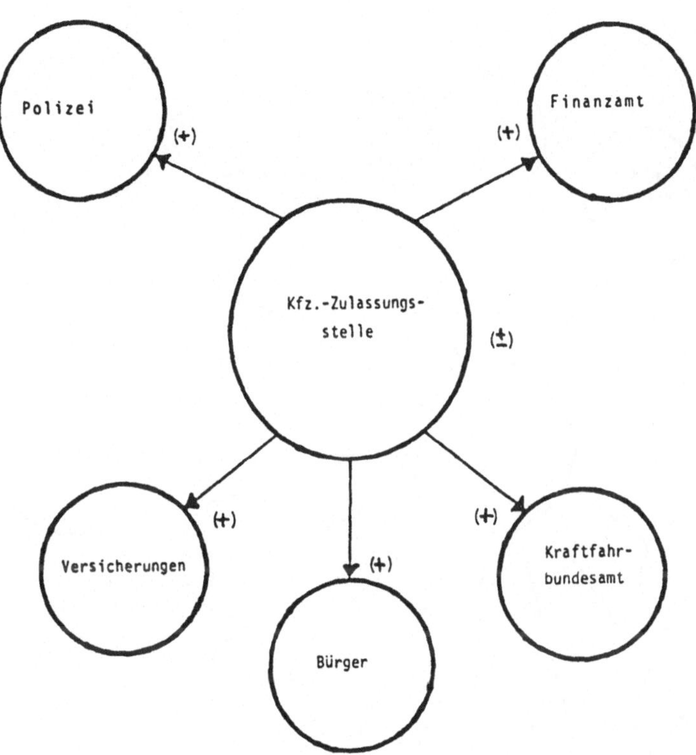

Dies ist ein Fall, in dem ein EDV-System trotz eines potitiven Nutzen-Saldos letzten
Endes nicht eingeführt wird, weil es wohl einer ganzen Reihe von Behörden und auch
dem Bürger Nutzen bringt, jedoch kaum der unmittelbar betroffenen Dienststelle
selbst. In einer kommunalen Kraftfahrzeug-Zulassungsstelle könnte ein EDV-System für
die Abwicklung aller Vorgänge der An-, Ab- und Ummeldung sowie der Kennzeichenvergabe
eingesetzt werden. Davon würde zwar auch die Zulassungsstelle selbst profitieren
(Reduzierung der manuellen Aktenbearbeitung, Erleichterung des Datenaustausches), in
erster Linie jedoch andere Behörden, wie die Finanzämter und das Kraftfahrt-Bundesamt
(Wegfall manueller Datenerfassung durch das Einspielen der übermittelten Daten-
bänder), die Polizei (Wegfall von "toten Zeiten" in der Kennzeichenregistrierung
unmittelbar nach Kennzeichenvergabe) sowie der Bürger (verkürzte Wartezeiten).
Insgesamt würde daher der EDV-Einsatz einen Rationalisierungsgewinn bringen. Er
unterbleibt jedoch, weil die betroffene Kraftfahrzeug-Zulassungsstelle sich unin-
teressiert zeigt.

Dies sind jedoch fast idealtypische Fälle, auf die wir mehr oder minder zufällig
gestoßen sind und die ich vor allem deshalb anführe, weil sie sich gut zur
Illustration eignen. Im Alltag der EDV-Praxis der öffentlichen Verwaltung liegen die
Dinge in der Regel komplizierter. Ich will das am Beispiel eines kommunalen Steueramtes erläutern.

Schaubild 3: Kooperationsbeziehungen eines kommunalen Steueramtes

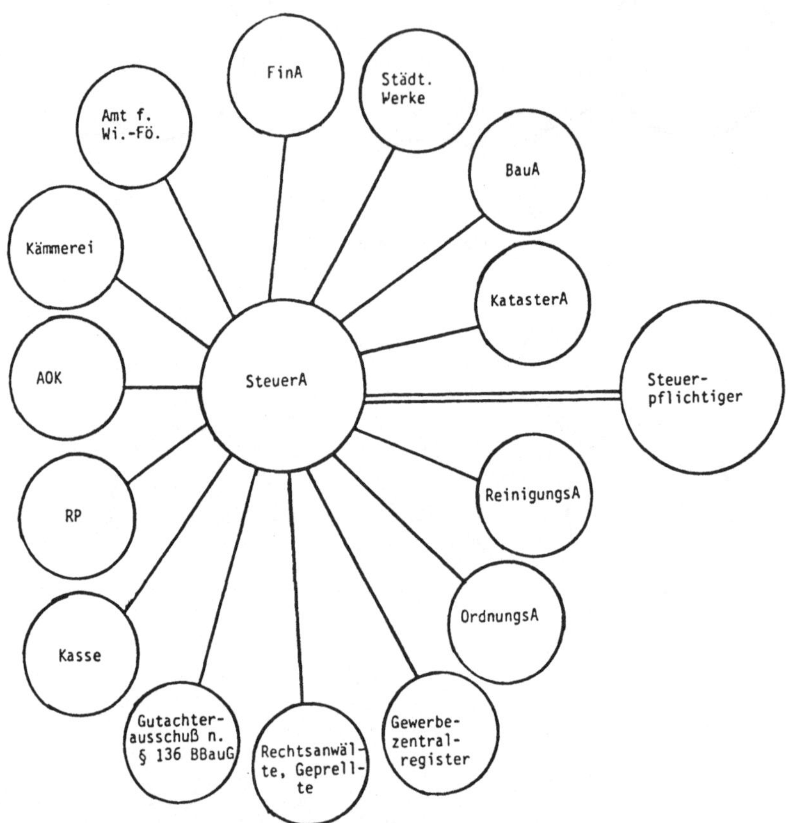

Hier sieht man die Ämter, Dienststellen sowie in einigen Fällen auch Berufs-
vertretungen, mit denen ein kommunales Steueramt bei der Abwicklung seiner Aufgaben
in Kontakt tritt, wobei die EDV jedesmal direkt oder indirekt eine Rolle spielt.

Mit dem Finanzamt tritt das Steueramt in Kontakt bei der Veranlagung der Grundsteuer
und der Gewerbesteuer sowie bei der eigenen städtischen Steuererklärung.

Mit den Städtischen Werken tritt das Steueramt in Kontakt bei der Erhebung der
Kanalbenutzungsgebühren.

Mit dem Bauamt und dem Katasteramt tritt das Steueramt in Kontakt bei der
Feststellung der Bemessungsgrundlagen bei der Erhebung der Regenwasserableitungs-
Gebühren.

Mit dem Reinigungsamt tritt das Steueramt in Kontakt bei der Feststellung der Bemessungsgrundlagen für die Erhebung der Müllabfuhr- und Straßenreinigungs-Gebühren.

Mit dem Ordnungsamt tritt das Steueramt in Kontakt bei der Erhebung etlicher indirekter Steuern (Getränkesteuer, Gaststättenerlaubnissteuer, Vergnügungssteuer, Tanzerlaubnisgebühren etc.) sowie bei der Erstellung von Bußgeldbescheiden an säumige Steuerzahler.

Mit dem Gewerbezentralregister in Berlin tritt das Steueramt in Kontakt bei der gewerbesteuererheblichen Untersagung von Gewerbeausübungen.

Mit Rechtsanwälten und Geprellten tritt das Steueramt in Kontakt bei Auskünften aus dem Gewerberegister.

Mit dem Gutachterausschuß nach Paragraph 136 BundesbauG tritt das Steueramt in Kontakt bei der Festlegung von Verkehrswerten von Grundeigentum und deren Eintragung in die Kaufpreisliste des Steueramtes.

Mit der Kasse tritt das Steueramt bei allen zahlungsrelevanten Vorgängen in Kontakt.

Mit dem Regierungspräsidenten tritt das Steueramt bei der Beantragung von Gewerbe-untersagungen gegenüber säumigen Gewerbesteuerpflichtigen in Kontakt.

Mit der AOK tritt das Steueramt nach ausgesprochenen Gewerbeuntersagungen in Kontakt.

Mit der Kämmerei tritt das Steueramt zur Erstellung der Haushaltsansätze in Kontakt.

Mit dem Amt für Wirtschaftsförderung tritt das Steueramt bei der Lieferung von statistischem Material in Kontakt.

Die praktische Bedeutung von Kosten-Nutzen-Flechtungen für die EDV-Planung

Ich möchte nun im folgenden anhand von drei Beispielen die praktische Bedeutung der Analyse von Kosten-Nutzen-Flechtung für die EDV-Planung illustrieren. Dabei handelt es sich um die Abwicklung der Erhebung verschiedener kommunaler Steuern und Gebühren.

Seibel   Kosten–Nutzen–Flechtung von EDV–Systemen

Schaubild 4: Erhebung der Gewerbesteuer

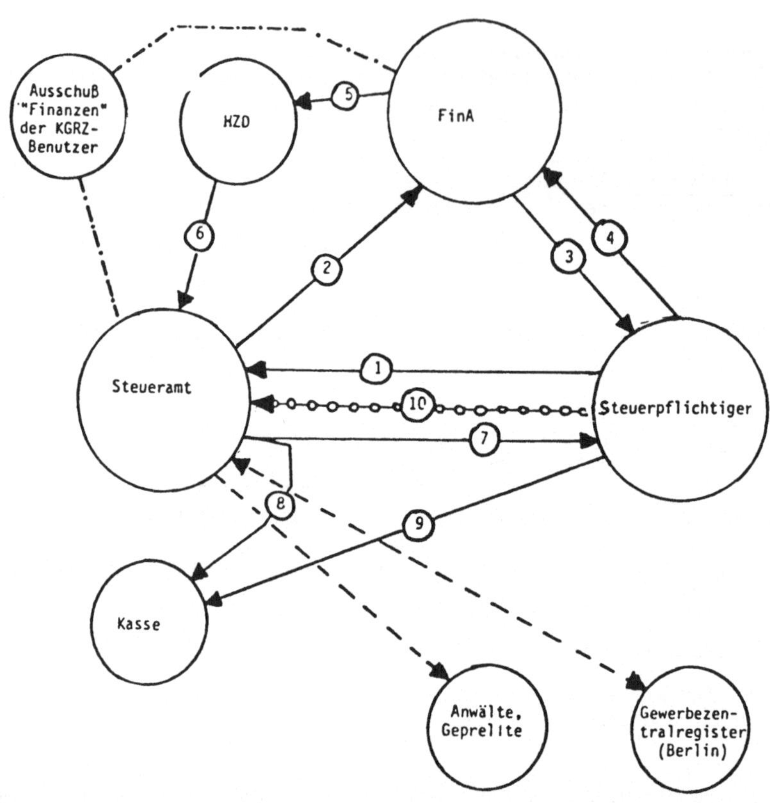

Legende:
1. Gewerbeanmeldung durch den Steuerpflichtigen beim Steueramt (Fragebogen).– 2.
Durchschlag des Anmelde-Fragebogens von Steueramt an Finanzamt.– 3. Fragebogen des
Finanzamts an Steuerpflichtigen.– 4. Gewerbesteuererklärung des Steuerpflichtigen an
Finanzamt.– 5. Übermittlung der Gewerbesteuermeßdaten (Gewerbekapital,
Gewerbeertrag) vom Finanzamt an die Hessische Zentrale für Datenverarbeitung (HZD);
dort: maschinelle Gewerbesteuerveranlagung (GewSt-Meßdaten mal Hebesatz).– 6.
Ausdruck eines "kombinierten Bescheides": (a) Gewerbesteurmeßbescheid des Finanzamtes
("Grundlagenbescheid"), (b) Gewerbesteuerbescheid des Steueramtes ("Folgebescheid").–
7. Gewerbesteuerbescheid von Steueramt an Steuerpflichtigen, gleichzeitig: 8.
Mitteilung über "Sollstellung" vom Steueramt an Kasse.– 9. Zahlung der Gewerbesteuer
durch Steuerpflichtigen an Kasse.– 10. Widersprüche (in der Regel: fehladressiert).

– · – · – · – · – Kooperationsbeziehungen mit dem Ausschuß "Finanzen" der Arbeits-
                   Arbeitsgemeinschaft der Benutzer der hessischen Kommunalen
                   Gebietsrechenzentren (KGRZ´s)

Beim Studium dieser Ablaufdarstellung einer Gewerbesteuer-Erhebung wird zunächst
erkennbar, daß die Gewerbesteuer-Erhebung der Kommunen im wesentlichen auf einer
Service-Leistung der Landes-Behörde Finanzamt beruht. Auch dies ist also ein Fall,
wo der eigentliche Nutznießer einer EDV-Anwendung nicht der hauptsächliche
Kosten-Träger ist. Hinzu kommt, daß die Kommune nicht nur den Vorteil der guten

Verwaltungspraktikabilität dieser Ablauforganisation genießt - denn der von der
Landesdatenzentrale kommende Bescheid-Ausdruck muß nur noch kouvertiert und
verschickt werden -, sondern daß das kommunale Steueramt gegenüber dem ehemaligen
manuellen Verfahren auch wesentlich schneller im Vollzug ist, und zwar wiederum mit
Vorteilen gegenüber dem Finanzamt: während es im früheren manuellen Aktenverkehr
öfter vorkam, daß ein Gewerbesteuer-Pflichtiger nicht mehr liquide war, nachdem das
Finanzamt bereits die Einkommensteuer erhoben und danach die Gewerbesteuer-Meßdaten
manuell an das Steueramt übermittelt hatte, ist heute das Steueramt in der Lage, die
Gewerbesteuer sofort nach Erhalt der Bescheid-Ausdrucke vom KGRZ zu erheben, und zwar
in der Regel noch bevor der Einkommenssteuer-Bescheid des Finanzamts beim Steuerpflichtigen eintrifft. Hier schlagen also beim kommunalen Steueramt unmittelbar
monetäre Nutzen (einschließlich von verringerten Zinsverlusten) zu Buche.

Für den Steuerpflichtigen jedoch birgt dieses Verfahren, das eine gute Verwaltungspraktikabilität aufweist, eher Nachteile. Zwar genießt der Steuerpflichtige den
relativen Vorteil, daß ihm zwei sachlich zusammengehörige Bescheide - nämlich der
Gewerbesteuer-Meßbescheid des Finanzamts ("Grundlagenbescheid") und der
Gewerbesteuer-Bescheid ("Folgebescheid") des kommunalen Steueramts (dies nennt man
einen "kombinierten Bescheid") - auch zusammen zugestellt werden. In der Praxis hat
sich aber gezeigt, daß gerade dies für den Steuerpflichtigen mißverständlich ist. Es
dürfte sogar die Regel sein, daß der Steuerpflichtige nicht erkennt, daß hier zwei
rechtlich selbständige Bescheide an ihn ergehen, gegen die er zum Beispiel
erforderlichenfalls auch nur jeweils gesondert - entweder gegenüber dem Steueramt
oder gegenüber dem Finanzamt - Widerspruch einlegen kann. Da der kombinierte
Bescheid vom Steueramt zugestellt wird, sind auch die meisten Widersprüche zunächst
an das Steueramt adressiert, obwohl davon wiederum die Mehrzahl sich der Sache nach
gegen den Gewerbesteuer-Meßbescheid des Finanzamts richten und daher vom Steueramt
mangels Zuständigkeit nicht bearbeitet werden können. Ehe dies dem Steuerpflichtigen
vom Steueramt mitgeteilt werden kann, ist dann in vielen Fällen die Widerspruchsfrist
des Gewerbesteuer-Meßbescheids (Adressat: Finanzamt) verstrichen.

Solche Nachteile für den Bürger könnten nun ohne großen technischen Aufwand durch
sogenannte Programmkosmetik bei der EDV aufgehoben werden, und sei es auch nur durch
einen entsprechenden Hinweis im Klartext. Hier zeigt sich nun aber die Schwerfälligkeit einer zentralisierten DV-Organisation einerseits und die praktische
Relevanz der tatsächlichen Kosten-Nutzen-Flechtungen zwischen den beteiligten
Behörden andererseits. Das EDV-Programm zur Gewerbesteuer-Erhebung ist ein sogenanntes landeseinheitliches Programm, das von den Gebietsrechenzentren allen Kommunen
in derselben Form angeboten wird. Jede Änderung dieses Programms muß vom Ausschuß
"Finanzwesen" der Arbeitsgemeinschaft der Rechenzentren-Benutzer auf Antrag
beschlossen werden, in dem Kommunen und das Land mit Repräsentanten ihrer Fach-
behörden vertreten sind. Dieser Ausschuß ist jedoch mit Planungsvorhaben und allen
möglichen Programmpflegemaßnahmen überlastet, von denen die meisten höhere Priorität
genießen als reine Programmkosmetik - und zur "Kosmetik" gehören auch Maßnahmen, die
zum Beispiel Bescheide für den Empfänger "lediglich" verständlicher machen.

Es kommt daher bei entsprechenden Vorstößen im Benutzer-Ausschuß entscheidend darauf
an, möglichst viele "Mitstreiter" auf seine Seite zu ziehen. Diesen Part müssen im
Fall der Gewerbesteuer-Erhebung die Kommunen spielen, da sie durch die fehl-
adressierten Widersprüche gegen den "kombinierten Bescheid" am meisten belastet
sind. Die Kommunen - vorausgesetzt, sie würden das Problem alle ähnlich sehen, und
selbst das ist nicht der Fall - können aber nichts ausrichten, wenn sie nicht die
Finanzämter als "Mitstreiter" gewinnen. Gerade das aber ist sehr schwer, und zwar
erstens, weil die Finanzämter angesichts der für sie ungünstigen Kosten-
Nutzen-Verhältnisse bei der EDV-mäßigen Abwicklung der Gewerbesteuer-Erhebung keine
große Neigung verspüren, den Kommunen weitere, sachlich auch noch so gerechtfertigte
"Vorteile" einzuräumen, und zweitens, weil die Finanzämter ja derzeit - erinnert sei

an die vielfach verstreichenden Widerspruchsfristen - von der mangelnden Transparenz
der "kombinierten Bescheide" sogar profitieren.

Ein weiteres Beispiel für die praktische Relevanz von Kosten-Nutzen-Flechtungen bei
der Anwendung von EDV-Systemen ist die Erhebung der kommunalen Grundsteuer (siehe
Schaubild 5).

<u>Schaubild 5</u>: Erhebung der Grundsteuer

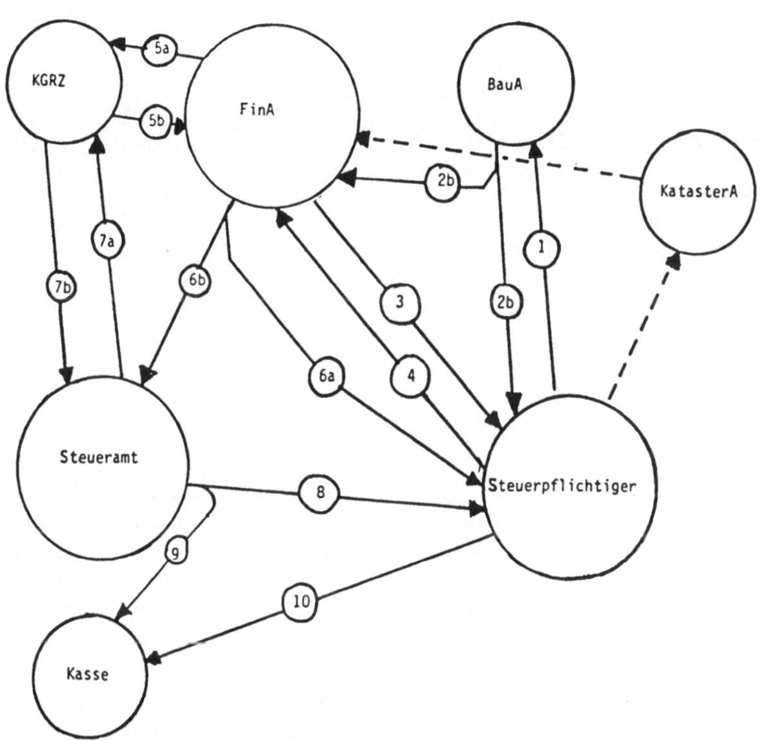

<u>Legende:</u>
1. Bauantrag durch den Bürger/Steuerpflichtigen an Bauamt — analog:
Neuparzellierung durch Katasteramt.- 2. Baugenehmigung durch Bauamt. 2a: Bescheid
an Bürger/Steuerpflichtigen, 2b: Kopie des Bescheides an Finanzamt.- 3. Finanzamt
fordert Steuerpflichtigen zur "Einheitswerterklärung" auf (Fragebogen).- 4.
Steuerpflichtiger gibt "Einheitswerterklärung" ab.- 5. Maschinelle Grund-
steuermeßberechnung durch KGRZ. 5a: Mitteilung von Finanzamt an KGRZ über
Einheitswert und sogenannte Meßzahl, 5b: Ausdruck des Grundsteuermeßbescheids von
KGRZ an Finanzamt.- 6. Zustellung des Grundsteuermeßbescheids durch Finanzamt. 6a:
Original an Steuerpflichtigen, 6b: Kopie an Steueramt.- 7. Maschinelle
Grundsteuerveranlagung durch KGRZ. 7a: Mitteilung von Steueramt an KGRZ über
Grundsteuermeßdaten, 7b: Ausdruck des Grundsteuerbescheides von KGRZ an Steueramt
(GrSt = GrStMeßbetrag mal Hebesatz).- 8. Zustellung des Grundsteuerbescheides durch
Steueramt an Steuerpflichtigen, gleichzeitig: - 9. Mitteilung über "Sollstellung"
von Steueramt an Kasse.- 10. Zahlung der Grundsteuer durch Steuerpflichtigen an
Kasse.

Bei der hier geschilderten maschinellen Erhebung der kommunalen Grundsteuer handelt
es sich im Hinblick auf die Bescheiderstellung um ein Komplementärphänomen zur
Erhebung der Gewerbesteuer. Auch hier ist für den Vorgang das Zusammenwirken der
Kommunalbehörde und des staatlichen Finanzamtes charakteristisch, das spezifische
"Kosten-Nutzen-Flechtungen" bewirkt.

Im Gegensatz zur Gewerbesteuer-Erhebung mit dem rechtlich nicht unbedingt eindeutigen "kombinierten Bescheid" ergeht bei der Erhebung der Grundsteuer ein sogenannter Doppelbescheid, nämlich der Grundsteuermeßbescheid des Finanzamtes (Mitteilung über die Festsetzung des Einheitswertes) und der eigentliche Grundsteuerbescheid des Steueramtes (Mitteilung über die Steuerschuld nach Maßgabe von Einheitswert und Hebesatz).

Der Effekt für den Bürger ist jedoch nicht günstiger als im Fall des "kombinierten Bescheides". Es zeigt sich nämlich, daß der Doppelbescheid – einerseits vom Finanzamt, andererseits vom Steueramt – zwar rechtlich eindeutiger ist als der "kombinierte Bescheid" bei der Gewerbesteuer-Erhebung, aber deshalb nicht etwa "bürgerfreundlicher" im Sinne einer besseren Verständlichkeit. Dem Bürger ist natürlich die steuerrechtlich gebotene Aufspaltung des Verfahrens in Grundsteuermeßdaten-Erstellung und Besteuerung nicht geläufig. Vielfach wird daher der Grundsteuer-Meßbescheid (zumal er vom jedermann bekannten Finanzamt kommt) als Steuermeßbescheid mißdeutet, und etliche Bürger haben bereits den Finanzämtern die festgestellten Einheitswertbeträge als Grundsteuer überwiesen. In einigen Fällen haben Bürger sogar ohne Murren Doppelzahlungen vorgenommen, wenn ihnen kurze Zeit später der wirkliche Grundsteuer-Bescheid des Steueramtes zuging.

Auch in diesem Fall führt die Verbundstruktur der DV-Organisation, die in allen Flächenstaaten anzutreffen ist, zu einer Selbstblockade, die nur "dingfest" zu machen ist, wenn die hier entstehenden gegenseitigen Abhängigkeiten und Kosten-Nutzen-Verteilungen zumindest erst einmal sichtbar gemacht werden. Denn genau besehen bringt das Prinzip der – im postalischen Sinne – doppelten Zustellung des staatlichen und des kommunalen Bescheides keinem der drei beteiligten Akteure im eigentlichen Sinne Vorteile. Argumente für seine Änderung im Interesse aller Beteiligten sind jedoch auf die Beschreibung der "Wirkungsketten" angewiesen, die im Verwaltungsalltag – geschweige denn für den Bürger – in dieser Form nicht deutlich werden.

Ein – auch im engeren monetären Sinne – bedeutsamer Aspekt der Kosten-Nutzen-Flechtung bei der Erstellung der Grundsteuer-Bescheide ist jedoch das Verhältnis von Steueramt und Finanzamt, die durch das "Scharnier" der maschinellen Verfahrensabwicklung im jeweiligen kommunalen Gebietsrechenzentrum fest aneinander gekoppelt sind. Beide Behörden haben jedoch unterschiedliche Interessen an der Verfahrensabwicklung, und zwar eben deshalb, weil sie unterschiedlichen Nutzen aus ihm ziehen. Der Substanz nach handelt es sich auch bei der Abwicklung der Grundsteuer-Erhebung um eine Service-Leistung des Finanzamtes für das kommunale Steueramt, von der die staatlichen Behörde (Finanzamt) relativ wenig profitiert. Die vom Finanzamt festzusetzenden Grundsteuermeßdaten sind für den staatlichen Fiskus (also für das Finanzamt selbst) nur für wenig einträgliche Steuern erforderlich (Schenkungssteuer, Erbschaftssteuer). Die Folge ist, daß das Finanzamt bei dem Rechenzentrum nur zweimal im Jahr sogenannte Verarbeitungsabläufe anberaumt, in denen die Grundsteuermeßdaten verarbeitet werden. Da das kommunale Steueramt auf die Grundsteuermeßdaten für die Erstellung der Grundsteuer-Bescheide angewiesen ist, kann also auch die Kommune die für sie selbst wiederum recht einträgliche Grundsteuer nur zweimal jährlich erheben. Die Folge sind "tote Zeiten" in der Besteuerung und dementsprechend Zinsverluste für die Kommunen.

Schlußbemerkung

Die geschilderten Beispiele sollten illustrieren, daß die Kosten-Nutzen-Betrachtungen beim EDV-Einsatz in der öffentlichen Verwaltung einer erweiterten Orientierung bedürfen, wenn dem Interesse aller Beteiligten besser Rechnung getragen und dadurch eine rationalere Gesamtplanung des Einsatzes moderner Informationstechnologien im öffentlichen Bereich ermöglicht werden soll. Diese Erweiterung des analytischen und planerischen Blickfeldes muß insbesondere die Verflechtung von Kosten-Nutzen-Beziehungen berücksichtigen, die sich beim "Einpflanzen" einer bestimmten EDV-Anwendung einstellt. Dies liegt im Interesse sowohl der Verwaltungen als auch des Steuerzahlers.

Dabei werden in Zukunft zwei aufeinanderfolgende Forschungsschritte wichtig sein. Zunächst gilt es in möglichst vielen Fällen die praktische Bedeutung solcher Kosten-Nutzen-Flechtungen sinnfällig zu machen (im Prinzip also in der Weise, wie ich es hier versucht habe). In einem weiteren Schritt müßten dann jedoch - durchaus mit den Instrumenten der heute recht entwickelten Kosten-Nutzen-Analyse - die Kosten möglichst präzise erfaßt werden, die der öffentlichen Hand durch die mangelnde Berücksichtigung der Kosten-Nutzen-Flechtungen von EDV-Systemen tatsächlich entstehen. Denn außer der geschriebenen Rechtsnorm kann heute den Entscheidungsträger in Regierung und Verwaltung offenbar nur noch die geschriebene DM-Zahl wirklich beeindrucken.

Abschließend jedoch noch ein prinzipieller Hinweis. Wie schon bei der herkömmlichen Kosten-Nutzen-Analyse muß gerade auch bei einer solchen erweiterten "Verflechtungs"-Betrachtung darauf hingewiesen werden, daß das Handeln der öffentlichen Gewalten nicht grenzenlos ökonomisiert oder "effektiviert" werden kann (11). Im Vordergrund verwaltungswissenschaftlicher Betrachtungen - und um die handelt es sich ja bei all dem - kann nicht die "Effizienz" des Staates, sondern nur die "Funktion" seiner verfassungsmäßigen Organe stehen (12), und dazu gehört eben nicht allein das "steuersparende", sondern vor allem auch das freiheitssichernde ´Funktionieren´ im Interesse des Bürgers. Unter diesem Gesichtspunkt aber kann das Unkoordiniert-Verflochtene gerade des technik-gestützten Verwaltungshandelns für den Bürger mitunter auch etwas Beruhigendes an sich haben. Damit soll angedeutet werden, welche komplexen Aufgaben sich letzten Endes der verwaltungswissenschaftlichen Forschung in diesem sensiblen Feld stellen.

Anmerkungen

(1) Vgl. W. Fix: Die Analyse von Kosten und Nutzen bei Automationsvorhaben in der öffentlichen Verwaltung, Berlin 1979 (GMD: Arbeitspapiere Rechtsinformatik Nr. 13); R. Kaminsky: Informationen. Informationsverarbeitung als ökonomisches Problem, München 1977; R. Lauser: Untersuchungen der Auswirkungen des staatlich-kommunalen Datenverarbeitungsverbund-Systems in Baden-Württemberg auf die Kommunen, Frankfurt a.M. 1980, S. 152ff; G. Obermeier: Nutzen-Kosten-Analyse zur Gestaltung computergestützter Informationssysteme, München 1977; R. Reichwald: Überlegungen zur Effektivität neuer Kommunikationstechnologien im Verwaltungsbereich, in: H. Reinermann/H. Fiedler/K. Grimmer/K. Lenk (Hrsg.), Organisation informationstechnik-gestützter öffentlicher Verwaltungen, Berlin 1981, S. 526-548; H. Reinermann: Methodik von Wirtschaftlichkeitsanalysen der Verwaltungsautomation, in: H. Garstka u.a. (Hrsg.), Verwaltungsinformatik, Darmstadt 1980, S. 243ff.

(2) Vgl. nur P. Bischofsberger: Durchsetzung und Fortbildung betriebswirtschaftlicher Erkenntnisse in der öffentlichen Verwaltung. Ein Beitrag zur Verwaltungslehre, Zürich/St. Gallen 1964; M. Boerger: Die Effizienz öffentlicher Verwaltung in der Bundesrepublik Deutschland, Frankfurt a.M. 1978; O. Brümmerhoff/H. Wolff: Aufgaben und Möglichkeiten einer Erfolgskontrolle der staatlichen Aktivität, in: Zeitschrift für die gesamte Staatswissenschaft 130 (1974), S. 477ff; P. Eichhorn: Verwaltungshandeln und Verwaltungskosten, Baden-Baden 1979; W. Engels: Die organisierte Verschwendung. Warum die Staatsbürokratie so wenig leistet und wie sie reformiert werden könnte, in: Die Zeit, 13.3.1981, S. 9ff; J. Gornas: Grundzüge einer Verwaltungskostenrechnung. Die Kostenrechnung als Instrument

zur Planung und Kontrolle der Wirtschaftlichkeit in der öffentlichen Verwaltung, Baden-Baden 1976; K.-H. Hansmeyer: Ist die Effizienz öffentlicher Ausgaben meßbar?, in: Finanzpolitik von morgen. Auf dem Weg zur "fiscal policy". Schriftenreihe des DIHT Nr. 114, Bonn 1969, S. 53ff; P. Joosten/K.H. v. Kaldenkerken (Hrsg.): Organisation und Effizienz der öffentlichen Verwaltung, 2 Bde., Köln/Eindhoven 1976; W. Michalski (Hrsg.): Leistungsfähigkeit und Wirtschaftlichkeit in der öffentlichen Verwaltung, Hamburg 1970; K. Reding: Die Effizienz staatlicher Aktivitäten – Probleme ihrer Messung und Kontrolle, Baden-Baden 1980; Ch. Reichard/H. König: Zur Effizienz der öffentlichen Verwaltung, in: J.J. Hesse (Hrsg.), Politikwissenschaft und Verwaltungswissenschaft, Politische Vierteljahresschrift – Sonderheft 13, Opladen 1982, S. 205ff; J. Schwarze: Administrative Leistungsfähigkeit als verwaltungsrechtliches Problem, in: Die Öffentliche Verwaltung 1980, S. 581; H. Siedentopf: Wirtschaftlichkeit in der öffentlichen Verwaltung. Institutionen zur Wirtschaftlichkeitsprüfung, Baden-Baden 1979; F. Wagener: Leistungssteigerung der öffentlichen Verwaltung? Zu Kapitel XIII, Abschn. 1 des Gutachtens der Kommission für wirtschaftlichen und sozialen Wandel, in: Die Öffentliche Verwaltung 1978, S. 435ff.

(3) Vgl. H. Kubicek: Gefahren der informationstechnologischen Entwicklung. Ein Überblick über die sozialwissenschaftliche Forschung, in: Log in 1 (1981), S. 44ff; R. Kling: Social Analysis of Computing: Theoretical Perspectives in Recent Empirical Research, in: Computing Surveys, Vol 12, March 1980, S. 61ff; vgl. auch insbesondere zum Problemkreis EDV und öffentliche Verwaltung meinen Überblick: W. Seibel, Die Entwicklung zum "technisierten sozialen Rechtsstaat". Überlegungen zu den folgenden technischen Rationalisierungen in der öffentlichen Verwaltung und den Problemen ihrer Steuerung und Kontrolle, in: Verwaltungsarchiv 74 (1983), Heft 4 (im Erscheinen).

(4) Vgl. etwa diese instruktive Broschüre des Kommunalen Rechenzentrums Niederrhein: Kosten-Nutzen-Analyse Kfz-Wesen, o.O., o.J. (Moers 1981).

(5) Vgl. A. Picot/R. Reichwald: Untersuchungen zur Wirtschaftlichkeit der Schreibdienste in Obersten Bundesbehörden: Abschlußbericht, München/ Hannover 1979 sowie u.a. dazu R. Reichwald: Überlegungen zur Effektivität neuer Kommunikationstechnologien im Verwaltungsbereich (FN.1).

(6) Auch hier gibt es natürlich "aufgeklärte" Modelle, wie zum Beispiel die betriebswirtschaftlichen Überlegungen zur Erstellung sogenannter "Sozialbilanzen". Vgl. P. Eichhorn: Gesellschaftsbezogene Unternehmensrechnung, Göttingen 1974.

(7) In der verwaltungswissenschaftlichen Literatur beginnt diese Betrachtung von Verwaltungssystemen mittlerweile eine gewisse Rolle zu spielen. Vgl. D. Grunow: Interorganisationsbeziehungen im Implementationsfeld und ihre Auswirkungen auf die Umsetzung und die Zielerreichung politischer Programme, in: R. Mayntz (Hrsg.): Implementation politischer Programme II. Ansätze zur Theoriebildung, Opladen 1983, S. 142-157 sowie G. Zeitz: Interorganizational Dialectics, in: Administrative Science Quarterly 25 (1980), S. 72-98.

(8) Erste Gedanken zum Externalitätenproblem finden sich bei A. Marshall: Principles of Economics, London 1880?, A.C. Pigou: The Economics of Welfare, London 1920?. Die moderne Diskussion wurde geprägt u.a. durch Arbeiten von J.E. Mead: External Economies and Diseconomies in an Environmental Policy, in: Economic Journal, LXII, 1952; T. Scitovsky: Two Concepts of External Economies, in: Journal of Political Economy, LXII, April 1954.

(9) E. Hamer: Theorie der Bürokratieüberwälzung, in: Deutsches Verwaltungsblatt 1981, S. 124ff.

(10) Vgl. T. LaPorte (Hrsg.): Organized Social Complexity. Challenge to Politics
and Policy, Princeton 1975; Ch. Perrow: Complex Organization. A Critical Essay, 2.
Aufl., London 1979.

(11) Vgl. dazu W. Leisner: Effizienz als Rechtsprinzip? Tübingen 1971 (Recht und
Staat 402/403).

(12) Vgl. BVerGE 48, 300 (v.a. 321ff); dazu a. B. Fischer: Funktionieren öffentlicher Einrichtungen - ein Verfassungsmaßstab?, in: Deutsches Verwaltungsblatt 1981,
S. 517ff.

EINFÜHRUNGSSTRATEGIEN FÜR NEUE BÜROTECHNOLOGIEN

Christian Streit
Statistisches Bundesamt

Referat

Der technisch-organisatorische Wandel in der öffentlichen Verwaltung bedarf einer verwaltungspolitischen Diskussion, um eine planvolle koordinierte Einführung von Bürotechnologien zu gewährleisten. Am Beispiel des Statistischen Bundesamtes werden alternative Einführungsstrategien besprochen; gegenüber zentralen Aktivitäten von Beschaffungsstellen oder Organisationseinheiten der Verwaltung hat sich der Einsatz einer Projektgruppe, die sich den Problemen der technologischen Aspekte, der Arbeitsorganisation und Akzeptanz widmet, bewährt. Erfahrung in der Gestaltung von Organisationsstrukturen und Verfahrensabläufen, einschließlich betriebswirtschaftlicher Aspekte, sowie mit Technologien und auch die Fähigkeit, rechtliche und soziale Auswirkungen abschätzen zu können, gehören mit zum Anforderungsprofil einer solchen Planungsgruppe.

Abstract

The technological-organizational change within public administration makes a administrative-political discussion necessary for a coordinate introduction of office technologies. Citing the example of the ´Statistisches Bundesamt´ alternative implementation strategies are shown. Central activities by a procurement office or an administrative organization unit have proved less useful than the installation of a project group, which can deal with all the problems concerning the technological aspects, the working procedures and acceptance. Experience with structural changes, procedures and business economics as well as technologies and the assessment of legal and social effects are the necessary profile of such a planning group.

1. Einführungsstrategien für neue Bürotechnologien. - Brauchen wir solche Strategien? Haben wir sie bereits? Lassen sich allgemeingültige Grundsätze für Verwaltungen - öffentliche wie private - aufstellen? Drei Fragen, die gestellt werden müssen, wenn man sich die bisherige und künftige Entwicklung bei der Umgestaltung von Arbeitsplätzen in der Verwaltung durch Einführung neuer Bürotechnologien vor Augen hält.

Die Frage nach der Notwendigkeit von Einführungsstrategien ist im Hinblick auf die vielfältigen Probleme, die bei der Einführung neuer Büro- und Informationstechnologien auftreten - PFLAUMER (1) und REINERMANN (2) haben sie kürzlich eindrucksvoll dargelegt -, ohne Zweifel zu bejahen. Dabei könnte man durchaus auch eine andere Bezeichnung wählen. Der Bundesminister des Innern hat zu Beginn des Jahres 1983 "Gestaltungs- und Handlungshinweise für eine aufgaben- und arbeitsplatzorientierte Organisation unter Einsatz moderner Technologien in der Bundesverwaltung" angekündigt (3). Wahrscheinlich ist damit etwas Ähnliches gemeint. Der Begriff ´Strategie´ findet aber als Ausdruck für sorgfältige, langfristige Planung in vielen Bereichen Anwendung (4).

Die zweite Frage, ob es Einführungsstrategien schon gibt, läßt sich nicht ohne weiteres bejahen. Es gibt vielfache Ansätze und beachtenswerte Überlegungen; es fehlt jedoch weitgehend an Darstellungen von Verfahren, die bereits in der Praxis erprobt sind (5).

Die theoretischen Ansätze dürften es aber zulassen - und dies ist die Antwort auf die dritte Frage -, unter Verwertung bereits gewonnener praktischer Erfahrungen einige allgemeingültige Grundsätze zur Einführung neuer Bürotechnologien für die Verwaltungspraxis zu formulieren, auf deren Grundlage einzelne Verwaltungen oder Behörden unter Berücksichtigung ihrer spezifischen Besonderheiten jeweils eigenständige Einführungsstrategien entwickeln können.

2. Daß Verwaltungen im Hinblick auf den Wandel im Bereich der Bürotechnologien insbesondere der Informationstechnik vor einer tiefgreifenden Umgestaltung von Büroarbeitsplätzen stehen oder bereits in der Umgestaltung begriffen sind, bedarf keiner Frage (6). Es gibt auch keinen Zweifel daran, daß sich die Verwaltung, ebensowenig wie die Industrie, der Einführung neuer Technologien nicht verschließen kann, wenn sie nicht entscheidende Einbußen an Effizienz hinnehmen oder die finanziellen Möglichkeiten der öffentlichen Hände auf Dauer völlig überfordern will (7). Die einschlägigen Fachmessen liefern im übrigen den Beweis dafür, daß die Herstellerfirmen hier einen entwicklungsträchtigen Markt sehen.

In vielen Beiträgen ist auf die Dimension der zu erwartenden Veränderungen hingewiesen. Dabei kommen immer wieder die Auswirkungen auf die Arbeitsabläufe zur Sprache. Es gibt aber auch ernstzunehmende Warnungen, den menschlichen Bezug nicht aus dem Blick zu verlieren. Vor kurzem hat der Vorstandsvorsitzende einer großen deutschen Firma auf dem ersten europäischen Symposium über Büroautomation ausgeführt, daß die Menschen im Büro in Zukunft neue Technik nicht vorbehaltlos akzeptieren würden; daß sich mit erster Priorität die Frage nach der Akzeptanz der neuen Bürotechnik stelle und nicht nach dem, was Mikroelektronik alles möglich machen könnte (8). Die Erkenntnis, daß der Akzeptanzfrage wachsende Bedeutung zukommt, gewinnt mehr und mehr an Bedeutung (9).

Erst kürzlich erklärte der parlamentarische Staatssekretär im Bundesministerium für Arbeit und Sozialordnung Vogt vor der Konferenz des Europäischen Gewerkschaftsbundes, daß die Akzeptanz neuer Technologien einen breiten Konsens in der Arbeitnehmerschaft erfordere. Die Betroffenen müßten "Beteiligte" werden. In diesem Sinne werde in der Bundesrepublik Deutschland geprüft, die Informations- und Mitwirkungsrechte der Betriebsräte zu erweitern (10).

Vielleicht geben alle diese Initiativen Anstoß - wie bereits gefordert (11) -, eine umfassende verwaltungspolitische Debatte über den technisch-organisatorischen Wandel in der öffentlichen Verwaltung insgesamt zu eröffnen.

Trotz dieser weitsichtig richtigen Einschätzung der Akzeptanzproblematik, die sogar verschiedentlich zur Forderung nach einer eigenen Akzeptanzforschung führt (12), stehen die arbeitsorganisatorischen Probleme, die es bei der Einführung neuer Bürotechnologien zu lösen gilt, heute noch stark im Vordergrund. Denn die "Alternative des Abwartens", bis Forschungsergebnisse zur Akzeptanzproblematik vorliegen oder bis eine verwaltungspolitisch durchdachte Gesamtkonzeption vorhanden ist, bleibt den Technikfachleuten, aber auch den mit Organisationsfragen befaßten Mitarbeitern der Verwaltung, bis auf weiteres versperrt, worauf BRINCKMANN (13) zutreffend hinweist.

Die Forderung nach zunehmendem Technikeinsatz steht, unterstützt durch fachliche und finanzielle Zwänge, unbeirrt im Raum.

Wie kann man neue Bürotechnologien in vorhandene Organisationsstrukturen einfügen, ältere Formen des Verwaltungshandelns ersetzen, ohne daß es zu ersthaften Störungen bei der Aufgabenerledigung kommt? Wie kann man am besten sicherstellen, daß man die Ziele, die man mit der Einführung der neuen Technologien, insbesondere im Bereich der Informationsbearbeitung und -verarbeitung, erreichend will, auch tatsächlich erreicht? Es ist nicht übertrieben, in dieser Aufgabe eine "besondere Herausforderung an die zuständigen Führungskräfte, an die Vertretungen der Mitarbeiter (Betriebsrat, Personalrat) sowie an die betroffenen Mitarbeiter selbst" zu sehen (14).

3. Am Beispiel des Statistischen Bundesamts sollen hier Mittel und Wege aufgezeigt werden, deren man sich bedienen kann, um die angesprochenen Probleme zu bewältigen. Dazu vorab folgende Informationen:

Das Statistische Bundesamt ist eine selbständige Bundesoberbehörde mit rd. 2 600 Mitarbeitern, von denen etwa 400 in einer Zweigstelle in Berlin, 35 in einer Außenstelle in Düsseldorf und einige weitere in einer Beratungsstelle für das Statistische Informationssystem in Bonn arbeiten.

Das Amt bearbeitet rd. 130 zentrale und 230 dezentrale Statistiken. Neben diesem ständigen Programm hat das Amt vor allem in den letzten Jahren mit immer noch wachsenden Anforderungen an die Aussagekraft der einzelnen Statistiken ein beachtliches, erweitertes Aufgabenpensum zu leisten. Hervorzuheben sind hier die Reformierung verschiedener Bereiche der Wirtschaftsstatistiken und der volkswirtschaftlichen Gesamtrechnung, die Inbetriebnahme des Statistischen Informationssystems, die Arbeiten zum Aufbau des Datenschutz- und Datensicherungskonzepts sowie zur Verbesserung der statistischen Geheimhaltung. Dazu kommen zahlreiche umfängliche Sonderauswertungen für die Bundesressorts und besondere Anstrengungen des Amts zur Verbesserung der Aktualität und Genauigkeit der Statistik. Aktuelle Informationen haben aus verständlichen Gründen stark an Bedeutung zugenommen. Die Nutzer erwarten statistische Ergebnisse als Planungsgrundlage mit zunehmender Ungeduld.

Mit dem Anwachsen der Aufgaben gingen aufgrund der allgemeinen Haushaltssituation bis in das laufende Jahr hinein erhebliche Restriktionen im finanziellen Bereich einher. Um eine Zahl zu nennen: das Amt hat seit 1979 rd. 110 Stellen abgeben müssen. Unter diesem Vorzeichen war eine befriedigende Aufgabenerledigung nur mit Hilfe eines aufgabenorientierten, effizienten und mitarbeitergerechten Einsatzes der Datenverarbeitung im Stapelbetrieb und durch konsequent rationellere Arbeitsweise möglich. In welcher Größenordnung das Amt bereits mit moderner Technologie arbeitet, soll folgender Überblick verdeutlichen.

3.1 Ein erster Schwerpunkt liegt bei den Bildschirmgeräten. Das Amt hat bereits 104 Bildschirmgeräte im Einsatz, davon 93 in Wiesbaden, 5 in Berlin und 6 in Bonn. Der Ausbauplan sieht mittelfristig den Einsatz von weiteren 80 Bildschirmgeräten vor. Die Bildschirmgeräte werden im Dialogbetrieb verwendet, d.h. Mitarbeiter verkehren über die Bildschirme online mit den derzeit 4 zentralen Rechneranlagen, und zwar sowohl innerhalb des Datenverarbeitungsbereichs für DV-eigene Aufgaben als auch unter Anwendung des Statistischen Informationssystems des Bundes. Mit diesem Informationssystem steht zunächst den Benutzern der amtlichen Statistik eine Serviceeinrichtung zur Verfügung, die die Bereitstellung und Auswertung statistischer Materialien verbessert. Die aus verschiedenen Quellen und Berichtsperioden gespeicherten statistischen Ergebnisse können aber nicht mit den im System vorhandenen Auswertungs- und Analyseverfahren weiter bearbeitet werden. Mit diesen Verfahren lassen sich Sonderauswertungen statistischer Materialien aufgrund von ad hoc auftretenden Anforderungen ebenso durchführen wie Modellrechnungen für Analyse-, Prognose- und Planungszwecke. Weitere Einsatzmöglichkeiten für Bildschirmgeräte, insbesondere im Bereich der Sachbearbeiteraufgaben (z.B. Durchführung von Plausibilitätskontrollen im Dialog), sind in Vorbereitung. Von den in Wiesbaden aufgestellten Bildschirmgeräten befinden sich über die Hälfte (48) an Mischarbeitsplätzen in den Fachabteilungen und 18 in zentralen Sonderräumen für Mitarbeiter der Fachabteilungen. Die restlichen 27 Geräte befinden sich an Einzelarbeitsplätzen und in zentralen Sonderräumen speziell für Mitarbeiter der DV-Abteilung.

3.2 Ein zweiter Schwerpunkt liegt bei der Datenerfassung. Hier stehen in Wiesbaden und Berlin insgesamt 170 Disketten-Einzeldatenerfassungs-Terminals (ebenfalls mit Bildschirm) sowie jeweils 2 Supervisor-Datenterminals zur Verfügung. Die Datenerfassung bewältigt durchschnittlich 2,7 Millionen Datensätze im Monat.

3.3 Ein dritter Schwerpunkt ist der Bereich der Textverarbeitung. Das Amt hat sie in den vergangenen Jahren erheblich ausgebaut. In Wiesbaden stehen derzeit 6 Textautomaten mit Ganzseiten-Bildschirm für die Erstellung von Statistiken und Tabellen zur Verfügung; in Berlin sind 2 dieser Geräte im Einsatz. Hinzu kommen in Wiesbaden noch 3 weitere Textautomaten für die Erstellung von Texten. Hierbei handelt es sich um Magnetkartenschreiber mit dem Speichermedium Magnetkarte.

4. Nach diesem Überblick dürfte von besonderem Interesse sein, wie das Amt den Einsatz der neuen Bürotechnologien in die Wege leitet.

Auslösungsbedingungen für eine rationellere Aufgabenerfüllung durch verstärkten Einsatz technischer Hilfsmittel sind nach den bisher gewonnenen Erfahrungen:

- Leistungsdefizite im Rahmen einer gegebenen Situation als Folge der Übertragung neuer zusätzlicher Aufgaben oder als Auswirkung neuer Anforderungen

- die Veränderung von Rahmenbedingungen, z.B. Reduzierung von Stellen und Personal

Einen Anstoß können aber auch die Entwicklung und das Angebot neuer praxisgerechter Technologien durch die Industrie geben. Das Statistische Bundesamt läßt für die Einführung neuer Technologien nicht die Vorstellungen und Wünsche einzelner Organisationseinheiten oder Mitarbeiter ausschlaggebend sein, die sich für den technischen Fortschritt und seine Nutzbarmachung in der Verwaltung besonders interessieren und sich aus diesem Grund dafür einsetzen. Es liegt auf der Hand, daß ein solches Verfahren eine wenig planvolle, unkoordinierte Einführung neuer Technologien zur Folge hätte. Derartige Vorstellungen und Wünsche dürfen aber auch nicht unbeachtet bleiben, sie können durchaus wichtige Hinweise für einen Innovationsbedarf geben.

Denkbar sind drei Vorgehensweisen:

4.1 Erste Vorgehensweise:

Man überläßt Überlegungen und Durchführung einer zentralen Beschaffungsstelle, die ohnehin bei jeder Verwaltung vorhanden ist. Die zentrale Beschaffungsstelle informiert sich laufend über die am Markt befindlichen Bürotechnologien und technischen Systeme. Sie schlägt deren Einsatz entweder selbst vor oder wird auf Auftrag der Anwender (z.B. Fachabteilung) tätig.

Dieses Verfahren hat den Nachteil, daß die zentrale Beschaffungsstelle die speziellen Anwendungsbedingungen nur selten kennt und organisatorische Veränderungen nicht übersehen kann. Die Entwicklung vollständiger Soll-Konzepte ist ihr nicht ohne weiteres möglich. Andererseits hat die fachliche Organisationseinheit keine umfassenden Kenntnisse über die auf dem Markt angebotenen neuen technischen Systeme und kann sie normalerweise, worauf STAUDT (15) und SCHIRRMACHER (16) zutreffend aufmerksam machen, wegen der Vielzahl und Unübersichtlichkeit der Herstellerangebote auch nicht haben (17). Damit bestünde die Gefahr, daß der Einsatz der neuen Technologie organisatorisch nicht sorgfältig genug vorbereitet wäre. Die Auswirkungen neuer Technologien werden aber, wie die Arbeitsgruppe Mikroelektronik beim Bundesminister des Innern in ihrem Bericht über die Auswirkungen der Mikroelektronik auf die öffentliche Verwaltung (18) zu Recht festgestellt hat, nicht durch die technischen Produkte selbst, sondern ausschließlich von der Organisation ihres Einsatzes bestimmt.

4.2 Zweite Vorgehensweise:

Man überträgt die Einführung neuer Technologien einer zentralen Oganisationseinheit der Verwaltung, wobei diese die Aufgabe hat, sich sowohl Marktkenntnisse über das Angebot neuer Technologien und Systeme als auch Anwenderkenntnisse über die Arbeitsabläufe in den Fachabteilungen zu beschaffen, um aus dieser genaueren Kenntnis Vorschläge zu entwickeln. Dieses Verfahren bewährt sich durchaus bei homogenen Anwendungsgebieten, z.B. bei der Einführung neuer Technologie für die Textverarbeitung. Wenn jedoch vielfältige Detailuntersuchungen notwendig sind, wenn z.B. im Statistischen Bundesamt die Neuorganistion einer ganzen Statistik von der Erhebung bis zur Veröffentlichung mit dem Ziel untersucht werden soll, umfassende, tiefgreifende Verbesserungsvorschläge unter Einbeziehung neuer Technologien zu unterbreiten, dann ist ein komplexeres Verfahren geboten.

4.3 Hier wird man sich – und das wäre die dritte Vorgehensweise – einer speziellen Arbeits- oder Projektgruppe bedienen müssen, die einen umfassenden Überblick über die Organisation und Aufgabenstruktur der Behörde und überdies die Fähigkeit und die Autorität hat, sich einen genauen Einblick in die mit neuer Technologie zu versehenden Teilbereiche zu verschaffen (19).

Die Mitglieder einer solchen möglichst eigenständigen Arbeits- oder Projektgruppe müssen dabei, worauf die Arbeitsgruppe Mikroelektronik zutreffend hinweist (20), folgende Kenntnisse und Fähigkeiten haben:

– Gesamtüberblick über die Aufgaben und Organisation

– ausreichende theoretische Kenntnisse der Organisationslehre und langjährige praktische Erfahrung in der Gestaltung von Organisationsstrukturen und Verfahrensabläufen sowie betriebswirtschaftliche Grundkenntnisse insbesondere hinsichtlich
  der Kostenrechnungsverfahren

- ausreichende Kenntnisse über die Wirkungweise und Anwendungsmöglichkeiten der elektronischen Datenverarbeitung, der Nachrichten- und Bürotechnik und

- Fähigkeit zur Abschätzung der rechtlichen und sozialen Auswirkungen organisatorischer Maßnahmen.

Das Statistische Bundesamt hat sich vor einigen Jahren für die zuletzt dargestellte Vorgehensweise entschieden. Es hat Verfahren und Arbeitsweise seiner eigens dafür geschaffenen zwei Organisationsuntersuchungskommissionen in der Folgezeit aufgrund gewonnener Erfahrungen ständig verbessert.

Bezüglich der Arbeitsweise der genannten Kommissionen dürfte folgendes von Interesse sein:

Nach den von der Amtsleitung erlassenen Richtlinien zur Durchführung von Organisationsuntersuchungen im Statistischen Bundesamt werden Untersuchungen der Ablauf- und Aufbauorganisation des Amtes durchgeführt, um Vorschläge für eine möglichst rationelle Gestaltung von Arbeitsabläufen sowie eine darauf abgestimmte Aufbauorganisation zu erarbeiten. Ziel ist dabei der bestmögliche und sparsamste Einsatz personeller und sächlicher Verwaltungsmittel sowie die Verbesserung der Aktualität und Qualität der Statistiken. Darüber hinaus sollen die Untersuchungen der fortlaufenden Anpassung der Ablauf- und Aufbauorganisation an sich ändernde Aufgaben und Arbeitsmethoden dienen.

Die Ergebnisse, die die Kommissionen nach Abschluß der Untersuchung bestimmter Organisationseinheiten vorlegen, liefern der Amtsleitung Entscheidungshilfen für die Planung und Durchführung organisatorischer und personeller Maßnahmen. Die Vorschläge - z.B. zum rationellen Einsatz der Datenverarbeitung und anderer Bürotechnologien - gelangen erst dann zur Entscheidung der Amtsleitung, wenn eine Abstimmung mit den betroffenen Organisationseinheiten erfolgt oder zumindest ernsthaft mit dem Ziel einer Einigung versucht worden ist. Dieses Verfahren macht deutlich, daß die Kommissionen nicht den Anspruch auf absolute Richtigkeit ihrer Lösungsvorschläge erheben. Sie verstehen sich vielmehr als Beratungsinstitution, was eine Diskussion ihrer Vorschläge bis in das Abstimmungsgespräch hinein zuläßt, eine Diskussion, die allerdings mit der nötigen Standfestigkeit zu führen ist.

Auf dem Weg zu einem integrierten System der gesamten im Statistischen Bundesamt einzusetzenden Technologie kommt als Untersuchungsbereich in der Regel die kleinste im Amt vorkommende Organisationseinheit, die Gruppe (21), in Frage.

Bei sachlich zusammenhängenden Aufgaben, deren Erledigung mehreren Organisationseinheiten obliegt, können die Kommissionen aber die organisatorisch vorgegebenen Grenzen soweit erforderlich auch überschreiten und die Aufgabenerledigung in anderen Gruppen, in der Zweigstelle Berlin oder in der Außenstelle Düsseldorf, in ihre Betrachtung mit einbeziehen.

Andererseits können sich die Untersuchungen auch auf einen oder mehrere Teilbereiche der Ablauf- und Aufbauorganisation einer Organisationseinheit beschränken.

Das Amt achtet darauf, daß in den Kommissionen der notwendige Sachverstand vorhanden ist. Jede Kommission hat 4 Mitglieder, davon zwei aus dem Bereich Organisation und je ein Mitglied aus dem Bereich der Fachabteilungen und der Abteilung Maschinelle Datenverarbeitung. Neben den für ihre Arbeit besonders qualifizierten Kommissionsmitgliedern, die den Laufbahnen des höheren und gehobenen Dienstes angehören und von der Amtsleitung bestellt sind, können die Kommissionen im Bedarfsfall zusätzliche Mitarbeiter des Amts mit besonderer Fachkunde, z.B. bezüglich mathematisch-statistischer Verfahren oder bezüglich des Statistischen Informationssystems, hinzuziehen.

5. Von besonderem Interesse dürfte das methodische Vorgehen sein: Die Komplexität der in die Untersuchungen einzubeziehenden Sachverhalte läßt regelmäßig ein induktiv-analytisches Vorgehen angezeigt sein. Dabei ist eine Aufteilung in verschiedene Teilschritte und Untersuchungsfelder mit ständiger Rückkoppelung notwendig, um die Verträglichkeit der einzelnen vorzuschlagenden Maßnahmen sicherzustellen.

Die Einleitung der Untersuchung erfolgt in Besprechungen mit den Verantwortlichen der betroffenen Organisationseinheiten. Es folgt eine Situationsanalyse, eine Ermittlung des Ist-Zustandes.

Ausgangspunkt für die Überlegungen zum Einsatz neuer Technologien oder technischer Hilfsmittel sind stets die zu erfüllenden Aufgaben. Zentrales Augenmerk gilt hier der Aufgabenanalyse. Dazu gehören Aufgabenumfang, Aufgabenkomplexität, Aufgaben-dynamik (Häufigkeit und Umfang von Aufgabenänderungen) sowie Aufgabendeterminiertheit (Eindeutigkeit der Aufgaben und Verfahrensweisen, Eindeutigkeit der Endresultate, was eine Aussage zu einer möglichen Formalisierung und Standardisierung zuläßt). Nicht minder wichtig ist die Analyse der vorhandenen Organisation und der Arbeitsprozesse. Sie erstreckt sich auf die Feststellung, in welchem Maße Arbeitsteilung und -spezialisierung gegeben und inwieweit Arbeitsprozesse formalisiert und standardisiert sind.

Daneben kommt der Feststellung der Personalstruktur große Bedeutung zu. Die beste Ausstattung mit modernen technischen Geräten verfehlt ihre Wirkung, wenn es an Mitarbeitern mangelt, die in der Lage sind, das Leistungsspektrum der modernen Technologien voll auszuschöpfen. Bei der Untersuchung der Personalstruktur ist die Feststellung vorhandener Kenntnisse und Fähigkeiten sowie der Aufgeschlossenheit des Personals gegenüber neuen Technologien und Verfahren wichtig. Sie läßt wichtige Schlüsse auf die Akzeptanz zu.

Eine Mängelanalyse gibt sodann Aufschluß darüber, welche Bedarfsdefizite bezüglich einer optimalen Aufgabenerfüllung bestehen, wobei Maßstab die norm- und sachgerechte Aufgabenerfüllung und die Wirtschaftlichkeit sein müssen.

Die Entwicklung eines organisatorischen Konzepts setzt dann voraus, daß die Ziele, die durch organisatorische Maßnahmen und den Einsatz neuer Technologie erreicht werden sollen, definiert und eindeutig operational festgelegt werden.

Erforderlich sind Überlegungen zu der Frage, wodurch und in welchem Umfang bestimmte Wirkungen eintreten können. Zielkonflikte, die sich möglicherweise bei gleich-zeitiger Verwirklichung mehrerer Maßnahmen ergeben würden, müssen schon in diesem Stadium erkannt und durchdacht werden, um spätere Konfliktsituationen möglichst im Ansatz zu vermeiden.

An die Feststellung des Ist-Zustandes schließt sich die Entwicklung des Soll-Konzepts an, das in konkrete Vorschläge einmündet und zeitliche Vorstellungen bezüglich der Realisierung aufzeigt. Hinsichtlich der Einführung neuer Bürotechnologien muß das Soll-Konzept eine schlüssige Antwort auf die Frage geben, welchen Anforderungen die neue Technologie genügen muß, welche Gerätekonfiguration nötig ist und ob der Einsatz unter wirtschaftlichen Gesichtspunkten gerechtfertigt ist. Dabei ist zu bedenken, daß, wie WITTKEMPER (22) fordert, technische Verwaltungen nicht unter einem rein ökonomischen Begriff der Wirtschaftlichkeit im Sinne der betriebswirtschaftlichen Wirtschaftlichkeit eines Produktions- oder eines Handelsbetriebs organisiert werden können, sondern einer "sozialen Wirtschaftlichkeit" verpflichtet sein sollten.

Die Kommissionen müssen sich bei der Entwicklung der Soll-Konzepte aber auch mit der wichtigen Frage befassen, ob die Personalstruktur den veränderten Anforderungen entspricht oder ob u.U. Anpassungsmaßnahmen (wozu Schulung und Ausbildung gehören) notwendig sind (23). In diesem Sinne sind die umfassenden Vorschläge der Kommission zur rationelleren Aufgabenerfüllung als "qualitätsorientierte Maßnahmen zum Abbau von unproduktiven Tätigkeiten, zur Gewinnung von Arbeitskapazitäten für eine bessere Aufgabenerfüllung sowie für die Wahrnehmung qualitativ höherwertiger Aufgaben" (24) zu sehen.

Schließlich muß sich die Kommission bei der Entwicklung des Soll-Konzepts mit möglichen Problemen in der Durchführungsphase befassen. Sie muß überlegen, welche Mittel zur Verfügung stehen und mit welchen Widerständen zu rechnen ist.

Eines dieser Probleme - das Akzeptanzproblem - wurde eingangs bereits angesprochen. Neue Techniken und Organisationsformen funktionieren, wie FISCHER (25) zutreffend feststellt, nur in dem Maße, in dem sie vom Menschen mitgetragen werden: "Auch die perfekteste Organisationsregelung bleibt totes Papier, solange sie nicht vom Menschen verwirklicht wird; Rationalisierung ohne oder sogar gegen den Menschen bringt sicherlich keinen Fortschritt".

Das im Statistischen Bundesamt angewandte Verfahren kommt dem Wunsch nach Vermeidung von Akzeptanzproblemen entgegen. Akzeptanzprobleme sind häufig auf mangelhafte Information über die geplanten Maßnahmen, auf zunächst noch fehlende Qualifikationen der Mitarbeiter und daraus resultierende Verunsicherung sowie auf die Sorge einer nachhaltigen Verschlechterung der allgemeinen Arbeitsbedingungen, wozu auch die Qualifikation der Arbeitsplätze und verringerte Aufstiegsmöglichkeiten gehören können, zurückzuführen (26). Die Organisationsuntersuchung gibt den Mitarbeitern ausreichend Zeit, sich auf Änderungen der Arbeitsablauf- und Aufbauorganisation einzustellen und die Vorschläge der Kommission, das Soll-Konzept, an dessen Entwicklung die Mitarbeiter selbst mitwirken, als Verbesserungsvorschläge zu verstehen, anstatt in ihnen eine Mißbilligung der bisherigen Verfahren zu sehen. Die im Rahmen des Soll-Konzepts entwickelten Vorschläge gehen nach der bereits erwähnten Abstimmung zwischen Kommission und Fachabteilung der Amtsleitung zur Entscheidung zu. Bei Verwirklichung der Vorschläge fällt die Durchführung der einzelnen Maßnahmen in die Verantwortung der Fachabteilungen, die durch die Vorschläge berührt sind. Die Organisationsuntersuchungskommissionen haben insoweit nur noch beratende Funktion. Das ist auch notwendig, denn sie müssen sich möglichst schnell neuen Aufgaben zuwenden können. Ihre Arbeitskraft darf nicht durch Übernahme von umfänglichen Aufgaben in der Realisierungsphase in Anspruch genommen werden. Die Realisierung bleibt allerdings im Blick der Amtsleitung.

6. Es ist nicht zu leugnen, daß bei der Einführung neuer Technologien erfahrungsgemäß Probleme auftreten, die jedoch, wie sich gezeigt hat, nicht unlösbar sind.

Die Einführung grundlegender neuer Arbeitsmethoden ist ebenso mitbestimmungspflichtig wie die Gestaltung der Arbeitsplätze (27). Durchaus verständlich sind deshalb Vorbehalte und Bedenken der Personalvertretungen wegen möglicher negativer Auswirkungen bei der Einführung neuer Bürotechnologien (28).

Hier ist eine möglichst umfassende Information vor und während der Organisationsuntersuchung unbeschadet der späteren Beteiligung bei der Durchführung der Vorschläge sinnvoll und geboten. So hat im Statistischen Bundesamt eine Projektgruppe bereits vor Beginn der Einführung von Bildschirmgeräten für die Dialog-Verarbeitung in den Fachabteilungen und für das Statistische Informationssystem amtsinterne Empfehlungen für die Arbeitsbedingungen an Bildschirmarbeitsplätzen erarbeitet. Diese Grundsätze waren mit der Personalvertretung und dem betriebsärztlichen Dienst abgestimmt. Sie hatten bis zum Inkrafttreten der vom Bundesministerium des Innern kürzlich erlassenen Richtlinien Gültigkeit. Auch bei der Einführung anderer Bürotechnologien stand die rechtzeitige und umfassende Information der Personalvertretungen und des betroffenen Personals im Vordergrund der

Bemühungen. Auf diese Weise ist bisher die Einführung neuer Bürotechnologien im guten Einvernehmen mit den Personalvertretungen gelungen.

Probleme ergeben sich auch mit der Beschaffung der geplanten technischen Einrichtungen, wenn es um die haushaltsmäßige Veranschlagung der Mittel für die Beschaffung geht. Sie erfordert, soweit es um den DV-Bereich geht, zunächst eine Genehmigung der Bundesbeauftragten für die Wirtschaftlichkeit der Verwaltung und der Koordinierungs- und Beratungsstelle der Bundesverwaltung beim Bundesminister des Innern. Schwierigkeiten lassen sich hier vermeiden, wenn die Anmeldungen bei den zuständigen Stellen rechtzeitig und mit gut durchdachten Begründungen vorliegen. Andererseits kann auch Flexibilität gefordert sein, wenn es bei der Einführung von Bürotechnologie um die Frage der Wirtschaftlicheit geht. Hier ist darauf zu achten, daß es mit einer arbeitsorganisatorisch begründeten, sinnvollen Umstrukturierung von Stellen sein Bewenden hat.

7. Zusammenfassend ist zu sagen: Die bisherigen Erfahrungen mit dem vom Statistischen Bundesamt entwickelten Verfahren sind durchweg als gut zu bezeichnen. Die in der Zwischenzeit eingeführten Technologien und eingesetzten technischen Systeme sind bei der großen Mehrzahl der damit arbeitenden Mitarbeiter durchaus beliebt (29). Viele, vor allem jüngere Mitarbeiter wünschten sich eine schnellere Einführung neuer Bürotechnologien, wobei die dadurch bewirkte Imageverbesserung durchaus eine Rolle spielen dürfte.

Die Erfahrungen mit dem dargestellten Verfahren lassen es zu, folgende allgemeine Grundsätze für die Einführung von Bürotechnologien zu formulieren. Die Einführung erfordert:

- frühzeitiges Planen unter Berücksichtigung der neuesten fachlichen, methodisch-wissenschaftlichen, technischen, organisatorischen und rechtlichen Erkenntnisse

- umfassende sorgfältige Analyse der Einsatzbereiche für neue Bürotechnologien in der Regel durch besondere Projektgruppen, denen versierte Mitarbeiter angehören, die aufgrund langjähriger Berufserfahrung einen Überblick über die Gesamtaufgaben der Behörde haben und sich einen genauen Einblick in bestimmte Aufgabenbereiche verschaffen können

- frühzeitiges Erkennen und Ausschalten von Zielkonflikten

- Aufklärungs- und Überzeugungsarbeit bei der Entwicklung des Soll-Konzepts sowohl in Richtung auf das von der geplanten Umstellung betroffene Personal als auch in Richtung auf die Personalvertretungen

Diese Grundsätze dürften sich mit einigen aus den spezifischen Besonderheiten und der konkreten Aufgabenstellung abgeleiteten Modifizierung in allen Verwaltungsbereichen bewähren und als Grundlage für die Entwicklung jeweils eigener Einführungsstrategien geeignet sein.

Anmerkungen

(1) PFLAUMER, Organisatorische Probleme bei der Einführung von Bildschirmarbeit in der öffentlichen Verwaltung. VOP (Verwaltungsführung Organisation Personalwesen) 2/1981, S. 100 ff.

(2) REINERMANN, Organisation und Informationstechnik - Wie reagiert die öffentliche Verwaltung auf den informationstechnischen Wandel? VOP 5/1980, S. 274 ff; vgl. auch REINHARD/SCHOLZ, Neue Technologien in der Textverarbeitung. IFO-Schnelldienst 1/2/83, S. 17 (19).

(3) Bulletin der Bundesregierung Nr. 3 vom 10.1.1983, S. 19.

(4) STAUDT verwendet den Begriff Lösungsstrategien, vgl.: Innovationswiderstände - Ursachen und Lösungsstrategien. management heute 2/83, S. 5; 3/83, S. 21; 4/83, S. 27.

(5) Diesbezügl. Abhandlungen: BELOW, Einführung von Dialog-Arbeitsplätzen bei der BfA. ÖVD-Online 1/83, S. 92 ff; TIEM, Planung und Einführung neuer Arbeitsmethoden. ÖVD-Online 2/83, S. 74 ff.

(6) GAUGLER, Neue Techniken für die Büros - werden sie akzeptiert? In: Zukunftsaspekte der Verwaltung - Vorträge und Diskussionsbeiträge der 48. Staatswissenschaftlichen Fortbildungstagung 1980 der Hochschule für Verwaltungswissenschaften in Speyer - Berlin 1980, S. 143 f; vgl. auch PFLAUMER, a.a.O., S. 100 ff; REINERMANN, a.a.O., S. 278, gebraucht in diesem Zusammenhang den Begriff "technologische Revolution".

(7) Zur Industrie vgl. AFFEMANN, Wandel in der Arbeitswelt aufgrund neuer Technologien. Beiträge aus Wissenschaft und Praxis 2/80, S. 5 des Instituts Mensch und Arbeitswelt, Stuttgart.

(8) NIEDNER, Vorstandsvorsitzender der Triumph-Adler AG, zitiert nach: Office Management 3/1983, S. 176.

(9) GAUGLER, a.a.O.; PFLAUMER, a.a.O., S. 101; SCHIRRMACHER, Organisatorische Voraussetzungen der Nutzung neuer Telekommunikationstechnologien in der öffentlichen Verwaltung (II). VOP 2/1980, S. 83.

(10) Zitiert nach: Informationen der Bundesregierung für Arbeitnehmer Nr. 86 v. 15.6.1983, S. 5.

(11) BRINCKMANN, Entwicklungslinien der Informationstechnik in der öffentlichen Verwaltung. Verwaltungsrundschau 1983, S. 88 (94).

(12) NIEDNER, a.a.O. S. 177; Reichwald, Zur Notwendigkeit der Akzeptanzforschung bei der Entwicklung neuer Systeme der Bürotechnik zitiert in: AWV-Informationen 5/6/1979, S. 1.

(13) BRINCKMANN, a.a.O., S. 94.

(14) GAUGLER, a.a.O., S. 143

(15) STAUDT, a.a.O., 2/83, S. 7, weist darauf hin, daß potentielle Anwender der Mikroelektronik bereits auf der Suche nach geeigneten Mikroelektroniksystemen von der Vielfalt der angebotenen Firmenvarianten überfordert sind, und daß die Sicherung der horizontalen (auf Anschlußtechnologie gerichtete) und vertikalen (auf zukünftige

Weiterentwicklung gerichtete) Kompatibilität der neuen Technologie zu einem Überlebensproblem potentieller Anwender wird.

(16) SCHIRRMACHER, Organisatorische Voraussetzungen der Nutzung neuer Telekommunikationstechnologien in der öffentlichen Verwaltung (I). VOP 1/1980, S. 10.

(17) Für den Bereich der EDV weist BONIN, (Wie soll es mit der Datenverarbeitung weitergehen? VOP 2/1983, S. 6/69) auf die Gefahr hin, daß die für die Beschaffung Veranwortlichen Gefahr laufen könnten, der "Faszination der Technik" zu erliegen.

(18) Bericht vom 30.1.1980, S. 22; herausgegeben vom Bundesminister des Innern.

(19) STAUDT, (Management heute 3/83, S. 21/22) weist mit Recht darauf hin, daß zur problem- und betriebsbezogenen Nutzung, Anpassung und Kombination vor allem problemfeld- und betriebsspezifische Qualifikation erforderlich sei. Die durch Mikroelektronik zunehmende Technisierung von Dienstleistung und Verwaltung könne tiefgreifende organisatorische Veränderungen bewirken und zu einem totalen Wandel der Aufbau- und Ablauforganisation führen.

(20) Bericht S. 45; vgl. auch BONIN, a.a.O., S. 71

(21) Eine Gruppe hat normalerweise zwischen 30 und 50 Mitarbeiter.

(22) WITTKEMPER, Möglichkeiten und Grenzen neuer Technologien in der öffentlichen Verwaltung. Die Verwaltung 2/83, S. 161 (176). WITTKEMPER (a.a.O. S. 177) weist zu Recht auf die Gefahr hin, daß in der gegenwärtigen "Rotstiftzeit" Personalentwicklungsmaßnahmen Sparmaßnahmen zum Opfer fallen. WITTKEMPER sieht in der gegenwärtigen Verschuldung der öffentlichen Hände im übrigen ganz generell eine Grenze für die Einführung neuer Technologien in der Verwaltung (S. 174). Sie sei nicht in der Lage, jene zusätzlichen Investitionen zu tätigen, die erforderlich sind, um den neuen Technologien vollen Eingang in die öffentliche Verwaltung zu sichern. Vgl. dazu auch Bericht Arbeitsgruppe Mikroelektronik, S. 34.

(23) Diese Betrachtungsweise entspricht diesbezüglichen Forderungen der Wissenschaft. So weist GAUGLER (a.a.O., S. 158) zutreffend darauf hin, "daß die Akzeptanz der neuen Bürotechniken seitens der Mitarbeiter beeinträchtigt wird, wenn die Qualifikationsveränderungen mit grundlegenden Bedürfnissen des arbeitenden Menschen kollidieren und wenn die Ausbildungsgänge und die Weiterbildung der Mitarbeiter sich nicht ausreichend an den Qualifikationsverlagerungen ausrichten". Vgl. auch STAUDTs Forderung nach einer "angebotsorientierten Qualifikationspolitik" (Management heute 4/83, S. 27/28).

(24) Bericht Arbeitsgruppe Mikroelektronik, S. 35.

(25) FISCHER, Bleibt die Humanisierung vor der Tür? VOP 3/1980, S. 170 (173).

(26) FISCHER, a.a.O., S. 170 ff, weist auf entsprechende Feststellungen im Bericht von GAUGLER über ein für das Bayerische Staatsministerium für Arbeit- und Sozialordnung 1978/79 durchgeführtes Forschungsprojekt "Rationalisierung und Humanisierung von Büroarbeit" hin (2. Aufl. Ludwigshafen 1980). STAUDT (a.a.O., 3/83, S. 21/23) sieht bei den von Umorganisationen betroffenen Mitarbeitern die Gefahr "subjektiv empfundener Bedrohungen" und meint, daß echte Innovationen sogar häufig einen Generationenwechsel erfordern könnten. Auch PFLAUMER (a.a.O., S. 101) spricht von einer weit verbreiteten Angst vor Rationalisierung und meint, die Akzeptanzschwelle sei nicht zuletzt durch eine Reihe "elementarer Fehler beim Einsatz von Bildschirmgeräten" erhöht worden.

(27) Vgl. Paragraph 75 Abs. 3 Nr. 16, 17 und Paragraph 76 Abs. 2 Nr. 7 BPersG. Dazu auch KAERGER: Bildschirmarbeitsplätze und Beteiligungsrechte der Personalvertretungen. Recht im Amt 7/1982, S. 121 ff.

(28) GAUGLER (a.a.O., S. 162) meint, daß sich viele Betriebsräte in dieser Materie nicht sicher fühlten. Sie seien zwar nicht immer dagegen, aber sie verfügten einfach nicht über das Instrumentarium und das Wissen, das sie zu einer Mitentscheidung und Mitverantwortung für entsprechende Umstellungsvorgänge gegenüber der von ihnen vertretenen Mitarbeiterschaft in die Lage versetze. GAUGLER (a.a.O., S. 163) zieht aus dieser Einschätzung den Schluß, daß es zu einer der wesentlichen Funktionen derjenigen gehört, die Umstellungsprozesse einleiten, frühzeitig, wenn nicht die betroffenen Mitarbeiter selber, so doch den Betriebsrat in die Erwägungen der alternativen und unterschiedlichen Lösungsmöglichkeiten voll miteinzubeziehen. Inwieweit die personalvertretungsrechtlichen Vorschriften ein solches Vorgehen verlangen und rechtfertigen, mag dahinstehen, vom erwünschten Ergebnis her ist die Auffassung sicher zutreffend.

(29) Ähnliche Feststellungen hat die Untersuchung im Rahmen des Forschungsprojekts "Rationalisierung und Humanisierung von Büroarbeiten" ergeben; vgl. GAUGLER, Neue Techniken für die Büros - werden sie akzeptiert? a.a.O., S. 148. GAUGLER weist darauf hin, daß nach den Befragungsergebnissen die eigene Erfahrung mit den neuen Bürotechniken die Akzeptanz derselben stark gesteigert habe. Dies widerspricht auch den Befürchtungen, daß der Einsatz programmgesteuerter Arbeitsmittel zu einer Verringerung der Anforderungen an Arbeitsplatz und somit zu Dequalifizierung der dort beschäftigten Arbeitnehmer führt, die sich auch in Repräsentativbefragungen nicht haben belegen lassen; vgl. TROLL, Die Verbreitung programmgesteuerter Arbeitsmittel (MatAB 1/1983, S. 6, Institut für Arbeitsmarkt- und Berufsforschung der Bundesanstalt für Arbeit).

AUTOMATION UND KOMMUNIKATION IM BÜRO UND VERWALTUNGSBEREICH

-INTEGRIERTE LÖSUNGEN VERSUS ISOLIERTE LÖSUNGEN-

Fritz L. Steimer
Kienzle Informationssysteme, Villingen

Referat

Im Bürobereich ist ein noch hohes Rationalisierungspotential festzustellen; dabei können der Komplexität der Aufgaben sowie den Informationsverarbeitungsaspekten lediglich arbeitsplatzorientierte integrierte Bürosysteme gerecht werden und Vorteile für die jeweilige Organisation und Mitarbeiter bringen. Es werden Voraussetzungen und Anforderungen solcher Systeme diskutiert. Das Konzept der "bereichsinternen Informationsverarbeitung", orientiert an Aufgabenkomplexen, die verbundmäßig zusammengeführt werden können, erhöht die Flexibilität und Transparenz der Unternehmung.

Abstract

There is a large potential for rationalization within the administrative units; looking at office automation from the aspect of information processing and the complexity of tasks jobrelated integrated workstations are the answer. Advantages and requirements of such systems are discussed. The concept of "unit-orientated information processing" is introduced that will strengthen the flexibility of the organization and improve the clarity of tasks within.

Das "Büro als Zentrum der Informationsverarbeitung" - lautet der Titel eines Buches von Prof. Grochla. In Anlehnung an diesen Titel können wir den Büro- und Verwaltungsbereich als eine Art Werkstatt ansehen, in welcher der Rohstoff "Information" zu den unterschiedlichsten daten-, text-, bild- oder sprachförmigen Endprodukten verarbeitet wird.

Eine weitere Analogie zur materiellen Produktion läßt sich aufzeigen: die erwähnten Endprodukte entstehen in der Regel durch das aufeinander abgestimmte Zusammenwirken vorausgehender Bearbeitungsvorgänge. Von absoluter Wichtigkeit für eine effektive Produktion ist hierbei die rechtzeitige Verfügbarkeit aller für die Erstellung benötigten Teile sowie das Vorhandensein leistungsfähiger Werkzeuge. Ersetzen wir die Termini Material durch Information, Materialfluß durch Informationsinfrastruktur, Fertigungsprozeß durch Informationsverarbeitung und Werkzeug durch Denkzeug, so haben wir das Themenfeld umschrieben, in dem sich zukünftig die Büroautomation bewegt. Die einleitend aufgezeigte Analogie vermittelt darüber hinaus ein erstes grobes Gespür dafür, warum Büroautomation und Bürokommunikation zukünftig von so hoher Bedeutung sind.

Belegen wir diese Aussage durch einige statistische Angaben:

1. Setzt man die in den letzten 10 Jahren in industriellen Bereichen erzielte Produktivitätssteigerung mit ca. 100 % an, so wurden in Verwaltungsbereichen nur 1/25 dieses Wertes erzielt. Bezogen auf den Zeitraum ab 1900 ergibt sich sogar ein Verhältnis von 1/200.

2. Die im industriellen Bereich getätigten Investitionen pro Arbeitsplatz liegen um ein Vielfaches höher als vergleichsweise im Büro-/ Verwaltungsbereich.

3. Der systemtechnische Durchdringungsgrad an den Arbeitsplätzen des Büro-/Verwaltungsbereichs ist minimal.

   Beispiel: Nur ca. 6 % der administrativen Arbeitsplätze arbeiten mit Systemunterstützung.

Wir erkennen, daß das 20. Jahrhundert an vielen Büros anscheinend nahezu spurlos vorübergegangen ist. Schreibmaschine und Telefon waren oft die einzigen Mittel zur Erhöhung der Effizienz. Anstelle in handgeschriebenen Listen wurde in Computerlisten geblättert. Während in der Werkshalle Automaten die Fertigung übernahmen, entscheiden die Verantwortlichen im Büro aufgrund oft ungenauer, unvollständiger oder inaktueller Informationen und bearbeiten Sachbearbeiter ihre Probleme im ˊhandwerklichen Stil .

Auch in den Aufgabenbereichen der "Öffentlichen Verwaltungen" kränkelt es hier noch stark.

Nachfolgend sind "Befund und Diagnose" dieser "Patienten" stichwortartig zusammengefaßt:

Der Patient:
Verwaltungs-/Bürotätigkeiten im öffentlichen Bereich

Der Befund:

- zu lange instutionelle Bearbeitungszeiten
- zu lange Gesamtabwicklungszeit
- aufwendige Vorgangsbearbeitung
- Archivierungsproblematik
- Aktenverwaltung
- Datenschutzproblem
- Mangel an Aktualität
- Automatisierungsproblem

Das (All?-)Heilmittel:
Integrierte Informationsbearbeitung / Bürokommunikation

Die detaillierte Diagnose

- Organisationsdefizite

    *Mangelnde Ablauf- und Aufgabentransparenz (Steuerungs- und Kontrollproblem)
    *Kompetenzproblem
    *Koordinations- und Synchronisationsproblem
    *Anzahl der Verfahrensschritte bzw. Verfahrensbeteiligten
    *Kommunikationsengpässe
    *Normative Handlungsgrundlage (Rechtsvernetzung, Normdichte)

- Defizite der ´Infrastruktur´

    *Zentrale Executivpools (Schreib-, Kopier-, Druckdienste)
    *Zentrale Archive / Registraturen / Akten
    *Transportdienste
    *Sachmitteldefizit
    *Raumproblem

- Personalsituation

    *Arbeitsbelastung
    *Motivation / Kreativität am Arbeitsplatz

Was aber können wir tun, um die Büro- und Verwaltungsbereiche wirtschaftlicher zu machen? Analysiert man Tätigkeitsabläufe, Zeitprofile und Informationsstruktur von Büroarbeitsplätzen, so kann die Lösung - so pauschal sie auch klingen mag - nur "Arbeitsplatzorientierte Integrierte Bürosysteme" heißen. Hierdurch können wir dem Sachbearbeiter und der Sekretärin Werkzeuge in die Hand geben, die ihnen die selbständige Ausführung von größeren Arbeitsabschnitten erlauben. Wir müssen die Informiertheit des Managers erhöhen, indem wir das Informationsangebot steigern, ohne ihn mit einer Informationsflut zu überschütten. Wir müssen die Kommunikation optimieren.

Der Anfang wurde in überschaubaren und abgegrenzten Gebieten gemacht, z.B. dort, wo sich Daten und Zahlen häufen, im Rechnungswesen. Hier hat die EDV erhebliche Verbesserungen gebracht und sich bei Banken, Versicherungen und öffentlichen Verwaltungen zu einem echten Werkzeug in der Hand des Sachbearbeiters entwickelt. Freilich zeigt sich hier auch die Grenze der heutigen EDV. Sie unterstützt bestimmte Tätigkeiten, aber sie bringt noch keine universelle Unterstützung. Was bis heute noch fehlt, ist:

- Eine Verbreiterung der Basis, so daß alle Mitarbeiter die Vorteile der Automation nutzen können.

- Eine allgemein nutzbare Software. Was gebraucht wird, sind zusätzlich zu den heutigen Standard- und teuren Individualprogrammen "Anwendungsdienstprogramme", die es dem Benutzer gestatten, den Computer als Werkzeug oder besser als "Denkzeug" zu nutzen.

- Es fehlt weiterhin die Integration von Einzellösungen. Die Zeit der isolierten Lösungsansätze läuft ab. Textverarbeitung, Datenerfassung sowie die verschiedenen Kommunikationsdienste wie Electronic Mail, Teletex, Bildschirmtext werden dem Benutzer direkt am Arbeitsplatz anzubieten sein.

- Es gilt, die interne Kommunikation im Büro zu verbessern. Dies ist beispielsweise möglich durch den Einsatz von Inhouse-Netzen, wobei nicht nur auf Übertragungsnetze, sondern auch auf niedrige Installationskosten und Integrierbarkeit des Telefons Wert zu legen ist; auch die zukünftigen Entwicklungen im Bereich der Nebenstellentechnik offerieren gute Ansätze in dieser Richtung.

Die Fehler, die vor langer Zeit bei der Einführung der Fertigungsautomation gemacht worden sind, darf man im Büro nicht wiederholen. Es wird kein "Fließbandbüro" gebraucht, sondern ein Büro, in dem der Mensch seine Fähigkeiten, die ihn der Maschine überlegen machen, besser einsetzen kann. Der Mensch soll bewerten, interpretieren, koordinieren, entscheiden.

Wie bereits erwähnt, muß der systemtechnischen Auslegung von Arbeitsplatzsystemen eine genaue Analyse der jeweiligen Aufgabenfelder und Informationsbedürfnisse vorausgehen. Allein schon die Betrachtung der für die Durchführung einer Aufgabe benötigten Informationen nach Aussagekraft, Aktualitätsgehalt und Herkunftsort erzwingt in den meisten Fällen eine Datenintegration mit anderen Arbeitsplätzen und damit -systemen.

Derzeit mangelt es auf breiter Basis an geeigneten Beschreibungsverfahren. Ein im Hause Kienzle zusammen mit dem IPA/Stuttgart entwickeltes Beschreibungsverfahren erlaubt es, die zeitlichen, mengen- und artbezogenen sowie auch örtlichen Bestimmungsgrößen aller Informationsströme einer Organisation zu erfassen und aufeinander abzustimmen (siehe Abbildung 1).

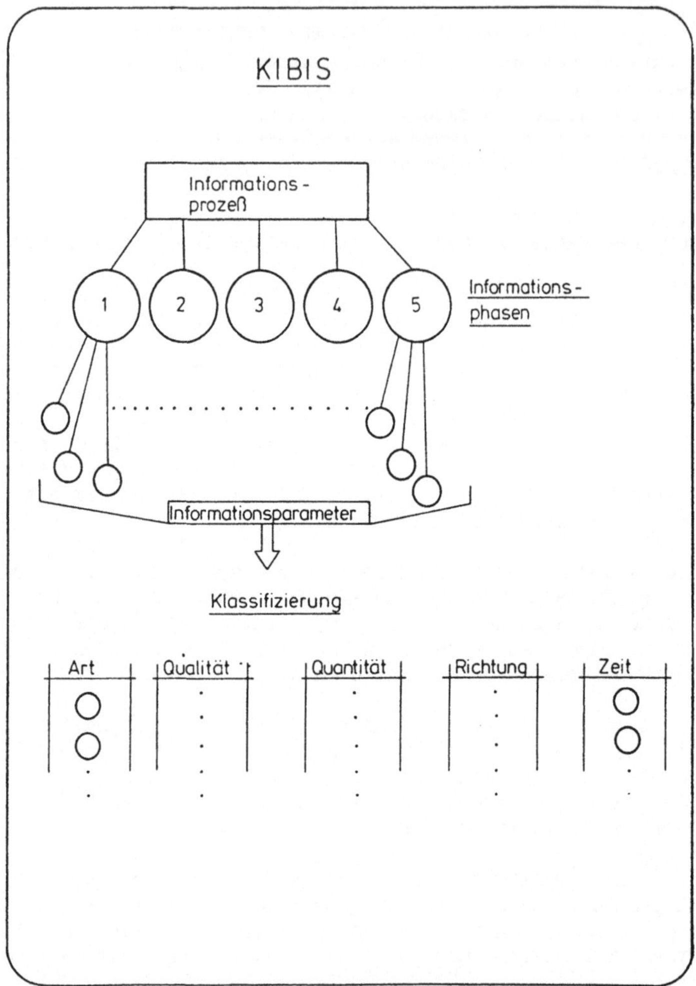

Schon in der ersten Definitionsstufe eines Systems muß u.a.   berücksichtigt werden, daß sich Tätigkeitsprofile, zeitbezogene Arbeitsaufteilung, aber auch Vorgänge der Dokumentverwaltung (Erstellen, Bearbeiten, Ablegen, Suchen) von Führungskräften (Management-APL), qualifizierten Fachkräften (Professional-APL), und Assistenzkräften/Sekretärinnen (Operational-/ Sekretariats-APL) gravierend unterscheiden und das System-Layout stark beeinflussen (siehe Abbildung 2).

Steimer   Automation und Kommunikation im Büro und Verwaltungsbereich

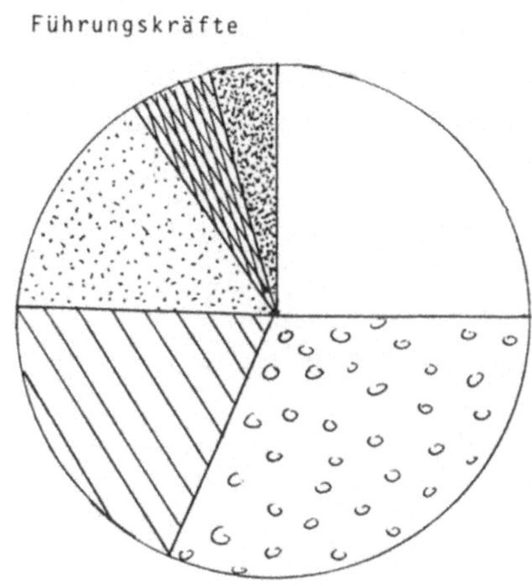

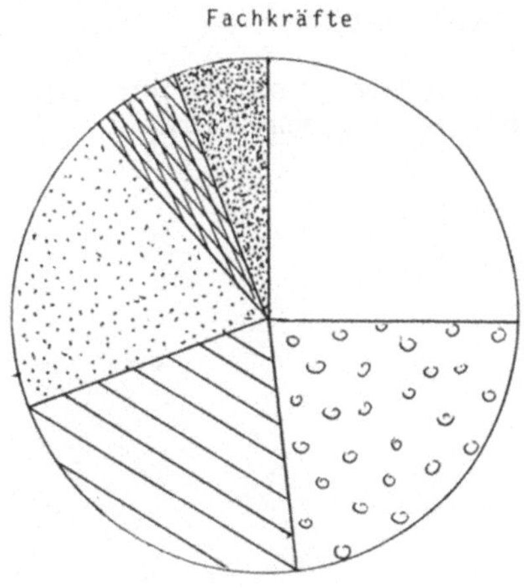

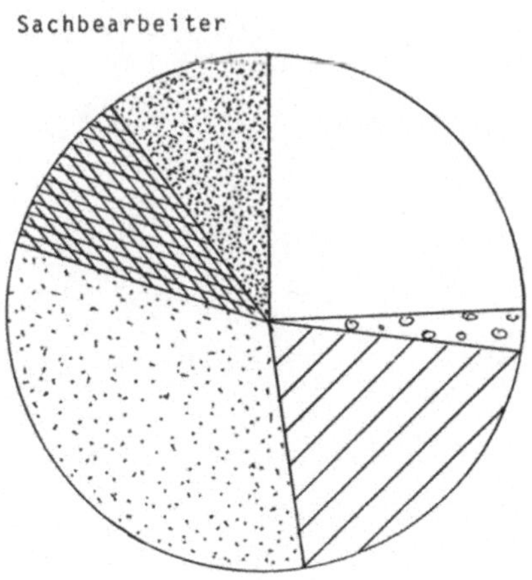

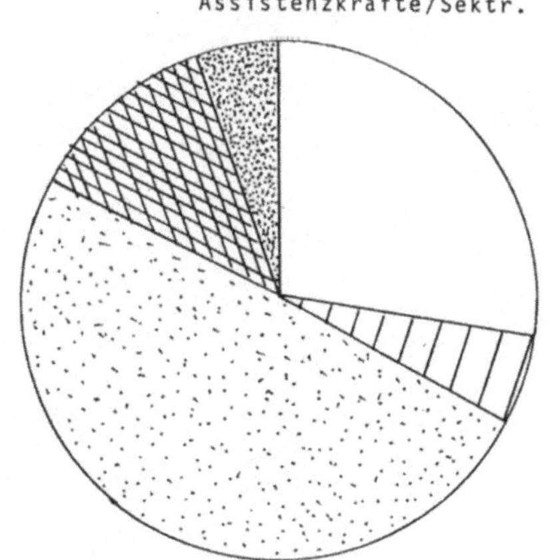

Index:

	: Kommunikation
	: Besprechungen, Reisen
	: Lesen, Verarbeiten
	: Dokumente erstellen
	: Dokumente verwalten
	: Sonstiges

Tätigkeitsstruktur von
Bürobeschäftigten

Quelle: Siemens

Während beispielsweise ein Bankmanager mehr als 1/4 der Arbeitszeit dazu verwendet, Finanzgeschäftsvorgänge sowie die Effizienz einzelner Bankressorts zu überwachen/analysieren – wozu er zusätzlich ca. 1/8 seiner Zeit für die Suche und das Sammeln von Informationen benötigt –, liegen die Schwerpunkte eines qualifizierten Bedarfsdisponenten im Fertigungsbereich oder Handel, bei der Berechnung von benötigten Material- oder Laborbeständen auf der Basis von Planungs- und Simulationsmethoden.

Abbildung 3 zeigt ein weiteres Beispiel für Tätigkeitsanalyse und Bestimmung von Automatisierungsschwerpunkten.

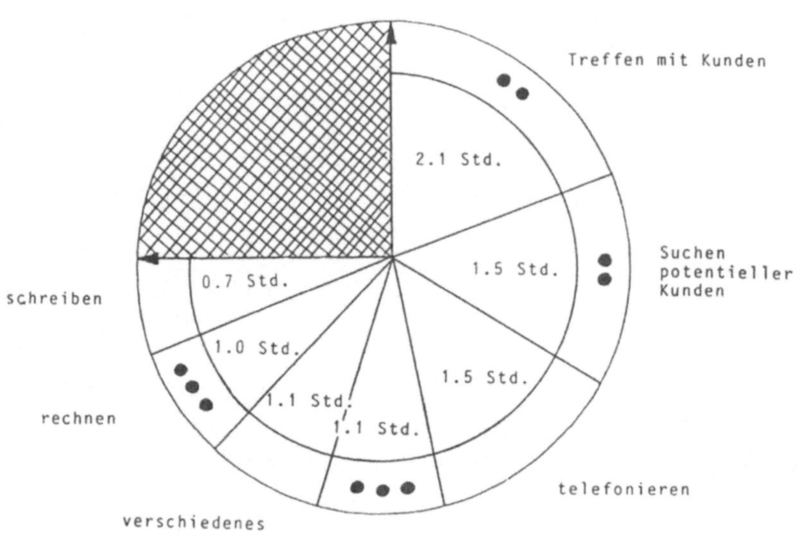

Die Anwendung und der Einsatz veralteter Methoden und Geräte (mit den Nachteilen umständlichen Handlings, nicht aussagekräftig, nicht aktuell, unvollständig, fehlerhaft, unflexibel, nicht-integriert) schaffen sachliche und zeitliche Engpässe und führen durch hohe Redundanz zu organisatorischen Wasserköpfen. Mit geeigneten Analyse- und Beschreibungsmethoden muß festgestellt werden, welche sinnvollen Möglichkeiten der Einsatz von Systemelementen der Graphik, Textverarbeitung, Dokumentverwaltung aber auch Sprachverarbeitung bietet. Es entstehen "Integierte Arbeitsplatzsysteme" (Integrated Workstations). Abbildung 4 verdeutlicht grob und als Beispiel die Ergebnisse solcher Untersuchungen.

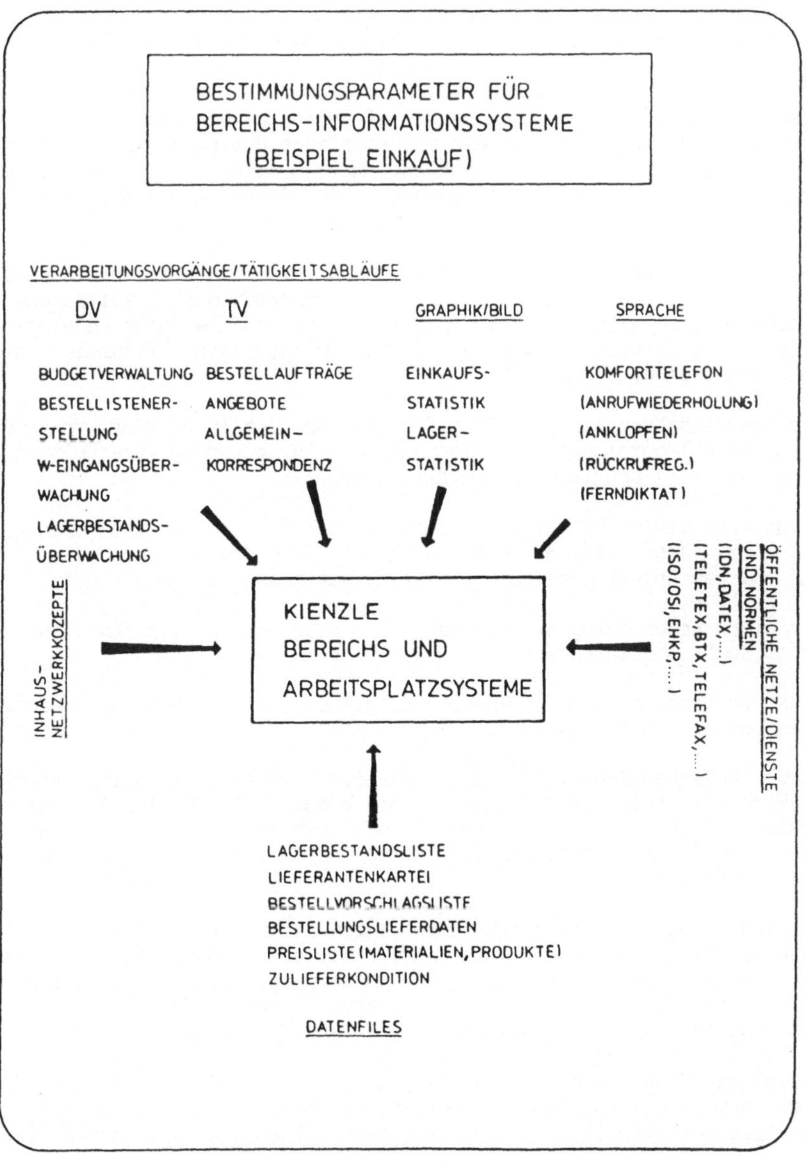

Diese "Workstations" greifen im Rahmen ihrer Verarbeitungsvorgänge auf lokal und/oder entfernt (remote) verwaltete Informationsbestände zu, nutzen entfernte Ressourcen wie High-Speed-Printer, Plotter, Fileserver, Teletexserver und kommunizieren mit anderen internen und externen Organisationseinheiten. Durch den Informationsverbund von Arbeitsplätzen sowie bereichslokalen und zentralen Computersystemen unterschiedlicher Leistungsklassen über leistungsfähige Inhouse-Netze (LAN) entsteht so ein "Integriertes Informationssystem".

Im Rahmen dieses Verbunds stellen aktive Systemelemente (Gateways) die Verbindung in externe, meist öffentliche Netze zu anderen Informationssystemen dar und ermöglichen die Nutzung öffentlicher Dienste wie Teletex, Bildschirmtext oder Telefax. Ein entscheidender Schritt in Richtung Effizienzsteigerung von Büro- oder Verwaltungstätigkeiten, aber auch der Realisierung von Auskunfts- und Entscheidungssystemen im Sinne der Büroautomation, ist hierdurch möglich.

Problemnahe und benutzernahe Programmsysteme, die teilweise zentral verfügbar sind, aber in zunehmend stärkerem Maße auch auf aufgabenbereichorientierten Computer-systemen arbeiten werden, gewährleisten die erforderliche Unternehmenstransparenz und verbessern spür- und meßbar die Ausführungqualität und -zeit von gestellten Aufgaben. Wir sprechen in diesem Zusammenhang von "Bereichsorientierter Infor-mationsverarbeitung".

Die Integration dieser "Bereichs-Informations-Systeme (BIS)" untereinander wird auf der Basis aktueller und hochwertiger Daten (Informationen) vollzogen. Der Aktionsrahmen einer Organisation läßt sich somit wesentlich flexibler auslegen und kann bedarfsweise ausgeweitet werden. Die wichtigsten Merkmale solcher verbundfähigen Systeme sind:

- Es ist lokale, bereichsbezogene Kapazität für die Be-(Ver-)arbeitung von Daten-, Text- und Grafikproblemstellungen vorhanden; die sprachbezogene Verarbeitung nimmt an Bedeutung zu und wird schrittweise automatisiert.

- Das BIS besitzt eine eigene Datenverwaltungsystematik für den unmittelbaren Zugriff der Systembenutzer des Bereichs auf Datenbestände sowie für die lokale Abspeicherung und das Updating zugeordneter Informationen.

- Das BIS weist einen hohen Integrationsgrad zwischen Daten- und Textfunktionen auf, d.h. es stellt somit <u>das</u> integrierende Element dar.

- Das BIS ist das Verbindungsglied zu anderen Bereichen (bzw. BISen) und ermöglicht den Zugriff auf externe Datenbestände.

- Den einzelnen Aufgaben/Funktionen des Bereichs stehen Arbeitsplatzsysteme (Integrated Workstations) zur Verfügung; diese können universeller Art sein, d.h. für alle Bereiche identisch, z.B. Sekretärinnen-Workstation oder auch (meist für Bereichsmanager und Fachspezialisten) eine spezifische Komponenten- und Progammstruktur haben.

- Für Dokumentations-/Kommunikationsproblemstellungen sind im BIS Systemeinrichtungen vorhanden, die von allen Bereichsfunktionen genutzt werden können (shared resource peripherals); dies sind beispielsweise non-impact-printer, Teletex- und Telefaxsysteme, Grafiksysteme wie Plotter etc. sowie Hardcopygeräte für Bildschirmtext und/oder in ferner Zukunft auch Teleconferencing.

Es soll hier nicht der Eindruck erweckt werden, als ob die Zeit für den Einsatz solcher Systeme schon überreif wäre, zumal auf Anwender- und Herstellerseite vorab noch einiges an (Pionier-)Arbeit zu leisten ist, aber eines kann man festhalten: die

Realisierung der Systeme läuft eindeutig in dieser Richtung; klare Strukturen sind bereits heute erkennbar.

Zum Abschluß noch eine Äußerung zum Attribut "Integrierte Büroautomation": Obwohl sich die Notwendigkeit integrierter Lösungen m.E. schon klar aus der in jeder Organisation vorhandenen Informationsinfrastruktur und Aufgabenverflechtung ableiten läßt, liegt ein weiterer Vorteil in der Minimierung von Redundanzen. Die Mehrfachnutzung von Informationen (Daten, Texte, Bilder), Geräten (Serverprinzip) und Übertragungseinrichtungen spart Kosten und verbessert gleichzeitig Aktualitätsverhalten und Transparenz.

Die Automatisierung der Büro- und Verwaltungsbereiche ist keine Revolution, sondern ein evolutionärer Vorgang. Viele notwendige Komponenten stehen uns bereits heute zur Verfügung.

Es gilt, mit dem Anwender in überschaubaren Schritten den Weg in die Zukunft zu gehen, zu einem System, das dem Menschen im Büro bei der Erfüllung seiner Aufgaben dient, das dem Menschen die Freiheit der Beurteilung und Entscheidung läßt und ihn vom Ballast der Routine befreit.

<u>AKZEPTANZPROBLEME BEI DER EINFÜHRUNG MODERNER BÜROTECHNOLOGIE</u>

Gerd Pflaumer
Presse- und Informationsamt der Bundesregierung

Einleitung
1. Veränderte Einstellung zu Arbeit und Technik
    1.1 Wertewandel
    1.2 Mitarbeitertyp
    1.3 Probleme der organisatorischen Neuerung
    1.4 Mensch und Technik
    1.5 Rationalisierung und Arbeitsplätze
2. Wege zur Herbeiführung von Akzeptanz
    2.1 Erweitertes Organisationsverständnis
    2.2 Lernorientierte Einführungsstrategie
    2.3 Motivationsfördernde Organisationsgestaltung
    2.4 Rolle des Organisators
    2.5 Führungskräfte
    2.6 Aufwertung der Organisationsaufgabe
    2.7 Personalrat
Literaturhinweise

Referat

Der Autor fordert, daß der Implementierungsprozeß von Bürotechnologien dem allgemeinen Werte- und Haltungswandel des Arbeitnehmers gegenüber der Technik als auch dem qualitativ veränderten Selbstverständnis des Mitarbeiters entsprechen muß. Die Abhängigkeit des Akzeptanzgrades von der Einschätzung der Kontroll- und Beherrschbarkeit der Technologien sowie der Bewertung des individuellen arbeitsplatzbezogenen Nutzens machen Einführungsstrategien nötig, deren Kennzeichen Mitgestaltung durch die Betroffenen, Flexibilität und Transparenz sind. Gelegenheit zur Rückkoppelung kann gegeben werden durch die Einrichtung von Musterbildschirmarbeitsplätzen unter Mitwirkung entsprechend aufgeschlossener Organisationsfachleute.

Abstract

The author points out that the implementation process of office technologies must correspond with the general change in values and attitudes towards technology as well as with the qualitatively changed self-concepts of employees. The acceptance of new technologies depends on the assessment of their controllability and manageability as well as on the appraisal of their usefulness for the individual assignments. This results in the need for flexible and transparent implementation strategies, in which the employees also can participate. The installation of model display stations and the involvement of an open-minded organizer presents good feedback opportunities.

Seit einigen Jahren befindet sich die moderne computergestützte Bürotechnologie auch im Bereich der öffentlichen Verwaltung im offenbar unaufhaltsamen Vormarsch. Als exemplarisch für diese Technologie kann der Bildschirmarbeitsplatz bezeichnet werden. Bis 1985 rechnet man in der Bundesverwaltung mit annähernd 30.000 Bildschirmgeräten, wobei die Schwerpunkte vor allem bei Post und Bahn liegen. Der militärische Bereich, der Verfassungsschutz und die Bundesversicherungsanstalt für Angestellte sind dabei nicht mitgerechnet.

Bei der Einführung dieser modernen Bürotechnologie kommt es in letzter Zeit zunehmend zu Reibungsverlusten, weil Behördenleitungen und Organisatoren den wichtigsten Faktor nicht oder zu wenig einkalkulieren: den Mitarbeiter mit seinen Wertvorstellungen, seiner Motivation und seiner Einstellung zur Arbeit und Technik. Die Bildschirmgeräte werden den Mitarbeitern häufig hingestellt, ohne daß man sie vorher ausreichend unterrichtet bzw. ihnen Gelegenheit gibt, ihre Vorstellungen und Interessen zu artikulieren. Auf die Herbeiführung von Akzeptanz, d.h. einer grundsätzlich·positiven Bereitschaft der Mitarbeiter zur Bedienung bzw. Nutzung der Geräte, wird viel zu wenig Wert gelegt. Die organisatorischen und sozialen Auswirkungen der technischen Neuerung im Einzelfall werden ebenso wenig im erforderlichen Umfang bedacht wie die gesellschaftlichen Rahmenbedingungen, die heute bei der Einführung moderner Bürotechnologie ins Blickfeld zu nehmen sind. Dabei geht es in erster Linie um deutliche Veränderungen in der Einstellung des Menschen zu Arbeit und Technik.

1. Veränderte Einstellung zu Arbeit und Technik

1.1 Wertewandel

Der in der gesellschaftlichen Entwicklung der jüngeren Vergangenheit zu beobachtende Wertewandel, verkürzt umschrieben mit Formeln wie "Vom Materialismus zur postmateriellen Gesellschaft" oder "Krise der Arbeitsgesellschaft", hat die Einstellung vieler Menschen, vor allem der jüngeren Generation, zur Industriegesellschaft nachhaltig beeinflußt. Die materialistischen Sicherheits- und Versorgungsbedüfnisse treten hinter postmateriellen Bedürfnissen zurück. Zu diesen zählen z.B. das Interesse an erweiterten Spielräumen der Selbstverwirklichung und Selbsterfahrung, ein geschärfter Sinn für verletzbare interpersonale Beziehungen, die verstärkte Inanspruchnahme politischer Teilhaberechte. Diese Entwicklung schlägt sich auch deutlich in der Arbeitszufriedenheit und -motivation nieder. Traditionelle Leistungsmotive wie Karriere, höheres Einkommen, verlieren, wie durch sozialwissenschaftliche Untersuchungen immer wieder zu erfahren ist, an Gewicht. Demgegenüber werden Arbeitsinhalte, gesellschaftliche Anerkennung und soziale Kontakte höher bewertet. Die Suche nach Lebenssinn konkretisiert sich im Wunsch nach sinngebender Beschäftigung und Selbsverwirklichung in der Arbeit. Bleibt dieser Wunsch unerfüllt, stellt sich rasch Unzufriedenheit oder Resignation ein. Das Job-Denken ist seit langem erfolgreich dabei, klassisches Beamtenethos zu verdrängen. Auch die meisten Beamten leben heute nicht, um zu arbeiten, sondern wollen möglichst menschenwürdig arbeiten, um menschenwürdig leben zu können. Nicht zuletzt der erreichte Wohlstand ermöglicht vielen Menschen Selbstverwirklichung in der Freizeit, was die Einstellung zur Arbeit ebenfalls nicht unberührt läßt. Dies hat sich durch zaghafte Ansätze von Demokratisierung und Humanisierung des Arbeitslebens in der öffentlichen Verwaltung nicht verhindern lassen.

1.2 Mitarbeitertyp

Geändert hat sich - dies betrifft vor allem jüngere Mitarbeiter des gehobenen und höheren Dienstes - ferner der Typ des Mitarbeiters in der öffentlichen Verwaltung. Dies hängt neben der gesellschaftlichen Entwicklung vorrangig mit Bildung und Ausbildung zusammen. Man kann nicht auf der einen Seite dem Bild des Grundgesetzes entsprechend den mündigen Staatsbürger fordern, im Arbeitsleben jedoch den Staatsdiener und Untergebenen erwarten. Die Mitarbeiter verspüren verstärkt die Widersprüche zwischen demokratischem Anspruch und antidemokratischen Herrschaftsstrukturen in der Arbeitswelt. Die öffentliche Verwaltung hat es daher heute zunehmend mit selbstbewußten Mitarbeitern zu tun, die sich bei aller Loyalitätsbereitschaft Bevormundung und Entmündigung nicht gefallen lassen, sondern Anspruch auf stärkere Mitsprache geltend machen. Sie persönlich betreffende Entscheidungen werden nicht mehr als Schicksal hingenommen.

Zu dieser Entwicklung trägt ein verstärktes politisches Engagement bei, sei es in Parteien, Gewerkschaften oder sonstigen Verbänden und Bewegungen.

Das Qualifikationsniveau hat sich infolge verbesserter Ausbildung ebenfalls beachtlich erhöht, was sich z.B. durch die Fachhochschulausbildung im gehobenen Dienst oder durch die zunehmende Zahl von Abiturienten im Schreib- und Bürosachbearbeiterdienst belegen läßt. Derart qualifizierte Mitarbeiter sind verständlicherweise Dequalifizierungsgefahren im Gefolge neuer Bürotechnologien gegenüber besonders sensibel. Mitarbeiterführung und Motivation gewinnen im Lichte dieser Entwicklung der Mitarbeiter einen neuen Stellenwert.

Insgesamt läßt sich feststellen, daß der dargestellte Mitarbeitertyp in mehrerlei Hinsicht anspruchsvoller und schwieriger zugleich ist: Es entsteht erstens schneller Unzufriedenheit, zum Beispiel infolge von Führungsschwächen der Vorgesetzten. Zum zweiten ist eine höhere Sensibilität für Einflüsse aus dem politischen Umfeld nicht zu übersehen - dies schafft vermehrt Loyalitätsprobleme. Drittens beziehen Mitarbeiter eine kritische Haltung gegenüber politischen Vorgaben von oben, was mit Überzeugungs- und Durchsetzungsproblemen verbundene neue Legitimierungsnotwendigkeiten schafft. Schließlich viertens wird die ausgeprägte Behördenhierarchie zunehmend als Nachteil empfunden mit Folgen im Bereich der sogenannten informellen Organisation bis hin zu den berüchtigten Seilschaften oder "kleinen Dienstwegen".

1.3 Probleme der organisatorischen Neuerung

Jede organisatorische Neuerung bewirkt aller Erfahrung nach bei den betroffenen Mitarbeitern zunächst einmal Verunsicherung, Befürchtungen und Abwehrreaktionen, denn sie ist in der Regel mit der Aufgabe vertrauter und liebgewonnener Besitzstände verbunden. Die Veränderung erfordert gleichzeitig in vielerlei Hinsicht Umstellung auf eine neue Situation. Dies kann sowohl Aufgaben als auch Vorgesetzte und Mitarbeiter, Kommunikationsstrukturen (auch informelle) innerhalb der Organisation und zur Umwelt, Arbeitsbedingungen (zum Beispiel moderne Bürotechnologie) und Arbeitsplatz betreffen.

Nicht selten kommen, je nach Art der Neuerung, alle Elemente dieses komplexen Beziehungsgefüges zusammen. Nimmt man dann noch Auswirkungen im Feld vorhandener Macht- und Interessenkonstellationen hinzu, so wird deutlich, wie verfehlt es wäre, organisatorische Neuerung lediglich als technische Maßnahme zu bewerten. Schon mit diesen wenigen Hinweisen läßt sich verdeutlichen, welcher Konfliktstoff mit organisatorischer Neuerung verbunden ist. Je umfassender die Veränderung ist - Stichwort "Großer Wurf" -, desto größer sind die Konflikte.

Der Organisator muß bei den betroffenen Mitarbeitern in der Regel mit einem starken Beharrungsvermögen rechnen, es sei denn, der Mitarbeiter ergreift selbst die Initiative zur Veränderung. Als Besonderheit der öffentlichen Verwaltung bewirkt dort das im Vergleich zur Privatwirtschaft eher schwach ausgeprägte Anreiz- und Sanktionssystem zusätzliche Erschwernis.

1.4 Mensch und Technik

Die Einstellung zur Entwicklung der modernen Technik hat sich in den letzten Jahren in fast als dramatisch zu bezeichnendem Umfang gewandelt. Während die westliche Industriegesellschaft noch vor 15 Jahren voller Faszination und Erwartung eines besseren Lebens auf den technischen Fortschritt schaute (man denke beispielsweise nur an die Raumfahrt), gilt heute im Zeitalter der Mikroprozessoren, der verstärkten militärischen und zivilen Nutzung von Atomkraft und der Gen-Technologie technischer Fortschritt mehr und mehr als Bedrohung, ja als Fluch.

Dieser Wandel macht sich nicht nur in Form des Auftretens neuer sozialer Bewegungen wie Friedens- und Ökologiebewegung bemerkbar. Er ergibt sich auch aus demoskopischen Umfragen. Schon jetzt betrachtet eine Mehrheit der Bevölkerung den herkömmlichen technisch-ökologischen Fortschritt mit Skepsis. Nur noch 11 % der befragten Studenten stehen positiv zum Fortschritt. Daß der technische Fortschritt den Menschen freier mache, glauben nach einer Bevölkerungsumfrage von 1980 nur 33 % der Befragten. 56 % vertreten dagegen die Ansicht, der technische Fortschritt führe zu mehr Unfreiheit. Orwells "1984" wird also nicht mehr als Phantasie betrachtet.

Diese Ängste und Zweifel haben auch etwas zu tun mit der Frage nach der Beherrschbarkeit der Technik bzw. der Technologiefolgensteuerung. Es läßt sich nicht bezweifeln, daß insoweit Ohmachts- und Abhängigkeitgefühle erheblich gewachsen sind. Dies reicht bei unmittelbar Betroffenen bis hin zum Gefühl des Ausgeliefertseins, aber auch Uninformiertheit über komplizierte technische Prozesse. Dieser Zustand wird entweder wehrlos hingenommen, oder aber - und dies ist vor allem die Reaktion jüngerer Menschen - man formiert sich zum Widerstand. Die zivile und militärische Nutzung der Atomkraft bietet dafür bestes Anschauungsmaterial. Aber auch in der Arbeitswelt zeichnen sich zunehmende Auseinandersetzungen im Zusammenhang mit neuer Technologie ab. Das Mensch-Maschine-Verhältnis tritt vor allem im Dienstleistungsbereich in Zusammenhang mit der angelaufenen Büroautomation in ein neues Licht. Manche sprechen in Anknüpfung an die industrielle Revolution von einer Bürorevolution. Dieses Verhältnis Mensch-Maschine darf nicht nur als funktionales gesehen werden. Es ist in mindestens demselben Maße ein emotionales Verhältnis. Beim Computer lassen ihn seine technischen Möglichkeiten einerseits, seine Undurchschaubarkeit für Nichtspezialisten andererseits zunehmend unheimlich erscheinen. Dies bewirkt auch bei dieser Technologie ein Gefühl der Hilflosigkeit und des Ausgeliefertseins. Das unter arbeitsorganisatorischen Aspekten vernünftige Dezentralisierungskonzept trägt dazu bei, daß immer mehr Mitarbeiter mit diesem Problem konfrontiert werden.

Nicht nur wer George Orwells "1984" gelesen hat, vermag zu ahnen, welche Gefahren des Mißbrauchs in der Computertechnik stecken. Die Auseinandersetzungen um die Volkszählung finden hier ihre Wurzeln. Der "gläserne Mensch" ist kein Phantom mehr. Ein Blick in das Beschwerdebuch des Bundesdatenschutzbeauftragten verdeutlicht, wie nahe dieser Abgrund schon ist.

1.5 Rationalisierung und Arbeitsplätze

Karl Steinbuch warnt unter Hinweis darauf, daß wir im Prozeß der Automatisierung im Dienstleistungsbereich erst am Anfang stehen, vor Ratlosigkeit insbesondere im Hinblick auf die sozialen Folgen der Rationalisierung. Diese sozialen Folgen sind es vor allem, die zu einer starken Emotionalisierung der Technologiediskussion beigetragen haben.

Obwohl sich in der öffentlichen Verwaltung aufgrund der dort bestehenden Sicherheit der Arbeitsplätze individuelle Ängste im Hinblick auf den möglichen Verlust des Arbeitsplatzes eigentlich nicht einstellen dürften, wird man immer wieder aus dem Kreis der Mitarbeiter des einfachen und mittleren Dienstes, vor allem von

Schreibkräften, aber auch Fernschreibern und Boten, mit entsprechend sorgenvollen Fragen konfrontiert. Mittelfristig werden mit Sicherheit in der öffentlichen Verwaltung Arbeitsplätze in diesem Bereich wegfallen, zu dem als von Automatisierung kräftig betroffen noch die Posteingangs- und Postausgangsstellen sowie Registraturen gerechnet werden können.

Wesentlich berechtigter sind die Sorgen vieler Mitarbeiter in der öffentlichen Verwaltung wegen der absehbaren Veränderung der Arbeitsplätze infolge moderner Bürotechnologien. In diesem Zusammenhang wird auf die Gefahren der Dequalifizierung infolge übertriebener Arbeitsleistung, der Einschränkung individueller Dispositions- und Kooperationsmöglichkeiten, der technischen Kontrolle und Meßbarkeit der Arbeitsteilung (Stichwort Personal-Informationssysteme), der Abschneidung von personeller Kommunikation, der Beeinträchtigung der Gesundheit durch physische und psychische Überforderung (Streß am Computer) sowie des Verlusts an sozialem Status und Prestige hingewiesen. Insgesamt befürchtet man nicht zuletzt aufgrund der bisherigen organisatorischen Handhabung der neuen Bürotechnologie eine Wiederholung sämtlicher Fehler, die seinerzeit mit dem Taylorismus bei der Automatisierung im Fertigungsbereich begangen worden sind und die zu einer Sinnentleerung und Entfremdung der Arbeit geführt haben. Da der Übergang von der Zentralisierung der "Gründerjahre" der DV mit ihrer fachlichen Spezialisierung (nur wenige wußten Bescheid) zur Dezentralisierung die personelle Reichweite moderner Bürotechnologie erheblich ausgedehnt hat, spielen die zuvor beschriebenen Sorgen der Mitarbeiter, zu denen noch unterentwickelte Benutzerfreundlichkeit und Angst vor dem Umgang mit der unbekannten Technik kommen, eine immer größere Rolle für deren Akzeptanz. Diese Sorgen erhalten noch zusätzliche Nahrung durch die in der Vergangenheit bei der Einführung moderner Bürotechnologien in der öffentlichen Verwaltung begangenen Fehler. Betrachtet man das Sündenregister, das sich dabei angesammelt hat, so fallen immer wieder folgende Punkte auf: die Mitarbeiter wurden unvorbereitet mit der neuen Technologie konfrontiert. Sie wurden - wenn überhaupt - viel zu spät informiert, wobei die Information selten umfassend und ehrlich war. Sie konnten ihre individuellen Erfahrungen mit den Arbeitsinhalten und -abläufen nicht einbringen, da sie an den Planungs- und Einführungsprozessen nicht beteiligt wurden. Folglich blieb das vorhandene und für die Motivation wichtige Potential an Eigeninitiative und Kreativität ungenutzt. Flächendeckende Neuerungskonzepte ließen keine Spielräume zum Experimentieren und zum Einüben neuer Arbeitsgewohnheiten. Schulung erfolgte zu spät und zu kurz. Nachbetreuung und Erfolgskontrollen unterblieben. Dieses unübersehbare Sündenregister hatte entscheidend damit zu tun, daß die Einführung der neuen Technologie im wesentlichen den Technikern überlassen wurde. Im Zweifel waren dies dann Spezialisten der Lieferfirmen, die das neue System ohne die erforderliche intensive Kenntnis der jeweiligen Organisation installierten. Der Organisator wurde entweder nicht oder zu spät beteiligt, er fühlte sich fachlich überfordert oder von seinem Organisationsverständnis her nicht angesprochen.

Zusammenfassend läßt sich feststellen: Die meisten Schwierigkeiten bei der Einführung der neuen Bürotechnologien ergeben sich nicht aus den Geräten selbst und dem Arbeitsplatz (Tisch, Stuhl etc.) bzw. dem Arbeitsumfeld (Beleuchtung, Klima, Lärm etc.) - die ergonomischen Probleme sind heute insoweit ohne Schwierigkeiten lösbar -, sondern infolge mangelhafter Organisation und falscher Vorgehensweise gegenüber den betroffenen Mitarbeitern. Nicht der Computer ist also das Problem, sondern die Art seiner Verwendung, die zu inhumanen Arbeitssituationen führen kann, wenn man nicht aufpaßt.

2. Wege zur Herbeiführung von Akzeptanz

2.1 Erweitertes Organisationsverständnis

Die bisherigen Erfahrungen mit der Einführung moderner Bürotechnologien belegen, daß
die Organisationsarbeit sozialpsychologische Aspekte zu wenig berücksichtigt hat. Es
scheint daher unumgänglich, ein erweitertes Organisationsverständnis zu fordern.
Hinweise auf neuere Organisationsansätze wie "Organisationsentwicklung" oder
"Geplanter Wandel von Organisationen" müssen an dieser Stelle zur Verdeutlichung des
einzuschlagenden Wegs genügen. Ein derartiges neues Organisationsverständnis ist
Voraussetzung für die erfolgreiche Verarbeitung der Akzeptanzprobleme, ja räumt
dieser Problematik erst den ihr gebührenden Stellenwert ein.

Bei der Bewältigung der Akzeptanzprobleme muß von folgenden zwei Grunderkenntnissen
ausgegangen werden:

a) Akzeptanz hängt davon ab, in welchem Maß Technologie als persönlich kontrollierbar
oder beherrschbar, als durch eigenes Handeln beeinflußbar angesehen wird. Akzeptanz
ist um so höher, je größer die persönliche Kontrollier- und Beherrschbarkeit
eingeschätzt wird. Darüber entscheidet die Beantwortung der Frage, ob der
Mitarbeiter das Gerät selbst abschalten kann und wer im Mensch-Maschine-Verhältnis
dominiert.

b) Akzeptanz hängt ferner davon ab, wie im konkreten Fall die zu erzielenden
persönlichen Nutzenwirkungen neuer Technologie bewertet werden. Die betroffenen
Mitarbeiter fragen sich, ob sie Vorteile bei der Arbeitserledigung bietet und ob sie
von lästiger Routine und Monotonie entlastet.

2.2 Lernorientierte Einführungsstrategie

Diese Grunderkenntnisse müssen Bestandteile einer vom Organisator zu entwickelnden
Einführungsstrategie sein, um das von Angst und Ohnmacht vor neuer Technik geprägte
Abhängigkeitsgefühl vieler Mitarbeiter zu reduzieren. Es geht dabei um das
sorgfältige Vorauskalkulieren möglicher Reaktionen, Widerstände und Konflikte, um die
gezielte Förderung von Akzeptanz durch Umlenkung der Verunsicherung in positive
Motivation mittels entsprechender organisatorischer Gestaltung und Konflikt-
bewältigung. Eine solche auf Information und Motivation ausgerichtete Vorgehensweise
geht natürlich weit über die simple Einführung der Mitarbeiter in die
Bedienungstechnik hinaus, obwohl dies damit keinesfalls unterschätzt werden soll.
Folgende wesentliche Elemente kennzeichnen diese Strategie:

a) Die durch den raschen technischen Wandel bedingten Informationsmängel erfordern
eine intensive, von Emotionen freie Aufklärung der Mitarbeiter über technische
Prozesse, d.h. über das Funktionieren der Computertechnik. Dabei darf die Aus-
einandersetzung mit kritischen Einwänden nicht vernachlässigt werden. Sowohl die
Medien als auch die Hersteller haben mit undifferenziert kritischer bzw. positiver
Darstellung zu dieser notwendigen Aufklärung bislang wenig beigetragen. Dies gilt
auch für Arbeitgeber und Gewerkschaften. Hier ist vor allem eine verstärkte
Fortbildung am Platze.

b) Im konkreten Fall muß ein Verfahren der intensiven Beteiligung der betroffenen
Mitarbeiter bereits bei der Planung sichergestellt werden. Je stärker die zuvor
geschilderten allgemeinen Informationsmängel abgebaut worden sind, desto ergiebiger
wird sich diese Mitarbeiterbeteiligung in der Sache auswirken. Jedenfalls wird die
Aufforderung zum Mitdenken und Mitgestalten des eigenen Verantwortungsbereichs die
Akzeptanzbereitschaft der Mitarbeiter wesentlich steigern. Diese Beteiligungs-
strategie erfordert umfassende Information von Anfang an, wobei Verständlichkeit,
Nachvollziehbarkeit, Glaubwürdigkeit und Kontinuierlichkeit die Qualität der

Information bestimmen. Sie zielt darauf ab, Interessen und Bedürfnisse der betroffen Mitarbeiter in die Zielsetzung und den organisatorischen Gestaltungsprozeß einfließen zu lassen. Als Organisationsform der Beteiligung der Mitarbeiter bietet sich eine Projektgruppe an, in der Vertreter der Betroffenen gemeinsam mit Fachverantwortlichen Planungs- und Umsetzungskonzepte erarbeiteten.

c) Im Idealfall führt dieses Beteiligungsverfahren zur Mitgestaltung oder sogar zur Selbstgestaltung der individuellen Arbeitssituation, wobei natürlich Beschränkungen zu berücksichtigen sind, wie sie sich z.B. aus dem Tarifrecht ergeben. Der Mitarbeiter soll in die Rolle des eigentlichen Trägers der organisatorischen Gestaltung erhoben und damit zum Subjekt seiner eigenen Arbeit werden. Technik soll wieder zum Instrument des denkenden, planenden und Arbeitsprozeß überwachenden Menschen gemacht werden. Organisatorische Gestaltungsspielräume ersetzen sachliche Zwangsläufigkeit.

d) Die beschriebene Vorgehensweise unterscheidet sich von der klassischen Organisationsprüfung, die auf einer streng unterteilten zeitlichen Aufeinanderfolge von Vorgehensschritten beruht (von der Ist-Aufnahme zum Soll-Konzept), auch in einem anderen wesentlichen Punkt, nämlich der ausgeprägten Prozeßorientierung. Dahinter steht die Überlegung, daß effiziente und akzeptierbare Organisationslösungen am besten in Form von Lernschritten in Verbindung mit ständigen Rückkoppelungen zu den Betroffenen erreicht werden. Im Gegensatz zum Modell "Großer Wurf", bei dem zunächst am grünen Tisch ohne Betroffenenbeteiligung ein möglichst umfassendes Konzept entworfen wird, hält diese Vorgehensweise die Entwicklung von organisatorischen Alternativen ebenso weitestmöglich offen wie die Verwerfung von Teillösungen aufgrund von Rückkoppelungen bzw. bei ihrer Erprobung gewonnener neuer Einsichten. Flexibilität und Transparenz begleiten also dieses Verfahren bis zum Abschluß.

Anhand des Beispiels der Einführung von Bildschirmarbeitsplätzen läßt sich dieses Vorgehen wie folgt kurz beschreiben: Als erste Stufe hat sich die Einrichtung eines Musterbildschirmarbeitsplatzes bewährt, an dem die Mitarbeiter sich mit der neuen Technologie nach und nach vertraut machen können. Sie werden aufgefordert, aufgrund ihrer dabei gesammelten Erfahrungen Änderungsvorschläge in bezug auf Gestaltung des Geräts, des Arbeitsplatzes und und -umfelds sowie des Arbeitsablaufes zu machen. In einer zweiten Stufe werden Bildschirmarbeitsplätze zunächst nur in einer Arbeitseinheit eingerichtet. Nach einem zeitlich ausreichend bemessenen Probelauf sind die Erfahrungen auszuwerten, der Zielerreichungsgrad zu messen und die eventuell notwendig gewordenen Änderungen durchzuführen. Erst danach werden in der dritten Stufe die weiteren Arbeitseinheiten mit Bildschirmarbeitsplätzen ausgestattet. Schließlich wird die gefundene Organisationsform periodisch wiederum unter Beteiligung der betroffenen Mitarbeiter überprüft und gegebenenfalls erneut angepaßt.

2.3 Motivationsfördernde Organisationsgestaltung

Akzeptanz hat nicht nur mit der Vorgehensweise bei der Einführung von moderner Bürotechnologie zu tun. Mindestens ebenso wichtig ist im Hinblick auf Erwartungen und Sorgen der betroffenen Mitarbeiter die Einbindung der Technologie in motivationsfördernde Organisationsformen. Individuelle Beherrschbarkeit und Nützlichkeit der Technologie bestimmen dabei die Änderungsbereitschaft der Mitarbeiter entscheidend. Dies bedeutet konkret zunächst einmal benutzerfreundliche, d.h. einfach zu bedienende Geräte. Zur Beherrschbarkeit gehört die jederzeitige Verfügbarkeit am Arbeitsplatz. Ferner muß sichergestellt werden, daß fremder Zugriff, z.B. zwecks Leistungskontrolle, ausgeschlossen ist. Schließlich hat Beherrschbarkeit etwas damit zu tun, daß die Geräte Arbeitsinhalt und -ablauf nicht bestimmen, sondern eine dienende Funktion erfüllen, also lediglich Hilfsmittel sind. Bei dieser Frage setzen gleichzeitig die Nützlichkeitserwägungen der betroffenen Mitarbeiter an. Es läßt sich nicht bezweifeln, daß die mit der Schaffung von erweiterten

Handlungs- und Entscheidungsspielräumen und Verringerung übertriebener Arbeitsteilung
(job enrichment, job enlargement) verbundene Entlastung von monotonen und repetitiven
Tätigkeiten Mitarbeiter positiv motiviert. Die Verlagerung technologischer Intelligenz von der Computerzentrale an den einzelnen Arbeitsplatz bietet hervorragende
organisatorische Möglichkeiten zur Integration zusammengehörender Arbeitsvorgänge und
damit zu einer Ganzheitsorientierung, die den Sinn der Arbeit wieder erkennen läßt,
anstelle inhumaner und übertriebener Arbeitsteilung nach Taylor. Die Zukunft gehört
eindeutig dem qualifizierten Mischarbeitsplatz mit moderner Bürotechnologie in der
Rolle des arbeitsunterstützenden Hilfsmittels. Damit lassen sich die Befürchtungen
der Mitarbeiter in bezug auf Dequalifizierung, Kommunikation, Gesundheit und Prestige
am ehesten ausräumen.

Die hier vorgestellten Wege zur Herbeiführung von Akzeptanz stellen kein Patentrezept
zur Problemlösung dar. Mitarbeitertyp und -mentalität, Aufgabenfelder, Änderungs-
klima, Macht- und Interessenstrukturen sind im Zweifel von Behörde zu Behörde
durchaus unterschiedlich. Vorgehensweise und organisatorische Gestaltungsmöglichkeiten werden sich nach der jeweiligen Situation zu richten haben. Es geht
vielmehr darum, eine für erstrebenswert gehaltene Richtung aufzuzeigen, die
zugegebenermaßen sehr anspruchsvoll und überdies zunächst reichlich aufwendig
erscheinen mag. Dieser aus Gründen der sozialen Beherrschung von moderner Bürotechnologie erforderliche hohe Aufwand bei Planung, Einführung und Schulung der
Mitarbeiter zahlt sich jedoch infolge höherer Akzeptanz mit Sicherheit aus. Hohe
Akzeptanz steigert die Arbeitszufriedenheit, die positive Motivation und die
Bereitschaft zum Engagement. Sie dient damit letztlich auch der Wirtschaftlichkeit,
welche die sozialen Kosten von technischen und organisatorischen Neuerungen in der
Vergangenheit so gut wie nicht berücksichtigt hat.

2.4 Rolle des Organisators

Die erfolgreiche Beschreitung der Wege zur Herbeiführung von Akzeptanz setzt die
Erfüllung einer Reihe weiterer Bedingungen voraus. Auf die Notwendigkeit eines neuen
Organisationsverhältnisses ist bereits hingewiesen worden. Dies geht zunächst einmal
den Organisator selbst an. Die betriebswirtschaftliche Sicht von Organisationen muß
um die verhaltens- oder personenorientierte Komponente erweitert werden. Neben
formalen Strukturen, Abläufen und Kosten sind auch die sozio-emotionalen Aspekte der
Organisation, d.h. Bedürfnisse, Einstellungen, Interessen und Rollen der
Mitarbeiter, Informations- und Kommunikationsstrukturen, Macht- und Interessen-
konstellationen sowie externe Einflüsse auf die Organisation, einzubeziehen.
Organisationsentwicklungsansätze, die den Organisator mehr in der Rolle des
Moderators bzw. Beraters für Organisationsprozesse sehen, bieten hier trotz der
ihnen in der öffentlichen Verwaltung gesetzten spezifischen Beschränkungen die
geeigneten Instrumente. Das Anforderungsprofil des Organisators in der öffentlichen
Verwaltung bedarf insoweit dringend einer Ergänzung. Es ist zu begrüßen, daß die
Curricula für die Fachhochschulausbildung des Bundes entsprechend modifiziert worden
sind. Auch die Bundesakademie für öffentliche Verwaltung vermittelt in ihren
Organisatoren-Lehrgängen für den gehobenen Dienst bereits dieses zusätzliche Wissen.
Demgegenüber liegen Aus- und Fortbildung der dem höheren Dienst angehörenden
Organisatoren, die mit wenigen Ausnahmen dem Berufsstand der Juristen angehören, noch
eher im argen.

2.5 Führungskräfte

Das neue Organisationsverständnis darf jedoch nicht auf den Organisator beschränkt
bleiben. Auch Behördenleitung und Fachvorgesetzte müssen sich damit befreunden, denn
Führungsverantwortung bedeutet gleichzeitig Änderungsverantwortung. Jeder Vorgesetzte ist Organisator im Nebenamt. Wo Vorgesetzte kooperative Mitarbeiterführung
ernst nehmen und demgemäß verfahren, wird die notwendige Umstellung auf offene
Kommunikation und gemeinsame Problemlösung bei Organisationsänderungen nicht schwer

fallen. Im übrigen sind Führungskräfte gut beraten, sich im Blick auf die weitere Entwicklung der modernen Bürotechnologie, z.B. durch Erwerb technischer Grundkenntnisse, frühzeitig darauf einzustellen, davon auch unmittelbar an ihrem Arbeitsplatz betroffen zu werden. Dies könnte die Chance erhöhen, bei Vorgesetzten Einsichten in Akzeptanzprobleme zu bewirken und damit eine gemeinsame Verständnisebene herzustellen.

2.6 Aufwertung der Organisationsaufgabe

Schließlich erfordert das geforderte Organisationsverständnis eine Aufwertung der Organisationsaufgabe, die z.B. darin zum Ausdruck gelangen muß, daß Organisationsstellen nicht zu einer Reperaturwerkstatt für eingetretene organisatorische Fehlentwicklungen werden dürfen. Stattdessen sollte der Organisator der erste Gehilfe der Behördenleitung zur zweckmäßigsten Steuerung eines Amtes sein. Zu dieser Aufwertung gehört ferner eine klare Zuständigkeitsregelung im Verhältnis zu anderen mit moderner Bürotechnologie befaßten Arbeitsbereichen wie z.B. dem EDV-Bereich. Durch Übertragung der Gesamtverantwortung für diese Aufgabe auf die Organisationsstelle muß sichergestellt werden, daß die Beschaffung von moderner Bürotechnologie schon im Stadium erster Überlegungen mit der Organisationsstelle koordiniert werden muß, um von vornherein eine Vorgehensweise der beschriebenen Form sicherzustellen. Die volle Ausschöpfung dieser Verantwortung kann dadurch erheblich erleichtert werden, daß sich Organisatoren im Wege der Fortbildung mit Bürotechnologie und Kommunikation vertraut machen. Dieser Weg scheint wesentlich erfolgversprechender als die Hinzuziehung externer Beratungsunternehmen, deren Grenzen im Lichte damit gesammelter, häufig negativer Erfahrungen in den letzten Jahren deutlicher geworden sind.

2.7 Personalrat

Der Personalrat muß bei einer Einführung moderner Bürotechnologie schon deshalb zum frühestmöglichen Zeitpunkt beteiligt werden, weil er sowohl bei der Einführung als auch bei der Gestaltung von Arbeitsplätzen ein Mitbestimmungsrecht hat. Die Einbeziehung von Personalratsvertretern in Projekt- oder Arbeitsgruppen sowie der Abschluß von Dienstvereinbarungen erleichtern aller Erfahrung nach wesentlich die erforderliche Abstimmung. Obwohl sich ein Personalrat von seinem Selbstverständnis her als Vertreter der Mitarbeiter sieht, wird er die Interessenvertretung vernünftigerweise nicht in der Weise monopolisieren, daß er Einwände gegen die unmittelbare Beteiligung der Mitarbeiter an ihre Arbeitsplätze betreffenden Organisationsänderungen in der hier dargestellten Vorgehensweise erhebt.

Literaturhinweise

1. Friedrichs / Schaff (Hrsg.): Auf Gedeih und Verderb. Mikroelelektronik und Gesellschaft. Bericht an den Club of Rome. Europaverlag München 1982
2. J. Evans: Arbeitnehmer und Arbeitsplatz. (Beitrag im Sammelband wie Ziff.1)
3. Baum / Bull / Krause / Scholz / Steinbuch: Technisierte Verwaltung. Entlastung oder Entfremdung des Menschen. Godesberger Taschenbücher Nr. 18, 1981
4. Reichwald / Hellmann: Aktuelle Entwicklungen der Bürokommunikation. Schriften-Schriftenreihe "Die Akzeptanz neuer Bürotechnologien", Band 5, herausgegeben von Prof. Ralf Reichwald, Fachbereich Wirtschafts- und Organisationswissenschaften, Hochschule der Bundeswehr München
5. Reichwald / Manz / Odemer / Sorg: Bedarfsstrukturen für neue integrierte Bürotechnik im Sekretariat und im Management. (Schriftenreihe wie unter Ziff. 4., Band 5a)

6. R. Reichwald: Zur Notwendigkeit der Akzeptanzforschung bei der Entwicklung neuer Systeme der Bürotechnik. (Schriftenreihe wie unter Ziff. 4., Band 1)

7. Radl / Reichwald / Scheloske / Schreiber / Weltz: Bedingungen für eine sinnvolle Gestaltung von Arbeitsplatz, Organisationsstruktur und Mitarbeiterbeteiligung. Akzente Studiengemeinschaft "Akzeptanz neuer Bürotechnologien", Düsseldorf

8. H. Kubicek: Humanisierung des DV-gestützten Büros durch partizipative Systemgestaltung. In: Angewandte Informatik 8/78, S. 331 ff.

9. R. Oppermann: Beteiligung von Betroffenen an der Systementwicklung. In: ÖVD/online 9/82, S. 69 ff.

10. H. Bonin: Erfahrungen mit unterschiedlichen Konzeptions- und Implementationsstrategien. In: ÖVD/online 9/82, S. 80 ff.

11. G. Pflaumer: Organisatorische Probleme bei der Einführung von Bildschirmarbeit in der öffentlichen Verwaltung. In: Verwaltungsführung, Organisation, Personalwesen (VOP) 2/81, S. 100 ff.

12. Schönecker: Akzeptanzforschung als Regulativ bei Entwicklung, Verbreitung und Anwendung technischer Innovationen. In: R. Reichwald (Hrsg.): Neue Systeme der Bürotechnik. Beiträge zur Büroarbeitsgestaltung aus Anwendersicht. Berlin 1981

<u>VORAUSSETZUNGEN UND GESTALTUNGSGRUNDSÄTZE "ORDNUNGSMÄSSIG WIRKENDER SYSTEME"</u>

Ulrich Seidel
Gesellschaft für Mathematik und Datenverarbeitung mbh Bonn
Institut für Datenverarbeitung im Rechtswesen

1. Grundlagen und Systemeinteilung zur "Ordnungsmäßigkeit"
2. Einteilung der verschiedenen Systeme
Anmerkungen

<u>Referat</u>

Die Forderung nach der "Ordnungsmäßigkeit" von Büro-Systemen ergibt sich aus der betrieblich nötigen Prüfbarkeit von Entscheidungs-, Verwaltungs- und Informationsabläufen sowie aus den gesetzlichen Bestimmungen. Systeme auf der Basis nicht-numerischer Daten, wie sie z.B. Textverarbeitungssysteme darstellen, sind durch die bisherige Gesetzgebung kaum berücksichtigt. Der Autor formuliert Grundsätze ordnungsmäßig wirkender Systeme hinsichtlich der Buchführung, des Datenschutzes, der Akten- bzw. Dateiführung, und weist auf die Bedeutung der Aktenvollständigkeit, Rechtsverbindlichkeit, Rechtswirksamkeit, Aktenwahrheit und Verfügbarkeit/Lesbarkeit gerade im Bereich der nicht-numerischen Textverarbeitung hin.

<u>Abstract</u>

The demand for the regulation of office systems stems from the organizational need to make actions of management and administration as well as information processes transparent for reasons of accountabiliy and control. Systems on the basis of non-numerical facts, as in the case of text processing systems, have until now hardly been considered by the law . The author formulates principles for regulated systems with regard to accounting, data protection and filing and outlines the requirements for thoroughness, for legal obligations, for file correctness and for the availability/readability in the area of non-numerical text processing.

Seidel   Voraussetzungen und Gestaltungsgrundsätze

1. Grundlagen und Systemeinteilung zur "Ordnungsmäßigkeit"

Zentraler Ausgangspunkt für die Entwicklung ordnungsmäßig wirkender Systeme ist der Grundsatz der Prüfbarkeit von Entscheidungs-, Verwaltungs- und Informationsabläufen in einem System, sei es als Büro-, Textkommunikations- oder Informationssystem. An einer vergleichbaren Problematik arbeiten die wirtschaftsprüfenden Berufe etwa seit Anfang der 70er Jahre, allerdings aus der spezifischen Sicht der betrieblichen Revision nach Maßgabe der aktien- und handelsrechtlichen Bestimmungen.

Durch die parallel verlaufende Entwicklung der Datenschutzgesetzgebung sind die rechtlichen Randbedingungen der DV-Technologie jedoch nicht unbeträchtlich erweitert worden. Die Tätigkeit der Datenschutzbeauftragten hat durch den präventiven Schutzzweck der verschiedensten Datenschutzgesetze weitgehend den Charakter einer spezifischen Revisionsaufgabe erhalten. Die Prüfung der ordnungsmäßigen Anwendung der DV-Programme gehört zu den legaldefinierten Überwachungsaufgaben.

Von Bedeutung ist außerdem der Umstand, daß die zur Zeit der "klasssischen DV" gebildeten Prüfanforderungen durch die zunehmend komplexere Architektur von Bürosystemen verstärkt werden, insbesondere durch den Technologieverbund von Telekommunikation und Datenverarbeitung.

2. Einteilung der verschiedenen Systeme

Von den Prüfanforderungen und der Prüfmethodik her lassen sich vier Systemklassen bilden. Im einzelnen sind dies:

- Systeme auf der Basis personenbezogener Daten (z.B. Personalinformationssysteme)

- Systeme auf der Basis nicht-personenbezogener Daten (z.B. Systeme zur Produktionsüberwachung)

- Systeme auf der Basis numerischer Daten (z.B. Buchhaltungssysteme)

- Systeme auf der Basis nicht-numerischer Daten (z.B. Textverarbeitungssysteme, Dokumentationssysteme)

Diese einzelnen Systeme treten in Reinkultur immer seltener auf. Zumeist herrschen heute gemischte Systeme vor, d.h. es werden personenbezogene Daten, Sachdaten, numerische wie alphanumerische sowie ausschließlich Textdaten innerhalb eines Betriebes oder einer Behörde DV-geschützt verarbeitet. Eine andere Frage ist es allerdings, inwieweit die einzelnen Systeme, technisch gesehen, untereinander selbständig arbeiten bzw. gegeneinander abgeschottet sind. Entscheidend wird es darauf ankommen, inwieweit man bei der Prüfbarkeit einen technischen bzw. organisatorischen Systembegriff zugrunde legt. Zur Charakterisierung der einzelnen Systeme läßt sich folgendes sagen:

Systeme mit nicht-personenbezogener Datenverarbeitung enthalten in der Praxis überwiegend zugleich numerische Daten. Sie unterliegen insoweit den Grundsätzen ordnungsmäßiger Buchführung (GoB) sowie den DV-orientierten Grundsätzen ordnungsmäßiger Speicherbuchführung (GoS).

Systeme mit personenbezogener Datenverarbeitung unterliegen - je nach Systemgestaltung - ausschließlich oder unter anderem den Bestimmungen der Datenschutzgesetze.

Systeme mit numerischer Datenverarbeitung unterliegen, wie oben bereits dargelegt, den GoB, können aber auch datenschutzrechtlichen Bestimmungen unterliegen, z.B. bei der Projektabrechnung in Personalinformationssystemen.

Systeme mit Textverarbeitung, die für die Bürokommunikation eine wesentliche Grundlage darstellen, unterliegen derzeit – soweit die Texte keinen personenbezogenen Charakter haben – keinen spezifischen Grundsätzen bzw. gesetzlichen Bestimmungen. Man kann deshalb von einer rechtlichen Lücke sprechen, die einer Ausfüllung bedarf. Die weiteren Betrachtungen werden sich deshalb schwerpunktmäßig mit diesen Systemen befassen.

Zur Verdeutlichung untenstehendes Schaubild:

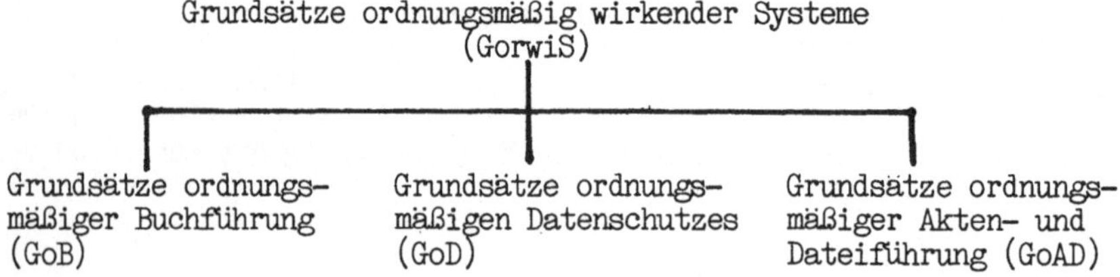

Allen bereichsspezifischen Grundsätzen sind folgende allgemeinen Grundsätze immanent:

- Prüfbarkeit
- Wirtschaftlichkeit
- Datensicherung
- Vollständigkeit
- Wahrheit und Genauigkeit
- Verfügbarkeit/Lesbarkeit
- Rechtsverbindlichkeit
- Rechtswirksamkeit
- Verfahrens(-stand)-Dokumentation
- Datenzugang
- Systemintegrität/Systemsicherheit

<u>Aktenvollständigkeit</u>

Im Arbeitsrecht hat das Vollständigkeitsprinzip durch die Unterscheidung des formellen und materiellen Personenaktenbegriffs einen wesentlichen Niederschlag gefunden. Danach sind alle Schriftstücke über einen einzelnen Arbeitnehmer als Bestandteile einer einheitlichen, einsehbaren Personalakte aufzufassen, auch wenn diese an verschiedenen Stellen eines Betriebes aufbewahrt werden. Alle derartigen Schriftstücke können gleichzeitig als Datei im Sinne des Paragraphen 2 Abs. 2 BDSG aufgefaßt werden, mit Ausnahme der Personalakte im formellen Sinn, die nur den datenschutzrechtlichen Aktenbegriff ausfüllt.

Von der Personalakte zu unterscheiden ist wiederum die Prüfungsakte, in der alle Prüfungsvorgänge einschließlich der Prüfbewertungen aufbewahrt sind. Ein Einsichtsrecht zugunsten der Betroffenen ist außerhalb der ausbildungsspezifischen Prüfbestimmungen grundsätzlich ausgeschlossen. Einsichts- und Benachrichtigungsrechte werden auch bei den sogenannten Karriere-Dateien ausgeschlossen, da ihr Dateninhalt Planungscharakter aufweisen soll und demzufolge nicht als personenbezogenes Datum gemäß Paragraph 2 Abs. 1 BDSG angesehen wird. Prozeßakten sind grundsätzlich nur für die postulationsfähige Prozeßpartei zugänglich.

Akteneinsicht kann im Anwaltsprozeß deshalb nur vom Anwalt angefordert werden. Bei strafrechtlichen Ermittlungsakten kann jedoch die Aktenherausgabe bis zum Abschluß der Ermittlungen auch gegenüber dem Verteidiger verweigert werden (Paragraph 147 StPO). Prozeßakten können auch durch beigezogene Akten anderer Verfahren vervollständigt werden, was vielfältig Auswirkungen, z.B. auf gerichtliche Beweisbeschlüsse, haben kann. Im Bereich der öffentlichen Verwaltung ist den Beteiligten gem. Paragraph 29 VwVfG grundsätzlich Einsicht in alle verfahrensbetroffenen Akten zu gestatten, soweit Geheimhaltungsrechte nicht entgegenstehen. Weitere Spezifikationen von Akten, Teilakten, Sonderakten, Hauptakten, Nebenakten und Dateien ergeben sich aus den verschiedensten rechtlichen Bestimmungen und den behördenspezifischen Aktenplänen. Voraussetzung ist des weiteren die Aktenreife der aufzunehmenden Vorgänge.

Zusammengefaßt läßt sich formulieren, daß die Vollständigkeit der Akten den Bezugsrahmen für die zu treffenden Entscheidungen sowie der Einsichtsrechte ausweist. Nur insoweit sind Entscheidungen im jeweiligen Kontext rechtskraft- und rechtsmittelfähig.

Rechtsverbindlichkeit

Der Begriff der Rechtsverbindlichkeit bedeutet, daß an die Spezifikation einer Erstellung, einer Änderung oder eines Austausches von Dokumenten bzw. Urkunden bestimmte Rechtsfolgen geknüpft werden, die für den Rechtsverkehr unerläßlich sind. Texte und Dokumente sind deshalb nach Maßgabe von Formvorschriften anzufertigen, sollen sie die gewünschten Rechtswirkungen erzeugen. Die gesetzlichen Schriftformen ergeben sich aus Paragraph 126 BGB. Danach müssen Verträge von den Parteien eigenhändig unterzeichnet werden. Manche Rechtsgeschäfte sind darüber hinaus notariell beurkundungspflichtig. Mechanische oder faksimilierte Unterschriften sind nicht zulässig, wohl aber sind gewillkürte Vereinbarungen gem. Paragraph 127 BGB erlaubt. Deshalb sind auch Parteivereinbarungen über die Rechtsverbindlichkeit sogenannter "elektronischer Unterschriften" als zulässig anzusehen (1). Die fortschreitende Rationalisierung wird ohnehin die Anerkennung derartiger Signikate erfordern (2). Gem. Paragraph 690 Abs. 3 ZPO darf der Antrag auf Erlaß eines Mahnbescheides bereits in maschinenlesbarer Form eingereicht werden. Die nach Paragraph 690 Abs. 2 ZPO erforderliche Unterschrift ist für diesen Fall entbehrlich (3)

Rechtswirksamkeit

Der Grundsatz der Rechtswirksamkeit bezieht sich vor allem auf die ordnungsmäßige Abwicklung bei der Zustellung von Urkunden. Die ordnungsmäßige Zustellung kann die Voraussetzung dafür bilden, daß Rechtsmittel- und Verjährungsfristen zu laufen beginnen sowie die Rechtskraftwirkung von Entscheidungen einsetzt, daß Vollstreckungsmaßnahmen eingeleitet werden dürfen, Klagen rechtshängig werden usw. Die im elektronischen Aktenverkehr erzeugten Dokumente müssen auch in dieser Hinsicht sämtlichen Anforderungen im Rechtsverkehr genügen, sei es bei der Herstellung oder beim Austausch.

Der Grundsatz der Rechtswirksamkeit unterliegt in besonderem Maße den bereichsspezifischen Ausprägungen und Anforderungen des jeweiligen Rechtsgeschäfts, Verwaltungstypus oder Rechtsinstituts, das in den Dokumenten, Akten und Dateien in Schriftform verkörpert ist. Allerdings erstreckt sich eine Rechtswirksamkeitsprüfung nur auf diese formalen Voraussetzungen, nicht aber auch auf eine Inhaltskontrolle derart, ob und inwieweit die Ausführungen auf einem Schriftstück materiell-rechtlich haltbar sind.

Aktenwahrheit

Der Grundsatz der Aktenwahrheit ist eng verknüpft mit dem der Aktenvollständigkeit. Ein wichtiger Teil dieses Grundsatzes ist die Beachtung von Gegendarstellungs-, Berichtigungs- und Löschungspflichten, die sich aus den verschiedenen Rechtsverhältnissen mit den Verfahrensbetroffenen ergeben. In diesem Sinne müssen Akten ständig aktualisiert und fortgeschrieben werden.

Wie bereits bei der Erörterung der Rechtswirksamkeitskontrolle ausgeführt, ist die Aktenwahrheit nicht materiell im Sinne einer rechtlichen Inhaltskontrolle zu verstehen. Diese Aufgaben bleiben nach wie vor dem justiziellen Rechtsgewährungsmonopol vorbehalten.

Verfügbarkeit/Lesbarkeit

Dieser Grundsatz ist bereits Bestandteil von GoB und GoS. Im vorliegenden Zusammenhang erhält dieser Grundsatz jedoch zum Teil spezifische Ausprägungen.

Akten und Dateien müssen zur Gewährung von Gerichts- und Prüfungsrechten weitgehend präsent organisiert sein, d.h. im allgemeinen innerhalb von nur wenigen Tagen den Verfahrensbetroffenen bzw. ihren Vertretern offenstehen. Die Aktenbereitstellung ist dabei meistens ausreichend, doch können sich im Einzelfall auch Benachrichtigungspflichten ergeben.

Durch die Zusammenfassung aller bereichsspezifischer Grundsätze zu einem einheitlichen Grundsatzwerk ordnungsmäßig wirkender Systeme sind sämtliche Varianten von Informations-, Kommunikations-, Daten- und Textsystemen in ihrem jeweiligen Verarbeitungskontext juristisch abgedeckt. Juristische Anwendungslücken sind nicht mehr erkennbar.

Anmerkungen

(1) Schmidt, Archiv für civilistische Praxis, 166, 7.

(2) Palandt-Heinrichs, 3J. Aufl., Paragraph 126 Rdz. 4.

(3) Zöller, ZPO-Kommentar, Köln 1979, Paragraph 690 III.

ZUM VERHÄLTNIS VON DATENSCHUTZ UND ORGANISATION

Stefan Bischoff / Benedikt Burkard
Universität München
Institut für Rechtsphilosphie und Rechtsinformatik

Referat

Die bislang getrennte Entwicklung des Datenschutzes und des EDV-Organisationsrechtes muß zusammengeführt werden, um der Überschneidung der Regelungsbereiche, der grundsätzlichen Schutzwürdigkeit des Verfahrensrechts sowie den institutionellen Komponenten des Datenschutzes Rechnung zu tragen. Als zentrale Forderung bei der Integration des Datenschutzes in organisatorische Konzepte stellen die Autoren die Zweckbindung der Information heraus.

Abstract

The current split in the development of the German data protection law and the respective organizational laws for electronic data processing within organizations has to be overcome since both have the same areas of concern as well as to acknowledge the principal rights of protection for procedural regulations and to suffice the institutional components of the data protection law. The authors demand the appropriation of the information to be given highest priority when integrating data protection law with the organizational concepts.

Thema dieses Beitrages ist die rechtliche Bedeutung und Bewertung des Einflusses von Informationstechnologien auf die Organisation der öffentlichen Verwaltung. Juristisch werden die Auswirkungen der neuen Informationstechnologien vor allem datenschutzrechtlich diskutiert. Diese Sichtweise liegt auch diesem Beitrag zugrunde.

Die Klärung des Verhältnisses von Datenschutz und Organisation soll in drei Schritten geschehen:

- Zuerst führen wir ein Konzept von Lebenswelt und System ein, um die gesellschaftliche Dimension unseres Themas zu verdeutlichen;

- dann klären wir anhand dreier Argumente den Zusammenhang von Datenschutz und Organisation;

- schließlich stellen wir einen Lösungsansatz zur Integration von Datenschutz und Organisation vor.

Den Bereich der öffentlichen Verwaltung haben wir gewählt, weil sie der größte Anwender der Datenverarbeitung ist und es, wenn sich die gegenwärtige Tendenz fortsetzt, auch für die neuen Informationstechnologien bleiben wird. Deren Einfluß auf die Organisation der öffentlichen Verwaltung ist von besonderer Brisanz, weil er sich auf das Spannungsfeld zwischen Staat und Bürger auswirkt, und zwar um so stärker, je mehr Funktionen der Verwaltung zuwachsen. Im Hinblick auf diese gesellschaftliche Dimension verschränken sich zwei Entwicklungsstränge: zum einen werden immer mehr gesellschaftliche Probleme den Entscheidungsverfahren der Verwaltung und dadurch stark selektiven Strategien unterworfen; zum anderen bedient sich die Verwaltung in verstärktem Maße der modernen Informationstechnologien, die genau diese abstrakt-funktionalistische Vorgehensweise unterstützen und darüber hinaus selbst befördern.

Die öffentliche Verwaltung steht - anders als Organisationen des privatrechtlich bestimmten Wirtschaftssektors - im Rechtsstaat unter besonders strikten rechtlichen Prämissen, die sowohl die Struktur des Verwaltungssystems wie auch die innere Organisation einzelner Behörden betreffen. Organisatorische Veränderungen in der Verwaltung müssen also rechtlich legitimiert und abgesichert sein. Maßstab für die Beurteilung von Veränderungen ist das geltende Recht, vor allem das Verwaltungs- und Verfassungsrecht (1).

Unsere Fragestellung setzt voraus, daß durch die Anwendung von Informationstechnologien Veränderungen in der Organisation der öffentlichen Verwaltung bereits eingetreten und weiterhin zu erwarten sind. Wenn auch die Wirkzusammenhänge bisher nicht ausreichend geklärt sind, so sind doch die mit den Informationstechnologien verbundenen Veränderungen bekannt. Besonders deutliche Beispiele sind etwa die institutionelle Verselbständigung der EDV-Organisation, die organisatorische Anpassung an verteilte Datenverarbeitungskonzepte, z.B. im Einwohnerwesen, und die damit verbundenen Veränderungen in der Arbeitsorganisation.

Gesellschaftliche Auswirkungen beziehen wir in unsere Überlegungen ein, weil angemessene rechtliche Beurteilungen auch mittelbare Folgen berücksichtigen müssen. Nur so lassen sich die rechtlichen Anforderungen an die Organisation der informationstechnik-gestützten Verwaltung adäquat entwickeln und daraus Gestaltungskriterien für die Implementierung dieser Technologien gewinnen. Soweit durch die Informationstechnologien die Verteilung von Kompetenzen und die Differenzierung von Entscheidungsgewalt sowie die Partizipationschancen des Bürgers betroffen sind, können wir vor allem an das Organisationsrecht anknüpfen; soweit es um die spezifischen Gefährdungen des einzelnen Bürgers geht, können wir auf das Datenschutzrecht zurückgreifen.

Dementsprechend lassen sich zwei Fragen unterscheiden:

1. Welche Maßstäbe enthält das Organisationsrecht für die Anwendung von Informationstechnologien? Ein Beispiel wäre: Lassen sich aus dem Prinzip der Gewaltenteilung Anforderungen an die Struktur von Informationssystemen ableiten?

2. Gibt es datenschutzrechtliche Maßstäbe für die Anwendung von Informationstechnologien und für die aus ihnen resultierenden Organisationsveränderungen in der öffentlichen Verwaltung? Hier ist zu überlegen, ob ein adäquater Schutz des Bürgers nicht organisatorischer Vorbedingungen bedarf.

Wir wollen diese Maßstäbe hier nicht im einzelnen entwickeln, sondern die Grundgedanken aufzeigen, die diese Maßstäbe enthalten.

Unsere These ist:

(1) Die beiden genannten Fragenkomplexe gehören untrennbar zusammen.

(2) Tatsächlich wurden sie bisher in der Wissenschaft und vor allem in der Praxis nicht zueinander in Beziehung gesetzt, sondern getrennt behandelt; dies ist eine wesentliche Ursache für die Defizite des Datenschutzes und auch der EDV-Organisationsgesetze.

Mit anderen Worten: Datenschutz und Organisation sind interdependent. Die Organisationsstruktur und das ihr zugrunde liegende Organisationsrecht müssen einen Beitrag zum Datenschutz leisten wie umgekehrt organisationsrechtliche Anforderungen unter der Perspektive des Datenschutzes entfaltet werden müssen (2).

Unserem Anliegen entsprechend, die gesellschaftliche Dimension miteinzubeziehen, wollen wir zunächst ein sozialwissenschaftliches Konzept zum Verhältnis von "System" und "Lebenswelt" einführen; dieses bildet den Hintergrund, vor dem wir gesellschaftliche Auswirkungen von organisatorischen Veränderungen in der Verwaltung beleuchten werden (3).

Wir können Gesellschaften und Organisationen – damit auch die Verwaltung – als soziale Systeme betrachten (4). Solche Systeme werden durch ihre Abgrenzung zur Umwelt identifiziert; diese Innen-/Außen-Abgrenzung erfolgt durch die innere Struktur des Systems und die spezifischen Verarbeitungsmechanismen, mit denen es sich auf seine Umwelt bezieht. Die Komplexität der Umwelt kann das System verarbeiten, indem es sich auf diese nur selektiv bezieht, Umweltprobleme in interne Probleme umdefiniert, und sich zu deren Lösung intern differenziert. Besonders vollkommen ausgebildet ist diese Strategie bei formalen Organisationen. Unsere moderne Gesellschaft ist nun in eine Vielzahl solcher Organisationen differenziert, die wesentliche gesellschaftliche Funktionen wahrnehmen. Diese Ausdifferenzierung und die damit verbundene besondere Bearbeitung von Problemen ist der Ausdruck einer noch immer zunehmenden Rationalisierung der Gesellschaft. Rationalisierung heißt hier: die Integration der Sozialwelt durch die sinnhafte Kommunikation von Individuen wird ersetzt von funktional-formalen Mechanismen und bürokratischen Strukturen, wie sie schon Max Weber formuliert hat: Nämlich die Ausbildung von Zuständigkeiten, die Trennung von Person und Amt, hierarchische Strukturen und Schriftlichkeit (5).

Diese Entwicklung ist allerdings ambivalent. Was sich auf der einen Seite als gesellschaftlicher Fortschritt darstellt, nämlich größere Problemlösungs- und Steuerungsmöglichkeiten und die Ersetzung persönlicher Abhängigkeit durch eine Vielzahl funktionaler Rollenbeziehungen, wendet sich andererseits gegen den Menschen selbst. Denn dieser Fortschritt ist durch die Unterwerfung des Individuums unter sachlich-anonyme Strukturen erkauft, die den Menschen unter ihre Gewalt zwingen.

Den Gegenpol zu dieser Sphäre systemfunktionaler Rationalität bildet die Lebenswelt
(6). Dieser Begriff bezeichnet den Erlebnisraum des Individuums, der durch die
Kommunikation mit anderen Individuen, den persönlichen Erlebnishorizont, den individuellen Wissensfundus und die subjektiven Relevanzstrukturen und Interpre-
tationsmechanismen charakterisiert ist.

In unserer Gesellschaft ist die Ausbalancierung des Verhältnisses von System und
Lebenswelt problematisch: Die Lebenswelt wird dadurch gefährdet, daß organisierte
Sozialsysteme immer mehr auf sie zugreifen und die auf das Individuum zugeschnittenen
Strukturen der Lebenswelt durch solche systemischer Art ersetzen. Während in der
Lebenswelt das Individuum Mittelpunkt ist, individuelle Sinnbezüge setzt und sich in
seinen Handlungen verwirklicht, bauen die Systemstrukturen auf austauschbaren,
generalisierten Handlungen auf, bei denen das Individuum als Akteur zur Nebensache
wird. Das Selbstverständnis und die Identität des Individuums stellen sich aber nur
über individuelles Handeln her, für das die Sinndimension konstitutiv ist. Das
Individuum muß sich auf bestehende Systemstrukturen beziehen und diese inter-
nalisieren; dadurch werden seine Handlungschancen, Erlebnis- und Entfaltungs-
möglichkeiten beschnitten.

Dieses prekäre Verhältnis von System und Lebenswelt ist der Hintergrund für das
Spannungsverhältnis von Bürger und Verwaltung, das z.B. in der Diskussion um die
Bürgerfreundlichkeit der Verwaltung thematisiert ist. Die Problematik dieses
Verhältnisses ist für den Bürger von besonderer Bedeutung, weil die Verwaltung nicht
nur _einer_ der systemisch-organisierten Funktionsbereiche der Gesellschaft neben
vielen anderen ist, sondern weil sie sich auf Grund ihrer Funktionen für das
politisch-administrative System auf alle anderen Subsysteme der Gesellschaft und
Lebensbereiche bezieht. Die Penetration durch das administrative System ist deshalb
so intensiv, weil seine Entscheidungen gegenüber seiner Umwelt aufgrund seines Macht-
und Entscheidungsmonopols bindend sind.

Stellen wir nun die Verwaltung als System der Lebenswelt des Bürgers gegenüber, so
ist die Verwaltungsautomation nichts anderes als die Perfektion der Strukturen und
Verfahrensmechanismen, die im Prozeß der Rationalisierung der Gesellschaft bzw. der
Organisation ´Verwaltung´ angelegt sind. Umgekehrt ist die Problematik des Daten-
schutzes Ausdruck der zunehmenden Gefährdung der Lebenswelt durch die Ratio-
nalisierung der Informationsverarbeitung in der formal organisierten Verwaltung. Die
Penetration der Lebenswelt durch die Verwaltung ist der Grund dafür, daß sich
Strukturveränderungen im Verwaltungssystem auf die Lebenswelt auswirken. Die
Betrachtung des Verhältnisses von Bürger und Verwaltung darf deshalb nicht auf eine
Seite reduziert werden (7). Auf unsere Fragestellung gewandt heißt das, daß eine
Behandlung des Datenschutzes im öffentlichen Bereich nicht ohne die Einbeziehung der
Organisation der Verwaltung und ihrer Informationsverarbeitung erfolgen kann.

Der Gesetzgeber ist dieser Problematik nicht gerecht geworden, ja er hat sie nicht
einmal erkannt. Dies zeigen die zwei Versuche, die Folgen der Verwaltungsautomation
juristisch zu bewältigen, nämlich die EDV-Organisationsgesetze und die Datenschutzgesetze.

Die Gesetze zur Organisation der EDV in der öffentlichen Verwaltung wollten
Richtlinien für die Weiterentwicklung der Datenverarbeitung geben, verkannten dabei
aber zum einen die Probleme der Integration von Informationstechnologien in die
Verwaltungsorganisation und ließen zum anderen den Datenschutz außer acht. Die
Datenschutzgesetze ihrerseits strebten zwar den Schutz des Bürgers vor den un-
erwünschten Auswirkungen der Datenverarbeitung an, ließen aber die Strukturveränderungen der Informationsverarbeitung in der Verwaltung weitgehend unbeachtet.

Konsequenz des unvermittelten Nebeneinanderstehens dieser beiden Regelkomplexe ist,
daß der Datenschutz bei einer Symptombehandlung stehenbleibt, statt die Ursachen der

Gefährdung zu bewältigen. Aber auch die EDV-Organisationsgesetze konnten ihr Ziel nicht erreichen. Organisationsgesetze bestimmen im Hinblick auf materielle Aufgaben normative Grundlagen der Organisation oder schaffen Kompetenzen, um das legitime Handeln bestehender Organisationen aufgrund eines inhaltlichen Kriteriums zu beschränken. Die strukturierende Funktion dieser Gesetze resultiert dabei aus der Orientierung an materiell-rechtlichen Gesichtspunkten. Eine solche Orientierung fehlt den EDV-Organisationsgesetzen; sie haben im wesentlichen nur den Zustand der EDV-Organisation legitimiert, den sie in der Verwaltung vorfanden. Ihr Leitgedanke – die Integration der Datenverarbeitung – war an Kriterien wie technische Machbarkeit, Rationalisierung und Wirtschaftlichkeit orientiert, nicht jedoch an verwaltungs- und verfassungsrechtlichen Grundsätzen. Es ist daher nicht verwunderlich, daß diese Gesetze heute wieder novelliert werden, um sie an die tatsächlichen Weiterentwicklungen der Informationstechnologien in der Verwaltung anzupassen (8).

Datenschutz- und EDV-Organisationsgesetze sind zwei Antworten des Gesetzgebers auf die Herausforderung der Verwaltungsautomation. Daß gerade diese beiden Bereiche geregelt wurden, ist aber kein Zufall. Vielmehr besteht ein innerer systematischer Zusammenhang, der bisher zuwenig berücksichtigt wurde. Seine Aufarbeitung ist aber grundlegende Voraussetzung dafür, die Probleme der Verwaltungsautomation in den Griff zu bekommen. Im folgenden werden wir diesen Zusammenhang anhand dreier Argumente, der ´Überschneidung der Regelungsbereiche´, des ´Verfahrensrechts als Grundrechtsschutz´ und der ´institutionellen Komponente des Datenschutzes´, darstellen (9).

(1) Die öffentliche Verwaltung ist ein informationsverarbeitendes System. Unter dieser Perspektive beziehen sich sowohl das allgemeine und das EDV-Organisationsrecht als auch das Datenschutzrecht auf Informationsprozesse in der Verwaltung. Der erste Normenkomplex gibt Vorgaben für die Informationsverarbeitung, indem er die Organisationsstrukturen des Verwaltungssystems festlegt. Durch die Differenzierung der Verwaltung nach Kompetenz und Zuständigkeit wird auch ein Kommunikationsnetz definiert; Organisationsstrukturen ist immer immanent, daß sie im Rahmen einer arbeitsteiligen Differenzierung die Informationsverarbeitung und die Informationsflüsse präformieren.

Dieser Gedanke gilt erst recht für die Datenverarbeitung; denn deren Anwendung und Nutzbarmachung hängt entscheidend von den organisatorischen Konzepten ab, die die Datenverarbeitung an den jeweiligen Benutzer anbinden. Zugleich wird mit diesen Konzepten aber auch das Informationsverhalten des Benutzers vorstrukturiert. So führen Informationssysteme in der Verwaltung dazu, daß immer mehr Informationen nachgefragt und gesammelt werden, daß aus bereits gesammelten Informationen durch deren Verknüpfung ohne den Kontakt mit dem Betroffenen neue Informationen gewonnen werden, und daß das Entscheidungsverhalten der Verwaltung insgesamt immer stärker auf die Informationsbasis des Systems zugeschnitten wird. Gerade diese Auswirkungen, die für den Bürger sehr nachteilig sein können, muß man auch vor Augen halten, wenn man der großen Bedeutung organisatorischer Konzepte für die Einführung moderner Informationstechnologien mit ihren völlig neuen Möglichkeiten gerecht werden will.

Wenden wir uns nun dem Datenschutz zu. Ohne auf die einzelnen gesetzlichen Bestimmungen einzugehen, läßt sich folgendes sagen: Die Datenschutzgesetze begrenzen den Umgang und die Verarbeitung von Informationen über den Bürger, indem sie die Zulässigkeit der Datenverarbeitung – soweit nicht andere, spezielle Erlaubnisnormen vorliegen – davon abhängig machen, ob die "schutzwürdigen Belange" des Bürgers verletzt werden. Die der Informationsverarbeitung zugrunde liegenden Strukturen lassen sie jedoch unangetastet. Dies führt zu einer Inkonsistenz der Datenschutzgesetze: Indem sie an die Organisation der Datenverarbeitung unbesehen anknüpfen, übernehmen sie damit das in diesen angelegte Gefährdungspotential, dem sie gerade entgegenwirken wollen; sie erreichen damit allenfalls einen nachträglichen Schutz des Bürgers, der auf Mißbrauchsfälle der Verarbeitung oder Übermittlung zugeschnitten ist.

Obwohl also beide Normenkomplexe unterschiedliche Ziele verfolgen, überschneiden sich ihre Regelungsbereiche dennoch insoweit, als beide Vorgaben für die Informationsverarbeitung in der öffentlichen Verwaltung enthalten. In Anbetracht dieses Zusammenhanges wird schon jetzt deutlich, daß einerseits die Organisation auf den Datenschutz abgestimmt sein und andererseits dieser an organisatorischen Gegebenheiten anknüpfen müßte.

(2) Wir nehmen an dieser Stelle unsere Überlegungen zum Verhältnis von System und Lebenswelt wieder auf. Dieses Verhältnis spiegelt sich auf juristischer Ebene im Verhältnis von materiellem Recht zu Organisations- und Verfahrensrecht wider. Am Beispiel der Grundrechte und an der Konzeption des subjektiven öffentlichen Rechts läßt sich zeigen, daß dem öffentlichen Recht die Idee des Individuums mit einem geschätzten Kernbereich zugrunde liegt. Diesen Bereich kann man der Lebenswelt zuordnen: Die Abwehrrechte gegenüber dem Staat bedeuten dann einen Schutz vor Übergriffen des Systems auf die Lebenswelt. Zur Erreichung dieses Ziels enthält die Verfassung auf einer zweiten Ebene zusätzliche Elemente. Indem für Staat und Verwaltung Organisations- und Verfahrensprinzipien postuliert werden, die der Beschränkung und Begrenzung staatlicher Macht dienen sollen, setzt die Verfassung direkt an Systemstrukturen an.

Für die Realisierung der Rechte des Bürgers gegenüber dem Staat sind die Bedingungen ausschlaggebend, unter denen sich staatliches Handeln dem Bürger gegenüber vollzieht. Diese Bedingungen werden durch materiell-rechtliche und verfahrens- und organisationsrechtliche Vorschriften festgelegt. Die Durchsetzung der Rechte des Bürgers hängt von der Ausgestaltung des Verfahrens und der Organisation der Verwaltung entscheidend ab – dies hat auch das Bundesverfassungsgericht in mehreren Entscheidungen betont (10).

Dies gilt erst recht dann, wenn in der Organisation der Verwaltung besondere Gefährdungspotentiale bestehen, wie das durch die Anwendung von Informationstechnologien der Fall ist. Die allgemeinen Grundsätze, die für das Verhältnis von Grundrechten und Organisation gelten, gelten auch für den Datenschutz und das EDV-Organisationsrecht. Denn das Datenschutzrecht enthält die Präzisierung und Ausformulierung grundrechtlicher Schutzpositionen.

Das Datenschutzrecht muß also von dem entsprechenden Organisationsrecht flankiert werden. Die Ansätze, die bisher in einigen EDV-Organisationsgesetzen und Datenschutzgesetzen zu finden sind, reichen allerdings bei weitem nicht aus.

(3) Eine rechtliche Regelung darf sich nicht damit begnügen, nur den Einfluß des Systems auf die Lebenswelt, die Folgen der Penetration, zu begrenzen, sondern muß auf das System selbst und seine interne Struktur einwirken, will sie nicht Flickwerk bleiben. Datenschutz muß also auf das politisch-administrative System bezogen und als Strukturvorgabe interpretiert werden; er hat dann die Funktion der Aufrechterhaltung kompetenzieller Schranken (11). Diese institutionelle Bindungswirkung des Datenschutzes tritt neben seine individuelle Schutzfunktion, die sich auf den einzelnen Bürger bezieht (12).

Die institutionelle Bindungswirkung zielt auf eine Machtbalance ab, wie sie in der vertikalen und horizontalen Differenzierung staatlicher Gewalt und in der Binnenstrukturierung der Verwaltung angelegt ist. Diese Differenzierung schränkt die Ausübung staatlicher Macht ein, indem sie sie auf verschiedene Institutionen, deren Untergliederungen und Mitglieder verteilt, und ermöglicht damit zugleich eine gegenseitige Kontrolle. Zudem schafft die sachliche Differenzierung in der Verwaltung Institutionen, die die Interessen des Bürgers zumindest teilweise repräsentieren und innerhalb des politisch-administrativen Systems vertreten können. Die Differenzierung der Verwaltung dient mithin dazu, eine Verkürzung der Handlungsspielräume des Bürgers zu verhindern oder zumindest aufzuhalten.

Berücksichtigt man diese Funktionen, so zeigt sich, daß der Datenschutz so lange unvollständig bleibt, wie er nicht verhindert, daß durch den Informationsaustausch in und zwischen Verwaltungen diese Differenzierung überspielt wird.

Institutioneller Datenschutz fordert damit über die bestehenden Datenschutzgesetze hinaus eine datenschutzadäquate Organisation der Verwaltung. Dabei können die EDV-Organisationsgesetze, wenn der Gesetzgeber in ihnen erst einmal materielle Kriterien verankert hat, einen wesentlichen Beitrag leisten. EDV-Organisation und die Organisation der Verwaltung können dann die Funktion einer Art "flankierenden Datenschutzes" übernehmen.

Als Ergebnis läßt sich also festhalten: Datenschutz und Organisation gehören funktionell zusammen, sie stehen in einem komplementären Verhältnis zueinander. Die normative Integration beider Bereiche ist dringend notwendig.

Um die theoretische Einsicht in diesen Zusammenhang für die Praxis nutzbar zu machen, bedarf es eines Konzeptes, das einerseits an den tatsächlichen Gegebenheiten anknüpft und das andererseits einen für die Gesetzgebung wie für die Verwaltungspraxis gangbaren Weg aufweist. Eine Bestandsaufnahme der Informationsprozesse zwischen Bürger und Verwaltung zeigt, daß diese weitgehend durch die tatsächliche Verwaltungsorganisation bestimmt sind. Man wird also an der bestehenden Verwaltungsorganisation anknüpfen müssen. Die Zusammenführung von Datenschutz und Organisation der Informationsverarbeitung muß dann zum einen an der Rechtsmaterie des Datenschutzes ansetzen – hier ist die Entwicklung noch im Fluß – und zum anderen an der Implementierung der neuen Informationstechnologien, weil hier die zukünftigen Strukturen der Informationsverarbeitung angelegt werden.

Die Orientierung des Datenschutzes an organisatorischen Gegebenheiten und Potentialen kann jedoch nur gelingen, wenn seine Konzeption, seine Begrifflichkeit und sein Instrumentarium erweitert und erneuert werden. Aus der umfangreichen Kritik an der bestehenden Datenschutzgesetzgebung wollen wir zwei für uns wesentliche Punkte herausgreifen: einmal bezieht der Datenschutz mit einigen unwesentlichen Ausnahmen die organisatorischen Bedingungen der Informationsverarbeitung nicht mit ein; diesen Punkt haben wir bereits angeführt. Aber auch die Formulierung des Schutzgutes – und das ist der zweite Punkt – leidet darunter, daß die Realität der Informationsverarbeitung im Datenschutz kaum berücksichtigt wird. Der Paragraph 1 BDSG spricht von "schutzwürdigen Belangen des Bürgers", was immer man darunter im einzelnen zu verstehen hat. In der Praxis führt dieser unbestimmte Rechtsbegriff – vor allem in der Rechtsprechung – zu einer Abwägung im Einzelfall, ohne daß ausreichende Beurteilungskriterien durch das Gesetz selbst vorgegeben sind. Auf die schon vielfach vorgetragene Kritik an der bestehenden Konzeption möchten wir hier nicht näher eingehen. Einen in diesem Zusammenhang immer wieder vorgetragenen Verbesserungsvorschlag, den Gedanken der Zweckbindung, möchten wir jedoch aufnehmen und zur Grundlage unserer weiteren Ausführungen machen (13).

Der Gedanke der Zweckbindung von Daten besagt, kurz gefaßt: Informationen, die der Bürger der Verwaltung gibt, dürfen von ihr regelmäßig nur zu den Zwecken verarbeitet und verwendet werden, für die sie erhoben bzw. abgegeben wurden. Eine weitere Verwendung bedarf einer gesonderten Prüfung. Dieser Gedanke entspricht den vorher geäußerten Überlegungen zum Verhältnis von Datenschutz und Organisation in besonderem Maß, weil er sich implizit auf organisatorische Sachverhalte bezieht. Denn die Zwecke, die der Informationsverarbeitung zugrunde liegen, verweisen einmal auf Organisationsstrukturen der öffentlichen Verwaltung und zum anderen auf die Aufgaben, die der öffentlichen Verwaltung als Organisationsgeflecht übertragen sind.

Allerdings sind die bisherigen Überlegungen zur Zweckbindung mehr Postulat geblieben, als daß sie konkrete Vorschläge enthalten. Der Zweckbegriff wurde weder ausreichend theoretisch geklärt, noch für eine praktische Anwendung präzisiert.

In einem von der Volkswagen-Stiftung geförderten Forschungsprojekt zur "Integration des Datenschutzes in organisatorische Konzepte der Datenverarbeitung" haben wir uns mit der Fundierung und Weiterentwicklung der bisherigen Postulate zur Zweckbindung beschäftigt. Gegenstände unserer Untersuchung waren die theoretischen Grundlagen des Zweckbegriffs, die Funktion von Zwecken für die Informationsverarbeitung in der Verwaltung und schließlich deren Bedeutung für den Kontakt zwischen Bürger und Verwaltung. Unsere Untersuchungen ergeben, daß die Zweckbindung als datenschutzrechtliches Konzept geeignet ist, den Bezug zu organisatorischen Sachverhalten herzustellen und gleichzeitig das Schutzgut des Datenschutzes zu präzisieren.

Die Informationsverarbeitung in der Verwaltung erfolgt zweck- und aufgabenbezogen. Für den konkreten Vollzug werden die normativ vorgegebenen Aufgaben in Teilaufgaben zergliedert und in ein Programm von Verfahrensschritten übersetzt. Über die Organisationsstruktur werden die entsprechenden Ressourcen an Stellen und Mitteln zur Verarbeitung bereitgestellt. Koordination und Integration der Informationsverarbeitung erfolgt in Orientierung an den Zwecken, die durch Organisationsstruktur und Verfahren festgeschrieben sind.

Auf dieser Ebene lassen sich Zwecke sowohl aufgrund einer empirischen Untersuchung der Informationsverarbeitung als auch durch eine Analyse der dieser zugrunde liegenden Normen, Organisationspläne und Verfahren konkret als ´Verwaltungszwecke´ beschreiben. Verwaltungszwecke haben aber auch eine Außenwirkung. Die Funktion der Verwaltung als Entscheidungssystem führt dazu, daß Informationen aus der Umwelt des Systems - sprich der Lebenswelt des Bürgers - aufgenommen und, zu Entscheidungen verarbeitet, an diese wieder abgegeben werden.

Dieser Außenbezug des Systems Verwaltung hat zwei Konsequenzen: Einmal ist das Verwaltungsverfahren auf die Mitwirkung des Bürgers ausgelegt, zum anderen führt die Verbindlichkeit der Entscheidungen dazu, daß der Bürger im Kontakt mit der Verwaltung deren interne Verarbeitungsmechanismen berücksichtigen muß. Der Bürger muß bestimmte Informationen in bestimmter Weise im Hinblick auf die Verwaltungszwecke abgeben, will er seine Ansprüche durchsetzen bzw. Leistungen erhalten. Das heißt also: nicht nur die interne Informationsverarbeitung ist durch Verwaltungszwecke geprägt, sondern gerade auch der Kontakt mit dem Bürger.

Wir werden nun die Perspektive wechseln und betrachten die Zweckbezogenheit des Informationsprozesses unter dem Blickwinkel seiner Relevanz für den Bürger. Dieser erlebt den Publikumskontakt als kommunikative Beziehung, in der er seine Erwartungen und sein Handeln in einen sinnhaften Bezug zur Verwaltung bringt. Der Bürger hat eigene, auf seine Lebenswelt bezogene Zweckvorstellungen, die "Alltagszwecke", die funktional und strukturell von den Zwecken der Verwaltung unterschieden sind. Zwischen diesen unterschiedlichen Zwecken muß eine Vermittlung stattfinden, damit einerseits die Verwaltung verwendbare Informationen erhält, auf deren Grundlage sie entscheiden kann, und damit andererseits der Bürger diese Entscheidungen akzeptieren kann. Diese Vermittlung geschieht kommunikativ im Publikumskontakt.

Die Zweckgerichtetheit der Kommunikation zwischen Bürger und Verwaltung kann zugleich als Ansatz für eine Präzisierung des datenschutzrechtlichen Schutzgutes dienen. Kommunikatives Handeln hat immer eine Komponente der Selbstdarstellung, deren Respektierung Voraussetzung für die Kommunikationsfähigkeit des Individuums ist, wie auch umgekehrt die Kommunikation Voraussetzung für eine der Persönlichkeit entsprechende Selbstdarstellung ist (14). Beziehen wir den Gedanken, daß die Selbstdarstellung des Individuums zu respektieren ist, auf die zweckgerichtete Kommunikation mit der Verwaltung, so heißt dies, daß der Zweckbezug von kommunikativ konstituierten Informationen erhalten bleiben muß.

Dieses Verhältnis von Selbstdarstellung und Kommunikation kann mit sozialwissenschaftlichen Konzepten von Identität fundiert werden, deren juristische

Entsprechung Begriffe wie Entfaltung der Persönlichkeit oder Menschenwürde sind. Obwohl Identität inhaltlich nur schwer zu bestimmen ist, ist der Beitrag der Selbstdarstellung für ihre Realisierung unbestreitbar. Aus der Funktion der Selbstdarstellung für den Prozeß der Informationsverarbeitung in der Verwaltung folgt, daß wir an die Stelle eines relativ unbestimmten, abstrakten Schutzgutes die Respektierung des in der Kommunikation hergestellten konkreten Zweckbezuges der Information setzen können.

Die Zweckbindung erfüllt also drei Funktionen, deren Bedeutung wir bereits herausgestellt haben: Sie knüpft an reale Prozesse an, sie berücksichtigt organisatorische Gegebenheiten, und sie präzisiert das Schutzgut und damit zugleich die datenschutzrechtliche Entscheidungsprämisse.

Mit dem Konzept der Zweckbindung läßt sich also eine Integration von Datenschutz und Organisation erreichen; im Datenschutzrecht müßte dazu das Zweckbindungsprinzip verankert werden. Gleichzeitig ist damit ein rechtliches Kriterium für die Gestaltung moderner Informationstechnologien vorgegeben: Sie müssen so organisiert und in die Verwaltungsorganisation implementiert werden, daß der im Publikumskontakt konstituierte Zweckbezug von Informationen erhalten bleibt. Die Zweckbindung hat dabei sowohl eine Bedeutung für die interne Informationsverarbeitung von Behörden als auch für den Informationsaustausch zwischen ihnen.

Für die Implementierung von Informationstechnologien folgt aus dem Zweckbindungsprinzip, als Mindestanforderung die Organisation der Datenverarbeitung an die bestehende Verwaltungsorganisation anzulehnen. Sie muß die Differenzierung der Verwaltung übernehmen und als internes Strukturprinzip widerspiegeln; der Zweckbezug von Informationen muß erhalten bleiben bzw. rekonstruierbar sein. Eine über die ursprünglichen Zwecke von Informationen hinausgehende Verwendung ist damit nicht grundsätzlich ausgeschlossen; es bedarf dann einer besonderen Entscheidung, um die Durchbrechung des ursprünglichen Zweckbezugs zu rechtfertigen. Auf diesem Weg ist dann die Möglichkeit zur Kontrolle und datenschutzrechtlichen Beurteilung gegeben.

Datenschutz hat immer die Funktion, zugunsten des Schutzes materieller Rechtsgüter und Interessen die Anwendung von Informationstechnologien einzuschränken. Die bisherigen Datenschutzgesetze haben – wegen ihrer relativen Unbestimmtheit – die Verwaltung eher verunsichert und bringen in der Praxis einen erheblichen Prüfungsaufwand mit sich – oft ohne sinnvolle Resultate.

Ein organisatorisch abgestütztes Konzept der Zweckbindung dagegen hätte zwar tendenziell stärkere Restriktionen für die Datenverarbeitung zur Folge; dafür würde dieses Konzept den Datenschutz für die Verwaltung praktikabler machen, sie damit entlasten und die Informationstechnologie besser in die Verwaltungsarbeit einbinden. Ein solchermaßen wirksamer Datenschutz stärkt aber auch das Vertrauen des Bürgers in die informationstechnikgestützte Verwaltung und wirkt so bestehenden Legitimationsproblemen entgegen.

Anmerkungen

(1) Vgl. z.B. Grimmer, K., Ziele und Gestaltungseinflüsse der Verwaltungsautomation, in: ÖVD 1 (1980), S. 9 ff.

(2) In diese Richtung z.B. schon: Steinmüller, W. u.a., Grundfragen des Datenschutzes, 1972, BT-Drucksache VI/3826; Schimmel/Steinmüller, Rechtspolitische Problemstellung des Datenschutzes, in: Dammann, U. u.a., Datenbanken und Datenschutz, Frankfurt/New York 1974, S. 111 ff.; Lenk, K., Datenschutz in der

öffentlichen Verwaltung, in: Kilian, W. u.a. (Hrsg.), Datenschutz, Darmstadt 1973, S. 15 ff.; Eberle, C.-E., Verfassungsrechtliche Fragen der ADV-Organisation und das Denkmodell der "Modularen Datenverarbeitung", in: ÖVD 10 (1972), S. 439 ff.; Brinckmann, H., Verwaltungsgliederung als Schranke von Planungs- und Informationsverbund, in: ÖVD 1975, S. 239 ff. (= Steinmüller, W. (Hrsg.), Informationsrecht und Informationspolitik, München/Wien, 1976, S. 95 ff.)

(3) Zum folgenden: Gabriel, K., Analysen der Organisationsgesellschaft, Frankfurt/New York 1979; Habermas, J., Theorie des kommunikativen Handelns, Frankfurt 1981, Bd. II, S. 171 ff.

(4) Grundlegend etwa Luhmann, N., Theorie der Verwaltungswissenschaft, Köln/Berlin 1966

(5) Vgl. Weber, M., Wirtschaft und Gesellschaft, Tübingen, 5. Aufl. 1976, S. 125 f.

(6) Zu diesem Ansatz grundlegend: Arbeitsgruppe Bielefelder Soziologen (Hrsg.), Alltagswissen, Interaktion und gesellschaftliche Wirklichkeit, Opladen, 5. Aufl. 1981

(7) Dazu vgl. Grunow/Hegner, Überlegungen zur System-Umwelt-Problematik anhand der Analyse des Verhältnisses zwischen Organisation und Publikum, in: ZfS 3 (1972), S. 209 ff.

(8) Vgl. die kürzliche Novellierung des BayEDVG, BayLT-Drucks. 9/11168

(9) Zum folgenden vgl. Bischoff/Burkard, Staatliches EDV-Organisationsrecht: Eine Lücke im Datenschutz!, in: ÖVD 3 (April 1982), S. 101 ff.

(10) Vgl. z.B. BVerfGE 53, S. 30 ff.

(11) Vgl. dazu z.B. Podlech, A., Prinzipien des Datenschutzes in der öffentlichen Verwaltung, in: Kilian, W. u.a. (Hrsg.), Datenschutz, Darmstadt 1973, S. 9; Lenk, K., a.a.O. (Fußnote 2), S. 114

(12) Vgl. z.B. Schimmel/Steinmüller, a.a.O. (Fußnote 2), S. 124; Steinmüller, W., Automationsgestützte Informationssysteme in privaten und öffentlichen Verwaltungen, in: Leviathan 4 (1975), S. 5509 f.; Lenk, K., Gesamtgesellschaftliche Implikationen der technischen Kommunikation, in: Hansen, H.R. u.a. (Hrsg.), Mensch und Computer, München/Wien 1979, S. 92 f.

(13) Erste Ansätze hat der Gesetzgeber bereits verwirklicht: vgl. z.B. Paragraph 10 BDSG; Paragraph 2 MRRG; Paragraph 78 SGB-X

(14) Vgl. dazu z.B. Krappmann, L., Soziologische Dimension der Identität, Stuttgart, 5. Aufl. 1978

DER EINFLUSS NEUER INFORMATIONSTECHNOLOGIEN AUF BERUFSSTRUKTUR UND QUALIFIKATION IM BÜROBEREICH

Roland Stolz
UBIT, München

1.   Einflußfaktoren der Veränderung von Berufsstrukturen und Qualifikation
1.1   Verbreitungsumfang und -geschwindigkeit neuer Technologien
1.2   Grad der Automatisierbarkeit der Büroarbeit
1.3   Veränderte Bedürfnisse und Anforderungen an die Büroarbeit
1.4   Art und Ausmaß der Arbeitsteilung zwischen Mensch und Maschine
2.   Neuere Tendenzen der technisch-organisatorischen Entwicklung
3.   Beispiele für Veränderungen von Berufsstrukturen und Qualifikation von Büro-
        berufen
3.1   Beispiel für die Sachbearbeitung: Bankkaufmann
3.1.1   Der Einsatz neuer Informationstechnologien im Bereich der Banken
3.1.2   Berufsstrukturelle und arbeitsinhaltliche Veränderungstendenzen
3.1.3   Zusammenfassung
3.2   Beispiel für Assistenzberufe: Sekretärin
3.2.1   Organisationsformen und Entwicklungen im Bereich der Textverarbeitung
3.2.2   Berufsstrukturelle und arbeitsinhaltliche Veränderungstendenzen
3.2.3   Zusammenfassung
4.   Schlußfolgerungen
Anmerkungen
Literaturhinweise

Referat

Ausgehend vom Umfang des Einsatzes neuer Technologien, den veränderten Bedürfnissen und Anforderungen an die Büroarbeit, sowie der Arbeitsteilung zwischen Mensch und Maschine, untersucht der Autor die Ausweitung des organisatorischen Gestaltungs-spielraums, wobei die Technik weniger Automatisierungs- als arbeitsunterstützende Funktion hat. Die Tendenz zur Teambildung wird eine Annäherung der Berufsbilder bringen, weg vom Spezialisten zum Universalisten. Insbesondere werden höhere Qualifikationsanforderungen in unteren und mittleren Arbeitsbereichen zu verzeichnen sein, da Planung, Ausführung und Kontrolle in einer Hand liegen. Die Thesen werden belegt anhand von Beispielen des Bankkaufmanns und der Sekretärin.

Abstract

Considering the scope of applications of new technologies, the changing needs and demands of office work as well as the division of labor between man and machine the author examines the expansion of organizational modeling capacity, where technologies do not have automation but rather worksupporting functions. The tendency to teamworking will narrow the gaps between jobs, away from the specialist to the universalist. The author expects higher qualification demands in lower and middle ranks since planning, execution, and control will be concentrated in one sphere. The theses are illustrated by using the examples of a bank clerk and of a secretary.

1. Einflußfaktoren der Veränderung von Berufsstrukturen und Qualifikation

Welch weitreichende Bedeutung die breite Einführung neuer Informationstechnologien hat, wird offensichtlich, wenn man bedenkt, daß derzeit im Büro- und Verwaltungsbereich etwa 10 Millionen Erwerbstätige beschäftigt sind. Das sind fast doppelt so viele, wie zu Beginn der 60er Jahre, und ihre Zahl wird weiter zunehmen. Damit übt fast die Hälfte aller Erwerbstätigen "Schreibtischberufe" aus oder befaßt sich mit sogenannten "Informationstätigkeiten".

Die Veränderungen in den Berufsstrukturen, die in den nächsten Jahren auf diese Personengruppe zukommen werden, hängen von mehreren Faktoren ab (vgl. Abb. 1).

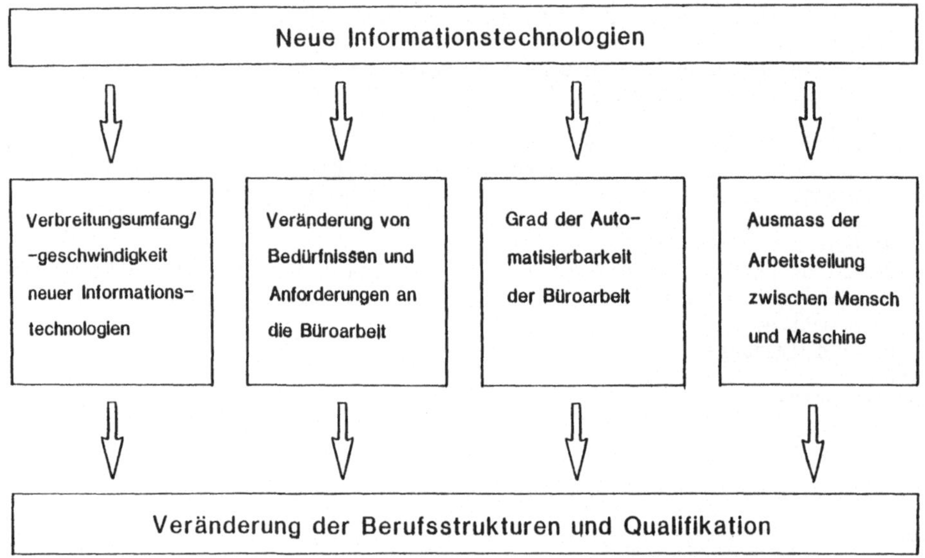

Abb. 1: Einflußfaktoren auf Berufsstrukturen und Qualifikation

1.1 Verbreitungsumfang und -geschwindigkeit neuer Technologien

Die Bundesanstalt für Arbeit kommt in einer im Jahr 1982 veröffentlichten Studie zu dem Ergebnis (1), daß - selbst bei Annahme einer sehr geringen Verbreitungsgeschwindigkeit neuer Technologien - im kommenden Jahrzehnt ...

- rund 1/3 aller jetzigen Beschäftigten auf neu geschaffenen Arbeitsplätzen tätig sein wird,

- rund 1/5 den Arbeitsplatz innerhalb des Betriebes wechseln wird und

- rund 1/10 seinen Arbeitsplatz im bisherigen Betrieb verloren haben wird.

Nahezu alle Beschäftigen werden bis Ende dieses Jahrhunderts mit neuen Informationstechniken arbeiten und sich den neuen Arbeits- und Qualifikationsanforderungen stellen müssen (2). Sie werden die Technik nicht nur bedienen und handhaben, sondern auch verstehen müssen, um sie für ihre spezifischen Arbeitsanforderungen auch nutzen zu können.

Hieran wird deutlich, welche immensen Anforderungen an die Mobilität, Flexibilität und Weiterbildungsbereitschaft der Arbeitnehmer in Zukunft gestellt werden. Die Fähigkeit, sich mittels eines breiten Grundwissens konkret auf neue Arbeitsplatzanforderungen einstellen zu können und die Bereitschaft, in neue und andersartige Berufe zu wechseln, wird in Zukunft von wesentlich größerer Bedeutung sein. "Lebenslanges Lernen" bleibt kein Schlagwort, sondern wird Notwendigkeit.

1.2 Grad der Automatisierbarkeit der Büroarbeit

Über den Grad der Automatisierbarkeit der Büroarbeit werden unterschiedliche Auffassungen vertreten. Während für die einen aufgrund der raschen Verbesserung des Preis-Leistungs-Verhältnisses in der Mikroelektronik jetzt der Zeitpunkt gekommen ist, die Büroarbeit in hohem Umfang zu formalisieren und zu automatisieren, sehen andere Experten diese Möglichkeiten nur begrenzt als realistisch bzw. ökonomisch an (3). Sie argumentieren, daß die Kosten der Standardisierung sowie die mit der Automatisierung einhergehenden Flexibilitätsverluste den Nutzen der Automatisierung in vielen Fällen nicht rechtfertigen. Dennoch ist in Zukunft auch bei einem geringen Automatisierungsgrad zumindest mit fiktiven Personaleinsparungen zu rechnen.

1.3 Veränderte Bedürfnisse und Anforderungen an die Büroarbeit

Aus der Vergangenheit wissen wir aber auch, daß mit der Einführung neuer Technologien neue Anforderungen und Bedürfnisse entstehen. Die damit verbundene Ausweitung von Aufgabenstellungen wirkt gegenläufig zu Freisetzungseffekten und kompensiert diese unter Umständen teilweise.

Insgesamt bleibt festzuhalten, daß die neuen Informationstechnologien in quantitativer Hinsicht erst langfristig Auswirkungen auf die Berufsstruktur der Angestellten haben (4). Möglicherweise könnten Einflüsse auch an anderer Stelle wirksam werden, als man bisher vermutete. Zudem kann belegt werden, daß die quantitativen Auswirkungen neuer Technologien in wesentlich stärkerem Maß vom Konjunkturverlauf sowie vom Klima internationaler Wirtschaftsbeziehungen als von der Technologie selbst abhängen (5).

1.4 Art und Ausmaß der Arbeitsteilung zwischen Mensch und Maschine

Unmittelbarer und aktueller beeinflußt in qualitativer Hinsicht die Arbeitsteilung zwischen Mensch und Technik die Qualifikations- und Berufsstruktur der Beschäftigten im Büro (6). Den zu Beginn des Computerzeitalters angestrebten Organisationsmodellen lagen zum größten Teil tayloristische Prinzipien und Methoden (Arbeitsvereinfachung, Spezialisierung, Zentralisierung, Zeit-Bewegungs-Studien, Ablaufanalysen) zugrunde. Das Produkt der Büroarbeit sollte auf Informationsträgern (z.B. Papier) entlang einer "Produktionslinie" von Schreibtisch zu Schreibtisch (oder auch von Terminal zu Terminal) wandern. Jeder Beschäftigte sollte nur wenige Elemente der Information überprüfen, verändern oder bestätigen. Den Hauptteil der Arbeit sollten die Maschinen übernehmen.

Die Erfahrungen, die mit solchen stark arbeitsteiligen Organisationskonzepten gemacht wurden, waren allerdings überwiegend negativ: Die Zersplitterung von Verantwortungsbereichen ging Hand in Hand mit bürokratischen Verfahrensweisen und führte zu Flexibilitätsverlusten, zur Überwälzung von Teilaufgaben auf andere Bereiche, zu einer Informationsüberflutung sowie zu unter Humangesichtspunkten bedenklichen Arbeitsstrukturen. Die Arbeit war einfach, repetitiv und damit auch unbefriedigend.

2. Neuere Tendenzen der technisch-organisatorischen Entwicklungen

Vor diesem Hintergrund wurden deshalb in neuerer Zeit eine Reihe von Organisationskonzepten entwickelt, die einer derart skizzierten, stark arbeitsteiligen
Organisationsform diametral entgegenstehen, und die erst jetzt mit Hilfe der neuen
Informationstechnologien realisiert werden können. Miniaturisierung, sinkende Preise
und Entwicklungen in der Kommunikationstechnik ermöglichen dezentrale Strukturen und
neue Formen der Arbeitsorganisation mit ganzheitlichen Aufgabenvollzügen (7). Die
neuen Technologien erweitern die organisatorischen Gestaltungsspielräume erheblich.
In Zukunft werden deshalb nicht technische Sachzwänge die Arbeitstätigkeiten prägen,
sondern die Erfordernisse zusammenhängender Aufgabenstellungen werden unter Berücksichtigung ökonomischer und humaner Kriterien ausschlaggebend für die Arbeitsgestaltung sein. Die Technik wird im wesentlichen nicht automatisierende, sondern
arbeitsunterstützende Funktion haben.

Die Büroarbeit wird durch projekt- bzw. aufgabenbezogene Teamstrukturen geprägt
sein. Die berufliche Arbeitsteilung wird weniger strikt entlang den Linien
"Planung", "Entscheidung" und "Kontrolle" sowie "Umsetzung" und "Realisierung"
verlaufen, sondern die inhaltliche Aufgabe wird in ihrer Gesamtheit die Arbeitsstrukturen bestimmen. Hierdurch wird eine Annäherung der Berufsbilder erfolgen.

Auf den mittleren und unteren Ebenen der betrieblichen Hierarchie werden
Arbeitsplätze mit höheren Qualifikationsanforderungen entstehen, denn Planung, Ausführung und Kontrolle bezüglich der neuen Arbeitsabwicklung liegen in einer Hand.
Inhaltsleere und anspruchslose Tätigkeiten bei Routine- und Massenprozessen fallen
weg oder verringern sich zugunsten von abwechslungsreicheren und anspruchsvolleren
Tätigkeiten. Eventuell verbleibende Hilfstätigkeiten bei der Vor- und Nachbereitung
maschineller Verfahren (z.B. Datenerfassung) werden nicht einer Personengruppe
isoliert übertragen, sondern dort belassen, wo sie anfallen. In Zukunft wird im Büro
also nicht der Spezialist, sondern der Universalist mit technischem Einfühlungsvermögen gefragt sein.

Zusammenfassung allgemeiner Tendenzen:

a) Der zunehmende arbeitsplatzbezogene Technologie-Einsatz wird zu modular aufgebauten Mehrfunktionsterminals führen, die durch Verbundsysteme miteinander
kommunizieren können. Gleichzeitig werden organisatorische Veränderungen zu Umstrukturierungen von Arbeitsabläufen und -inhalten führen und die Arbeitssituation
der Betroffenen verändern.

b) Quantitative Beschäftigungseffekte werden erst langfristig zu einer Veränderung
des Berufsspektrums führen.

c) Qualitative Veränderungen sind hingegen schon jetzt feststellbar und hängen in der
Zukunft davon ab, welche Organisationskonzepte sich endgültig durchsetzen werden.
Aber bereits jetzt ist abzusehen, daß sowohl die neuen Informationstechniken als auch
Veränderungen in der Arbeitsorganisation erhöhte Qualifikationsanforderungen an die
Beschäftigten stellen werden.

d) Vor allen Dingen werden jene Arbeitsplätze gefährdet sein, an denen eintönige
Routineaufgaben mit gleichartigen Tätigkeiten anfallen. Die betroffenen Arbeitnehmer
werden nur dann eine berufliche Chance haben, wenn sie bereit sind, sich weiter zu
qualifizieren.

Aus der Vielzahl von Berufen, die von den neuen Informationstechnologien beeinflußt werden (vgl. Abb. 2), sollen exemplarisch zwei Berufsfelder herausgegriffen werden und einige dieser allgemeinen Tendenzen skizziert werden.

Berufe und Informationstechnologie

Entwicklung	Organisation	Anwendung	Sonstige
– Hardware-Entwicklung – Software-Entwicklung – Datenübertragung – Ergonomie	– Informationsmanager – Datenbankmanager – Organisator für Informationstechnologie – Datenschutz-beauftragter	– Manager/Führungskräfte – Fachspezialisten – Sachbearbeiter – Assistenzberufe	– Vertrieb – Service/Wartung – Medien – Aus-und Weiterbildung

Abb. 2: Berufsfelder und Informationstechnologie

3. Beispiele für Veränderungen von Berufsstrukturen und Qualifikation von Büro-berufen

3.1 Beispiel für die Sachbearbeitung: Bankkaufmann

3.1.1 Der Einsatz neuer Informationstechnologien im Bereich der Banken

Die Ausstattung der Banken mit Informationstechnologien ist im Vergleich zu anderen Wirtschaftszweigen bereits als sehr hoch anzusehen (8).

Gründe hierfür sind die weitgehende Standardisierung im Geldgeschäft, verbunden mit einem hohen Anwendungspotential, Massengeschäfte sowie der organisatorische und geschäftsmäßige Verbund der Banken.

Die Organisation der Informationstechnologien im Bereich der Banken ist gekenn-zeichnet durch die Zuordnung eines mehr oder minder umfangreichen Filialnetzes zu einer Bankzentrale, der in der Regel ein Rechenzentrum angeschlossen ist.

In den Filialen wird im wesentlichen die regelmäßige Kundenbetreuung vorgenommen, die im Rahmen von Massengeschäften vor allem im Bereich Einlagen- und Girogeschäfte und der Kleinkredite anfällt. Verwaltung und Bearbeitung dieser Massengeschäfte und auch des gesamten Wertpapiergeschäfts sowie die komplizierten Vorgänge im Bereich der Kreditvergabe werden häufig zentral abgewickelt.

In neuerer Zeit ist jedoch insbesondere im Bereich der Großbanken eine Reihe von Dezentralisierungsbestrebungen zu erkennen. Gerade im Hinblick auf die Entwicklung verbesserter Nachrichtenübertragungstechnologien zeichnet sich eine Kombination aus zentralen und dezentralen Elementen als aufgabengerechte Lösung für die Organisation der Informationstechnologien im Bankenbereich ab: Ein Online-Verbundnetz, das in den einzelnen Bausteinen aus autonomen Computern besteht, gewährleistet dem Anwender sowohl eine gewisse Freiheit in der Benutzung, aber auch den jederzeitigen Zugriff auf die Dienstleistungen einer Zentrale.

Bereits jetzt haben in einigen Banken 15-20% aller Arbeitsplätze über Terminals Zugriff zum Computer. Der Durchschnitt dürfte derzeit insgesamt zwischen 5 und 10% liegen.

Wenn auch viele Geldinstitute vom Geschäftsumfang und von der Aufgabenart nicht die Voraussetzungen für einen höheren Terminalisierungsgrad aufweisen, dürfte doch ein erhebliches Potential für zukünftige Terminalinstallationen vorliegen, vor allem dann, wenn der Konkurrenzkampf zwischen den Banken über qualifizierte Beratungs- und Serviceleistungen ausgetragen wird. Die Beratung mit Terminalunterstützung dürfte hierbei erhebliche Bedeutung erlangen.

Ein deutlicher Hinweis für die Ausbreitung dezentraler Terminals ist auch die Weiterentwicklung der "Selbstbedienung" im Bankenbereich durch Geldautomaten oder die an das Abrechnungsnetz der Banken angeschlossenen Magnetkartenleser bei Kaufhäusern, Tankstellen, Autovermietungen usw. sowie Entwicklungen im Zusammenhang mit Bildschirmtext. Mit Hilfe dieser neuen Techniken übernimmt der Kunde entweder relativ kostenintensive Bearbeitungsvorgänge selbst, indem er beispielsweise Zahlungsvorgänge direkt in eine automationsgerechte, beleglose Form umsetzt, oder sich zusätzlich im Fall von Bildschirmtext relativ einfach einen Überblick über günstige Geldanlageformen, Bankkonditionen usw. verschaffen kann.

Die Verbreitung solch neuer Techniken wird im wesentlichen vom Kundenverhalten (Akzeptanzproblem) (9) und der befriedigenden Lösung von Software- und Datenschutzproblemen abhängen. Die bisherigen Versuche deuten jedoch auf gute Chancen für diese Techniken hin.

3.1.2 Berufsstrukturelle und arbeitsinhaltliche Veränderungstendenzen

Welche organisatorischen Veränderungen arbeitsinhaltlicher und -struktureller Art stehen in Verbindung mit derartigen technischen Entwicklungen im Bankenbereich (10).

Zunächst einmal kann festgestellt werden, daß es einerseits mittel- und langfristig zu innerbetrieblichen Personalbewegungen und -verschiebungen kommen wird. Andererseits zeichnen sich Umstrukturierungen in den heutigen Tätigkeitsinhalten des Bankkaufmanns vor allem durch den Wegfall manueller Belegverarbeitungsverfahren ab.

Hinsichtlich der innerbetrieblichen Personalbewegungen dürfte die Möglichkeit der Kompensation von Freisetzungseffekten durch automatisierte Fallbearbeitung und Selbstbedienungsterminals aufgrund einer Ausweitung der Beratungs- und Service-Dienstleistungen vor allem bei Privatkunden bereits bald auf eine Sättigungsgrenze stoßen. Beispielsweise werden "eingesparte" Kassierer deshalb künftig mehr Aufgaben übernehmen, für die bisher die eigentlichen Sachbearbeiter zuständig waren. Bereits jetzt führt die Automatisierung des Zahlungsverkehrs oder auch die Einführung von Schreibautomaten - selbst bei gestiegenem Geschäftsvolumen - zur Einsparung von Sachbearbeitern, die sich daher zunehmend auf Beratungsfunktionen umstellen müssen (in der Regel also fiktive Personaleinsparungen). Durch eine Ausweitung der Beratungsleistungen werden Anforderungen an kaufmännische - weniger an "buchhalterische" Qualifikationen daher wachsen.

Bisherige Tätigkeitsinhalte des Bankkaufmanns, wie die Erfassung, Aufbereitung und Bearbeitung von Bankgeschäften durch manuelle, routinisierte Durchführung von

Arbeitsaufgaben werden zurückgehen. Neue Informationstechnologien werden dazu führen, daß die Tätigkeit des Bankkaufmanns von manuellen Schreib-, Rechen-, Überprüfungs- und Sortieraufgaben entlastet wird (vgl. Abb. 3).

Beispiel: <u>Schalterverkehr</u> (Spar- und Kontokorrentgeschäft)

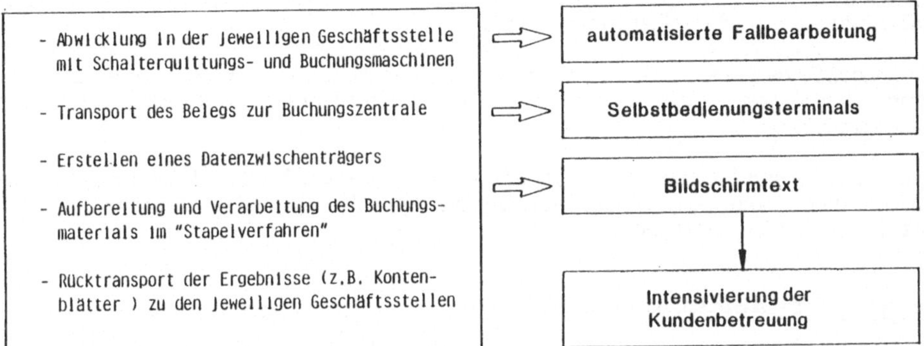

<u>Abb. 3</u>: Veränderung von Tätigkeitsinhalten am Beispiel des Schalterverkehrs
         (Spar- und Kontokorrentgeschäft)

3.1.3 <u>Zusammenfassung</u>

1) Die Übernahme von automatisierbaren Tätigkeiten durch neue Informationstech-nologien wird das Berufsbild eines routinisierten und spezialisierten Bankkaufmanns in Richtung auf ein kunden- und beratungsorientiertes Berufsbild verändern (breite Qualifizierung, nicht Spezialisierung). Die neuen Informa-tionstechnologien haben also sowohl automatisierende als auch die Sachbearbeitung unterstützende Funktionen.

2) Der Kunde wird auch im Bankenbereich als wissender, fordernder und prüfender Informationsberechtigter auftreten. Informations- und Beratungsansprüche des Kunden sind aber nur bedingt standardisierbar und formalisierbar. Deshalb darf die Übernahme von Arbeitsanteilen durch neue Informationstechnologien nicht zu einem "Black-Box-Denken" führen, sondern der von der Software übernommene Arbeitsanteil muß vom Bankkaufmann verstanden werden und auch auf konventionellem Weg für ihn nachvollziehbar bleiben.

3) Dieses prozeßorientierte Denken und die direkte Eingabe und Verarbeitung der Daten erfordert zudem eine hohe Konzentration und Aufmerksamkeit bei der Verwendung der Daten sowie technische Sensibilität für das Verständnis der Informations-technologie.

4) In Zukunft werden weniger (bank-)spartenspezifische Anforderungen an den Bankkaufmann gestellt werden, vielmehr werden branchen- bzw. kundenspezifische Beratungsleistungen über die gesamten Dienstleistungen der Bank in den Vordergrund treten (übergreifende Verkaufsberatung: Cross Selling).

5) Dies erfordert von dem zukünftigen Bankkaufmann weniger Detailkenntnisse als
   vielmehr die Beherrschung von generellen Prinzipien sowie einen umfassenden
   Überblick (umfassende, vielseitige Kenntnisse).

6) Der Bankkaufmann muß stärker als bisher das Bankgeschäft in seiner betriebswirtschaftlichen Gesamtheit und in seinen Verknüpfungen zur Gesamtwirtschaft
   kennen sowie einen politischen Bezug hierzu herstellen können (z.B. Inhalt,
   Bedeutung und Auswirkung von Gesetzen kennen).

7) Der kundennahe Berater wird zunehmend mit Hilfe verkaufspsychologischer Kenntnisse
   und Fähigkeiten Bankleistungen verkaufen (Notwendigkeit von Verhaltens-
   qualifikationen und Verkaufskompetenz).

8) Der kundenferne Bankkaufmann wird zunehmend durch den kundennahen Berater abgelöst
   werden (Trend vom verwaltungsorientierten "Innendienst" zum kundenorientierten
   "Außendienst").

9) Längerfristig dürfte sich die funktionale fachspezifische Arbeitsteilung vermindern und eine Angleichung der angrenzenden Berufsbilder (Kassierer, Berater,
   Filialleiter usw.) erfolgen.

3.2 Beispiel für Assistenzberufe: Sekretärin

3.2.1 Organisationsformen und Entwicklungen im Bereich der Textverarbeitung

Es gibt nur wenige Berufe, die einerseits ein Anwendungsfeld in den unterschiedlichsten Bereichen und Branchen finden können und andererseits doch durch ein
weitgehend homogenes Berufsbild und gleichartige Tätigkeitsklassifikationen
beschrieben werden können. Der Beruf der "Sekretärin" ist einer hiervon.

Obwohl das Berufsbild der Sekretärin relativ klar beschrieben werden kann, gibt es
aber "die" Sekretärin genausowenig wie "den" Manager oder "den" Sachbearbeiter (11).
Vielmehr unterscheidet sich das Tätigkeitsbild der Sekretärin dann doch deutlich,
wenn man den unterschiedlichen organisatorischen Einbezug der einzelnen Sekre-
tariatsstellen in die gesamte Sekretariatsorganisation berücksichtigt. Das
Berufsspektrum reicht dann von der "reinen" Schreibkraft über die Chefsekretärin bis
hin zur selbstschreibenden Sachbearbeiterin (12).

Die in den unterschiedlichen Organisationsformen arbeitenden Sekretärinnen sind an
den verschiedenen Phasen der Informationsverarbeitung (wenn auch in unterschiedlichem
Umfang) beteiligt: Sie nehmen Informationen auf, leiten sie weiter oder bearbeiten
sie auch inhaltlich selbst, bereiten neue Informationen auf und verwalten
Informationen. Darüber hinaus haben sie noch eine Reihe von Unterstützungs- und
Servicefunktionen, ohne welche die Büroarbeit gar nicht denkbar wäre.

Gerade der Sekretariatsbereich war neben der Automatisierung und technischen
Unterstützung der Sachbearbeitung in den vergangenen Jahren ein bevorzugtes Objekt
von Rationalisierungsbemühungen und -maßnahmen im Zusammenhang mit der Einführung
neuer Informationstechnologien. Die vor einigen Jahren noch favorisierten technischen und arbeitsorganisatorischen Rationalisierungsstrategien bestanden

- in der Entmischung von Arbeitstätigkeiten im Sekretariatsbereich,
- in der räumlichen und organisatorischen Zusammenfassung monofunktionaler Tätigkeiten sowie
- in einer umfassenden technischen Ausstattung von solchen "Zentralen Schreibdiensten" (13).

In neuerer Zeit erfährt diese Organisationsform des Sekretariatsbereichs jedoch zunehmend Kritik (14). Für die Zukunft deutet sich deshalb für die Organisation des Sekretariatsbereichs eine Entwicklung an, die folgendermaßen skizziert werden kann (15):

a) Bildung kleiner Sekretariatsgruppen (3-5 Personen)
b) räumliche Trennung, aber räumliche Nähe zur Abteilung
c) inhaltlich-kooperativer Einbezug in die Aufgabenstellung der Abteilung
d) vielfältige Service- und Assistenzfunktionen der Gruppe
e) keine feste Zuordnung der Sekretärinnen zu bestimmten Arbeitstätigkeiten, sondern "Rotationsprinzip"
f) Ausstattung mit neuen Informationstechnologien (Teletex-, Telefax-Endgeräte, Textsysteme, Multifunktionsterminals)

Gerade im Hinblick auf neuere Entwicklungen auf dem Gebiet der Informationstechnologie dürfte diese Sekretariatsform sowohl als organisatorisch-funktional, als wirtschaftlich und auch als mitarbeitergerecht akzeptiert werden, sich durchsetzen und damit bestimmend für Berufsstruktur und Qualifikation der Sekretärinnen werden. Das läßt sich wie folgt begründen:

a) Die Miniaturisierung von neuen Informationstechnologien für den Sekretariatsbereich erfordert keine speziellen räumlichen Gegebenheiten mehr und läßt eine Aufstellung der Endgeräte an nahezu jedem beliebigen Ort zu.

b) Das sinkende Preis-/Leistungsverhältnis neuer Informationstechnologien ermöglicht eine breite Ausstattung der Sekretariatsarbeitsplätze mit diesen neuen Technologien. Auslastungsgesichtspunkte erhalten geringeres Gewicht im Vergleich zu den Möglichkeiten neuer Technologien, die Leistungsfähigkeit der Organisation zu verbessern (nicht Kostenminimierung, sondern Bereitstellung einer leistungsfähigen Infrastruktur).

c) Die Verbesserung der Übertragungstechnologien ermöglicht dezentrale Strukturen unter Offenhaltung von Zugriffsmöglichkeiten auf zentral bereitgestellte Dienstleistungen. Dies bedeutet, daß Tätigkeiten der Sekretärin, die automatisiert ablaufen können (z.B. programmierte und computerunterstützte Textverarbeitung), auch "vor Ort" ausgelöst werden können.

d) Die Entwicklung der neuen Informationstechnologien für das Sekretariat hat zunehmend arbeitsunterstützenden, nicht automatisierenden Charakter. Dies bedeutet, daß auch von der Herstellerseite der Erkenntnis Rechnung getragen wird, daß die Büroarbeit bis auf wenige Bereiche (z.B. Banken, Versicherungen) nicht in dem Umfang formalisierbar und automatisierbar ist, wie bisher häufig angenommen wurde.

3.2.2 Berufsstrukturelle und arbeitsinhaltliche Veränderungstendenzen

Welche Bedeutung hat nun diese technisch-organisatorische Entwicklung für den Assistenzberuf der Sekretärin?

Zunächst kann davon ausgegangen werden, daß selbst dann, wenn einige Informationsströme an der Sekretärin in Zukunft vermehrt vorbeigehen werden (dezentralisierte technische Kommunikation direkt zwischen Sachbearbeitern, Managern, Kunden etc.), die Sekretärin eine wichtige Rolle im Prozeß der Informationsverarbeitung spielen wird. Selbst wenn in zunehmendem Umfang Informationsvorgänge von den Sachbearbeitern selbst ausgelöst werden, die vorher zum Tätigkeitsfeld der Sekretärin gehörten (z.B. im Rahmen der computerunterstützten Textverarbeitung), wird das Schreiben von individuellen Texten sowie die Wahrnehmung von Service- und Assistenzfunktionen Domäne der Sekretärin bleiben. Die Aufgabensituation im

Sekretariat ist ja gerade dadurch charakterisiert, daß eine Fülle von Service- und Unterstützungsleistungen für andere Aufgabenträger zu erbringen ist. Diese Leistungen können weder durch den Einsatz von Technik abgebaut, noch problemlos auf bisherige Servicenehmer" übertragen werden, was sich ja auch gerade bei der Einrichtung zentraler Schreibdienste gezeigt hat. Hier handelt es sich vielmehr um Funktionen, die den anspruchsvollen <u>Assistenzcharakter des Sekretariatsarbeitsplatzes</u> ausmachen und welche die persönliche Kooperation im Team erfordern.

Allerdings ist auch zu vermuten, daß sich das Berufsbild des Sachbearbeiters dem der Assistenzberufe zunehmend angleichen wird und die Sekretärinnen hierdurch zusätzliche Konkurrenz bekommen werden. Auf der anderen Seite liegen hierin aber auch Chancen für die Sekretärin, indem sie zunehmend Aufgaben der Sachbearbeitung übernehmen können wird.

Neben diesen berufsstrukturellen Veränderungen werden sich aber auch die <u>Tätigkeitsinhalte</u> der Sekretärin wandeln (vgl. Abb. 4). Dies soll durch <u>einige</u> Ergebnisse aus einem empirischen <u>Forschungsprojekt</u>, das im Vorfeld der Einführung des <u>Teletex-Dienstes</u> durchgeführt wurde, erläutert werden (Forschungsprojekt Bürokommunikation) (16).

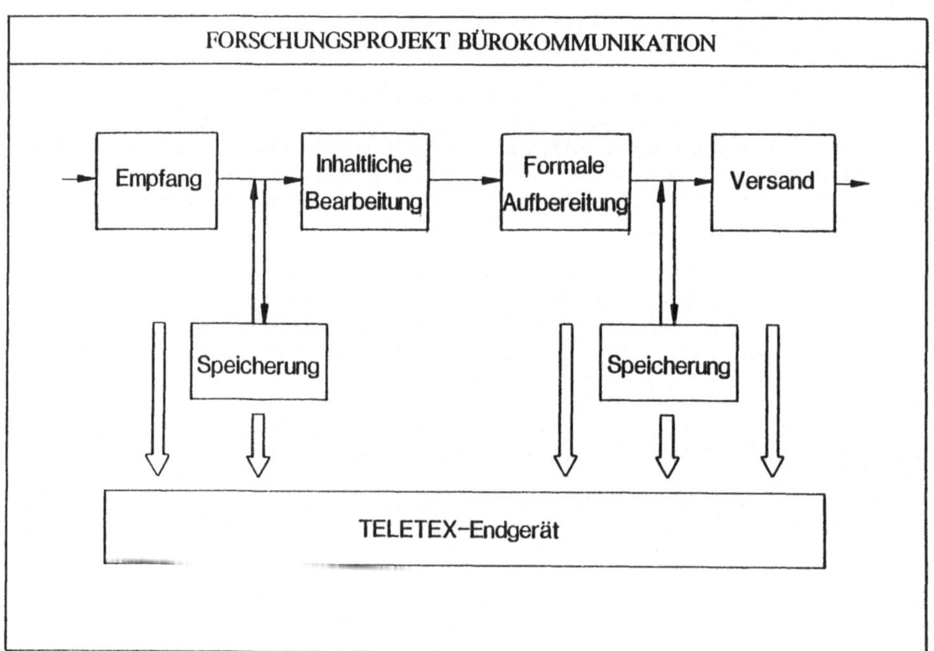

<u>Abb. 4</u>: Phasen der Informationsverarbeitung und deren Integration am Beispiel kommunikationsfähiger Speicherschreibmaschinen (Teletex-Endgeräte)

Zunächst einmal kann festgestellt werden, daß der Einsatz kommunikationsfähiger Speicherschreibmaschinen in den untersuchten Anwendungsbereichen auch über einen längeren Zeitraum nicht - wie häufig befürchtet - zu einer Entmischung von Arbeitstätigkeiten der Sekretärin geführt hat.

Vielmehr zeichnete sich der gegenteilige Trend ab, und es kann behauptet werden, daß die Sekretärin in Zukunft vermehrt autonom, aber in einem engen Kooperationsverbund mit ihrem organisatorischen Umfeld tätig sein wird und sehr stark mit Kommunikationsaufgaben betraut sein wird.

Im einzelnen lassen sich für die Entwicklung von Tätigkeiten im Sekretariat durch den Feldversuch mit Pilotstationen der Teletex-Technik folgende Tendenzen empirisch belegen:

Die Anwendung kommunikationsfähiger Speicherschreibmaschinen hat nur bedingt zu einer Veränderung des Aufgaben- und Tätigkeitsspektrums der Sekretärinnen geführt. Nur in sehr geringem Umfang konnte eine Aufgabenausweitung (z.B. Übernahme von Teilaufgaben der Diktanden) festgestellt werden. Vielmehr war eine Intensivierung bestehender Funktionen (z.B. Textaufbereitung, Kommunikation) sowie eine Abwandlung bisheriger Tätigkeiten (z.B. Ablage-/Diskettenorganisation) zu beobachten.

Für das Schreiben von Texten wird weniger Zeit benötigt. Der Zeitanteil für die Textaufbereitung geht also zurück, obwohl die Anforderungen an die Qualität der Schriftguterstellung zugenommen haben. Beim Schreiben mit den Speicherschreibmaschinen können die Sekretärinnen die Texte besser nachvollziehen und müssen (auch wegen den erleichterten Korrekturmöglichkeiten) weniger rückfragen.

Neben den veränderten Möglichkeiten der Textaufbereitung ist die zweite wichtige Veränderung von Arbeitsinhalten und -strukturen in der Abwandlung der Kommunikationsaufgaben der Sekretärinnen zu sehen: Die Informationen treffen jetzt direkt am Arbeitsplatz der Bedienerinnen kommunikationsfähiger Speicherschreibmaschinen ein und verlassen sie auch hierüber. Die Sekretärinnen haben also eine erweiterte "Verfügungsgewalt" über Informationen und u.U. auch Zugang zu vertraulichen Informationen. Durch die Ausweitung ihrer Stellung als "Informationsfilter" werden ihre Verantwortungsbereiche ausgedehnt, und in Zukunft werden sie vermehrt für die richtige und rechtzeitige Übermittlung von Nachrichten verantwortlich sein (z.B. Wegfall der Unterschrift bei elektronischer Kommunikation, Wahl des geeigneten Kommunikationswegs). Ebenso hat sich gezeigt, daß die Sekretärinnen die arbeitsplatznahen Möglichkeiten elektronischer Kommunikation (Telex, Teletex) vermehrt genutzt haben.

Allgemein kann festgestellt werden, daß die neue Technik immer dann genutzt wurde, wenn sie erkennbare Vorteile bot.

Für das Ablagewesen wurden die neuen Möglichkeiten deshalb nur relativ wenig in Anspruch genommen, weil dies zu einem Ablage-Splitting zwischen der bestehenden Papierablage und der neu hinzu gekommenen elektronischen Ablage geführt hätte (Problem des Wiederfindens und Scheu vor dem Risiko des Abspeicherns von Informationen in einer ungewohnten Form).

Dies deutet nun nicht auf mangelndes Anwendungspotential neuer Informationstechnologien im Sekretariatsbereich hin, sondern verweist auf die Notwendigkeit, bisherige Sekretariatstätigkeiten schrittweise arbeitsorganisatorisch und unter Beteiligung der Sekretärinnen zu reorganisieren.

Die Möglichkeit, die eigene Arbeit selbständig einteilen und gestalten zu können (Handlungsautonomie), wird durch die neuen Informationstechnologien eher begünstigt. Beispielsweise sind die Sekretärinnen der Ansicht, daß sich aufgrund der kommunikationsfähigen Speicherschreibmaschinen ihr Handlungsspielraum erweitert hat, indem ihnen sowohl mehr Verantwortung als auch Entscheidungsbefugnisse über ihre eigene Arbeit übertragen wurden.

Die Vorgesetzten akzeptieren anscheinend die neue Rolle der Sekretärinnen und räumen ihnen zum Teil mehr Freiheiten bei der Einteilung ihrer Arbeit ein. Die Sekretärinnen selbst glauben, daß sie ihren Arbeitsrhythmus wegen der kommunikationsfähigen Speicherschreibmaschinen besser gestalten können.

Wie werden sich diese skizzierten Tätigkeitsveränderungen und die neuen Technologien auf die qualifikatorischen Anforderungen im Sekretariatsbereich auswirken?

Zunächst einmal erfordert der Wandel des Sekretariatsbereichs von der partiellen Unterstützung der Aufgabenerfüllung zum "Knotenpunkt" der Informationsverarbeitung mehr Qualifikationen als bisher. Obwohl die Mehrheit der im Forschungsprojekt befragten Sekretärinnen der Ansicht ist, daß sich aufgrund ihrer Arbeit mit den kommunikationsfähigen Speicherschreibmaschinen ihre Qualifikation erhöht hat, kann nur bedingt von einer Qualifikationserhöhung ausgegangen werden: Sekretärinnen verfügen in der Regel durch ihre Ausbildung über ein relativ hohes Qualifikationsniveau, das bisher nur ungenügend Berücksichtigung fand.

Die Fähigkeit, eine kommunikationsfähige Speicherschreibmaschine auch bedienen zu können, bedeutet für sich genommen auch noch keine Qualifikationserhöhung und kann eher als Qualifikationstransformation bezeichnet werden. So haben beispielsweise einige Fähigkeiten, die für das Schreiben an der Schreibmaschine wichtig sind, an Bedeutung verloren (z.B. das exakte Eintippen). Andererseits werden andere Fähigkeiten besonders gefördert (z.B. schnelles Eintippen, technisches Verständnis).

Wesentlich dürfte in diesem Zusammenhang der zu erwartende verstärkte inhaltliche Einbezug der Sekretärinnen in aufgabenbezogene Kooperations- und Kommunikationsprozesse sein. Das latent vorhandene Qualifikationspotential der Sekretärinnen könnte hierdurch besser zur Geltung kommen und vermehrt ausgeschöpft werden. Zumindest erwarten sowohl die befragten Manager und Sachbearbeiter als auch die Sekretärinnen ein deutliches Ansteigen der Qualifikationsanforderungen (vgl. Abb. 5).

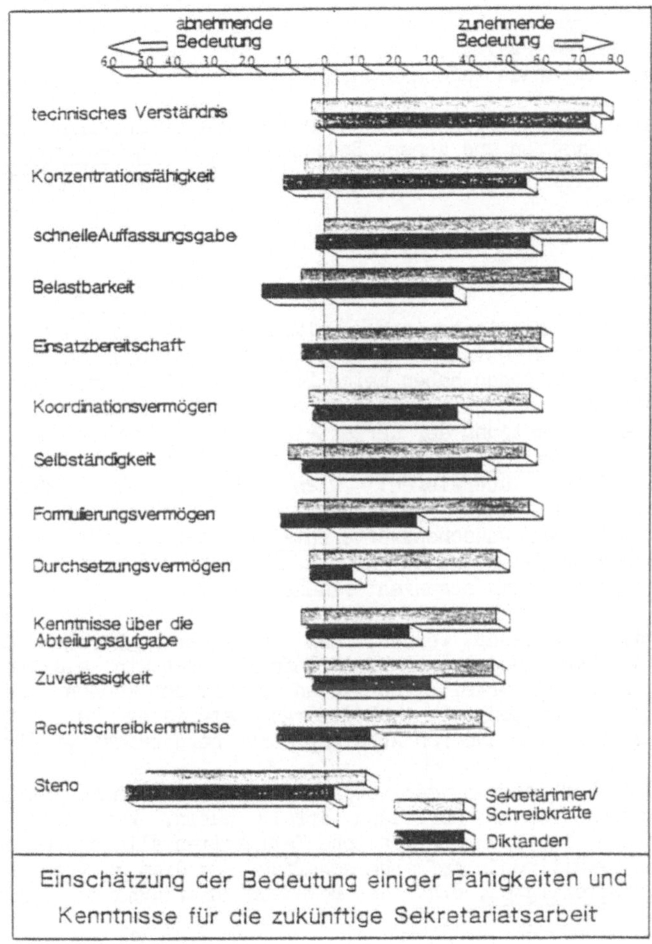

Abb. 5: Einschätzung der Bedeutung einiger Fähigkeiten und Kenntnisse für die
zukünftige Sekretariatsarbeit

3.2.3 Zusammenfassung

Insgesamt läßt sich aus den empirischen Ergebnissen des Projekts folgende Tendenz
ableiten:

Mit Hilfe neuer Informationstechnologien wird es den Sekretärinnen möglich sein, sich
von Routinefunktionen (z.B. dem mehrmaligen Abschreiben von Texten) zu lösen, und
sie werden sich verstärkt ihren Unterstützungsaufgaben zur Sachbearbeitung oder zum
Management widmen können. Hierdurch wird ihr Tätigkeitsspektrum abwechslungsreicher
und interessanter. Ebenso wird der inhaltliche Einbezug in die Aufgaben der
Abteilung erhöht und damit der Kooperationsprozeß verstärkt werden.

In Zukunft werden die Sekretärinnen vermehrt autonom tätig sein und verstärkt kommunikative Aufgaben wahrnehmen. Zunehmende Informationsmengen und wachsender Informationsbedarf und -austausch haben zur Folge, daß die Sekretärin mehr und mehr die Rolle der Informationsverwalterin übernimmt (Pflege und Steuerung von persönlichen, zentralen oder externen Informationssystemen).

Die neuen Informationstechnologien werden somit die bisherigen Funktionen des Sekretariatsbereichs ausweiten und dessen Bedeutung als "Knotenpunkt für Informaempfang, -versand, -selektion und qualifizierte Informationsaufbereitung sowie -aufbewahrung aufwerten.

4. Schlußfolgerungen

Die zukünftige technisch-organisatorische Entwicklung bietet neben Risiken auch durchaus Chancen für eine humanere Arbeitswelt. Einerseits entfallen bestehende Berufe und einige Qualifikationen haben keine Bedeutung mehr. Andererseits entstehen neue Berufe und eröffnen sich Möglichkeiten einer qualifikationsförderlichen Arbeitsgestaltung. Bei einer Fortsetzung der derzeit in Ansätzen vorhandenen Tendenz zur Reintegration und Dezentralisation der Büroarbeit könnten diese Chancen, welche die neuen Technologien bieten, überwiegen. Dies gilt vor allem dann, wenn die Entwicklung nicht als zwangsläufig betrachtet wird, sondern bewußte Einflußmöglichkeiten im Hinblick auf wünschenswerte Entwicklungen gesucht und genutzt werden (17). Neue Techniken schaffen nicht nur neue Möglichkeiten der Arbeitsorganisation, sondern sie verlangen sogar nach organisatorischen Änderungen.

Hierbei muß allerdings erkannt werden, daß integrierte Bürosysteme, die das Erstellen, Bearbeiten und Übertragen von Informationen in elektronischer Form ermöglichen, ihre Leistungsvorteile nur dann entfalten können, wenn bei der Gestaltung von Arbeitssystemen die arbeitsorganisatorische Verflechtung unterschiedlicher Arbeitsplätze mit anderen Arbeitsplätzen berücksichtigt wird.

Die Bemühungen um eine Verbesserung der Informationsprozesse im Büro mit Hilfe neuer Informationstechnologien werden nur dann Erfolg haben, wenn diese die gewohnten Tätigkeiten erleichtern, lästige oder monotone Tätigkeiten eliminieren und mehr Zeit für kooperativ zu bewältigende Aufgaben schaffen. Um dies zu erreichen, bedarf es der Mitwirkung aller Beteiligten, d.h. der bewußten Einflußnahme und Einbeziehung der Betroffenen.

Die Offenheit des mit der Einführung neuer Informationstechnologien verbundenen Reorganisationsprozesses könnte dann als Möglichkeit begriffen werden, die Neugestaltung der Büroarbeit unter ökonomischen und humanen Kriterien zu begründen. Die integrative Neudefinition von Aufgaben und Tätigkeiten unter Einbeziehung der vielfältigen Möglichkeiten der Informationstechnologie bildet hierfür zumindest einen chancenreichen Ansatzpunkt.

Anmerkungen

(1) zitiert nach Nierhaus, 1982, S. 257
(2) vgl. Haefner, 1982
(3) vgl. Reichwald, 1982; Musiol, 1983
(4) vgl. Welsch, 1982
(5) vgl. Stingl, 1982; Dostal, 1982
(6) vgl. Koch, 1982; Georg/Kißler, 1981, S. 49 ff.
(7) vgl. Bongard, 1983; Szyperski u.a., 1981

(8) vgl. Grünwald/Koch, 1981, S. 77 ff.
(9) vgl. Schönecker, 1980
(10) vgl. Weiss, 1983; Gizycki/Gärtner, 1982, S. 52-61, S. 125-127, S. 146-147
(11) vgl. Szyperski u.a., 1981
(12) vgl. Weltz u.a., 1979
(13) vgl. Schreibdienste in ..., 1981
(14) vgl. Picot/Reichwald u.a., 1979
(15) vgl. protext organisationsberatung, 1982
(16) Die empirischen Veränderungen der Sekretariatstätigkeiten aufgrund der Ein-
     führung kommunikationsfähiger Speicherschreibmaschinen sind besonders geeignet,
     Hinweise für die zukünftige Entwicklung von bestimmten Bürotätigkeiten zu geben,
     da die Teletex-Technik zu recht als Einstiegstechnologie zur integrierten
     Informationsverarbeitung angesehen wird. vgl. zum Forschungsprojekt "Büro-
     kommunikation" die in der Reihe "Forschungsprojekt Bürokommunikation" des
     Verlags CW-Publikationen 1983 erschienen Berichtsbände (hrsg. von A. Picot und
     R. Reichwald); ausführlicher zu den hier skizzierten Ergebnissen: Stolz, 1982
(17) vgl. Kubicek, 1981; Müller-Böling/Müller, 1983, Ulich, 1981;
     Zimmermann, 1982

Literaturverzeichnis

Bongard, H.: Neue Medien - neue Beschäftigungsmöglichkeiten? in: arbeiten + lernen 5
     (1983) 25, S. 14-15

Dostal, W.: Bildung und Beschäftigung im technischen Wandel - Bildungsökonomische und
     arbeitsmarktpolitische Rahmenbedingungen des technischen Wandels am Beispiel der
     elektronischen Datenverarbeitung und der Mikroelektronik, Beiträge zur
     Arbeitsmarkt- und Berufsforschung, Band 65, Nürnberg 1982

Gizycki, R. v./Gärtner, H.: Zukunftsaussichten von Berufen - Überlegungen, Szenarien
     und Thesen zur Berufsausbildung, Sozialwissenschaftliche Reihe des Batelle-
     Instituts, Band 7, München/Wien 1982

Georg, W./Kißler, L.: Arbeitshumanisierung und empirische Sozialforschung - Eine
     Einführung am Beispiel eines berufspädagogischen Begleitforschungsprojekts im
     Rahmen betrieblicher Arbeitsstrukturierung, Baden-Baden 1981

Grünewald, U./Koch, R.: Informationstechnik in Büro und Verwaltung - Studie über
     Entwicklung und Anwendung der Informationstechnik in den Tätigkeitsfeldern kauf-
     männischer und verwaltender Berufe, Berichte zur beruflichen Bildung, Heft 32,
     Berlin 1981

Haefner, K.: Die neue Bildungskrise - Herausforderung der Informationstechnik an
     Bildung und Ausbildung, Basel/Boston/Stuttgart 1982

Kaiser, W. (Hrsg.): Telekommunikation als Berufschance, Veröffentlichungen des
     Münchner Kreises, Band 7, Berlin/Heidelberg/New York 1982

Koch, R.: Die Anwendung der Informationstechnik in Büro und Verwaltung und die
     Auswirkungen auf die Arbeitsorganisation und Arbeitsanforderungen in kauf-
     männisch-verwaltenden Berufen, in: Hansen, H. (Hrsg.), Büroinformations- und
     -kommunikationssysteme, Berlin u.a. 1982, S. 231-242

Kubicek, H.: Die Automation der betrieblichen Informationsverarbeitung im Spannungsverhältnis zwischen Rationalisierung und Humanisierung menschlicher Arbeit - dargestelt am Beispiel der Qualifikationsproblematik; in: Frese, E. u.a. (Hrsg.), Organisation, Planung, Informationssysteme, Stuttgart 1981, S. 263-287

Müller-Böling, D./Müller, M.: Zum Zusammenhang zwischen Informationstechnik, Organisationsstruktur und individuellem Handlungsspielraum, in: Office Management (1983), Sonderheft, S. 18-20

Musiol, A.: Organisatorische und wirtschaftliche Aspekte der integrierten Telekommunikation im Büro, in: Office Management (1983) 1, S. 14-22

Nierhaus, H.: Die Auswirkungen von Telekommunikation auf die Berufsstrukturen und Qualifikationen für Angestellte, in: Kaiser, W. (Hrsg.), Telekommunikation als Berufschance, Veröffentlichungen des Münchner Kreises, Band 7, Berlin u.a. 1982, S. 256-269

Picot, A./Reichwald, R. u.a.: Untersuchung zur Wirtschaftlichkeit der Schreibdienste in Obersten Bundesbehörden, München/Hannover 1979

Picot, A./Reichwald, R.: TELETEX - Chancen für eine qualitative Verbesserung der Büroorganisation, München/Hannover 1980

protext organisationsberatung gmbh: Die Flexible-Sekretariatsgruppe (FSG) - ein Alternativmodell der Sekretariatsorganisation, in: Office Management (1982) 6, S. 630-631

Reichwald, R.: Neue Systeme der Bürotechnik und Büroarbeitsgestaltung - Problemzusammenhänge, in: Reichwald, R. (Hrsg.), Neue Systeme der Bürotechnik - Beiträge zur Büroarbeitsgestaltung aus Anwendersicht, Berlin 1982, S. 11-48

Schönecker, H.: Bedienerakzeptanz und technische Innovationen, München 1980

Schreibdienste in Obersten Bundesbehörden, Schriftenreihe "Humanisierung des Arbeitslebens" des Bundesministeriums für Forschung und Technologie, Band 16, Frankfurt/New York 1981

Stingl, J.: Technischer Fortschritt und Arbeitsmarkt, in: Siemens-Zeitschrift 56 (1982) 5, S. 2-6

Stolz, R.: Die Bedeutung kommunikationsfähiger Speicherschreibmaschinen für die Sekretariatsarbeit, in: telcom-report 5 (1982) 6, S. 367-372

Stolz, R.: Der Einfluß kommunikationsfähiger Speicherschreibmaschinen auf die Humansituation im Sekretariatsbereich, Reihe: Die Akzeptanz neuer Bürotechnologie, hrsg. von Prof. R. Reichwald, Band 13, München 1982

Szyperski, N. u.a.: Bürosysteme in der Entwicklung - Studien zur Typologie und Gestaltung von Büroarbeitsplätzen, Köln 1981

Ulich, E.: Möglichkeiten autonomieorientierter Arbeitsgestaltung, in: Frese, M. (Hrsg.), Streß im Büro, Bern u.a. 1981, S. 159–178

Weiss, U.: Chancen und Risiken der Technologie für die Banken, in: bank und markt (1983) 3, S. 16–21

Welsch, J.: Gesamtwirtschaftliche Entwicklung, technischer Fortschritt und Beschäftigung als Problem der achtziger Jahre, in: WSI-Mitteilungen 35 (1982) 4, S. 205–215

Weltz, F. u.a.: Menschengerechte Arbeitsgestaltung in der Textverarbeitung, Forschungsberichte "Humanisierung des Arbeitslebens", Band 1–3, München 1979

Zimmermann, L. (Hrsg.): Humane Arbeit, Band 4: Organisation der Arbeit, Reinbek 1982

<u>PERSONELLE UND ORGANISATORISCHE AUSWIRKUNGEN DES EINSATZES VON</u>

<u>BÜROTECHNOLOGIEN</u>

Bernd Kummer
Stadt Frankfurt/Main

(Einführung)
1. Die neuen Technologien im Büro
2. Der aufhaltsame Siegeszug der neuen Technologien
3. Die Einführung der neuen Technologien als Organisationsänderung
4. Die Möglichkeiten der Gegensteuerung auf die negativen Reaktionen und zur Herstellung von Akzeptanz
5. Die volkswirtschaftliche Bedeutung und die Situation des einzelnen
Anmerkungen

<u>Referat</u>

Trotz breiter Anwendungsmöglichkeiten für Informationstechnologien gibt es Probleme mit der Akzeptanz. Der Autor sieht eine wichtige Ursache bereits im Vorfeld der Einführung bei den notwendigen Organisationsuntersuchungen und Arbeitsanalysen. Schwierigkeiten bereits hier lassen Bedenken aufkommen, ob rational kalkulierte Organisationänderungen möglich sind, die emotionale und informelle Beziehungen vernachlässigen. Gezielte, vorbereitende, begleitende und nachfolgende Maßnahmen können dem entgegengewirken, indem sie alle beteiligten Mitarbeiter, Leitungsebenen, und das organisatorische Umfeld in Informationsflüsse und Fortbildungsmaßnahmen miteinbeziehen.

<u>Abstract</u>

Despite a broad range of possible applications the general acceptance of information technologies remains reserved. The author points to the widespread difficulties arising in the preliminary phase already when the organizational analysis of jobs and routines gives problems that have a destabilizing effect on the organization and members. This gives doubt about the rational planning ability of an organizational change that leaves out important emotional and informal relations. This can only be overcome trough intense preceeding, accompanying and follow-up measures including timely information and schooling of employees and management staff.

Bei der Einführung neuer Bürotechnologien läßt sich zwischen den personellen und den organisatorischen Auswirkungen nur schwer trennen. Die neuere Organisationslehre betont diesen Zusammenhang und hebt die personale Seite für die organisatorischen Beziehungen deutlich hervor (1). Gerade weil es bei der Einführung neuer Bürotechnologien darum geht, wie die Teilnehmer der Organisation als dort Beschäftigte darauf reagieren, sie aufnehmen, damit fertig werden, kurz: sie akzeptieren, wird im weiteren Verlauf der Darstellung notwendigerweise besonders auf die personale Situation abgestellt. Die Akzeptanzprobleme bei der Einführung neuer Technologien im Büro sind schon und vor allem in der personalen Situation der Mitarbeiter in bürokratischen Organisationen begründet.

1. Die neuen Technologien im Büro

a) Datenverarbeitung und ihre Veränderung

Die automatisierte Datenverarbeitung im Büro (ADV) steht noch am Anfang. Gleichwohl kennen wir ihre Probleme bereits. Ich erinnere an die Umgestaltung der Datenverarbeitungsanlagen bei sich änderndem Preis-/Leistungsverhältnis von der großen zentralen Einheit mit Stapelverarbeitung zum arbeitsplatzorientierten selbständigen und auch vernetzten Kleincomputer. Mit derartigen Änderungen innerhalb kurzer Zeiträume und damit mit beachtlicher Unsicherheit ist im Bereich der Bürotechnologie weiterhin zu rechnen. Diese Änderungen müssen sich nicht (nur) von der Maschinenseite her ergeben, die Bewegung geht immer stärker von der Seite der Programme und der (erleichterten) Programmierung aus.

b) Schreibautomaten und Textautomatisierung

Indikator für die Verwendung neuer Technologien im "reinen" Bürobereich ist die Textverarbeitung/Textautomatisierung vom einfachen Schreibautomaten bis zur Speicher- und Bildschirmschreibmaschine; allerdings fehlt noch häufig die nahtlose Verknüpfung mit dem Rechner. Folgte man für diesen Bereich den Ankündigungen in den Prospekten der Anbieter, so steht das herkömmliche Büro kurz vor seiner Abschaffung zugunsten vernetzter Datenverarbeitungstechnologie höchster Leistungsfähigkeit.

c) Bildschirmarbeitsplätze und die neuen Medien

Die Verknüpfung der Datenverarbeitung mit dem Bildschirm stellt einen Qualitätssprung dar. Erst der Bildschirm mit Fernverarbeitung an der Direktverbindung oder kombiniert mit Kleincomputern eröffnet die Zuordnung zu den Arbeitsplätzen der sachbearbeitenden Mitarbeiter. Bildschirmtext, Teletex und die sich andeutende Bildschirmkommunikation, möglicherweise kombiniert mit Rechnern, zeigen Richtungen an für weitere Qualitätsveränderungen bei dem Einsatz neuer Technologien im Büro.

d) Kommunikationsströme und ihre Unterstützung durch Datenverarbeitungstechnologie

Die Ansatzstellen für die neuen Technologien folgen, modellhaft gekennzeichnet, den Informationsströmen in Organisationen. Das bedeutet, abgeprüft an einem vereinfachten Handlungs- und Entscheidungsschema (2), daß es keinen Erkenntnis-, Denk- oder Handlungsschritt gibt, der in einer Organisation nicht durch automatisierte Datenverarbeitung unterstützt, verbessert und auch ersetzt werden kann:

- Für die Erkenntnis von Handlungs- und Entscheidungsproblemen dienen automatisierte Dateien, deren Umfang praktisch kaum begrenzbar ist.

- Für den Nachweis von möglichen Handlungs- und Entscheidungsalternativen dienen programmierte oder interaktiv sich einspielende Alternativenspeicher.

- Für die Bewertung von Folgen, z.B. nach Kosten-Nutzen-Relationen, bieten sich Abwägungsformen an, die nicht nur mit von vornherein quantifizierten Faktoren, sondern, mit Relationsgrößen und Tendenzwerten versehen, zur Abwägung gebracht werden können.

- Für die Handlungs- und Umsetzungsvorhaben nach der Entscheidungsphase, insbesondere bei Routineumsetzungen, gibt es Projektsteuerungs- und Ablaufkontrollen, von der Finanzüberwachung bis hin zur Ausstellung von Rechnungen und Überwachung des Zahlungseingangs.

- Kontrollverfahren für die Revision des ganzen Verfahrensablaufs oder auch nur für die Rechnungsprüfung sind für Verfahrensüberwachungen ebenfalls ganz unproblematisch.

Aus alledem ist zu folgern:

Angesichts der durchgehenden Informationsleistungen und der Komunikationsvernetzungen in den Organisationen der Verwaltung stehen wir erst am Anfang einer Vielfalt der Einsatzmöglichkeiten von neuen Technologien der Datenverarbeitung. Man könnte das am Problem des Aufbaus einer Grünflächendatei für ein kommunales Gartenamt erläutern, die zunächst als Bestandsverzeichnis mit den vielen Grünflächenarten aufgebaut und die über einen genau gestalteten Veränderungsdienst aktuell gehalten werden muß. Legt man dann zu den verzeichneten Flächen unterschiedliche Klassen von Pflegeintensitäten fest und verknüpft das Ganze mit einer Betriebskostensystematik, so ändern sich die üblichen Verwaltungs- und Kalkulationsabläufe, etwa bei der Vergabe an Unternehmen, gänzlich, und es entsteht eine umfangreiche und zentrale Verwaltungssteuerungseinheit, die bis zur automatisierten Ausarbeitung der Dienstplangestaltung führen kann. Damit wird die Leistungserbringung einer ganzen Verwaltungseinheit zentral steuer- und beeinflußbar.

2. Der aufhaltsame Siegeszug der neuen Technologien

Angesichts der angedeuteten Möglichkeiten muß es verwundern, daß der Siegeszug der neuen Technologien sich immer wieder als so aufhaltsam darstellt.

a) Hindernisse in der Technologie

Zu den Hindernissen dafür hat jedoch die Technologie der Datenverarbeitung selbst beigetragen, weil die eingangs angedeuteten Wandlungen und Qualitätssprünge kontinuierlichen und organisch wachsenden Einführungen neuer Techniken und Verfahren nicht günstig gewesen sind.

b) Hindernisse bei der Einführung in den Büros

In den Büros haben die Mitarbeiter die neuen Technologien nicht mit offenen Armen empfangen. Sie haben sie häufig als lästige Umstellungen empfunden, denen man nicht ausweichen kann. Während im Banken- und Versicherungsbereich, im Rechnungswesen von Unternehmungen sowie im gesamten Handel mit seinen Problemen der Lagerhaltung und des Bestell- und Abrechungswesens automatisierte Datenverarbeitung weit vorangekommen ist, hat sich der klassische Bürobereich, jedenfalls in der öffentlichen Verwaltung, nicht so schnell und einschneidend verändert. Alle Zeitschätzungen für das vollautomatisierte Büro sind bislang viel zu optimistisch gewesen.

c) Der betriebswirtschaftliche und der volkswirtschafliche Aspekt

Nicht nur in den betroffen Organisationsbereichen, sondern auch in der Diskussion über die gesamtwirtschaftlichen Folgen der neuen, mit Datenverarbeitung verknüpften

Technologien ist erkannt, daß sie personelle Arbeitskapazität einsparen. Die Mitarbeiter sind davon nicht unberührt geblieben, bei neuen Verfahrenseinführungen wirkt sich das durchaus hinderlich aus.

d) Der Gegensatz von Erwartung und Erfüllung

Die Anbieter von ADV-Technologien und die ADV-Fachleute haben immer wieder über die Fortschrittlichkeit, Einfachheit und den Einsparungseffekt der neuen Technologien Vorstellungen vermittelt und Hoffnungen geweckt, die in der Wirklichkeit entweder nicht oder nicht in der vorausgesagten Weise eingetroffen sind oder - und das ist gleichbedeutend - als nicht eingetroffen angesehen worden sind. Diese Enttäuschungen haben die Bereitschaft anderer, neuer Organisationsbereiche, sich mit den neuen Technologien anzufreunden, nicht gesteigert.

3. Die Einführung der neuen Technologien als Organisationsänderung

a) Der Änderungsumfang und die Auswirkungen neuer Technologien in der Organisation

Die strukturierende Einsicht dafür, wie die Einführung neuer Bürotechnologien wirkt, leistet der Komplexbegriff der Organisationsänderung. Die neuen Technologien bringen - abstrakt gesehen - neue Organisationsmittel. Fachgerecht eingepaßt werden können sie nur in eine daraufhin untersuchte und zu verändernde Organisation. Nun bringen Organisationsuntersuchungen und -veränderungen auch ohne neue Technologien bereits erhebliche Probleme mit sich (3). Sie bewirken Änderungen der Ablauforganisaton und meist auch der Aufbauorganisation. Da Organisationsbeziehungen Dauerbeziehungen für die Arbeitserbringung, die sozial geordnete Arbeitsumwelt der Mitarbeiter sein sollen, laufen Organisationsänderungen eigentlich diesem Grundauftrag von Organisation zuwider und damit auch den Erwartungen der Mitarbeiter an die soziale Stabilität der Organisationsumwelt (4).

b) Techniken und Verfahren der Organisationsänderung

Organisationsuntersuchungen und -änderungen bereiten eine Fülle von Schwierigkeiten in der Organisation (5). Unruhe bei Mitarbeitern aller Ränge, Durcheinander der alten und neuen Organisationsbeziehungen sowie Rückgang der Effizienz der Organisation - mehr oder weniger vorübergehend - haben zu resignativen Zweifeln geführt, ob Organisationsuntersuchungen mit rational kalkulieren Organisationsänderungen die gewünschten Verbesserungen bringen, die ein Untersuchungsergebnis verspricht. Die dabei eingesetzten Untersuchungstechniken folgen den Methoden der empirischen Sozialforschung (6). Sie lassen leicht darüber hinwegsehen, daß ein soziales Gebilde betrachtet wird, das seine Leistungsfähigkeit erst durch eine Vielzahl von nicht rationalen, sondern emotionalen und informellen sozialen Beziehungen gewinnt (7). Auch das neue Konzept der Organisationsentwicklung, das den abrupt empfundenen Änderungsschock durch fließende Organisationswandlungen mit schrittweisen Lernabschnitten zu vermindern sucht, bietet kein rational kalkuliertes Konzept (8).

c) Reaktionen auf Organisationsänderungen durch die modernen Bürotechnologien

Wenden wir uns nun den konkreten Auswirkungen bei der Einführung neuer Technologien auf die Mitarbeiter zu.

(i) Bei den Mitarbeitern

Die neuen Technologien ändern die Tätigkeiten der Mitarbeiter an den einzelnen Arbeitsplätzen. Die Mitarbeiter müssen dafür, in unterschiedlichem Ausmaß, neue Befähigungen erwerben.

Die neuen Technologien ändern das Zusammenwirken der Mitarbeiter. Die neuen Technologien mit ihren Abfrage- und Speichermöglichkeiten ändern das alltäglich gewohnte Informations- und Kommunikationsverhalten einer Verwaltungsorganisation ganz allgemein.

Die Mitarbeiter reagieren abwehrend, wenn technologische Veränderungen sie überraschen, wenn diese sie zu bedrohen scheinen, indem sie ihre Arbeitsexistenz in Frage stellen und wenn ihre Folgen nicht überschaubar dargestellt oder erfaßt werden können.

Die Mitarbeiter sind kooperativ, wenn sie vorher wissen, was auf sie zukommt, und es muß sichergestellt sein, daß es als "gewußt" angekommen ist. Dafür genügt allerdings nicht ein vervielfältigter Formbrief der Leitung, so freundlich er auch immer formuliert werden mag. Gerade dann, wenn Nachteile offengelegt werden, können die Mitarbeiter auch an den Risiken bewußt teilnehmen, die mit jeder Neueinführung zwangsläufig verbunden sind. Ihnen kann mit diesem Mitwissen auch Mitverantwortung übertragen werden.

Die Mitarbeiter reagieren positiv, wenn sie sehen, daß für die erwarteten Nachteile Vorsorge getroffen wird, sei es durch Organisationserleichterungen (Dienstplangestaltung, Pausenregelungen), sei es durch personalrechtlich individualbezogene Einzelentscheidungen (Besitzstandswahrungen).

Für Mitarbeiter ist es wichtig, daß sich die neuen technologischen Errungenschaften als folgerichtige Fortsetzung und Fortentwicklung der bisherigen Alltagstätigkeiten anbieten.

Mitarbeiter, die in der Organisation auch bisher schon engagiert an ihren Aufgaben gearbeitet haben, sind gut disponiert, auch neue Technologien und Verfahren zu bewältigen. Meist jedoch wird ein Mangel an Verantwortungsverteilung, an Führungssicherheit, das Bestehen von unzulänglichen Arbeitsbedingungen und Arbeitsumfeldern erst bei der Einführung neuer Technologien sichtbar und akut, so daß dann die Mitarbeiter weniger auf die neuen Verfahren reagieren, sondern auf die bei dieser Gelegenheit sichtbar gewordenen Mängel, die schon vorher bestanden haben.

Abschließend kann vermerkt werden: Je intelligenter die Mitarbeiter sind, je informierter und an ihrer Organisation interessierter, desto überlegener und überlegter reagieren sie, so daß sie über eine bessere Problemverarbeitung besser Einsicht und Akzeptanz entwickeln können. Andererseits wird ihnen häufig von den neuen Technologien zu viel versprochen, weil das Neue oft überschätzt wird. Da die neuen Technologien erst jetzt stärker auf die einzelnen Arbeitsplätze einwirken, lassen sich jedoch Technik und Arbeitsplatz zunehmend besser aufeinander beziehen und anpassen, so daß die Mitarbeiter sie auch besser als bisher einsehen und verstehen können.

(ii) Bei den Mitarbeitervertretungen

Die Reaktionen der Mitarbeitervertretungen (Personalrat/Betriebsrat) sind mit denen der Mitarbeiter nicht gleichzusetzen, auch wenn sie für diese Sprachrohrfunktion wahrnehmen und ihre Interessen mit Gewicht bündeln sollen. Mitarbeitervertretungen entwickeln im sozialen Beziehungsnetz einer Organisation auch besondere Legitimationsbedürfnisse sowie Prestigepositionen gegenüber Mitarbeitern und Dienststellenleitungen.

Mitbestimmungsrechte bestehen bei "Maßnahmen zur Hebung der Arbeitsleistung und zur Erleichterung des Arbeitsablaufs" sowie auch "bei der Einführung neuer Arbeitsmethoden" (9). Mitarbeitervertreter sind eng an den Verfahrenseinführungen zu beteiligen. Weitere Mitbestimmungsrechte bestehen bei Plänen zur Milderung von Nachteilen aus Rationalisierungsmaßnahmen und bei der Änderung der Organisationsstruktur mit bestimmten abgestuften Befugnissen (10). Verweigert eine Mitarbeitervertretung ihre Zustimmung, so beginnen zeitraubende Einigungsverfahren, so daß sie auch Tempo und Modalitäten der Einführung der neuen Technologien entscheidend mitbeeinflussen.

Mitarbeitervertretungen verweigern ihre Zustimmungen nicht nur dann, wenn sie die Folgen der Einführung der neuen Technologien nicht übersehen können. Sie beklagen meist zu Recht, daß auch der Arbeitgeber diese Folgen nicht immer genau absieht, z.B. welche Arbeitsplätze im einzelnen geändert werden, welche Mitarbeiter im einzelnen niedriger oder höher vergütet werden müssen oder sich mit einer Dequalifizierung ihrer Tätigkeit abfinden müssen. Deshalb neigen Personalräte im öffentlichen Dienst dazu, ihre Zustimmung davon abhängig zu machen, daß zunächst der Personalstand überhaupt nicht verändert wird und daß bei Überlegungen zu späteren personellen Konsequenzen weitere Zustimmungen von ihnen eingeholt werden müssen. Damit relativieren sich die Mitbestimmungsverfahren sowie die ökonomische Komponente der neuen Techniken, so daß es zu Konfliktfällen mit Einigungsverfahren kommen wird.

Wenn Mitarbeitervertretungen grundsätzliche Argumente gegen die erwartete "Arbeitsplatzvernichtung" erheben, überspitzen sich gelegentlich Argumentationen, die so von den jeweiligen Gewerkschaften auf Bundesebene nicht vertreten werden. Hier überschreitet dann die Auseinandersetzung die betrieblich zu verstehende personalrechtliche Legitimation.

(iii) Bei der Leitungsebene

Die Autorität der Leitungsebene wird durch die Einführung neuer Technologien in Frage gestellt, wenn die Sach- und Leitungskompetenz bedroht ist oder bedroht scheint. Die Mitarbeiter der die neuen Verfahren einführenden Organisationsabteilung bringen mehr Wissen und Können auf als die Führungskräfte der jeweiligen Fachabteilung. Wo es gelingt, die Leitungskräfte zur aktiven Mitarbeit bei neuen Verfahrenseinführungen zu gewinnen, können sie ihre Sach- und Aufsichtkompetenz sachlich weiterhin bestätigen. Sie sind dann nicht nur Betroffene, die sich anpassen müssen, sondern Mitveranlasser, die von sich aus die neuen Technologien voranbringen und bewältigen.

(iv) Bei der Umgebung der Organisation

Organisationen, und damit auch Verwaltungen, neigen dazu, der Erfüllung ihrer internen Aufgaben durch Einführung neuer Technologien Vorrang einzuräumen vor der Verständlichkeit, Schnelligkeit und Beweglichkeit gegenüber ihren Abnehmern von Produkten und Leistungen. Kann der Benutzer Automationsprodukte nicht lesen oder nachvollziehen oder sind sie nicht auf seinen Bedarf ausgerichtet, so wird er unmutig auch gegenüber den Mitarbeitern in der Organisation. Wenn etwa Abrechnungsverfahren für kommunale Leistungen sich hinziehen, ihre Zeiträume verlängert werden, eine Vielzahl von Einziehungsverfahren laufen, ein Bescheid trotz jeweils nur geringfügiger Änderung mehrfach neu ausgedruckt werden muß, wenn der Veränderungsdienst eines Verfahrens nicht zeitnah bewältigt wird, wenn Schreiben unpersönlich-formalisiert aus den Textautomaten herausfallen, wenn Zuständigkeiten oder Leistungsmodalitäten nur nach der Möglichkeit der Verfahrensabläufe geändert werden, dann leidet die Kunden- und Benutzerfreundlichkeit und damit die Kommunikation zwischen der Organisation und ihrer Umwelt. Aus den zunehmenden Konflikten zwischen den innerorganisatorischen Bedürfnissen und den Anspruch stellenden Bürgern speist sich zur Zeit auch das Thema "Bürger und Verwaltung", wenngleich die Konflikte in diesem Bereich sicherlich tiefer zu suchen sind.

4. Die Möglichkeiten der Gegensteuerung auf die negativen Reaktionen und zur Herstellung von Akzeptanz

a) Die Destabilisierung der Organisation als Problem

Organisationsänderungen wirken auf eingefahrene, formal anerkannte sowie informell praktizierte soziale Dauerverbindungen in einer Organisation. Sie führen, soweit sie solche Beziehungen abbauen, zu einer Destabilisierung der bisherigen Organisationsstruktur. Damit entsteht bei den Mitarbeitern aller Stufen, bei den Mitarbeitervertretungen und der Umwelt der betroffenen Organisation Unsicherheit. Die neuen Beziehungen treten nicht einfach an eine alte Stelle, sondern müssen im Veränderungs- und Lernprozeß bewältigt werden, um neue Strukturen und Verbindungen aufzubauen.

b) Die Stabilisierung der Destabilisierung als Konzept

Lernvorgänge, die die Organisation auf einem anders gearteten Niveau ihrer sozialen Beziehungen stabilisieren, können vorbereitet werden. Im Grunde geht es darum, die zu erwartenden Auflockerungen, die Destabilisierungen von sozialen Beziehungen in einem Rahmen aufzufangen, um sie besser auf die neuen Linien hin zu verändern. Die methodisch genau durchgeführten Organisationsänderungen beginnen damit meist viel zu spät. Wird die neue Stabilisierung konzeptionell längerfristig vorbereitet, so daß es zu einer bewußt empfundenen oder gar erlittenen Destabilisierung gar nicht erst kommt, so müßte dieser Vorgang erleichtert werden können. Hierzu gibt es vorbereitende, begleitende und nachgehende Maßnahmen.

c) Vorbereitende Maßnahmen

(i) Information

Mitarbeiter, die über die Probleme und Änderungsnotwendigkeiten ihrer Organisation informiert sind, werden eher geneigt sein, die Veränderungen zu akzeptieren. Deswegen sollten sich nicht nur die Mitarbeiter über Organisationsprobleme unterhalten, zu deren dienstlichen Pflichten es gehört, eine Organisationsänderung durchzuführen. Die Information über das Nichtgenügen der Organisation gegenüber den an sie gestellten Anforderungen läßt Einsicht in den Änderungsbedarf wachsen. Daraus folgt auch

(ii) Fortbildung

Mitarbeiter, die im Wege der dienstlichen Fortbildung Wissen und Kenntnisse über Organisationen ganz allgemein erhalten, auch um die Veränderungsmöglichkeiten kennenzulernen, finden sich auch unter veränderten Organisationsverhältnissen ihrer Organisation besser zurecht. Viele Mitarbeiter sind aber schon über die konkreten Probleme der Organisation, in der sie arbeiten, nur unzulänglich informiert, über allgemeines Organisationswissen verfügen sie nur selten. Erst recht aber sind ihnen die Grundlagen und die Arbeitsweise von Maschinen und Verfahren der automatisierten Datenverarbeitung sowie deren besondere organisatorische Problemstellungen nicht bekannt.

(iii) Personalrechtliche und personalwirtschaftliche Maßnahmen

Organisationsänderungen mit der Einführung neuer Technologien wirken häufig auf den persönlichen Status eines Mitarbeiters ein, weil sich die Anforderungen an seine Arbeitstätigkeit verändern. Darauf kann vorbeugend, und nicht erst nachträglich, mit einer Änderungskündigung reagiert werden, wenn man ein Organisationsänderungskonzept verfolgt, mit dem auch personalrechtlich der Erhalt des erlangten Status trotz veränderter Arbeitstätigkeit erreicht werden kann (Besitzstandswahrung, Rationa-

lisierungsschutzabkommen und -abreden, Dienstvereinbarungen u.a.m.). Personal-
wirtschaftlich kann vorbeugend Sorge dafür getragen werden, daß Einsatzmöglichkeiten
für Mitarbeiter vorgehalten werden, deren Arbeitstätigkeiten entfallen. Das ist bei
großen Organisationen sicherlich einfacher als bei kleineren, die sich dafür der
Fremdhilfe anderer Organisationen bedienen müssen. Auch hier kommt alles auf eine
längerfristige Vorbereitung an.

d) Begleitende Maßnahmen

Vom Umgang mit Mitarbeitern in einer Organisation

(i) Umstellung und Schulung

Eine Anordnung, daß ein neues Vefahren oder eine neue Technologie eingeführt werden
soll, bewirkt zunächst gar nichts. Technische Umstellungen und Schulungen zum Erwerb
der dafür erforderlichen neuen Fähigkeiten sind immer notwendig. Hier kommt alles
darauf an, nicht im Befehlsweg zu verordnen, sondern die Mitarbeiter in diesen Prozeß
verantwortlich mit einzubeziehen. Der nicht quantifizierbare "Umgangston" in einer
Organisation, das gegenseitige Aufeinandereingehen und Miteinanderbefassen, das
Einbeziehen von persönlichen Besorgnissen und Reaktionen sowie auch von
Fehlreaktionen sind dafür entscheidend.

(ii) Gestaltung der Zusammenarbeit

Für die Zusammenarbeit in einer Organisation gibt es Führungs- und Leitungsmodelle
sowie Führungsgrundsätze (11). In der Praxis kommt es weniger auf Modelle an als
darauf, daß und wie die übertragenen Verantwortlichkeiten wahrgenommen und
Entscheidungen nach oben und nach unten angemessen vertreten werden. Es hat mehr
Sinn, Gesprächsrunden, Besprechungen und Absprachen, auch "zwischen Tür und Angel",
zu praktizieren, als über Führung Grundsätze aufzustellen, die im konkreten Fall
nicht greifen, weil das Klima ihnen entgegensteht.

e) Nachgehende Maßnahmen

(i) Das Kontrollproblem

Neue Technologien sollen Effektivität und Effizienz steigern. Zumeist beruhigt sich
die Leitung einer Organisation, wenn die neuen Maschinen arbeiten. Ob sich dann
neue, gar nicht vorgesehene und vorauszusehende Probleme zeigen, geht leicht unter.
Eine Nachkontrolle, insbesondere auf die personale und verwaltungssoziale Seite hin,
ist deswegen immer nach einer Verfahrenseinführung auch dann vorzusehen, wenn es sich
nicht um eine probeweise Einführung handelt.

(ii) Die Abneigung gegen Änderungen nach einer durchgeführten Änderung

Hat eine Organisaton eine Änderung verkraftet, so wird sie den neu erreichten
Stabilitätszustand besonders stark zu erhalten versuchen. Es gehört zum Konzept
einer geordneten Destabilisierung, daß fortfolgende Änderungen auch nach einer
Veränderung mit einkalkuliert werden und die Absicht dazu auch mit angekündigt wird.
Nur dadurch kann die Bereitschaft geweckt werden, sich auch einmal auf etwas Neues
einzulassen, es zu erproben und bei Nichterfolg oder Unbehagen daran Korrekturen
vorzunehmen, die zwar den alten Zustand nicht wieder herstellen sollen, aber doch die
aufgetretenen Härten oder Schwierigkeiten mildern können.

5. Die volkswirtschafliche Bedeutung und die Situation des einzelnen

Die neuen Technologien reduzieren Arbeitsplätze, gerade weil sie die Effizienz des einzelnen Betriebes und der Volkswirtschaft insgesamt erhöhen sollen. Man kann sich aus dieser Klemme nicht dadurch herausreden, daß man sich nur für seinen eigenen Bereich verantwortlich erklärt, denn die übergreifenden Auswirkungen der einsparenden Einzelmaßnahmen sind sichtbar. Deswegen müssen die Arbeitgeber und Arbeitnehmerorganisationen diese erkennbaren gesamtwirtschaftlichen und gesamtgesellschaftlichen Auswirkungen verantwortlich steuern. Die durch Einzelmaßnahmen unbedingt zu verfolgende betriebswirtschaftliche Rationalität muß durch entsprechende gesamtwirtschaflich greifende Maßnahmen, wie z.B. Arbeitszeitverkürzungen, eingerahmt werden, weil sonst durch die vielen Einzelmaßnahmen ein gesamtwirtschaftlich nicht mehr zu verantwortendes Problembündel geschnürt wird. Es ist als ziemlich sicher zu prognostizieren – und deswegen wird dieser Punkt unter dem Thema angesprochen –, daß in dem Augenblick, in dem die Tarifpartner gesamtwirtschaftlich greifende Rahmenbedingungen für die bessere Einführung der neuen Technologien vereinbart haben, die Einführung besser als bisher vorangehen kann.

Im übrigen führt die Einführung der neuen Technolgien nicht zu einer weiteren Atomisierung von Arbeitsvorgängen, sondern eher zu Gesamtbetrachtungen, Zusammenfassungen, Zunahme von Gesamtverantwortung und Ganzheitssachbearbeitung im technischen Sinn. Daraus folgt, daß zusammen mit einer Veränderung – und das bedeutet: Intensivierung und Vermenschlichung des Organisationsklimas – neue Formen des Arbeitens mit anderen entstehen oder sich entwickeln können. Diese Entwicklung sollte gefördert werden und nicht dadurch blockiert werden, daß man sie in die herkömmlichen Organisations- und Arbeitsformen einpreßt. Schwierig wird diese Entwicklung dadurch, daß auch Konsequenzen im tarifrechlichen Bereich gezogen werden müssen, weil sich die neuen Zusammenhänge nicht immer gleich in das herkömmliche Schema der Tarifeinteilung einordnen lassen. Sollen neue Technologien einen verbreiteten Einsatz finden, wird man auch im Rahmen der Tariffestsetzungen Anreize schaffen müssen, die den neuen, sicherlich nicht einfacheren Anforderungen besser und beweglicher gerecht werden können. Auch hier bleiben die Tarifparteien aufgefordert und gefordert.

Anmerkungen

(1) z.B. Wilhelm Hill, Raymond Fehlbaum, Peter Ulrich, Organisationslehre Band 2, 3. Auflage Stuttgart 1981, S. 406/7; James G. March, Herbert A. Simon, Organisation und Individuum, Wiesbaden 1976, S. 86

(2) Ausführlicher z.B. Werner Thieme, Entscheidungen in der öffentlichen Verwaltung, Köln, Berlin, Bonn, München 1981, S. 35-75

(3) Kommunale Gemeinschaftsstelle für Verwaltungsvereinfachung, Bericht Nr. 7/1983, Köln 1983, Weiterentwicklung systematischer Organisationsarbeit, S. 7; allgemein: Reinhart Zintl, Organisation und Innovation, in: Organisationsanalyse, herausgegeben von Karlheinz Wöhler, Stuttgart 1978, S. 110-125; Hill, Fehlbaum, Ulrich (Anm. 1), S. 459-481

(4) dazu etwa Niklas Luhmann, Funktionen und Folgen formaler Organisation, 3. Auflage Berlin 1976, S. 59-73

(5) Wie Anm. 3.

(6) Kommunale Gemeinschaftsstelle für Verwaltungsvereinfachung, Organisationsuntersuchungen in der Kommunalverwaltung, 5. Auflage Köln 1977, Anlagen

(7) Niklas Luhmann, wie Anm. 4, S. 283–295

(8) Jürgen Böhm, Einführung in die Organisationsentwicklung, Heidelberg 1981, S. 19

(9) z.B. Paragraph 61, Abs. 1, Nr. 2 und Paragraph 66, Abs. 1 Hessisches Personalvertretungsgesetz vom 2. Jan. 1979, GVBl. I, S. 1, zuletzt geändert vom 3. Feb. 1981, GVBl. I, S. 30; Paragraph 76, Abs. 2, Nr. 5 und 7 Bundespersonalvertretungsgesetz vom 15. März 1974, BGBl. I, S. 693, zuletzt geändert durch Gesetz vom 10. Mai 1980, BGBl. I, S. 561

(10) z.B. Paragraph .61, Nr. 15 und Nr. 16 Hessisches Personalvertretungsgesetz (Anm. 9)

(11) z.B. Leitlinien für die Führung und Zusammenarbeit in der Verwaltung des Landes Baden-Württemberg vom 30. Oktober 1979, Gemeinsames Amtsblatt des Landes Baden-Württemberg 1980, S. 97; Überblick über die Modelle bei Carl Böhret, Marie Therese Junkers, Führungskonzepte für die öffentliche Verwaltung, Stuttgart 1976

<u>VERÄNDERUNGEN DER ARBEITSSITUATION DURCH DEZENTRALISIERTEN DV-EINSATZ</u>

<u>IN DER KOMMUNALVERWALTUNG</u>

Reinhardt Diehl / Volker Röske
RWTH Aachen

1. Technisch-organisatorische Merkmale dezentralisierten DV-Einsatzes
2. Arbeitssituationen im Verwaltungsalltag
   a) Arbeitsorganisation und Arbeitsinhalte
   b) Qualifikationen
   c) Perspektiven
   d) Zeitstrukturen
   e) Arbeitsplatzumwelt
   f) Information und Beteiligung der Beschäftigten
3. Alter Wein in neuen Schläuchen
Anmerkungen

<u>Referat</u>

Der Autor beschreibt die sozialwissenschaftliche Begleitforschung zum UDEV/BENDA-Modell, das der Dezentralisierung der Datenverarbeitung von Kommunalverwaltungen in Baden-Württemberg zugrunde lag. Während das Verbundsystem die Verarbeitung der Daten näher an den Arbeitsplatz rückte, konnte jedoch keine Verbesserung der Arbeitssituation für die Beschäftigten erreicht werden. Neue Belastungen entstanden durch Stellenabbau bzw. -veränderung, verstärkte funktional-hierarchische Arbeitsorganisation, die mit bewußt gestufter qualifikatorischer Anpassung korrespondierte, und mit der Empfindung eines neuen Zeitdrucks durch Bildschirmarbeit.

<u>Abstract</u>

The author describes the social science research accompanying the UDEV/BENDA model, by which the decentralization of data processing in municipal administrations within the state of Baden-Württemberg was put forward. Although the model caused the information processing to shift to the workplace where the information is gathered there has been no improvement in the working situation of the staff. New problems have arisen through the shifting of work content and reduction in jobs, through the reinforcement of functional-hierarchical work organization that corresponded with an adaptive qualification process through graded on-the-job training and has brought along a new sense of time pressure generated by the computer-terminal work.

1. Technisch-organisatorische Merkmale dezentralisierten DV-Einsatzes

Die Forschungsgruppe Verwaltungsautomation an der Gesamthochschule Kassel hat von 1979-1982 im Auftrag des BMFT die sozialwissenschaftliche Begleitforschung zu dem Projekt UDEV/BENDA der Datenzentralen von Baden-Württemberg und Schleswig-Holstein und der Anstalt für kommunale Datenverarbeitung in Bayern (AKDB) durchgeführt. Hinter der Abkürzung des Projekttitels verbirgt sich: "Untersuchung über die Auswirkungen auf den Verfahrensaufbau, die Verfahrenstechnik und die EDV-Organisation bei Dezentralisierung von Verarbeitungsvorgängen in einem Verbundsystem zwischen Groß- und Klein-EDV-Anlagen". Das Kürzel BENDA heißt einfacher "benutzerorientierte Datenverarbeitung" und ist die Bezeichnung, unter der die Regionalen Rechenzentren in Baden-Württemberg das Ergebnis der UDEV-Entwicklung den Kommunalverwaltungen anbieten.

Die Auswirkungen des UDEV/BENDA-Modells auf die Verwaltungsarbeit haben wir während der Implementationsphase und danach bei fünf Pilotanwendern des Modells in Baden-Württemberg (vier Städte mit acht bis 134.000 Einwohnern und ein Landratsamt) in Form von Fallstudien untersucht. Jeweils zwei Fallstudien haben das Einwohnerwesen bzw. zentrale Teile des kommunalen Finanzwesens zum Gegenstand; bei der Untersuchung im Landratsamt stand die Datenbearbeitungsstelle als DV-Vermittlungsinstanz zwischen Regionalem Rechenzentrum und den Landkreisgemeinden im Mittelpunkt.

Die Veränderung der Arbeitssituation der betroffenen Beschäftigten war ein Untersuchungsschwerpunkt. Zuvor ist es aber notwendig, die mit dem UDEV/BENDA-Modell verbundenen technisch-organisatorischen Veränderungen der kommunalen Datenverarbeitung in Baden-Württemberg kurz zu beschreiben.

Vor Einführung des Modells ist die Datenerfassung in größeren Verwaltungen meist zentralisiert. Sie ist speziell dafür eingerichteten Datenbearbeitungsstellen übertragen, in denen eine oder mehrere Personen die Datenerfassung für alle genutzten – überwiegend landeseinheitlichen – DV-Verfahren der einzelnen Ämter off-line an Magnetbandkassetten-Erfassungsgeräten durchführen. Die Datenträger werden auf dem Postwege bzw. durch einen Kurier zum Regionalen Rechenzentrum transportiert und dort im Stapel verarbeitet. Die Ergebnisse gelangen in Form von Listen usw. auf dem gleichen Weg in die Verwaltungen zurück. Für die Sachbearbeiter bedeutet dies einen Verarbeitungszyklus von etwa drei bis sieben Tagen, beginnend mit dem Ausfüllen des Datenerfassungsbeleges und endend mit der Kontrolle der Verarbeitungsergebnisse bzw. der Fehlerkorrektur. Da nur wenige Sachgebiete täglich im Rechenzentrum verarbeitet werden, sind die Sachbearbeiter bzw. die Datenerfasser(innen) an Terminpläne gebunden, wenn die Verarbeitungsläufe des Rechenzentrums eingehalten werden sollen. Die Terminpläne werden vierteljährlich vom Rechenzentrum herausgegeben. Das Überschreiten eines Termins kann bei einigen Sachgebieten, wie z.B. im Personalwesen, eine Verzögerung der Bearbeitung um vier Wochen nach sich ziehen.

Mit der Einführung des UDEV/BENDA-Modells werden die Magnetbandkassetten-Erfassungsgeräte durch ein sogenanntes Datensammel- und Vorverarbeitungssystem abgelöst (1). Wir wollen diesen Computer in der Kommunalverwaltung im folgenden DV-System nennen, nicht nur um das Wortungetüm "Datensammel- und Vorverarbeitungssystem" zu vermeiden, sondern um deutlich zu machen, daß das System über mehr Funktionen verfügt, die für unser Thema relevant sind, als seine offizielle Bezeichnung ahnen läßt.

Die wesentlichen technischen Merkmale dieses Systems sind:

- Arbeitsspeicherkapazität bis 256 K-Byte

- Magnetplattenkapazität bis 66 Mio.-Byte

- Datenfernübertragung (DFÜ)

- Anschluß von bis zu 24 Terminals (Bildschirmgeräte und Drucker) direkt oder als remote-Stationen

- freie Programmierbarkeit.

Auf dieser technischen Basis enthält das UDEV/BENDA-Modell im Verbund mit dem Regionalen Rechenzentrum die folgenden DV-organisatorischen Elemente:

- Datenerfassung von jedem Terminal aus und Speicherung der Daten auf der Magnetplatte

- bedienungsgesteuerter täglicher Datenabruf durch das Rechenzentrum über Stand- oder Wählleitungen der Bundespost; wahlweise Ausgabe der erfaßten Daten auf ein Magnetband, etwa bei täglichem Kurierdienst bzw. gestörter Datenübertragung

- Stapelverarbeitung im Rechenzentrum unter Anwendung der landeseinheitlichen bzw. rechenzentrumsspezifischen Verfahren

- Ausgabe der Verarbeitungsergebnisse (Listen, Protokolle, Karteikarten usw.) auf Druckern im Rechenzentrum

- Transport der Verarbeitungsergebnisse per Kurier zur Anwenderverwaltung und schließlich

- Auskunftsverfahren für bestimmte Datenbestände des Rechenzentrums von jedem Terminal des DV-Systems in der Anwenderverwaltung.

Die Anwendungsform dieses Verbundsystems zwischen Regionalem Rechenzentrum und Anwenderverwaltung unterscheidet sich also von dem vorhergehenden Verfahren durch die Funktion Stapelfernverarbeitung auf der Eingabeseite, wenn von der DFÜ Gebrauch gemacht wird, und durch das Auskunftssystem auf der Ausgabeseite. Über diese Funktionen hinaus wird das DV-System zum Teil für spezifische Anwendungen der einzelnen Verwaltungen genutzt. Hierzu zählen z.B. Statistik- und Auswertungsprogramme und Auskunftsverfahren auf der Grundlage lokaler Datenbestande, die bei der täglichen Erfassung entstehen, und die automatisierte Textbe- und -verarbeitung. Die Programmierung dieser autonomen DV-Verfahren wird entweder in Zusammenarbeit mit dem Hersteller des DV-Systems oder von zusätzlich dafür qualifiziertem eigenen Personal ausgeführt.

Bevor wir der Frage nachgehen, welche Auswirkungen diese technisch- organisatorischen Veränderungen auf die Arbeitssituation der Beschäftigten in den Kommunalverwaltungen haben, soll zunächst der Begriff Arbeitssituation näher erläutert werden, um daran anschließend wesentliche Ausprägungen dieser neuen Arbeitssituationen zu beschreiben.

2. Arbeitssituationen im Verwaltungsalltag

In der Arbeitssituation der Beschäftigten öffentlicher Verwaltungen treffen sich neben den Verwaltungsstrukturen und den eben beschriebenen technisch bedingten Ausprägungen des Arbeitsprozesses die Fähigkeiten, Fertigkeiten und Haltungen der dort Beschäftigten. Der Begriff der Arbeitssituation verliert ohne diese Strukturbedingungen des Arbeitsprozesses seine Aussagekraft ebenso, wie wenn die von diesen Strukturbedingungen ausgehenden Folgen auf die arbeitenden Menschen ausgeblendet würden. Arbeitssituationen sind demnach mit den erfahrenen Auswirkungen dieser Folgen genauso verbunden wie mit der Interpretation dieser Betroffenheit durch die Beschäftigten selbst. Hinzu kommt, daß die Arbeit und die Arbeitsbedingungen nicht mit dem Ende der gesetzlich und/oder tarifvertraglich festgelegten Arbeitszeit aufhören zu wirken. Der "long shadow of work" reicht unmittelbar in den außerbetrieblichen Bereich; denn auch die Subjektivität der Beschäftigten in öffentlichen Verwaltungen ist nicht zu trennen von deren beruflichen und geschichtlichen Erfahrungen, ihren Traditionen wie ihren Hoffnungen und Wünschen.

Diese Vielschichtigkeit der Einflüsse auf die Arbeitssituation der Beschäftigten hat in den letzten Jahren in der sozialwissenschaftlichen Diskussion zum Problembereich "Humanisierung der Arbeit" seinen Niederschlag gefunden, wenngleich die Analysen bisher immer nur Teilbereiche der gesellschaftlichen Organisation von Arbeit berücksichtigten und sie so erst von unterschiedlichen Schwerpunkten und Fragestellungen die Spezifik von Arbeitssituationen erfassen konnten. Im Grunde verlangt der soziale Zusammenhang von Arbeit und Leben, der sich in Arbeitssituationen verdichtet, nach einem Untersuchungsansatz, der über die fachlichen Grenzen einzelner Wissenschaftsdisziplinen hinausgeht; denn die soziale Realität von Arbeitssituationen ist nicht streng nach wissenschaftlichen Fachdisziplinen geordnet (2). Ein Versuch interdisziplinärer Annäherung ist z.B. der 1982 von John Henize am Institut für Planungs- und Entscheidungssysteme der Gesellschaft für Mathematik und Datenverarbeitung (GMD) entwickelte "Rahmen für die Bewertung der Auswirkungen der Informationstechnologie auf die Beschäftigungssituation" (3), der nicht weniger als 29 Einflußgrößen berücksichtigt, u.a.:

- Kosten pro Recheneinheit
- Arbeitsproduktivität
- Preis des output
- Angebot an qualifizierten Arbeitskräften usw.

Seiner Auffassung zufolge sind "zahlreiche zusätzliche Untersuchungen erforderlich, bevor wir in der Lage sein werden, den genauen Charakter dieser Beziehungen zu spezifizieren" (4). Unzweifelhaft steht für John Henize fest, daß durch den "Rückgang der Kosten pro Recheneinheit menschliche Arbeit durch elektronische Rechner" (5) ersetzt wird, denn "der Einsatz neuer Technologien erfolgt ... nicht umsonst" (6).

Die so beschriebene Zwecksetzung des Einsatzes neuer Technologien gilt auch für das UDEV/BENDA-Projekt. An anderer Stelle wird dieser ökonomische Aspekt näher erläutert (7). Neben quantitativen Auswirkungen gehen in die von dieser Zwecksetzung beeinflußten Arbeitssituationen auch qualitative Momente ein. Dort, wo diese Zwecksetzung in den Verwaltungen durchgesetzt worden ist, wo also die Wege der Rationalisierung geebnet sind, zeigen sich Wirkungen. Es sind neben gesundheitlichen Schäden, die zwar noch nicht als Berufskrankheit deklarierbar sind, vor allem Arbeitsplatz-Spareffekte.

Unter Ausnutzung der natürlichen Abgangs- und Fluktuationsrate waren die Methoden des Personalabbaus dort, wo sie angewandt worden sind, eher indirekter Art. Mit dieser verdeckten Arbeitsplatzeinsparung verändert sich gleichzeitig die Personalstruktur in den einzelnen Abteilungen und hat so wiederum Rückwirkungen auf die Aufstiegs- und Qualifikationschancen der verbliebenen Beschäftigten. In einer Fallstudienkommune sind z.B. die Stellen des gehobenen Dienstes in Stellen des mittleren Dienstes umgewandelt worden, mit dem Hinweis, daß nur so für den mittleren Dienst attraktivere Stellen (sogenannte Spitzenämter) geschaffen werden könnten.

All dies geschieht nicht plötzlich. Es dauert seine Zeit, manchmal über Jahre hinweg. Diese zeitliche Dimension ist es auch, welche die Auswirkungen gleichsam wieder zudeckt. Verschleiß der Arbeitskraft auf der einen Seite und Abbau und/oder Veränderung der Arbeitsplätze andererseits sind so vielschichtig und verwoben, daß beide von den Betroffenen oft nur als ein individuelles Problem gesehen werden.

Dieser Umstand verhindert gleichzeitig, allen gemeinsame Anlässe zu erkennen und erschwerte es uns, die Arbeitsumstände zu beschreiben, die - zumal durch individuelle Verhaltensnormen überdeckt - die qualitativen Momente der Arbeitssituation von Beschäftigten ausmachen.

Unser Ansatz war es deshalb, nicht wahllos die Beschäftigten nach Einschätzungen ihrer Arbeitssituation zu befragen, sondern die komplexen sozialen Umstände herauszufiltern, die geprägt werden durch

- die Arbeitsorganisation und Arbeitsinhalte
- die Qualifikationen der Beschäftigten
- die Perspektive, die ihnen diese Verwaltungsaufgabe/Arbeit vermittelt
- die Zeitstrukturen und die zu bewältigende Arbeitsmenge
- die Arbeitsplatzumwelt
- die Information und die Einbeziehung der Beschäftigten in die Gestaltung der Arbeitsbedingungen.

Anhand dieser Gesichtspunkte wollen wir mit dem UDEV/BENDA-Projekt verbundenen Einzug der Computer´Fenster´, den Bildschirmgeräten in die untersuchten Kommunalverwaltungen, die damit auftauchenden Veränderungen und ihren Einfluß auf die Arbeitssituation beschreiben.

a) Arbeitsorganisation und Arbeitsinhalte

Auf der Ebene der Arbeitsorganisation und Arbeitsinhalte greift das DV-System unterschiedlich tief in die Arbeitssituation der Beschäftigten ein. Im Bereich der fachlichen Verwaltungsfunktionen ist das Bildschirmgerät am Arbeitsplatz die herausragende Veränderung für die Sachbearbeiter. Das neue Arbeitsmittel erzeugt neue Arbeitsinhalte, Datenerfassung und Auskunft, aber keine neue fachbezogene Arbeitsorganisation; das Bildschirmgerät wird in die bestehende Arbeitsorganisation einbezogen. Dies bedeutet nicht, daß auf jedem Sachbearbeiterschreibtisch ein Bildschirmgerät steht, vielmehr müssen sich mehrere Sachbearbeiter ein Terminal teilen. In dipsem Zusammenhang und durch die nun selbst zu erledigende Datenerfassung entstehen neue Anforderungen an das Vermögen, die eigene Arbeit zu organisieren.

Während vorher das Ausfüllen der Datenerfassungsbelege für die Erfassung in der DBS lediglich durch die Terminvorgaben des Rechenzentrums bestimmt war, sind nun zusätzlich Absprachen mit den Kollegen über die Arbeitszeit am Bildschirmgerät notwendig. Mehrarbeit entsteht dadurch, daß weiterhin in vielen Fällen eigentlich überflüssige Datenerfassungsbelege aus Kontrollgründen - wie es heißt - zur Vorbereitung der Erfassung von den Sachbearbeitern erstellt werden. Aus der nicht jederzeit gegebenen Verfügbarkeit des Arbeitsmittels Bildschirmgerät aufgrund der gemeinsamen Nutzung entstehen außerdem Unterbrechungen im Arbeitsablauf, wenn während der Datenerfassung ein anderer Kollege dringend eine Auskunft benötigt. Besonders hinderlich für die Sachbearbeiter ist diese Situation dann, wenn z.B. eine kleinere Gemeindeverwaltung aus Kostengründen nur ein Terminal für mehrere Fachämter einsetzt.

Dezentralisierung der Datenverarbeitung hat für die Fachabteilungen eine größere Nähe der Sachbarbeiter zum DV-Prozeß insgesamt zur Folge. Damit sind verschiedene Wirkungen verknüpft:

- Bei der Datenerfassung empfinden die Beschäftigten einen Zwang zu größerer Präzision der Arbeit, der einerseits erhöhte Anforderungen an die Qualität der eigenen Arbeit stellt, andererseits entlastenden Charakter hat, weil ein Bearbeitungsfehler, der früher zwar leicht als Erfassungsfehler auf die DBS abgewälzt werden konnte, aber dennoch mit zusätzlichem Aufwand selbst behoben werden mußte, nun nicht mehr so häufig auftritt.

- Auf der Ausgabeseite wird das Auskunftssystem als Erleichterung eingeschätzt, weil nun nicht mehr für die Anforderung eines Kontoauszuges z.B. ein Beleg für das Rechenzentrum geschrieben werden muß und das Ergebnis erst nach etwa einer Woche eintrifft, sondern der beinahe aktuelle Stand am Bildschirmgerät ermittelt werden kann.

- Eine als belastend empfundene Folge der Dezentralisierung der Datenverarbeitung die neu entstandene technisch-organisatorische Abhängigkeit von der DV-Zentrale in der eigenen Verwaltung. Kapazitätsprobleme des DV-Systems, bestimmte Systemarbeiten und vor allem Funktionsstörungen behindern die Sachbearbeiter unmittelbar und verursachen in der Regel zusätzlichen Zeitaufwand zur Bewältigung der nicht geringer werdenden Arbeitsmenge. Hingegen blieben technische Probleme bei der zentralen Datenerfassung den Sachbearbeitern weitgehend verborgen.

Mit der Einführung des UDEV/BENDA-Modells in die Anwenderverwaltungen sind auch im DV-Bereich keine grundsätzlichen organisatorischen Veränderungen eingetreten. Die Funktionen Datenerfassung und DV-Sachbearbeitung wurden - soweit vorher schon zentral vorhanden - weitgehend arbeitsteilig beibehalten; von der tendenziell zunehmenden Reduktion der Datenerfassung durch die Verlagerung in die einzelnen Fachämter einmal abgesehen. In jedem Fall stießen wir auf eine besonders rigide Form der Arbeitsteilung. Dort waren zwei Datenerfasserinnen ganztags und eine halbtags nahezu ausschließlich mit Datenerfassungsarbeiten beschäftigt. In anderern Fällen haben wir zumindest bei den Ganztagsbeschäftigten Mischformen von Datenerfassung und DV-Sachbearbeitung angetroffen.

Die Datenerfassung selbst hat mit dem neuen DV-System einige Verbesserungen erfahren: Die Geräte sind leiser, die Fehlerkorrektur ist einfacher, der Programmwechsel ist weniger umständlich und das Eingeben geht schneller. Diese Vorteile haben zusammen mit anderen Faktoren den Effekt, die Datenerfassung zu intensivieren. Eine Datenerfasserin: "Ich schreibe das Finanzwesen, die Ein- und Ausgaben der Gemeinden. Das ist eine Arbeit, die mich voll ausfüllt, manchmal schaffe ich es gar nicht in der Zeit. Ich habe das früher den ganzen Tag gemacht und jetzt den halben Tag. Durch die neuen Geräte läuft doch einiges schneller".

Im Bereich der DV-Sachbearbeitung sind neue Operator-Funktionen, die sogenannte Supervision, entstanden. Diese Aufgabe ist in den größeren Verwaltungen arbeitsteilig organisiert: Sie wird vom Leiter der Datenbearbeitungsstelle bzw. von DV-Sachbearbeitern wahrgenommen. Die Programmierungsaufgaben des DV-Systems werden ausschließlich von den Leitern und in einem Fall von einem zusätzlich eingestellten DV-Spezialisten durchgeführt.

b) Qualifikationen

Mit dieser funktional-hierarchischen Arbeitsorganisation korrespondieren die Veränderungen der Qualifikationsstruktur der Beschäftigten. Kenntnisse über das DV-System werden funktionsbezogen vermittelt. Datenerfasserinnen und Sachbearbeiter erhalten nur die Informationen, die zur Ausübung ihrer Tätigkeit am Bildschirmgerät unmittelbar notwendig sind. DV-Sachbearbeiter stehen auf der nächsten Stufe der DV-Qualifikationen. Über die Kenntnis der Datenerfassung hinaus haben sie die Supervisor-Lehrgänge des Herstellers besucht. Die nächste Stufe der DV-Qualifikationen erreichen die Leiter der Datenerfassungsstellen bzw. die DV-Spezialisten. Sie sind zu Programmierern ausgebildet worden. Zusätzliche Qualifikationen, die für die berufliche Entwicklung von Bedeutung sind, bleiben also den ohnehin schon höher qualifizierten Beschäftigten vorbehalten. Für die übrigen findet lediglich eine qualifikatorische Anpassung an das neue Arbeitsmittel statt.

c) Perspektiven

Arbeitsorganisation und Qualifikationsstruktur prägen u.a. die Einschätzungen der Perspektiven der eigenen Arbeit. Je höher die DV-Qualifikationen sind, desto günstigere Entwicklungschancen werden für den beruflichen Weg gesehen.

Mit der Dezentralisierung der Datenverarbeitung in die Anwenderverwaltungen hat nicht gleichzeitig eine Dezentralisierung des DV-Wissens stattgefunden, die alle Beschäftigten in gleichem Maße einbezieht. Vielmehr bilden bestehende organisatorische und qualifikatorische Hierarchiestrukturen Schranken beruflicher Weiterentwicklung. Weitaus drastischer gestalten sich die Perspektiven bei den Datenerfasserinnen; sie rechnen damit, daß ihre Arbeitsplätze in naher Zukunft überflüssig werden. Dabei eröffnet sich ihnen eine paradoxe Situation. Einerseits sind sie nicht unglücklich darüber, daß diese restriktive und monotone Tätigkeit entfällt, andererseits ist keine konkrete neue Aufgabe in Sicht.

d) Zeitstrukturen

Die Stapelverarbeitung verlangt die Einhaltung detaillierter Terminpläne, in denen die Verarbeitungszeitpunkte für die einzelnen Verarbeitungsabläufe im Rechenzentrum festgelegt sind. Mit dieser auch durch das UDEV/BENDA-Modell prinzipiell unveränderten Zeitstruktur ist ein auffälliges Moment für die Arbeitssituation gegeben. Technische Bedingungen bestimmen wesentlich die Zeitstrukturen von Arbeit und damit auch die Arbeitssituation der Beschäftigten mit. So durchzieht ein bemerkenswertes Phänomen die Aussagen der befragten Beschäftigten: das Bemühen, zu einem vorgegebenen Termin die größtmögliche Arbeitsmenge bewältigt zu haben, obwohl dies von der Zeitstruktur des gesamten DV-Prozesses her nicht in jedem Fall erforderlich ist. "Man hat da vielleicht einen Ehrgeiz, daß man einfach alles drin hat ... aber ich weiß nicht, man ist schon mit Leib und Seele dabei, da gibt es gar nichts anderes. Wenn zwischendurch mal ein ruhiger Tag ist, das gibt es ja auch, dann habe ich am Abend ein komisches Gefühl - irgendwie, als wenn ich noch nicht alles geschafft hätte; man ist da echt schon so drin, die Hektik und so, das braucht man einfach (Lachen)". "Ich glaube, das habe ich damals auch schon gesagt, und der Ansicht bin ich heute noch, der Termindruck wird mir praktisch nicht vorgeschrieben, den mache ich mir auch selber, z.T. zumindest. Und dann vielleicht auch für andere, wenn ich sage, versuchs mal, ob du das noch reinkriegst. Ich kann niemanden zwingen, es kann niemand über seine Kräfte schaffen, aber man sagt, versuchs mal, ob das geht".

Diese Einschätzungen von DV-Sachbearbeiterinnen zeigen eine spezifische Belastungssituation, die sich aus der zu bewältigenden Arbeitsmenge und dem Zwang ergibt, die Arbeit bis zu dem von außen gesetzten - also fremdbestimmten - Zeitpunkt zu schaffen. Für die Datenerfasserinnen, als letzte in der Bearbeitungskette, ergibt sich daraus ein Umstand, dem sie sich nicht so leicht entziehen können.

Diese Zeitstrukturen treten dort, wo die Sachbearbeiter selbst die Datenerfassung vornehmen, in den Hintergrund. Allerdings nur solange, wie die Menge der einzugebenden Daten nicht sehr umfangreich ist, und nur dort, wo aufgrund der geringen Anzahl der Bildschirmgeräte die Bildschirmarbeitszeit nicht durch strikte Stundenpläne geregelt ist.

Die neue Situation, die jetzt mit dem UDEV/BENDA-Modell zu verzeichnen ist, zeigt, daß die Zeitstrukturen, die früher allein durch von der Stapelverarbeitung bedingte

Terminpläne bestimmt waren, jetzt dort, wo die dezentrale Eingabe und Ausgabe realisiert ist, auch vom Zeitverhalten des DV-Systems unmittelbar beeinflußt wird. Dieses systembedingte Zeitverhalten ist bei der Datenerfassung und Auskunft gleichermaßen anzutreffen: "Morgens geht das Bildschirmgerät ein bißchen langsam. Bis die einzelnen Buchungszeichen und Buchungsschlüssel erscheinen, dauert es eine Weile. Es ist halt blöd, wenn man davor sitzt und wartet, bis das nächste erscheint. Ein paar Sekunden, lang ist es nicht, aber das macht nervös".

F: Können Sie dann keine Erfassung mehr machen?

A: Doch, schon, aber da können Sie nebenher stricken, so langsam läuft das. Da fange ich an zu schreiben, und dann läuft der, und dann läuft der und dann läuft der. Da können Sie zwanzig Buchungen eingeben, und dann können Sie eine Zigarette rauchen, und wenn ich zu Ende geraucht habe, sind die zwanzig Buchungen dann auch durch — so in etwa läuft das ...

F: Aber das wäre doch für Sie eine Pause, das ist doch mal ganz gut.

A: Ja schon, aber das Zeug, das muß ja fertig werden, das muß ja mit, so oder so...

F: Setzen Sie sich dann quasi selbst unter Druck?

A: Genau, ich bin ja selber schuld, zum Erfassen ist ja auch wahnsinnig viel Zeug da".

Diese Interviewausschnitte beschreiben plastisch ein Phänomen. Eine Analyse könnte zeigen, daß von der DV-Technik in der vorliegenden Anwendungsform (oder auch allgemein) eine Sogwirkung auf die damit Arbeitenden ausgeht, die offenbar erst durch das "sich-selbst bzw. auch -andere-unter-Druck-setzen" einen befriedigenden Arbeitserfolg garantiert, wenn der letzte Datensatz erfaßt ist. Es ist gleichsam so, als übertrage sich das Zeitverhalten des DV-Systems auf das Arbeitsverhalten der Beschäftigten. Es sind zwei verschiedene, nebeneinander bestehende "Arbeits-systeme". Zum einen das DV-System mit seiner Schnelligkeit und seinen Fehlern (Ausfälle und Langsamkeit), und daneben die Sachbearbeiter, die ihren Arbeitsrhythmus haben und welche die Datenerfassung oder die Auskünfte mit den Bedingungen abstimmen müssen, die das DV-System vorgibt. Dabei entstehen für die Beschäftigten neue Belastungen aufgrund der Zeitstruktur der vom Computer gesteuerten Verwal-tungsarbeit. Vor allem müssen die Beschäftigten lernen, das Zeitverhalten des DV-Systems einzuschätzen, obwohl dieses - wie gesagt - schwer einschätzbar ist. So ist in einem Fall z.B. ein Bürger am Telefon, die Antwortzeit am Bildschirmgerät in dem Auskunftsprogramm überschreitet den Erfahrungswert. Hier muß entschieden werden, ob der Sachbearbeiter weiter wartet oder die Auskunft abbricht und dem Bürger die derzeitige Nichtverfügbarkeit der gewünschten Information erklärt. Grundlage für diese Reaktion ist ein Sicheinlassen auf das vom Computer produzierte Zeitverhalten: Es sind Sekunden, die gewartet werden müssen, dennoch entsteht Nervosität. Es sind Minuten, die manche Ausfälle dauern - dennoch entsteht keine Ruhepause. Es entsteht eine neue Abhängigkeit von der Computerzeit. Dieser Computerzeit sich zu entziehen, ist schwer. Arbeitsdruck, hervorgerufen durch Stapelverarbeitungstermine, Zeitdruck, Gedränge am Bildschirmgerät und alte Arbeitsgewohnheiten schaffen eine Atmosphäre, die Computerzeit wirken läßt.

e) Arbeitsplatzumwelt

Mit dem neuen Arbeitsmittel, dem Bildschirmgerät, das mit UDEV/BENDA in die Kommunalverwaltung gekommen ist, wurde die Arbeitsplatzumwelt, was die Ergonomie betrifft, teilweise und zögernd geändert. Nur in einer Fallstudienkommune, der kleinsten, ist der ergonomischen Gestaltung des Bildschirmarbeitsplatzes unter Einbeziehung der Beschäftigten von Beginn an gezielte Aufmerksamkeit geschenkt worden. Insgesamt hat es in diesem Punkt von seiten der Regionalen Rechenzentren keine ausreichenden Beratungen gegeben. In den meisten Verwaltungen mußten deshalb erst Erfahrungen mit der ergonomischen Arbeitsplatzgestaltung gesammelt werden, ehe Abhilfen geschaffen worden sind. Als Ergebnis dieses Verhaltens fanden wir folgende "ergonomische Notlösungen" beim Einsatz der Bildschirmgeräte vor:

- viele Bildschirmgeräte waren in Gegenlichtrichtung aufgestellt, oder Lichtquellen verursachten Spiegelungen auf dem display

- die Höhenregulierung der Bildschirmgeräte war problematisch: wir fanden hier individuelle Abhilfen in Form von Holzkästen entweder auf den Tischen zur Höhenregulierung der Bildschirmgeräte oder unter den Tischen Holzbohlen als Fußstütze

- dort, wo keine zentralisierte Datenerfassung erfolgt, fehlten Beleghalter fast überall, teilweise, weil die Belege bei den evtl. vorhandenen Beleghaltern wegen der Blattdünne nicht einzuklemmen sind, teils, weil das Stempeln der Belege eine neue Umständlichkeit produziert

- der Drucker wurde durchweg als zu laut empfunden; seine technische Anfälligkeit erlaubte es nicht, ihm einen gesonderten Raum zu geben.

Diese ergonomischen Fehler sind zum größten Teil beseitigt, wobei die arbeitswissenschaftliche Begutachtung im Rahmen unserer Begleitforschung einen erheblichen Anteil daran hatte, diese Mängel den Beschäftigten und den Verantwortlichen im Verwaltungsmanagement als behebbar zu vermitteln. In einigen Fallstudiengemeinden hatten wir den Eindruck, daß unsere Besuche Anlaß waren, ergonomische Verbesserungen vorzuführen, um damit zu dokumentieren, daß in dieser Verwaltung etwas für die Beschäftigten getan werde.

Ein Belastungsmoment ist - und das zeigen unsere Besuche bei der Rückkopplung 1982/83 dort - weiterhin zu beobachten, wo die Datenerfassung zentralisiert ist - wenn teilweise auch nur noch für vier Stunden am Tag. An diesen Arbeitsplätzen werden von den Beschäftigten Haltungen eingenommen, die eindeutig als körperliche Zwangshaltungen zu identifizieren sind. Aber auch dort, wo aufwendigere Stühle, Tische und Lampen angeschafft worden sind, sind die Folgewirkungen dieser starren Arbeitshaltung bei zentralisierter Datenerfassung nicht gänzlich beseitigt. Der folgende Interviewausschnitt weist auf dieses Problem noch einmal hin und zeigt zugleich die Haltung der Datenerfasserinnen:

"Das ist bei der Tätigkeit ganz normal ... Man tut auch allerhand für uns mit Technik, die Stühle sind neu, und die Lampe haben wir gekriegt. Also von der Seite kann man sich nicht beklagen. In den Stühlen sitzt man so toll drin, man hat weniger Rückenschmerzen. Man muß sich natürlich auch richtig reinsetzen und nicht reinlegen. Also, die sind wirklich optimal. Das ist also gut ... Den Beleghalter kann ich nur benutzen, wenn ich einen Beleg habe, der von oben bis unten ausgefüllt ist. Wenn ich einen Beleg habe, wo nur eine Buchung drauf ist, lohnt sich der Beleghalter nicht ...

F: Haben Sie Probleme mit der verdrehten Körperhaltung, die durch die Lage der Belege links am Erfassunggerät entsteht?

A: Das gibt irgendwie mal Verspannungen, das hat man schon. Aber ich finde, das ist bei der Tätigkeit ganz normal, daß das mal vorkommt. Da muß man halt irgendeinen

---

Ausgleichssport machen. Das ist nicht zu umgehen, wie wollen Sie das sonst erfassen? ... Ich finde, das ist Gewohnheitssache, mir macht das eigentlich nichts aus".

f) Information und Beteiligung der Beschäftigten

Folgende drei Gesichtspunkte erscheinen uns für die Beteiligung, Information oder Nichtinformation aus der Sicht der Beschäftigten wichtig zu sein:

- die gesetzliche Beteiligung der Personalvertretung
- die Information
- die Schulung der Beschäftigten.

Die Rechenzentren gestalten ihre Informationspolitik ebenso wie die Verwaltungen der Fallstudienkommunen den Beschäftigten gegenüber mehr als zurückhaltend. Im Grunde fanden wir überall die gleiche Situation vor. Den Betroffenen wurden zwar Informationen über die Umstellung gegeben, diese Informationen waren aber nicht sehr umfang- und inhaltsreich. Sie blieben auf der Ebene einer Neuigkeitsmitteilung. "Wir bekommen ein neues DV-System". "Wir stellen auf eine dezentrale Datenerfassung mit Bildschirm um". Oder in einer Hausmitteilung konnten die Beschäftigten lesen:

"Als Folge der Störanfälligkeit des Textautomaten im Baurechtsamt wird eine neue DV-Anlage eingesetzt".

Kein Wort über die Dezentralisierungsmaßnahmen, die neue Art der Datenerfassung und die diese Umstellung betreffenden Verfahren. Ea gab auch keinen Hinweis darauf, daß diese Installation eine Pilotfunktion habe, und es die Chance eines Modellversuchs wäre, erst nach seinem Abschluß über die weitere Anwendung zu entscheiden.

Diese Informationspolitik setzte sich in der Form der Einweisung fort. Die Einweisung in die Arbeit mit dem DV-System wurde zum größten Teil von dem zuständigen Regionalen Rechenzentrum organisiert und durchgeführt und - was die Supervisor-Lehrgänge betraf - von der Herstellerfirma. In der Beurteilung der einwöchigen Supervisor-Lehrgänge waren sich die Teilnehmer durchweg einig: Sie beklagten die sehr abstrakte, mit technischen Begriffen beladene Einführung. Sie bemängelten - da sie noch nicht mit der Datenverarbeitung vertraut waren - den fehlenden Zusammenhang zwischen den Einsatzmöglichkeiten der elektronischen Datenverarbeitung und ihrem Fachgebiet. Dieser Zusammenhang wurde ihnen nicht erläutert. Die Anwendungsbeispiele kamen auch nur zum geringsten Teil aus den UDEV/BENDA-Entwicklungsbereichen "Einwohnerwesen und Finanzwesen". Der Wert dieser Lehrgänge war für sie fast nutzlos. Mit dieser Einführungshilfe versehen, wurden die so Qualifizierten in ihre Verwaltungen zurückgeschickt, um dort die übrigen Beschäftigten in die Bedienung der Bildschirmgeräte einzuweisen: "Der (DV-Sachbearbeiter) ist so eine Zeitlang nebenbei gesessen bei der Erfassung bei uns. Wir haben immer so Testerfassungen gemacht. Dann ausprobiert, wie es am besten geht. Dann haben wir gesagt, so, jetzt läufts, dann machen wirs". "Ein Mitarbeiter des Rechenzentrums war bei der Datenerfasserin. Ich habe mich mal hintendran gestellt und aufgeschrieben, was mich so interessierte". "Das wurde geradeso nebenbei gemacht, und das hieß nur, ihr habt den falschen Knopf gedrückt". "Da gab es was von der Datenbearbeitungsstelle. Einen Morgen waren wir mal oben. Wenn einer was gewußt hat, hat er es den anderen gezeigt".

Die Anstrengungen der Beschäftigten bei dieser am Lernen durch Vermeidung von Fehlern orientierten Einweisung während der Einführungs- und Umstellungsphase können nicht hoch genug eingeschätzt werden; garantieren diese Anpassungs- und Lernleistungen doch ein Funktionieren der neuen Verfahren. Für die Mehrzahl der betroffenen

Beschäftigten können wir feststellen, je näher die Datenverarbeitung an den Arbeitsplatz rückte, umso zufälliger und schlechter war die Einführung in die Arbeit des Umgangs mit der Datenverarbeitung. Vielleicht war es kein Zufall, daß gerade diese Arbeitsplätze zu den untersten in der Entlohnungshierarchie gehörten.

3. Alter Wein in neuen Schläuchen

Mit dem UDEV/BENDA-Model ist die Datenverarbeitung zwar näher an den Arbeitsplatz in den betroffenen Verwaltungen gerückt, jedoch hat nicht ohne weiteres - was die Interessenlage der Beschäftigten betrifft - dies eine Verbesserung der Arbeitssituation zur Folge. Gewiß, es wurden Mängel, die offensichtlich waren (was vor allem die Störanfälligkeit und Lauffähigkeit der einzelnen Programme betraf) beseitigt. Dies geschah aber immer erst dann, wenn die Mängel zu offensichtlich wurden. Für die Beschäftigten hatte dieses Verhalten der Regionalen Rechenzentren und Anwenderverwaltungen den Eindruck entstehen lassen, es sei ja nicht alles so schlimm, was mit dem neuen Verfahren und den Bildschirmgeräten auf einen zukomme. Bedenken wir noch den langen Zeitraum von ca. drei Jahren, der neben dem Bildschirmgerät in weitauseinanderliegenden Zeitabständen immer neue kleine Verfahrensteile mit sich brachte, so war eine Gewöhnung an die neue Arbeitssituation zu verzeichnen. Zu fragen wäre aber, ob diese von den Verwaltungsleitungen akzeptierte Einführungsform der Datenverarbeitung nicht selber Plan ist: er ist geeignet, immer wieder die Beschäftigten in ihrer Erfahrung zu bestätigen, ihre Arbeit und ihre Arbeitsbedingungen nicht selber bestimmen und verändern zu können. Dahinter steckt aber noch mehr: Es ist nicht nur der zerdehnte Gewöhnungsprozeß, der Momente von Hilflosigkeit konstituiert, die wir teilweise bei den Beschäftigten angetroffen haben. Hilflosigkeit entsteht u.a. in Situationen, in denen einem nicht geholfen wird und/oder man sich nicht helfen kann. Hilflosigkeit ist nicht von vornherein vorhanden, sie muß erst erzeugt werden. Bei unseren Untersuchungen in den Kommunalverwaltungen vermittelte sich diese Hilflosigkeit in Gesprächen, die zum Ausdruck brachten, daß die Beschäftigten sich hilflos fühlen, da die Kenntnis oder gar die Kontrolle über das DV-System für sie gänzlich ausgeschlossen ist. Z.B. hinterläßt eine kleine (unbedeutende) Programmänderung Spuren von Hilflosigkeit. Ein Sachbearbeiter: "Z.B. konnte man die ganze Zeit von dem DUP-Knopf auf PKDL überspringen. Als das wegfiel, das haben wir gesagt gekriegt. Die Änderung ist jetzt umständlich. Man muß auf den Fall gehen oder PKDL noch einmal eingeben. Warum das weggefallen ist, das weiß ich nicht - bei vielem Nachgucken war das Frühere recht angenehm".

Solche Erfahrungen sind keine Einzelfälle. Sie allein unzureichendem DV-Wissen zuzuschreiben oder mangelndem Interesse, sich dieses anzueignen, verkennt die Ausgangslage für die Beschäftigten: ihnen wird das DV-Wissen häppchenweise und nur soweit, wie es unbedingt zur Aufrechterhaltung des Einsatzes der DV-Verfahren notwendig ist, vermittelt. Vom DV-System aus gesehen haben die Beschäftigten nur eine untergeordnete Rolle, sie müssen in bezug auf das DV-System nur das tun, was ihnen zugedacht ist. Programmroutine und Supervisor sind die Kontrolleure im Konfliktfall. Deutlich wird diese hierarchische Systemstruktur auch in den eingesetzten Handbüchern - soweit sie vorhanden sind und sie den Beschäftigten bekannt sind. Sie beschreiben das DV-System als ein Arbeitsmittel, das von den Beschäftigten nicht begriffen werden muß. Bei auftretenden Problemen mit der Datenverarbeitung, einer Fehlermeldung beispielsweise, gibt ein Bedienerhandbuch zwar "Hilfe", entweder durch das Betätigen von Funktionstasten oder dem Hinweis auf den DV-Spezialisten, dem Supervisor. Die dahinterstehenden Ursachen werden nicht erklärt. "Zunächst die RES-Taste drücken. Ist das nicht erfolgreich, die DIAL-Taste betätigen. Als letzte Möglichkeit die Tastenkombination FMT-R anwenden. Ist der Fehler nicht behoben, Supervisor benachrichtigen" (8).

Die oben aufgezeigten und von uns als mangelhaft charakterisierten Schulungsmaßnahmen und der weitestgehende Ausschluß der Beschäftigten von der Verfahrensentwicklung finden nun ihre Erklärung: die Logik des zentralisierten, hierarchischen DV-Systems berücksichtigt beides nur soweit, wie es das landeseinheitliche DV-Verfahren und das hierarchische DV-Betriebssystem zulassen. Forderungen nach einem erweiterten DV-Wissen und Schulungskonzepte müßten demnach einhergehen mit einem Abbau dieser hierarchischen - Machtstrukturen erhaltenden - DV-Systeme. Wie die Diskrepanz von Systementwickler und Bedienern an Bildschirmgeräten teilweise abgebaut werden kann, zeigen Vorschläge zur Gestaltung von Computersystemen im Sozialversicherungsbereich (9).

Vorerst haben dezentralisierte DV-Anwendungen in Kommunalverwaltungen den Beschäftigten ein neues Arbeitsmittel, das Bildschirmgerät, gebracht, nicht aber fundierte Kenntnisse über dessen Funktion. Damit hat ein Arbeitsmittel in Kommunalverwaltungen Einzug gehalten - im Gegensatz zum Formular oder der Karteikarte -, das die Beschäftigten einer "neuen Abhängigkeit" unterwirft. Was bei der Formulierung von Anforderungen an die hergebrachten Arbeitsmittel als vernünftig angesehen wird, etwa Gestaltungsvorschläge bei Vordrucken oder Formularen, ist bei dem Arbeitsmittel Bildschirmgerät prinzipiell nach Meinung von DV-Herstellern und Verwaltungsleitungen erst einmal unmöglich. Vorrang hat die Logik des DV-Systems, dem sich auch Verwaltungsleitungen unterordnen. Dies hat Rückwirkungen auf die Arbeitssituation, denn die auch im UDEV/BENDA-Projekt bestätigte Einfluß- und Gestaltungslosigkeit bei den DV-Anwendungen durch die Beschäftigten muß bei ihnen ein Gefühl von Hilflosigkeit, Ohnmacht oder Gleichgültigkeit der von der Datenverarbeitung bestimmten Arbeit gegenüber hervorbringen. Für die Arbeitssituation von Beschäftigten bedeutet dies, daß sie sich in einer Lage befinden, die der Schweizer Dramatiker Friedrich Dürrenmatt in seinen 21 Punkten zu der Komödie "Die Physiker" beschrieben hat: "Der Inhalt der Physik geht die Physiker an, die Auswirkung alle Menschen. Was alle angeht, können nur alle lösen. Jeder Versuch eines einzelnen, für sich zu lösen, was alle angeht, muß scheitern" (10).

Anmerkungen

(1) In einer Fallstudien-Kommune gibt es on-line-Datenerfassungsgeräte, die gegenüber den Magnetbandkassetten-Erfassungsgeräten nur eine Verkürzung der Datenübertragung beinhalten. Dieses Datenerfassungssystem war zu dem damaligen Zeitpunkt in Baden-Württemberg die Ausnahme.

(2) Dies findet seinen Ausdruck in den wenigen Untersuchungen, die Arbeitssituationen zum ausdrücklichen Forschungsschwerpunkt machten. Vgl. aus industriesoziologischer Sicht: U. BILLERBECK: Bericht über eine Untersuchung von Arbeitssituationen in der LVA Oldenburg-Bremen, Bonn 1976; K. KÖRBER: Bericht über eine Untersuchung von Arbeitssituationen in der Steuerverwaltung am Beispiel des Finanzamtes Friedberg/Hessen, Bonn 1976; S. WOLFF/T. LAU/S. KUDERA/M. CRAMER/W. BOSS: Arbeitssituationen in der öffentlichen Verwaltung, Ffm, 1979; vgl. aus medizinsoziologischer Sicht: W. GLADROW: Herzinfarkt und Arbeit. Berufsweg und Arbeitssituationen von Infarktpatienten, Ffm, 1981; vgl. aus berufspädagogischer Sicht: A. BAHL-BENKER/V. RÖSKE: Berufliche Bildung als beruflich-politisches Lernen - Aspekte einer sozialwissenschaftlichen Begründung. In: Weiterbildung zur Sekretärin, Bonn 1979, S.36-67

(3) JOHN HENIZE: Ein Rahmen für die Bewertung der Auswirkungen der Informationstechnologie auf die Beschäftigungssituation. In: GMD-Spiegel 2, 1981, S.33-42

(4) a.a.O., S.42

(5) ebenda

(6) a.a.O., S.37

(7) Vgl. den Beitrag von Bernd Jungesblut in diesem Band

(8) Bedienerhandbuch Nixdorf 8850, Stadtverwaltung Heidelberg, Kapitel 22, S. 64

(9) Vgl. EDP-Electronic, Data Processing in the Sociel Insurance Offices. Programm
     of Action for the Swedish Union of Insurance Employees, Stockholm 1981; R.
     DIEHL: Mitbestimmung. In: R. DIEHL/W. v. TREECK: Sachbearbeiter und
     Computer im Leistungswesen der Ortskrankenkasse, Kassel 1982, S.44 ff

(10) Friedrich Dürrenmatt, Werkausgabe Bd.7, München 1980, S.92/93

BÜRORATIONALISIERUNG UND KAUFMÄNNISCHE ANGESTELLTE

EMPIRISCHE BEFUNDE ZU DEN AUSWIRKUNGEN DES EINSATZES VON BÜROTECHNOLOGIEN

Heinrich Bücker-Gärtner
RWTH Aachen
Institut für Soziologie

1. Einführung
2. Bürotechnologien und Beschäftigungswirkungen
3. Bürotechnologien und Qualifikationsanforderungen
4. Schlußbemerkungen
Anmerkungen
Literatur

Referat

Auswirkungen des Einsatzes von Bürotechnologien auf die Beschäftigtenzahl und
Veränderungen von Tätigkeiten bzw. Qualifikationsanforderungen sind nur durch
differenzierte Betrachtung der einzelnen Wirtschaftszweige und der in ihnen tätigen
Berufsgruppen möglich. Trotz forcierter Rationalisierung durch Technologien hat die
Zahl der Erwerbstätigen in kaufmännischen Berufen zugenommen, wobei deutliche
berufsgruppen- und geschlechtspezifische Unterschiede ausgemacht werden.
Hinsichtlich der Qualifikation wurden keine deutlichen Veränderungen der
Leistungsgruppen durch Technologieeinsatz beobachtet; es läßt sich jedoch ein starker
Faktor zur Höherqualifizierung in Weiterbildungsmaßnahmen feststellen. Der Autor
vermutet, daß aufgrund der aus Wettbewerbsgründen nötigen Flexibilitätsstrategien der
Trend zur Standardisierung und damit auch zu entsprechenden Tätigkeiten abnimmt.

Abstract

The effects of office technologies on employment numbers, changes in work content and
in qualification requirements, only become clear when one closely examines the
individual sectors of the economy and the professional groups within. Despite
growing rationalization through technical development the number of workers in
clerical professions has risen, whereby obvious distinctions based on profession and
sex are observed. With regards to qualification no definite changes in salary groups
due to the introduction of technology are seen; however, further education is found
as a strong qualifying factor. On account of high competition resulting in more
flexibility the author presumes that there is a trend away from standardization.

1. Einführung

Seit mehr als zwei Jahrzehnten setzen Betriebe und Behörden in ihren Büros computergestützte Datenverarbeitungsanlagen ein. Die ständige Weiterentwicklung der Maschinen- und Programmsysteme hat einmal zu einer weitreichenden Ausdehnung des Einsatzes der Bürotechnologien geführt, die heute auch in Kleinbetrieben und in den Bereichen qualifizierter Tätigkeiten vorzufinden sind. Zum anderen geht in den Betrieben und Behörden damit ein technischer und organisatorischer Veränderungsprozeß einher, der die Arbeitssituation der dort Beschäftigten mitunter mehrfach tiefgreifend verändert hat.

Das Bild der Auswirkungen des Einsatzes von Bürotechnologien auf die Beschäftigten ist jedoch keineswegs einheitlich. Die vorliegenden Untersuchungen zu dieser Problemstellung liefern eine Reihe von teilweise recht widersprüchlichen Aussagen und empirischen Befunden. Bezüglich der personellen Auswirkungen des Einsatzes von Bürotechnologien stehen insbesondere zwei Aspekte im Vordergrund: a) Veränderung der Beschäftigtenzahl und b) Veränderung der Qualifikationsanforderungen. Dabei ist es für die einschlägige Diskussion - sowohl in der Wissenschaft, als auch in der Öffentlichkeit - charakteristisch, daß (je nach Standpunkt) entweder optimistische oder pessimistische Gegenwartsbeschreibungen und Zukunftsprognosen dominieren. Nur selten finden sich differenzierte Darstellungen der tatsächlich eingetretenen Prozesse und detaillierte Analysen als Basis für Prognosen über die zukünftigen Entwicklungen (1).

Im folgenden wird der Versuch unternommen, die tatsächlich eingetretenen Veränderungen hinsichtlich der Beschäftigtenzahl und der Qualifikationsanforderungen im Bereich kaufmännischer Bürotätigkeiten nachzuzeichnen. In einem differenzierten Vorgehen werden die unterschiedlichen Entwicklungen für einzelne Angestelltengruppen deutlich gemacht. Die dabei erkennbaren berufsgruppen-, geschlechts- und wirtschaftszweigspezifischen Differenzen vermitteln zugleich Aufschlüsse über die Ziele und Mechanismen, die dem technischen und organisatorischen Veränderungsprozeß zugrunde liegen. Auf dem Hintergrund dieser wiederum lassen sich - bei aller angebrachten Vorsicht - Aussagen über zu erwartende zukünftige Entwicklungen treffen. Die vorliegende Arbeit stützt sich im wesentlichen auf Beschäftigungsstatistiken sowie auf die Ergebnisse einer Analyse der Bürorationalisierung in privaten Kredit- und Versicherungsunternehmen (2).

2. Bürotechnologien und Beschäftigungswirkungen

Ein wesentliches Ziel des Einsatzes von Bürotechnologien betrifft nach einhelliger Auffassung die Reduzierung der Verwaltungskosten; und dies sind insbesondere Personalkosten (vgl. z.B. Lutz/Weltz: 1978, S. 64-67; Mertens/Anselstetter/ Eckardt: 1981, S. 35). Vor diesem Hintergrund erscheint es als logisch, Computertechnologien als Instrumente zur Arbeitsplatzvernichtung par excellence zu betrachten. Dazu lassen sich eindrucksvolle Beispiele aus einzelnen Betrieben der Uhrenindustrie, des Druckereigewerbes, der metallverarbeitenden Industrie und des Handels anführen, wo eine Verringerung der Beschäftigtenzahl um bis zu 70 % eingetreten ist (3). Solchen "Negativ"-Beispielen lassen sich aber auch "Positiv"-Beispiele aus einzelnen Betrieben der zuvor genannten Branchen und aus anderen Wirtschaftszweigen gegenüberstellen, in denen die Zahl der Beschäftigten trotz des Einsatzes moderner Technologien zugenommen hat (4). Obwohl trotz forciertem Technologieeinsatz die Zahl der Arbeitsplätze in den letzten zwei Jahrzehnten nicht zurückgegangen ist (5), ist damit aber noch nichts über die Entwicklung in einzelnen Wirtschaftszweigen und Berufsgruppen gesagt. Ferner bleibt der Tatbestand von etwa 1,8 Millionen Arbeitslosen unbeachtet.

Um den Einfluß des Einsatzes von Bürotechnologien auf die Beschäftigung von
kaufmännischen Angestellten adäquat nachzeichnen zu können, ist es notwendig, sowohl
die Beschäftigungsveränderungen in einzelnen Branchen, als auch die in einzelnen
Berufsgruppen zu berücksichtigen. Denn in den einzelnen Wirtschaftszweigen sind in
der Regel mehrere Berufsgruppen mit unterschiedlichen Beschäftigungsentwicklungen
tätig. Zunächst soll die Veränderung der Zahl der Erwerbstätigen in zwei Wirtschaftszweigen untersucht werden, die primär kaufmännische Angestellte beschäftigen;
nämlich: "Handel" sowie "Kredit- und Versicherungsgewerbe", wobei vor allem auch die
geschlechtsspezifischen Unterschiede berücksichtigt werden (6).

Abbildung 1:   Veränderung der Erwerbstätigenzahl von 1961 nach 1982
                (relative Veränderung bezogen auf 1961 = 100)

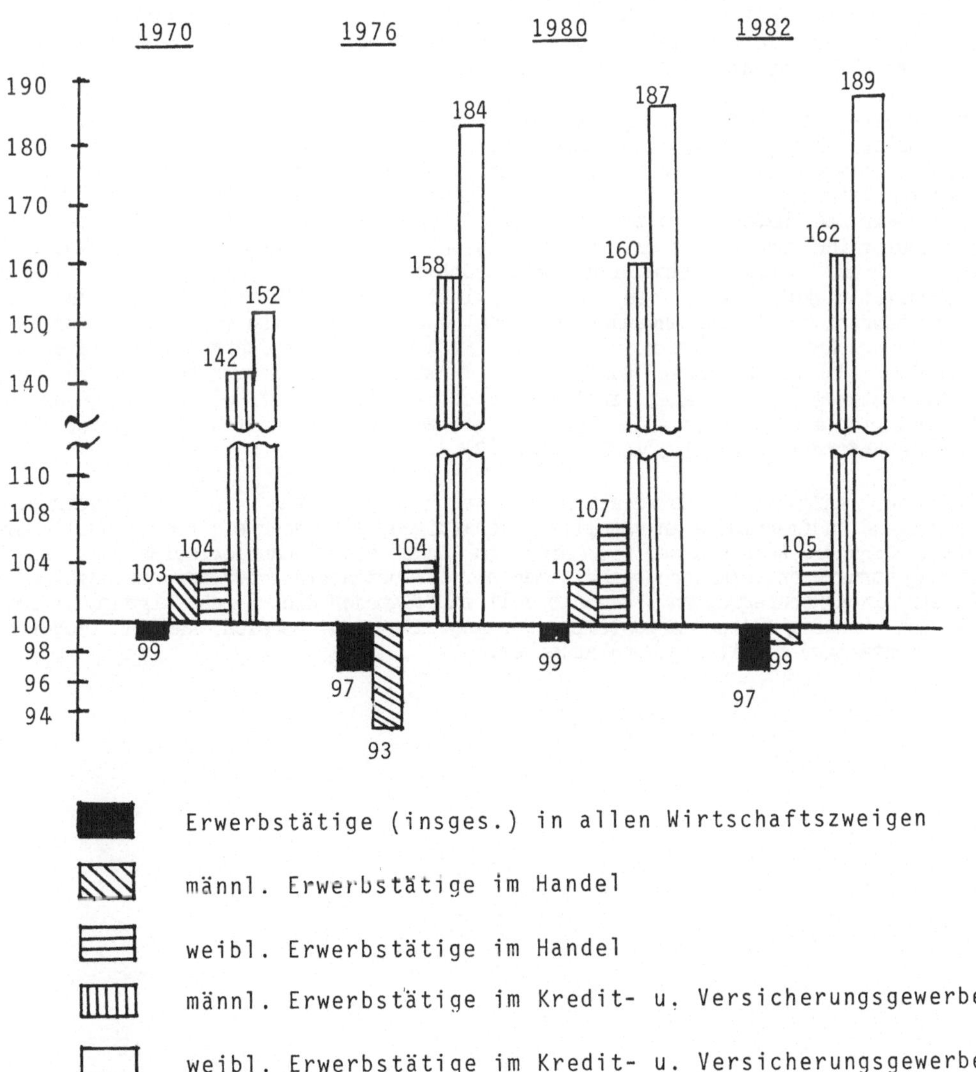

In der Abbildung 1 treten vor allem zwei Sachverhalte hervor:

a) Die enorme Steigerung der Zahl der Erwerbstätigen im Kredit- und Versicherungs-gewerbe, die erst in der zweiten Hälfte der siebziger Jahre deutlich geringer ausfällt.

a) Die gravierenden geschlechtsspezifischen Unterschiede (7), wobei vor allem ab der zweiten Hälfte der siebziger Jahre die Steigerungsraten für die weiblichen Erwerbs-tätigen deutlich höher ausfallen als für die männlichen.

Ferner wird sichtbar, daß im Handel während konjunktureller Rezessionsphasen die Zahl der beschäftigten Männer zurückgeht. Bemerkenswert ist in diesem Zusammenhang, daß sich in diesem Wirtschaftszweig von 1970 nach 1976 die Zahl der erwerbstätigen Männer um 10 % verringert hat, von 1976 nach 1980 aber wieder um 10 % angestiegen, dann aber bis 1982 um 3 % zurückgegangen ist. Diese Zahlen lassen vermuten, daß eher konjunkturelle Einflüsse die Beschäftigungsentwicklung im Handel bestimmt haben als die seit der zweiten Hälfte der siebziger Jahre im breiten Umfang vorgenommene Einführung von Datenkassen und Buchungsterminals (8).

Im Kredit- und Versicherungsgewerbe, das im Vergleich zum Handel relativ konjunkturabhängig ist, läßt sich der arbeitsplatzeinsparende Effekt moderner Bürotechnologien eher nachweisen. In Kredit- und Versicherungsbetrieben ist die Bürotechnisierung sehr weit fortgeschritten (vgl. Stooß/Troll: 1982, S. 176). Diese Betriebe haben bereits seit den sechziger Jahren den Technologieeinsatz kontinuierlich vorangetrieben. Das Kredit- und Versicherungsgewerbe ist gleichzeitig durch eine starke Expansion gekennzeichnet. Auf diese Ausweitung der Geschäftstätigkeit wird es also primär zurückzuführen sein, daß trotz fortgeschrittener Technikanwendung die Zahl der Beschäftigten im Verlaufe der letzten zwei Jahrzehnte zugenommen hat. Die in den siebziger Jahren im Vergleich zu den sechziger Jahren geringer ausfallende Expansion der Erwerbstätigen in diesem Wirtschaftszweig gibt aber zugleich auch Hinweise darauf, wie mit Hilfe der neuen Technologien ein expandierendes Geschäftsvolumen bei wesentlich geringerer Zunahme der Beschäftigten bewältigt werden kann (9).

Die zuvor aufgezeigte Entwicklung in zwei ausgewählten Wirtschaftszweigen, die vorwiegend kaufmännische Angestellte beschäftigen, gibt noch ein recht unvollkommenes Bild. Genauere Aufschlüsse, wie sich im Zuge des Technologieeinsatzes Beschäf-tigungsstrukturen verändern, erhält man bei der Betrachtung der Veränderungstendenzen in einzelnen Berufsgruppen. Deshalb soll im folgenden die Beschäftigungsentwicklung in den Berufsgruppen dargestellt werden, die den Bereich kaufmännischer Ange-stelltentätigkeit weitestgehend abdecken.

Tabelle 1: Veränderung der Erwerbstätigenzahl in ausgewählten Berufsgruppen von 1970
bis 1980 nach Geschlechtern (10)
(relative Veränderung bezogen auf 1970 = 100)

| | 1970 | | 1973 | | 1976 | | 1980 | | |
	M	F	M	F	M	F	M	F	F-Q
Handelskaufleute	100	100	94	79	90	71	91	78	32 %
Verkäufer	100	100	94	110	100	106	99	114	84 %
Bank-, Vers.- fachleute	100	100	106	117	100	117	108	123	42 %
Buchhalter	100	100	79	91	68	90	58	81	73 %
Bürofachkräfte	100	100	109	119	105	122	118	143	59 %
Datenverarbei- tungsfachleute	100	100	98	130	141	200	180	210	19 %
Stenotypisten	–	100	–	90	–	92	–	96	97 %
Datentypisten	–	100	–	–	99	–	–	88	–	–	105	–	93 %
Bürohilfskräfte	–	100	–	–	97	–	–	91	–	–	72	–	51 %

In der Tabelle 1 treten zwei markante Entwicklungen hervor:

a) Berufsgruppen mit einer zunehmenden Erwerbstätigenzahl stehen solche mit einer
deutlich abnehmenden Tendenz gegenüber (11) und

b) die geschlechtsspezifischen Unterschiede.

Buchhalter und Bürohilfskräfte lassen sich als Berufsgruppen identifizieren, bei
denen in den siebziger Jahren die Zahl der Erwerbstätigen sehr stark – insgesamt um
etwa ein Viertel – zurückgegangen ist. Bei anderen Berufsgruppen ist eine
Verringerung um ca. 10 % zu verzeichnen. Dazu gehören: Handelskaufleute und Stenotypisten. Dagegen ist bei den Berufsgruppen der Verkäufer sowie der Bank- und
Versicherungsfachleute ein Anstieg der Zahl der Erwerbstätigen zu verzeichnen. Die
überproportionale Zunahme der Erwerbstätigenzahl in der Berufsgruppe ´Datenver-
arbeitungsfachleute´ unterstreicht die Forcierung des Technologieeinsatzes in den
siebziger Jahren.

In der Tabelle 1 fällt ferner vor allem der kontinuierliche Rückgang der Erwerbstätigenzahl bei den Berufsgruppen ´Buchhalter´ und ´Bürohilfskräfte´ auf. Hier
ergeben sich deutliche Hinweise auf die Übertragung von Tätigkeiten, die vorher
Buchhalter und Bürohilfskräfte ausgeübt haben, auf moderne Büromaschinen. Diese
Tätigkeiten sind aufgrund ihres hohen Formalisierungs- und Standardisierungsgrades
geradezu für die Technisierung prädestiniert. Auch bei den Berufsgruppen ´Daten-´
und ´Stenotypisten´ wäre eigentlich ein kontinuierlicher Rückgang der Erwerbstätigenzahl zu erwarten gewesen. Denn in diesem Bereich müßten durch den Einsatz der
neueren Bürotechnologien (z.B. Belegleseverfahren, Textautomaten) eine Reihe von
Arbeitsplätzen weggefallen sein. Offensichtlich ist aber die Zahl der Erwerbstätigen
in diesen Berufsgruppen auch deutlich konjunkturellen Schwankungen unterworfen, wie

die unterschiedlichen Zahlen für die Jahre 1973, 1976 und 1980 zeigen. Für die Berufsgruppen ´Handelskaufleute´ und ´Verkäufer´ weisen die verschiedenen Änderungstendenzen darauf hin, daß in dem Wirtschaftszweig ´Groß-´ und ´Einzelhandel´ im Zuge der Bürotechnisierung eine Verschiebung der Erwerbstätigenzahl von den Handelskaufleuten fort hin zu den Verkäufern stattgefunden hat.

Des weiteren treten in der Tabelle 1 die gravierenden geschlechtsspezifischen Unterschiede hervor. Abgesehen von der Berufsgruppe ´Handelskaufleute´ ist in allen anderen Gruppen die Tendenz festzustellen, daß für weibliche Erwerbstätige entweder höhere Steigerungsraten oder geringere Reduzierungsquoten als für männliche Erwerbstätige zutreffen. Im Bereich kaufmännischer Tätigkeiten ist die Zahl der erwerbstätigen Frauen in den siebziger Jahren um 18 % angestiegen, während die der Männer nur um 7 % zugenommen hat (12). Auf dem Hintergrund der Zahlen über das Ausmaß der Arbeitslosigkeit (13) würde man eher einen Rückgang der Zahl der erwerbstätigen Frauen auch in den hier untersuchten Berufsgruppen erwarten. Die Tatsache, daß bei fortschreitender Bürotechnisierung der Umfang der erwerbstätigen Frauen vor allem in den Berufsgruppen ´Bürofachkräfte´, ´Bank´- und ´Versicherungsfachleute´ zunimmt, bedarf einer näheren Interpretation. Die zunehmende Beschäftigung von Frauen ("Feminisierung der Büroarbeit") wurde häufig als Hinweis auf Dequalifizierungstendenzen gewertet. Dabei wurde davon ausgegangen, Frauen seien nicht qualifiziert und würden primär in Hilfsfunktionen (Daten- und Stenotypisten, bürohilfskräfte) eingesetzt. Diese Folgerung ist heute aber nicht mehr unbedingt zutreffend, da inzwischen das berufliche Qualifikationsniveau der weiblichen Angestellten wesentlich höher ist, als es noch vor zehn Jahren war. Auf diesen Aspekt wird später näher eingegangen.

Für ein vorläufiges Resümee der Beschäftigungswirkungen des Einsatzes von Bürotechnologien läßt sich festhalten, daß trotz forcierter Technisierung die Zahl der Erwerbstätigen im Bereich kaufmännischer Berufe um gut ein Zehntel zugenommen hat, wobei deutliche berufs- und geschlechtsspezifische Unterschiede zu konstatieren sind. Gleichzeitig ist aber auch die Zahl der Arbeitslosen in diesem Bereich stark angestiegen. Wir haben es also mit zwei unterschiedlichen Entwicklungen zu tun, die in der allgemeinen Diskussion häufig nicht differenziert werden. Dort wird nämlich aus der steigenden Zahl von Arbeitslosen, die vorher als kaufmännische Angestellte tätig waren bzw. eine solche Tätigkeit anstreben, in kurzschlüssiger Weise die Folgerung gezogen, der Einsatz moderner Technologien habe zu einem deutlichen Abbau von Arbeitsplätzen geführt. Vielmehr ist davon auszugehen, daß aufgrund der Bürorationalisierung die Beschäftigungsmöglichkeiten für kaufmännische Angestellte nicht in dem Maße zugenomen haben, wie es notwendig gewesen wäre, um allen Aspiranten einen Arbeitsplatz zur Verfügung zu stellen (14).

3. Bürotechnologien und Qualifikationsanforderungen

In der Diskussion um die Folgen des Technikeinsatzes für die Beschäftigten steht neben der Beschäftigungsentwicklung die Frage nach dem Qualifikationseinsatz im Vordergrund. Diese Diskussion ist durch sehr unterschiedliche Annahmen gekennzeichnet, wobei folgende drei Thesen nach wie vor vertreten werden: die Dequalifizierungs-, die Höherqualifizierungs- und die Polarisierungsthese. In der soziologischen Literatur stehen vornehmlich die Dequalifizierungs- und die Polarisierungsthese im Mittelpunkt (15).

Es wird davon ausgegangen, daß die Bürotechnisierung zu einer starken Formalisierung und Standardisierung insbesondere der Tätigkeiten führt, die von dem Technologieeinsatz betroffen sind. Dabei findet ein konsequenter Aufspaltungsprozeß ehemals komplexer Tätigkeitsfelder statt, so daß einerseits routinisierte Tätigkeiten mit geringeren Qualifikationsanforderungen und andererseits - in einem viel geringerem Ausmaß - spezialisierte Arbeitsplätze mit hohem Anforderungsniveau entstehen (vgl. z.B. Brandt u.a.: 1978, S. 427). Auf diese Weise entsteht eine Anforderungsstruktur mit zwei deutlichen Polen: Tätigkeiten mit hohen Qualifikationsanforderungen stehen qualifikatorisch anspruchslose Aufgabenbereiche gegenüber. Dabei verliert der klassische Bereich "sachbearbeitender" Tätigkeiten an Bedeutung.

Die mit der Bürotechnisierung einhergehenden Dequalifizierungstendenzen (16) ergeben sich nach Boehm sowohl aufgrund "der privatkapitalistischen Logik, durch Rationalisierung auch den Qualifikationsbedarf zu reduzieren, als auch (aufgrund) der mathematisch-naturwissenschaftlichen Logik der Übernahme menschlicher geistiger Arbeit durch die Maschinerie" (Boehm: 1981, S. 65). Als empirische Belege für eine solche Entwicklung werden häufig Beschäftigungsstatistiken angeführt (17). So wird in einer neueren Dissertation versucht, anhand eines Vergleichs der Entwicklung der Anteile von Angestellten in den einzelnen Tarifgruppen für das Kredit- und Versicherungsgewerbe der Bundesrepublik Deutschland "deutliche Dequalifizierungstendenzen" nachzuweisen (Bayer: 1980, S. 75). Dabei konstatiert der Autor: "Im privaten Versicherungsgewerbe entleeren sich alle drei oberen Tarifgruppen von 1958 bis 1974 um 23,7 %". Für das private Bankgewerbe meint Bayer feststellen zu können: "Jeweils die nachgeordnete Tarifgruppe füllt sich auf Kosten der vorgelagerten ..." (ebd.). Bei einer genaueren Betrachtung zeigt sich aber, daß Bayer ein folgenschwerer Fehler unterlaufen ist; er geht nämlich davon aus, daß die Tarifgruppe 1 die mit dem höchsten Gehalt ist. Tatsächlich stellt die Tarifgruppe 1 jedoch die unterste Gehaltsstufe im privaten Kredit- und Versicherungsgewerbe dar. Damit sind Bayers Schlußfolgerungen falsch. Für das Kredit- und Versicherungsgewerbe läßt sich vielmehr eine Entwicklung zur relativen Ausdehnung der Zahl von Angestellten in den höheren Tarifgruppen feststellen (vgl. Hörning/Bücker-Gärtner: 1982, S. 141).

Im folgenden sollen zu der Beantwortung der Frage nach den Auswirkungen des Technologieeinsatzes auf die Qualifikationsanforderungen auch Beschäftigungsstatistiken herangezogen werden. Anhand der Veränderung der Anteile von kaufmännischen Angestellten in den verschiedenen Leistungsgruppen ergeben sich erste Hinweise darauf, inwiefern die obengenannten drei Thesen empirisch belegt werden können. Die Analyse der Leistungsgruppenstruktur ´kaufmännischer Angestellter´ in den Jahren 1966 bis 1983 (Januar) zeigt als ein zentrales Ergebnis, daß insgesamt die Anteile von Beschäftigten der einzelnen Leistungsgruppen in etwa gleich bleiben (18). Jedoch läßt diese Gesamttendenz die geschlechts- und wirtschaftszweigspezifischen Unterschiede nicht erkennen. So wird bei der Betrachtung der Entwicklungstendenzen für weibliche kaufmännische Angestellte deutlich, daß unter dieser Gruppe ein leichter Rückgang der Beschäftigten in rein ausführenden Tätigkeiten und ein entsprechender Anstieg bei den Beschäftigten in qualifizierten Tätigkeiten mit Entscheidungskompetenz vor allem in der Zeit von 1966 nach 1973 stattgefunden hat (Veränderung um etwa 7 Prozent-Punkte).

Betrachtet man die Entwicklungen in einzelnen Wirtschaftszweigen, so zeigt sich im Kredit- und Versicherungsgewerbe ein Rückgang der Beschäftigten im Bereich rein ausführender Tätigkeiten (bei Männern ca. -15 Prozent-Punkte; bei Frauen ca. -30 Prozent-Punkte). Bei den Frauen findet eine entsprechende Steigerung der Beschäftigungsanteile im Bereich qualifizierter Sachbearbeitertätigkeit statt. Bei den Männern dagegen bleiben die Anteile in diesem Bereich in etwa konstant, dafür ist eine entsprechende Steigerung in den obersten Leistungsgruppen (Tätigkeiten mit umfassender Entscheidungsbefugnis und Personalführung) zu verzeichnen. Im Wirtschaftszweig ´Einzel-´ und ´Großhandel´ ist aber eine völlig andere Entwicklung festzustellen. Hier nehmen sowohl bei den männlichen als auch bei den weiblichen kaufmännischen Angestellten die Beschäftigungsanteile im unteren Bereich (rein ausführende Tätigkeiten) um ca. 5 Prozent-Punkte zu. Dabei tritt der zwischen 1977 und 1983 zu verzeichnende Anstieg des Anteils von beschäftigten Frauen im Einzelhandel, die der untersten Leistungsgruppe (LG V) zugeordnet sind, um 7 Prozent-Punkte besonders hervor.

Bezieht man die zuvor analysierten Entwicklungen auf die eingangs referierten drei Thesen, so zeigt sich, daß insgesamt gesehen keine dieser Thesen bestätigt wird. Vielmehr ist - betrachtet man alle kaufmännischen Angestellten - mit dem Technologieeinsatz keine deutliche Veränderung in der Leistungsgruppenstruktur einhergegangen. Greift man jedoch die Entwicklung in einzelnen Wirtschaftszweigen heraus, so zeigt sich am Beispiel des Kredit- und Versicherungsgewerbes eine deutliche Zunahme von Beschäftigten in den mittleren und oberen Leistungsgruppen. Dabei tritt insbesondere die sehr große Anteilsverschiebung bei Frauen vom untersten Bereich weg hin zum mittleren Bereich hervor. Das Beispiel des Handels vermittelt Anzeichen für eine Verringerung der Qualifikationsanforderungen vor allem für die letzten fünf Jahre. Dieser Befund geht einher mit der oben aufgezeigten Tendenz des Rückgangs von Einzelhandelskaufleuten und einer entsprechenden Zunahme von Verkäufern. Das Gehalt der letzteren ist deutlich niedriger als das der ersteren.

Anhand der Analyse der Leistungsgruppenstruktur wurde zuvor die mögliche Veränderung der qualifikatorischen Anforderungen im Zuge des Bürotechnisierungsprozesses untersucht. Damit ist aber noch nichts darüber ausgesagt, inwiefern einzelne Angestellte in ihrer Berufsbiographie durch den Technologieeinsatz Veränderungen in ihren Tätigkeiten und deren Qualifikationsniveaus erfahren haben. Man muß nämlich eine Unterscheidung zwischen Personen und Tätigkeiten treffen. Die zuvor referierten Daten beziehen sich ausschließlich auf Tätigkeiten bzw. Positionen. Denn die erkennbaren Anteilsveränderungen sagen nichts darüber aus, inwiefern sich die Qualifikationsanforderungen einzelner Angestellter verändert haben. Zumindest die Dequalifizierungsthese geht von einer Abqualifizierung der einzelnen Angestellten aus. Nun ist es aber für den Technologieeinsatz charakteristisch, daß dieser mit organisatorischen Umstrukturierungsmaßnahmen und einer erheblichen innerbetrieblichen Mobilität der Beschäftigten verbunden ist (19).

Wie Angestellte den Technologieeinsatz bewerten, soll im folgenden anhand der Ergebnisse einer Umfrage unter Tarifangestellten in privaten Bank-, Bausparkassen- und Versicherungsbetrieben aufgezeigt werden. Dabei gab jeder zweite Befragte an, er habe "im Verlaufe seines Berufslebens durch die Bürotechnisierung eine gravierende Aufgabenveränderung erfahren". Bei den Erläuterungen dazu ist auffällig, "daß die betroffenen Angestellten keine negativen Bewertungen dieser Veränderungen vornehmen" (Hörning/Bücker-Gärtner: 1982, S. 45). Vielmehr schätzt ein gutes Drittel der Befragten die möglichen Folgen des Computereinsatzes für die eigene berufliche Zukunft eher optimistisch ein. Nur 10 % der Befragten nehmen eine pessimistische Beurteilung vor; gut die Hälfte äußern eine adaptive Haltung. Diese Angestellten sind der Meinung, daß die Bürotechnisierung "für ihre berufliche Zukunft eine immer größere Rolle spielen werde, auf die man sich einzustellen habe und mit der man sich abfinden müsse" (ebd., S. 46). Besonders interessant ist nun der Befund, daß eine optimistische EDV-Einschätzung vor allem bei Angestellten in einer oberen Sachbearbeiterposition (= LG III) hervortritt. Dagegen nehmen Angestellte, die zum einen durch den EDV-Einsatz eine gravierende Veränderung ihrer Tätigkeit erfahren haben und sich zum anderen auf einer unteren Sachbearbeiterposition (= LG IV) befinden, häufiger eine adaptive Haltung ein (vgl. ebd., S. 47).

Die zuvor genannten Unterschiede bezüglich der EDV-Einschätzung von Angestellten in oberen und unteren Sachbearbeiterpositionen verweisen zugleich darauf, daß die Qualifikation der einzelnen Angestellten einen wesentlichen Einfluß auf diese Einschätzung und damit auf die Erfahrungen der betroffenen Angestellten mit dem Technologieeinsatz nimmt. Die Befragten in einer oberen Sachbearbeiterposition - die vorwiegend von Männern eingenommen wird - sind in der Regel entweder Bank- bzw. Versicherungskaufleute (20), oder sie haben betriebliche Weiterbildungskurse besucht. Dagegen haben Angestellte in der unteren Sachbearbeiterposition - dort finden sich primär Frauen - an keinen Weiterbildungskursen teilgenommen. Ferner haben die Männer in dieser Gruppe meistens keine Fachausbildung absolviert, während sich viele Frauen trotz Fachausbildung auf einer unteren Sachbearbeiterposition befinden.

Nun ist es für die Tätigkeiten im unteren Sachbearbeiterbereich kennzeichnend, daß diese einen hohen Standardisierungs- und Formalisierungsgrad aufweisen, der durch den Technikeinsatz noch verstärkt wurde. Die Inhaber einer oberen Sachbearbeiterposition dagegen haben im Zuge der neueren Entwicklung der Bürorationalisierung in Richtung einer zunehmenden Dezentralisierung häufig eine Tätigkeitsaufwertung erfahren (vgl. Hörning/Bücker-Gärtner: 1982, S. 42 f). Diese Angestellten schätzen daher den EDV-Einsatz auch eher optimistisch ein.

Für die Beantwortung der Frage nach den Folgen des Technologieeinsatzes auf die Qualifikationsanforderungen sei noch ein weiterer Aspekt aus eben schon angeführter Befragung unter Tarifangestellten in privaten Kredit- und Versicherungsbetrieben herausgestellt. Dieser betrifft die von den Befragten vorgenommene Bewertung des Einsatzes ihrer Qualifikationen durch den Betrieb. Dabei wird deutlich, daß etwa jeder "dritte Befragte ... die Art und Weise, wie die Betriebe seine Qualifikationen einsetzen, negativ (bewertet)" (Hörning/Bücker-Gärtner: 1982, S. 60). Eine solche negative Bewertung findet sich vor allem bei Frauen mit Fachausbildung, die aber keine Weiterbildungskurse besucht haben. Etwa doppelt so viele weibliche wie männliche Bank- und Versicherungskaufleute üben ihrer Ansicht nach eine Tätigkeit aus, die ihrer fachlichen Qualifikation nicht entspricht (vgl. ebd., S. 127). Dieser Befund ist mit dem oben bereits geschilderten Sachverhalt in Beziehung zu setzen, nach dem im Zuge der Bürotechnisierung wesentlich mehr Frauen beschäftigt werden. Diese Frauen sind im Bereich der unteren Sachbearbeitertätigkeiten eingesetzt und verfügen – zumindest im Kredit- und Versicherungsgewerbe – zu einem großen Teil über die Fachausbildung, während dies bei den Männern auf der gleichen Position nur selten der Fall ist. Dabei ist zu beachten, daß diesen qualifizierten Frauen nach dem Abschluß ihrer Berufsausbildung häufig Tätigkeiten übertragen wurden, die durch den Technologieeinsatz eine Abwertung erfahren hatten (vgl. ebd., S. 58 f, S. 127).

Für die weitere Interpretation des eben genannten Befundes ist der oben ermittelte Sachverhalt heranzuziehen, nach dem in den letzten zehn Jahren die Zahl der erwerbstätigen Frauen in qualifizierten Berufen (vor allem Bürofachkräfte, Bank- und Versicherungsfachleute sowie Datenverarbeitungsfachleute) deutlich zugenommen hat. Die Beschäftigungsmöglichkeiten für weibliche kaufmännische Angestellte haben also im Bereich qualifizierter Tätigkeiten zu- und in den Hilfsfunktionen abgenommen. In diesem Zusammenhang gewinnen ferner die o.g. Befunde zu dem spezifischen Einsatzfeld von qualifizierten weiblichen Angestellten in Banken, Bausparkassen und Versicherungen, die sich wohl auch auf weibliche Bürofachkräfte übertragen lassen, eine besondere Bedeutung. Weibliche Fachkräfte werden im unteren Sachbearbeiterbereich mit stark formalisierten Tätigkeiten eingesetzt, während Männer häufiger Tätigkeiten mit Entscheidungskompetenz und größeren Handlungsspielräumen ausüben. Dazu werden die Männer in Weiterbildungskursen qualifiziert, zu denen Frauen der Zugang erschwert ist. "Die Betriebe wählen die Beschäftigten für den Besuch solcher Kurse gezielt aus. Hilfskräften und überwiegend auch den weiblichen Sachbearbeitern sind die Weiterbildungskurse faktisch verschlossen. So hat von den befragten Frauen weniger als ein Drittel solche Kurse besucht ... Von den männlichen Angestellten haben dagegen fast zwei Drittel an betrieblichen Weiterbildungsveranstaltungen teilgenommen." (Hörning/Bücker-Gärtner: 1982, S. 62) Diese Befunde legen die Vermutung nahe, daß sich die Betriebe bei einer generellen Anhebung des Qualifikationsniveaus der Beschäftigten (höherer Anteil von fachlich Ausgebildeten) so eine interne Qualifikationsdifferenzierung schaffen, die zugleich eine Legitimationsgrundlage für die ungleichen Positionen von fachlich qualifizierten Frauen und Männern im Betrieb darstellt. Dabei nutzen die Betriebe gezielt die spezifischen Berufsorientierungen von Frauen (vgl. dazu ebd., S. 129 f).

4. Schlußbemerkungen

Die Ergebnise der vorstehenden Analyse der Auswirkungen des Einsatzes von Büro-technologien auf die kaufmännischen Angestellten lassen sich wie folgt zusammenfassen: a) Die Zahl der Arbeitsplätze ist trotz forcierter Techno-logieanwendung nicht wesentlich zurückgegangen. In manchen Bereichen ist ein Anstieg, in anderen eine Reduzierung der Erwerbstätigenzahl zu verzeichnen, wobei teilweise konjunkturelle Einflüsse sichtbar werden. b) Bei der Entwicklung der Erwerbstätigenzahl ist vor allem die Zunahme von Frauen in qualifizierten Berufen auffällig. c) Es läßt sich weder eine Tendenz zur Dequalifizierung noch eine zur Polarisierung der Qualifikationsanforderungen im Zuge des Technologieeinsatzes aufzeigen. Die Zunahme von Beschäftigten in qualifizierten Berufen sollte man aber auch nicht als Hinweis auf eine Tendenz zur Höherqualifizierung werten. Denn angestiegen ist vor allem der Bedarf an Beschäftigten in unteren Sachbearbeiter-positionen mit weitgehend standardisierten Tätigkeiten. Dort werden vornehmlich Frauen mit Fachausbildung eingesetzt. d) Männliche Angestellte dagegen werden häufig zu Weiterbildungskursen geschickt und dann in Sachbearbeiterpositionen mit weniger standardisierten Tätigkeiten und Entscheidungskompetenzen sowie größeren Handlungs-spielräumen beschäftigt.

Die Frage nach den Auswirkungen des Einsatzes von Bürotechnologien auf die Angestellten erweist sich damit als wesentlich komplexer als uns viele professionelle Optimisten oder Pessimisten glauben machen möchten. Denn die differenzierte Analyse unterschiedlicher Entwicklungstendenzen zeigt zugleich andere, parallel zum Technikeinsatz wirkende Einflußfaktoren auf. Dabei wird deutlich, daß Konjunktur-verlauf und betriebliche organisatorische Gestaltungsstrategien die Folgen des Technikeinsatzes für die Angestellten wesentlich beeinflussen. Von daher ist es nahezu unmöglich, eine direkte, kausale Beziehung zwischen der Technologieanwendung und spezifischen, meßbaren Konsequenzen für die Beschäftigten herzustellen.

Für die Einschätzung der zu erwartenden zukünftigen Entwicklung ist ein weiterer Gesichtspunkt zu beachten. Der Technologieeinsatz und die darauf gerichteten organisatorischen Maßnahmen der Betriebe sind wesentlich von den spezifischen Kontextfaktoren der einzelnen Betriebe abhängig. Zu diesen Kontextfaktoren gehört in erster Linie die Situation auf den Absatzmärkten (21). Nun zeigt es sich, daß in den weitentwickelten Industrieländern geschäftliche Erfolge und Expansionen nicht mehr so sehr mit standardisierten Massenprodukten erreicht werden können. "Bei stagnierenden Massenmärkten ist die Standardisierung von Produkten eher rückläufig, da wirt-schaftlicher Erfolg stärker an marktnischennahe und speziellen Kundenwünschen entgegenkommende Produkte gekoppelt ist." (Dirrheimer/Hartmann/Sorge: 1983, S. 67) Es wird also in Zukunft für die Betriebe notwendig sein, Flexibilisierungsstrategien zu entwickeln. Eine weitestgehende Standardisierung der Produkte bzw. Dienst-leistungen findet damit ihre Grenzen. Standardisierung und Massenproduktion sind aber die wesentlichen Voraussetzungen, um mit Hilfe der Technik sowohl Arbeitskräfte, als auch Qualifikationen in deutlichem Umfang einzusparen. Flexibilisierungs-strategien dagegen erfordern trotz des Einsatzes moderner Technologien mit sehr leistungsfähigen Programmsystemen menschliches Arbeitshandeln mit fachlich begründeter Entscheidungskompetenz.

Dieser Sachverhalt, der in der allgemeinen Technisierungsfolgen-Diskussion kaum beachtet worden ist, wird entscheidend dazu beitragen, daß trotz fortgeschrittenem Technologieeinsatz menschliches Arbeitshandeln auf relativ hohem Qualifikatonsniveau seine Bedeutung behalten wird. Von daher ist zu erwarten, daß die Zahl der Arbeitsplätze - insbesondere die mit höheren Qualifikationsanforderungen - auch in Zukunft infolge des Technologieeinsatzes nicht drastisch zurückgehen wird. Inwieweit aber alle Erwerbspersonen - deren Zahl z.Zt. deutlich zunimmt - eine adäquate Beschäftigungsmöglichkeit finden werden, wird nicht nur von dem Technologieeinsatz und den durch die Kontextfaktoren beeinflußten organisatorischen Maßnahmen der

Betriebe beeinflußt. Vielmehr wird sich diese Frage primär auf dem Hintergrund der zukünftigen Konjunkturentwicklung und der Gestaltung des Wirtschaftssystems entscheiden.

Anmerkungen

(1) Der Diskussion um die Auswirkungen des Einsatzes von Computertechnologien liegt häufig ein technologischer Determinismus zugrunde. Es wird nämlich sehr oft von "der" EDV bzw. "der" modernen Bürotechnik oder "den" Mikroprozessoren gesprochen und implizit eine direkte Beziehung zwischen "der" Technik und spezifischen Auswirkungen auf die Beschäftigten unterstellt. In der industriesoziologischen Literatur sind schon seit langem Bedenken gegen die Vorstellung von einer Determination der Arbeitsorganisation durch "die" Technik erhoben worden (vgl. Kluth: 1966, S. 135 f). Die neueren EDV-Anlagen mit ihren flexiblen Programmsystemen lassen einen großen Spielraum für organisatorische Gestaltungsmöglichkeiten offen. Die jeweils gewählten Formen der organisatorischen Strukturierung führen zu je spezifischen Folgen für die Beschäftigten und nicht primär die Technologie selbst (vgl. dazu z.B. Hartmann: 1981, S. 112 f; Lutz/Weltz: 1978, S. 69 f; Brinckmann: 1979).

(2) Es handelt sich dabei um ein vom Verfasser gemeinsam mit Prof. Dr. K. H. Hörning durchgeführtes empirisches Projekt, das von der Deutschen Forschungsgemeinschaft gefördert wurde. Zu den Ergebnissen des Projektes s. Hörning/Bücker-Gärtner: 1982.

In dieser Arbeit wird davon ausgegangen, daß sich mit Hilfe der amtlichen Statistik und den bewährten, klassischen Methoden der empirischen Sozialforschung die Auswirkungen der Bürotechnisierung sehr wohl in adäquater Weise analysieren lassen. Einige Sozialwissenschaftler (so auch van Treeck in seinem Referat auf diesem Seminar) meinen, hierzu seien andere, "qualitative" Methoden erforderlich, die die "Betroffenenperspektive" "besser" berücksichtigten. Diese Auffassung wird nicht geteilt.

(3) Dieser sehr hohe Beschäftigungsrückgang bezieht sich auf einen Zeitraum von 15 Jahren (1960-1975) und ist vor allem auch auf Konjunktureinflüsse und die veränderten Bedingungen auf dem internationalen Uhrenmarkt zurückzuführen. Weitere Fallbeispiele und deren Bewertung s. Dostal: 1982, S. 161-164.

(4) So läßt sich auch der Fall einer Uhrenfabrik anführen, in der die Beschäftigtenzahl um 25 % zugenommen hat (vgl. Dostal: 1982, S. 163). Ähnliche Entwicklungen sind auch in anderen Branchen zu verzeichnen. So ist beispielsweise in dem Wirtschaftszweig Druckerei und Vervielfältigung trotz des durch den Technikeinsatz bedingten deutlichen Rückgangs von Arbeitsplätzen in einzelnen Betrieben insgesamt die Zahl der Beschäftigten von 1976 nach 1980 um 13 % angestiegen (vgl. ebd., S. 159).

(5) Im Jahre 1982 lag die Zahl der Erwerbstätigen um 373.000 über der von 1960. Dabei ist zu beachten, daß von 1960 nach 1970 eine Steigerung um 5,4 % und von 1970 nach 1982 ein Rückgang von 3,7 % stattgefunden hat. Ferner waren im Jahre 1982 1.833.000 Arbeitslose (das entspricht einer Arbeitslosenquote von 7,5 %) zu verzeichnen. Die angegebenen Zahlen beruhen auf eigenen Berechnungen anhand der Quellen: Statistisches Jahrbuch 1961, S. 142; 1977, S. 96; Wirtschaft und Statistik 1983, S. 294 f.

(6) Die der Abbildung zugrundliegenden Zahlen ergeben sich aus eigenen Berechnungen anhand der Quellen: BeitrAB 5, Tabellen 10-12, 25-27; Statistisches Jahrbuch 1977,

S. 94; Wirtschaft und Statistik 1983, S. 295. Die Auswahl fiel auf die Wirtschaftszweige 'Handel' sowie 'Kredit-' und 'Versicherungsgewerbe', weil in den übrigen Branchen kaufmännische Angestellte eine Minderheit darstellen. Zum Vergleich wird zusätzlich die Entwicklung für die Erwerbstätigen insgesamt (in allen Branchen) dargestellt.

(7) Welche Bedeutung der zunehmenden Beschäftigung von Frauen im Zusammenhang mit dem Technikeinsatz zukommt, wird unten (Abschn. 3) näher ausgeführt.

(8) Vgl. z.B. Lahner: 1982, S. 202 f. Hier zeigt sich zugleich, wie schwierig es ist, aus der Entwicklung der Zahl der Erwerbstätigen den Einfluß des Technologieeinsatzes abzuleiten. Die Veränderung der Erwerbstätigenzahl ist nämlich von einer Reihe verschiedener und unterschiedlich wirkender Faktoren abhängig. Rationalisierungsmaßnahmen (Technologieeinsatz, organisatorische Umstrukturierungen) sind in diesem Zusammenhang als nur ein wesentlicher Einflußfaktor anzusehen. Die konjunkturelle Entwicklung ist jedoch eine zweite bedeutende Bedingungsgröße.

(9) Vgl. Hörning/Bücker-Gärtner: 1982, S. 72 f. Als ein eindrucksvolles Beispiel für den arbeitsplatzeinsparenden Effekt des Technikeinsatzes sei die Rationalisierung im Bereich des Schreibdienstes eines Versicherungsbetriebes angeführt: "Durch programmierte bzw. computer-unterstützte Textverarbeitung und hierauf bezogene Umstellungen in Arbeitsorganisation und Organisationsmitteln gelang es einem großen Versicherungsunternehmen, innerhalb der letzten fünf Jahre trotz starker Zunahme des produzierten Schriftgutes den Personalbestand in den Schreibdiensten zu halbieren; ohne diese Rationalisierungs- und Mechanisierungsmaßnahmen hätte das Unternehmen hingegen die im Schreibdienst tätigen Arbeitskräfte um 40 Prozent (d.h. auf das Dreifache des heute effektiven Bestandes) erhöhen müssen." (Lutz/Weltz: 1978, S. 64).

(10) Die in der Tabelle aufgeführten Zahlen ergeben sich aus eigenen Berechnungen anhand der Quellen: BeitrAB 60, S. 205, 207; Wirtschaft und Statistik 1982, S. 443*. Die Spalte "F-Q" gibt den Anteil der erwerbstätigen Frauen in der jeweiligen Berufsgruppe im Jahre 1980 an. Für den Zeitraum vor 1970 und die Jahre nach 1980 liegen keine entsprechend differenzierten Daten vor. Dies gilt ebenso für männliche Stenotypisten sowie für die geschlechtsspezifische Differenzierung der Daten für die Berufe 'Bürohilfskräfte' und 'Datentypisten'.

(11) Nur eine möglichst weite Differenzierung der einzelnen Berufsgruppen läßt diese Unterschiede deutlich werden. Durch die in den meisten Statistiken vorzufindenden höher aggregierten Gruppen, in denen z.B. Buchhalter und Datenverarbeitungsfachleute zusammengefaßt sind, werden die verschiedenen Entwicklungstendenzen verdeckt. So sind auch die von Troll: 1982, S. 486 vorgelegten Statistiken viel zu grob, da sie vor allem in den Bereichen der "kaufmännischen" und der "Infrastrukturtätigkeiten" Berufsgruppen mit höchst unterschiedlichen Veränderungstendenzen zusammenfassen.

(12) In der Zeit von 1970 nach 1980 ist die Zahl der Erwerbstätigen im Bereich kaufmännischer Büroberufe (Berufsgruppen-Nrn.: 68-70, 75-78) um 896.000 angestiegen. Von 1980 nach 1982 ist nochmals eine Zunahme um 252.000 Personen zu verzeichnen (Männer + 2 %; Frauen + 4 %). Diese Angaben basieren auf eigenen Berechnungen anhand der Quellen: Statistisches Jahrbuch 1983, S. 102; Wirtschaft und Statistik 1981, S. 443*.

(13) Im Jahre 1982 waren 373.682 Personen arbeitslos, die vorher im Bereich kaufmännischer Büroberufe (s. Anm. 12) tätig gewesen waren bzw. dort eine Tätigkeit aufnehmen wollen. Die Arbeitslosenquote betrug für diese Berufe im Jahre 1982 4,4 % (Männer 2,6 %; Frauen 5,8 %). Von 1976 nach 1982 hat die Zahl der Arbeitslosen in diesem Bereich um 36 % zugenommen. Dennoch ist das Ausmaß der Arbeitslosigkeit unter kaufmännischen Büroangestellten deutlich geringer als unter allen Berufsgruppen. Für letztere betrug nämlich die Arbeitslosenquote im Jahre 1982

7,5 %. Diese Zahlen ergeben sich aus den Quellen: Amtliche Nachrichten 1976, S. 54-59; 1982, S. 34 f, 40-42; Statistisches Jahrbuch 1983, S. 102; Wirtschaft und Statistik 1981, S. 443.

(14) Es ist in diesem Zusammenhang zu berücksichtigen, daß in früheren Zeiten (insbesondere in den sechziger Jahren) mit der Ausdehnung des tertiären Sektors eine Vielzahl von Arbeitsplätzen für kaufmännische Angestellte neu entstanden ist. Dieser Bereich war damals ein gesamtwirtschaftlich wichtiges Auffangbecken für die in den schrumpfenden Wirtschaftszweigen freigesetzten Arbeitskräfte. Etwa seit der Rezession 1973/74 erfüllt der tertiäre Sektor diese Funktion nur noch in einem sehr geringen Ausmaß. Dies ist u.a. auf die Bürorationalisierung zurückzuführen. Hinzu kommt, daß gerade in jüngster Zeit viele Berufsanfänger (geburtenstarke Jahrgänge) einen Arbeitsplatz suchen.

(15) Empirische Belege für die Höherqualifizierungsthese finden sich z.B. in einer Untersuchung des Battelle-Instituts (vgl. Gizycki/Weiler: 1980, S. 86-96).

(16) Mögliche Dequalifizierungswirkungen des Technologieeinsatzes werden besonders deutlich von Briefs betont. Danach wird der "traditionell vorherrschende Angestelltentyp, der Angestellte, der als Sachbearbeiter in den verschiedenen Funktionsbereichen der Unternehmen in den verschiedenen Branchen arbeitet, der nach kaufmännischer, technischer und sonstiger Lehre über Jahre oder Jahrzehnte hinweg ein bestimmtes Fachwissen in sich akkumuliert hat ... weitgehend verschwinden ... Diese große Masse der Angestellten wird Arbeiten erledigen, die mit der traditionellen Fach- und Sachkenntnisse erfordernden Tätigkeit des Angestellten kaum mehr etwas zu tun haben. Die meisten werden auf den Status der Bürohilfsarbeiter im weitgehend mechanisierten Büro von morgen absinken, wenn sie überhaupt noch Arbeit haben" (Briefs: 1978, S. 89).

(17) In der soziologischen Diskussion wird die Dequalifizierungsthese häufig im Zusammenhang mit der Proletarisierungsthese verwendet. Letztere stützt sich vor allem auf die neuere Arbeit von Braverman. Diese folgert aufgrund der Analyse von globalen Beschäftigungsstatistiken, nach denen in den USA die Anteile anspruchsloser und niedrig entlohnter Tätigkeiten insgesamt zugenommen haben, daß ein "umfangreiches Proletariat in neuer Form" unter Einschluß großer Teile der Angestelltenschaft entstanden ist (Braverman: 1977, S. 272).

(18) Die im folgenden angegebenen Zahlen wurden berechnet anhand der Quellen: Angestelltenverdienste 1966, S. 7; 1972, S. 24 f; 1977, H. 1, S. 7, 75-79; 1983, H. 1., S. 9, 76-81. Dabei wurden die Leistungsgruppen (LG) V, IV zusammengefaßt zu "rein ausführenden Tätigkeiten"; LG III: "qualifizierte Tätigkeiten mit Entscheidungskompetenz"; LG II, Ib: "Tätigkeiten mit Personalführungsbefugnis und umfassender Entscheidungskompetenz". Es werden neben der Gesamtentwicklung in allen Branchen nur die Zahlen für die Wirtschaftszweige ´Handel´ sowie ´Kredit-´ und ´Versicherungsgewerbe´ genannt, da in den anderen Branchen kaufmännische Angestellte nur eine Minderheit darstellen.

(19) Vgl. z.B. Dostal: 1982, S. 164. Ferner zeigt eine Fallstudie in der Effektenabteilung einer Geschäftsbank, daß im Jahre 1969 die EDV-Einführung zu folgenden Entwicklungen führte: fünf Arbeitsplätze fielen fort; sieben wurden völlig umorganisiert, und ihre bisherigen Inhaber wechselten in andere Abteilungen des Betriebes. Für die veränderten und abgewerteten Arbeitsplätze wurden sieben andere Angestellte innerbetrieblich rekrutiert (vgl. Fuhrmann: 1971, S. 55 f). Bemerkenswert ist dabei, daß die Versetzung der Angestellten in eine andere Abteilung beziehungsweise in ein anderes Aufgabengebiet weder zu einer Gehaltseinbuße noch dazu geführt hat, daß die betreffenden Angestellten eine Tätigkeit mit geringeren Qualifikationsanforderungen erhalten haben. Einige bewerteten die neu zugewiesene Tätigkeit sogar als Verbesserung; den älteren Angestellten fiel die Umstellung jedoch

schwer (vgl. ebd., S. 58 f; s.a. Hörning/Bücker-Gärtner: 1982, S. 56; Mertens/Anselstetter/Eckart: 1981, S. 35 f).

(20) Entgegen einer weitverbreiteten Annahme verfügen längst nicht alle kaufmännischen Angestellten über die entsprechende Fachausbildung, die für den jeweiligen Wirtschaftszweig einschlägig ist. Viele Angestellte haben eine Ausbildung für einen Arbeiterberuf erhalten oder sind in einen anderen Wirtschaftszweig gewechselt. So zeigt eine Untersuchung bei Tarifangestellten in privaten Kredit- und Versicherungsbetrieben auf, daß lediglich 38 % über die Fachausbildung zum Bank- bzw. Versicherungskaufmann verfügen; ein Fünftel hatte keine kaufmännische Berufsausbildung absolviert und gut zwei Fünftel waren in einem anderen kaufmännischen Beruf (darunter ein großer Teil Verkäufer) ausgebildet worden (vgl. Hörning/Bücker-Gärtner: 1982, S. 52). Arbeitsplatzspezifische Einweisungsmaßnahmen stellen die wesentliche Qualifizierung für die Angestellten ohne Fachausbildung dar.

(21) Es wird hier von einem strategischen, vor allem auf die Marktbedingungen gerichteten Handeln der Betriebe ausgegangen. Dieses Konzept ist im Rahmen des situativen Ansatzes der betriebswirtschaftlichen Organisationslehre entwickelt worden (vgl. dazu z.B. Kieser/Kubicek: 1978).

<u>ZUR KONZEPTION, REALISIERUNG UND AKZEPTANZ DES KONSTANZER DIPLOM-AUFBAU-</u>

<u>STUDIENGANGS INFORMATIONSWISSENSCHAFT</u>

Elisabeth Vogel
Universität Konstanz
Informationswissenschaft

1. Einführung
2. Tätigkeiten und Qualifikationsanforderungen im Bereich von Informationsvermittlung
   und -management
   2.1 Tätigkeitsfeld Informationsvermittlung
   2.2 Tätigkeitsfeld Informationsmanagement
   2.3 Zusammenfassende tabellarische Darstellung
3. Konstanzer Aufbaustudiengang Informationswissenschaft
   3.1 Struktur und Inhalte
   3.2 Besonderheiten
4. Zur Akzeptanz informationswissenschaftlicher Zusatzqualifikation auf dem Arbeitsmarkt
Diskussion
Literaturhinweise

<u>Referat</u>

Dargestellt werden die Inhalte des Diplom-Aufbaustudiengangs Informationswissenschaft
mit den Schwerpunkten Informationsvermittlung und Informationsmanagement an der
Universität Konstanz. Sie werden abgeleitet aus den erwarteten Tätigkeitsfeldern
Informationsvermittlung und Informationsmanagement. Berücksichtigt werden auch die
Überlegungen zum erforderlichen Praxis- und Informatikanteil, zum Umfang der
Pflichtveranstaltungen, zum notwendigen Fachwissen aus einem Primärstudiengang und
zur Differenzierung in die zwei Schwerpunkte. Schließlich wird kurz auf die
Arbeitsmarktperspektiven der Studiengangabsolventen eingegangen.

<u>Abstract</u>

The post-graduate study programme of information science with the emphasis on
information brokering and information management is presented. The contents are
derived from expected professional needs in the area of information brokering and
management. The balance of necessary practical knowledge and that of computer
science are discussed, along with the scope of compulsory classes and knowledge to be
aquired within the first degree studies and a distinction between the two main fields
of emphasis. Finally, job perspectives for the graduates are discussed.

1. Einführung

Die Nutzung von Information gewinnt in modernen arbeitsteiligen Gesellschaften
einerseits an Bedeutung und wird andererseits zunehmend erschwert. Gründe für die
Schwierigkeiten sind u.a. im raschen Anwachsen der Informationsmengen ("Informationsflut"), in differenzierteren Informationsbedürfnissen, in der Unüberschaubarkeit
des internationalen Informationsmarktes und nicht zuletzt auch in dem fortschreitenden Einsatz von Technologien zu suchen, die - zunächst dafür konzipiert, den
Umgang mit Information zu erleichtern - zumindest für den nicht einschlägig
geschulten Benutzer neue Barrieren aufbauen. Professionelle, d.h. sich auf reguläre
Ausbildung abstützende Informationsvermittlung wird daher immer wichtiger.
An der Universität Konstanz griff man diese Erkenntnis auf und richtete mit dem
Wintersemester 82/83 in der Fachgruppe Politik-/Verwaltungswissenschaft einen
viersemestrigen Aufbaustudiengang Informationswissenschaft ein mit dem Ziel, für
Tätigkeiten im Bereich der Informationsvermittlung und des Informationsmanagement zu
qualifizieren.
Informationsvermittlung meint die gezielte Ausnutzung und Umformung gesellschaftlich
vorhandenen Wissens zur Befriedigung aktueller Informationsbedürfnisse. Genutzt
werden dazu immer häufiger die verschiedenen Formen rechnergestützter Informationssysteme.
Informationsmanagement bedeutet Organisation der Informationsvermittlung. Zunehmend
ist es für die Leistungsfähigkeit aller rational durchgeformten Institutionen
wichtig, die an sich vorhandenen Wissensressourcen für die Lösung von Problemen
heranzuziehen und die beteiligten Personen und Gruppen auf ihre Nutzung hin zu
motivieren.
Das entsprechende Berufsbild ist das des Informationswissenschaftlers mit der
Ausrichtung entweder auf Informationsvermittlung oder Informationsmanagement.

Besonders in der Zeit knapper Ressourcen kann sich ein neuer Studiengang mit
berufsqualifizierendem Abschluß wesentlich nur über einen gesellschaftlichen Bedarf
legitimieren: Seine Inhalte haben sich an den Praxisanforderungen - den beruflichen
Tätigkeiten und erforderlichen Qualifikationen - zu orientieren. Das bedeutet unter
Einbeziehung der zeitlichen Dimension und gesellschaftlicher Entwicklung auch, daß
ein Studiengang solche Inhalte berücksichtigen muß, die eine größtmögliche berufliche
Flexibilität versprechen. Letzteres gilt um so mehr für Berufsbilder - wie das des
Informationswissenschaftlers mit genannten Spezialisierungen -, die noch im Entstehen
begriffen sind.

Überlegungen zu den möglichen Aufgaben von Informationswissenschaftlern sollen den
Rahmen des zu ihrer Erledigung erforderlichen Wissens abstecken (vgl. 2.) und dienen
daher als Grundlage des Konstanzer Aufbaustudiengangs Informationswissenschaft (vgl.
3.). Abschließend werden die Arbeitsmarktchancen der informationswissenschaftlichen
Zusatzqualifikation diskutiert (vgl. 4.).

2. Tätigkeiten und Qualifikationsanforderungen im Bereich von Informationsvermitt- lung und Informationsmanagement

2.1 Tätigkeitsfeld Informationsvermittlung

Informationswissenschaftler mit dieser Ausrichtung (Informationsvermittler) nutzen
die bestehenden Informationssysteme, die organisationsintern vorhanden sind oder
organisationsextern angeboten werden, und verwenden die gezielt ausgewählten
Informationsdienstleistungen zur direkten Beratung und Betreuung individueller
Informationsnutzer ("Kunden", andere Mitarbeiter), die nicht über den Zugang zu den
Informationsquellen verfügen können oder wollen. Damit leisten Informationswissenschaftler auch einen wesentlichen Beitrag zum Wissens-Transfer ("Informations-

Transfer"). Sie können in dem fachlichen Gebiet arbeiten, in dem sie während ihres Primärstudiums genügend Fachkenntnisse erworben haben.
Möglich sind Tätigkeiten in den auf Informationsdienstleistung (Herstellung und Verteilung) spezialisierten, meist öffentlich zugänglichen Organisationen wie Fachinformationszentren, Datenbasisproduzenten und anderen Dokumentationseinrichtungen. Sie können jedoch auch innerhalb privater, ständischer, öffentlicher oder akademischer Organisationen angestellt sein und dort in Informationszentren, Dokumentationsstellen oder Bibliotheken tätig sein. Außerdem können sie auch als Selbständige arbeiten und einen Kundenkreis entsprechend eines Unternehmensberaters versorgen.

Der Aufgabenbereich wird umfassen:
Der Informationswissenschaftler ermittelt die konkreten Informationsbedürfnisse der Endnutzer und wählt aus den auf dem Markt verfügbaren und/oder organisationsinternen Informationssystemen und alternativen Informationsquellen unter Berücksichtigung von Effektivitäts- und Effizienzüberlegungen die entsprechenden Informationen aus. Er verschafft sich Zugang zu den Systemen, beschafft die gewünschte Information und gibt sie in einer dem Nutzer verständlichen und verwertbaren Form weiter.
Der Informationswissenschaftler sollte, da er über hinreichende Kenntnisse des Fachgebietes und über gute Vergleichsmöglichkeiten der Systeme auf Anwenderebene verfügt, auch Systemmängel inhaltlicher und methodischer Art erkennen und sein fachliches Wissen in Entwicklungs- und Optimierungsprozesse einbringen können, z.B. durch seine Beteiligung am Aufbau neuer Informationssysteme oder Informationsdienstleistungen.

Die Aufgaben erfordern folgendes Wissen:
Da die Methoden und Techniken der Informationsvermittlung immer innerhalb eines bestimmten Fachgebiets angewendet werden und in der Regel nur mit Kenntnissen in diesem Fachgebiet optimal genutzt werden können, wird das Studium eines anderen Faches vorausgesetzt, für das Informationsvermittlung eine Bedeutung hat oder zukünftig gewinnen könnte. Zu denken ist an naturwissenschaftliche, technische, biomedizinische Fächer, zunehmend auch sozialwissenschaftliche im weiteren Sinne.
Der Informationswissenschaftler muß - vor dem Hintergrund seines im Erststudium erworbenen Fachwissens - Techniken beherrschen zur Erhebung und zur Analyse des Informationsbedarfs des Nutzers (z.B. Interview, Befragung sowie Systemanalyse, statistische Verfahren). Er benötigt differenzierte Kenntnisse und einen Überblick über Inhalte und Strukturen verfügbarer Informationssysteme, über die Formen, in denen sie auf dem Markt weltweit organisiert sind (Datenbankanbieter, Dokumentationsstellen, Bibliotheken usw.), über Medien und Verfahren, über die sie zugreifbar sind (Datenendgeräte, Datenübertragungswege, Anfragesprachen, Offline-Formen usw.) und über die Kosten der Informationsdienstleistungen.
Er muß außerdem mit den Techniken zur inhaltlichen Erschließung der Information, wie z.B. Referier-, Indexierregeln und Dokumentationssprachen (Klassifikationen, Thesauri) vertraut sein.
Die Ergebnisse der Informationssuche müssen entsprechend den Anforderungen der Kunden unter Verwendung statistischer, grafischer oder texterstellender Verfahren aufbereitet und - möglicherweise verbal - verständlich vermittelt werden können. Auch der Kommunikationsfähigkeit des Informationsvermittlers kommt daher eine große Bedeutung zu.

Da Informationen im Rahmen von Organisationen genutzt werden, unterliegen sie im privatwirtschaftlichen und zunehmend auch im öffentlichen Bereich den üblichen betriebswirtschaftlichen Kalkülen. Deswegen muß der mit Informationsvermittlung beschäftigte Informationswissenschaftler grundlegende Kenntnisse in der Betriebswirtschaftslehre besitzen, aufgrund derer Entscheidungen unter Kosten-/Nutzen-Aspekten erfolgen können (z.B. Kostenrechnung).
Darüber hinaus sind grundlegende Kenntnisse der Informatik und der Informationslinguistik als Hintergrundwissen sinnvoll bei der Systemnutzung und - im Falle einer

Beteiligung an Entwicklung und Optimierung von Informationssystemen - auch bei der Kommunikation mit den Systementwicklern: Daten-, Speicher- und Zugriffs-Organisation (z.B. Datenbanksysteme), Programmierung und grundlegende Methoden der Informationslinguistik im Anwendungsbereich konventioneller Retrieval-Systeme.

2.2 Tätigkeitsfeld Informationsmanagement

Der Informationswissenschaftler mit der Ausrichtung Informationsmanagement ist - gegenüber einer Tätigkeit in der Informationsvermittlung - weniger mit der inhaltlichen Ausnutzung von Informationen beschäftigt als mit der Optimierung der innerorganisationellen Informationsprozesse. Er ist daher voll oder teilweise zuständig für den konzeptionellen Aufbau und für die Weiterentwicklung von Informationssystemen sowie für die Koordination und Einrichtung von Informations- und Kommunikationsprozessen in Organisationen.
Denkbar ist auch, daß er selbständig als Unternehmensberater oder Informationssystem-Analytiker tätig oder in einem solchen Unternehmen angestellt ist.

Der Aufgabenbereich wird umfassen:
Der Informationswissenschaftler analysiert auf der Ebene der Organisation oder kleineren Einheiten die Informationsbedürfnisse, die Informationsflüsse informeller und formeller Art (Inhalte, Medien, Richtungen usw.) und das individuelle Informationsverhalten in konkreten Situationen und versucht, informationelle Schwachstellen (wie z.B. unnötig lange Informationswege, Nutzerunfreundlichkeit der Systeme, mangelnde Schulung der Nutzer, unzureichende Ausstattung der Bibliothek) zu erkennen und Ansätze ihrer Verbesserung zu gewinnen. Mit einzubeziehen sind dabei Einsatzmöglichkeiten neuer Technologien sowie externer Informationspotentiale.
Er ist bei der Planung von Informationssystemen beteiligt bzw. optimiert die bestehenden unter Berücksichtigung von Effizienz- und Effektivitäts-Überlegungen, von spezifischen organisationellen und volkswirtschaftlichen Rahmenbedingungen, von technologischen Entwicklungstendenzen und von sozialen und psychischen Voraussetzungen der Informationsverarbeitung.
Die Koordination der Aktivitäten bei der Implementierung der Systeme (Einbettung in Organisationsstrukturen und Arbeitsabläufe) unterliegt dem Informationswissenschaftler. So wird er in der Regel den entsprechenden Projektgruppen angehören.
Darüber hinaus sollte er entstehende Qualifikationslücken der Mitarbeiter erkennen und die erforderlichen Schulungsmaßnahmen initiieren bzw. in gewissem Umfang selbst durchführen.

Die Aufgaben erfordern folgendes Wissen:
Der mit Informationsmanagement beschäftigte Informationswissenschaftler muß - intensiver als der Informationsvermittler - Methoden der Erhebung (z.B. Interview, Befragung, Beobachtung, Experiment), der Analyse und des Entwurfs (z.B. Problemanalyse, Organisationsanalyse, statistische Verfahren, Systemanalyse, Prognosemodelle) für die Erfassung und Neuorganisation von Informationsbedarf, Informationsquellen, Informationsflüssen und Informationsverhalten sowie der damit zusammenhängenden Arbeitsorganisation beherrschen. Hinzukommen müssen auch Kenntnisse der Einführung von Informationssystemen in die Arbeitsumgebungen und ihrer Evaluation.
Der Informationswissenschaftler braucht einen Überblick in den Bereichen intern und extern verfügbarer Informationssysteme, ihrer inhaltlichen Strukturen, Marktformen, Medien des Zugangs, Kostenstrukturen, der Techniken der inhaltlichen Erschließung von Daten und der Informationsaufbereitung, um die Systeme funktional im Hinblick auf die betrieblichen Anforderungen bewerten und einsetzen zu können, wo hingegen im Tätigkeitsschwerpunkt Informationsvermittlung hier fundierte Kenntnisse benötigt werden.

Der Informationswissenschaftler muß außerdem auf ein Grundwissen im Bereich der Informations- und Kommunikationstechnologien auf Software- und Hardware-Ebene (z.B. Datenbanksysteme, Retrievalsysteme, Netze) und der Wissensrepräsentations- und Transformationstechniken der Künstlichen Intelligenz im Kontext intelligenter Informationssysteme zurückgreifen können, welches die funktionale Betrachtung der Technologien und die Einschätzung von Markttendenzen ermöglicht. Eine enge Zusammenarbeit mit DV-Fachleuten verlangt ebenfalls grundlegende Informatikkenntnisse (u.a. im Bereich Datenbanksysteme, Programmierung).
Da Informationsprozesse in Organisationen - in sozialen Systemen - ablaufen und immer, wenn auch u.U. in einer sehr indirekten Form, menschliche (kognitive, emotionale, sozial vermittelte) Informationsverarbeitung beteiligt ist, wird für Analyse und Planung von Informationsprozessen differenziertes Wissen über psychische und soziale Faktoren der Informationsverarbeitung benötigt. Der ständige Kontakt mit Organisationsangehörigen der unterschiedlichsten Ebenen und fachlichen Richtungen verlangt darüber hinaus besondere kommunikative Fähigkeiten.

Da die Aufgaben des Informationsmanagements die komplexe Gesamtheit der Organisation (Ziele, Aufgaben, Ressourcen, Strukturen, Abläufe) betreffen, sind diese Tätigkeiten sicherlich nur mit einem fundierten verwaltungswissenschaftlichen, betriebs-/volkswirtschaftlichen, juristischen oder organisationssoziologischen Wissen zu bewältigen, wie es in entsprechenden (Primär-)Studiengängen erworben wird.

2.3 Zusammenfassende tabellarische Darstellung

Sowohl beim Tätigkeitsschwerpunkt Informationsvermittlung als auch bei dem des Informationsmanagement lassen sich anhand der beschriebenen Tätigkeiten Qualifikationsbereiche differenzieren, denen mit unterschiedlicher Gewichtung bestimmte Themen und Themenbereiche zugeordnet werden können; die folgende Tabelle enthält mögliche Qualifikationsprofile für Informationsvermittlung und Informationsmanagement, die einer groben Orientierung dienen sollen; die "Themen" sind nicht unbedingt identisch mit Veranstaltungseinheiten und -titeln; ein Teil der Themen kann auch im Primärstudium abgedeckt sein:

Qualifikations- bereiche	Themen	Infor- mations- vermittlung	Infor- mations- management
I. Methoden der Erhe- bung/Analyse/Pla- nung/Implementa- tion	– Erhebungstechniken (Interview, Befra- gung, Beobachtung, Experiment)	e*	i*
	– Analyse- und Pla- nungstechniken (deskriptive, schlie- ßende Statistik)	e	i
	– Analyse- und Pla- nungstechniken (Systemanalyse, -planung)	e	i
	– Techniken der organisa- torischen Implementation	e	i
II. Methodische und technische Grund- lagen von Informa- tionssystemen	– Datenbankmethoden	i	e
	– Methoden der struktu- rierten Programmierung	e	e
	– Informations- und Kom- munikationstechno- logien	e	e
	– Informationslinguistik	e	e
III. Nutzung von Infor- mationssystemen	– Informationsdienst- leistungen	i	e
	– Information-Retrieval- Systeme	i	e
	– Intelligente Informa- tionssysteme	e	i
	– Büroinformations- und Kommunikationssysteme	e	i

* e = einführend, i = intensiv

IV.	Inhaltliche Erschließung	– Techniken intellektueller Inhaltserschließung (Indexier-, Referier-regeln, Dokumentations-sprachen)	i*	e*
V.	Informations-aufbereitung	– Methoden der Informationsaufbereitung (Grafik, Texterstel-lung)	i	e
VI.	Psychische und soziale Rahmenbedingungen der Informationsverarbeitung	– Psychische und kognitive Aspekte	e	i
		– Soziale und kommunikative Aspekte	i	i
		– Information und Gesellschaft	e	e
		– Informationsmarkt	i	i
VII.	Organisations-spezifische Rahmenbedingungen der Informationsvermittlung	– Wirtschaftlichkeit von Information/ Kosten- und Leistungsrechnung	i	i
		– Organisationsspezifische und rechtliche Aspekte der Informationsverarbeitung	i	i
		– Allgemeine Betriebswirtschaftslehre	e	i
		– Progamm- und Finanzplanung	e	i
		– Personal- und Organisationsentwicklung	e	i

* e = einführend, i = intensiv

3. Konstanzer Diplom-Aufbaustudiengang Informationswissenschaft

3.1 Struktur und Inhalte

Struktur und Inhalte des Studiengangs orientieren sich an den skizzierten Tätigkeiten in den Bereichen Informationsvermittlung und Informationsmanagement. Die Qualifikationsbereiche I und II der Qualifikationsprofiltabelle (vgl. 2.3) wurden für das Ausbildungsprogramm zusammengezogen zu Block A "Methodische Grundlagen"; III, IV und V zu Block B "Informationssyteme" und VI und VII zu Block C "Sozialer und organisationeller Kontext".

Da zum einen ein enger zeitlicher Rahmen gesetzt ist, zum anderen einige der Themen bereits in den Primärstudiengängen abgedeckt sein dürften, sind einige Themen der Qualifikationsanforderungen nicht in den Themenkatalog des Studiengangs übernommen worden. Es sind dies "Erhebungstechniken" und "Analyse- und Planungstechniken" (deskriptive und schließende Statistik) und für den Schwerpunkt Informationsmanagement "Allgemeine Betriebswirtschaftslehre", Programm und Finanzplanung", "Personal- und Organisationsentwicklung".

Der viersemestrige Studiengang umfaßt 64 Semesterwochenstunden. Davon sind 36 Stunden Pflichtveranstaltungen aus den Blöcken "Methodische Grundlagen", "Informationssysteme" und "Sozialer und organisationeller Kontext". Sie sind zum Teil schwerpunktabhängig und für "Informationsvermittlung" und "Informationsmanagement" verschieden. Die anderen 28 Stunden sind Wahlpflichtveran staltungen und dienen der schwerpunkt- und interessegeleiteten Vertiefung der drei Blöcke. 16 Stunden entfallen davon auf zwei Projektkurse, die auch der Vorbereitung der Diplomarbeit dienen. Die Qualifikationsprofiltabelle gibt Hinweise auf schwerpunktrelevante Themen für den Wahlpflichtbereich.

Die Pflichtveranstaltungen können den folgenden Themen* im folgenden Umfang zugeordnet werden; nach dem gegenwärtigen Erkenntnisstand sind dies:

| | | Semesterwochenstunden | |
Bereich	Themen	Informations- vermittlung	Informations- management
A Methodi- sche Grund- lagen	1 Techniken der Systemanalyse, -planung und -implementation	–	4
	2 Methoden der struktu- rierten Programmierung	4	4
	3 Informations- und Kommu- nikationstechnologien	2	4
	4 Datenbankmethoden	4	–
	5 Informationslinguistik	2	2

Vogel   Konstanzer Diplom-Aufbaustudiengang Informationswissenschaft

| Bereich | Themen | Semesterwochenstunden | |
		Informations- vermittlung	Informations- management
B Informa- tions- systeme	1 Informationsdienst- leistungen	2	-
	2 Information-Retrieval- Systeme	6	4
	3 Intelligente Informations- systeme	-	2
	4 Büroinformations- und Kommunikationssysteme	-	4
	5 Techniken intellektueller Inhaltserschließung	2	-
	6 Methoden der Informations- aufbereitung	2	-
C Sozialer und orga- sationel- ler Kontext	1 Psychische und soziale Aspekte der Informations- verarbeitung	4	4
	2 Information und Gesell- schaft	2	2
	3 Informationsmarkt	2	2
	4 Wirtschaftlichkeit von Information	2	2
	5 Organisationsspezifische und rechtliche Aspekte der Informationsverarbeitung	2	2

* Detailliertere Kennzeichnungen enthält der Studienplan.

Die Themen der Wahlpflichtveranstaltungen ergeben sich als Spezialisierungen und
Vertiefungen der Pflichtthemen.

Beispiele für Themen der Projektkurse sind:
- Kriterienkatalog zur Investitionsentscheidung von Informations- und Kommunikations-
  technologien
- Entwurf und Implementierung informationslinguistischer Moduln
- Bewertungsexperimente zum Vergleich informationslinguistischer und konventioneller
  Retrieval-Software
- Analyse des Weltmarktes Fachinformation
- Aufbau eines Bildschirmtextangebots für Informationsdienstleistungen
- Erarbeiten von Erhebungsinstrumenten zur Informationsbedarfsanalyse

3.2 Besonderheiten

Im folgenden werden einige Überlegungen dargestellt, die bei der - an den Bedürfnissen der Praxis orientierten - Ausgestaltung des Studiengangs eine Rolle spielten
und erläuterungsbedürftig sind, da sie teilweise in der fachlichen Diskussion nicht
endgültig entschieden sind.

- Praxisanteil

Im Zusammenhang einerseits mit den Anforderungen der Berufspraxis, andererseits mit
dem   bereits   wissenschaftlich-theoretischen   Hintergrund   der   Adressaten   des
Aufbaustudiengangs hat das berufsbezogene praktische Wissen   einen   besonderen
Stellenwert.   Es   soll   nicht nur theoretisches Wissen vermittelt, sondern im Rahmen
von Projektkursen auch experimentell gearbeitet werden.   Die Projektkurse sind
problemorientiert und interdisziplinär angelegt.   Darüber hinaus werden in vielen
Kursen Methoden und Verfahren der Informationswissenschaft* praktisch geübt.   Das
dreimonatige Arbeitspraktikum in einer einschlägigen Institution soll unmittelbaren
Praxiseinblick bieten.

Am Lehrstuhl für Informationswissenschaft steht zur Zeit an Hardware-Technologie zur
Verfügung; für
- experimentelle Programmierung, Aufbau und Nutzung interner Datenbanken: 16 Bit
  Mikrorechnersystem u.a. mit grafischem Display und Matrixfarbdrucker sowie Zugriff
  zu einer Großrechenanlage
- Textbe- und -verarbeitung: Textsystem
- Nutzung externer Datenbanken: IuD-Dialogstation
- grafische Darstellung der Wissensrepräsentation: Arbeitsplatzrechner mit externer
  Cursorsteuerung
- Arbeiten mit Bildschirmtext (Seitenaufbau und -zugriff): Bildschirmtextsystem

Die praktische Komponente darf jedoch nicht so weit und in der Weise betrieben
werden, daß nur ein Operieren auf den im Studium erfahrenen Entwicklungsstand der
Methoden, Verfahren und Technologien möglich ist. Vielmehr ist Reflexionsfähigkeit
ein Ziel, die sowohl den innovatorischen Aufgaben der Informationswissenschaftler als
auch der Forderung nach beruflicher Flexibilität gerecht wird. Dazu muß einerseits
der exemplarische Charakter der "praktischen Inhalte" herausgearbeitet, andererseits
auch in die "Praxiskurse" die theoretischen Grundlagen getragen werden.

- Interdisziplinarität

Die traditionellen Tätigkeits- und Ausbildungskonzeptionen sowohl des IuD-Bereichs
als auch der Informatik konnten offensichtlich die Informationsprobleme nicht
zufriedenstellend regeln. In diesem Studiengang wird daher eine Verbindung so
verschiedener Wissensbereiche wie Sozialwissenschaft und Ingenieur wissenschaft
versucht. Erst die Ergänzung verschiedenster fachwissenschaftlicher Ausbildung um
den Schnittbereich von Dokumentationswissenschaft, Informatik und Sozial-/
Organisationswissenschaft scheint die Voraussetzung einer angemessenen integrierten
Betrachtung von Informationsprozessen zu schaffen; das folgende Diagramm macht auch
das Verhältnis von Informationsvermittlung und Informationsmanagement zueinander
deutlich, nämlich die größere Nähe der Informationsvermittlung zur Dokumentationswissenschaft und des Informationsmanagements zur Sozial- und Organisationswissenschaft.

---

* "Informationswissenschaftliche Methoden" meint hier und im folgenden die für die
  Informationswissenschaft relevanten Methoden anderer Wissenschaftsdisziplinen
  (s.u.); der Begriff wird zu ihrer einfacheren Kennzeichnung benutzt.

Vogel   Konstanzer Diplom-Aufbaustudiengang Informationswissenschaft

---

- Informatikanteil

Umstritten ist in der allgemeinen Diskussion der notwendige Umfang der genannten beteiligten Disziplinen, am heftigsten der der Informatik. Wichtig ist das Informatikwissen sowohl im Tätigkeitsfeld Informationsvermittlung (Aufbau, Betreuung eigener Datenbanken) als auch im Bereich Informationsmanagement (Auswahl von Geräten und Programmpaketen, Aufbau von Informationssystemen).

Innerhalb des Pflichtprogramms des Aufbaustudiums wird ihm jedoch eine relativ geringe Rolle zugewiesen. Die Möglichkeiten innerhalb eines zweijährigen Studiengangs sind zeitlich beschränkt, so daß - selbst wenn man einen Informatiker ausbilden wollte - der Versuch scheitern müßte. Es wird vielmehr davon ausgegangen, daß in jeder Organisation entsprechendes DV-Fachpersonal zur Verfügung steht bzw. über Beraterfirmen herangezogen werden kann. Als Aufgaben für Informations- wissenschaftler in Informationsvermittlung und Informationsmanagement entsteht die Kooperation mit den für die konstruktive Seite zuständigen DV-Fachleuten. Daher zielen die im Pflichtteil angebotenen informatischen Inhalte wesentlich auf die Befähigung zu dieser Zusammenarbeit: zum einen auf den Erwerb entsprechender "Denkstrukturen" und Terminologie für die Kommunikation, zum anderen auf den Erwerb desjenigen Fachwissens, das für die Entwicklung von Anforderungen an Software-Entwurf und Hardware-Auswahl sowie die Systemnutzung erforderlich ist. Im Wahlpflichtprogramm besteht dann die Möglichkeit zur Vertiefung ausgewählter Spezialthemen.

- Pflichtanteil

Im Verhältnis zu anderen institutionell den sozialwissenschaftlichen Bereichen zugeordneten Studiengängen ist sowohl ein hoher Pflichtstundenumfang als auch eine starke Spezifizierung der thematisch breit angelegten Pflichtveranstaltungen erfolgt. Das zielt darauf, möglichst gute Voraussetzungen für die Ausnutzung des Gestaltungsspielraums eines noch in der Etablierung begriffenen Berufsbildes zu schaffen. Gleichzeitig bedeutet das auch, die Anpassungsfähigkeit an wechselnde berufliche Anforderungen zu sichern.

Verzichtet werden muß dafür allerdings auf eine Anpassung der Studieninhalte an die speziellen Interessen der Studenten, also auf individuelle "Flexibilität" während des Studiums, ein motivational - besonders für Studenten mit sozialwissenschaftlichem Hintergrund - eher ungünstiger Umstand. Im Hinblick auf eine langjährige Berufstätigkeit mit vermutlich wechselnden Anforderungen und auf das langfristige Ziel der Konsolidierung des Berufsbildes muß dies jedoch in Kauf genommen werden.

- Bindung an Fachwissen/Einrichtung als Aufbaustudium

Wie schon oben dargelegt (vgl. 2.1) werden im Zusammenhang der Informations- vermittlung informationswissenschaftliche Methoden auf ein Fachgebiet angewendet. Fachwissen ist hier verlangt, wie es durch andere Primärstudiengänge angeboten wird. Zwar ist auch die Spezialisierung innerhalb eines Fachgebietes stark fortgeschritten, jedoch dürften das Wissen und die Denkstrukturen mit einem Primärstudium gegeben sein, die notwendig sind, um auch die spezielleren Fachprobleme zu erfassen und aufzuarbeiten.

Auch im Falle des Informationsmanagement muß der informationswissenschaftliche Methodenkanon ergänzt werden um wirtschafts- oder verwaltungswissenschaftliches Wissen aus den entsprechenden Primärstudiengängen. Es stellt für die Tätigkeiten im Bereich des Informationsmanagement weitere Methoden bereit.

Mögliche Studiengangsformen - neben dem Aufbaustudium - sind Nebenfach- oder Hauptfachstudium als Primärstudiengang; für den Bereich Informationsvermittlung besonders im Rahmen von Magister-Studiengängen, da hier ein Studium von zwei weiteren Fächern gefordert ist; für den Tätigkeitsbereich Informationsmanagement ist die Realisierung auch im Rahmen von Diplom-Studiengängen denkbar: Die enge Anbindung der Methoden des Informationsmanagement an wirtschafts- und verwaltungswissenschaftliche Methoden spricht für eine Integration in diese Primärstudiengänge. An der Universität Konstanz bestehen daher Überlegungen, im verwaltungswissenschaftlichen Studium einen Schwerpunkt "Internationales Informationsmanagement" einzurichten.

In einer ersten Phase inhaltlicher und organisatorischer Konsolidierung bietet die Form des Aufbaustudiengangs - auch für den Bereich Informationsmanagement - jedoch einfachere Möglichkeiten der Institutionalisierung.

- Differenzierung Informationsvermittlung/Informationsmanagement

Die Unterschiede zwischen den späteren Tätigkeitsbereichen von Informationswissenschaftlern mit der Ausrichtung Informationsvermittlung oder -management erscheinen so tiefgreifend, daß eine Differenzierung und Einrichtung zweier Studienschwerpunkte nahegelegt ist, selbst wenn dadurch die Professionalisierung vorübergehend erschwert sein sollte.

Im Zusammenhang der in diesem Aufbaustudiengang erfolgten Schwerpunktbildung ist es wichtig, das Vorwissen der Studierenden aus den Primärstudiengängen als eine Einheit mit den informationswissenschaftlichen Inhalten zu betrachten: Im Pflichtprogramm des Aufbaustudiums selbst unterscheiden sich die Schwerpunkte eher geringfügig. Die verschiedenen Inhalte der Primärstudiengänge, die in den Zulassungsbedingungen festgeschrieben sind, bringen den wesentlichen Teil der inhaltlichen Unterscheidung zwischen den Schwerpunkten (was nicht bedeutet, daß nicht auch Informationsvermittlung in wirtschafts- und verwaltungswissenschaftlichen Gebieten betrieben werden soll). Erst im Wahlpflichtprogramm setzt dann eine weitergehende Differenzierung nach Schwerpunkten ein, deren jeweilige Themen Vertiefungen der im Pflichtprogramm genannten sind und deshalb im Studienplan nicht mehr gesondert aufgeführt werden.

4. Zur Aktzeptanz informationswissenschaftlicher Zusatzqualifikation auf dem Arbeitsmarkt

Auch wenn ein Bedarf an genannten Informationsspezialisten sachlich gegeben ist, können sich die realen Arbeitsmarktchancen davon unabhängig verhalten. Gründe dafür sind z.B. in der weltwirtschaftlichen Lage zu suchen, die keinerlei "Experimente" zuläßt und wo mehr auf kostenreduzierende Rationalisierung vertraut wird oder in einer mangelhaften Aufklärung über die Hintergründe von Informationsproblemen und das Vorhandensein qualifizierten Personals, das zur Lösung der Probleme beitragen könnte oder in der "Konkurrenz" zu anderen Berufsgruppen und den genügend schnellen Modifikationen ihrer Ausbildungsgänge, die damit große Teile des vorgestellten Aufgabenbereichs auffangen könnten.

Erfahrungen im Ausland* verweisen auf eine unproblematische Aufnahme der Absolventen auf dem Arbeitsmarkt. Inwieweit direkte Rückschlüsse von ausländischen
Entwicklungen auf die bundesrepublikanische mittelfristige Situation zulässig sind,
mag dahingestellt sein. Wesentlich für die Professionalierungschancen der Informationswissenschaftler in der Bundesrepublik und zugänglich für eine Diskussion unter
den mit Ausbildungsfragen befaßten Fachleuten scheint das Ausmaß der Konkurrenz zu
anderen Informationsberufen auf dem Arbeitsmarkt zu sein.

Wie die oben erwähnte Interdisziplinarität der Informationswissenschaft (vgl. 3.2)
vielleicht nahelegen könnte, ist mit dem informationswissenschaftlichen
Aufbaustudiengang jedoch nicht auf eine Konkurrenz zu bestehenden Berufsbildern wie
Dokumentar, Bibliothekar, Organisator gezielt, deren Ausbildungsgänge ohne
"Fachwissen" (z.B. über ein Primärstudium) auf Fachhochschulniveau organisiert
sind. Vielmehr können mit dieser informationswissenschaftlichen Zusatzqualifikation
Berufsspektrum und Arbeitsmarktchancen von Akademikern erhöht werden. Konkurrenz ist
daher eher zu den Wissenschaftlern des gleichen Faches ohne informa-
tionswissenschaftliche Ausbildung zu erwarten. Von einem "Massenberuf" des
Informationswissenschaftlers wird also nicht ausgegangen.

Unabhängig davon sind die Curricula im traditionellen IuD-Bereich im Umbruch: Zur
Diskussion stehen erneut: die Vermittlung auch von Fachwissen und die verstärkte
Berücksichtigung von Informationsvermittlungsmethoden, was insgesamt eine Annäherung
der Ausbildungsinhalte an die Konstanzer Konzeption - zumindest im Bereich
Informationsvermittlung - bedeuten könnte.

Bisher bestätigen Erfahrungen mit informationswissenschaftlichen Studiengängen (z.B.
an der Universität Düsseldorf, Freie Universität Berlin), daß eine unmittelbare
Konkurrenz zwischen den verschiedenen Ausbildungsebenen Fachhochschule/Universität
tatsächlich nicht besteht: Die Absolventen genannter Studiengänge mit Abschluß
Magister oder Promotion kamen nicht im traditionellen IuD-Kernbereich unter, sondern
als Wissenschaftler im Gebiet ihres zweiten oder dritten Fachs in IuD-Randgebieten
wie Verlagswesen, Rundfunk.

In bezug zur Informatik, einem Fach, das traditionell an wissenschaftlichen
Hochschulen, also auf der gleichen Ebene wie die hiesige Informationswissenschaft
angesiedelt ist, ist die große inhaltliche Distanz zu betonen, obgleich es
Überschneidungen gibt. Informationswissenschaft zielt mehr auf die Verfahren
inhaltlicher Ausnutzung von Information und nicht nur auf Formalisierung und
rechnerorientierte Durchführung der Informationsverarbeitung. Informatik und
Informationswissenschaft sind daher als sinnvolle Ergänzungen zu betrachten.

---

* Mit der Einrichtung dieses Studiengangs werden internationale Tendenzen im
  Ausbildungsbereich von Information, Dokumentation und Bibliothek aufgegriffen: Ein
  Studiengang Information Resource Management ist seit 1980 an der Syracuse
  University, USA, eingerichtet; das Institut Europeen pour la Gestion de
  l´Information der Europäischen Gemeinschaft initiiert einen ähnlichen Studiengang
  an der Universität Luxemburg, der mit dem Wintersemester 83/84 beginnen wird.
  Viele Ausbildungsstätten für Information und Dokumentation berücksichtigen
  zunehmend Probleme der Informationsvermittlung: die Nutzung rechnergestützter
  Informationssysteme sowie die direkte, persönliche Informationsberatung.

Wie hoch die momentane Aufnahmebereitschaft des Marktes in der Bundesrepublik für die von uns ausgebildeten Informationswissenschaftler tatsächlich ist, bleibt abzuwarten. Wichtig erscheint eine Aufklärung über die avisierten Berufsbilder und den Aufbaustudiengang, um einerseits das Vorhandensein qualifizierten Personals, andererseits den Anspruch nicht "Ersatz", sondern "Ergänzung" für andere Informationsberufe zu sein, zu dokumentieren.

Im Sommer 1984 werden die ersten Informationswissenschaftler das Studium abgeschlossen haben. Ihre Erfahrungen mit ihren späteren Arbeitsplätzen (Tätigkeiten, Qualifikationsanforderungen) und ihre Erfahrungen mit der Verwertbarkeit ihres im Studium erworbenen Wissens sollten genutzt werden, um die Studiengangziele und -inhalte zu überprüfen. Erst wenn eine solche empirisch fundierte Studiengangevaluation z.B. über Absolventenbefragungen vorliegt, können gesichertere Aussagen über die Berufschancen von Informationswissenschaftlern mit den aufgezeigten Tätigkeitsschwerpunkten einerseits und über zu revidierende Studieninhalte und -formen andererseits getroffen werden.

Diskussion

Die Diskussionspunkte können zu den Themenkreisen "Berufsbilder und Arbeitsmarktchancen", "Studiengang und Studieninhalte" und "Gegenwärtige Aufbaustudenten" zusammengefaßt werden.

- Berufsbilder und Arbeitsmarktchancen

Meinungen:

Die Einrichtung des Studiengangs ist wichtig, da weder Dokumentare noch Informatiker das Berufsfeld abdecken. Ein Bedarf an Informationswissenschaftlern besteht, der sich jedoch nur langfristig am Arbeitsmarkt realisieren wird. Dem Informationswissenschaftler mit der Ausrichtung Informationsvermittlung werden bessere Einstellungschancen, dem mit der Spezialisierung auf Informationsmanagement bessere Aufstiegschancen prognostiziert.

Den Akzeptanzprozeß unterstützen können folgende Aktivitäten:
- Aufklärung der Unternehmen und Verwaltungen über die Beschränktheit einer rein kostenreduzierenden Rationalisierung einerseits und über die für die Informationsproblematik zu einseitigen Qualifikationen bestehender Berufe
- Aufklärung des Begriffs "Informationsmanagement", der dem Amerikanischen entlehnt ist und nichts anderes meint als "Informationsorganisation" (also nicht einen Leitungsanspruch mit sich führt) und daher notwendiger Verzicht auf die personalisierte Begriffsform "Informationsmanager"

- Studiengang und Studieninhalte

Frage: Sind die Eingangsvoraussetzungen zum Studium (Primärstudium, Note "gut") sinnvoll?

Am umstrittensten ist das Primärstudium für das Tätigkeitsfeld Informationsvermittlung. Wie vorhin versucht wurde deutlich zu machen, gibt es 1. eine enge Anbindung der Informationsvermittlung an ein Fachgebiet: Wie können Suchanfragen an Systeme gestellt werden, wenn z.B. der eigentliche "Informationsnutzer", der Fachwissenschaftler, die dazu erforderliche formale Sprache nicht beherrscht, der Informationsvermittler nicht die Fachterminologie? Wie soll die Gebietsabdeckung von Datenbanken ohne Fachwissen beurteilt werden? Sicherlich bringt die Praxis als

Informationsvermittler in gewissem Umfang "Fachwissen", die Einstiegsphase aber dürfte deutlich länger sein und z.B. wenig effiziente Recherchen liefern. 2. wird davon ausgegangen, daß der Informationsvermittler zum gegenwärtigen Zeitpunkt in erster Linie als Fachwissenschaftler auf dem Arbeitsmarkt eine Chance hat, beispielsweise bei der konzeptionellen Planung von Datenbasen oder innerhalb von kleineren Projekt- und Forschungsgruppen und von daher ein Fachstudium unverzichtbar ist.

Zur Frage nach dem Sinn des formalen Zulassungskriteriums "Abschlußnote" ist anzumerken, daß diese Zulassungsvoraussetzung in der Konstanzer Rahmenstudienordnung für Aufbaustudiengänge festgeschrieben und daher nicht optional ist. Der Zusatz "in der Regel" läßt jedoch eine angemessene Handhabung zu, z.B. um für Informationsvermittlung besonders einschlägige/seltene Fachgebiete zu gewinnen oder offenkundige Benachteiligungen bestimmter Primärstudiengänge (Jura) auszugleichen.

Frage: Was ist unter "Informationslinguistik" zu verstehen?

Informationslinguistik ist das Teilgebiet der Informationswissenschaft, dessen Gegenstand sprachliche Aspekte von Informationssystemen sind. Dazu zählt z.B. die Bestimmung von Schlagwörtern zu einem Dokument (Indexierung), die Abfassung eines Referats (Zusammenfassung) zu einem Dokument (Abstracting) oder dessen Übersetzung in eine andere Zielsprache oder die natürlichsprachige (statt der formalsprachigen, programmiersprachenähnlichen) Kommunikation mit Informationssystemen usw. Eine der zentralen Aufgaben der Informationslinguistik ist, dafür geeignete automatische Verfahren zu entwickeln. Dazu wird das methodische Repertoire der deskriptiven Statistik, Linguistik (Grammatiken), Informatik (Software-Entwurfstechniken, Datenbanksysteme) und zunehmend auch der Künstlichen Intelligenz (Wissensrepräsentationssprachen, Inferenz-/Deduktionstechniken) herangezogen.
(Udo Hahn)

Frage: Inwieweit sind in Konstanz ausgebildete Informationsvermittler bzw. "-manager" qualifiziert, selbständige Tätigkeit z.B. als Innovationsberater oder Unternehmensberater auszuüben?

Im Rahmen des Studiengangs wird nicht speziell auf die Anforderungen einer selbständigen Tätigkeit eingegangen, also z.B. keine für Betriebsgründung und -führung erforderliche Kenntisse vermittelt. Qualifiziert sind diese Informationswissenschaftler im allgemeinen für diese Aufgaben also wie andere Hochschulabsolventen auch. Bei Studenten des Schwerpunkts Informationsmanagement mit betriebswirtschaftlichem Primärstudiengang dürfte jedoch der wirtschaftswissenschaftliche Hintergrund ausreichende Qualifikation bieten. Keinesfalls bedeutet die konzeptionelle Differenzierung Informationsvermittlung/Informationsmanagement eine Differenzierung in Tätigkeit als Angestellter/Tätigkeit als Selbständiger.

Meinungen zum erforderlichen Informatikanteil:

Informationswissenschaftler benötigen kein breites und tiefes Informatikwissen. Ihre Aufgabe ist die Beurteilung von Hardware/Software für bestimmte Organisationszwecke; die Kenntnis ihrer Konstruktion ist nur in dem Umfang nötig, wie sie einerseits die Anwendung, andererseits die Kommunikation mit den eigentlichen Systementwicklern stützt.

- <u>Gegenwärtige Aufbaustudenten</u>

Frage: Wieviele Absolventen der Verwaltungswissenschaft sind für den Schwerpunkt
       Informationsmanagement eingeschrieben?

Etwa ein Drittel der gegenwärtig Studierenden, des ersten "Durchgangs" also, hat das
verwaltungswissenschaftliche Studium in Konstanz abgeschlossen. Da eine Differenzierung und Festschreibung der Schwerpunkte erst im Diplom-Aufbaustudiengang
erfolgt, der zum WS 83/84 genehmigt sein wird, steht die Wahl des Schwerpunktes der
Studenten noch aus.

Frage: Setzen die gegenwärtigen Aufbaustudenten ihr Erststudium unmittelbar fort oder
       haben sie Berufserfahrung?

Die Aufbaustudenten setzen in der Regel ihr Studium fort und sehen im Aufbaustudium
eine Perspektive, ihre Arbeitsmarktchancen zu erhöhen. Bei einigen gingen noch
andere Ausbildungsphasen (z.B. Referendariat) voraus oder auch befristete Tätigkeiten, die nicht dem Hochschulabschluß entsprachen.

<u>Literaturhinweise</u>

BRÖLINGEN, B./THOM, N., Berufsbild des Organisators. Ergebnisse einer empirischen
    Studie. In: Literaturberater Wirtschaft, 1980, Heft 5/6, S. 3-18

BUDER, M./SEEGER, Th./WERSIG, G., Informationsindustrie: Information und Dokumen-
    tation. Oder es bleibt so, wie es immer war? In: Das Inforum, Nr. 13, April
    1982, S. 10-11

BUDER, M. u.a., Bibliothek, Information und Dokumentation als gegenwärtiger und
    zukünftiger Berufs- und Tätigkeitsbereich. Ergebnisse von empirischen und prog-
    nostischen Studien als Vorarbeiten zu einer integrierten Ausbildungs-
    konzeption. FIABID. Forschungsbericht BMFT-FB ID 80-009, Information und
    Dokumentation. Freie Universität Berlin, August 1980

CILLIA, H. A. de, The Office of the Future Will Integrate Systems and Information
    Management, in: Information & Records Management, vol. 16, No. 2, Feb. 1982,
    S. 42-48

EDINGER, F. u.a., Informationsmanager: Machtergreifung der Supermänner, in: Computer
    Magazin 5/1982, S. 27-70

European Institute for Information Management, Programme Structure, Luxemburg o.J.

HELM, B. u.a., Der Bedarf an Informationswissenschaftlern und Dokumentaren,
    Forschungsbericht BMFT-FB ID 78-04, Information und Dokumentation, Diebold
    Deutschland GmbH, Frankfurt/Main, Dezember 1976

KING, D. W. et al., A National Profile of Information Professionals, in: Bulletin
    of the American Society for Information Science, vol. 6, no. 6, August 1980,
    S. 18-22

KUHLEN, R., Informationsvermittlung und Information Management. Die Konzeption des
    Aufbaustudiums der Informationswissenschaft an der Universität Konstanz. In:
    Nachrichten für Dokumentation, 3/1982, S. 103-108

NUNAMAKER, J. F./COUGER, J. D./DAVIS, G. B. (ed.), Information Systems Curriculum Recommendations for the 80s: Undergraduate and Graduate Programs. A Report of the ACM Curriculum Committee on Information Systems. In: Communications of the ACM, vol. 25, no. 11, November 1982, S. 781-805

OTTEN, Klaus, Ausbildungstrends für informationsbezogene Berufe in den USA, Frankfurt 1982

OTTO, Th.M., The Academic Librarian of the 21st Century: Public Service and Library Education in the Year 2000, in: The Journal of Academic Librarianship, vol. 8, 1982, no. 2, S. 85-88

REICHERTZ, P. L./SCHWARZ, B., Informationsvermittlung aus der Sicht des Informationsvermittlers. Eine Delphi-Studie als Begleituntersuchung zum Projekt DIMDINET. Forschungsbericht BMFT-FB ID 81-004. Medizinische Hochschule Hannover, Februar 1981

REINERMANN, H., Verwaltungsaufgaben beim Einsatz der Ressource Information, in: ÖVD 1-2/1981, S. 3-8

SCHMIDHÄUSLER, F.J., Menschen in der DV: Berufe, Aus- und Weiterbildung, Karriere, Teile 1-5, Sonderdruck aus Online-adl-nachrichten 4/79-10/79

SCHMITZ-ESSER, W., Neue Berufsfelder in IuD, in: DGD (Hrsg.), Deutscher Dokumentartag 1982, München 1983, S. 104-114

SCHNEIDER, H., Ohne Informationsmanager ein Wirrwarr, in: die computer zeitung 13. Jg., Nr. 10, 21. April 1982, S. 21

Studienplan für den Diplom-Aufbaustudiengang Informationswissenschaft an der Universität Konstanz, Konstanz 1983

Syracuse University/School of Information Studies, Master of Science/Information Resources Management, Syracuse o.J.

The City University/Centre for Information Science, MSc Degree Course, London o.J.

The Institute of Information Scientists, Criteria for Information Science and for Corporate Membership of the Institute of Information Scientists, in: Journal of Information Science, vol. 4, no. 5, 1982, S. 232-234

University of Pittsburgh/School of Library and Information Science, Undergraduate Information Science Course Descriptions, Pittsburgh o.J.

Verein Deutscher Bibliothekare, Berufsbild des Wissenschaftlichen Bibliothekars, Entwurf 1983, Oldenburg 1983

Verein Deutscher Dokumentare/Tarifausschuß, Tätigkeitsmerkmale für den Dokumentationsdienst gemäß Anlage 1a zum BAT, Überarbeiteter Förderungskatalog des VDD-Tarifausschusses, Bonn 1980

<u>ERFAHRUNGEN MIT EINEM LABORMODELL</u>

<u>"COMPUTERGESTÜTZTES BÜRO-INFORMATIONSSYSTEM"</u> (COBIS)

Harald H. Zimmermann
Universität des Saarlandes, Saarbrücken
Informationswissenschaft

Zusammenfassung
1. Einleitung
2. Das "Büro" als betriebliche Informationsvermittlungsstelle
3. Bürofunktionen
4. Computergestützte Büro-Kommunikation und -Information als textuelles Problem
5. COBIS-Labormodell eines textuellen Büro-Informations-Systems
6. Zukünftige Aufgaben eines Büro-Informations-Systems
Anmerkungen
Literatur

<u>Referat</u>

In den Jahren 1978 bis 1981 wurde an der Universität Regensburg in Verbindung mit industriellen Anwendern ein "Computergestütztes Büro-Informationssystem" (kurz: COBIS) im Modell entwickelt und labormäßig getestet. Ein Schwerpunkt war die Untersuchung der Möglichkeit einer maschinellen Unterstützung kommunikativer (v.a. textueller) Prozesse im "Büro" mit den Aspekten Texterschließung, -archivierung und -wiederfinden (Retrieval). Hierzu wurde das Entwicklungssystem CONDOR von Siemens verwendet. Im Ansatz wurden zugleich tätigkeitsfeldbezogene und damit soziale sowie psychische Auswirkungen einer "Computerisierung" des Büros behandelt, v.a. mit Blick auf das Sekretariat (Schreibkraft) und den Sachbearbeiter. Aus den Projekt-ergebnissen werden einige Thesen zu möglichen Trends und zugleich Anforderungen technologischer wie inhaltlicher Art im Hinblick auf die Gestaltung des "Büros der Zukunft" abgeleitet.

<u>Abstract</u>

During the years 1978 to 1981 a model system of a computer-assisted office information system (COBIS) was developed at the University of Regensburg in cooperation with industrial users and tested in the laboratory. Emphasis was put on the possibilities of machine-assistance for communicative especially textual processes within offices, stressing the aspects text-condensation, filing and retrieval. The model CONDOR by SIEMENS was used. In addition the job connected, social and psychic effects of office automation were dealt with, with special regard to secretarial and professional work. Several theses are derived from the project results, which indicate possible trends and demands for the technological and internal design of the office of the future.

Zusammenfassung

In den Jahren 1978 bis 1981 wurde an der Universität Regensburg in Verbindung mit industriellen Anwendern ein "Computergestütztes Büro-Informationssystem" (kurz: COBIS) (Abteilung LDV, Prof. Dr. Harald H. Zimmermann) im Modell entwickelt und labormäßig getestet. Ein Schwerpunkt war die Untersuchung der Möglichkeiten einer maschinellen Unterstützung kommunikativer (v.a. textueller) Prozesse im "Büro" mit den Aspekten Texterschließung, -archivierung und -wiederfinden (Retrieval). Hierzu wurde das Entwicklungssystem CONDOR von Siemens verwendet. Im Ansatz wurden zugleich tätigkeitsfeldbezogene und damit soziale wie psychische Auswirkungen einer "Computerisierung" des Büros behandelt, v.a. mit Blick auf das Sekretariat (Schreibkraft) und den Sachbearbeiter. Aus den Projektergebnissen lassen sich einige Thesen zu möglichen Trends und zugleich Anforderungen technologischer wie inhaltlicher Art im Hinblick auf die Gestaltung des "Büros der Zukunft" ableiten.

Aufgrund der anstehenden Entwicklungen im Bereich der Bürokommunikation werden Themenkomplexe in den Vordergrund gestellt, deren Einbeziehung und Lösung aus der Sicht des Anwenders von besonderer Bedeutung sind. Als Anwender wird einerseits der Büroorganisator verstanden, der ggf. ein (durch Hard- oder Softwarehersteller) entwickeltes Basis-System auf die konkreten Bedürfnisse inner- und außerbetrieblicher Information und Kommunikation anpassen muß und die diesbezüglichen Strukturdaten zu pflegen hat. Anwender sind aber auch die Sekretärin, der Sachbearbeiter und der Manager als typische Kommunikationspartner in einem Unternehmen. Als Erkenntnisse, die im wesentlichen auf einer pilotartigen Realisierung eines computergestützten Büro-Informations-Systems (COBIS) beruhen, lassen sich festhalten:

- Das heutige Büro ist als (betriebliche) Informationsvermittlungsstelle zu betrachten.

- Die Einführung eines computergestützten Kommunikationssystems wird diese Vermittlungstätigkeit zunehmend auf den Computer verlagern und damit das "Büro" als solches aushöhlen.

- Die Probleme, die bei der Realisierung hochwertiger multifunktionaler Systeme zu bewältigen sind, lassen erwarten, daß diese Entwicklung weitgehend unabhängig von den rein technischen Möglichkeiten (vermehrter Einsatz von Mikroprozessoren, Telekommunikation, Vergrößerung von Speicherkapazität) - und entsprechend verzögert - erfolgt.

- Umgekehrt wird der Markt, der sich aufgrund des verstärkten Einsatzes moderner Computertechnik entwickelt, vor allem Teillösungen begünstigen (z.B. bei der elektronischen Post, der Textarchivierung und beim -retrieval), die schrittweise zu integrierten Systemen fortentwickelt werden.

1. Einleitung

Im Rahmen einer relativ knappen Darstellung des vorliegenden Themas kann zweierlei nicht geleistet werden. Einmal handelt es sich um die eingehende Behandlung des Begriffs "Büro" bzw. der damit bezeichneten betrieblichen Einrichtung(en). Hierzu wird - v.a. im Hinblick auf die Aspekte Information und Kommunikation - allerdings in einer Auseinandersetzung mit der Behandlung der Themen der neueren Literatur ein neuer Ansatz vorgeschlagen. Zum weiteren werden die Erfahrungen, die bei einem vom BMFT geförderten Forschungsprojekt in den Jahren 1978 bis 1981 an der Universität Regensburg gesammelt wurden, weitgehend losgelöst von dem dort verwendeten technischen Konzept und stärker bezogen auf Folgerungen, die für die zukünftige Entwicklung von (Büro)-Kommunikations-Systemen von besonderer Bedeutung sind. Bezüglich einer intensiveren Betrachtung des COBIS-Laborsystems kann auf AMMON 1982 und ZIMMERMANN 1982b verwiesen werden. Eine ausführliche Betrachtung der Funktion eines "Büros" findet sich in RAUCH 1982 (1).

2. Das "Büro" als betriebliche Informationsvermittlungsstelle

Wenn man (vordergründig) heute allgemein von Bürokommunikation spricht, so ist zu unterscheiden zwischen (allgemeiner) betrieblicher Information und Kommunikation und spezifischer, im "Bürobereich" eines Unternehmens ablaufender bzw. über das Büro vermittelter Information und Kommunikation. Dabei ist – wie es RAUCH 1982 formuliert – ein Büro als ein "informationsverarbeitendes System" zu sehen (2). Es scheint zu weit gegriffen, wenn jede Informationsverarbeitung in einem Betrieb bzw. einer Verwaltung auf diese Weise als "Bürotätigkeit" eingestuft werden sollte. Ansätze zu einer Differenzierung zwischen einem betrieblichen Informationssystem (3) bringen CONNELL 1979 und RAUCH 1982. CONNELL bezeichnet das Büro als eine Stelle(!), an dem das Management mit dem betrieblichen Informationsnetzwerk zusammenwirkt, und ordnet dem Büro als wesentliche Funktion zu, dem Management bei der Kommunikation zu helfen (4). RAUCH 1982 weitet diese Zielsetzung aus, um auch die Hilfsfunktion des Büros für Verwaltungs- und Administrationsaufgaben zu verdeutlichen: "Zur Bürotätigkeit werden alle (entscheidungsvorbereitenden und ausführenden) Aufgaben im Angestelltenbereich gezählt ..." (5). Wesentliches Merkmal des "Büros" ist also, daß eine bestimmte Personengruppe ("Angestellte" bei RAUCH) an einem bestimmten Ort (vgl. CONNELL) bestimmte informationsbezogene Hilfsfunktionen (nicht im abwertenden Sinne: Entscheidungsvorbereitung, Entscheidungsausführung – RAUCH – bzw. allgemein Kommunikationshilfen – CONNELL –) für bestimmte Personengruppen (Management bei CONNELL, beliebige Betriebsmitglieder bei RAUCH) ausüben.

Man muß in diesem Zusammenhang das "Büro" in seiner historischen Dimension begreifen als eine Spezialisierung zur Informationsvermittlung zu einem Zeitpunkt, zu dem ein Kaufmann, ein Unternehmer, eine Behörde nicht (mehr) in der Lage war (oder ist), betrieblich wie überbetrieblich auf direktem Wege zu kommunizieren:

Bild 1: "direkte" Kommunikation:

     P1   P2

vs.:   "Bürokommunikation"

     P11   P21

     P12   "Büro"   P22

     P1n   P2n

Das "Büro" übernimmt auf diese Weise im Betrieb eine Rolle, die bei der Fachkommunikation aufgrund der immens gewachsenen Informationsflut (stärker spezifiziert) den Bibliotheken bzw. Informations- und Dokumentationsstellen zukommt. Bürotätigkeit kann man in diesem Zusammenhang als betriebliche Informationsvermittlung qualifizieren.

Es ist hier wichtig festzuhalten, daß nicht jeder Betrieb (z.T. aufgrund der Produkte bzw. Tätigkeiten, z.T. aufgrund der Betriebsgröße u.a.m.) über ein gleichgestaltetes "Büro" verfügt. Insbesondere ist festzuhalten, daß sich den

Personen, die in einem "konkreten" Büro arbeiten, Tätigkeiten zuordnen lassen, die nicht notwendig zur "Bürotätigkeit" im oben definierten Sinne zu rechnen sind. So kann z.B. eine Rechnung als Teil der betrieblichen Arbeit von einer Sekretärin (z.B. mit Hilfe eines Tischcomputers) erstellt werden. Umgekehrt kann ein Sachbearbeiter einen Brief versandfertig machen u.s.f., ohne daß er als Person im "Bürobereich" eines Unternehmens beschäftigt sein muß. Als "Büro" wird in der Praxis also ein Betriebsteil eingerichtet, in dem überwiegend eine betriebliche Informationsvermittlungstätigkeit durchgeführt wird.

Das moderne "Büro" bildet damit eine zentrale Schaltstelle in einem Unternehmen. Hier laufen betriebliche Informationen und Nachrichten (über Telefon, Schriftverkehr oder persönliche Kontakte) ein. Sie werden gesammelt, dokumentiert und verteilt. Diese eher allgemeine Beschreibung der Tätigkeiten eines "Büros" konkretisiert sich – wie erwähnt – in einer Reihe von Varianten, wobei einige Tätigkeiten oder Funktionen besonders ausgeprägt sind. Sie geben dem "Büro" häufig einen entsprechenden Namen: In einem Schreibbüro steht der Schriftverkehr im Vordergrund, in einer Geschäftsstelle die Entscheidungsfindung, in einem Archiv die Ablage und Dokumentation. Während sich in größeren Unternehmen meist Spezialisierungen herausbilden, findet sich in kleinen und mittleren Betrieben ein Konglomerat von Bürotätigkeiten, die allenfalls eher branchenspezifisch geprägt wird. Eine Anwaltskanzlei ist gekennzeichnet durch ein großes Textaufkommen, das Büro eines Handwerksbetriebs (zusätzlich) durch Rechnungslegung und Angebotsschreibung, die behördliche Dienststelle allgemein durch eine große Dokumentations- und Ablagekomponente, verbunden mit der Verfolgung von Textstücken und sonstigen Akten.

Die informationsvermittelnden Tätigkeiten eines Büros haben bereits zur Entwicklung einer Reihe von technischen Hilfen geführt, die allgemein mit "Bürotechnik" umschrieben werden. Heute schon klassische technische Einrichtungen, die in keinem "Büro" mehr fehlen, sind die Schreibmaschine und das (akustische) Telefon. Hinzugekommen sind in den letzten Jahrzehnten das Diktiergerät – es löste das Stenographieren weitgehend ab – und die Kopiergeräte. Bis zum Ende dieses Jahrhunderts wird das akustische Telefon weitgehend durch das Bildtelefon ergänzt sein, werden telematische Entwicklungen wie Fernkopierer (z.B. TELEFAX) und elektronische Datenfernübertragung (z.B. TELETEX) den ´physischen´ Transport von textuellen und graphischen Informationen erleichtern, werden neue Kommunikationsschnittstellen (wie z.B. Bildschirmtext) die überbetriebliche Kommunikation unterstützen wie auch ermöglichen.

Dabei ist zu erwarten, daß Text- und Datenverarbeitung mit technischen Einrichtungen der Telekommunikation zunehmend zusammenwachsen.

3. Bürofunktionen

Allgemein lassen sich immer die Funktionen eines Büros wie folgt differenzieren: Zu den informationsvermittelnden Tätigkeiten gehört es (6),

- Informationen einzugeben (z.B. Posteingang),
- Informationen zu kanalisieren und zu steuern (Verteilung, Selektion),
- Informationen physisch bzw. elektronisch zu transportieren,
- Informationen zu transformieren (z.B. Gesprochenes zu verschriften),
- Informationen zu erzeugen (z.B. Briefeschreiben),
- Informationen zu speichern (z.B. Aktenablage),
- Informationen auszugeben (z.B. Postversand).

Die Daten – oder in der Terminologie der Information und Dokumentation: die ´Dokumente´ der Bürotätigkeit – sind am ehesten zu fassen in Kategorien, die in ihrem (Kommunikations-) Zweck begründet sind: Im textuellen Bereich sind dies z.B.

Berichte, (Akten-) Notizen, Briefe, Terminkalender, Adressen, Postein- und -ausgangs-
daten, Anweisungen; im eher numerischen Bereich z.B. Rechnungen, Buchhaltung,
Angebote; im eher graphischen Bereich z.B. Tabellen und Zeichnungen.

Die Informationsproduzenten und Kommunikationspartner, die einem Büro unmittelbar
zugeordnet sind oder ein Büro als Informationsvermittlungsstelle verwenden, lassen
sich im Hinblick auf schwerpunktmäßig unterschiedliche Tätigkeitsfelder i.a. weiter
in drei größere Gruppen einteilen: So steht der ´Schreibkraft´ bzw. ´Sekretärin´
(mit Funktionen vorwiegend im Bereich der ´physikalischen´ Informationsgenerierung)
einerseits der ´Sachbearbeiter´ (mit Funktionen vorwiegend im Bereich der
´intellektuellen´ Informationsgenerierung und der Informationsspeicherung) sowie der
´Manager´ (in diesem Zusammenhang vorwiegend mit der Funktion der Informations-
steuerung) gegenüber.

4. Computergestützte Büro-Kommunikation und -Information als textuelles Problem

a) Technologische Voraussetzungen

Die ´Computerisierung´ des Büros macht Fortschritte. Für immer mehr Branchen und
Aufgabenbereiche - den Steuerberater, den Ingenieur, den Arzt, für den kleinen wie
den großen Betrieb - ist vom Taschen- bis zum Großrechner der Computer ein fast
alltägliches Hilfsmittel geworden. Genutzt werden vor allem dabei zwei ´tradi-
tionelle´ Fähigkeiten, nämlich die ´Rechenfunktion´ (d.h. die Fähigkeit, mit Zahlen
umzugehen) und die ´Ordnungsfunktion´ (d.h. z.B. die Fähigkeit, Tabellen zu erstellen und zu sortieren).

Eine der Voraussetzungen dafür war die wachsende Kompaktheit der Geräte und damit
verbunden eine größere Robustheit und Wartungsfreundlichkeit bei zugleich steigender
Leistung. So wurden in den letzten Jahren die allgemeinen ´Taschenrechner´ mehr und
mehr zu Spezialwerkzeugen entwickelt - eine Spitze in dieser Entwicklung bilden heute
die elektronischen Taschenwörterbücher -, umgekehrt werden Anwendersoftware und
Betriebssystemfunktionen, wie sie über mehr als zwei Jahrzehnte nur auf technisch
komplizierten und extrem kostspieligen (Groß-)Rechenanlagen verfügbar waren, auf
Mini- und Mikrorechner übertragbar, die sich vielleicht bald von einem Groß-
rechnersystem nur noch im Preis und allenfalls in der angeschlossenen Peripherie
unterscheiden.

Technologisch werden zudem bessere Voraussetzungen zu einer inner- und über-
betrieblichen Kommunikation durch direkten Datenaustausch geschaffen. Jüngstes
Beispiel ist das Datex-P-Netz, dessen Eigenschaften und Merkmale (z.B. orts-
ungebundene Tarife - nur abhängig von der übertragenen Datenmenge -, verschiedene
Übertragungsgeschwindigkeiten) die Nutzungsfrequenz der Datenfernübertragung (DFÜ)
entscheidend steigern werden.

Mit der Einbringung der sog. ´Neuen Medien´ wie Bildschirmtext und der
Breitbandkommunikation mit Rückkanal (spätestens mit der Einführung der Licht-
leiterkabel), sind extrem bedienerfreundliche Schnittstellen zu Kommunikationssystemen in Entwicklung. Beispiele wie die ´Durchschaltung´ von Anfragen an Btx
(´vom Fernsehsessel im Wohnzimmer aus´) auf das anbieterspezifische Informationssystem (vgl. z.B. das Verfahren von QUELLE beim Btx-Versuch in Berlin und
Düsseldorf oder den Abruf von Literatur-Daten der Deutschen Bibliothek über die
Btx-Schnittstelle der Gesellschaft für Information und Dokumentation (GID)) zeigen,
wie bequem und einfach heute schon eine Kommunikationssituation zwischen Anbietern
und Kunden gestaltet werden kann.

Ein weiterer Bereich, in dem in den 70er Jahren große Fortschritte erzielt wurden,
darf hier nicht unerwähnt bleiben: die Verfahren zur Speicherung und Wiedergewinnung

von großen Datenmengen, an deren (bisherigem) Ende die sog. Datenbanksysteme (oder inhaltlich gesehen: die Informationsbanken) stehen. Auf immer weniger Raum werden immer mehr Daten gespeichert und in kürzerer Zeit abrufbar.

Ein Bereich, der sowohl aus kommerziellen wie aus kommunikativen Gesichtspunkten hochinteressant erscheint, ist die computergestützte textuelle Kommunikation und Information im Büro. Der Begriff ´Büroautomatisierung´ symbolisiert dabei zugleich die Hoffnung auf einen umfangreichen Rationalisierungseffekt. Er wird daher mit Vorliebe von Hard- und Software-Herstellern als Verkaufsargument verwendet. Bezogen auf die textuelle Komponente - oder weniger ´wissenschaftlich´ (aber auch eingeschränkt): den Schriftverkehr - sind in den 70er Jahren in der Tat einige Anstrengungen unternommen worden, diesen Teil der ´Bürotätigkeit´ mit Hilfe von Computerfunktionen zu rationalisieren.

Ein Ergebnis dieser Überlegungen und Anstrengungen ist die sog. PTV, die programmierte Textverarbeitung (auch Bausteinkorrespondenz). Hierdurch wird der Bereich der standardisierbaren Korrespondenz, soweit nicht ´formularisierbar´ und damit ´formalisierbar´, abzudecken versucht - mit mehr oder weniger großem Erfolg. Jedenfalls ist dadurch bislang nicht der entscheidende Durchbruch in der Einführung der computerorientierten Textverarbeitung im Büro erreicht worden. Wer allerdings die - zunehmend komfortabler werdenden - Textsysteme einmal bei der Erstellung von ´Normaltext´ (Briefen, Berichten, Protokollen) nutzen konnte (dies ist heute - 1983 - immer noch teurer als die Verwendung der üblichen Schreibmaschine), der möchte für den Büro-Alltag diese Unterstützung eigentlich nicht mehr missen. Allerdings gehört dazu schon etwas Komfort, v.a. zur Vereinfachung der Bedienerfunktionen. Unterstützt wird von solchen modernen Textsystemen die Textdatenerfassung, die Änderung und die Edition (gelegentlich bis hin zum Photosatzanschluß).

b) Sprachverarbeitung mit dem Computer

Die zentrale Frage, von deren Lösung letztlich der wirkliche (nicht nur technische, sondern auch inhaltliche) Fortschritt in computergestützter Information und Dokumentation (und nicht allein im Büro der 80er Jahre) abhängen wird, ist die grundsätzliche Bewältigung von textuellen (oder allgemeiner: natürlich-sprachlichen) Problemen in der EDV. Es würde zu weit führen, die zum Teil immer noch bescheidenen Fortschritte auszuführen, die zu dieser Fragestellung in den letzten mehr als 20 (!) Jahren erzielt werden konnten. Während dem Computer heute keine mathematische Operation zu kompliziert, zu langwierig oder zu problematisch erscheint, stolpert er bei Fragen der Verarbeitung natürlich-sprachiger Daten oft schon über die aus der Sicht des Menschen vermeintlich kleinsten Dinge: Er ´versteht´ eben keine natürliche Sprache. Auch wenn die sog. ´Programmiersprachen´ immer benutzerfreundlicher geworden sind, auch wenn man mit Hilfe dieser ´Sprachen´ nahezu jedes Problem, das formalisierbar ist, über den Computer lösen kann: Computer, die beliebige natürlich-sprachige Texte oder Sätze verstehen, gibt es noch nicht. Alles, was heute (auch im Modell) in diesem Bereich entwickelt wurde, ist lückenhaft.

Zumindest zeigen die Erfahrungen mit der Entwicklung "verstehensorientierter" Verfahren, daß die Realisierung von komplexeren computergestützten Sprachverstehenssystemen aufgrund der erforderlichen Codierungen äußerst zeit- und kostenaufwendig ist.

5. COBIS - Labormodell eines textuellen Büro-Informations-Systems

Aus der Vielzahl von Aufgaben, die mit dem Projekt COBIS verbunden waren (7), seien im folgenden einige herausgegriffen, die mit der vorliegenden Thematik im Zusammenhang stehen:

- <u>Rationalisierung der textuellen Komponente im Büro</u>: Hierunter fallen die Reduktion von Schreibarbeiten bei der Texterstellung durch den Sachbearbeiter bzw. ggf. die Schreibkraft, die Frage der Nutzung technischer Geräte wie Textverarbeitungssysteme und Terminals sowie die geeignete Verwendung neuer elektronischer Datenträger <u>anstelle von</u> Papier.

- <u>Verbesserung der Informations- und Kommunikationssituation</u> im Büro durch Integration neuer Retrievalmöglichkeiten: Einbeziehung von Schlüsselwörtern aus dem Text, insbesondere aber die Verwertung natürlichsprachiger Formulierungen von ´Suchfragen´ bzw. <u>natürlichsprachiger Problembeschreibungen</u> beim Retrieval.

5.1 <u>Grundzüge der COBIS-Laboranwendung</u>

Das Laborsystem COBIS stellte einen besonderen Testfall für ein <u>allgemeineres</u> Informations- und Kommunikationssystem dar, in dessen Mittelpunkt die <u>dialogische</u> Informationsverarbeitung und Kommunikation stand. Dieses Basis- oder Rahmensystem trug als Entwicklungsmodell das Akronym CONDOR (<u>CO</u>mmunication in <u>N</u>atürlicher Sprache mit <u>D</u>ialog-<u>O</u>rientiertem <u>R</u>etrieval).

Das Basis-System CONDOR ist durch folgende wesentlichen Eigenschaften gekennzeichnet:

- Der Anwender ist - ohne die Systemstruktur kennen zu müssen - sowohl bei der Systemimplementierung als auch bei der Systemnutzung weitgehend von technischen Detailkenntnissen befreit.

  Da davon auszugehen ist, daß "Büro"-Anwendungen wenig normiert werden können, v.a. wenn dabei vorhandene betriebliche Strukturen und Kommunikationsformen berücksichtigt werden müssen, ist eine derartige Unterstützung bei der Systemimplementierung sicherlich nützlich. Nach den COBIS-Erfahrungen (vgl. AMMON 1978) kann das Verfahren bezüglich einer Parametrisierung bzw. Typisierung des IR-Systems <u>technisch</u> innerhalb weniger Tage erlernt werden. Allerdings wird eine Implementierung analog zur Einbindung spezieller (z.B. branchenspezifischer) Softwarepakete <u>inhaltlich</u> (d.h. zur Strukturierung der bürospezifischen "Dokumente") bei einer Erstinstallation verhältnismäßig viel Zeitaufwand erfordern. Insofern werden auch in diesem Bereich <u>Standard-Entwicklungen</u>, die ggf. nur (leicht) auf eine spezifische Anwendersituation anzupassen, d.h. zu variieren sind, die beste Voraussetzung zu marktfähigen Systemen bieten. (Die "Information" des Systems bzgl. der Struktur der Dokumenttypen, der Anweisungen bzgl. der spezifischen Bedienerführung usf., erfolgte im Dialog mit dem System CONDOR.)

- Für die Labor-Implementierung wurde als Rahmen von COBIS eine Menü- oder Suchbaumtechnik eingeführt. Sowohl für die Dateneingabe als auch die Abfrage war die Möglichkeit gegeben, Formulare auszufüllen, die bei der anwenderspezifischen Einrichtung entsprechend generiert werden konnten. Zu jedem Zeitpunkt konnte - um den "Spezialisten" zu unterstützen und längere Erfassungs- oder Retrieval-Dialoge zu vermeiden - über eine "Kommandosprache" (analog zu den in der Literaturdokumentation in Online-Datenbasen vorgesehenen Sprachen) ein "abgekürztes" Verfahren gewählt werden.

- Die besondere "Spezialität" des CONDOR-Basis-Systems, die zugleich einen besonderen Anreiz für die Anwendung "Büro" bot, war jedoch die Möglichkeit, (deutschsprachige) Texte (z.B. in Notizen, Protokollen, Berichten) über ein Freitext-Retrieval wiederzufinden, wobei <u>auch</u> Suchanfragen verwendet werden konnten, die eine Art Problembeschreibung oder Themenangabe darstellen.

Im Rahmen der COBIS-Implementierung wurde ein Szenario entwickelt, das es ermöglichen sollte, die "typischen" (textuellen) Kommunikationsaktivitäten auf das Büro-Informationssystem im Modell abzubilden. Eine detaillierte Schriftgutanalyse (10) erbrachte als wesentliche Dokumenttypen die Schriftformen BERICHT, BRIEF, NOTIZ, TERMINKALENDER, PROTOKOLL, RICHTLINIE sowie POSTEINGANG und POSTAUSGANG.

Zugleich wurden Verteiler und Zugriffsberechtigungen ermittelt bzw. festgelegt, soweit hierzu systemseitig Möglichkeiten vorgesehen waren oder simuliert werden konnten. Die Strukturdaten (d.h. die Untergliederungen der einzelnen Dokumenttypen) enthielten neben eher "technischen" Elementen (z.B. Dokumentkennung, Erstellungs- und Änderungsdaten) die eigentlichen spezifischen Angaben (beim BRIEF z.B. zum Absender, zum Adressaten, beim PROTOKOLL z.B. das Sitzungsdatum, den Namen des Protokollanten, die Namen der Teilnehmer usf.) noch Angaben zu den jeweiligen Vorgängen bei der Fertigung (z.B. Kenzeichnungen, ob es sich um einen ENTWURF oder eine ENDFASSUNG handelte, ob KENNTNISNAHME und durch wen erfolgte) sowie Angaben zur Verknüpfung mit anderen Dokumenten, zu ergänzenden Ablageformen (z.B. Ablage des Originals als MICROFICHE usf.).

Für die Erschließung bzw. Eingabe der Daten standen verschiedene Varianten (von der Eingabe über Textsystem, über Dialogerfassung und über Formularmasken) zur Verfügung. Für das Retrieval wurden die allgemeinen Retrieval-Strategien des Basissystems genutzt, daneben wurden mit Hilfe entsprechender Funktionen des Basissystems aufgabenspezifische sog. "Retrievalstrategien" definiert, die auf gängige Problemlösungen (z.B. Suche eines Briefes über einen Autor) ausgerichtet waren.

5.2 Ergebnisse der COBIS-Anwendung

In einem Labormodell ist zwischen abundanten (d.h. im Sinne der Fragestellung nicht relevanten) und problemrelevanten Faktoren zu unterscheiden. Aus den relevanten Fragestellungen erscheinen im Hinblick auf allgemeine Überlegungen zur EntwickKlung von Bürokommunikations-Systemen folgende Punkte wesentlich:

- Büro-Kommunikationssysteme müssen eine extrem benutzerfreundliche Kommunikations-schnittstelle Mensch-System aufweisen. Dies betrifft vorwiegend die technische Seite (z.B. bezüglich der Beweglichkeit des Cursors - vielleicht stellt die "Maus" einen derartigen Lösungsansatz dar).

- Die systemgesteuerten Informationen bei der Benutzerführung müssen sich der Vertrautheit des Benutzers mit dem System bzw. mit den Systemstrategien flexibel anpassen. Die "Intelligenz" der Systeme muß so groß sein, daß beim Retrieval zumindest in Standard-Situationen verkürzte Strategien zur Verfügung stehen.

- Eine mögliche Alternative stellen ggf. Verfahren dar, die zumindest bezüglich der Standardanfragen "verstehensorientiert" auf eine natürlichsprachige Anfrage re-agieren.

Beispiel für eine mögliche "Anfrage":

Ich suche einen Brief oder einen Bericht zum Thema Arbeitsbeschaffungsmaßnahme. Es handelt sich um Daten aus 1982 bzw. 1983.

(Unterstrichene Wörter: Schlüsselwörter zur Strategie-Ermittlung bzw. Themenbe-schreibung)

Aus einer derartigen "Anfrage" ließe sich etwa für ein "COBIS" der Zukunft folgende
formale Suchanfrage ermitteln:

/1/ (OBJEKTTYP: BRIEF ODER OBJEKTTYP: BERICHT)
/2/ 1UND (JAHR: 1982 ODER JAHR: 1983)
/3/ 2UND (ARBEITSBESCHAFFUNGSMASSNAHME)

Obwohl das Basissystem CONDOR im wesentlichen nahezu alle geschilderten Möglichkeiten
anbot, waren die praktischen Resultate aus technischen Gründen nicht ausreichend.
Allerdings zeigte gerade die Anwendung "Büro", daß die Entwicklungsrichtung im
Grundsatz erfolgversprechend ist.

5.3 Integration von Kleincomputern in einem Informations- und Kommunikationsverbund

Bei den Überlegungen zur Entwicklung eines Labormodells ´Computergestütztes
Büro-Informations-System´ standen weniger technische Lösungen als funktional-logische
Fragen im Vordergrund. Erste Erfahrungen zur Möglichkeit, Kleincomputer in einem
Informations- und Kommunikationsverbund zu integrieren, konnten in diesem
Zusammenhang jedoch gesammelt werden. Die ´dezentrale´ Intelligenz der verwendeten
Kleincomputer wurde v.a. für Erfassungsaufgaben (Textverarbeitung, Strukturdaten)
und zum Retrieval (Dialogstation) verwendet. Besonders zu erwähnen ist dabei, daß
zeitweise – wenn auch unter einigen Restriktionen – ein elektronisches Kommu-
nikationsnetzwerk aufgebaut wurde, an dem die Entwicklungsgruppe des Basis-Systems
CONDOR (8) in München, die Abteilung der Forschungsgruppe COBIS in Regensburg und ein
Betriebsteil eines großen Unternehmens in Stuttgart angeschlossen waren. Über dieses
Teilsystem ´COCO´ wurden Mitteilungen, Notizen, Termindaten u.ä. elektronisch
ausgetauscht und quittiert, wobei es ebenso möglich war, mit Formaldaten (Absender,
Adressat, Termin) zu recherchieren wie mit ´inhaltlichen´ Fragestellungen
(natürlichsprachigen Problembeschreibungen), da das Basis-System zum aktuellen
Retrievalzeitpunkt eine automatische Sprachanalyse zum Abgleich mit vorher
analysierten Dokumentdaten durchführte.

Es versteht sich aus dem Dargestellten von selbst, daß eine von ´Großrechnern´
losgelöste Kommunikation (auch wenn Datenaustausch in Verbundsystemen von
Kleincomputern möglich ist) und Information (auch wenn Kleincomputersysteme hier
beachtliche Fortschritte gemacht haben) – auf sich allein gestellt – derzeit nicht
die Ergebnisse bringen kann, die mit komplexen, v.a. sprachverarbeitenden Systemen
wie CONDOR erreicht (bzw. angestrebt) werden. Für die 80er Jahre – und nach den
bisherigen Erfahrungen wohl darüber hinaus – sollte der Informationsverbund, bei dem
zentrale Systeme größerer Leistungsfähigkeit bzw. Spezialisierung verknüpft sind mit
dezentralen (Arbeitsplatz-)Kleincomputern mit ausreichendem Bearbeitungskomfort, im
Mittelpunkt der Überlegungen stehen. Diese Kopplung würde es erlauben, die
Benutzerschnittstelle durch Mikroprogrammierung einerseits den Bedürfnissen des
Benutzers (seiner "Sprache") und andererseits den verschiedenartigen System-
konventionen anzupassen. Auch ´kleinere´ Fragestellungen der Textbe- und
-verarbeitung (wie automatische Silbentrennung, Rechtschreibfehlererkennung und
formale Sprachanalyse auf morphosyntaktischer Ebene) werden die ´lokale´ Intelligenz
des Kleincomputers erhöhen. Der Bürocomputer – wohl meist ein Computer aus der
(heutigen) Dimension der Mittleren Datentechnik (MDT) – wird im Verbund mit dem
Arbeitsplatzrechner viele Fragen der Bürokommunikation, -steuerung und -ablage
bewältigen helfen. Insbesondere ist auch anzunehmen, daß interaktive Verfahren zur
computergestützten Sprachübersetzung (bei denen allerdings Mensch-Maschine-Dialoge
zur Präzisierung und Klärung von Zweifelsfällen ablaufen) auf den Markt kommen
werden, die auf MDT- und Kleincomputersystemen entwickelt sind. (Ein Beispiel dafür
sind die Überlegungen von APPLE, für das LISA-System das System von WEIDNER zur
maschinenunterstützten Übersetzung zu integrieren (9)).

´Komfortablere´, an weitergehenden Zusammenhängen zwischen Sprachverstehen, Kommunikation und Information orientierte Systeme werden auf längere Sicht - sofern sich überhaupt schon produktionsorientierte Realisierungen abzeichnen - auf zentralen (Groß-)Computern implementiert sein. Nur auf diese Weise läßt sich der erforderliche Entwicklungs- und Pflegeaufwand derzeit finanzieren und rechtfertigen.

Diese Perspektiven schließen nicht aus, daß dem Kleincomputer eine wachsende Rolle im Informationsverbund zukommt. Der zunehmende individuelle Komfort am Büro-Arbeitsplatz bildet jedoch ebenfalls einen Teilaspekt in einem Informationsnetzwerk, bei dem Fragen der Konsistenz von Daten, des Datenaustauschs und der raschen Verfügbarkeit bei Gewährleistung von Datenschutz und -sicherheit im Vordergrund stehen.

Die technologische Art der Realisierung des Informationsverbunds - sei es über ein System verteilter Daten oder eine stärkere Zentralisierung - ist letztlich von sekundärem Interesse, gemessen an den sozialen, psychologischen und wirtschaftlichen Auswirkungen, die sich aus der Miniaturisierung und Leistungssteigerung der elektronischen Datenverarbeitung allgemein ergeben.

6. Zukünftige Aufgaben eines Büro-Informations-Systems

Durch ein (computergestütztes) Büro-Informations-System sind Rationalisierung des Büros und Verbesserung des Informationsflusses im Büro und nach außen zu verknüpfen. Unter Rationalisierung wird dabei allgemein verstanden:

- Reduktion von Schreibarbeiten durch Vereinfachung von Korrekturen in den Phasen der Texterarbeitung (Ersterfassung durch Sekretär/Schreibkraft, intellektuelle/ maschinelle Änderungen);

- Verkürzung der Suchvorgänge: neben traditionellen Klassifikations- und Ordnungsmöglichkeiten - z.B. über Aktenzeichen - treten neuere Suchmöglichkeiten, z.B. über Schlüsselwörter, formale Aspekte (wie Absender, Datum, Adressat) oder die freie Frageformulierung;

- Wegfall von Mehrfachablage und Kopieren: konventionelle Ablagesysteme werden gestrafft, das Schriftgut besser bzw. schneller ´verteilt´.

Der wenig produktive Arbeitsanteil (reine Schreibarbeiten, lange Suchwege) ist zu reduzieren. Der produktive Arbeitsanteil (Entscheidungsvorbereitung) ist zu erhöhen. Dadurch sollen komplexe Zusammenhänge leichter beherrschbar und das Problem der ungewollten Doppelarbeit minimiert werden.

Computergestützte Büro-Informations-Systeme, wie sie hier vorgestellt werden, sollen somit einerseits die textuelle Dokumentation und Kommunikation unterstützen, daneben sollen sie zunehmend Steuerungsaufgaben (z.B. bei der Terminplanung und im Informationsablauf) übernehmen. Die Realisierung einer automatischen Unterstützung im Bereich der Steuerung von Büroabläufen, bei der die intellektuelle Entscheidungsfindung erleichtert werden soll, ist dabei allerdings eher längerfristig zu sehen.

Hinter diesen konkreten Forderungen verbirgt sich jedoch ein tieferes Problem. Im Prinzip steht nämlich nicht eine stärkere Rationalisierung des Bürobereichs durch Verwendung von Computer-Systemen zur Diskussion, vielmehr wird das "Büro" an sich als Ort, als Personengruppe, als Funktion der Informationsvermittlung in Frage gestellt. So ist vorstellbar, daß sich (ohne hier über den Zeitpunkt einer Realisierung Schätzungen anzustellen) die Reduktion von Schreibarbeiten soweit vollziehen läßt, daß z.B. auch gesprochener Freitext über eine automatische ´Verschriftung´ oder in anderer Weise vermittelbar und rationell wiederfindbar wird (man denke zunächst an die heute schon mögliche Speicherung und den Direktzugriff zu gesprochenen Mitteilungen).

So ist ferner vorstellbar, daß (heute schon realisierte, wenn auch z.T. noch rudimentär entwickelte) maschinelle Retrievalvorgänge einen menschlichen Vermittler bzw. eine intellektuelle Informationsaufbereitung durch entsprechend geschultes Personal überflüssig machen werden.

Unter diesen Vorzeichen wird ein "Büro" der Zukunft (gleichgültig, wann diese Zukunft einmal Realität sein wird) zu einem reinen Instrumentarium werden; die "klassische" Sekretärin, die Schreibkraft, den Bürogehilfen wird es bei einer entsprechenden Entwicklung nicht mehr geben.

Man muß diese Gedanken allerdings noch ein weiteres Stück verfolgen, um sie ganz zu Ende zu denken. So wie die Textbearbeitung nur eine Funktion im Zusammenhang der Kommunikation darstellt, ist die (wenn auch weitaus komplexere) "Büro"-Kommunikation (bzw. das computergestützte Büro-Informations-System) nur eine Funktion der betrieblichen oder fachlichen Kommunikation in dem Sinne, daß z.B. damit allgemeine wie spezifische menschliche Kommunikationsgewohnheiten und -verfahren unterstützt werden. In diesem Sinne kann ein Büro-Kommunikations-System eigentlich keine besondere Rolle beanspruchen, sondern stellt allenfalls eine Teil bzw. Teilfunktionen "höherwertiger" Systeme dar. Solche "höherwertigen" Systeme werden sowohl fach- oder themenbezogene als auch organisatorisch-kommunikative Teilbereiche enthalten bzw. sie integrieren.

Im Grunde war der CONDOR/COBIS-Ansatz bereits auf eine derartige Integration ausgerichtet. Insofern bedeutet die Entwicklung spezifischer "Dokumenttypen" - wie sie bei COBIS in den "Typen" BRIEF, PROTOKOLL, NOTIZ, TERMINKALENDER, "RICHTLINIE" oder POSTEIN- bzw. POSTAUSGANG entwickelt und getestet wurden, im Grunde nur das oberflächige Ausfüllen allgemeiner ("gewohnter") und organisatorischer Teilbereiche betrieblicher Kommunikation und Information. Sie bestätigen im Grunde, unabhängig von allen "praktischen" Schwächen, die dem Labormodell CONDOR/COBIS in seiner Ausführung (fast möchte man sagen: notwendig) anhafteten, die Richtigkeit der grundsätzlichen Konzeption eines allgemeinen (also z.B. problem- und situationsunabhängigen) Ansatzes eines integrierten Informationssystems, wie es das CONDOR-Modell vorsah.

<u>Anmerkungen</u>

(1) Während AMMON die Funktionsweise des Systems in den Vordergrund stellt, bezieht RAUCH v.a. die möglichen sozialen Auswirkungen mit ein. ZIMMERMANN 1982a steht im engeren Bezug zu der vorliegenden Studie, bes. Kap. 3, 4 und 5 dieses Berichts sind z.T. in Ausschnitten deckungsgleich.

(2) Vgl.: RAUCH, S. 17 u.ö.

(3) Noch JURK 1979 und PEISL 1979 bringen in diesem Zusammenhang unbefriedigte Definitionen: "Die Arbeit im Büro ist gekennzeichnet durch den Umgang mit Information" (JURK 1979, S. 22). "Der Gegenstand der Büroarbeit ist die Information" (PEISL 1979, S. 6).

(4) CONNELL 1979, S.9.

(5) RAUCH 1982, S.45.

(6) Vgl. dazu ausführlich u.a. RAUCH 1982, S. 28ff.; dort auch weitere Literatur.

(7) Vgl. v.a. ZIMMERMANN 1982a.

(8) Zugrundegelegt war ein neuartiges IR-System (CONDOR), das ebenfalls mit Unterstützung des BMFT realisiert wurde (vgl. unten).

(9) Mündliche Kommunikation.

(10) Da die textuelle Kommunikation im Mittelpunkt der Untersuchungen stand, wurden keine weiteren Studien, z.B. zu bildlichen/graphischen oder numerischen Daten, durchgeführt.

Literatur

Ammon, R. von (1978): Beschreibung von CONDOR-Funktionen. Erfahrungen mit CONDOR-Funktionen. Bericht COBIS-A-005, Regensburg (masch.).

Ammon, R. von (1982): Überblick über ein Computergestütztes Büroinformationssystem (COBIS) und einige Problembereiche. In: Nachrichten für Dokumentation 33 (2), S. 63-70.

Banerjee, N. (1980): Die Systemkonzeption von CONDOR. In: Datenbasen, Datenbanken, Netzwerke. Bd. 3, Nutzung und Bewertung von Retrievalsystemen. R. Kuhlen (Hrsg.). München: K.G. Saur 1980, S. 169-198.

Connel, J.J. (1979): The Office of the Future. In: Journal of Systems Management 30 (2), S. 6-10.

Fischer, H.G. (1980): CONDOR - Modell eines integrierten DB/IR-Systems für strukturierte und unstrukturierte Daten. In: Nachrichten für Dokumentation 33 (2), S. 53-62.

Jurk, R. (1979): Im Büro der Zukunft. In: data report 14 (Sonderheft), S. 22-24.

Peisl, A. (1979): Mit Geräten und Systemen der Bürotechnik zum "Rationellen Büro". In: data report 14 (1), S. 6-11.

Rauch, W.D. (1982): Büro-Informationssysteme. Sozialwissenschaftliche Aspekte der Büro-Automatisierung durch Informations-Systeme. Wien/Köln/Graz: Böhlau.

Zimmermann, H.H. et al. (1982a): COBIS - Computergestütztes Büro-Informations-System als Pilotanwendung von CONDOR. Regensburg (masch.).

Zimmermann, H.H. (1982b): Der Bürocomputer in einem Informationsverbund. Erfahrungen mit einem computergestützten Büroinformationssystem (COBIS). In: Deutscher Dokumentartag 1981 (Mainz). Deutsche Gesellschaft für Dokumentation (Hrsg.). München: Saur, S. 152-163.

DAS LANDESINFORMATIONSSYSTEM BADEN-WÜRTTEMBERG

Rolf Deininger
Statistisches Landesamt Baden-Württemberg

I.   Zur Entwicklung von Planungsdatenbanken und allgemeinen Informationssystemen
II. Die Entwicklung des Landesinformationssystems Baden-Württemberg
III. Form und Inhalt des Landesinformationssystems heute
     1. Die technische Basis
     2. Inhalt
IV. Die Hauptprobleme
V.   Die weitere Entwicklung
Anmerkungen

Referat

Der Autor schildert die Entwicklung des Landesinformationssystems Baden-Württemberg
durch das Statistische Landesamt von den Anfängen als Planungsinformationssystem bis
hin zu seinen heutigen Komponenten der Struktur- und Regionaldatenbank, der
Parlaments-Dokumentation, dem Vorschriftenverzeichnis und deren Teilkomponenten.
Zentrale Probleme sind die Benutzerfreundlichkeit für die verschiedenen, inhomogenen
Nutzergruppen sowie die ständig erforderliche Aktualisierung des Datenmaterials.

Abstract

The author describes the development of the state´s information system
(Baden-Württemberg) by the ´Statistisches Landesamt´ from its origins as a planning
instrument right up to the current components of its structural and regional
databank, the parlamentary documentation system and the system for rules and their
subcomponents. The main problems involve reaching a userfriendliness for the
inhomogeneous group of users and the constantly necessary up-dating of the data
material.

I. Zur Entwicklung von Planungsdatenbanken und allgemeinen Informationssystemen

In der zweiten Hälfte der 60er Jahre nahmen die Ideen von elektronisch geführten Planungsdatenbanken und Informationssystemen erste Gestalt an. Die Technik war so weit entwickelt, daß sich Vorstellungen über schnelle Direktzugriffe auch auf größere Datenmengen über Datenfernübertragung und generelle Datenbanksoftware in die Praxis umsetzen ließen. Datum e.V., zunächst ein Dokumentations- und Ausbildungszentrum für Theorie und Methode der Regionalforschung, wurde 1965 als "Institut für ADV-gestützte Entwicklungsplanung" ausgewiesen. Der kürzlich aufgelöste Verein hat auf diesem Gebiet praktische Entwicklungsarbeit geleistet und – besonders im kommunalen Bereich – Denkanstöße gegeben. Die Statistischen Landesämter und das Statistische Bundesamt entwickelten und verwirklichten um 1970 statistische Datenbanken, wobei es aus verschiedenen Gründen leider nicht zu einem einheitlichen Vorgehen kam. Eine Arbeitsgruppe des Bundesinnenministeriums entwickelte mit dem "Informationsbanken-system" Vorschläge für die Planung und den Aufbau eines allgemeinen, arbeitsteiligen Informationsbankensystems für die Bundesrepublik Deutschland. 1972 hat der Kooperationsausschuß ADV (Bund/Länder/Kommunaler Bereich) einen Unterausschuß eingesetzt, der sich seitdem mit Projekten des öffentlichen Dienstes auf dem genannten Sektor besonders beschäftigt. Viele der in dieser Such- und Lernphase entwickelten großen Konzeptionen über Informationssysteme hielten in den folgenden Jahren den praktischen Erfordernissen nicht stand oder mußten gewaltige Einschränkungen hinnehmen. Gleichwohl bleibt festzustellen, daß in diesen Jahren der Grundstock für Ideen und praktische Einrichtungen zu Informationssystemen im Planungs- und Verwaltungsbereich gelegt wurde (1).

II. Die Entwicklung des Landesinformationssystems Baden-Württemberg

Das Statistische Landesamt Baden-Württemberg begann 1969 mit dem systematischen Aufbau eines technischen und organisatorischen Systems für die Zusammenstellung statistischer Daten. Dabei wurde sehr pragmatisch vorgegangen. In oft mühseliger Kleinarbeit wurden (Magnet-)Dateien mit auf Gemeindeebene verfügbaren Daten aus den verschiedenen statistischen Bereichen in einer Datei zusammengefaßt und Standard-programme für flexible tabellarische und graphische Auswertungen entwickelt. Das als Regionaldatenbank bezeichnete Projekt wurde 1972 erstmals der Öffentlichkeit vorgestellt (2). Im Gesetz über die Datenzentrale Baden-Württemberg (17.11.1970, Ges.Bl. S. 492) wurde erstmalig der Aufbau eines Informationssystems für das ganze Land Baden-Württemberg (wenn auch nur sehr vage) angesprochen. Eine Arbeitsgruppe beim Statistischen Landesamt erhielt von der Landesregierung im März 1972 den Auftrag, binnen zweier Jahre ein Konzept für den Aufbau eines Informationssystems vorzulegen. Die interministeriell zusammengestzte Arbeitsgruppe, der auch Vertreter der Datenzentrale und des kommunalen Bereichs angehörten, stellte im Juni 1974 zwei Modelle vor:

- ein Nachweissystem über im Lande verfügbare, wichtige Informationen
- ein umfassendes Planungsinformationssystem.

Das Kabinett entschied sich für den zweitgenannten Ansatz.

Das Statistische Landesamt Baden-Württemberg, das dem präferierten Modell mit seiner Regionaldatenbank besonders nahekam, baute dementsprechend die Datenbank, deren Inhalt gerade in den Jahren der Kreis- und Gemeindereform äußerst gefragt war, technisch und inhaltlich weiter aus. Im Herbst 1975 konnte das Amt die sogenannte Struktur- und Regionaldatenbank Baden-Württemberg vorstellen, die auf dem soft-ware-technischen Instrument IMS (Information Management System) basierte (3).

Beginnend im Jahre 1976 entwickelte das Statistische Landesamt im Auftrag der Landtagsverwaltung eine Automatisierung der Parlamentsdokumentation. Das abgekürzt mit ADAK-BW (Automatisierte Dokumentation auf konventioneller Basis) bezeichnete System wurde später – 1979 – in das Landesinformationssystem einbezogen. ADAK ist inzwischen von mehreren Ländern übernommen worden.

Nachdem Ansätze zu einem neuen Gesetz über die amtliche Statistik des Landes Baden-Württemberg scheiterten, wurde der Gedanke zur Einrichtung eines Landesinformations-systems im Landesdatenschutzgesetz von 1979 kodifiziert. Paragraph 27 dieses Gesetzes vom 4.12.1979 besagt unter anderem, daß

- das Informationssystem des Landes beim Statistischen Landesamt auf der Grundlage der Struktur- und Regionaldatenbank errichtet wird

- ein Landesausschuß für Information (bestehend aus je 5 Vertretern des Landtags und der Landesregierung) die Landesregierung bei der Auswahl der Daten und Aus-wertungsmethoden des Systems berät.

Im Rechtsbereinigungsgesetz vom 12.2.1980 wird ergänzend festgelegt (Pararaph 6), daß in das Landesinformationssystem die landesrechtlichen Gesetze in der jeweils geltenden Fassung mindestens mit Bezeichnung, Datum der Ausfertigung und Fundstelle aufzunehmen sind. Damit wurde dem Landesinformationssystem neben dem planungszahlen-orientierten, statistischen Teil eine Nachweiskomponente über Dokumente gesetzlich zugewiesen (AVV-BW = Automatisiertes Vorschriften-Verzeichnis).

III. Form und Inhalt des Landesinformationssystems heute

1. Die technische Basis

Das Rechenzentrum des Statistischen Landesamts Baden-Württemberg betreibt zwei IBM Rechner (370-158 bzw. 4341-L01 mit einer umfangreichen Peripherie (Magnetband-einheiten, Magnetplatten, Massenspeicher, Drucker, Fernsteuereinheit, angeschlossene Bildschirme). Die Daten des Landesinformationssystems sind vorwiegend auf Platten gespeichert und über Dialog- und Batchzugriff darstell- und verarbeitbar. Neben einer Reihe von Direktanschlüssen über Bildschirm und Drucker innerhalb des Statistischen Landesamts bestehen auch online-Übertragungseinrichtungen zu derzeit (Mai 1983) vier Ministerien, der Landtagsverwaltung und zum Regionalverband Mittlerer Neckar. Weitere Anschlüsse sind in Vorbereitung.

Technische Ausstattung des Informationssystems

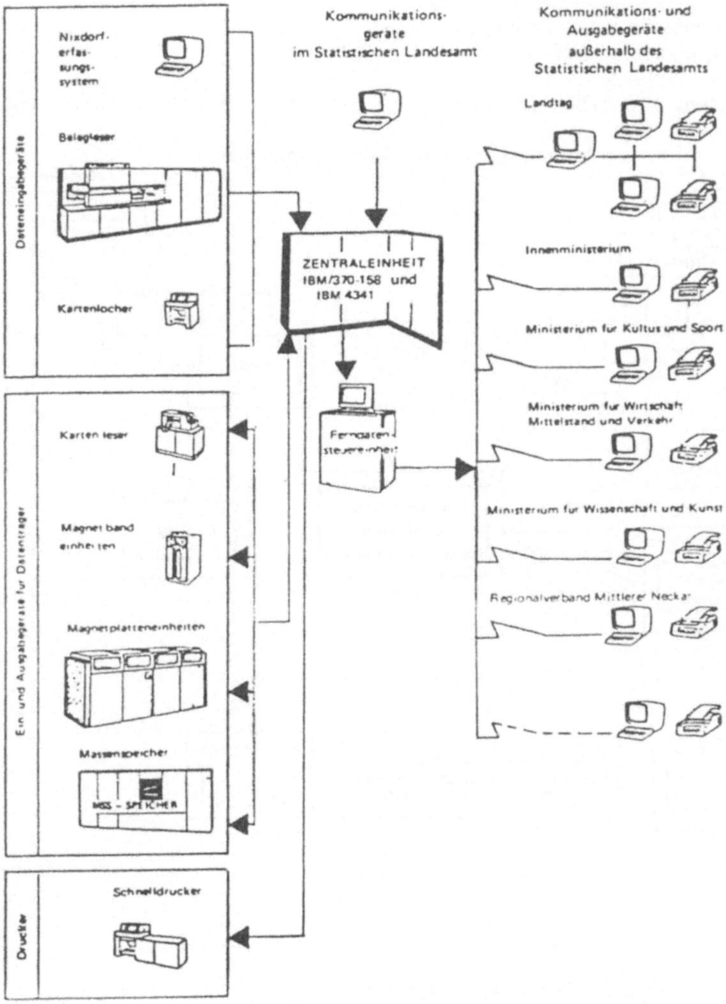

Abb. 1 Technische Ausstattung des Informationssystems

2. Inhalt

Das Informationssystem Baden-Württemberg hat drei wesentliche Komponenten

- Struktur- und Regionaldatenbank (SRDB)
- Parlamentsdokumentation des Landtas (ADAK-BW)
- Vorschriftenverzeichnis (AVV-BW)

Weitere Komponenten, wie z.B. die Landesbibliographie, sind in Vorbereitung.

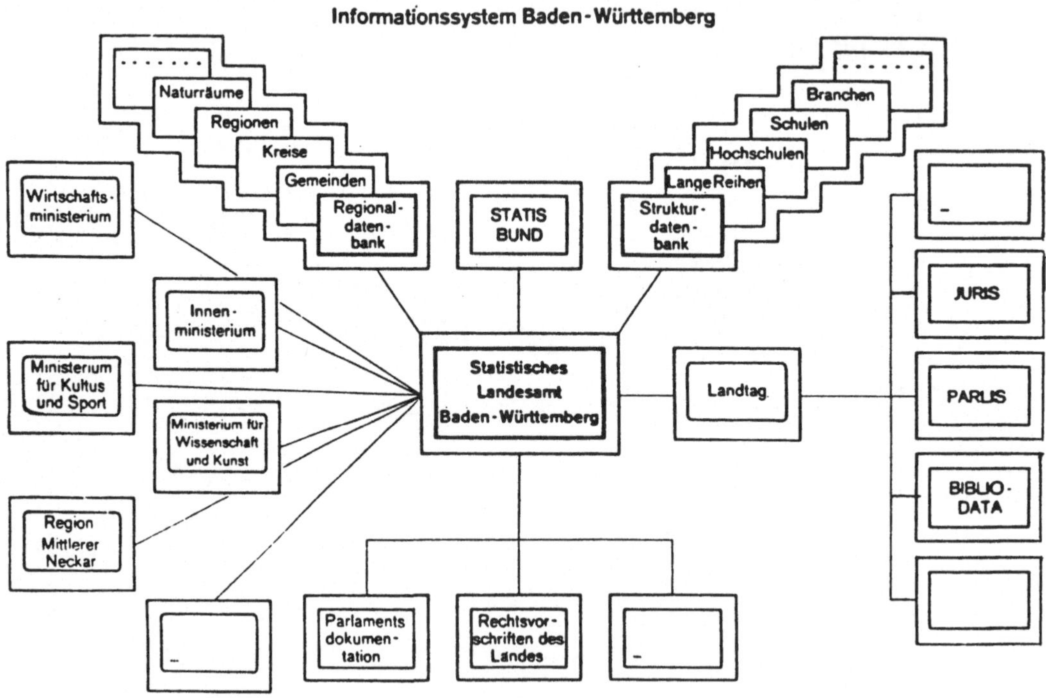

Abb. 2   Informationssystem Baden-Württemberg

2.1 Im Bereich <u>Struktur- und Regionaldatenbank</u> (eigentlich ein Datenbanksystem)
bestehen drei IMS-Datenbanken:

- Katalog- und Merkmalsdatenbank mit den sachlichen und zeitlichen Beschreibungen der
  in der Struktur- und Regionaldatenbank enthaltenen Merkmale und dem Merkmal-
  schlüssel

- Zuordnungsdatenbank mit der räumlichen Beschreibung für die verfügbaren Daten und
  dem sogenannten Regionalschlüssel. Die Datenbank enthält eine große Zahl von
  administrativen und nichtadministrativen Raumbezügen auf der Basis der am 27.5.1970
  (Volkszählung) vorhandenen selbständigen Gemeinden.

- Statistische (Wert-)Datenbank mit den eigentlichen Struktur- und Regionaldaten.

Die drei Datenbanken stehen in enger Verbindung.

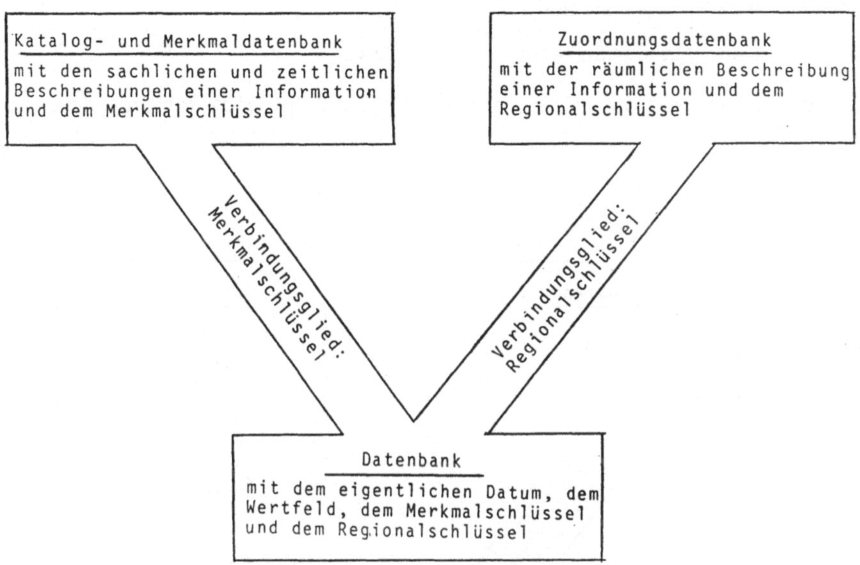

Abb. 3   Aufbau der Struktur- und Regionaldatenbank

Über ein Bündel von Standardprogrammen und -verfahren kann auf die Daten in fast beliebiger Weise zugegriffen werden. Es werden numerische Daten aus allen Bereichen der amtlichen Statistik (und teilweise darüber hinaus) angeboten. Insgesamt enthält das System ca. 200 Millionen Daten, darunter 45 000 für jede Gemeinde des Landes (Stand: Sommer 1983).

Als Konsumenten kommen neben dem staatlichen und kommunalen Bereich insbesondere die Wirtschaft und der Bildungsbereich in Frage. Aber auch der einzelne Bürger hat hierüber Auskunftsmöglichkeiten. Nähere Informationen erhält man über das Statistische Landesamt Baden-Württemberg, Referat 61.

Über das beschriebene Konzept hinaus sind jetzt weitere Datenbanken im Entstehen, die vorwiegend Strukturdaten bzw. spezielle Datenzusammenstellungen enthalten, die besonders oft nachgefragt werden.

2.2 In Ergänzung zum numerischen Teil des Informationssystems stehen die Teile mit
dokumentarischem Charakter. Hier ist zuerst die Parlamentsdokumentation des Landtags
zu nennen (ADAK-BW).

Auch hierbei handelt es sich um ein System von Datenbanken:

- Deskriptordatenbank mit lexikographischen Schlagwörtern für die aufgenommenen
  Vorgänge (zur Zeit über 20 000)

- Urheberdatenbank mit den Urhebern der Vorgänge

- Vorgangsdatenbank mit der eigentlichen Beschreibung jedes Vorgangs (ca. 5 000 je
  Legislaturperiode).

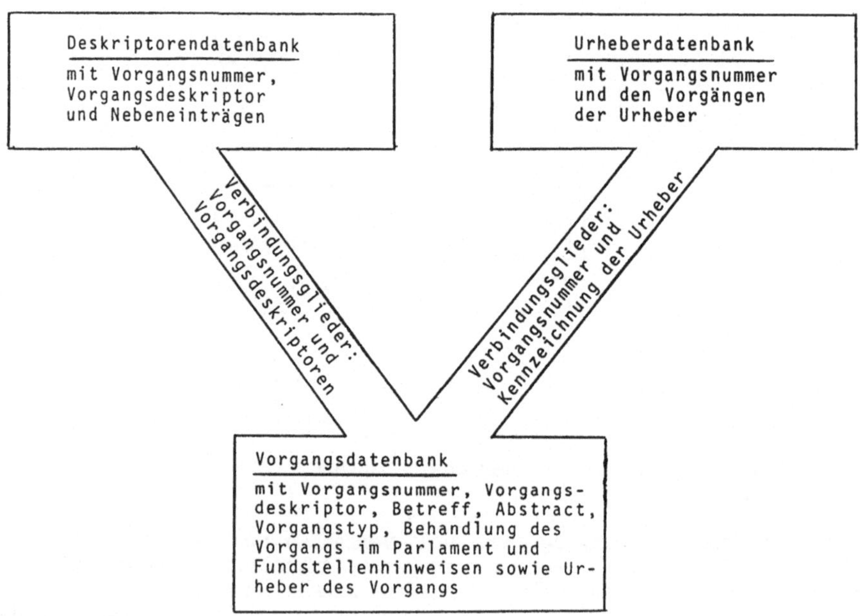

Abb. 4   Aufbau der Parlamentsdokumentation

Die Dokumente (Vorgänge = Gesetzgebungsverfahren, große und kleine Anfragen, Anträge
oder Debatten, Regierungserklärungen) werden von der Landtagsverwaltung doku-
mentarisch verwaltet und in entsprechender Weise dem System zugeführt. Recherchen
und einfache Zusammenstellungen erfolgen ebenfalls im online-Betrieb. Nach Abschluß
einer Legislaturperiode werden Sprech- und Sachregister mit Hilfe von ADAK-BW
erstellt. Das gesamte System stellt eine Entwicklung des Statistischen Landesamts
Baden-Württemberg nach den Vorgaben der Parlamentsverwaltung dar. Mehrere Landtage
haben inzwischen das in Baden-Württemberg eingeführte System übernommen. Nähere
Informationen bietet die DV-Stelle der Landtagsverwaltung (4).

2.3 Zu ADAK-BW kam das in Abschnitt II bereits genannte Automatisierte Vorschriftenverzeichnis (AVV-BW). Das ursprünglich nur für Gesetze im Rahmen der Arbeit zur Rechtsbereinigung entstandene System fand in seinem technischen Konzept breitere Ausformung und wird derzeit auch für Verordnungen und Erlasse im inneren Geschäftsbereich einiger Ministerien eingesetzt. Formal entspricht das System in vielen Teilen ADAK-BW. Man unterscheidet vier Datenbanken:

- Deskriptorendatenbank mit Haupt- und Nebenschlagwörtern

- Gliederungsdatenbank mit (festem) Gliederungstext

- Urheberdatenbank mit Namen und Bezeichnung der als Urheber anzusehenden Organisationseinheiten

- Vorschriftendatenbank mit der eigentlichen Beschreibung der einzelnen Vorgänge (Sommer 1983: ca. 5.000 Gesetze oder Vorschriften).

Auch hier sind wieder Recherchen verschiedener Art möglich. Daneben werden auch bestimmte Veröffentlichungen erstellt, die im Zuge der Verwaltungreform hohe Bedeutung haben (Gültigkeitsverzeichnis). Das System wird laufend von externen Stellen aus gepflegt (5).

Nähere Auskünfte erteilt das Innenministerium Baden-Württemberg.

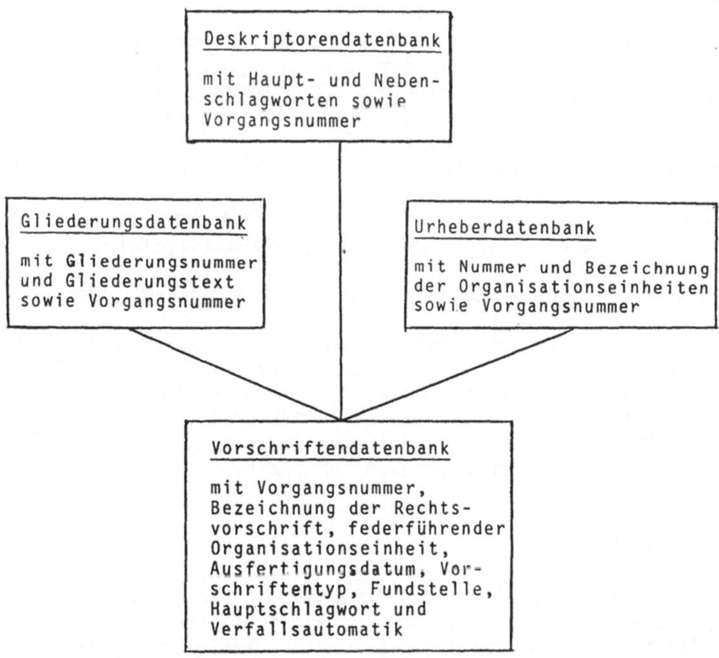

Abb. 5   Automatisiertes Vorschriftenverzeichnis

2.4 Das Landesinformationssystem enthält über die eigenen Datenbanken hinaus auch noch direkte oder indirekte Kontakte zu anderen Datenbanksystemen (z.b. Statis-Bund, Parlis etc.).

IV. Die Hauptprobleme

Die euphorischen Vorstellungen der frühen 70er Jahre über die Schnelligkeit des Aufbaus und die Bedeutung von übergreifenden Informationssystemen haben sich nicht erfüllt. Der Aufbau von geeigneten Informationssystemen erwies sich als weitaus aufwendiger, als ursprünglich gedacht. Die Forderung nach Benutzerfreundlichkeit läßt sich schnell erheben, jedoch schwer realisieren - schon deshalb, weil bei umfassenden Systemen der Nutzer mit seinen Eigenschaften nicht bekannt ist und es zudem wohl auch kein festes Benutzerprofil geben kann. So muß in diesem Bereich viel investiert werden - und doch ist es immer noch zu wenig. Trotzdem: Geblieben bzw. entstanden ist Beachtliches, auf das heute kaum mehr verzichtet werden kann. Neben dem Problem der Benutzerfreundlichkeit bzw. Benutzerakzeptanz besteht bei umfassenden Systemen auch das Problem der Pflege und Weiterentwicklung, das erhebliche Kräfte bindet. Ein Spezialproblem von ganz besonderem Gewicht haben statistische Datenbanken: Die Datenquellen sind nicht statisch. Die erfaßten Merkmale unterliegen aus externen Gründen zeitlichen Veränderungen. Dies bedeutet, daß der Aufbau von Zeitreihen in vielen Fällen erschwert, wenn nicht gar unmöglich ist. Noch stärker ist allerdings die Gefahr, daß mangelnde Kenntnisse über die zugrundeliegenden Definitionen zu fehlerhafter Nutzung der Daten führt. Dieses Problem bedeutet eine ständige Herausforderung sowohl für den Benutzer als auch für den Betreiber eines Informationssystems.

Das Informationssystem Baden-Württemberg hat zwei verschiedene Zugangsformen: den Direktanschluß über ein Terminal oder die Einschaltung der Informations- und Beratungsstelle im Statistischen Landesamt. Hilfsmittel für die Systemnutzung sind in erster Linie:

- ein umfangreiches Benutzerhandbuch

- die Möglichkeit, über Sachgebiete sogenannte "vorgedachte Information" zu erhalten, d.h. feste Tabellen mit den wichtigsten sachgebietsbezogenen Daten

- Standardprogramme und eine verhältnismäßig leicht erlernbare "Benutzersprache".

Der Aufwand für die Aktualisierung der Datenbanken ist erheblich. Zudem kann das System nie schneller sein als die allgemeine Datenerfassung. Dies trifft insbesondere die amtliche Statistik, die sich in neuerer Zeit immer schwerer tut, Material zeitnah zu beschaffen. Als besonders schmerzlich wird natürlich empfunden, daß die letzten Daten aus dem Volkszählungsbereich nunmehr über 13 Jahre alt sind - und erheblicher Widerstand gegen eine neue Zählung besteht.

V. Die weitere Entwicklung

Obwohl das Informationssystem Baden-Württemberg schon längere Zeit besteht und einzelne Komponenten eine noch längere Vergangenheit besitzen, kann man nicht davon sprechen, daß die Entwicklung abgeschlossen ist. Dies gilt sowohl im Hinblick auf die Aktualisierung und Ergänzung bestehender Komponenten, als auch auf die Entwicklung neuer Teile und Techniken.

Die Ergänzung durch neuere Daten und Fakten ist eine permanente Aufgabe, deren Intensität automatisch mit dem Umfang des Informationssystems wächst und - natürlich - auch die Kapazität für Neuentwicklungen schmälert.

Neue Komponenten kommen hinzu. So wird z.B. auf Wunsch des Landesausschusses für Information eine Branchendatenbank aufgebaut und für die Regionalbibliographie des Landes - in Verbindung mit den Landesbibliotheken - ein neues technisches Konzept entwickelt.

Im technischen Bereich wird man der graphischen Datenverarbeitung größere Bedeutung schenken müssen. Ein ganz neues Feld eröffnet die Technik Bildschirmtext. Hier steht man am Beginn der Entwicklung völlig neuer Komponenten, die nicht nur die Technik, sondern auch den Inhalt des Landesinformationssystems beeinflussen könnten.

Anmerkungen

(1) Weitere Informationen hierzu u.a.: R. Deininger, Computergestützte Planungs-informationssysteme in der öffentlichen Verwaltung der Bundesrepublik Deutschland, in: DV-Aktuell 1976, S. 44 ff, Herausgeber K. Nagel, Science Research Associates GmbH, Stuttgart.

(2) R. Deiniger und E. Gawatz, Zum Aufbau der Regionaldatenbank, Baden-Württemberg in Wort und Zahl, 1972, Heft 7.

(3) W. Gruber, Zur Weiterentwicklung der Struktur- und Regionaldatenbank, Baden-Württemberg in Wort und Zahl, 1979, Heft 11.

(4) D. Heske, Die Entwicklung des Landesinformationssystems Baden-Württemberg, Mitteilungen der Parlamentsarchive, Nr. 5 (Oktober 1981), S. 41.

(5) H.-V. Kraemer und W. Walla, Zur Weiterentwicklung des Landesinformationssystems (Das automatisierte Vorschriftenverzeichnis), Baden-Württemberg in Wort und Zahl, 1982, Heft 8.

KÜNFTIGE INTEGRIERTE BÜROKOMMUNIKATION - CHANCEN UND RISIKEN

Heinz Munter
Philips Kommunikations Industrie AG, Hamburg

Die künftige integrierte Bürokommunikation
Die neuen Dienste der Deutschen Bundespost
Ergänzende technische Entwicklungen
Die heute erkennbaren Auswirkungen: betriebswirtschaftliche Folgen
Die heute erkennbaren Auswirkungen: volkswirtschaftliche Folgen
Die heute erkennbaren Auswirkungen: soziale Folgen
Ausblick

Referat

Der Zielsetzung der integrierten Bürokommunikation, nämlich die Vermeidung sich wiederholender Erfassungsvorgänge von Informationen sowie die Ein- und Ausgabe in unterschiedlichen Darstellungsformen (Sprache, Text/Daten, Bilder), sind die neuen offenen Telekommunikationsdienste und -systeme, wie Teletex, näher gerückt. Gerade in nicht standardisierbaren Bereichen zur Unterstützung eingesetzt, werden sie dort große Rationalisierungseffekte haben und die Dezentralisierung von Verwaltungsstellen bis hin zu dezentralen Arbeitsplätzen herbeiführen. Insbesondere sieht der Autor eine Chancengleichheit für Groß- und Kleinbetriebe im Verwaltungsbereich durch die Aufhebung von Standortnachteilen.

Abstract

The new open telecommunication services have pushed integrated office automation nearer to its aim of avoiding repetitive typing of information as well as making input and output possible in various forms of acoustic, textual and image presentation. Applied for assistance in non-standardized areas they will lead to rationalization effects , to the decentralization of administrative workunits and will bring decentralized jobs. The author sees an equalizing effect for small-scale businesses since the technologies help them to overcome their disadavantages of location and competition.

Zukunftsprognosen bergen große Gefahren.   Wichtige Entwicklungen, die nach einer Prognose eintreten können, werden naturgemäß nicht berücksichtigt, verändern aber die vorhergesagte Entwicklung oft völlig. Dafür gibt es bekannte Beispiele: Malthus, der das Verhungern der in einer geometrischen Reihe wachsenden Bevölkerung vorhergesagt hat, weil die Nahrungsmittelzunahme nur nach einer arithmetischen Reihe möglich sei. Oder Karl Marx, nach dem die Arbeiter immer so bezahlt würden, daß sie gerade ihr Existenzminimum fristeten. Unzulässig ist auch die einfache Extrapolation. Sie führt ebenfalls zu gefährlichen Fehlschlüssen. Voraussagen über künftige Entwicklungen haben daher niemals den Charakter von Gesetzmäßigkeiten. Sie dürften nur im Konjunktiv erfolgen und können bestenfalls als Chancen und Risiken angesehen werden.

Die künftige integrierte Bürokommunikation

Im wesentlichen gibt es heute drei Auffassungen über den Begriff Bürokommunikation:

1. computergestützte Inhouse-Systeme (LAN)
2. "vernetzte" Microcomputer, also Microcomputer, die über das öffentliche Netz hinaus nach den Regeln der Datenfernverarbeitung Informationen austauschen können
3. die neuen Dienste der Deutschen Bundespost, die dafür erforderlichen Endgeräte und weitere technische Entwicklungen, welche die hier entstehenden Kommunikationsmöglichkeiten unterstützen

Die Informationsverarbeitung und -weitergabe steht heute meist vor folgenden Problemen:

1. Es erfolgt noch keine automatische Informationseingabe an der Informationsquelle.
2. Die Informationen müssen bis zur endgültigen Bearbeitung (an vielen Stellen innerhalb und außerhalb des Hauses) mehrfach eingegeben werden.
3. Es besteht noch keine Möglichkeit, in der Anlage vorhandene Informationen auf einfache Weise um zusätzlich benötigte zu ergänzen.
4. Alle Informationen können nur jeweils in einer Darstellungsform (Sprache, Text/Daten, Bild) weitergegeben werden. Es ist bisher nicht möglich, diese Darstellungsformen zu kombinieren.
5. Die meisten Informationen liegen verbal vor (z.B. die Artikelbezeichnung). Sie müssen für die Informationsverarbeitung in Daten umgesetzt werden.
6. Obwohl die meisten Informationen am bequemsten durch die Sprache übermittelt werden könnten, ist es notwendig, sie für die Informationsverarbeitung über Tastaturen einzugeben.

Diese Schwierigkeiten kosten den Informationsverarbeiter Zeit, sind eine ständige Fehlerquelle und daher sehr kostenaufwendig.

Die integrierte Bürokommunikation hat daher folgendes Ziel:

1. Die Informationen am Entstehungsort sollen automatisch in die Verarbeitungsanlagen eingegeben und dann so weitergegeben werden, daß ihre erneute Eingabe überflüssig wird. Die Informationen müssen an den einzelnen Verarbeitungsstellen um zusätzliche Daten ergänzt werden.
2. Informationen müssen in unterschiedlichen Darstellungsformen (Sprache, Text/Daten, Bild) abgegeben, empfangen, verarbeitet und gespeichert werden können. Dabei sollte es auch möglich sein, innerhalb eines Informationsaustausches verschiedene Darstellungsformen in eine andere transformieren zu können.

So gesehen ist das Ziel der integrierten Bürokommunikation, die heute erforderliche vielfache Informationseingabe zu minimieren oder gar überflüssig zu machen.

Die neuen Postdienste ermöglichen zum ersten Mal offene Kommunikationssysteme, bei denen jeder mit jedem (wie es heute schon beim Telefon üblich ist) Informationen austauschen kann. Sie sind der erste Schritt zur integrierten Bürokommunikation.

Die in der Verwaltungsarbeit nach wie vor vorhandene und erforderliche Individualität hat bisher die Bürorationalisierung erschwert. Das gilt auch unter Berücksichtigung der Tatsache, daß auf manchen Gebieten Standardisierungen möglich waren, z.B. bei der Text- und Datenverarbeitung. Die nicht standardisierbaren Bereiche werden künftig das typische Anwendungsfeld der integrierten Bürokommunikation werden. Die Möglichkeit, bestehende Arbeitsstrukturen zu unterstützen und Kooperationsprozesse zu fördern, wird zu erheblichen Rationalisierungseffekten führen. Standardisierung ist der erste Schritt zur Bürokratisierung - die neue Technik ermöglicht dagegen den Abbau der Bürokratie.

Die neuen Dienste der Deutschen Bundespost

Zu den neuen Diensten der Deutschen Bundespost gehören Telefax, Teletex und Bildschirmtext. Telefax und Teletex sind heute soweit bekannt, daß sie hier nicht näher behandelt zu werden brauchen. Lediglich ein Hinweis zum Teletex scheint mir wichtig. Man sieht diesen neuen Postdienst vorwiegend als "den schnellsten Postboten aller Zeiten". Dabei wird ein weiterer wichtiger Vorteil des Dienstes vergessen, der uns bereits ein wenig dem Ziel der integrierten Bürokommunikation zuführt: Die einmal in den Teletexdienst eingegebenen Daten bleiben auch für den Empfänger der Nachricht erhalten und können von ihm weiterbearbeitet werden.

Die wirkliche Bedeutung des Bildschirmtextes - hier handelt es sich wahrscheinlich um den Dienst, der die größten Auswirkungen in volkswirtschaftlicher und soziologischer Sicht haben wird - liegt in der Kommunikationsmöglichkeit zwischen dem Privatmann, der gewerblichen Wirtschaft und der öffentlichen Hand. Er ist das (fast) ideale

- Informationsinstrument für allgemeine und individuelle Nachrichten
- Terminal zu externen Computern
- Einkaufsinstrument, das zu größerer Markttransparenz führt
- Verkaufsinstrument für regionale und überregionale Märkte

Der Informationsaustausch mit offenen und geschlossenen Benutzergruppen ermöglicht außerdem, im Prinzip gleichartige Nachrichten mit unterschiedlichen Details (z.B. differierenden Preisen) verschiedenen Empfängergruppen zur Verfügung zu stellen.

Ergänzende technische Entwicklungen

Die drei Postdienste werden um weitere Entwicklungen ergänzt, von denen die beiden folgenden voraussichtlich besondere Bedeutung erlangen werden: automatisch arbeitende Registratursysteme und Einrichtungen zum Diktieren über das öffentliche Netz.

Die automatisch arbeitenden Registratursysteme fußen auf besonders preiswerten und ungewöhnlich leistungsfähigen optischen Speichermedien. So kann ein Speicher in der Größe einer Langspielplatte den Inhalt einer halben Million DIN-A4-Seiten aufnehmen. Die gespeicherten Informationen sind unlöschbar - ein sehr großer Vorteil für ein Archivsystem. Durch Teletex oder Bildschirmtext übertragene Daten können künftig automatisch abgelegt werden. Jeder Berechtigte kann sich mit Hilfe von Computern nach jedem gewünschten Kriterium (Empfänger, Datum oder Suchwort) ihn interessierende Informationen automatisch heraussuchen lassen.

In USA und England ist es bereits seit vielen Jahren möglich und üblich, über das öffentliche Netz zu diktieren. In Deutschland können Ferndiktatanlagen bisher nur

---

innerhalb eines Nebenstellennetzes arbeiten. Mit modernen Techniken, z.B. dem (Schnell-) Kopieren, wird man auch hier bald jeden Diktierenden auf Geräte sprechen lassen können, die beliebig weit entfernt aufgestellt sind.

Die heute erkennbaren Auswirkungen: betriebswirtschaftliche Folgen

Mit Telefax spart der Anwender Zeit bei der Übermittlung der Informationen. Das Verfahren ist besonders interessant, wenn die zu übertragenden Informationen bereits schriftlich oder bildmäßig vorliegen. Auswirkungen auf die innerbetriebliche Organisation hat Telefax nicht.

Ganz anders sieht dies bei Teletex aus. Teletex ist ja im Gegensatz zum zentral aufgestellten Fernschreiber eine Zusatzeinrichtung für Textverarbeitungsanlagen. Um den Dienst optimal nutzen zu können, soll die Teletexeinrichtung so dicht wie möglich beim Absender oder Empfänger der Information stehen, also im Sekretariat. Teletex wirkt also der bisherigen Tendenz zur Zusammenfassung der Schreibkräfte in Textzentralen entgegen. In den Mittelpunkt der Schreiborganisation rückt wieder das "Vorzimmer" und damit der Mischarbeitsplatz.

Gegenüber den heute noch in den meisten Fällen verwandten elektrischen Schreibmaschinen bringt Teletex wesentliche Arbeitserleichterungen durch den höheren Schreibkomfort der Elektronik.

Mit der in absehbarer Zeit zu erwartenden Kombination von Teletex- und Telefax-Geräten könnte man für wesentlich mehr Schriftverkehr die neuen Postdienste nutzen, als es bisher möglich ist.

Die Textverarbeitungssysteme (Grundlage des Teletex-Dienstes) fördern voraussichtlich die Bausteinkorrespondenz. Das wird die Sachbearbeiter mehr als bisher in die praktische Durchführung der Korrespondenz einbeziehen: Voraussichtlich füllt er dann nämlich nicht mehr seinen Schreibauftrag aus, sondern gibt die Bausteinnummern direkt in die Maschine.

Besonders starke betriebswirtschaftliche Auswirkungen wird der Bildschirmtext haben. Durch die aktive und passive Informationsmöglichkeit entlastet er Sachbearbeiter und Sekretärinnen. Beide können auf intern und extern gespeicherte Dateien zurückgreifen. Der Computerverband macht Bildschirmtext zu einem Terminal für jedermann. Auch der heute übliche Dialogverkehr ist möglich. Der Anwender nutzt extern aufgestellte Rechner, als wären sie seine eigenen Computer.

Bildschirmtext führt zu größerer Markttransparenz, führt also zu günstigeren Einkaufsmöglichkeiten gerade auch dort, wo keine professionellen Einkäufer arbeiten; die Angebote auf regionalen und überregionalen Märkten erhöhen die Absatzchancen; kurz: Bildschirmtext wird die Text- und Datenverarbeitung im Kleinbetrieb fördern und auch dessen Leistungsvermögen vergrößern. Die automatisch arbeitenden Archivsysteme können zu erheblichen Zeitersparnissen und zu einer spürbaren Humanisierung der meist unbeliebten Registraturarbeiten führen.

Die integrierte Bürokommunikation führt zu einer Dezentralisierung der Verwaltungsstellen. Bei dieser Entwicklung ist es wichtig, ob in den dezentralen Verwaltungsstellen organisatorisch zusammengehörige Arbeitsgruppen zusammenbleiben müssen oder ob man ohne Rücksicht auf Arbeitszusammenhänge die Mitarbeiter möglichst dicht bei ihrer Wohnung arbeiten lassen kann. Nur die letzte Lösung würde den Angestellten wirkliche Erleichterung bieten. Die wünschenswerte organisatorische Freiheit bei ihrem örtlichen Einsatz ist nur möglich, wenn auch über das öffentliche Postnetz diktiert werden kann. Dabei sind Verfahren zu bevorzugen, die die Netzbelegungszeit soweit wie möglich reduzieren. Das Diktat über das öffentliche

Netz verstärkt also die örtliche und zeitliche Ungebundenheit der Schreibkräfte gegenüber den Diktierenden. Dies fördert die Schreibarbeit außerhalb des Büros und begünstigt die Einrichtung von Halbtagsarbeitsplätzen.

Die künftige integrierte Bürokommunikation hilft also (durch die Nutzung offener Kommunikationssysteme), die Dateneingabe bei der Informationsverarbeitung zu minimieren. Sie bringt uns damit den anfangs geschilderten Zielen näher.

Die heute erkennbaren Auswirkungen: volkswirtschaftliche Folgen

Die bisherige Datenverarbeitung und -übertragung begünstigte die großen Verwaltungseinheiten. Die Bürokommunikation bringt eine wichtige Wende: Sie stellt die Chancengleichheit der Groß- und Kleinbetriebe auf dem Verwaltungsgebiet wieder her. Dabei wird sie ähnlich wirken wie seinerzeit der Übergang von der Dampfmaschine, welche die Mechanisierung großer Fertigungsstätten begünstigte, zum Elektromotor, der diesen Trend wieder stoppte. Die neuen Dienste machen große Verwaltungszentralen überflüssig. Sachbearbeiter und Schreibkräfte erhalten die Möglichkeit zur Heimarbeit. Sie bekommen aber auch die Chance, in kleinen Verwaltungseinheiten innerhalb ihrer Wohngebiete zu wirken. Das kommt in idealer Weise dem Bedürfnis entgegen, mit Kollegen zusammenzuarbeiten, und verkürzt die heute oft bedeutenden Fahrzeiten zur und von der Arbeitsstelle: also Entlastung des öffentlichen und des Individualverkehrs mit erheblicher Auswirkung auf den künftigen Städtebau. Die heute oft entvölkerten Stadtkerne oder reinen Verwaltungssatellitenstädte sind Ergebnisse der bisherigen Informationsverarbeitung. Bald werden Wohn- und Arbeitsgebiete wieder aneinander- rücken und damit das Bild unserer Städte verändern.

Die integrierte Bürokommunikation fördert auch den Aufbau separater Dienstleistungsunternehmen. Es werden Bildschirmtext-Agenturen entstehen, die entweder alle Aufgaben einer Werbeagentur übernehmen oder einen Teilservice, z.B. die ständige Aktualisierung der Bildschirmtext-Informationen. Rechenzentren werden nicht nur das Rechnungswesen für ihre Mandanten führen, sondern für sie auch über Bildschirmtext Aufträge entgegennehmen und verwaltungsmäßig abwickeln. Damit erhalten Kleinunternehmer eine ähnliche Leistungsfähigkeit, wie sie heute nur der große Versandhandel hat. Da die automatisch arbeitenden Archivsysteme für einen Kleinbetrieb zu teuer sind, werden die Registraturdienste voraussichtlich künftig auch von Dienstleistungsunternehmen angeboten werden. Sie entlasten damit den Kleinbetrieb von Arbeiten, für die - wegen ihrer Unattraktivität und der großen Sorgfalt, mit der die Arbeit durchgeführt werden muß - nur schwer Mitarbeiter zu finden sind.

Die heute erkennbaren Auswirkungen: soziale Folgen

Ein besonders lebhaft und kontrovers diskutiertes Problem sind die arbeitsmarktpolitischen Konsequenzen der neuen Kommunikationsmöglichkeiten. Wird das Heer der Arbeitslosen wachsen, oder werden mehr Arbeitsstellen entstehen? Diese Frage muß zur Wahrheitsfindung mindestens um die folgende ergänzt werden: Welchen Einfluß wird es auf die Arbeitsmarktlage haben, wenn wir auf die modernen Kommunikationsmittel verzichten?

Da nur wirtschaftliche Arbeitsplätze auf Dauer sichere Arbeitsplätze sind, liegt es in unser aller Interesse, die vorhandenen Arbeitsplätze so wirtschaftlich wie möglich zu machen. Dabei hilft uns die hier geschilderte Entwicklung. Sie verhindert nämlich zusätzliche Arbeitslose durch die Anpassung unserer Wirtschaft an das kosten- und leistungsmäßige Weltniveau. Der Präsident der Bundesanstalt für Arbeit, Dr. Stingl, warnte beim letzten Kongreß für Textverarbeitung davor, die negativen Auswirkungen technischer Änderungen auf die Beschäftigung zu überschätzen - wie es vielfach getan werde. Er wies auf Untersuchungen des Instituts für Arbeitsmarkt- und Berufsforschung über den Zeitraum von 1976 bis 1980 hin. Die Ergebnisse zeigten, daß sich die technischen Änderungen auf die zahlenmäßige Beschäftigung nur mit einem Prozent auswirkten. Viel stärker machten sich konjunkturelle Veränderungen bei der Beschäftigung bemerkbar.

Bei den Auswirkungen auf den Arbeitsmarkt verschätzen wir uns leicht, wenn wir nur von dem heutigen Arbeitsanfall ausgehen. Erfahrungsgemäß steigt das Informationsbedürfnis schnell und stark. In den vergangenen Jahren stieg es jährlich um 10 %. In Zukunft müßten wir mit ähnlichen Wachstumsraten rechnen. Außerdem wird es künftig in einigen Verwaltungsberufen an Nachwuchs mangeln. Das gilt besonders für Schreibkräfte. Aus einem Brief der Bundesanstalt für Arbeit an den AWV (vom 16. September 1979) geht hervor, daß der Wunsch der Schulabgängerinnen, schreibende Berufe zu ergreifen, von 1960 bis 1976 um 76 % zurückgegangen sei.

Das Angebot an Halbtagskräften ist dagegen groß. Noch gibt es zu wenige offene Halbtagsstellen. Die neuen Dienste bieten eine reale Chance, das Mißverhältnis von Angebot und Nachfrage zu mildern.

Darüber hinaus müssen wir bei der Betrachtung der sozialen Wirkungen folgendes berücksichtigen: Erfahrungsgemäß beginnen heute viele junge Menschen später als in der Vergangenheit mit dem Berufsleben. Andererseits werden die Mitarbeiter früher pensioniert. Der einzelne hat also eine immer geringere Lebensarbeitszeit. Darüber hinaus nimmt in mittlerer Perspektive die Zahl der Berufsanfänger wegen des "Pillenknicks" ab. Nur mit starken Rationalisierungsmaßnahmen können wir unter diesen Bedingungen unseren Lebensstandard halten.

Das Gewicht der hier beschriebenen Entwicklung beweist eine neue Untersuchung des Nürnberger Instituts für Arbeitsmarkt- und Berufsforschung, über die CAPITAL im Februar 1983 berichtete. Danach sinkt die durchschnittliche Lebensarbeitszeit von Angehörigen des Jahrgangs 1895 gegenüber denen von 1942 von 102.000 auf 72.000 Stunden, also fast um 30 %. Die Lebensarbeitszeit wird stark durch die Ausbildungszeit bestimmt. Sie beträgt beim Jahrgang 1942 für Arbeiter 41 Jahre, Angestellte 39 Jahre und Akademiker 34,5 Jahre. Der spürbare Trend zu besserer Ausbildung wird künftig die Lebensarbeitszeit weiter verkürzen.

Die künftige Bürokommunikation wird wichtige Konsequenzen für die Büroangestellten haben. Die bisher erstrebte Taylorische Arbeitsteilung weicht wieder einem Trend zur Arbeitszusammenfassung. Die Arbeitszusammenfassung stellt aber höhere Anforderungen an die Ausbildung und das Können der Mitarbeiter. Rein schematische Arbeiten (die dessenungeachtet oft große Sorgfalt und viel Zeit erfordern) nehmen ab, wie z.B. die Ablage, die Handaktenführung, die Terminüberwachung, die Beschaffung von Arbeitsunterlagen, die Aktualisierung der Dateien, die Dateneingabe, die Postverarbeitung und ähnliches. Mit diesem Hinweis soll weder der Wert der eben geschilderten Arbeiten geschmälert noch die Forderung erhoben werden, unverzüglich alle Mitarbeiter auf Akademien zu schicken, um sie mit den Arbeitsweisen vertraut zu machen, die in einigen Jahren von ihnen verlangt werden. Über die dann erforderlichen Tätigkeiten weiß man noch viel zu wenig. Wichtig ist dagegen, während der Ausbildung zum Beruf die Menschen "das Lernen zu lehren" und ihre innere Bereitschaft zu wecken, sich nicht mit dem in der Lehre vermittelten Wissen zufriedenzugeben. Es gilt, ihre Neugierde wach zu halten, damit sie sich immer weiter mit dem Neuen auseinandersetzen. Die Entwicklung birgt Gefahren für die Büroangestellten, die sich damit nicht mehr auseinandersetzen wollen oder können.

Ausblick

Die Einführung der künftigen Bürokommunikation ist ein evolutionärer Vorgang.   Man
rechnet mit folgender Entwicklung:

1982/83 - verbesserte Telefax-Verfahren mit höherer Übertragungsgeschwindigkeit und
          besserer Bildqualität,
1983   - Einführung Bildschirmtext,
1985   - Telefax und Teletex in kombinierten Geräten zusammengefaßt,
        - Einsatz der optischen Bildplatte als wirtschaftlicher Massenspeicher und
          damit Einführung automatischer Archivsysteme,
        - Einsatz der Lichtwellentechnik (Glasfaserkabel),
1990   - Integration von Sprach-, Text-, Fest- und Bewegtbildübertragung in einem
          Kommunikationssystem.

Trotz gegenteiliger Befürchtungen scheint die künftige Bürokommunikation ein
wirkungsvolles "Mittelstandsprogramm" zu werden.   Es verbessert den Informa-
tionsaustausch und damit auch den Einkauf und Verkauf in den kleineren Betrieben.
Außerdem können sie bei den zeit- und kostenaufwendigen Verwaltungsdiensten das
Angebot von Dienstleistungsunternehmen nutzen.   Zahlreiche neue mittelständische
Betriebe werden entstehen, die ihren Kollegen diese Leistungen anbieten.   Die
Entwicklung wird einen Trend zur Dezentralisierung der Verwaltung auslösen. Die
Auswirkungen dieser Entwicklung auf den Städtebau, auf den Verkehr und auf die
Lebensgewohnheiten der Angestellten sind noch nicht vollständig abzuschätzen, werden
aber außerordentlich groß sein.

Vermutlich werden auch manche heute in der Verwaltung als Angestellte Beschäftigte
die Heimarbeitsmöglichkeiten nutzen und sich selbständig machen.   So wird voraussichtlich das Angebot an Schreibbüros größer werden. Den wahrscheinlich höheren
Risiken einer solchen Arbeitsweise stehen bessere Verdienstmöglichkeiten gegenüber.

Die Bürokommunikation wird der Spezialisierung im Taylorischen Sinne entgegenwirken
und damit die Humanisierung der Arbeitswelt vorantreiben. Die Arbeitsinhalte werden
wieder angereichert. Der Rationalisierungseffekt wird zu mehr Freizeit führen, wobei
gerade der Bildschirmtext wieder hilft, mindestens einen Teil der gewonnenen Freizeit
sinnvoll zu nutzen.

INTEGRIERTE ABSPEICHERUNG UND VERARBEITUNG NUMERISCHER FAKTEN

ZUR KONZEPTION EINES NEUEN SYSTEMTYPS

Josef L. Staud
Universität Konstanz
Informationswissenschaft

1   Einleitung
2   Formen abgespeicherter Information
2.1   Merkmale und Texte
2.2   Referenzen und Fakten
3   Rechnergestützte Abspeicherung und Verarbeitung von Informationen
4   Unterschiedliche Aufgaben, unterschiedliche Systeme
4.1   Datenbanksysteme
4.2   Dokumentationssysteme
4.3   Statistische Programmpakete
4.4   Zusammenfassung
5   Ein neuer Systemtyp: Integration von Abspeicherung und Verarbeitung
       numerischer Fakten
Anmerkungen
Literaturverzeichnis

Referat

Es werden drei Entwicklungslinien rechnergestützter informationsver- und
-bearbeitender Systeme skizziert, die aufgrund unterschiedlicher Aufgabenstellung,
unterschiedlich verarbeiteter Informationen und anderer Faktoren bisher eine
weitgehend getrennte Entwicklung nahmen: statistische Programmpakete, Dokumentationssysteme und Datenbanksysteme (im engeren Sinn). Es wird gezeigt, wie durch die
Integration ein neuer Systemtyp entstehen kann, der die integrierte Abspeicherung und
Verarbeitung numerischer Fakten auf hohem Niveau erlaubt. Dazu werden zuerst die
wesentlichen Merkmale der drei Systemtypen herausgearbeitet und auf dieser Basis die
Umrisse des neuen Systemtyps, eines integrierten Fakten-Retrieval-Systems,
skizziert.

Abstract

Due to different tasks, differently processed information and other factors three
types of computer-based information systems have evolved and have taken different
lines of development: statistical programm packages, documentation systems, and
databank systems. The author shows how these types can be integrated into a new type
that allows the integrated filing and processing of numerical facts at a high level.
This is shown by discussing the essential characteristics of the various systems
mounting in an integrative fact-retrieval system.

1 Einleitung

Ausgangspunkt dieser Arbeit ist der Versuch, ein System zum Retrieval (Abspeicherung und Wiederfindung) und zur statistischen Verarbeitung von Fakten zu konzipieren. Die Ergebnisse dieser Arbeit sollen in die Entwicklung dieses Konzepts einfließen. In einer anderen Arbeit des Verfassers mit dem gleichen Ziel, stehen die Gewinnung und die Erscheinungsformen von Informationen sowie die Modellbildung, die zu jeder nicht-trivialen Informationsabspeicherung und -verarbeitung gehört, im Vordergrund (vgl. STAUD 1984). Hier wird ein anderer Blickwinkel eingenommen. Betrachtet werden bekannte und verbreitete Systeme zur Verwaltung und Verarbeitung von (sehr unterschiedlichen) Informationsarten: Datenbanksysteme, Dokumentationssysteme und statistische Programmpakete, deren Entwicklung bisher weitgehend unverbunden verlief. Der neue Systemtyp soll nun in dieser Arbeit verstanden werden als Ausdruck der Integration dieser drei Entwicklungslinien. Deshalb werden diese drei Systemtypen mit dem Ziel betrachtet, Elemente zur oben angesprochenen Konzeptbildung zu gewinnen.

Die Notwendigkeit für die Entstehung dieses neuen Systemtyps wird (wenn auch vielleicht unbewußt) zumindest in zwei Bereichen klar erkannt. Zum einen in der empirischen Sozialforschung, wo die Erweiterung der statistischen Programmpakete um Datenbanktechniken immer dringender, zum anderen im Bereich der Informationsversorgung von Organisationen, wo der Ruf nach online-verfügbaren Fakten zur Ergänzung der Literaturdatenbanken immer lauter wird (vgl. auch Kapitel 5).

Obwohl der Bedarf an Systemen zur Verwaltung und Verarbeitung von Fakten (Faktenretrievalsysteme) groß war, ließ ihre Einrichtung auf sich warten. Vor allem wohl, weil gegenüber dem Referenzretrieval mit Literaturdatenbanken ein völlig neuer Systemtyp gefragt war, der größere Ähnlichkeit mit statistischen Programmpaketen aufwies als mit den Referenzretrievalsystemen. Denn er sollte in erster Linie Merkmalsinformationen verwalten und die Weiterverarbeitung dieser Informationen mit statistischen Verfahren erlauben. Inzwischen sind einige solcher Systeme eingerichtet, die zumindest ansatzweise die Forderungen an den neuen Systemtyp, wie er hier skizziert werden soll, bereits erfüllen (1). Da aber ihre Beurteilung und der Entwurf eines umfassenden Konzeptes erleichtert wird, wenn die informationsverarbeitenden Systeme betrachtet werden, die bereits Teilaufgaben aus dem Gesamtaufgabenbereich erledigen, soll darauf nicht verzichtet werden.

2 Formen abgespeicherter Information

In diesem Kapitel werden zwei für die weiteren Ausführungen wichtige Unterscheidungen eingeführt. Die erste zielt auf die Form, in der Informationen auftreten können: als Merkmal mit der Möglichkeit (oder dem Ziel), die Umwelt in disjunkte Klassen einzuteilen oder als Text, der einen Sachverhalt beschreibt. Diese Unterscheidung erweist sich als grundlegend für die Erklärung des Aufbaus und der Entwicklung informationsverarbeitender und -verwaltender Systeme. Mit der zweiten wird auf das Begriffspaar Fakten/Referenzen eingegangen, das im Kontext des Referenzretrievals und der Literaturdatenbanken eine wichtige Rolle spielt.

2.1 Merkmale und Texte

Zentrale Bedeutung kommt in dieser Arbeit der Information zu (2). Informationen werden gewonnen, zum Zwecke der vielfältigen und wiederholten Nutzung abgespeichert und sie werden verarbeitet. Ausgangspunkt der Überlegungen in diesem Abschnitt sind die Erscheinungsformen, die Informationen dabei annehmen. Folgende sollen, weil sie in der Realität unserer derzeitigen maschinell unterstützten Informationsverwaltung und -verarbeitung die größte Rolle spielen, unterschieden werden: Informationen in

Merkmalsform und in Textform. Informationen in Merkmalsform lassen sich mit einem Begriff ausdrücken, der dem Wertevorrat der Merkmalsausprägungen entstammt. Sie drücken immer eine Einteilung, eine Klassenbildung aus, denn die Zuweisung von Merkmalen ist nichts anderes als eine Bildung von Äquivalenzklassen in einem Weltausschnitt. Die Gewinnung dieser Information ist ein Meßvorgang, der die Elemente des Weltausschnitts den Merkmalsausprägungen zuordnet. Grob lassen sich qualitative, ranggeordnete und quantitative Merkmale unterscheiden. Qualitative Merkmale drücken nur eine Klasseneinteilung aus, keine weiteren Beziehungen in den betrachteten Elementen. Zwischen ihnen kann nur auf Gleichheit/Ungleichheit entschieden werden. Rangmerkmale spiegeln zusätzlich eine größer/kleiner-Relation wider (z.B. Schulnoten). Während die Merkmalsausprägungen dieser beiden Merkmalstypen textlicher Natur sind und höchstens zum Zwecke der statistischen Verarbeitung in Programmpaketen numerisch vercodet werden, besitzen quantitative Merkmale numerische Merkmalsausprägungen. Innerhalb der quantitativen Merkmale kann noch danach unterschieden werden, welche mathematischen Operationen innerhalb der Ausprägungen möglich und sinnvoll sind. Die wichtigsten sind intervall-, ratio- und differenzskalierte Daten (vgl. hierzu die ausführlichere Darstellung in STAUD 1984 und die dort angegebene Literatur).

Informationen in Textform sind solche, die durch einen längeren Text ausgedrückt werden. Hierunter sollen alle die (Nicht-Merkmalsinformationen) gefaßt werden, die zwar verbal oder textlich gefaßt sind, sich aber nicht oder nur sehr schwer in Merkmalsform bringen lassen (vgl. auch KÜCHLER 1979, S. 13). Dabei spielt es keine Rolle, ob diese Informationen grundsätzlich in Merkmalsform überführbar sind. Entscheidend ist, daß dies nicht geschieht und diese Information in ihrer Textform maschinell verarbeitet wird.

Diese Informationsart wird auf zweierlei Weise maschinell abgespeichert: als Volltext oder über inhaltliche und formale Merkmale (Referenzen). Hierauf wird in Abschnitt 3.2 näher eingegangen.

Insgesamt ergibt sich (vgl. auch die ausführlichere Darstellung in STAUD 1984):

Informationen in Textform:
                          - Volltextabspeicherung
                          - Referenzenabspeicherung

Informationen in nicht-numerischer Merkmalsform:

                          - qualitative Merkmale
                          - Rangmerkmale

Informationen in numerischer Merkmalsform:

                          - intervallskalierte Daten
                          - ratioskalierte Daten
                          - differenzskalierte Daten

2.2 Referenzen und Fakten

Ausgehend von den durch Referenzen verfügbar gemachten Dokumenten in Literatur-datenbanken wurde in den letzten Jahren, als Gegenstück zum Referenzretrieval und zu Referenzdatenbanken der Begriff des Faktenretrieval bzw. der Faktendatenbanken geprägt. In Referenzdatenbanken werden nicht die jeweiligen Dokumente (Buch-veröffentlichungen, Aufsätze, usw.) selbst abgespeichert, sondern Informationen über diese Dokumente (als Merkmalsinformationen oder wieder in Textform, z.B. als Kurzreferat). Handelt es sich zum Beispiel um Literatur zu einem bestimmten

Fachgebiet, sind dies Angaben wie Verfasser, Titel, Kurzreferat, Veröffentlichungs-jahr, Dokumenttyp, usw. Alle Angaben also, mit denen das Dokument, das selbst nicht abgespeichert wird, wiedergefunden werden kann, bzw. mit deren Hilfe die Suche nach der im Dokument erfaßten Information möglich ist. Geht man davon aus, daß die erfaßten Dokumente Informationen darstellen, können die Referenzen, wie oben ausgeführt, als Informationen über Informationen aufgefaßt werden. Diese werden als Referenzen bezeichnet, die dafür entwickelten Datenbanksysteme heißen Dokumentationssysteme. Der Abspeicherung geht hier also ein nochmaliger Informationsgewinnungsprozeß voraus und die Suche nach bestimmten Informationen kann nur über diese abgeleiteten (sekundären) Informationen erfolgen. In Abgrenzung hierzu wurde der Faktenbegriff geprägt. In ihm schwingt die Vorstellung mit, einen direkten Zugriff auf die gewünschten Informationen zu erhalten. Systeme also, in denen auch die Information selbst, allerdings mit erklärenden Merkmalen, abgespeichert wird, werden Faktenretrievalsysteme genannt. Diese Fakten können grundsätzlich in textlicher oder numerischer Form vorliegen. In extremer Auslegung könnten auch abgespeicherte Volltexte hierunter gefaßt werden. Eine solche Einteilung ist allerdings nicht sinnvoll, da sie auf dem formalen Kriterium aufbaut, ob Informationen selbst oder Informationen über Informationen abgespeichert werden. Tragfähiger ist eine Unterscheidung, die auf der Trennung von Merkmalsinformationen und Informationen in Textform beruht, da sich diese Form unmittelbar auf die Art des Abspeicherns und der Suche auswirkt. Denn die Suche nach Informationen in Textform, unabhängig davon, ob diese im Volltext vorliegt oder über Referenzen, gestaltet sich grundsätzlich anders als die nach Merkmalsinformationen. Zur Erläuterung seien hier zwei Beispiele angeführt. Als erstes der Fall von Merkmalsinformationen, die sich auf Einzelelemente beziehen, dann der von Werten, die nach bestimmten Merkmalen aggregiert wurden.

Beispiel 1: Bei einer Datenerhebung unter Schülern seien neben anderen die folgenden Merkmale erhoben worden:

Merkmal	Merkmalsausprägungen
Geschlecht	männlich/weiblich
Alter	11, 12, 13, ..., 18
Schichtzugehörigkeit der Eltern	Grundschicht/Mittelschicht/Oberschicht
Mathematiknote	1, 2, 3, 4, 5, 6

Die Informationswiedergewinnung muß sich bei Merkmalsinformationen an den erfaßten Merkmalen orientieren. So könnte hier z.B. nach den Mathematiknoten der männlichen, über 15 Jahre alten Schüler, deren Eltern zur Grundschicht gehören, gefragt werden. Hierzu würden über die Merkmale

Geschlecht, Alter, Schichtzugehörigkeit

durch Angabe der Merkmalsausprägungen

männlich/15 bis 18/Grundschicht

die Auswahl angesteuert (Auswahlmerkmale bzw. unabhängige Variablen). Durch Angabe des vom Thema her interessierenden Merkmals Note kann dann die gewünschte Information erhalten werden. Voraussetzung ist lediglich, daß es Schüler der anvisierten Merkmalskombination gibt und daß für sie die gewünschte Information erhoben wurde.

Noch deutlicher wird die Art der Abspeicherung und Ansteuerung von Merkmalsinformationen bei der Betrachtung von aggregierten Daten. Hier können alle Elemente
über eine relativ geringe Zahl von Merkmalsausprägungen angesprochen werden, und zwar
über die, nach denen aggregiert wurde.

Beispiel 2: In der Datenbank CRONOS-FRIC des Statistischen Amtes der Europäischen
Gemeinschaft können unter AREMOS (3) über vier Merkmale alle Elemente (die hier
Zeitreihen sind) angesprochen werden:

    1) Meldeland
    2) Art des Handelsstroms (Exporte oder Importe)
    3) Warengruppe
    4) Partnerland

Die Merkmalsausprägungen dieser Merkmale lassen sich auf wenigen Seiten darstellen
(vgl. CRONOS Handbuch, Beschreibung der Datenbank FRIC), und das Retrieval ist im
Prinzip mit dieser Anleitung möglich. Nach dem Studium dieser Aufzählung und
Beschreibung der Merkmale kann bereits entschieden werden, ob die gewünschten
Informationen vorhanden sind.

Dagegen erfolgt die Suche nach Informationen in Textform auf andere Weise. Sie muß
sich an den erfaßten Referenzen, d.h. an den inhaltlichen und formalen Merkmalen und
gegebenenfalls an ebenfalls abgespeicherten Texten (wie einem Kurzreferat)
orientieren. Dazu werden einzelne Begriffe, u.U. orientiert an einem Thesaurus oder
einem sonstwie festgelegten "Wortschatz", so zusammengestellt (mittels logischer und
anderer Operatoren), daß sie die gesuchte Information umschreiben. Danach erfolgt
dann die Identifikation der relevanten Dokumente, d.h. derjenigen, von denen
angenommen wird, daß sie die gesuchten Informationen enthalten. Dies bedeutet, daß
der Suche im Referenzretrieval ein Element der Ungewißheit anhaftet in bezug auf den
Sucherfolg, während sich beim Retrieval von Merkmalsinformationen grundsätzlich
bereits allein aufgrund der Unterlagen zur Datenbank feststellen läßt, ob die
gesuchte Information gefunden werden kann. Ähnliches meint wohl GEBHARDT wenn er
schreibt, daß sich bei Faktenretrievalsystemen "zu jedem Objekt im Prinzip eindeutig
feststellen läßt, ob es zur gesuchten Menge gehört" (GEBHARDT 1981, S. 19).

Im tatsächlichen Gebrauch ist die Begrifflichkeit noch recht unklar. In der
angelsächsischen Literatur finden sich für Faktendatenbanken die Begriffe
"non-bibliographic databases", "numeric databases" oder auch "factretrieval". Im
Regelfall werden allerdings auch hier unter Fakten Merkmalsdaten verstanden.

3 Rechnergestützte Abspeicherung und Verarbeitung von Informationen

Die Geschichte der rechnergestützten Abspeicherung und Verarbeitung von Informationen
begann schon kurze Zeit nach der Entwicklung der ersten elektronischen Rechen-
anlagen. Nur kurz dauerte die Phase, in der die neuen informationsverarbeitenden
Maschinen als reine Rechenmaschinen dienten und Abspeicherung nur in
Registern/Puffern usw., unmittelbar zum Zwecke der jeweiligen Verarbeitung, vorkam.
Die Notwendigkeit, auch die Abspeicherung der zur Verarbeitung vorgesehenen
Information maschinell durchzuführen, wurde schon bald erkannt und führte zu
entsprechenden Entwicklungen. Die dabei entwickelte Grundform war die Datei. In ihr
waren und sind im Prinzip die Angaben zu den Merkmalen einer Objektklasse in
"Rechteckform" abgespeichert. Jeder Objektklasse mit ihren Merkmalen und deren
Merkmalsausprägungen entsprach eine Datei, jedem einzelnen Objekt mit den Werten der
Merkmalsausprägungen der einzelne Satz der Datei. Informationen, die sich so
abspeichern und behandeln ließen, wurden als formatierte Daten bezeichnet. Auch alle

Anwendungsprogramme, Werkzeuge zur Informationsverarbeitung also, bezogen sich auf einzelne Dateien und auf einzelne Anwendungen. Sie standen unverbunden nebeneinander und bezogen (bzw. beziehen) sich jeweils auf "ihre" Datei und "ihre" Struktur.

Diese Phase der Abspeicherung und Verarbeitung formatierter Daten in Dateisystemen wurde in mehrererlei Hinsicht überwunden. Zum einen, indem der Schritt von der Verarbeitung einzelner Objektklassen zur gleichzeitigen Abspeicherung und Verarbeitung mehrerer getan wurde. Aus der Sicht der Organisation war dies der Schritt von der dateimäßigen zur datenbankmäßigen Verwaltung der Daten. Hier werden nun nicht nur mehrere Objektklassen gleichzeitig, sondern auch Beziehungen zwischen ihnen mitberücksichtigt. Damit war es möglich, nicht mehr nur einzelne Anwendungen zu programmieren, sondern mehrere in einem System zusammenzufassen. Ab einem gewissen Punkt in dieser fortschreitenden Entwicklung konnte deshalb davon gesprochen werden, daß mit den Datenbanksystemen eine Abbildung eines Ausschnitts des organisationellen Geschehens in die EDV-Anlage erfolgt. M.a.W.: es wurde und wird ein Modell der abzubildenden organisationellen Vorgänge (im Idealfall der der Gesamtorganisation) gebildet. Die Werkzeuge für die (Entwicklung und) Implementierung dieser Modelle, die Datenbanksysteme, wurden immer ausgefeilter und erlaubten immer differenziertere Modellierungen. Die wichtigsten Meilensteine hierzu können mit hierarchischem Modell, Netzwerkmodell und relationalem Modell umschrieben werden.

Zum anderen erfolgte die Überwindung dieser Phase, indem auch unformatierte Daten, d.h. Fließtext so abgespeichert wurde, daß auch hier bestimmte Einheiten wiedergefunden werden konnten. Diese Systeme spielten zuerst im Bibliothekswesen eine große Rolle und heute im gesamten Bereich des "Information Retrieval".

Obwohl der Schwerpunkt beim Entwurf von Datenbanksystemen immer auf der geeigneten Abspeicherung der Daten lag, waren auch immer schon Verarbeitungsvorgänge über Anwendungsprozeduren miterfaßt. Trotzdem entwickelten sich relativ unabhängig davon Systeme, welche aufgrund anderer Aufgaben und anderer Datenstruktur eine andere Form annahmen. Dies waren z.B. Programme für die statistische Verarbeitung von Daten. Zwar wurde auch hier die Phase der einzelnen Anwendungsprogramme überwunden, aber nicht in Richtung der Datenbanktechniken (gleichzeitige und gemeinsame Verarbeitung mehrerer Objektklassen), sondern in Richtung von Programmpaketen, die viele Anwendungen integrieren und mittels einfacher Steuerung auch ungeübten Benutzern zur Verfügung stellen (4).

4 Unterschiedliche Aufgaben, unterschiedliche Systeme

Die getrennt verlaufene Entwicklung der Systeme zur Abspeicherung und Verarbeitung von Informationen, die hier betrachtet werden soll, ergab sich aus den unterschiedlichen Aufgaben und Informationsarten, für die sie gedacht waren. Betrachtet werden die schon angeführten Systemtypen Datenbanksysteme, Dokumentnachweissysteme und statistische Programmpakete in bezug auf Merkmale wie Informationsart (werden Merkmalsinformationen oder Texte verwaltet), Datenstruktur (wieviele Objektklassen und Relationen werden berücksichtigt), Merkmalsstruktur (was für Merkmale und Merkmalsausprägungen und wieviele liegen typischerweise vor), Aufgabenschwerpunkt, Benutzerkreis (innerhalb/ außerhalb der Organisation, eher für Spezialisten oder für großen Benutzerkreis usw.) und andere.

4.1 Datenbanksysteme

Von den hier betrachteten Systemtypen ist das Datenbanksystem am deutlichsten mit dem hier gewählten organisationellen Rahmen verknüpft. Denn Datenbanksysteme werden definiert als Teil des Informationssystems (5) einer Organisation (6), "der sich mit der Beschreibung der vorhandenen Daten, ihrer Verwaltung sowie dem Umgang mit und dem Zugriff zu ihnen befaßt" (SCHLAGETER/STUCKY 1983, S. 13). Dies wiederum erfordert eine Modellbildung in bezug auf die Organisation, bzw. den Teil, der durch die EDV durchdrungen werden soll. Diese Modelle wurden und werden immer komplexer und erlauben eine zunehmend "treffendere" Abbildung des jeweiligen Organisationsausschnitts. Wie jede Modellbildung, die an der Realität orientiert ist, muß auch diese den zu modellierenden Weltausschnitt erkennen und durchdringen. Hierzu werden im ersten Schritt die abstrakten und realen Dinge der Umwelt, Schlageter/Stucky sprechen von "Entities", geordnet und "nach strukturellen Ähnlichkeiten" (SCHLAGETER/STUCKY 1983, S. 13) zu Klassen zusammengefaßt. Diese Objektklassen, von Schlageter/Stucky "Klassen von Entities" genannt, entstehen auf der Basis eines qualitativen Merkmals. Solche Klassen sind z.B., wenn die Entities die einzelnen Mitglieder einer Organisation sind, die Gesamtheit der Angestellten, der Arbeiter, usw. Ein weiterer wesentlicher Schritt besteht im Erkennen von Beziehungen zwischen diesen Objekten bzw. Objektklassen. Im Rahmen der Datenbanktechniken sind dies recht einfache, z.B. solche, die Zugehörigkeit angeben: Mitarbeiter x arbeitet im Projekt y, oder Teil v wird im Produkt z benötigt.

Obwohl diese Art der Modellierung recht einfacher Natur ist, werden in der "kommerziellen" Datenverarbeitung fast ausschließlich die klassischen Datenbanksysteme benutzt. Und dies nicht einmal in der fortgeschrittensten Form des relationalen Datenmodells, sondern in Form des hierarchischen oder Netzwerkmodells. Der Zuwachs an Qualität erfolgte bisher eher so, daß immer größere Teile des organisationellen Geschehens erfaßt wurden.

Der Stand der heutigen Datenbanktechniken kann nur auf dem Hintergrund der historischen Entwicklung der Abspeicherung und Verarbeitung von Informationen mit EDV-Systemen richtig eingeschätzt werden. Wie in Kapitel 3 bereits dargestellt, war lange Zeit die Datei mit einzelnen Anwendungsprogrammen die vorherrschende Form der Informationsabspeicherung und -verarbeitung. In einer Organisation konnten bei diesem Stand viele einzelne Anwendungsprogramme mit jeweils eigenen Dateien, deren Inhalt sich z.T. überlappte, nebeneinander existieren (vgl. hierzu die entsprechenden Abschnitte der DB-Literatur, z.B. SCHLAGETER/STUCKY 1983, S. 17 ff). Nur auf diesem Hintergrund sind die Forderungen an ein Datenbanksystem zu verstehen:

- logische und physische Datenunabhängigkeit
- Verminderung der Redundanz
- Strukturflexibilität
- Datenintegrität

und andere, die letztendlich das Ziel haben, eine passendere und einfacher zu realisierende Modellierung des organisationellen Geschehens zu erreichen.

Die Erfassung der Informationen für die Modellbildung geschieht in doppelter Hinsicht mit Merkmalsinformationen. Zum einen kann nur auf der Basis eines qualitativen Merkmals die oben beschriebene Bildung von Objektklassen und das Erkennen von Beziehungen zwischen ihnen erfolgen. Zum anderen werden auch für die dann gebildeten Objektklassen nur Merkmalsinformationen so erfaßt, daß für jede Objektklasse eine rechteckige Datenstruktur vorliegt. Als Beispiel sei eine einfache Datenbank nach dem hierarchischen Datenmodell aus LOCKEMANN/MAYR angeführt (vgl. LOCKEMANN/MAYR 1978, S. 35):

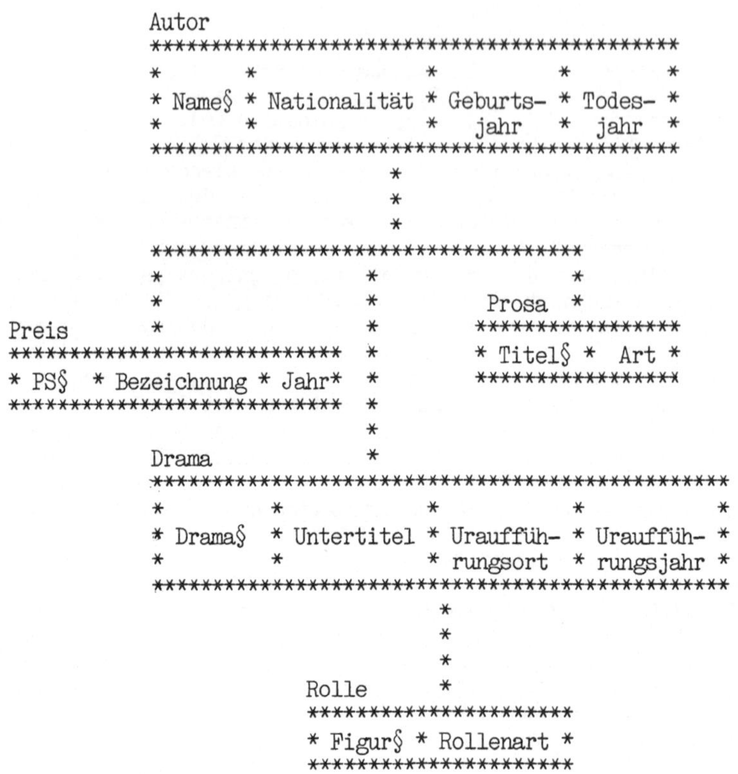

Mit Hilfe eines solchen Modells könnten z.B. in einer Künstleragentur Angaben zu
Autoren mit ihren Theaterstücken und den darin enthaltenen Rollen verwaltet werden.
Es liegen die Objektklassen Autor, Preis (Preise, die jeder Autor erhalten hat),
Prosa (vom jeweiligen Autor geschriebene Prosastücke), Drama (dramatische Werke) und
Rolle (im jeweiligen Stück vorkommende Rollen) vor. Zu jeder werden bestimmte, als
wesentlich erachtete Merkmale erhoben (das jeweils gekennzeichnete Merkmal ist der
Schlüssel, d.h. das Merkmal, nach dem jedes einzelne Objekt identifiziert werden
kann). In der Objektklasse Autor sind dies z.B. der Name des Autors (Schlüssel),
seine Nationalität, sein Geburtsjahr und, falls vorhanden, sein Todesjahr. Der
Wertevorrat der Merkmalsausprägungen eines jeden Merkmals ist zu jedem Zeitpunkt klar
umrissen, über die Zeit hinweg jedoch Veränderungen unterworfen, z.B. wenn neue
Autoren hinzukommen. Deutlich wird hier die Art der Beziehungen, die in einem
solchen Datenmodell erfaßt werden. Es sind einfache Zuordnungen wie "erhielt Preis",
usw.

Wie schon zu Beginn dieses Abschnitts erwähnt, liegt der Schwerpunkt des Umgangs mit
Informationen im Fall der Datenbanksysteme auf der Verwaltung, nicht auf der
Verarbeitung. Das Datenbanksystem in seiner heutigen Fassung soll also gewisse, die
Organisation widerspiegelnde Informationen in geeigneter Form abspeichern und für
Zugriffe bzw. Abfragen bereithalten. Entsprechend dem Merkmalscharakter der
abgespeicherten Informationen gestalten sich diese Abfragen so, daß nach einem oder
zwei Elementen des Tripels "Merkmal(Objekt) = Merkmalsausprägung" gefragt wird.
MARTIN nennt sechs solche Formen der Abfrage an ein Datenbanksystem (vgl. MARTIN
1981, S. 31). Komplexere Suchanfragen entstehen aus der Kombination solcher
einzelner Anfragen. Für die eigentlichen Informationsverarbeitungsprozesse, für
einzelne Anwendungen, müssen im Regelfall spezielle Anwendungsprogramme geschrieben

werden. Gewinnen die Anwendungsprogramme ein Eigengewicht, weil sie übergreifend und in vielen ähnlichen Anwendungen einsetzbar sind, kann das Datenbanksystem um eine Methodenbank erweitert werden.

Der Benutzerkreis von Datenbanksystemen besteht im wesentlichen aus dafür speziell ausgebildeten Mitgliedern der Organisation. Nur in Ausnahmefällen werden solche Datenbanken (im engeren Sinn) einem breiteren Benutzerkreis zur Verfügung gestellt. Dementsprechend ist die Steuerung dieser Systeme (sieht man von der "obersten" Benutzerebene ab) nicht so komfortabel und einfach wie bei anderen, die auf einen breiteren Benutzerkreis hin ausgerichtet sind.

4.2 <u>Dokumentationssysteme</u>

In der älteren Datenbankliteratur ist der Unterschied zwischen formatierten und unformatierten Daten von großer Bedeutung. Dies entspricht weitgehend der hier gewählten Unterscheidung von Merkmalsinformationen und Informationen in Textform. Für die Verwaltung solcher Texte eignen sich die auf Merkmalsinformationen zugeschnittenen Datenbanksysteme nicht. Hierfür wurden eigene Systeme entwickelt, deren Aufgabe die Verwaltung textlicher Information, ihre adäquate Abspeicherung und die Ermöglichung ihres Retrievals ist.

Die Erfassung der einzelnen Dokumente (Bücher, Aufsätze, usw.) für die Abspeicherung erfolgt mit Hilfe formaler und inhaltlicher Merkmale. Die formalen Merkmale entsprechen den formatierten Daten der klassischen Datenbanksysteme. Zu ihnen gehören Angaben wie Autor, Titel, Erscheinungsjahr, usw., die bibliographischen Angaben also, aber auch andere, wie z.B. Dokumenttyp. Mit den inhaltlichen Merkmalen wird versucht, die im Text festgehaltene Information zu beschreiben und "wiederauffindbar" zu machen. Hier können freie Schlagworte, Deskriptoren aus einem Thesaurus (7), Notationen einer Sachgebietsklassifikation und Kurzfassungen des Dokuments Verwendung finden (vgl. GEBHARDT 1981, S. 16). Alle diese "Informationen über Informationen" werden Referenzen genannt. Ein solches Dokumentationssystem ist GOLEM (Großspeicherorientierte listenorientierte Ermittlungsmethode) von der Firma Siemens. Es wird unter anderem vom Informationszentrum Raum und Bau in Stuttgart eingesetzt. In GOLEM wird jede Dokumentationseinheit (8) (hier Zielinformation genannt) in einen Deskriptor- und einen Textteil untergliedert. Im Deskriptorteil finden sich formale und inhaltliche Merkmalsinformationen wie z.B. (vgl. auch Abbildung 4/a):

        PV: Persönlicher Verfasser
        SP: Sprache des Dokuments
        JG: Jahrgang der Aufnahme der Dokumentationseinheit
        FB: Fachbereiche aus einer Fachgliederung des IRB
        FG: Fachgebiete nach einer Festlegung des IRB und freie Schlagworte

Im sogenannten Textteil finden sich in verschiedenen Abschnitten weitere Informationen über das Dokument, so z.B. die bibliographischen Angaben in zusammengefaßter Form und ein Kurzreferat.

Die Steuersprache von Dokumentationssystemen ist, verglichen mit der anderer Systeme zur Verwaltung von Informationen, recht einfach. Sie kann dies auch sein, weil die Datenstruktur dieser Systeme relativ einfach ist und weil hier die Informationen im Regelfall (9) nicht verarbeitet werden. Während in Datenbanksystemen mehrere Merkmalsträger vorliegen, gibt es hier nur einen. Auf Prozeduren zur Ansteuerung der Objektklasse kann damit verzichtet werden, auch Beziehungen zwischen Objektklassen können damit nicht vorliegen. Sie muß andererseits auch einfach sein, weil sich diese Systeme meist an einen großen Kreis von Benutzern, die z.T. nicht EDV-erfahren sind, richten. Im Falle der großen Anbieter öffentlich zugängiger Informationsbanken

sind dies z.B.   Informationssuchende aus allen über die internationalen Datenfernübertragungsnetze angeschlossenen Ländern.

Die Zahl der erfaßten Merkmale ist bei diesem Systemtyp gering.   Ein Teil der
Merkmale hat einen relativ kleinen Wertebereich der Merkmalsausprägungen. Der
Wertevorrat anderer ist dagegen sehr groß (Deskriptoren eines umfangreichen
Thesaurus) bzw. offen (z.B. freie Schlagworte). Dies und insbesondere auch die
textlich formulierte Information machen eine Rechteckstruktur der Daten unmöglich.
Hier liegen deshalb auch andere Speicherformen vor. Da eine sequentielle Suche in
den einzelnen Feldern der Dokumentationseinheiten ab einem gewissen Bestand sehr
aufwendig würde, sind in Dokumentationssystemen darauf abgestimmte Speicherformen,
z.B. mit invertierten Listen, realisiert. Als Beispiel sei hier der grundsätzliche
(und stark vereinfachte) Dateiaufbau unter GRIPS/DIRS 3 (nach GEBHARDT 1981,
S. 228ff) angeführt. GRIPS (General Relation Based Information Processing System)
wurde vom Deutschen Institut für medizinische Dokumentation und Information (DIMDI)
entwickelt. DIRS 3 (DIMIDI´s Information Retrieval System 3) ist der Abfrageteil von
GRIPS. Die einzelnen Dokumentsätze sind in der sog. Dokumentdatei abgelegt (vgl.
Abbildung 4/b). Jeder Satz ist mit einer Identifikationsnummer versehen. In einer
Deskriptor-Datei steht die mit Nummern versehene Liste der Schlagworte. Von diesen
zeigt jeweils ein "Zeiger" auf die Deskriptorcode-Datei, in der zusätzliche
Informationen zu jedem Deskriptor abgelegt werden können (z.B. Verweisungen im
Thesaurus). Verbunden ist die Deskriptor-Datei weiter mit einer bezüglich der Liste
invertierten Datei, die zu jedem Deskriptor angibt, in welchen Dokumenten er
vorkommt. Im Beispiel der Abbildung 4/b lag in der Deskriptor-Datei der Begriff
Organisation 133 mal vor. In der invertierten Datei müssen demzufolge 133 Einträge
auf Dokumente in ´der Dokumentdatei vorliegen. Einer davon ist als Nummer 47
angedeutet.

Staud   Integrierte Abspeicherung und Verarbeitung numerischer Fakten

Abbildung 4/a: Beispiel einer Dokumentationseinheit in GOLEM

```
ZI-NR:        3, DOK-NR:    29330

RSWB
E-DAT:        781128
DOK:          29021017800121
BN:           02/78-1081
AUSGB:        SB
MO:           02/78
JG:           1978
FB:           ARCHITEKTUR
FG:           KULTURGEBAEUDE
              PLANETARIUM
              STERNENKINO
              VERSAMMLUNGSGEBAEUDE
              KEPLERSAAL
              STUTTGART
              D
SP:           DT
SO:           Z 150

PL:           BECK-ERLANG,W.
FS:           ZEITSCHRIFT
RA:           1
RE:           JE
                                          ARCHITEKTUR
KULTURGEBAEUDE. PLANETARIUM. STERNENKINO. VER=
SAMMLUNGSGEBAEUDE. KEPLERSAAL. STUTTGART. (D)

PLANETARIUM STUTTGART. GLASVORHANG ALS SCHALLSCHUTZ.
(DT.)
GLASFORUM 27(1977)NR.5, S.5-11, 8 ABB.

ENTSPRECHEND DER AUFGABENSTELLUNG - UMSETZEN VON
FUNKTIONSABHAENGIGEN BINDUNGEN IN DAS ERSCHEINUNGSBILD
"PLANETARIUM" SOWIE EINFUEGUNG IN DIE STADTGESTALT DER
CITY STUTTGART - WURDE EINE BAUFORM GEWAEHLT, DIE
EINEM ASTRONOMISCHEN INSTITUT ENTSPRICHT. DABEI WURDE
DER TECHNISCHE ASPEKT WEITGEHEND ZUM GESTALTUNGS=
MITTEL.                                       -Y-

Z 150
   02/78-1081
AUSGABEENDE ZI:ANWEISUNG
```

Deskriptorenteil · Textteil · Zielinformation

Quelle: Online Benutzerhandbuch des Informationszentrums Raum und Bau der Fraunhofer-
        Gesellschaft, S. 6-6

<u>Abbildung 4/b:</u> Dateiaufbau unter GRIPS/DIRS (vereinfacht)

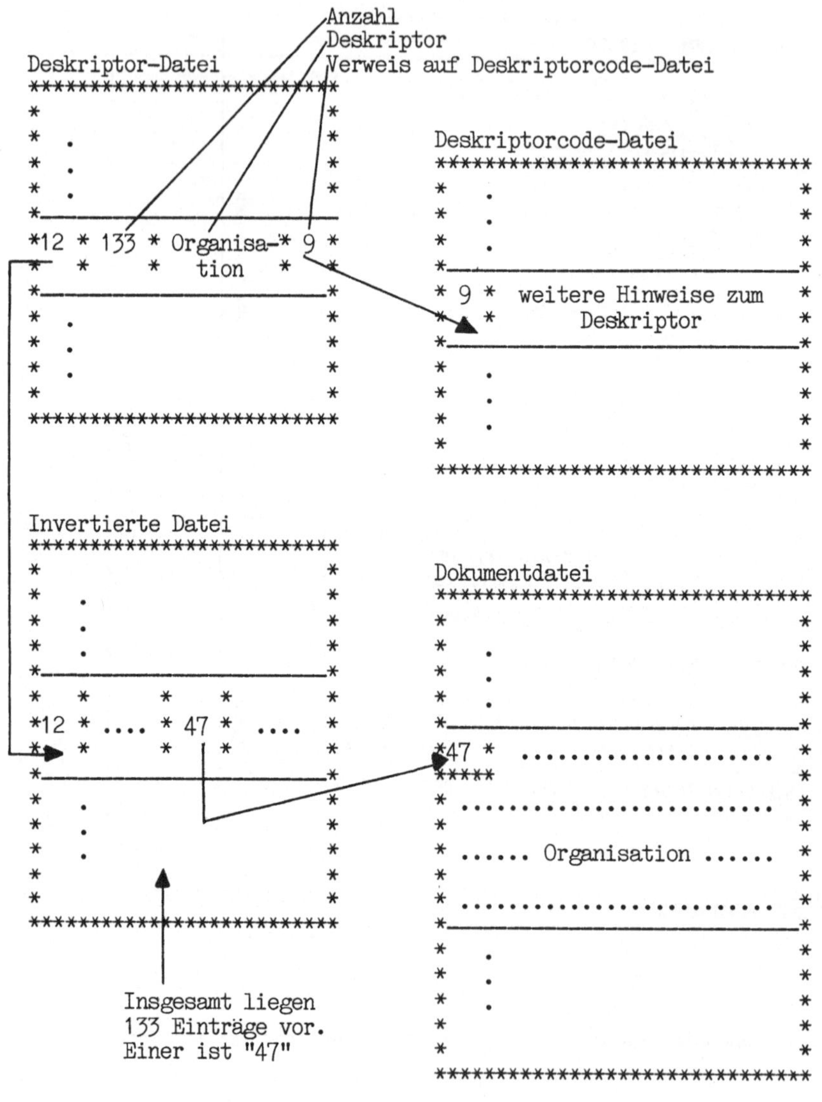

Dokument-Satz 47

Quelle: Modifiziert nach GEBHARDT 1981, S. 229

Staud   Integrierte Abspeicherung und Verarbeitung numerischer Fakten

---

4.3 Statistische Programmpakete

Auch statistische Programmpakete verwalten Informationen. Der Schwerpunkt liegt aber eindeutig auf der Informationsgewinnung durch Informationsverarbeitung mit statistischen Verfahren. Merkmalsstruktur, Form der Datenabspeicherung und -verarbeitung hängen hier besonders eng zusammmen. Statistische Verfahren verlangen Merkmalsdaten, wobei die textlichen Ausprägungen von qualitativen Merkmalen und von Rangmerkmalen zahlenmäßig vercodet werden können. Die Unmöglichkeit, andere Informationsarten statistisch zu verarbeiten, wird erkannt und kritisch angemerkt. (vgl. z.B. KÜCHLER 1979, S. 13). Im Rahmen der statistischen Programmpakete wird zusätzlich noch eine rechteckige Datenstruktur gefordert, d.h., eventuelle kompliziertere Datenstrukturen müssen mit mehr oder weniger eleganten Kunstgriffen in diese Form gebracht werden. Da sich die Merkmale einer Untersuchung, was die statistische Auswertung angeht, auf eine Objektklasse beziehen, ist damit eine dateimäßige Verwaltung der Daten ausreichend. Entsprechend befinden sich auch die statistischen Programmpakete auf dem Stand von Dateisystemen. Erst in den letzten Jahren wird hier verstärkt die Forderung nach der gleichzeitigen Verarbeitung mehrerer Objektklassen erhoben.

Der Schwerpunkt der Entwicklung lag hier eindeutig auf der Umsetzung von immer mehr und ausgefeilteren Methoden in die Programme. So decken große statistische Programmpakete, wie z.B. KOSTAS (Konstanzer Statistisches Analysesystem) den ganzen Bereich sozialwissenschaftlich gängiger statistischer Verfahren ab, bis zu so noch nicht allzusehr verbreiteten Verfahren wie Graphen- und Netzwerkanalysen (vgl. NAGL/WALTER 1981). Und hier liegt auch der große Vorteil dieser Systeme gegenüber den anderen Systemen zur rechnergestützten Verarbeitung numerischer Fakten: in der Vielfalt der angebotenen Methoden zur Verarbeitung von Merkmalsinformationen.

Die Suche nach bestimmten Informationen gestaltet sich, wie schon in Abschnitt 2.2 ausgeführt, bei Merkmalsinformationen grundsätzlich andcro als bei textlichen Informationen. Insgesamt sind folgende Angaben nötig:

      1) die Objektklasse, auf die sich die Merkmale beziehen

Dies erfolgt, da es sich bei statistischen Programmpaketen um Dateisysteme handelt, jeweils in bezug auf nur eine Objektklasse, einfach durch Angabe der entsprechenden Datei. Zum Beispiel im KOSTAS durch "E(ingabe)DATEINAME".

      2) Falls eine Auswahl erfolgen soll: Angabe der Merkmale,
         nach denen ausgewählt wird und zu jedem Merkmal Angabe
         der Merkmalsausprägungen, deren Träger Elemente der
         Auswahl sein sollen.

Wie dies im KOSTAS erfolgt, ist in Abbildung 4/c angegeben.

      3) Angabe der Merkmale, die für die ausgewählten Einheiten
         angegeben werden sollen.

Im KOSTAS werden dazu einfach die entsprechenden Variablennummern angegeben (vgl. Beispiel; zu weiteren Einzelheiten der Ansteuerung vgl. NAGL/WALTER 1981). Das Retrieval zerfällt hier, wenn man so will, in die zwei Schritte Datenauswahl und Ausgabe der gewünschten Merkmalsausprägungen für die angewählten Merkmalsträger.

Neben dieser Regelung des Retrievals ist in statistischen Programmpaketen noch die Steuerung der statistischen Verarbeitung der gewonnenen Daten wesentlicher Bestandteil der Steuersprache. Auf sie soll hier nur kurz eingegangen werden. Meist liegt hier eine zweistufige Ansteuerung vor, die auch die Methodenorientiertheit dieser Pakete veranschaulicht. Zuerst wird ein Programm angewählt (deskriptive

Statistik, Teile der induktiven Statistik bzw. einzelne Verfahren, Soziometrie, usw.), dann werden jeweils einzelne Verfahren daraus (z.B. mittels "Optionen") ausgewählt. Die für die meisten statistischen Verfahren notwendige Bildung von Vergleichsgruppen gestaltet sich ähnlich, wie es weiter oben für die Auswahl von Einheiten gezeigt wurde. Nur werden jetzt nicht mehr jeweils eine Merkmalsausprägung oder eine Gruppe davon zusammengefaßt angegeben, sondern mehrere, die zu den Vergleichsgruppen führen. Im Beispiel (Teil 3) werden insgesamt 12 Gruppen, die sich aus der Kombination der angegebenen Merkmalsausprägungen ergeben, bezüglich ihrer Mathematiknoten verglichen.

Obwohl die Steuerung dieser Systeme prinzipiell recht einfach ist, verlangt sie doch wegen ihres formalen Charakters (der wiederum wegen der Vielzahl von möglichen Ansteuerungen nötig ist) und der Verwendung statistischer Verfahren Einarbeitung bzw. methodische Kenntnisse.

Die Zahl der erfaßten Merkmale kann in statistischen Erhebungen sehr groß sein. Datensätze mit mehreren tausend Variablen und Einheiten sind hier keine Seltenheit. In der Regel liegt, wie schon angeführt, eine mehrdimensionale Merkmalsstruktur vor.

Abbildung 4/c: Steuerung der Auswahl und Verarbeitung von Merkmalsinformationen (am
               Beispiel KOSTAS)

Folgende Merkmale seien gegeben:

Nr.	Bezeichnung	Merkmalsausprägungen
1	Geschlecht	1: männlich 2: weiblich
2	Alter	11, 12, ... 18
3	Schichtzugehörigkeit der Eltern	1: Grundschicht 2: Mittelschicht 3: Oberschicht
4	Note in Mathematik	1, 2, 3, 4, 5, 6

und weitere (vgl. auch Beispiel 1, Abschnitt 2.2).

Ansteuerungen:

a) Informationen über alle Einheiten zu bestimmten Merkmalen

   EDATEI, (Angaben zur Art der Berechnungen)
   (1 - 100)   (d.h.: für alle Einheiten werden die Merkmals-
                              ausprägungen zu den Variablen 1 bis 100
                              angegeben)

b) Auswahl bestimmter Einheiten, Informationen über diese

   (1/2/3)EDATEI, ...   (nach den Variablen mit den Nummern 1,2 und 3
                              wird ausgewählt)
   (1)´männlich´   (Auswahl zur Variablen 1)
   (15-18)´älter 15 Jahre´   (Auswahl zur Variablen 2)
   (1)´Grundschicht´   (Auswahl zur Variablen 3)

   (4)   (Merkmal, das für die Auswahl erhoben wird)

c) Festlegung von Vergleichsgruppen mittels unabhängiger und abhängiger
   Variablen

   (1/2/3)EDATEI, ...
   (1/2)´männlich/weiblich´ (durch den Schrägstrich entstehen zwei Gruppen)
   (11-14/15-18)´jünger15/älter15´   (jede dieser zwei Gruppen wird wieder
                                     aufgeteilt)
   (1/2/3)´GS/MS/OS´   (alle 4 bisher entstandenen Gruppen werden in
                              drei Klassen aufgeteilt)
   (4-80,255,300-330)   (diese insgesamt 16 Gruppen werden, ent-
                              sprechend der Steuerung der Berechnungen,
                              bezüglich dieser Merkmale verglichen)

4.4 Zusammenfassung

In Abbildung 4/d sind die wichtigsten Ergebnisse dieses Kapitels zusammengefaßt. Informationsverarbeitung findet in nennenswertem Umfang nur in den statistischen Programmpaketen statt. Der Hauptzweck der beiden anderen Systemtypen liegt darin, Informationen zur Verfügung zu stellen. Als wichtiger Punkt für die Erklärung der Systemunterschiede erwies sich die Art der verarbeiteten Information. Während in Dokumentationssystemen textliche Informationen verarbeitet werden, sind dies in den beiden anderen Systemtypen Merkmalsinformationen, wobei für statistische Programmpakete i.d.R. zusätzlich gilt, daß eine mehrdimensionale Merkmalsstruktur vorliegen muß. Entsprechend werden auch unterschiedliche Daten in unterschiedlichen Formen abgespeichert. Die Modellbildung bezieht sich bei Datenbanksystemen meist auf einen Ausschnitt des organisationellen Geschehens, bei statistischen Programmpaketen liegt eine Abbildung eines Beobachtungsbereichs in ein sog. numerisch relationales System vor (vgl. auch STAUD 1984). Bei Dokumentationssystemen kann von Modellierung in diesem Sinn nicht die Rede sein. Gegenstand der Informationsverarbeitung sind in statistischen Programmpaketen die Beziehungen zwischen den Merkmalen einer Objektklasse. Soweit in Datenbanksystemen von Informationsverarbeitung die Rede sein kann, betrifft sie lediglich die erfaßten Beziehungen zwischen den Objektklassen, mit deren Hilfe die Abfragen möglich sind. Alle eigentlichen Informationsverarbeitungsprozesse müssen mit Hilfe von Anwendungsprogrammen realisiert werden.

Für einige der festgelegten Unterschiede ist die Art der Nutzung verantwortlich. So werden Datenbanksysteme im wesentlichen in Organisationen für Daten der Organisation benutzt, von Spezialisten implementiert und auf die Bedürfnisse der jeweiligen Organisation zugeschnitten. Dies macht die Steuerung (nicht die Bedienung) relativ schwierig. Ähnliches gilt für die statistischen Programmpakete. Die Daten entstehen in der Organisation bzw. Arbeitsgruppe oder werden in einem solchen Kontext verarbeitet. Die Steuerung ist hier, wegen der Methodenwahl, formalisiert und schon deswegen gewöhnungsbedürftig. Es ist auch fraglich, ob in diesem Fall eine Entwicklung zu mehr Natürlichsprachlichkeit tatsächlich Vorteile brächte. Trotzdem ist die Steuerung solcher Systeme, zumindest in ihren Grundzügen, in kurzer Zeit erlernbar.

Ganz anders sind im Regelfall die Dokumentationssysteme angesiedelt: bei großen Anbietern, die international ihre Daten online über die nationalen und internationalen Datenfernübertragungsnetze anbieten. Die hier abgespeicherten Informationen sind (natürlich) in der Regel nicht innerhalb der Organisation entstanden. Durch diese breite Streuung müssen (zumindest) die Abfragesprachen benutzerfreundlich sein. Und sie sind es, trotz aller denkbaren Verbesserungen auch. Das Problem liegt hier eher in der Anpassung der verschiedenen Sprachen, als in der Komplexität der Retrievalsprachen selber.

Abbildung 4/d

	Datenbanksysteme	Dokumentationssysteme	statistische Programmpakete
Hauptzweck	Abspeicherung und einfache Abfrage von Datenbeständen, die Vorgänge in der Organisation widerspiegeln.	Suche nach formatfreien Daten, d.h. nach Informationen in textlicher Form.	Verarbeitung von Merkmalsinformationen auf der Basis einer i.d.R. mehrdimensionalen Merkmalsstruktur.
Informationsart	Merkmalsinformationen.	textliche Informationen.	Merkmalsinformationen mit i.d.R. mehrdimensionaler Merkmalsstruktur.
Abgespeicherte Daten	Merkmalsausprägungen der Merkmalsinformationen mit Bezeichnung des Merkmals der Merkmalsausprägungen und der zugehörigen Objektklasse.	Referenzen, d.h. formale und inhaltliche Merkmale der textlichen Information ("Informationen über Informationen"). (Dokumentationseinheiten)	Merkmalsausprägung der Merkmalsinformationen mit Bezeichnung des Merkmals der Ausprägung und u.U. aller übrigen Merkmalsausprägungen (überschaubare Zahl von Ausprägungen)
Form der abgespeicherten Daten (logische Sicht)	mehrere "flat tables" (formatierte Daten).	Dokumentationseinheiten	Rechteckstruktur
Modellbildung	Abbildung eines Ausschnitts des organisationellen Geschehens in die Speicherorganisation. mehrere, miteinander in Beziehung gesetzte Objektklassen.	Modellierung erfolgt nur bei Festlegung der inhaltlichen Merkmale und ihrer Ausprägungen (Bsp. Thesaurus), die der möglichst adäquaten Erfassung dienen.	Abbildung eines Beobachtungsbereiches (empirisch relationales System) in ein numerisch relationales System. eine Objektklasse mit Beziehungen zwischen den Merkmalen.
Gegenstand der Informationsverarbeitung	Beziehungen zwischen den Objektklassen.	i.d.R. keine	Beziehungen zwischen den Merkmalen einer Objektklasse.

5. Ein neuer Systemtyp: Integration von Abspeicherung und Verarbeitung numerischer Fakten

Zur Zeit besteht von (mindestens) zwei Seiten her ein Bedarf zur Erweiterung bestehender Systemtypen bzw. zur Entwicklung eines neuen Systemtyps in der hier skizzierten Richtung. Einmal im Referenzretrieval. Hier wird zunehmend die Forderung erhoben, neben Literaturdatenbanken auch Faktendatenbanken einzurichten und dies geschieht auch bereits in größerem Umfang. Dem liegt meist die Vorstellung zugrunde, die gesuchte Information sofort und als Ganzes zu erhalten und nicht Hinweise darauf. Ein großer Teil der davon betroffenen Informationen sind Merkmalsinformationen, die dann aber nicht nur extrahiert, sondern verarbeitet und dargestellt werden sollen. Für diese Informationsform ist ein grundsätzlich anderer Systemtyp notwendig als für Dokumentationssysteme. Dies ist wohl der Grund dafür, daß die hier schon entstandenen Systeme nicht auf den Referenzretrievalsystemen aufbauen.

Auf der anderen Seite wurde unter den Nutzern statistischer Programmpakete in den letzten Jahren verstärkt der Ruf nach einem Ausbau der Systeme laut. Nicht so sehr (aber auch) im Hinblick auf die Erweiterung der Methoden, sondern in bezug auf den Charakter der statistischen Programmpakete als Dateisysteme. Denn mit diesen Systemen wird in der Regel (gleichzeitig) nur eine Objektklasse verarbeitet, wie in Abschnitt 4.3 beschrieben. Dies entspricht schon lange nicht mehr dem bisher erreichten Stand und den Möglichkeiten empirischer sozialwissenschaftlicher Forschung. Die Forderung geht nun dahin, die Systeme um Datenbanktechniken zu erweitern, um die gleichzeitige Verwaltung und Verarbeitung von Informationen mehrerer Objektklassen zu ermöglichen. Wird in den bisherigen Systemen die Verarbeitung von Daten unterschiedlicher Aggregationsniveaus notwendig, muß ein Kunstgriff zu Hilfe genommen werden, um die rechteckige Datenstruktur und damit den Charakter als Dateisystem zu erhalten: zu jeder Einheit der aggregierten Menge wird der (identische) Wert der Aggregate gespielt. Während dies bei Aggregationen noch vorstellbar ist und lediglich zu einer Aufblähung der Datei führt, ist dies beo Objektklassen, die sich auf unterschiedliche Objekte beziehen, nicht denkbar.

Die Veränderungen, die ein solcher Aufbau statistischer Programmpakete erfordert, dürfen nicht unterschätzt werden. So werden z.B. bei der Verarbeitung mehrerer Objektklassen schon ganz neue Anforderungen an die Steuersprache gestellt.

Unabhängig davon, welches System als Ausgangspunkt genommen wird, entsteht ein neuer Systemtyp, der nun mit den Ergebnissen aus den vorangegangenen Kapiteln noch weiter beschrieben werden soll.

Was sind die Merkmale dieses neuen Systemtyps?

Methodisch vereinigt er in sich die Vorteile der statistischen Programmpakete mit denen von Retrievalsystemen auf der Basis fortgeschrittener Datenbanktechniken, d.h, es werden mehrere Merkmalsträger mit ihren Beziehungen untereinander datenbankmäßig verwaltet. Die Steuerung geschieht ähnlich der in Dokumentnachweissystemen mit einer entwickelten Steuersprache. Also (relativ) einfach, komfortabel und umfassend, mit logischen Operatoren und sonstigen, die dem adäquaten Retrieval dienen. Sie muß erweitert werden, und dies ersetzt die Steuerung der Auswertung, wie sie bei Statistikpaketen üblich ist, durch Befehle und Operatoren, die die rechnerische und statistische Verarbeitung und die tabellarische und graphische Darstellung der Daten erlauben (algebraische Operatoren, Befehle und Operatoren zur Ansteuerung statistischer Verfahren).

Staud   Integrierte Abspeicherung und Verarbeitung numerischer Fakten

---

Verarbeitet werden Merkmalsinformationen aller Art und nicht, wie bei den ersten
Realisierungen dieses neuen Systemtyps, nur bestimmte Datenformen (vgl. STAUD
1983). Darüberhinaus werden aber auch textliche Informationen verarbeitet, die zur
Beschreibung, Definition und Erläuterung der Merkmalsinformationen dienen. So sollte
es z.B. möglich sein, zu einer extrahierten Tabelle die Definitionen oder
Beschreibungen der gewonnenen Daten zu erhalten. Ähnlich sollte durch die Suche in
Beschreibungen die Identifizierung bestimmter Objekte oder Merkmale ermöglicht
werden, mit deren Hilfe dann eine Suche in den Fakten möglich ist (Bsp.: Suche in
Produktbeschreibungen, um bestimmte Produktklassen zu finden und deren Daten dann zu
recherchieren). Dies erfordert nicht nur Abfragesprachen wie im Referenzretrieval,
sondern auch Datenbanktechniken wie in fortgeschrittenen Datenbanksystemen. In
ähnlicher Weise könnte der Methodenteil abfragbar sein, z.B. danach, welche Methoden
für die ausgewählten Daten sinnvoll sind, welche zur Verfügung stehen, welche
Anforderung sie stellen, usw.

Darüberhinaus sollte der Systemtyp "intelligenter" sein als bisherige Systeme (im
jeweiligen Bereich). In der Steuerung bedeutet dies Schritte in Richtung Natür-
lichsprachigkeit (soweit sinnvoll), zumindest aber in Richtung vollständiger
Benutzerführung (evtl. auch Erkennen von Schreibfehlern). Im Bereich der statistischen Verarbeitung sollte eine Kontrolle danach erfolgen, daß auf die Daten eines
bestimmten Skalenniveaus nur bestimmte Verfahren angewendet werden können.

Ein wichtiger Punkt ist, daß der neue Systemtyp nicht nur Beziehungen zwischen den
Merkmalen einer Objektklasse wie bei den statistischen Programmpaketen oder nur
zwischen den verschiedenen Objektklassen wie bei Datenbanksystemen, sondern beides
und im Zusammenhang ermöglicht. Damit wird ein höherer Stand der Modellierung
erreicht.

In Abbildung 5/a wurden die Forderungen an den neuen Systemtyp zusammengestellt.

Staud   Integrierte Abspeicherung und Verarbeitung numerischer Fakten

---

<u>Abbildung 5/a</u>

Forderung:

"Vereinigung der Vorteile der statistischen Programmpakete mit denen von Retrievalsystemen auf der Basis fortgeschrittener Datenbanktechniken."

Im einzelnen:

- Verarbeitung mehrerer Objektklassen mit ihren Merkmalen und Merkmalsausprägungen und mit Beziehungen zwischen den Objekten.

- Verwendung fortgeschrittener Datenbanktechniken

- Steuerung mit komfortabler und einfacher Abfragesprache ähnlich der in Referenz-retrievalsystemen. Erweiterung um Befehlssätze zur Steuerung der Extrahierung, statistischen Verarbeitung, tabellarischen und graphischen Darstellung

- Verarbeitung von textlicher Information und von Merkmalsinformationen

- Verarbeitung von Merkmalsinformationen aller Art, d.h.

    - vercodete Merkmalsausprägungen qualitativer Merkmale
    - Ausprägungen quantitativer diskreter und stetiger Merkmale
    - aggregierte und sonstwie verarbeitete Daten

- Berücksichtigung mehrdimensionaler Merkmale

- umfassende Statistik-Software für alle Datentypen

- größere "Intelligenz"

    - Bedienerführung
    - Annäherung an Natürlichsprachigkeit
    - Sicherung gegen Fehlhandlungen (z.B. bezüglich des Skalenniveaus der verarbeiteten Daten)

Erste Implementationen dieses Systemtyps gibt es bereits. Diese erfüllen aber nur wenige der beschriebenen Forderungen. Einige der Einschränkungen seien angeführt: Im Regelfall werden nur Zeitreihen aggregierter Daten verarbeitet. Auch die Retrievalsoftware und die statistischen Verarbeitungsprogramme sind ganz auf Zeitreihen zugeschnitten. Andere bzw. unterschiedliche Daten werden mit verschiedenen Befehlssprachen angesprochen, so daß beim gleichen Host und in der gleichen Recherche verschiedene Steuer- und Verarbeitungslogiken beachtet werden müssen, d.h., es fehlt diesen Systemtypen i.d.R. ein übergeordnetes Datenmodell. Dasselbe gilt für die Befehlssätze, mit deren Hilfe Tabellen und Graphiken erstellt werden. Für einige der Systeme gilt darüberhinaus, daß die Steuersprache nicht benutzerfreundlich ist, sondern einen zu hohen Einarbeitungsaufwand erfordert. Den Daten und der engen Daten-Methodenverbundenheit entsprechend liegen auch der rechnerischen Behandlung keine Datenbanktechniken zugrunde.

Anmerkungen

(1) Z.B. die entsprechenden Systeme der Firmen CISI, I.P. Sharp, CII Honeywell Bull, Datacentralen und ADP.

(2) Der Informationsbegriff wird hier sehr pragmatisch gewählt. Alle die Nachrichten, die in den genannten Systemen abgespeichert werden und die zur Erfüllung organisationeller Aufgaben dienen, sollen als Informationen bezeichnet werden.

(3) AREMOS (A Retrieval and Econometric Modelling System) ist die Retrievalsprache der Firma CISI, die u.a. die Zeitreihen-Datenbanken der EG online anbietet.

(4) Beispiele für die inzwischen große Zahl solcher Pakete sind SPSS (Statistical Package for the Social Sciences) und KOSTAS (Konstanzer Statistisches Analysesystem).

(5) In der Literatur zu Datebanksystemen werden Informationssysteme nur sehr unscharf definiert. So schreiben Schlageter/Stucky: "Ein Informationssystem eines Unternehmens enthält die zur Kontrolle und Steuerung dieses Unternehmens notwendigen Informationen sowie die dazugehörigen Verarbeitungsprozesse" (SCHLAGETER/STUCKY 1983, S. 13).

(6) Zwar ist in der Datenbankliteratur meist von Unternehmen die Rede, gemeint sind aber Organisationen jeglichen Typs, wie auch an entsprechenden Verallgemeinerungen des Unternehmensbegriffs deutlich wird (vgl. z.B. SCHLAGETER/STUCKY 1983, S. 13).

(7) "Ein Thesaurus ist im wesentlichen ein System von festgelegten Schlagworten, die dann Deskriptoren genannt werden, mit wohldefinierten Beziehungen zueinander wie Unter- und Oberbegriff, verwandter Begriff, ..." (GEBHARDT 1981, S. 18).

(8) Als Dokumentationseinheit (DE) werden alle Angaben bezeichnet, die über einen Informationsträger (Dokumentarische Bezugseinheit) abgespeichert werden.

(9) vgl. zur Informationsverarbeitung in Dokumentationssystemen die entsprechenden Ausführungen in LOCKEMANN/MAYR (LOCKEMANN/MAYR 1978, Abschnitt 6.1 und Kapitel 13 (zu STAIRS und PASSAT/GOLEM)) und in GEBHARDT (GEBHARDT 1981, insbesondere Kapitel 7). Die Informationsverarbeitung bezieht sich hier eher auf die Aufbereitung der Dokumente als auf die Weiterverarbeitung der gewonnenen Informationen.

Staud   Integrierte Abspeicherung und Verarbeitung numerischer Fakten

---

Literaturverzeichnis

BEUTEL, P./ SCHUBÖ, W.: SPSS 9. Statistik-Programm für die Sozialwissenschaften. Eine Beschreibung der Programmversionen 8 und 9. 4. Aufl. Stuttgart/New York 1983

GEBHARDT, F.: Dokumentationssysteme. Berlin/Heidelberg/New York 1981

KÜCHLER, M.: Multivariate Analyseverfahren. Stuttgart 1979

LOCKEMANN, P.C./ MAYR, H.C.: Rechnergestützte Informationssysteme. Berlin/Heidelberg/New York 1978

MARTIN, J.: Einführung in die Datenbanktechnik. München/Wien 1981

NAGL, W./ WALTER, H.-G.: Das Konstanzer Statistische Analysesystem KOSTAS. (Universität Konstanz, Zentrum I Bildungsforschung - SFB 23, Forschungsbericht 37). Konstanz 1981

REUSCH, P.A.J.: Informationssysteme, Dokumentationssprachen, Data Dictionaries. Mannheim 1980

SCHLAGETER, G./ STUCKY, W.: Datenbanksysteme: Konzepte und Modelle. Stuttgart 1983.

STAUD 1983: Extrahieren und Verarbeiten numerischer Fakten in Retrieval-Systemen. Am Beispiel AREMOS. (Universität Konstanz, Informationswissenschaft, Bericht 3/83). Konstanz 1983

STAUD 1984: Merkmale und Modelle. Anmerkungen zur Gewinnung von Daten und Bildung von Modellen (in Vorbereitung)

WEDEKIND, H.: Datenbanksysteme I. Eine konstruktive Einführung in die Datenverarbeitung in Wirtschaft und Verwaltung. Zürich 1981

DIE JAPANISCHE INFORMATIONSGESELLSCHAFT

Mitsou Sasaki
Universität Tamagawa, Tokyo

1. Einleitung
2. Die Anwendung der Informationstechnologie in Japan
3. Politische und administrative Maßnahmen zur Förderung der Informationsgesellschaft in Japan
   3.1 Maßnahmen des "Amtes für administratives Management"
   3.2 Maßnahmen des Ministeriums für den internationalen Handel und die Industrie
       (MITI)
   3.3 Maßnahmen des Ministeriums für Post und Telekommunikation
4. Probleme der japanischen Informationsgesellschaft
5. Ausblick
Anmerkungen

Referat

Anhand der politisch-administrativen Maßnahmen wird die Entwicklung der japanischen
Informationsgesellschaft dargestellt, die auf ein Regierungsprogramm aus dem Jahr
1969 zurückgeht. Der Autor beschreibt die heute vorzufindende breite Durchdringung
der japanischen Wirtschaft und öffentlichen Verwaltung mit Mikro-Computern und betont
deren innovativen Charakter für die japanische Wirtschaft, insbesondere seit der 1981
geltende Sicht von Information als zentralem Produktionselement. Die im
internationalen Gefüge zu erwartende Konkurrenzsituation wird problematisiert.

Abstract

The political and administrative measures for the development of the Japanese
information society are presented, whose roots go back to the 1969-government
program. The author describes the current wide penetration of microcomputers into
the Japanese economy and public administration and the innovative consequences of the
computer for the economy, especially since 1981 when information was declared a
central element of production. Furthermore he makes an issue of the electronic
industry in respect to international competition.

1. Einleitung

"Informationsgesellschaft" ist ein schillernder Begriff. Je nach dem Kulturkreis und je nach der gesellschaftlichen Entwicklung ist der Begriffsinhalt einem steten Wandel unterworfen (1). Hier bildet auch Japan keine Ausnahme. Das, was heute in Japan unter der Informationsgesellschaft verstanden wird, unterscheidet sich deutlich von den Ergebnissen einer interkulturellen Tagung zwischen Europäern und Japanern (2), die 1977 in Bonn abgehalten wurde, und sieht weniger geheimnisvoll aus. Die japanische Informationsgesellschaft "jôhô-ka shakai" klang damals einem Zauberspruch für den wirtschaftlichen Erfolg Japans gleich - wie etwa "Japan Inc.".

Die Konzeption der japanischen Informationsgesellschaft an sich wurde bereits 1969 im Regierungsprogramm entwickelt - im "Neuen Nationalplan für die gesamte Entwicklung" -, ohne durch konkrete Maßnahmen auch nur in Ansätzen umgesetzt zu werden. Mit anderen Worten: Wie in Regierungsprogrammen oftmals üblich, war dieses Konzept lediglich eine symbolische Aktion. Infolgedessen gab es zunächst eine erhebliche Meinungsvielfalt, wenn man auch von der "Eigentümlichkeit" der japanischen Informationsgesellschaft sprach (3).

Erst das Gutachten der Abteilung für Informationsindustrie des "Industriestrukturrates" vom 15. Juli 1981 hat eine abschließende Definition des Begriffes der "jôhô-ka shakai" gebracht (4). Zwar ist der Industriestrukturrat nur ein beratender Ausschuß des Ministeriums für den internationalen Handel und die Industrie (MITI), dennoch hat er aber einen wesentlichen Einfluß auf die nationale Konsensbildung in Japan. Nach der Definiton dieser Institution ist die "Informatisierung" (jôhô-ka) die Gesamtheit der Tätigkeiten, mit denen wir die Information bewußt produzieren, transformieren, übertragen, akkumulieren und nutzen. Und - Information ist neben den physischen Gütern und der Energie das dritte Produktionselement (5).

Die Informationsgesellschaft unserer Zeit soll damit wie folgt definiert werden:

"Die Informationsgesellschaft sei ein sozialer Zustand, in der die Informatisierung nicht nur in der Arbeitswelt, sondern auch im alltäglichen, privaten Leben vorherrscht."

Im folgenden wird in diesem Beitrag versucht, anhand dieser Interpretation aufzuzeigen, inwieweit die Informationstechnologie als die grundlegende "Innovation" und damit als die Triebkraft der wirtschaftlichen Entwicklung Japans wirkt. Es wird weiterhin kurz auf die administrativen und politischen Maßnahmen zur Förderung der Informationstechnologie eingegangen, und abschließend werden einige Probleme, die sich für die japanische Informationsgesellschaft von heute ergeben haben, angedeutet.

2. Die Anwendung der Informationstechnologie in Japan

Ähnlich wie in allen anderen vergleichbaren westlichen Industrieländern hat der Computereinsatz in Japan eine stetig zunehmende Bedeutung erlangt. Bereits die Betrachtung der Zuwachsraten der Universalcomputer im Einsatz zeigt die bedeutende Rolle der Informationstechnologie für die japanische Wirtschaft und öffentliche Verwaltung: von 1966 bis 1981 wurden im langjährigen Schnitt Zuwächse von 30 % erreicht - zu Beginn der 80er Jahre liegen die Zuwächse noch deutlich über 20 % (6).

Vergleicht man die internationale Entwicklung dieses Segments der Informationstechnik (Universalcomputer), dann wird deutlich, daß die beschrittenen Wege sehr unterschiedlich sind:

Tabelle 1: Installierte Universalcomputer (1978) (7)

	Anzahl	pro Mio. Einwohner	Geldwert (Mio. $)	pro Mio. Einwohner
USA	57.954	265,9	48.662	223,2
Deutschland	11.182	183,3	8.092	132,7
Frankreich	10.195	192,4	6.532	123,2
Groß-Britannien	8.018	143,2	5.776	103,1
Schweiz	1.813	302,2	1.330	221,7
Japan	21.100	183,5	11.135	96,8

Diese Tabelle verdeutlicht, daß zwar im Jahr 1978 der Anteil an Universalcomputern in Japan und Deutschland pro Million Einwohner ähnlich hoch war, aber daß der Wert eines Universalcomputers deutlich geringer als in Deutschland war. Dieser Trend hat sich in den Folgejahren fortgesetzt. Während in Japan die Durchdringung der Wirtschaft und der öffentlichen Verwaltung mit Universalcomputern weiter anhielt (1980: 24.311 installiert), stagnierte der Einsatz in Deutschland, beziehungsweise nahm sogar leicht ab (1980: 10.385 installiert) (8). Die "Wertschere" klafft unverändert weit auseinander. Diese Tendenz in der Anwendungsselektion in Japan – hin zu kleineren Computern – wird auch in der nachfolgenden Tabelle deutlich (man beachte, daß in dieser auf den Geldwert abgehoben wird).

Tabelle 2: Größenverteilung der Computer im Gebrauch (9)
            (in Prozent des Geldwerts)

Größenklassen	Jahr	1978	1979	1980	1981
groß		60	60	60	59
mittelgroß		25	24	23	22
klein		10	10	10	12
mini		5	6	7	7
		100	100	100	100

Zusätzlich kann aus den beiden Tabellen und der oben angeführten Entwicklungstendenz bis 1980 geschlossen werden, daß in Japan in der Dezentralisierung der Computeranwendung ein Vorteil gesehen wird – während in Deutschland eher in der zentralisierten Anwendung der größere Nutzen vermutet wird. Dies bedeutet nach dem eingangs dargestellten Vorverständnis der Informationsgesellschaft, daß in Japan die

"Informatisierung" relativ weiter fortgeschritten ist als beispielsweise in Deutschland.

In diesem Zusammenhang sei auch noch darauf verwiesen, daß in Japan die industriellen Roboter schon jetzt quantitativ wie auch qualitativ in sehr umfangreicher Weise installiert sind (10). Zumindest als Randtechnologie, die die Informatisierung der Gesellschaft beschleunigen kann, ist von der Roboterisierung viel zu erwarten.

3. Politische und administrative Maßnahmen zur Förderung der Informationsgesellschaft in Japan

Spätestens seit der "Exportoffensive" Japans gibt es in Europa starke Vorbehalte, wenn von den "Beziehungen" zwischen der Regierung und den Unternehmen in Japan gesprochen wird. Diese Beziehungen - besser die Kooperation - zwischen der japanischen Regierung und den Unternehmen kann je nach der ideologischen Grundhaltung des Betrachters einmal als falsch und einmal als richtig eingeschätzt werden. Indes - tendenziell sind heute in sämtlichen westlichen Ländern ähnliche Förderungsmaßnahmen und Kooperationen zu beobachten, wie sie auch in Japan bestehen (11). Auch die Exportoffensive erscheint in einem anderen Licht, wenn man die internationale Entwicklung des Exports betrachtet (12).

Um jedoch unbegründete Vorurteile gegen das japanische Konzept der Informationsgesellschaft (und deren Förderung) zu vermeiden, wird im folgenden ein kurzer Überblick über die wesentlichen politisch-administrativen Maßnahmen gegeben.

3.1 Maßnahmen des "Amtes für administratives Management"

Die Einführung von Informationssystemen in die öffentliche Verwaltung wird aufgrund einer Kabinettsentscheidung von 1968 ("Über die Maßnahmen zur Computernutzung in der Regierung") gezielt gefördert. Die Zuständigkeit für diese Maßnahmen liegt beim "Amt für administratives Management". Daneben koordiniert das Amt sämtliche Einzelmaßnahmen der verschiedenen Regierungsorganisationen bei der Informatisierung und bereitet auch ein einheitliches Bewertungs- und Untersuchungssystem vor, um allgemeine Probleme bei der Einführung von Computersystemen zu lösen.

Zusätzlich hat das Amt für administratives Management die mit der Kabinettsentscheidung vom 28.12.1981 erlassene "Anweisung" zur Förderung der Verwaltungsautomation ("Über die augenblicklichen Maßnahmen für die Förderung der Verwaltungsreform") umzusetzen.

Im Rahmen der Weiterentwicklung der japanischen Informationsgesellschaft sind dem Amt zusätzliche Aufgaben, wie die internationale Kooperation bei der Datenübertragung, die Entwicklung neuer Datenbasen, die Förderung der Informationsübertragung in anderen (sozialen) Anwendungsgebieten und anderes mehr, übertragen worden.

3.2 Maßnahmen des Ministeriums für den internationalen Handel und die Industrie (MITI)

Das Ministerium für den internationalen Handel und die Industrie ist zuständig für die Industriepolitik und fördert die Informationsindustrien - und damit die Informatisierung der Gesellschaft - unmittelbar.

Die Maßnahmen des MITI können grob in vier Kategorien eingeteilt werden und unterscheiden sich in der Programmkonkretion kaum von den deutschen DV-Programmen (13):

- Förderung der Hardware-Industrie
- Förderung der Software-Industrie
- Entwicklung der Sozialsysteme
- Vervollständigung der Grundlagen für die Informatisierung der Gesellschaft.

Lediglich ein wesentlicher Unterschied besteht zu den deutschen DV-Programmen, auf den hier kurz eingegangen wird. In der Programmbewertung der DV-Förderprogramme in der Bundesrepublik Deutschland (14) wird insbesondere kritisiert, daß mit zunehmender Marktnähe das finanzielle und planerische Engagement der Unternehmen abnimmt, während es im geförderten Forschungs- und Entwicklungsbereich überdurchschnittlich hoch ist (15). Dieses "Vergessen" wichtiger Erfolgsfaktoren wird im wesentlichen darauf zurückgeführt, daß "der Staat insofern, bewußt oder unbewußt, das planerische wie finanzielle Engagement", durch die staatlichen Hilfen lediglich im FuE-Bereich, "geschmälert" habe (16).

In Japan dagegen wird auch in den in Deutschland "vergessenen" Bereichen (Vertrieb, Service, Wartung, Schulung) eine Förderung durchgeführt. Die Japan Development Bank finanziert die Japan Electronic Computer Company (JECC), die auf dem japanischen Inlandsmarkt für japanische Computerhersteller wichtige Funktionen übernimmt: Der Computeranwender wählt das "passende" System. Die JECC kauft daraufhin den Computer beim Hersteller und least ihn an den Computeranwender. Alle weiteren Geschäfts-vorgänge erfolgen zwischen dem Anwender und der JECC (Bezahlung, Maintenance und Programmierung, Rückgabe der veralteten Computer etc.) (17).

3.3 Maßnahmen des Ministeriums für Post und Telekommunikation

Das Ministerium für Post und Telekommunikation ist für die allgemeine Infor-mationsübertragung zuständig. Der Aufgabenzuschnitt entspricht weitestgehend dem der Deutschen Bundespost.

Im Rahmen der Informatisierung der japanischen Gesellschaft werden von diesem Ministerium jedoch auch im Zuständigkeitsbereich Förderprogramme aufgelegt. Wichtige Einzelmaßnamen des Ministeriums für Post und Telekommunikation sind beispielsweise:

- Förderung von Projekten zur Fortentwicklung hochtechnisierter Datenübertragung
- Förderung der Telekommunikationsindustrie
- Maßnahmen zum Schutz der Privatsphäre
- Kontrolle und Leitung von Nippon Telegraph & Telephone Public Corporation (NTT) und
  Kokusai Denshin Denwa Co. Ltd., (KDD) (analog zu ITT)
- Kontrolle und Überprüfung der Datenübertragungsinstitutionen
- Erstellung und Durchführung des langfristigen Entwicklungsplans für die Post und
  die Telekommunikation

Von herausragender Bedeutung ist der zuletzt genannte Plan (Information network system: INS), der für die Informatisierung der japanischen Gesellschaft die eigent-liche Grundlage bilden wird (18). Wie ehrgeizig diese Planung ist, wird deutlich, wenn man sich vergegenwärtigt, daß in das INS auch eine Variante der "Fünften Computergeneration" integriert werden soll (19). Dennoch muß dieses Projekt als durchaus realistisch eingeschätzt werden: Um an diesem Markt zu partizipieren, ist IBM derzeit damit befaßt, ihre Telekommunikationssoftware "umzubauen" (von der "System Network Architecture" (SNA) in NTT´s "Data Communication Network Archi-tecture" (DNCA)), um mit dem japanischen System kompatibel zu werden (20).

4. Probleme der japanischen Informationsgesellschaft

Die japanische Informationsgesellschaft leidet derzeit ohne Zweifel an den gleichen typischen Problemen, wie sie etwa auch in der Bundesrepublik Deutschland sichtbar geworden sind: Mangelnder Schutz der Privatsphäre, Verletzlichkeit der Computersysteme, gesundheitliche Folgeschäden für die Beschäftigten, Probleme der Erweiterung des Informationszugangs, Einflüsse auf das Beschäftigungssystem und die mangelnde Standardisierung der Hard- und Software etc. Da sich jedoch dieser Beitrag mit der Strukturanalyse der japanischen Informationsgesellschaft von heute befaßt, sei hier lediglich auf die einschlägige Literatur verwiesen (21).

Im folgenden werden einige Punkte angeführt, die für die Erklärung der japanischen Entwicklung hilfreich sein können. Mit ihrer Hilfe können auch einige Stärken und Schwächen der japanischen Industrie erklärt werden.

William J. ABERNATHY und andere untersuchten vor einiger Zeit die Wettbewerbsfähigkeit der japanischen Industrie im Vergleich zur amerikanischen Industrie (22). Nach der Auffassung der Autoren erklärt sich der Wettbewerbsvorteil Japans im wesentlichen aus den Mikro-Software-Faktoren der industriellen Konkurrenz, das heißt dem Management der Unternehmen bei der Produktions- sowie Lagerkontrolle und der Arbeitsverwaltung.

Für die Erklärung der Wettbewerbsvorteile wurde die staatliche Finanz- und Geldpolitik (Makro-Hardware-Faktoren), Morale (übersetzt als: Kampfgeist, Betriebstreue, Bereitschaft für die Betriebe einzustehen), öffentliche Kontrolle und Ausbildung (Makro-Software-Faktoren) und die technologische Leistung der Produktion (Mikro-Hardware-Faktoren) vernachlässigt.

Während also ABERNATHY in der japanischen Betriebsorganisation die Begründung für den japanischen Erfolg in der Weltmarktkonkurrenz sieht, stellt James E. ELLENBERGER fest, daß die vorherrschende Betriebsorganisation der U-Form (unitary-form) tendenziell aufgrund der zentralistischen Ausrichtung Nachteile, die M-Form (multidivisional form) demgegenüber deutliche Vorteile habe (23). Und dieser Nachteil der japanischen Organisationsweise (gegenüber der vorherrschenden amerikanischen Betriebsorganisation) werde auch durch das japanische Ringi-System (betriebliche Prozesse werden an der Basis diskutiert, an die Zentrale geleitet und von dort veranlaßt) nicht aufgehoben.

Dieser Widerspruch zwischen ABERNATHY und ELLENBERGER löst sich auf, wenn man die innerbetrieblichen Erfolge der Mikro-Computer berücksichtigt. Damit war es den japanischen Unternehmen möglich, bei Beibehaltung der betrieblichen Organisationsstruktur eine Effektivierung der Informationsstruktur zu erreichen.

Diese organisatorische Entwicklung in den japanischen Unternehmen ist insbesondere durch einen Vorteil in der IC-Produktion gestützt worden. Besonders die verbreitete Produktion und Anwendung der MOS-memory-IC und der Bipolar-linear-IC, die den Ansprüchen der Mikro-Computer besonders entgegen kommt, verschafft den Japanern einen komparativen Vorteil gegenüber der amerikanischen Produktionslinie (Bipolar-digital-IC), die in erster Linie für die Anwendung in Groß-Computern geeignet ist (24).

Mit dieser Tendenz - breite Anwendungsmöglichkeiten in Mikro-Computern - versteht es sich von selbst, daß dieser Nutzen auch die Durchdringung des allgemeinen sozialen Lebens wesentlich beschleunigen wird. In diesem Zusammenhang wird auch die forcierte Entwicklung der fünften Computer- Generation als rational erachtet (rational, sofern man von all den anderen wirtschaftspolitischen Problemen absieht), da sich Japan damit für die eigene Entwicklung eine deutliche Verbesserung der Ausgangssituation verschafft.

Für die weitere Entwicklung der japanischen Informationsgesellschaft kommt NTT eine herausragende Rolle zu. NTT ist für die Entwicklung der Informationsübertragung zuständig, und ihr ist es gelungen, in der Entwicklung der Fasertechnik eine führende Rolle in der Welt einzunehmen (nach 1977).

Es ist NTT, die das "information-network-System" (INS; vgl. 3.3) zu implementieren hat. Da es in Japan zumindest bis heute keinen historischen Bedarf eines dichten Informationsnetzes gab (wie etwa in den USA, wo ein militärisch begründeter Bedarf bestand), bestehen heute bei der Verwirklichung der Übertragungsinfrastruktur erhebliche Umsetzungsprobleme.

Diese Probleme haben zwei Ursachen. Zum einen sollen die Kosten für die Netzinfrastruktur durch die Nutzer (als "quasi-öffentliches Gut") aufgebracht werden. Zum anderen ist anzumerken, daß NTT als einem öffentlichen Unternehmen und als Monopolist (ähnlich der Deutschen Bundespost) Anreize zum Leistungswettbewerb fehlen. Dazu hat zwar der ad-hoc-Ausschuß für die administrative Reform empfohlen, durch eine Entflechtung die betriebliche Effizienz zu steigern, dennoch bleibt es fraglich, ob sich ähnliche Erfolge wie bei privatwirtschaftlicher Konkurrenz einstellen werden (als Modell sei die amerikanische Organisationsform genannt).

5. Ausblick

Ohne Zweifel befindet sich die japanische Gesellschaft auf dem Wege zur Informationsgesellschaft. Ohne die Verwirklichung der Netzinfrastruktur kann dieses Fernziel nur mühsam verwirklicht werden. Dieses zu beschleunigen ist derzeit wichtige Aufgabe der japanischen Industriepolitik. Auch die japanische Gesellschaft hat sich erst noch darauf einzustellen, daß die Information das "dritte" Produktionselement ist. Nur dann wird es möglich werden, den ehrgeizigen Plan des INS zu verwirklichen.

Daneben sind jedoch auch noch einige Probleme zu sehen, die eine internationale Bedeutung bekommen werden. Für Japan selbst ist es keine Frage, daß das Konzept der japanischen Informationsgesellschaft in der gegenwärtigen sozialen und wirtschaflichen Struktur funktionieren kann, solange Japan "ein nach Entwicklung orientierter Staat" (25) bleibt. Es stellt sich aber das Problem der "internationalen Gesellschaft". Und hier ist die Frage, wie sich diese zu organisieren hat. Dabei ist daran zu denken, daß die weitere Entwicklung der Technik zu weitgehend vereinheitlichten Grundlagen führen wird, also beinahe homogene marktwirtschaftliche Bedingungen geschaffen werden. Diese Veränderung wird in der gegenwärtigen Organisationsform zu einem hohen internationalen Konkurrenzdruck führen, der auf der einen Seite zu erheblichen Staatseingriffen oder andererseits zu einer Rückkehr zum "laissez faire" in seinen verschiedenen Ausprägungen und den jeweils nachfolgenden Konsequenzen für den internationalen Handel führen wird.

Dieses internationale Problem scheint zunächst einer Lösung bedürftig. Es ist bereits jetzt die Aufgabe der Volkswirtschaften, hier die Weichen zu stellen und eine internationale Vereinbarung und Verständigung herbeizuführen.

Anmerkungen

Der Aufsatz wurde in Zusammenarbeit mit Dipl.-Oec. Gerhard Derriks, Angestellter im DFG-Forschungsverbund "Technische Entwicklung im tertiären Sektor", erstellt, dem ich für die Hinweise und seine Diskussionsbereitschaft danke.

(1) vgl. z.B. die amerikanische Entwicklung von Peter DRUCKER (1968): The Age of Discontinuity, Guidelines to Our Changing Society, New York über Daniel BELL (1973): The Coming of Post-Industrial Society, New York und Starr Roxanne HILTZ / Murray TURROFF (1978): The Network Nation. Human Communication via Computer, London u.a.

(2) vgl. OSTASIEN-INSTITUT e.V. und Gesellschaft für Mathematik und Datenverarbeitung (Hg.) (1979): Kommunikative Gesellschaft. Beiträge einer interkulturellen Tagung zwischen Japanern und Europäern vom 4. bis 8. September 1977 im Haus der Völker und Kulturen, St. Augustin bei Bonn. München u.a.

(3) Seisuke KOMATSUZAKE (1979): Japans Konzeption der "Jôhô-ka-shakai" und deren Implementierungsansätze, in: Kommunikative Gesellschaft (FN 2), S. 17-28

(4) MITI, Maschinen- und Informationsindustrien Büro (Hg.): Yutakanaru Jôhôka-shakai-eno Doppyô-Sangyôkôzô Shingikai Jôhôsangyô Bukai Tôshin, Konpyûta Ehij-Sha

(5) Norbert WIENER (1948): Cybernetics or Control and Communication in the Animal and the Machine, MIT

(6) vgl. MITI Denshikeisanki NôyûShitadori Chôsa-Daten: zitiert nach: Kenji CHIJIIWA (Hg.) (1982): Kikansangyôto Gijutsu, Tokyo University Press, S. 263

(7) IDC-Daten, zitiert nach: AMT FÜR ADMINISTRATIVES MANAGEMENT (Hg.) (1983): Konpyûtâ Shakai, Jôhôseisaku, Nikkan Kôgyô Shinbun-Sha, S. 11

(8) IDC-Daten, zitiert nach: THE JAPAN ECONOMIC JOURNAL (1983): Industrial Review of Japan 1983, S. 52

(9) vgl. MITI Denshikeisanki Nônyû Shitadori Chôsa-Daten; zitiert nach: YAMAICHI Shôken KeiZai Kenkyûjo (Hg.) (1983): Industrial Statistics '83, S. 189

(10) Daten der Japan Industrial Robot Association, zitiert nach: THE JAPAN ECONOMIC JOURNAL (1983): Industrial Review of Japan 1983, S. 47

(11) vgl. z.B. die Ergebnisse der Tagung des VDI-Technologiezentrums am 7. Juni 1983 in Berlin: EUROTRONICS, Elektronik in Europa 1983-1987

(12) vgl. SÜDDEUTSCHE ZEITUNG vom 14. Juni 1983 in der die Exportentwicklung Japans und Deutschlands im Vergleich deutlich macht, daß Japan 1982 einen Exportrückgang um 8,6 Prozent hatte, während Deutschland als einziges der wichtigen Exportländer 1982 einen Zuwachs hatte.

(13) vgl. etwa die Programme des BMwF (1967): Programm zur Förderung und Entwicklung auf dem Gebiet der Datenverarbeitung für öffentliche Aufgaben, Bonn, das Programm des BMBW (1971): 2. DV-Programm der Bundesregierung, Bonn, sowie das Programm des BMFT (1976): 3. DV-Programm 1976-1979, Bonn, die in den wesentlichen Zielsetzungen mit den japanischen Programmen übereinstimmen.

(15) ebd. S. 244

(16) ebd. S. 245

(17) vgl. MITI Denshikeisanki Nônyû Shitadori Chôsa-Daten; zitiert nach: YAMAICHI Shôken Keizai Kenkyûjo (Hg.) (1983): Industrial Statistics '83, S. 190

(18) Die Planung hat eine hohe Entsprechung mit den Überlegungen zu Baden-Württemberg in Deutschland. vgl. NEUE KOMMUNIKATIONSTECHNIKEN. Perspektiven für das Land Baden-Württemberg. Bericht der Expertengruppe "Förderung neuer Kommunikationstechniken (EKOM)", erstellt im Auftrag der Landesregierung von Baden-Württemberg, Stuttgart im November 1982

(19) vgl. THE JAPAN ECONOMIC JOURNAL (1983): NTT to develop computer for future INS network, Vol. 21, No. 1060, S. 13

(20) vgl. THE JAPAN ECONOMIC JOURNAL (1983): IBM will remodel telecom software, Vol. 21, No. 1059, S. 11

(21) vgl. z.B.: Iann BARRON / R.C. CURNOW (1978): The Future of Information Technology, London; Hans HANSEN u.a. (Hg.) (1979): Mensch und Computer. Zur Kontroverse über die ökonomischen und gesellschaftlichen Auswirkungen der EDV, München/Wien; Jürgen von KRUEDENER / Klaus von SCHUBERT (Hg.) (1981): Technikfolgen und sozialer Wandel. Zur politischen Steuerbarkeit der Technik, Köln; Jürgen REESE u.a. (1979): Gefahren der informationstechnologischen Entwicklung, Frankfurt/New York; Bernd-Peter LANGE u.a. (1982): Sozialpolitische Chancen der Informationstechnik. Zur staatlichen Förderung einer sozialen Informationstechnologie, Frankfurt/New York

(22) William J. ABERNATHY / Kim B. CLARK / Alan M. KONTROW (1981): The new industrial competition, in: Harvard Business Review, Sept.-Oct. 1981, S. 68-81

(23) James N. ELLENBERGER (1982): Japanese management: Myth or magic, in: The AFL-CIO American Federationist, April-June 1982, S. 3-12

(24) vgl. Nihon Denshi Kikai Kôgyô-Kai-Daten; zitiert nach: AMT FÜR WISSENSCHAFT UND TECHNOLOGIE (Hg.) (1983): Shôwa 57 – Nen Ban Kagaku Gijutsu Hakusho, Tokyo, S. 20

(25) Chalmers JOHNSON (1982): MITI and the Japanese Miracle, Stanford University Press

FACHINFORMATIONSVERSORGUNG ALS ÖFFENTLICHE AUFGABE

Klaus Lenk
Universität Oldenburg
FB Sozialwissenschaft

(Einleitung)
Fachkommunikation als System
Fachinformationsversorgung als öffentliche Aufgabe
Erfüllungsmodalitäten der Ziele der Fachinformationsversorgung
Anmerkungen

Referat

Wegen ihres Grundrechtsbezuges steht die Fachinformationsversorgung als öffentliche Aufgabe in politischer Gesamtverantwortung. Dies gilt unabhängig von den privaten, gemeinwirtschaftlich-genossenschaftlichen oder öffentlichen Modalitäten der Erfüllung von (Teil-)Aufgaben in ihrem Bereich (Archive, Bibliotheken, Verlage, "Information und Dokumentation"). Für eine möglichst günstige Ausgestaltung von Trägerschaft, Organisation und Finanzierung der Fachinformationsversorgung gibt es keine allgemeingültigen Kriterien, obwohl einzelne Formen von Marktversagen oder Staatsversagen in der Informationsökonomie besondere Bedeutung erlangen. Vor allem führt die technisch erleichterte Trennbarkeit der Information von ihrem materiellen Substrat dazu, daß private Aneignungs- und Verfügungsrechte über Informationen schwerer durchsetzbar werden.

Abstract

Due to its relation to the constitutional rights the provision of professional information is a public task within political responsibility. This is independent from the private, communal or public arrangements made for the fullfilling of tasks within their own domains (archives, libraries, publishing companies, "information and documentation"). There are no criteria of general validity for the optimal arrangement of sponsorship, organization and financing for the brokering institutions of professional information, though specific events of failures on the market´s or the state´s side have gained special meaning. Especially the technical separability between information itself and its material substance bring problems for tho establishment of private rights on the aquisition and use of information.

Information als Voraussetzung des Verwaltungshandelns und der Planung wird immer öfter als Problemfaktor empfunden und daher ins Bewußtsein gehoben. Betrachtet man, was nicht ganz unbedenklich ist, Information als Ressource, so liegt es nahe, die Versorgung mit dieser Ressource zu organisieren. Das ist ein Prozeß, der an den Grenzen einzelner Organisationen nicht halt macht. Diese haben zwar je für sich ihr organisationsinternes Wissen, ihr Dienstwissen. Aber in immer stärkerem Maße hängen sie von Fachwissen, von Fachinformationen ab, die ihr Personal nicht schon aus seiner Ausbildung mitbringt. Organisationsübergreifende Produktion und Nutzung solcher Fachinformationen bringt gesellschaftliche Vorteile.

In diesem Licht ist das Thema meines Beitrags zu sehen. "Fachinformationsversorgung als öffentliche Aufgabe" mag den einen als Ketzerei erscheinen, den anderen als Selbstverständlichkeit. Die einen mögen an das florierende Geschäft mit Fachbüchern und Fachzeitschriften denken - Umsatzvolumen in der Bundesrepublik zur Zeit jährlich je etwa 2 Milliarden DM - , wo für öffentliche Aufgaben und öffentliche Aufgabenerfüllung kein Raum zu sein scheint. Die anderen verengen sofort den Begriff der Fachinformation auf "IuD" im gängigen Sinne, also Information anhand von Dokumentation (1). Sie sehen in erster Linie Information als Ressource der Forschung und Entwicklung, als wissenschaftlich-technische Information, die es durch maschinelle Dokumentation und allgemein durch Einsatz von Informationstechnik zu verbessern gilt. Den Rahmen hierfür sollten bis vor kurzem große Fachinformationseinrichtungen abgeben, tendenziell im öffentlichen Sektor verortet.

Das ist die Sicht des 1974 veröffentlichten IuD-Programms der Bundesregierung (2). Aus dieser Sicht erscheint die Informationslandschaft als Umgebung des Berges der Dokumentare (3). Aus dessen Höhe verschwimmen die Hügel und Täler der Archivare, Bibliothekare, Verleger und Buchhändler im Dunst, ebenso wie die Werkstätten und Fabriken der Informationsproduzenten oder die meisten Nutzergemeinden.

Mir kommt es hier nicht darauf an, daß diese Sichtweise möglicherweise Unheil angerichtet hat. Kritik an der Fixierung der Forschungsförderung auf jenen fortgeschrittensten Teil des gesellschaftlichen Umgangs mit Fachinformation, den Dokumentation nun einmal darstellt, ist oft genug geübt worden. Die Verleger fürchteten Einbrüche in ihren Geschäftsbereich (4). Bibliotheken und allgemein die Bundesländer sahen ihren Kompetenzbereich tangiert (5).

Die Ziele der IuD-Förderung mögen sich im Laufe der Zeit gewandelt haben. War es zunächst die problematische Informationslage der Forschung und Entwicklung, so führte in der Folge die Sorge um internationale Konkurrenzfähigkeit dazu, daß die Hänge des Berges der Dokumentare weiter eifrig kultiviert wurden, während die umgebende Informationslandschaft nach wie vor im Dunst verschwamm.

Freilich zeigte es sich bald, daß die Steigerung der Leistungsfähigkeit der Dokumentation wenig brachte, wenn die Nutzer nicht der Primärdokumente habhaft werden konnten. Überschritt die Dokumentation die Grenzen einzelner Großorganisationen, so mußten auch Dokumentbestell- und -lieferungssysteme diesen Schritt mitmachen. Aus der luftigen Höhe der Dokumentation ließ sich kaum wahrnehmen, daß dann einzelne Informationsbedarfsfelder in der umliegenden Landschaft von Grund auf umgewühlt werden. Wenn nämlich das Zusammenwachsen von Datenverarbeitung und Kommunikationstechnik dazu führt, daß die Segnungen der Informationstechnik nicht mehr in erster Linie der Dokumentation zugute kommen, dann müssen Dokumentbestell- und -lieferungssysteme zur Herausforderung werden. Die klassische Form der Primärpublikation, ihr Vertrieb über Buchhandlungen und ihre Speicherung in Bibliotheken erhalten Konkurrenz.

Fachkommunikation als System

Versuchen wir nun, um unsere Wahrnehmung zu schärfen, die Informationslandschaft durch eine andere Brille zu sehen. Im Gesamtprozeß von Produktion, Kommunikation und Nutzung der Fachinformation geht es um die Kommunikation, um ihre einzelnen Bestandteile und technischen Hilfsmittel (6). Es geht darum, daß sie überhaupt ermöglicht wird, und es geht ferner um ihre Qualität für die Beteiligten. Fachkommunikation ist unproblematisch, wenn Produzenten und Nutzer sich kennen, mögen sie auch ein technisches Medium wie Telefon oder Computerkonferenzsystem benutzen. Die Bedeutung der in mancher Hinsicht sehr leistungsfähigen personalen Kommunikation will ich nicht unterschätzen. Hier beschränke ich mich aber auf eine Form der Fachkommunikation, die gekennzeichnet ist durch institutionell verfestigte Informationsvermittler (7), die zwischen Produzent und Nutzer treten. Diese Form der Kommunikation soll als Fachinformationsversorgung bezeichnet werden.

Zunächst ist für diesen Begriff ohne Bedeutung, ob die Informationsmittler innerhalb der Organisationen agieren, ob sie sich an feststehende Adressatengruppen wenden oder aber an eine nicht von vornherein abgegrenzte Öffentlichkeit, was beispielsweise bei Buchhändlern, öffentlichen Bibliotheken, Verlegern und Fachinformationszentren der Fall ist. Ich will die Betrachtung aber noch weiter verengen auf letztgenannten Bereich. Die Selbstversorgung von Organisationen mit Information wird also ausgeklammert.

Der Grund dafür ist, daß gerade die öffentliche Fachinformationsversorgung zahlreiche Organisationsprobleme aufweist. Sie wurde lange Zeit immer wieder auf Probleme der Binnenorganisation einzelner Informationsmittler wie Bibliotheken oder Fachinformationseinrichtungen verkürzt. Aus dieser Sicht wurde dann versucht, Rechtsform, Trägerschaft, Finanzierung und vielleicht auch Organisation von Fachinformationszentren isoliert zu behandeln, ohne das Gesamtsystem der Fachinformation im Auge zu behalten (8).

Wenn es um mehr geht als die Verbesserung der Informationsversorgung in einem Großunternehmen oder in der Ressortforschung, dann reicht diese Sicht nicht mehr aus. Eine Gesamtschau der Fachinformationsversorgung muß das Zusammenwirken der Informationsmittler, also des Zwischenbereichs zwischen Produzenten und Nutzern der Information, präziser fassen. Sie muß die Leistungen der Informationsmittler beziehen auf die funktionalen Grundprobleme der Fachkommunikation (9). Zu diesen Grundproblemen gehören Speicherung und Bereithaltung von Fachinformation für weitere Nutzung. Es müssen Verbindungen zu dem spezifischen Informationsbedarf von Nutzern hergestellt werden. Nutzer müssen die Chance erhalten, Kenntnis von für sie relevanten Informationen zu nehmen. Dies wiederum bedingt das Kennenlernen von Informationsquellen und die Fähigkeit, mit ihnen umzugehen. Kurzum, es geht um die Funktionen Informationsauswahl/Selektion, Speicherung, Nachweis/Dokumentation, Vervielfältigung, Transport, Bereitstellung, Beratung/Schulung der Nutzer.

Die damit gegebenen Aufgaben werden gegenwärtig von Verlagen, Buchhandlungen, Bibliotheken und Dokumentations- sowie Informationsvermittlungseinrichtungen erfüllt. Deren Zusammenwirken wurde mit der Entwicklung immer neuer Hilfsmittel der Fachkommunikation komplexer. Im Bereich der Massenkommunikation decken einzelne Institutionen jeweils für sich einen bestimmten Bedarf ab. Allenfalls Hilfsfunktionen sind ausgelagert, wie etwa die Dokumentationsfunktion in Programmzeitschriften. Bei der Fachinformationsversorgung jedoch müssen Wege der Informationsbedarfsdeckung insgesamt betrachtet werden.

Die Herausbildung neuer Informationsmittler ist durch die informationstechnische Entwicklung gefördert worden. Dies hat zu neuen Wegen der Informationsbedarfsdeckung unter Einschluß von Dokumentations- und Informationsvermittlungsdiensten geführt. Die Kette der Informationsmittler zwischen Produzent und Nutzer wurde länger. Zudem stellte sich heraus, daß manche Funktionen der neuen Institutionen auch schon von älteren Institutionen wie Verlage oder Bibliotheken wahrgenommen werden. Mittelbar kann das Wirken neuer Institutionen auch eingespielte Gewichtsverteilungen aus dem Lot bringen. Dies zeigt sich etwa im sogenannten Fotokopierstreit (10), wo die Verlage Einbußen durch Fotokopien fürchteten, die in Bibliotheken oder in anderen Einrichtungen hergestellt werden.

Fachinformationsversorgung als öffentliche Aufgabe

Mit der Beschreibung der Funktionen ist bereits eine erste Aussage darüber getroffen, welchen Zielen die Fachinformationsversorgung gerecht werden muß. Anforderungen an die Fachinformationsversorgung lassen sich jedoch nicht nur aus deren Funktionsnotwendigkeit ableiten. Vielmehr ist es Sache der Informationspolitik, innerhalb des verfassungsrechtlich gegebenen Rahmens weitere Ziele zu formulieren. So nennt der BMFT-Leistungsplan Fachinformation 1982 die Ziele der Steigerung der Leistungsfähigkeit von Wissenschaft, Forschung und Entwicklung, des leichteren Zugangs zur Fachinformation und der Steigerung der Wettbewerbsfähigkeit deutscher Anbieter (11).

Es ist klar, daß damit keine vollständige Formulierung möglicher Ziele gegeben ist. Das Ziel der Optimierung der Informationsversorgung wird nicht nur aus der Sicht der Wissenschaft zu behandeln sein. Vielmehr geht es um eine ganze Reihe von Bereichen bis hin zur Nutzung von Expertenwissen, also Fachinformationen im Alltag. Wenn dieses Ziel gegenwärtig von den Institutionen und mit den Verfahren der Fachinformationsversorgung nicht zureichend erreicht wird, so heißt dies nicht, daß ihm nicht im Sozialstaat erhebliche Bedeutung zukäme. Dies deutet schon darauf hin, daß einige der Ziele der Fachinformationsversorgung auch unter dem Aspekt der Verfassung gesehen werden müssen. Die Kommunikationsgrundrechte vor allem stellen Anforderungen an die Fachinformationsversorgung. Hier möchte ich drei Zielwerte herausheben (12). Die Fachinformationsversorgung ist zunächst in ihrer Existenz zu gewährleisten. Ihre Autonomie gegenüber sachfremden Einflüssen aus Staat und Gesellschaft ist zu sichern. Die Öffentlichkeit des Informationszugangs ist zu gewährleisten.

Aus den verfassungsrechtlichen Anforderungen an die Ausgestaltung der Fachinformationsversorgung ergibt sich, daß eine öffentliche Aufgabe im weiteren Sinne (13) vorliegt. Das kann aber nicht bedeuten, daß sich aus Grundrechten ein abgeschlossenes System öffentlicher Aufgaben entwickeln ließe. Vielmehr ist es Sache der Politik, die einschlägigen Grundrechte im Hinblick auf die von ihnen erfaßten Sachbereiche zu konkretisieren (14).

Eine derartige Konkretisierung liegt derzeit auch nicht ansatzweise vor. Fachinformationsversorgung wird nur in Teilbereichen als gestaltbar erfahren und effektiv mitgestaltet. Wenn damit von einer Fachinformationspolitik noch kaum gesprochen werden kann, so kommt doch dem Staat eine Gesamtverantwortung für die Fachinformationsversorgung zu. Sie kann weithin latent bleiben. Wird die Versorgung gestört, etwa durch neue technische Verfahren oder durch das Versiegen bislang allgemein zugänglicher Quellen, muß sie aber aktualisiert werden.

Fachinformationsversorgung kann damit als öffentliche Aufgabe im weiteren Sinne gesehen werden. Freilich heißt das nicht, daß nun Verlage und Buchhandlungen zu verstaatlichen seien. Vielmehr ist zunächst nur gesagt, daß das Funktionieren des Gesamtsystems im öffentlichen Interesse liegt. Es folgt daraus noch nicht, daß öffentlich zu erfüllende Aufgaben vorliegen müssen. Die Aufgabe einerseits und die Modalitäten ihrer Erfüllung andererseits müssen sorgfältig unterschieden werden. Dem letztgenannten Bereich will ich mich nun schwergewichtig zuwenden.

Erfüllungsmodalitäten der Ziele der Fachinformationsversorgung

Das Spektrum möglicher Erfüllungsmodalitäten kann grob eingeteilt werden in

- einen privatwirtschaftlichen, gewinnorientierten Bereich,
- einen gemeinwirtschaftlich-genossenschaftlichen Bereich, in dem auf Gewinnerzielung
  verzichtet wird, und
- einen staatlichen Bereich.

Jeder dieser drei Bereiche kann weiter aufgefächert werden, wobei Markt und Staat als
Endpunkte eines Kontinuums verstanden werden sollten und weniger als polemisch
gefaßte konträre Idealtypen (15). Gerade die privatwirtschaftliche Aufgabenerfüllung
kann in vielfacher Weise und in abgestufter Intensität staatlich überlagert sein, sei
dies durch Rechtsnormen oder durch ins einzelne gehende Auflagen. Vielfach ist die
staatliche Intervention heute Voraussetzung dafür, daß überhaupt privatwirtschaftlich
gehandelt werden kann. Auch die staatliche Erfüllung kann sich in unterschiedlicher
Staatsnähe abspielen, je nachdem, wie stark das Ziel der Sicherung unbedingter,
zuverlässiger Aufgabenerfüllung durchschlägt, wie sehr lebenswichtige Interessen des
Gemeinwesens berührt werden (16). Noch weiter aufzufächern ist der gemein-
wirtschaftlich-genossenschaftliche Bereich. Er umfaßt so verschiedenartige Dinge wie
die Selbstorganisation von Beteiligten, die Verselbständigung von Verwaltungsträgern
und das Heranführen ursprünglich privater Erfüllungsmodalitäten an den Staat, sei es
zur Sicherung der Versorgung oder aber zur Abwehr privater Macht.

Der gegenwärtige Zustand der Fachinformationsversorgung ist dadurch gekennzeichnet,
daß sich verschiedene Formen der Erfüllung öffentlicher Aufgaben zum Teil überlagern,
zum Teil ergänzen. Ginge man mit dem groben Raster der Unterscheidung von Markt und
Staat an die Frage heran, so wäre es durchaus zweifelhaft, ob die Infrastruktur der
Fachinformationsversorgung in ihren Grundzügen privatwirtschaftlich verfaßt, aber
öffentlich-wirtschaftlich überlagert ist oder ob nicht vielmehr einzelne privatwirtschaftliche Bereiche wie die Primärpublikation durch Buch und Zeitschrift
eingebettet sind in einen insgesamt eher öffentlich-wirtschaftlich verfaßten Prozeß.

So ist etwa die Bedeutung von Bibliotheken für die Aufrechterhaltung und Fortentwicklung eines funktionsfähigen Wissenschaftsbetriebs historisch älter als der
"Einstieg" privatwirtschaftlicher Interessen in das Geschäft der Wissensverbreitung
durch die gewerbliche Nutzung des Buchdrucks. Vor allem im Bibliothekswesen findet
sich daher Aufgabenerfüllung in recht hoher Staatsnähe.

Öffentlich-wirtschaftlich ist weithin die Produktion fachlicher Information selbst.
Zu einem erheblichen Teil ist sie die Angelegenheit von Wissenschaftlern, die von
öffentlichen Bildungs- und Forschungseinrichtungen fest angestellt werden. Wenn sie
ein Honorar für die Veröffentlichung erhalten, so sehen sie es als einen kleinen
zusätzlichen Verdienst. Beschränkt man sich auf Fachkommunikation unter Wissenschaftlern, so stehen auf der einen wie auf der anderen Seite öffentlich bezahlte
Wissenschaftler, samt ihren Institutionen und Bibliotheken.

Dem intermediären Bereich zuzuordnen sind die meisten Formen der Sekundärinformationsversorgung. Ihre erste Entwicklungsstufe kann auf die Selbstorganisation
potenter Nutzer zurückgeführt werden, für deren Bedürfnisse die Annexleistungen der
Verlage, des Buchhandels und der Bibliotheken nicht mehr ausreichten. Ursächlich für
das öffentliche Engagement war, daß die rationale Erbringung von
Sekundärinformationsleistungen erhebliche Investitionen zur Voraussetzung hat (17).
Werden solche Investitionen von Großunternehmen oder Verbänden erbracht und kommen
sie ausschließlich deren eigenen Angehörigen bzw. Mitgliedern zugute, so können sich
erhebliche Nachteile zu Lasten jener ergeben, die auf die hergebrachten Formen der
Sekundärinformation angewiesen sind. Beeinträchtigt würden nicht nur die Freiheit
und die Gleichheit des Informationszugangs, sondern auch die Effizienz von

Wissenschaft und Forschung, soweit diese außerhalb der Großunternehmen bzw. Verbände stattfinden.

Schließlich wird der eigentlich privatwirtschaftliche Bereich der Verlage und des Buchhandels subventioniert, etwa durch Druckkostenzuschüsse für anspruchsvolle wissenschaftliche Arbeiten (18). Bei Spezialpublikationen mit niedriger Auflage kommen vielfach nur öffentliche Bibliotheken als Abnehmer bezahlter Exemplare in Betracht. Das garantiert nicht nur feste Absatzmärkte, sondern auch die Existenz kleinerer Zeitschriften.

Es bestünde kein Anlaß, auf die Verteilung öffentlicher, intermediärer und privatwirtschaftlicher Aktivitäten in der Fachinformationsversorgung so ausführlich einzugehen, hätten nicht zwei Umstände dazu geführt, daß die überkommene Verteilung der Erfüllungsmodalitäten der Fachinformationsversorgung fraglich wird.

Der erste Umstand lag in der Notwendigkeit, für die geplanten Fachinforamtionszentren geeignete Rechtsformen und Organisationsstrukturen zu finden. Im Hintergrund wurden zunehmend Befürchtungen der Verleger deutlich, daß ein staatlicher oder staatlich finanzierter Großverlag ihnen unmittelbar Konkurrenz machen würde (19). Das führte aber nicht dazu, daß die Gestaltung der Fachinformationsversorgung insgesamt zum Thema gemacht wurde, der Anteil privatwirtschaftlicher, intermediärer und öffentlich-wirtschaftlicher Aufgabenerfüllung systematisch behandelt wurde. Vielmehr wurde die alte Frage nach den rechtlichen Grenzen wirtschaftlicher Betätigung der öffentlichen Hand (20) erneut gestellt und die Diskussion damit in eine unfruchtbare Richtung gelenkt. Grundrechtsschranken staatlicher Tätigkeit waren auf diesem Wege kaum zu gewinnen, es sei denn, öffentliche Stellen wirtschafteten ausschließlich oder primär zu Erwerbszwecken. Wenn Sicherheit und Zuverlässigkeit der Aufgabenerfüllung die Schaffung eines Verwaltungsmonopols rechtfertigen, so können auch private Berufe völlig verdrängt werden. Auf der anderen Seite war keineswegs klar, ob staatliche Mitwirkung und Finanzierung nur eine Frage politischer Opportunität sei, oder nicht vielmehr eine Voraussetzung zur Sicherung von Meinungs- und Wissenschaftsfreiheit, von Mindeststandards der Grundrechtsrealisierung. Ohne Klarheit über die grundrechtlich vorgeprägte Zielkonstellation mußte jedoch die Gestaltung von Rechtsformen, Organisation und Verfahren der Sekundärinformationsversorgung im Dunkeln tappen (21).

Die Auswirkungen der Entstaatlichungsdebatte sind der zweite hier zu nennende, wesentlich komplexere Umstand. Schwierigkeiten bei der Realisierung des IuD-Programms aufgrund von Finanzknappheit, eine unkritische Fixierung auf Großtechnologie, das Zurückbleiben von Ausbau und Nutzung einheimischer IuD-Leistungen hinter den Erwartungen – dies alles führte zu erheblicher Unsicherheit (22). Der Direktanschluß an ausländische kommerzielle Sekundärinformationsdienste wurde immer leichter. Vor allem schien sich mit Rechts- und Wirtschafts-informationsdiensten ein neuer lukrativer Geschäftszweig aufzutun. Die Unsicherheit äußert sich in permanenter Beschwörung des Marktes durch öffentliche Stellen. Unklar bleibt dabei vielfach, ob man dem Markt lediglich instrumentelle Funktionen zuschreibt wie die Rückmeldung von Nutzerpräferenzen oder ob man vor lauter Freude, noch eine Wachstumsnische gefunden zu haben, sich in die Frühzeiten des Kapitalismus zurückträumt.

Mit einigen Bemerkungen zu dem kaum vermessenen Grenzgebiet zwischen Informationsökonomie, Informationsrecht und Organisationsgestaltung möchte ich im folgenden andeuten, daß sich private oder staatliche Aufgabenerfüllung in der Fachinformationsversorgung nur schwer normativ egründen lassen (23). Eine Begriffsklärung, zu der ich beitragen möchte, kann freilich zeigen, welche Faktoren bei einer halbwegs rationalen politischen Entscheidung über die eine oder andere Art der Aufgabenerfüllung in Betracht zu ziehen wären.

Dem ersten Anschein nach sprechen zwei verschiedene Umstände für öffentliche Betätigung in der Fachinformationsversorgung. Zum einen sind es politische; zum anderen ökonomische. Die politischen Gründe werden oft im Begriff der ´meritorischen Güter´ zusammengefaßt. Damit sind (private) Güter gemeint, deren Allokation kraft politischer Entscheidungen nicht ausschließlich dem Markt überlassen wird, sei es aus verteilungspolitischen Gründen, sei es wegen der Zuverlässigkeit und Sicherheit der Aufgabenerfüllung oder aus anderen Gründen.

Die ökonomischen Gründe resultieren aus den ökonomischen Besonderheiten der Fachinformation, die diese in die Nähe des sogenannten öffentlichen Gutes rücken. Die Informationsökonomie hat schon bald Besonderheiten der Information herausgestellt, die es erschweren, sie wie ein Sachgut zu behandeln (24). Informationen, die man verkauft, bleiben doch gleichzeitig beim Verkäufer zurück. Anders als ein Paar Schuhe kann dieselbe Information sich im Besitz sehr vieler Personen befinden. Es ist auch schwierig, sie einer begrenzten Zahl von Abnehmern zu verkaufen. Andere mögen sie unentgeltlich erlangen. Information erschöpft sich auch nicht. Nutzung mindert nicht den Vorrat, wohl aber den Wert der Information, wenn Informationsvorsprünge eingeebnet werden. Will man schließlich wissen, ob eine Information ihr Geld wert ist, muß man sie kennen. Bei vollständiger Information über die Information bracht man sie aber nicht mehr zu kaufen.

Ich möchte die These aufstellen, daß diese ökomomischen Besonderheiten Entscheidungen über Finanzierung sowie über Rechts- und Organisationsformen im Bereich der Fachinformationsversorgung zumindest erschweren. Beim Übergang zu fortgeschrittenen Formen des "electronic publishing" wird dies bald deutlich werden.

Versucht man, die Zusammenhänge analytisch präzise zu fassen, so stellt sich die Information als solche als ein Fall des sogenannten reinen öffentlichen Gutes dar (25). Dieses ist zunächst dadurch gekennzeichnet, daß ein Nutzer, der es konsumiert, einem anderen nichts wegnimmt. Zudem stellt sich im Fall des sogenannten reinen öffentlichen Guts das Freifahrerproblem: Der Nichtzahler kann nicht von der Nutzung ausgeschlossen werden. Beides trifft für die Information zu. Es gibt keine Rivalität im Konsum. Knapp ist nicht die Information, sondern allenfalls ihr Träger, ihr Substrat: das Papier oder die Übertragungskapazität. Zudem können Nichtzahler nur über bestimmte Eigenschaften dieses Substrats von der Nutzung ausgeschlossen werden.

Privatwirtschaftliche Informationsversorgung war so lange unproblematisch, wie die Information nur zusammen mit einem kostspieligen und schwer reproduzierenden Substrat erhältlich war. Dessen Nutzung durch Ausleihe oder Exzerpieren tat den Verlegern nicht weh. Die Herausforderung an die privatwirtschaftliche Fachinformationsversorgung liegt in der durch neue Informationstechniken erleichterten Möglichkeit der billigen Reproduktion von Informationsträgern (Substraten), sowie in der Immaterialisierung der Fachinformation bei nachrichtentechnischer Übertragung.

Gewiß führte die Tatsache, daß die Herstellung von Büchern ein typischer Fall einer Produktion zu stark sinkenden Stückkosten ist (bei großen Auflagen werden sie billiger), schon immer dazu, daß eine optimale Informationsversorgung nicht erreicht werden konnte (26). Dies wurde bislang auch wegen der Anreizfunktion des Gewinns für die Informationsproduktion und Informationsverbreitung in Kauf genommen. Neben den klassischen Fall des Marktversagens bei der Herstellung und dem Vertrieb von Informationsträgern (Produktion zu sinkenden Stückkosten) tritt nunmehr aber ein technisch induziertes Marktversagen. Ohne stützende Maßnahmen würde Fachinformation zum öffentlichen Gut werden.

Dies bedeutet nicht das Ende der marktmäßigen Fachinformationsversorgung; diese ist jedoch soweit in Frage gestellt, daß Lösungen im Gesamtzusammenhang erforderlich werden. Das kann zu stärkerem öffentlichen Engagement (öffentliche Aufgabenerfüllung) im Bereich der Fachinformationsversorgung führen, aber auch dazu, daß privatwirtschaftliche Betätigung durch die Veränderung des institutionellen Rahmens (Reform des Urheberrechts, Schaffung neuer Eigentumsrechte) besser abgesichert wird.

In dieser Sicht erweist sich das Urheberrecht für die Absicherung privatwirtschaftlicher Informationsversorgung als unverzichtbar. Gewiß spielt das Urheberrecht auch für viele Informationsproduzenten (allerdings kaum im Bereich der wissenschaftlichen Informationsproduktion) eine wirtschaftliche Rolle. Seine eigentliche wirtschaftliche Bedeutung liegt jedoch in der Absicherung privatwirtschaftlicher Informationsversorgung durch das Verlagswesen. Mit seiner herrschenden Rechtfertigung als sogenanntes geistiges Eigentum wird das freilich überdeckt (27).

Damit müssen die einzelnen Verfügungsrechte, die den Akteuren in der Fachinformationsversorgung zustehen, zur Diskussion gestellt werden. Die wirtschaftswissenschaftliche Theorie der Eigentumsrechte (property rights) betrachtet diese Verfügungsrechte als variabel (28). Ihre Veränderung kann erheblichen Einfluß auf das Wirtschaftsgeschehen haben. Es leuchtet ein, daß der Wert zweier ansonsten völlig gleicher Häuser unterschiedlich hoch ist, je nachdem, welche Nutzungsrechte mit den Häusern verbunden sind. Gewiß spricht nichts dagegen, auch Verfügungsrechte über Informationen zu begründen. In einem anderen Zusammenhang können Geheimhaltungsbestimmungen und materielles Datenschutzrecht als solche Verfügungsrechte interpretiert werden (29). Beispielsweise beschränken Geschäftsgeheimnisse die Verbreitung von Informationen. Für das Patentrecht und das Urheberrecht ist die Lage komplizierter, denn sie wollen die weite Verbreitung der Information erleichtern und dennoch die Stellung des Produzenten sichern.

Das Problem liegt darin, daß im Informationsbereich die physische Kontrollmöglichkeit über Gegenstände, nach denen eine Nachfrage besteht, nur vermittelt über das materielle Substrat gegeben ist. Die theoretisch unbegrenzte Möglichkeit der Setzung adäquater Verfügungsrechte zur Sicherung privatwirtschaftlicher Fachinformationsversorgung stößt damit an praktische Grenzen. Ein verschärftes Urheberrecht läßt sich nurmehr bei Institutionen durchsetzen, etwa bei Schulen und Bibliotheken. Im privaten Bereich dürfte es schwer sein, ein entsprechendes Rechtsbewußtsein zu entwickeln. Die Durchsetzungskosten können so hoch werden, daß sie den bei privatwirtschaftlicher Betätigung zu vermutenden Effizienzgewinn übersteigen (30). Freilich werden sie kaum je berechnet und in der Regel auf den Staat abgewälzt.

Neue Ausschlußtechnologien mögen gewiß die Durchsetzung entsprechender Verfügungsrechte erleichtern. Man mag sich von der Ausgestaltung der Infrastruktureinrichtungen der Telekommunikaton neue Kontrollchancen erhoffen, etwa zur Überwachung von Informationsflüssen mit dem Ziel der Gebührenerhebung. In vielen Bereichen werden aber die Verhaltensanforderungen an die Akteure steigen müssen. Anders gesagt, es werden neue Rechtsvorschriften erlassen werden müssen, deren Einhaltung von den Betroffenen zunächst nicht als vernünftig empfunden werden wird.

Die Diskussion der rechtlichen und technischen Ausschlußmöglichkeiten gegenüber Nichtzahlern führt mithin nicht zu eindeutigen Aussagen. Kein Wunder daher, daß in der Öffentlichkeit vorherrschende Anschauungen über die Angemessenheit der einen oder der anderen Lösung oft unbefragt den Entscheidungen zugrunde gelegt werden.

Diese Anschauungen sollen hier nicht weiter diskutiert werden. Zu der hier und da zu bemerkenden undifferenzierten Vorliebe für Kommerzialisierung ist aber eine Bemerkung angebracht. Man kann nicht empirisch konstantem Staatsversagen eine ideale Marktwirtschaft gegenüberstellen. Gerade wenn es um Information geht, ist diese so voraussetzungsvoll, so abhängig von einer bestimmten Ausgestaltung der Rechtsordnung, daß ihre Realisierung sehr leicht mit anderen Zielwerten in Konflikt treten kann. Der von Vertretern der property-rights-Theorie gegen die Wohlfahrtsökonomie erhobene Vorwurf einer Idealisierung des Staates (31) muß heute zurückgegeben werden.

Demgegenüber ist zu fordern, daß die Einordnung der Erfüllungsmodalitäten der Aufgaben der Fachinformationsversorgung im Kontinuum zwischen Markt und Staat im einzelnen pragmatisch erfolgt. Geradé für die Fachinformationsversorgung ist stark zu differenzieren nach Nutzerkategorien, nach Informationsbereichen und nach Funktionen im Kommunikationsprozeß.

Über allem darf aber eines nicht vergessen werden. Wichtiger als die Modalitäten der Erfüllung im einzelnen ist die Sicherung der staatlichen Gesamtverantwortung für einen adäquaten Rahmen der Fachinformationsversorgung. Informationsvielfalt und Öffentlichkeit des Zugangs zu Fachinformation erscheinen uns heute noch als selbstverständlich. Mit der wachsenden Technisierung der Fachinformationsversorgung können sie zum Problem werden. Organisation und Finanzierung des Gesamtprozesses wie auch einzelner Institutionen der Fachinformationsversorgung, unter Berücksichtigung grundrechtlicher Anforderungen und neuer technischer Möglichkeiten, sind noch ein weitgehend unbestelltes Feld. Die Verwaltungswissenschaft hat sich bereits ähnlicher interdisziplinärer Herausforderungen angenommen. Die Frage nach der angemessenen Organisation von Kommunikationsvorgängen könnte ihr neue Perspektiven öffnen.

Anmerkungen

(1) Diese Formulierung findet sich in dem Gutachten des Präsidenten des Bundesrechnungshofes als Bundesbeauftragter für Wirtschaftlichkeit in der Verwaltung, Über die Fachinformation in der Bundesrepublik Deutschland, April 1983, S. 22.

(2) Programm der Bundesregierung zur Förderung der Information und Dokumentation (IuD-Programm) 1974–1977, Hrsg. vom Bundesminister für Forschung und Technologie, Bonn 1975. Vgl. dazu auch das obengenannte Gutachten, S. 3 ff., 12 ff., 15 ff., sowie Herbert Schwab, Das IuD-Programm aus heutiger Sicht. Voraussetzungen, Mängel, positive Ergebnisse, in: Nachrichten für Dokumentation 1981, S. 165–171.

(3) Auch das erwähnte Gutachten ist dieser Sicht verhaftet, obwohl es Entscheidungshilfe für die Zukunft und nicht primär Kritik des IuD-Programms sein will.

(4) Vgl. Arthur L. Sellier, Der Staat als Verleger? Ansichten eines traditionellen Informationsvermittlers zum IuD-Programm der Bundesregierung, in: Bertelsmann-Briefe, Heft 85 (1976), S. 30–38; Staatliche Rechtsdokumentation – Gefahr für die juristische Fachliteratur, Stellungnahme der Verlegervereinigung Rechtsinformatik e.V. zum "Juristischen Informationssystem (JURIS)" des Bundesministeriums der Justiz, 1975.

(5) Dazu die Stellungnahme der Kultusministerkonferenz zum Bericht der Bund-Länder-Kommission für Bildungsplanung und Forschungsföderung vom 5.12.1978, hier: Ausbau der Fachinformationssysteme (12. Juni 1980), Anlage II z. NS 199. KMK, sowie das Gutachten des Präsidenten des Bundesrechnungshofes (Anm. 1), S. 44 ff.

(6) Eine solche Sicht läßt sich auch als Systemanalyse bezeichnen. Vgl. Gesellschaft für Information und Dokumentation (GID), Sektion für Systementwicklung (SfS), Voruntersuchung zur Systemanalyse der Fachkommunikation in der Bundesrepublik Deutschland, Zusammenfassung und Ergebnisbericht, Heidelberg 1979; H. Wolff u.a. (PROGNOS AG), Informations- und Kommunikationstechnologien für die wissenschaftlich-technische Informationsversorgung in den 80er Jahren – Engpässe und Ansätze, Oktober 1982 (BMFT-Forschungsbericht ID 82-007), S. 45

ff., beide mit einem von der hier zugrunde gelegten Konzeption abweichenden Ansatz und abweichender Begrifflichkeit. S. auch Klaus Lenk, Anforderungen der Kommunikationsgrundrechte an die Fachinformationsversorgung, in: Archiv für Film-Urheber- und Theaterrecht (UFITA) 1983.

(7) Dieser Ausdruck wird hier in einem weitgefaßten Sinn verstanden: Er umfaßt Archive, Bibliotheken, Verlage, den Buchhandel, Dokumentationsstellen, Informationsvermittler.

(8) So im Gutachten von Wilhelm Steinmüller u.a., Rechtsformen von Fachinformationszentren, unveröffentlichtes Manuskript, Regensburg 1975; dazu Wilhelm Steinmüller u.a., Materialien zum Informationsrecht und zur Informationspolitik, 1979 (BMFT-Forschungsbericht ID 79-07). Aus neuester Zeit noch Jürgen Goebel, Verfassungsrechtliche Aspekte des Teilnehmerzugangs bei der Nutzung der neuen Informationstechniken zu Fachinformationszwecken, Vortrag auf der 4. Jahrestagung der Gesellschaft für Rechts- und Verwaltungsinformatik e.V. am 26./27. Mai 1983.

(9) Wolff u.a., a.a.O. und Lenk, a.a.O. (jeweils Anm. 6).

(10) Vgl. Helmut Arntz, Reprografie und Urheberrecht, in: UFITA Bd. 78 (1977), S. 31-94; Der Börsenverein des deutschen Buchhandels, Kopierrecht - Vorschläge zur Änderung der Vervielfältigungsbestimmungen des Urheberrechtsgesetzes (UrhG.), 1978; Gerd Roellecke, Das Kopieren zum eigenen wissenschaftlichen Gebrauch, in: UFITA Bd. 84 (1979), S. 74-145.

(11) BMFT-Leistungsplan Fachinformation, Planperiode 1982-1984, hrsg. vom Bundesminister für Forschung und Technologie, Bonn 1982, S. 22 ff.

(12) Ausführlich hierzu Lenk, a.a.O., (Anm. 6).

(13) Um Mißverständnissen vorzubeugen: Hier wird eine Unterscheidung zwischen öffentlichen Aufgaben im weiteren, der staatlichen politischen Gesamtverantwortung entsprechenden Sinn, welche auch private Aufgaben von öffentlichem Interesse umfassen, und solchen im engeren Sinn, die den Bereich materieller Verwaltungstätigkeit abstecken, zugrunde gelegt. Vgl. Erich Becker, Verwaltungsaufgaben, in: Fritz Morstein, Marx, Verwaltung, Eine einführende Darstellung, Berlin 1965, S. 187-214. Nur der engere Begriff bezeichnet staatliches Handeln, während der weitere Begriff auf die politische Garantie bestimmter Sachbereiche abzielt. Zur Kritik dieser Unterscheidung vergleiche jedoch Hans-Peter Bull, Die Staatsaufgaben nach dem Grundgesetz, 2. Aufl. 1977, Paragraph 4.

(14) Lenk, a.a.O., (Anm. 6).

(15) Vgl. Gunnar Folke Schuppert, Die Erfüllung öffentlicher Aufgaben durch verselbständigte Verwaltungseinheiten, Göttingen 1981, S. 165 ff., 187 ff.; Frido Wagener, Typen der verselbständigten Erfüllung öffentlicher Aufgaben, in: ders. (Hrsg.), Verselbständigung von Verwaltungsträgern, Bonn 1976, S. 31-50 (40 ff.).

(16) Günter Hartkopf, Probleme der Privatisierung öffentlicher Aufgaben, in: Bulletin, Presse- und Informationsamt der Bundesregierung Deutschland, 1980, S. 35-43.

(17) Vgl. Der Präsident des Bundesrechnungshofes, Untersuchung über die wissenschaftliche Dokumentation in der Bundesrepublik Deutschland, Februar 1962, S. 35 ff.

(18) Rund 7,7 Mill. DM betrugen die Druckbeihilfen, die die Deutsche Forschungs-
     gemeinschaft 1978 gewährte. Hiermit wurden insgesamt 429 Veröffentlichungen
     unterstützt, davon 159 Bücher, 152 Habilitationsschriften und 80 Zeitschriften
     (Tätigkeitsbericht der DFG für 1978).

(19) S. oben Anm. 4.

(20) Vgl. dazu umfassend Fritz Ossenbühl, Bestand und Erweiterung des Wirkungskrei-
     ses der Deutschen Bundespost, Berlin 1980, S. 96 ff (Zusammenfassung S. 142).

(21) Geradezu hilflos mutet im Nachhinein der Versuch an, Forschungsprojekte mit der
     Auflage zu belasten, hier Klarheit zu schaffen. Nur denjenigen, der die
     Beratungsbedürfnisse nicht einkalkuliert, die solcher Forschungssteuerung
     zugrunde liegen, kann es verwundern, wenn als Ergebnis rechtswissenschaftlicher
     Forschung schließlich allein die Feststellung bleibt, die Rechtsformen wiesen
     eine hochgradige Invarianz im Hinblick auf die jeweils vorgegebenen Aufgaben und
     Zielkonstellationen aus; vgl. Steinmüller u.a., Materialien (Anm. 8), S. 101.

(22) Hierzu Schwab, a.a.O., (Anm. 2).

(23) Es soll hier keine prinzipielle Unmöglichkeit einer solchen Begründung behauptet
     werden. Wie weiter unten deutlich wird, können aber öffentliche Güter (die von
     beliebig vielen konsumiert werden können, ohne sich gegenseitig zu stören) durch
     geeignete Ausschlußtechnologien oder durch die Schaffung von Rechten
     (Urheberrecht!) marktfähig gemacht und damit privat angeboten werden. (Zu den
     dadurch verursachten Ausschlußkosten vgl. Anm. 30 m. Text.).

(24) Vgl. Mancur Olson, Information as a public good, in R.S. Taylor (Hrsg.),
     Economics of Information Dissemination, A Symposium, Syracuse 1973, S. 7–20;
     K.J. Arrow, Economic welfare and the allocation of resources, in: D.M.
     Lamberton (Hrsg.), Economics of Information and Knowledge, Harmondsworth 1971,
     S. 141–159; H. Demsetz, Information and Efficiency: another Viewpoint, ebd.,
     S. 160–186. In der wirtschaftswissenschaftlichen Literatur richten sich die
     theoretischen Anstrengungen freilich immer noch auf die Optimierung der
     Produktion von Information (Förderung von Innovation), während die Optimierung
     der Prozesse der Versorgung mit vorhandener Information noch kaum als Problem
     erkannt wird.

(25) Das sogenannte reine öffentliche Gut ist gleichzeitig durch das Prinzip der
     Nichtrivalität unter den Verbrauchern und das Nichtausschlußprinzip ge-
     kennzeichnet. Vgl. Horst Hanusch, Äquivalenzprinzip und kollektive Güter –
     allokationstheoretische Aspekte, in: Peter Bohley, Horst Hanusch, Walter
     Wittmann, Beiträge zum Äquivalenzprinzip und zur Zweckbindung öffentlicher
     Einnahmen, Berlin 1981, S. 37–91 (41 ff.). Einführend im selben Sinne, jedoch
     mit abweichender Terminologie R.A. Musgrave, B.P. Musgrave, L. Kullmer, Die
     öffentlichen Finanzen in Theorie und Praxis 1, 2. Aufl. Tübingen 1978, S. 54 ff.

(26) Sonning Augstin, Wettbewerb versus Wettbewerbsbeschränkungen, Der staatliche
     Eingriff in die marktwirtschaftliche Koordinierung des Informations- und
     Dokumentationsbereichs, München 1978, S. 28 ff.; Olson, a.a.O., (Anm. 24).

(27) Die ökonomische Bedeutung des Urheberrechts wird in der deutschsprachigen
     Literatur nur selten herausgestellt, obgleich schon seine historische
     Entwicklung viel für die Annahme hergibt, die eigentlichen Nutznießer seien
     nicht die Autoren, sondern die Verlage (dazu Helmut Ridder, Freiheit der Kunst
     nach dem Grundgesetz, Berlin 1963, S. 14 f.). Kein Wunder daher, daß man noch
     immer nicht auf den naheliegenden Gedanken verfällt, die Balance zwischen
     materiellem Schutz des Autors und Informationsrecht potentieller Nutzer

unterschiedlich auszugestalten, je nachdem, ob der Autor von seinen Werken lebt oder ob es sich um einen festangestellten Wissenschaftler handelt. Demgegenüber wird in den USA das Copyright offen als Hemmung für die wissenschaftliche Kommunikation diskutiert, und seine ökonomischen Implikationen werden klar gesehen. Vgl. Ralph S. Brown, Property Rights under the New Technology, in: Martin Greenberger (Hrsg.), Computers, Communications and the Public Interest, Baltimore 1971, S. 189 ff.; Bella Linden, Social Purpose of Copyright Legislation, in: Stacey B. Day, Communication of Scientific Information, Basel 1975, S. 108–117; Nicholas L. Henry, Copyright, Public Policy and Information Technology, in: Science 183 (1974), S. 384–391.

(28) Helmut Leipold, Theorie der Property Rights: Forschungsziele und Anwendungsbereiche, in: Wirtschaftswissenschaftliches Studium 7 (1978), S. 518–525; Norbert Horn, Zur ökonomischen Rationalität des Privatrechts – Die privatrechtstheoretische Verwertbarkeit der Economic Analysis of Law, in: Archiv für die zivilistische Praxis 176 (1976), S. 307–333 (313 ff.); Michael Hutter, Die Gestaltung von Property Rigths als Mittel gesellschaftlich–wirtschaftlicher Allokation, Göttingen 1979.

(29) Wolfgang Kilian, Auswirkungen des Bundesdatenschutzgesetzes auf das Betriebsverfassungsrecht, in: Recht der Arbeit 31 (1978), S. 201–209 (203 f.)

(30) Rüdiger Pethig, Öffentliche Güter, Verfügungsrechte und Ausschließungskosten, Referat für die Tagung des Vereins für Socialpolitik, Basel, September 1983.

(31) Sog. Nirwana-Ansatz: Demsetz, a.a.O., (Anm. 24), S. 160.

INFORMATIONSPOLITIK

STICHWORTE ZU EINER PODIUMSDISKUSSION

Norbert Henrichs
Gesellschaft für Information und Dokumentation (GID)

Referat

Die Frage der Verantwortlichkeit für die Organisation des nationalen Informationswesens, zunächst als Obliegenheit des Staates gesehen, doch inzwischen zugunsten einer freien Informationsmarktpolitik in Frage gestellt, bedarf der Neuregelung. Die Sicht von Information nicht als infrastrukturelle Angelegenheit, sondern als Ressource, macht eine staatliche Ordnungspolitik nötig, wobei die geforderte Orientierungshilfe die Verteilung der Zuständigkeiten klären sowie ein Regelungskonzept anbieten muß. Demokratisch kontrollierte Steuerungsstrategie setzt Sachklärung des Regelungsbereichs voraus – und umgekehrt. Juristische, finanzielle und strukturelle Aspekte müssen Berücksichtigung finden; gleichermaßen muß die Bedeutung eines organisierten und hochtechnisierten Informationswesens für Wirtschaftswettbewerb, Beschäftigungsverhältnisse etc. geklärt werden. Eine zu formulierende Informationspolitik wird auch unter Ressourcen–Gesichtspunkten und im internationalen Zusammenhang betrachtet.

Abstract

The question of responsibility for the organization of the national information system – once seen as an obligation of the federal state but now being questioned in favour of a free information market – needs to be reformulated. The view of information not so much as an object of infrastructure but as a resource suggests a regulative policy at a national level, where the demanded orientation should include divided responsibilities and a concept of regulations. However, democratically controlled directives demand prior clarification – and vice versa. Legal, financial and structural impacts have to be considered as well as the meaning of an organized and highly technological information system for the economy, for employment and other areas. The information policy to be formulated is also seen under a ressource view and within the international framework.

1. Die Ausmaße der Entwicklung eines organisierten Informationswesens im nationalen
   und internationalen Raum mit Auswirkungen auf alle gesellschaftlichen
   Teilbereiche erfordern die erhöhte Aufmerksamkeit aller gesellschaftlichen
   Gruppen, insbesondere auch der Gewerkschaften, Parteien, Fraktionen und
   Koalitionen und nicht zuletzt des Gesetzgebers selbst.

2. Angesichts einer derzeit durchaus noch kontrovers geführten Diskussion über die
   Bedeutung, den Stellenwert und den individuellen wie gesamtgesellschaftlichen
   Nutzen von Informationen bzw. eines organisierten Informationswesens (beide
   Momente werden in der Diskussion of unzulässig miteinander vermischt) sowie der
   Notwendigkeit entsprechender Vor- und Versorgungsmaßnahmen einerseits aber auch
   angesichts der schon längst faktischen Wirksamkeit einer in ihren Folgen aber
   noch kaum richtig einschätzbaren modernen Informations- und Kommuni-
   kationstechnologie sowie einer (in Teilen) wachsenden Kommerzialisierung des
   Informationswesens andererseits besteht für alle Betroffenen ein erheblicher
   Bedarf an verläßlicher Orientierung.

3. Orientierungshilfe wird erwartet vor allem hinsichtlich der Frage der
   Zuständigkeit und Verantwortlichkeit für das Informationswesen. Da offenbar alle
   gesellschaftlichen Bereiche von dieser Problematik betroffen und überlagert
   werden, gibt es auch offenbar keine Einzelzuständigkeit, mindestens keine
   Alleinzuständigkeit einzelner gesellschaftlicher Bereiche. Daraus automatisch
   auf die Zuständigkeit des die Gesamtgesellschaft repräsentierenden Staates zu
   schließen, verbietet unser Staatsverständnis, es sei denn, man betrachtete den
   Informationsbereich als allgemeinen Infrastrukturbereich. Kein Sachzwang fordert
   freilich eine solche Annahme. Sie kann deshalb auch nicht mit allgemeinem
   Konsens rechnen.

4. In den 70er Jahren war die Zuständigkeitsfrage aus staatlicher Sicht zunächst
   keine Frage. Hans Matthöfer schrieb als Bundesminister für Forschung und
   Technologie im Vorwort des IuD-Programms:

   > "Das Programm der Bundesregierung zur Förderung der Information
   > und Dokumentation geht davon aus, daß es weitgehend eine
   > öffentliche Aufgabe ist, durch planende, organisatorische und
   > finanzielle Maßnahmen ein leistungsfähiges Informationsgefüge zu
   > schaffen, das den zunehmenden Informationsbedürfnissen der
   > modernen Gesellschaft genügt".

   Dieser Ansicht wurde bald nach Veröffentlichung des IuD-Programms von Seiten der
   Verlegerschaft heftig widersprochen. Die Diskussion kann im einzelnen nicht
   nachgezeichnet werden. Heute bekennt sich die Öffentliche Hand weitgehend zur
   Freiheit des Informationsmarktes, ist aber bereit, auch subsidiär Start- und
   Hilfsmaßnahmen zu gewähren oder dort überhaupt einzuspringen, wo bei gegebenem
   Bedarf private Initiativen fehlen.

5. Wie die Frage der Zuständigkeit für das organisierte Informationswesen auch immer
   zu beantworten sein wird, hier geht es zunächst um die Frage, wer
   Orientierungshilfen geben kann oder soll. Und unzweifelhaft muß dies der Staat
   sein, denn Orientierung ist eine politische Kategorie und nicht etwa eine
   wissenschaftliche. Die Informationswissenschaft kann lediglich Begründungshilfe
   für orientierende Leitlinien geben.

6. Information und Informationswesen sind vielschichtige Begriffe. Informa-
   tionsinhalte und die Form ihrer Darbietung sowie die Verteilsysteme der
   Information sind wohl zu unterscheiden. An die voneinander abhebbaren Funktionen
   der Informationsproduktion, ihres Angebots in Diensten, ihres Vertriebs über
   konventionelle und moderne (d.h. hochtechnisierte) Kanäle und Netze, ihrer

Vermittlung und Verarbeitung knüpfen sich unterschiedliche Interessen. An diesen Funktionen sind Einrichtungen und Instanzen beinahe aller Rechtsformen und Trägerschaften beteiligt. Das Informationswesen berührt in vielfältiger Weise privat/private und privat/staatliche Interessens- und Einflußbereiche.

Die Sachverhalte sind dabei zu komplex, ebenso die eingesetzten Technologien, die Interessenlagen sind zu heterogen, als daß eine Selbstregulierung des Bereichs erwartet werden kann.

Es bedarf sicherlich keiner Verhinderungsstrategie, wohl aber demokratisch gewonnener und in ihrer Anwendung demokratisch kontrollierter Steuerungsstrategien. Die vom Staat geforderte Orientierungshilfe muß also über die Klärung der Zuständigkeit hinaus ein Regelungskonzept anbieten.

7. Die Entwicklung solcher Steuerungsstrategien setzt aber die Lösung einiger Grundsatzprobleme voraus. In diesem Sinne erscheinen zunächst einmal klärungsbedürftig

    - das Ausmaß staatlicher Rahmenregelungen für den Informationsbereich (dabei ist zu beachten, daß der Informationsbereich heutzutage mit dem klassischen Bereich von Information und Dokumentation – IuD – nicht mehr adäquat umschrieben ist, die Grenzen zum Medienbereich werden durch die neuen Technologien, insbesondere durch Bildschirmtext, fließend)

    - das Ausmaß der Notwendigkeit einer Organisiertheit (und damit rechtlich sanktionierter Formen) des Informationswesens, insbesondere das Ausmaß der Organisiertheit eines Anteils, der dem sog. öffentlichen Infrastrukturbereich zuzurechnen ist und für den nach herkömmlicher Auffassung staatliche Zuständigkeit am ehesten gegeben ist (vor allem Bereitstellung der Übertragungsnetze)

    - das Volumen des Finanzierungsbedarfs sowie Deckungsmöglichkeiten (etwa auch durch die Erhebung von Entgelten) und das Ausmaß der Erwünschtheit und Zuträglichkeit staatlicher Subventionen, sofern der Finanzierungsbedarf nicht aus privaten Quellen gedeckt werden kann.

8. Steuernde Informationspolitik wäre demnach

    a) Ordnungspolitik zur Setzung des rechtlichen Rahmens für ein organisiertes Informationswesen und zur Garantie der Wahrung dieses Rahmens. Hier ginge es etwa – um dies nur anzudeuten –
       - um die deutliche Feststellung der verfassungsrechtlichen Grundlagen
       - um die Formulierung/Anpassung einschlägiger Schutzrechte (Urheberrecht, Datenschutz, Wettbewerbsrecht)
       - hierher gehören auch internationale Abkommen ("transborder information flow")

    b) Strukturpolitik, insofern sie Strukturvorgaben und Zielvorstellungen für ein nationales Informationswesen zu formulieren hätte. Entsprechend dem gegenwärtigen Gesellschafts- und Demokratieverständnis in unserem Lande sollte dies ein eindeutiges Bekenntnis zu einem, wenn zwar nicht ausschließlich, so aber doch weitgehend privatwirtschaftlich zu organisierenden Informationswesen bedeuten. Dies schließt dann ein die weitgehende Einschätzung des Informationswesens als Marktgeschehen und folglich auch die Anerkenntnis einer Eigendynamik der sich hier entwickelnden Informationswirtschaft. Dies bedeutet wiederum eine Festlegung auf die im Wirtschaftsbereich allgemein geltenden Prinzipien, also die Selbstverpflichtung zur analogen Anwendung eines dem Wirtschaftsgeschehen gegenüber eingespielten Verständnisses des Staates. D.h. hier ist bei allen Maßnahmen, wie gegenüber der Wirtschaft im allgemeinen, auszugehen von einer politischen Führungsrolle, nicht aber von einer unternehmerischen Führungsrolle des Staates. Der Staat muß seine politische Führungsrolle mit dem Ziel ergreifen, einen Rahmen zu schaffen, der die Entwicklung und die Nutzung von Informationsprodukten und -diensten erleichtert und stärkt und damit die Privatwirtschaft ermutigt, im Informationsbereich initiativ und aktiv zu werden. Konkret heißt dies: Es sind Maßnahmen vorzusehen, die die Investitions- und Risikobarrieren für Private vermindern.)

c) Förderungspolitik unter Wahrung des Subsidiaritätsprinzips. Hier ist eine nachfrageorientierte Angebotsförderung durch Starthilfe zu empfehlen. Sorgfältige Marktanalysen werden ermitteln müssen, in welchen Bereichen auf den Marktmechanismus vertraut werden kann und wo die Überbetonung des Marktgeschehens zu einer wesentlichen Informationsunterversorgung führen müßte. Förderung kann sich freilich nicht nur auf die Informationspraxis beschränken, sondern muß den einschlägigen Forschungs- und Ausbildungsbereich ebenso mit im Auge haben.

9. Doch wie kann staatlicherweise eine schlüssige und erfolgreiche Orientierungshilfe gegeben werden, wenn die Sachlage, die zu ordnen ist, selbst noch nicht hinreichend umschrieben ist? Die Formulierung der dringend benötigten orientierenden und steuernden Informationspolitik setzt nämlich ihrerseits die Klärung jener (vgl. oben zu 2.) kontrovers diskutierten Fragen voraus, nämlich eine Klärung des zu steuernden Gegenstandsbereiches überhaupt. Hier scheint ein Zirkel zu drohen, weil einer auf den anderen wartet. Keine Sachklärung ohne politische Orientierungshilfe, oder umgekehrt, auch keine Orientierungshilfe ohne vorher herbeigeführte Sachklärung.

Konkret handelt es sich z.B. um folgende Fragen, die dringend einer Antwort bedürfen, um als Entscheidungsgrundlagen zu fungieren:

a) Schlüssig beantwortet ist bislang noch keineswegs die Frage nach der mittelfristigen Bedeutung eines organisierten und hochtechnisierten Informationswesens für
- die Forschung
- den Wettbewerb in der Wirtschaft
- den technologischen Wandel
- die Beschäftigungsverhältnisse.

Die Bereitstellungsbedingungen von Information (aktuell, schnell, gezielt und zugleich umfassend), deren Erfüllung nur mit Technikunterstützung gewährleistet werden kann und die deshalb zur Begründung des Technikeinsatzes angeführt werden, spielen keineswegs in allen Informationssituationen die gleiche Rolle. Zudem sind die konventionellen Kanäle des Informationsaustausches nach wie vor von höchster Bedeutung. Die Frage, was geschieht, wenn nichts geschieht (also der Aufbau eines organisierten Informationswesens unterbleibt), ist für viele Bereiche noch keineswegs beantwortbar.

b) Der häufig behauptete unmittelbare Zusammenhang zwischen der Förderung des Auf- und Ausbaus von Informationsdienstleistungen und einer Förderung der Klein- und Mittelindustrie ist bislang ebenfalls nicht eigentlich nachgewiesen. Die Nutzung der derzeitigen Informationsdienste (die zugegebenermaßen mit anderer Zielrichtung, nämlich mit Blick auf Wissenschaft und Großunternehmen und deren Forschungsabteilungen aufgebaut wurden) durch kleinere und mittlere Unternehmen ist bislang kaum nennenswert. Wenn dennoch Innovationsschübe festgestellt werden können und auf die Nutzung von Fachinformation (aus der Angebotspalette der heutigen Dienste) zurückgeführt werden, dann vermutlich, weil sich als Interpreten der Fachinformation Vermittler bzw. Berater ("information broker") einschalten. Deren Informationsselektions- und -bewertungsfunktion relativiert die käuflichen Informationsdienste zu sicherlich unbestritten notwendigen, keinesfalls aber hinreichenden Bedingungen erfolgreicher Mittelstandsförderung. Dem Informationsvermittlungswesen muß bei der Vorsorge um ein organisiertes Informationswesen Rechnung getragen werden.

c) Klärungsbedürftig ist angesichts der stürmischen Entwicklungen der sog. Informations- und Kommunikationstechniken das Verhältnis von Machbarkeit, von zentralem und dezentralem Einsatz, von Wünschbarkeit und Wirtschaftlichkeit. Technologiefolgeabschätzungen fehlen noch fast völlig.

d) Bei aller Klärungsbedürftigkeit der genannten Probleme ist doch auf die prinzipiellen Grenzen einer Klärungsmöglichkeit hinzuweisen. Der immaterielle Gehalt von Informationen entzieht sich in aller Regel der monetären Bewertung, daran ändern auch nichts da und dort gelungene Nachweise einer positiven Kosten-Nutzen-Relation. Sie können kaum verallgemeinert werden, wie aber natürlich auch einzelne negative Beispiele keine hinreichende Basis darstellen, den Nutzen von Information prinzipiell in Frage zu stellen.

Auch die Bedarfsproblematik ist nicht erschöpfend zu klären. Wer nur vom faktisch konstatierbaren Bedarf ausgeht (sozusagen von festen "Vorbestellungen"), unterschätzt die Bedeutung einer Informationsvorratshaltung für den "Eventualfall" des Bedarfs (hier gibt es sicherlich bislang noch nicht beachtete Parallelen zum Verteidigungsbereich). Eine solche Informationsvorratshaltung für den Eventualfall muß aber sicherlich - mit allem Risiko - organisiert werden und gehört so verstanden zur Daseinsvorsorge. Informationspolitik kann sich kaum diesem Aspekt entziehen. Festgestellter Bedarf hin, fraglicher Nutzen her, eine informationspolitische "Nullösung" - nur weil letzte Nutzungsrisiken nicht ausgeräumt sind - wäre äußerst fahrlässig gegenüber der Gesellschaft.

10. Daseinsvorsorge ist das Stichwort für eine weitere Dimension. Informationspolitik ist nicht nur Ordnungspolitik, welche die Organisation des Informationswesens zu regeln hat, sie ist natürlich auch mit Information als solcher befaßt, und so betrachtet muß sie sich als Ressourcenpolitik verstehen. Wenn man Zweifel haben kann, Information als Produktionsfaktor zu bezeichnen, da Information als solche nichts bewirkt, höchstens deren Aus- und Verwertung, so dürfte doch die Bezeichnung der Information als wichtige Ressource für unser Entscheidungshandeln zutreffend sein.

Daraus lassen sich aber Schlußfolgerungen ziehen. Legt man den Ressourcenbegriff zugrunde, läßt sich ableiten:

Ressourcen (und in diesem Sinne dann auch Information) sind

- zu ermitteln, freizulegen etc. ggf. zu importieren
- bedarfsgerecht aufzuschließen, zugänglich zu machen und einzusetzen
- aber auch für künftige Bedarfsfälle zu speichern und zu sichern
- evt. auch zu bewirtschaften bzw. nur für einen eingeschränkten Nutzerkreis zuzulassen
- ggf. als Tauschobjekte einzusetzen und nach Möglichkeit auch zu exportieren.

Begreift man Information als Ressource und Informationspolitik als Ressourcenpolitik, so ergibt sich mit dem genannten Katalog ein relativ umfangreiches Programm. In diesem Sinne läßt sich übrigens die gegenwärtige Fachinformationspolitik mit ihren Fördermaßnahmen interpretieren.

11. Als Ressourcenpolitik ist Informationspolitik aber auch abhängige Politik. Ressourcen sind nicht nur als solche, sondern letztlich sogar nur zweckbezogen und zweckgebunden zu verwalten. Zwecke aber werden ihrerseits wieder durch Politik definiert. Informationspolitik ist folglich von zweckbezogenen anderen Politiken abhängig bzw. in deren Horizont angesiedelt.

So ist Informationspolitik in Beziehung zu setzen bzw. abzuleiten von

- Wissenschaftspolitik
- Wirtschaftspolitik
- Kultur- und Bildungspolitik
- Entwicklungspolitik.

Informationspolitik ist damit aber auch abhängig von der Vorgabe und den Prioritätensetzungen jener Bezugspolitiken und selbstverständlich auch von deren evtl. ideologischer Fundierung (z.B. marktwirtschaftliches/planwirtschaftliches Konzept).

12. Als Ressourcenpolitik müssen entsprechend der Anzahl der Bezugspolitiken mehrere Informationspolitiken formuliert werden.

Der Kabinettsbeschluß vom Januar 1980 hat in der Bundesrepublik dem Rechnung getragen, als er die Zuständigkeit für IuD (nach Abschluß der durch das IuD-Programm initiierten Planungsphase) an die Fachressorts zurückgab. Zugleich wurde die Notwendigkeit einer Koordinierungsinstanz (BMFT) erkannt. Ressourcen- und Ordnungspolitik müssen miteinander verklammert bleiben, aber es liegt zweifellos vor allem im Benutzerinteresse (deren Informationsbedürfnisse in der Regel ressortübergreifender Natur sind), wenn eine Instanz existiert, die die oben geforderten Steuerungsstrategien entwirft und diese auch (entsprechend dem Subsidiaritätsprinzip natürlich) ausführt.

13. Informationspolitik ist aber nicht nur Ordnungs- und Ressourcenpolitik, sie ist auch nationale Politk und dabei natürlich beeinflußt auch von internationalen Entwicklungen und selbst über die Landesgrenzen hinaus wirksam. In diesem Zusammenhang sind Maximen zu entwickeln, die das Maßnahmengesamt einer Struktur- und Förderungspolitik z.B. ganz erheblich tangieren. Es seien einige dieser Maximen genannt:

- prioritäre Bedienung der Benutzerinteressen (mit der Konsequenz, Benutzern unter allen Umständen den Zugang auch zu im Ausland angebotenen Informationssystemen zu ermöglichen unter Inkaufnahme der Schwächung des Inlandsmarktes)

- "free flow of information"
(mit der Konsequenz, den Inlandsmarkt auch für ausländische Anbieter zu öffnen)

- nationale Selbständigkeit
  (mit der Konsequenz, auch erheblicher Fehlbedarfsfinanzierung durch den Staat,
  sofern die nationalen Systeme mit ihren zwangsläufig am Markt orientierten
  Preisen eine Kostendeckung (noch) nicht erzielen können)

- Exportorientierung
  (mit der Konsequenz zusätzlicher Aufwendungen für die exportfähige Aufbereitung der Informationsdienste, aber auch entsprechender Selektionen)

- internationale Kooperation
  (mit der Konsequenz, sich u.U. Regelungen und Strukturvorgaben anschließen
  oder anpassen zu müssen, die mit inländischen Normen oder Standards nicht
  kompatibel sind).

Ohne dies näher auszuführen, dürfte einleuchtend sein, daß ein allseitiger
Interessenausgleich über alle Maximen hinweg kaum möglich ist.

14. Auf der Suche nach einer Orientierung muß anerkannt werden, daß es in der
Bundesrepublik eine Informationspolitik gibt, wenn diese auch, was keiner der
Verantwortlichen bestreitet, fortzuschreiben ist. Das 1983 vom "Bundes-
beauftragten für Wirtschaftlichkeit in der Verwaltung" erstellte Gutachten zur
Situation in der Fachinformation hat soeben zu einer solchen Fortschreibung
wichtige Impulse gesetzt. Und folgerichtig kündigt die Bundesregierung in ihrer
Stellungnahme auf den "Bundesrechnungshof"-Bericht die Formulierung eines neuen
"IuD-Programms" ab 1985 an. Eine solche Fortschreibung hat aber dennoch keinen
beliebigen Spielraum. Sie muß bestimmte Gegebenheiten hinnehmen.

Folgende Realitätsprämissen kennzeichnen in etwa die Ausgangslage:

- die internationale Entwicklung, insbesondere in den USA, Japan und in den
  übrigen Ländern der Europäischen Gemeinschaft

- die sich aus dem IuD-Programm der 70er Jahre herleitenden Strukturen und
  Einrichtungen mit ihren vertraglichen und vor allem finanziellen Ver-
  pflichtungen

- die unabhängig vom Einfluß des IuD-Programms (weiter-) existierenden
  Informationseinrichtungen öffentlicher wie privater Trägerschaft

- die Eigendynamik der Informationstechnologie und der sie produzierenden und
  verteilenden Instanzen (Hersteller, Bundespost)

- die Bund-/Länderproblematik und die sich daraus ergebende Kompetenz- und
  Finanzierungsproblematik

- die verteilten Kompetenzen auf der Bundesebene (vgl. den Kabinettsbeschluß vom
  Januar 1980) bei nur allgemeiner Koordinierungsfunktion (ohne haushaltsmäßige
  Folgen) des BMFT

- die gegenwärtig und mittelfristig sich kaum ändernde Haushaltslage der
  öffentlichen Hände bzw. die investititonshemmende wirtschaftliche Lage der
  Privatwirtschaft.

15. Was läßt sich angesichts dieser Rahmenbedingungen von einer mittelfristigen
    Informationspolitik fordern? Abschließend seien einige Zielsetzungen genannt:

    a) Sicherung des Leistungsstandes der bisher im Rahmen des IuD-Programms
       geschaffenen Einrichtungen und Dienste

    b) Schließung von Angebotslücken gemäß einem Bedarf an zusätzlichen Litera-
       turbanken und Daten- und Fakteninformationsdiensten

    c) Steigerung der Wettbewerbsfähigkeit deutscher Informationsanbieter gegenüber
       dem Ausland

    d) Vermeidung einseitiger Abhängigkeit von Informationsdienstleistungen auslän-
       discher Anbieter

    e) Erhaltung pluralistischer Trägerstrukturen für Bereiche ohne Wettbewerb

    f) Zugangserleichterung zur Fachinformation auch für kleinere und mittlere
       Unternehmen, die im Gegensatz zu Großunternehmen keine eigenen Fach-
       informationseinrichtungen finanzieren können

    g) Förderung des Exports, der von der Bekanntheit der wissenschaftlichen und
       technischen Leistungsfähigkeit unseres Landes, die sich nur in national
       produzierten Datenbanken und Online-Diensten abbildet, immer abhängiger wird

    h) Erreichung und Erhaltung hoher Standards in der Wissenschaft und im Bildungs-
       wesen

    i) Unterstützung der (auswärtigen) Kulturpolitik, soweit sich in den Informa-
       tionsdiensten das wissenschaftliche Leben als Teil unserer Kultur abbildet

    j) Unterstützung der Planungs- und Entscheidungstätigkeit der Parlamente, der
       Regierungen, der Verwaltungen und der Rechtsprechung

    k) Zugang zur Fachinformation für den Bürger und gesellschaftliche Gruppen
       (Minderheiten) zur

       - Verbesserung der Mitwirkungsmöglichkeiten
       - Verbesserung der Lebens- und Arbeitsbedingungen
       - Überwindung der Entfremdung zwischen Wissenschaft und Gesellschaft
       - Überwindung der Entfremdung zwischen gesellschaftlichen Gruppen

    l) Förderung informationswissenschaftlicher Forschung

    m) Förderung der Ausbildung auf allen Ebenen.

Der Katalog erscheint für eine direkte Realisierung als zu umfangreich. Zu
seiner Begründung sei auf unsere Ausführungen unter 1. verwiesen, die hier als
Schlußwort wiederholt werden könnten.

POLITISCHE UND INFORMATIONELLE RATIONALITÄT

Thomas Ellwein
Universität Konstanz
FG Politik-/Verwaltungswissenschaft

Referat

Daß die Rationalität der Politikformulierung nicht die des Politikvollzugs ist, ist eine Erkenntnis der 70er Jahre. Die Wahl zwischen Entscheidungsalternativen, der Zeitpunkt von Entscheidungen und das Umsetzen persönlicher Fähigkeiten in politische Führungskraft, setzen der politischen Rationalität, wie sie durch Planung angestrebt wird, weitere Grenzen. Durch professionelle Information sieht der Autor eine qualitativ neue Situation entstehen, gekennzeichnet durch die informationelle Aufbereitung politischer Entscheidungsalternativen, auf deren Grundlage dann der Politiker entscheidet. Dabei unterliegt die Informationsverarbeitung, deren Professionalität sich an der Vollständigkeit der Information, der Bestandspflege und an der Flexibilität in der Bereitstellung zu orientieren habe, ´rationaleren´ Rahmenbedingungen als die Politik: sie kann sich stärker an wissenschaftlichen Standards orientieren und vor einem relativ unumstritten Zielhorizont arbeiten. Der Autor verweist den Informationssachverständigen, wie er z.B. im ministeriellen Bereich arbeitet, in eine strikte Servicefunktion zum Politiker.

Abstract

In politics, the rationality of formulating policies is not the same as executing them, as was discovered in the seventies. The choice between decision alternatives, the timing of decisions and the combining of personal qualities with political leadership further limits political rationality, as striven for in planning. By means of the professional provision of information the author sees a qualitatively new situation arising, characterized by political decision based on professional provision of information. Inherent in this procedure of "information processing", whose professionalism shows in the maintenance and flexibility of provision of information, is a more rational framework than that of politics: it can follow more easily scientific standards and can work within a relatively uncontroversial area. The author clearly relegates the information expert, who might work in a ministerial job, into a strict service-function to the politicians.

I. Rationalität, verstanden als die Vernunftsmäßigkeit einer Sache, eines Programms, eines Verhaltens, wird versteh- und interpretierbar nur in dem Maße, in dem die Rahmenbedingungen geklärt sind, innerhalb derer eine Sache in Funktion zu anderen Sachen tritt, ein Programm sinnvoll und realisierbar erscheinen oder ein Verhalten als zweck- oder wertrational eingeordnet werden kann. Unser Thema geht von der Voraussetzung aus, daß Rationalität in der Politik oder auch Rationalitäten in verschiedenen Politiken unter anderen Rahmenbedingungen zu verstehen sind als die Rationalität der Informationsbeschaffung und -aufbearbeitung in einem engeren Sinne. Dieses Gegenüber gilt es anzusprechen mit dem Ziel, nicht etwa Unvereinbarkeiten herauszuarbeiten und sich mit dem Ergebnis zu begnügen, daß in der Politik alles ganz anders´ sei, sondern um die Schwierigkeiten dingfest zu machen, welche überwunden werden müssen, damit Politiker, die unter ihren Rahmenbedingungen wirken, mit Informationsverarbeitern, die unter anderen Rahmenbedingungen stehen, nützlich zusammenarbeiten und Politik wenigstens in einem gewissen Rahmen auch eine informierte Politik´ sein kann.

Um jenes Ziel zu erreichen, sei zeitlich an eine Phase der Entwicklung angeknüpft, in der sich Politik deutlich veränderte und mehr als früher über Informationsmöglichkeiten und -bedarfe gesprochen wurde. Gemeint sind die 60er Jahre, welche in der Bundesrepublik eine bis dahin unbekannte Kritik an bloß reaktiver Politik hervorbrachten und in denen es vor allem wirtschaftspolitisch zu einer erheblichen Ausweitung des Aufgabenfeldes der Politik kam. Beides bewirkte eine neue Intensität der Auseinandersetzung über das Instrumentarium der Politik. Vereinfachend könnte man sagen, die späten sechziger Jahre waren von dem Bemühen geprägt, die erreichbare Langfristigkeit der Politik zu gewinnen und mit ihrer Hilfe den Wechselfällen der Entwicklung zu begegnen.

Im Rahmen dieser Entwicklung erweiterten sich die Beziehungen zwischen Politik und Wissenschaft. Sie hatten früher darin bestanden, daß Politik als Auftraggeber und Nutzer auftrat, sich der Brückenbautechnik bediente, die modernen Verkehrsmittel übernahm und sich damit neue Aufgaben stellte. Später kam es zu unmittelbaren Beziehungen zwischen Politik und Wissenschaft: Volkswirtschaftliche Theorien wirkten auf die Politikformulierung ein, medizinische Erkenntnisse standen bei der Konzeption von Gesundheitspolitik Pate und ähnliches mehr. In den 60er Jahren ging man aber einen entscheidenden Schritt weiter: Wissenschaftliche Verfahren wurden unmittelbar bei der Politikvorbereitung benutzt oder leiteten sie sogar an. Am ehesten kann man das wohl an der politischen Planung ablesen, mit der man sich anheischig machen wollte, Entwicklungen langfristig sichtbar zu machen, auf sie hin Zielalternativen zu formulieren, dann einerseits zu entscheiden und andererseits die nunmehr erforderlichen Ressourcen bereitzustellen.

In jenen Jahren wurde in einer angesichts ihrer früheren Verdammung merkwürdigen Weise und Geschwindigkeit Planung zur großen Hoffnung, fast zum Zauberwort. Joseph H. Kaiser schrieb in der Einführung des ersten Bandes einer von ihm herausgegebenen Reihe ´Planung´ (hier: Planung I. Baden-Baden 1966) fast euphorisch: "Planung ist der große Zug unserer Zeit. Planung ist ein gegenwärtig ins allgemeine Bewußtsein aufsteigender Schlüsselbegriff unserer Zukunft. Systematisierung, Rationalität, Wissenschaft gelten schon länger als zeittypische Postulate der modernen Welt; ... Systematik als die planvoll geordnete Totalität unseres jeweiligen Wissens, Rationalität und vor allem die Wissenschaft zählen darum zu den konstituierenden Faktoren jeder Art Planung." Und - kaum mehr steigerungsfähig: "Planung ist der systematische Entwurf einer rationalen Ordnung auf der Grundlage alles verfügbaren einschlägigen Wissens." Die so und anders ausgelösten Hoffnungen waren umfassend. Man glaubte an die Möglichkeit einer ´aktiven Politik´ in einer ´informierten Gesellschaft´, wie sie damals Karl Steinbuch beschwor. Man meinte, die Segmentierung und Klientelisierung der Politik überwinden, sich den Blick auf das ganze Handlungsfeld mit seinen Alternativen eröffnen, die Folgen des jeweiligen Tuns besser abschätzen und schließlich die anzustrebenden Ziele planmäßig mit dem geringstmöglichen Mittelaufwand erreichen zu können. In den Ministerien entstanden Planungsstäbe; die Koordinationsfunktion des Bundeskanzleramtes wurde zu einem beherrschenden Thema in Wissenschaft und Praxis; die Notwendigkeit der Frühkoordination von Politik schien allenthalben anerkannt. Bedächtige Warner wie etwa Friedrich Tenbruck, der schon 1965 auf die Nichtvorhersehbarkeit menschlicher Verhaltensänderungen hinwies, wurden überhört. Planung setzte sich durch. Ihre wichtigste Voraussetzung: die Information. Seit dem Ende der 60er Jahre ist ein erheblicher Teil der Diskussion über Planungs- und Informationssysteme eng miteinander verbunden.

Die politische Täuschung folgte auf dem Fuße. Schon in der ersten Hälfte der 70er Jahre klärte sich, daß politische Planung so nicht funktionieren würde, und man konnte sich bald auch über die Ursachen verständigen. Nur einige von ihnen seien hier angesprochen: Zuerst mußte man sich der Erkenntnis öffnen, daß die Rationalität des Politikformulierungsprozesses nicht auch die des Politikvollzuges ist. In sich konsistente Programme verändern sich merklich oder unmerklich, wenn sie von den Ländern und den mehr oder weniger autonomen Gemeinden und Gemeindeverbänden vollzogen werden. Der Implementationsphase wandte sich plötzlich große Aufmerksamkeit zu. In diesem Zusammenhang versuchte man eine möglichst frühzeitige Verständigung mit den Politikvollziehern. Bundespolitik mußte sich auf eine ´Politikverflechtung´ mit den Ländern einlassen, innerhalb derer sehr bald der kleinste gemeinsame Nenner zur stärksten und damit ggf. programmbeeinträchtigenden Figur wurde.

Weiter erkannte man, daß auch gutgemeinte Koordinationsbemühungen an der Struktur der Bürokratie, an ihrer weitgehenden Segmentierung und der damit verbundenen Aufmerksamkeitslenkung wenig ändern. Der strukturelle, am Bestand orientierte Konservatismus der Bürokratie erregte Aufmerksamkeit. Allgemeinere Erklärungsgründe kamen hinzu: Die ´Neue Politische Ökonomie´ trichterte manchem ein, Politik sei ausschließlich an der Wiederwahlmaximierung orientiert, was dann bestenfalls eine sehr spezifische Form der Rationalität zur Folge haben würde. Andere klagten über die Unregierbarkeit eines unendlich ausdifferenzierten und mit viel zu viel Aufgaben überlasteten Systems, ganz abgesehen von denen, deren prinzipielle Kapitalismuskritik ins Wanken geraten wäre, wenn politische Planung nennenswert funktioniert hätte. Daß es schließlich sehr persönliche Probleme der Planer selbst gab - Stab- Linien-Mißverständnisse, Karrierebeeinträchtigungen, Realitätsverluste usw. -, sei nur hinzugefügt. Jedenfalls erschien binnen kurzem politische Planung eher diskreditiert, und offenkundige Prognosefehler, etwa in der Bildungsplanung oder in der Regionalplanung, dienten häufig als Beleg für die Unbrauchbarkeit des Instrumentariums. Dieses Instrumentarium wird zwar weiterhin und wohl mehr denn je benutzt. Man tut das aber zurückhaltender und ist sich der begrenzten Rationalität und Reichweite einschlägiger Pläne mehr bewußt.

II. Versucht man, vor diesem Erfahrungshintergrund Merkmale und Probleme politischer Rationalität stärker einzugrenzen, um sie dann mit den deutlich anderen Gegebenheiten im Informationsbereich zu konfrontieren, sind in aller Kürze einige selbstverständliche Klärungen nötig. Die erste: Politik ist nicht eingrenzbar, nicht wirklich von anderen Verhaltensweisen zu unterscheiden. Das politische System bleibt ein theoretisches Konstrukt, seine jeweilige Substanz muß mühsam genauer bestimmt werden. In ihren Kernbereichen hat Politik zudem zahlreiche Parallelen zu anderen Tätigkeitsfeldern. In ihr geht es z.B. um Handeln und Entscheiden in organisierten Zusammenhängen und im Zusammenwirken mit vielen anderen, was einerseits menschliche Verhaltensmöglichkeiten ins Spiel bringt und andererseits Verfahrensweisen notwendig macht, die zum Ausgleich, zum Kompromiß, mithin zum Verzicht auf das jeweilige sachliche Optimum zugunsten des Verhandlungsoptimums zwingen. Auch dabei macht es noch keine Besonderheit der Politik aus, daß die meisten Entscheidungen zwar unter gegenwärtigen Rahmenbedingungen, aber doch auf eine offene Zukunft hin erfolgen, deren Verlauf man nur näherungsweise kennen und deren Risiken man sich nicht entziehen kann. Politische Verantwortung, im Sinne etwa Niklas Luhmanns, äußert sich

darin, daß man mit der Entscheidung mehr Informationen weitergibt, als man selbst
empfangen hat. Viel anders liegt es aber im Unternehmen auch nicht; ebenso wie es in
vielen Unternehmen keineswegs nur ein oberstes Ziel der Gewinnmaximierung gibt,
vielmehr mehrere Ziel- und Wertvorstellungen mit einspielen und einen ständigen
Prozeß der Güterabwägung erforderlich machen.

Unterscheidbar wird Politik als Handlungsfeld in der Regel durch ihren Bezug auf ein
Totum, eine Gemeinde, einen Kreis, ein Land, das anders als etwa ein Unternehmen,
sehr verschiedene Funktionen zu übernehmen hat und in dem sich deshalb Entscheidungsprozesse häufig nicht nur auf Alternativen in einem begrenzten Umfeld,
sondern zuerst auf Prioritäten im gesamten Handlungsfeld und erst dann auf das
Kleinarbeiten der sich nun ergebenden Aufgabenbereiche beziehen. Das ´Gemeinwesen´,
auf das sich Politik bezieht, ist zudem wohl seinem Umfange, nicht aber seinen
Zwecken nach definiert. Das erfordert prinzipiellere Entscheidungsprozesse, es
erzwingt die Formierung von ´Richtungen´, es provoziert geradezu den internen
Konflikt, den man in einem Unternehmen mit hierarchischen Methoden vertuschen kann.
Im politischen System hat er eine konstituive Bedeutung. Mehrheiten können Interesse
und Ideen von Minderheiten beiseiteschieben, aber nicht aus der Welt schaffen.
Politik bleibt in vieler Hinsicht vorläufig, weil das heute Unterlegene morgen
obsiegen kann. Und: Politik gibt es so wenig wie es ´die Verwaltung´ gibt. Das
politische System besteht vielmehr aus tausend Entscheidungszentren, der politische
Prozeß wird richtig nur als eine Summe von sehr vielen politischen Prozessen
begriffen, die alle für sich theoretisch angesichts ihrer jeweiligen Rahmenbedingungen höchst rational ablaufen können, nie aber insgesamt rational sein
werden.   In der Bundesrepublik besteht deshalb auch die Politik von Bund und Ländern
zu einem erheblichen Teil daraus, durch Gebot, Beeinflussung oder Anreize die
nachgeordneten politischen Ebenen zu einem Verhalten zu bringen, das die Rationalität
der Gesamtpolitik vermehrt. Das Stabilitätsgesetz ist sozusagen ein rührender
Höhepunkt im Rahmen dieser Bemühungen, und seine partiellen Mißerfolge beleuchten wie
wenig anders die starke Ausdifferenzierung der Politik. Eine selbstbewußte Gemeinde
wird ihren Entscheidungsprozeß durchziehen und sich nur bedingt von den
übergeordneten Gesichtspunkten leiten lassen, welche Land oder Bund vertreten oder zu
vertreten meinen. Wer entscheidet schließlich, was ´richtig´ ist?

In pragmatischem Verständnis ist politische Rationalität damit auf Ratio und auf
Konsens bezogen. Das sei in drei Thesen näher erläutert:

Erstens zielt politische Rationalität in der Regel auf die Alternative: besser oder
schlechter, nicht auf richtig oder falsch. Das eindeutig ´Richtige´ müßte der
Politik wie anderen Bereichen vorgegeben sein. Sie vor einem Zuviel an eindeutig
Richtigem zu bewahren, ist eine unverzichtbare Fähigkeit ´beweglicher´ Politik.
Vereinfacht: Politik kann über den Standort einer großen Brücke entscheiden, den
Kostenrahmen festlegen und im Blick auf vorhandene Vorbilder auf die mögliche
Grundkonstruktion Einfluß nehmen. Dann hört Politik auf, und das Handwerk der
Brückenbautechnik beginnt. Auch ihm mag es manchmal an der erwähnten Eindeutigkeit
von richtig oder falsch fehlen. In ihm gibt es aber eigene Mechanismen, das zu
überwinden. Das Alternative: besser oder schlechter erzwingt weiter Aus- und
Abwahlprozesse. Um durch Bewertung bessere von schlechteren Lösungen unterscheiden
zu können, muß aus den denkbaren Lösungsmöglichkeiten ausgewählt werden. Die
Entscheidung für A bedeutet dann den Verzicht auf die Vorteile, die mit B verbunden
gewesen wären. Hätte A nur Vor- und B nur Nachteile, läßt das negative Rückschlüsse
auf den vorangegangenen Auswahlprozeß zu. Der auf den Beiblättern zu Gesetz-
entwürfen, die dem Bundestag vorgelegt werden, in der Regel enthaltene Hinweis
´Alternative: keine´, ist eines der schlimmen Armutszeugnisse, welche sich die Bonner
Politik seit Jahren selbst ausstellt. Aus- und Abwählen bedeuten schließlich, daß
der politischen Entscheidung Prozesse des Abwägens vorausgehen. Sie lassen sich nur
selten stringent rational erklären und nachvollziehen: Alle Politiker müssen zuletzt

ganz persönliche Präferenzsysteme ins Spiel bringen. Bei den - ganz vorsichtig - weniger begabten Politikern zeichnen sich meist auch Präferenzsysteme durch eine gewisse Enge aus; oft reicht sogar das pure Feindbild.

Zweitens bemißt sich die Rationalität des politischen Prozesses immer auch danach, ob es in ihm gelingt, den richtigen Zeitpunkt für eine (wichtige) Entscheidung abzuwarten. Über diese ʻWahl des richtigen Zeitpunktesʻ läßt sich lange philosophieren und daraus dann die Konsequenz ziehen, wie eingeschränkt rational der politische Prozeß ist und wie stark sich das Element der Kunst, der Führungskunst, des Charismas usw. auswirkt und damit Persönlichkeitsmerkmale ins Spiel gebracht werden, die man weder genau beschreiben und erklären, noch gar einfach zum richtigen Zeitpunkt einsetzen kann. Der Zufall, das Schicksal, die staatsmännische Begabung, Glück einfach - regieren sie das Gemeinwesen? Niemand kann diese Kernfrage der Staatsphilosophie beantworten, niemandem erlaubt sie allerdings, sich dem Schicksal nur zu beugen. Auch in der Politik muß so rational wie möglich gehandelt, muß erarbeitet werden, was angesichts der veränderbaren Rahmenbedingungen als rational gelten kann. Weil aber die Rahmenbedingungen immer auch veränderbar sind, spielt die Wahl des Zeitpunktes eine so große Rolle. Rudolf Stadelmann hat vor vielen Jahren Bismarcks Verhalten im Jahre 1865, sein Spiel mit verschiedenen Optionen preußischer Politik und seine Kunstfertigkeit, sich selbst diese Optionen möglichst lange offen zu lassen, voller Bewunderung geschildert und interpretiert - ein Beispiel nur für viele, die zeigen, daß ʻguteʻ Politik sich möglichst lange dagegen wehrt, auf eine Entscheidung festgelegt zu werden, weil solche Festlegung Abhängigkeit mit sich bringt. Sie ist wieder nur unter genau angebbaren Bedingungen erträglich. Was politisch rational ist, ist mit der Frage des Zeitpunktes eine Frage der sich verändernden Entscheidungsbedingungen.

Drittens kommt damit auf seine spezifische Weise der politisch Verantwortliche ins Spiel. Auch ohne über Charisma zu reflektieren: Der ʻguteʻ Politiker stimmt seine Entscheidungen auch auf das ab, was er kann. Adenauer konnte über die Montanunion die europäische Einigung vorbereiten und mit Hilfe seiner guten Beziehungen zum US-Außenminister Dulles ein relativ spannungsfreies Verhältnis zwischen den USA und der besiegten Bundesrepublik aufbauen. Anderes konnte er nicht. Wichtige Ämter in der Politik zwingen ihre Inhaber oft, auch das zu tun, was ihnen zuwider ist. Dabei gibt es aber eindeutige Grenzen. Kein erfolgreicher Politiker wird gegen seine Überzeugung und gegen seine Begabung Politik machen. Er wird, wenn er mit seinen Kräften haushalten will, nicht alles auf einmal machen wollen. An solchem Unvermögen ist Kaiser Joseph II. von Österreich gescheitert und vermutlich auch Napoleon. Zu wissen, was man selbst kann, bewahrt andere vor dem Scheitern. Die Biographien erfolgreicher deutscher Oberbürgermeister weisen mit der Reihenfolge, in der große Veränderungen in Angriff genommen worden sind, auf eine solche Fähigkeit hin - eine Fähigkeit, die viel mit Rationalität zu tun hat: Rational handelt, wer sorgfältig die einsetzbaren Ressourcen bedenkt. Die Ressource ʻpolitische Führungʻ gehört dazu. -

Politische Rationalität, relativiert auf die Rahmenbedingungen, auf die Art und auf den Zeitpunkt notwendiger Entscheidungen, relativiert auch auf die Zahl der Beteiligten und das Verhältnis, in dem der Entscheider zu den Beteiligten steht - müssen sie mitentscheiden, nur überzeugt werden, sind sie für den Vollzug unentbehrlich? - kurz: Die Relativierung dominiert nicht selten das, was rational versucht wird, weshalb nicht selten der Rückgriff auf Bekenntnisse oder unbefragte Grundpositionen das Bemühen um Rationalität ersetzt. Es muß aber keine Flucht bedeuten, wenn jemand eine Entscheidung in der Annahme verschiebt, zu einem späteren Zeitpunkt seien die Bedingungen günstiger. Es muß auch keine Flucht sein, wenn jemand den Kreis der Beteiligten erheblich erweitert, die Konsensbasis damit vergrößert, dafür aber auf erhebliche Teile seines Entscheidungspaketes verzichtet, sich mit vorläufigen Teillösungen begnügt. Schon eher bedeutet es eine Flucht, wenn man den Entscheidungsbedarf einfach verdrängt und abwartet. Tatsächlich wird sich dann später ein anderer Bedarf ergeben. In der historischen Stunde hat aber die

Politik anderen Entwicklungskräften das Feld überlassen. Alles in allem bedeutet das jedoch bloß, daß Politik bestenfalls so rational wie möglich sein kann und immer wieder neu bestimmt und – im Wettbewerb – erkämpft werden muß, auf welche Bedingungen hin etwas als rational zu gelten hat.

III.   Um der Gegenüberstellung willen, mag manches vom dem Gesagten etwas überzeichnet sein.   Informationelle Rationalität verhält sich auch nicht einfach antithetisch zur politischen. Noch weniger würde man der Realität gerecht, wenn man hier von stringenter Rationalität sprechen, der Politik aber allenfalls eingeschränkte Rationalität zuerkennen möchte. Tatsächlich ergibt sich das Gegenüber – und ergeben sich damit partielle Gegensätze – einfach daraus, daß sich im Blick auf Informationsbeschaffung und sogar noch im Blick auf Informationsverarbeitung leichter feste Maßstäbe gewinnen lassen, während – vereinfacht – in der Politik immer ein Kampf um die Maßstäbe stattfindet.   Jene Maßstäbe ergeben sich aus der Sache und aus der Verbundenheit mit der modernen Wissenschaft, aus der die modernen Kommunikationstechnologien nach Entstehen und Nutzung hervorgegangen sind.   So kann kein Streit sein, daß jede Informationsbeschaffung an ihrer eigenen Vollständigkeit orientiert sein soll – Lücken sollen transparent sein. Es kann auch das Ziel nicht umstritten sein, daß die einzelne Information rational, d.h. u.a. leicht auffindbar zugeordnet sein und der Bestand insgesamt so gegliedert sein muß, wie es das Interesse der Benutzer und der Informationsverwalter erfordern.   Läßt sich dieses Ziel deshalb nicht erreichen, weil es eben auch hier unterschiedliche Auffassungen über die ´beste´ Systematik geben kann, so bestehen doch Ausweichmöglichkeiten: Bestände lassen sich in ihrer Pflege flexibel halten, können dann umgruppiert und so anderen Zwecken oder eben auch nur Vorstellungen angepaßt werden. Jedenfalls ergeben sich aus den Informationsbündeln hier und den Techniken der Speicherung und der Nutzbarmachung dort Beziehungen, die relativ eindeutig rational bestimmt werden können, in denen man etwas richtig oder falsch machen kann und in denen sich vor allem durch Erfahrung und Austausch Standards ergeben, denen sich derjenige, der professionell mit Informationen umgeht, in der Regel weder entziehen kann noch will.

Die Probleme, welche uns beschäftigen, entstehen bei der Informationsauswahl und der Informationsbereitstellung, im Verhältnis von Informationsverwaltern und Informationsnutzern. Sobald der Nutzer nicht nur präzise Fragen stellt, sondern diffuse Problemfelder benennt, gibt es Auswahlprobleme, die das einfache Nebeneinander von Anbieter und Nutzer verändern. Im Blick auf die Politik entsteht eine Lage, die man früher – etwa mit Jürgen Habermas – in Zusammenhang mit der wissenschaftlichen Beratung der Politik diskutiert, bis heute aber in Wahrheit theoretisch nicht wirklich aufgearbeitet hat.   Habermas wollte zwischen drei Grundformen der wissenschaftlichen Politikberatung unterscheiden: Die dezisionistische sollte bedeuten, daß der Beratene Beratung zwar annimmt, zum Schluß aber souverän entscheidet; die technokratische sollte auf die mögliche Dominanz der Berater über den Beratenen verweisen und die pragmatische oder dialogische auf ein Austauschverhältnis. Das Austauschverhältnis muß sich vor allem auf die Formulierung des jeweiligen Auftrages beziehen: Da Wissenschaft kompetent nur Fragen beantworten kann, welche sie selbst und d.h. mit Rücksicht auf Beantwortbarkeit durch Wissenschaft formuliert hat, müssen in der Phase der Problemidentifikation sowohl wissenschaftliche Überlegungen als auch die Interessen des zu Beratenden und Auftraggebers berücksichtigt werden.

Die Beratungsrealität entspricht eher dem Dialogmodell. Politik bedarf oft schon der Beratung, um zu klären, was sie ´wissen´ will; Berater müssen zu Teilen in den Politikformulierungsprozeß einbezogen sein, um hier den richtigen Weg zu finden. Er bedeutet vereinfacht, daß sich die wissenschaftliche Beratung den unverzichtbaren Standard ihrer eigenen Verfahren bewahrt, die beratene Politik aber nicht einfach ihre Interessen zurückstellt, vielmehr einen Schuß Relativisimus ins Geschäft einbringt.   Faktisch findet – im guten Sinne – eine Rollenauseinandersetzung statt. Der wissenschaftliche Berater verteidigt seine Rolle der Unabhängigkeit von

politischen Wünschen, indem er sich auf seine Abhängigkeit von wissenschaftlichen
Standards beruft; der Politiker dagegen möchte - wie auch immer - verwertbare
Ergebnisse sehen und deshalb die Unabhängigkeit etwas vermindern.

Man wird sich das Verhältnis zwischen dem Politiker und dem professionellen
Informationsverarbeiter ganz ähnlich vorstellen können. Der letztere gehöre zum
Stab, sei Beamter wie andere auch. Die anderen betreiben aber Entscheidungsvorbereitung. Sie stellen Informationen in den Dienst der Sache und schieben
andere beiseite. Kein Beamter, der etwas entwirft, kann umhin, irgendwann eine
eigene Vorentscheidung zu treffen und sich dann an ihr zu orientieren. Sein Ethos
müßte darin bestehen, diesen Vorgang offenzulegen, damit der von ihm beratene
Minister in aller Ruhe überlegen kann, ob er jene Vorentscheidung nachvollziehen will
oder nicht. Das Ethos des Informationsverarbeiters ist von anderer Art. Es zielt
tatsächlich auf ein denkbares Optimum, das zugleich ein Maximum voraussetzt: Nur wenn
alle Informationen, die zugänglich sein könnten, überblickt werden, kann es einen
´rationalen´ Auswahlprozeß geben. Vom theoretischen Maximum wird auf das mögliche
Optimum heruntergearbeitet. Das Optimum ist aber kein Zweckoptimum, kein
Informationspaket, das zu der gewünschten Entscheidung ´paßt´, sondern ein Informationsangebot, welches entscheidungsunabhängig erfolgt und Entscheidung damit
erschwert oder erleichtert, theoretisch sie aber immer verbessert. Ist diese ´Rolle´
denkbar, ist sie durchzuhalten?

IV. Bleiben wir im Umfeld der Politik. Niklas Luhmann hat einmal vorgeschlagen, von
einen ´politischen System´ u.a. zu sprechen, wenn es in ihm zu einer klaren
Ausdifferenzierung der Rollen kommt. Dem Politiker fällt dann die Rolle zu, Konsens
zu beschaffen und Entscheidungen durchzusetzen. Der Beamte soll sich in seiner Rolle
die Fähigkeit des sachlich richtigen Entscheidens bewahren. Diese Rolle des Beamten
erscheint klar, solange Gesetze zu vollziehen oder andere Programme zu verwirklichen
sind, die dem Beamten seinen Weg vorschreiben. Anders sieht es aus, wenn Beamte
Gesetze oder Programme entwerfen, wenn sie dabei antizipieren, was sich politisch
zunächst in Kabinett und Parlament und später in Verwaltung und Bevölkerung
durchsetzen läßt, wenn sie mithin neben sachlichen Erörterungen ergänzende politische
Erörterungen anstellen, die ja nicht unsachlich sind, sondern nur auf andere
Dimensionen von Entscheidungen und Vollzug verweisen. Sprechen wir hier von
´politischen Beamten´ und vom ´politischen Teil der Verwaltung´, wird klar, daß es zu
einer gewissen Rollenvermischung kommt, jedenfalls aber zu einer starken
Rücksichtnahme des Beamten auf die Rolle des Politikers, auf dessen
Handlungsbedingungen.

Der von uns anvisierte, im ministeriellen Bereich tätige Informationssachverständige
geht jedoch weder in der Rolle des Beamten auf, der programmiert handelt und seinen
Ehrgeiz darein setzen muß, das Programm zu vollziehen, nicht etwa programmwidrige
Wünsche von Politikern oder anderen einflußreichen Leuten zu berücksichtigen. Der
Informationssachverständige geht genauso wenig in der Rolle des der Politik
zuarbeitenden, ihre Entscheidungen antizipierenden Beamten auf, weil der damit
gröblich verletzen würde, was ihm seine Profession gebietet. Er handelt immer unter
dem Gebot, sich zuerst einen Überblick über das mögliche Angebot zu verschaffen, um
dann eine Auswahl zu treffen, die eben nicht zu Informationsunterdrückung führt,
nicht zur informationellen Absicherung bereits gefällter Entscheidungen. Er handelt,
mit anderen Worten, unter dem Gebot seiner Rationalität und sein Handeln wird zur
Farce, wenn er sich davon abbringen läßt.

Etwas überhöht: Indem neben den politischen Stab, der Entscheidungen vorbereiten
hilft und damit den Bedingungen des Politikformulierungsprozesses unterliegt, eine
neue Profession tritt, die anders als früher Informationen nach wissenschaftlichen
Standards bereitstellt, die den Zufall und die Begrenztheit des Wissens, aus dem
heraus Entscheidungen getroffen werden, planmäßig bekämpft, die damit einen Beitrag
zu mehr Rationalität in der Politik leistet, entsteht eine qualitativ neue

Situation. Sie zeichnet sich dort ab, wo etwa in deutschen Landtagen eher
mißtrauisch auf das neue Informationsangebot reagiert wird oder sich die Benutzung
mehr auf den persönlichen Bereich erstreckt, während man der sorgfältigen
informationellen Aufbereitung etwa von Gesetzesmaterialien gern ausweicht, weil sie
zur Veränderung von Gewohnheiten, zum Abbau eingefahrener Konfrontationsrituale oder
auch dazu führen könnte, den Gesetzgebungsprozeß drastisch zu reduzieren. Dieser
Prozeß, die Änderungshäufigkeit beweist es, lebt von seiner Undurchschaubarkeit und
der Art und Weise, größere Entwicklungen in zahlreiche Detailentscheidungen zu
verlagern. Jene qualitativ neue Situation besteht in der Hauptsache darin, daß etwa
die legislatorische Spontaneität, zu der vor allem deutsche Rechtsausschüsse fähig
sind, vermindert werden und man der informationell besser und langfristig
abgestützten Vorarbeit mehr Rechnung tragen muß. Ein Mehr an Information ver-
sachlicht. Es weist manche Fähigkeiten, die den großen Parlamentarier und Politiker
auszeichnen, in ihre Grenzen – ein Grund übrigens, warum bestimmte Bereiche sich
rationaler informationeller Aufbereitung einfach entziehen. Die Rüstungsstatistiken
lassen sich nicht nur unterschiedlich kommentieren, sie kommen schon auf eine so
wenig nachvollziehbare Weise zustande, daß man sich ihrer beliebig bedienen kann.
Das Beliebige wird aber durch professionelle Informationsverarbeitung, wenn sie
gelingt, zumindest stark eingedämmt.

V. Das Beschaffen und Verarbeiten von Informationen wird hier als eigene Profession
gesehen, selbst wenn es praktisch sehr häufig mit anderen Funktionen verbunden sein
wird. An dieser Stelle soll aber eine Gegenüberstellung erfolgen. Professionelles
Umgehen mit Informationen soll auf das dabei allein mögliche Ethos, zugleich auf das
anzustrebende, wenn auch selten erreichbare Ziel der Vollständigkeit bezogen werden.
Aus beidem ergibt sich die Auswahlproblematik und mit ihr entsteht – im Bereich der
Politik – die Nähe zu jenem Beamten, der die Fähigkeit, sachlich-richtig zu
entscheiden, immer wieder relativiert durch die notwendige Bereitschaft, nicht nur
nach der besten, sondern auch nach der durchsetzbaren Entscheidung zu suchen. Damit
begibt er sich in den Prozeß des Abwägens und verliert die Gewißheit, welche die ´an
sich´ einzuhaltenden Maßstäbe vermitteln (können) – das Recht, die Wissenschaft, der
früher beschlossene Plan, die logische Abfolge. Er gerät in Zielkonflikte, was ihn
entweder in Abhängigkeit von denen bringt, die legitimerweise oder aus anderen
Gründen ein Ziel oder ein Zielbündel präferieren, oder was ihn veranlaßt, für sich
selbst eine Entscheidung zu treffen, um dann für sie verdeckt oder offen
einzutreten.

All dem kann der professionell mit Informationen Umgehende nicht oder nicht ganz
ausweichen, sobald nicht mehr die Fülle des Angebots, sondern die Sinnhaftigkeit der
Auswahl interessiert und dabei der ´Sinn´ bestimmbar wird. Entsteht nun Abhängigkeit
von dem, der über den Sinn bestimmt, entwickelt sich rasch professionelle
Handlangerei: Seit Jahrtausenden wird das Geschäft perfekt beherrscht, dem Machthaber
die gewünschten Informationen in reicher Zahl aufzutischen und ihm die unerwünschte
vorzuenthalten. Informationsverarbeitung geht – anders ausgedrückt – seit eh und je
mit Informationsunterdrückung einher, und das oben angesprochene Ethos verflüchtigt
sich oft ins Utopische, wenn professionell innerhalb organisierter Arbeitszusammenhänge, Zweckstrukturen und Machtverhältnisse gearbeitet wird.

Die ´Rolle´ unseres Informationsprofessionals ist mithin keineswegs klar – schon gar
nicht im politischen Umfeld, das wir ausgeleuchtet haben. Für mich gibt es daraus –
ganz subjektiv freilich – nur eine plausible Konsequenz: Man schraube den Standard
der Profession so hoch wie möglich, begnüge sich aber wirklich und eindeutig mit der
Servicefunktion, schon um so dem Schicksal vieler Planer zu entgehen, die Herrschaft
ausüben wollten und jeden Einfluß verloren haben. Die Servicefunktion verbiete es,
sich allzusehr der Faszination hinzugeben, die von den technischen und inhaltlichen
Modalitäten der modernen Informationsverarbeitung ausgehen. Faszination kann sehr
leicht zur Wirkkraft werden, mit der man sich anderen zuwendet, um sie dann doch auf
den eigenen Weg zu bringen. Informationsbereitstellung hat mit Zurückhaltung zu

geschehen. Wenn Auswahlentscheidungen getroffen werden, müssen die Auswahlmöglichkeiten wirklich transparent sein. Auswahlentscheidungen systematisch
vorzubereiten, mag Sache des Professionals sein, sie zu treffen, ist Sache anderer.
Gehen diese Grenzen verloren, wird die Informationsverarbeitung eine Nebenfunktion,
die in jeweils passender Weise von der Hauptfunktion abhängig ist. In vielen Fällen
wird sich das nicht vermeiden lassen. In der Hauptsache kann das nicht das Ziel
derer sein, welche sich um einen rationalen Umgang mit Informationen bemühen. Ihre
Professionalität muß sich in dem an Vollständigkeit, ständiger Bestandspflege und an
Flexibilität in der Bereitstellung orientierten Umgang mit Informationen bewähren.
Das setzt eine erhebliche Zurückhaltung dort voraus, wo es um handlungsbestimmende
Arbeit mit Information geht. Gelingt sie nicht, droht die Gefahr des Aufgehens in
Beratungsfunktionen, die nicht nur zur ängstlichen Abschottung des eigenen
Informationsbestandes, sondern eben auch zum unsachlichen Umgang mit den Informationen führen kann. Insoweit muß man sehr strikt zwischen der Rationalität in der
Politik und der Uraufgabe von (rationaler) Politik, zwischen verschiedenen, je für
sich durchaus rationalen Anforderungen auszugleichen, und der Rationalität in der
Informationsverarbeitung unterscheiden, die viel stärker an wissenschaftlichen
Entwicklungen und Standards orientiert sein kann und zuletzt vor einem einigermaßen
unstrittigen Zielhorizont betrieben wird oder doch werden kann. In einer
Entwicklungsphase, in der sich die einschlägige Profession erst ausbildet, sollte man
das, meine ich, sehr stark betonen.

ANSCHRIFTENVERZEICHNIS DER AUTOREN

Assessor Stefan Bischoff /
Dipl.-Soz. Benedikt Burkard
Universität München
Institut für Rechtsphilosophie
und Rechtsinformatik
Professor-Huber-Platz 2
8000 München 22

Dipl.-Soz. Heinrich Bücker-Gärtner
RWTH Aachen
Institut für Soziologie
Kopernikusstr. 16
5100 Aachen

Dipl.-Verw. Dieter Bullinger
PROGNOS AG
Steinengraben 42
CH-4011 Basel

Dipl.Math. Rolf Deininger
Statistisches Landesamt
Baden-Württemberg
Postfach 898
7000 Stuttgart 1

Dipl.-Soz. Reinhardt Diehl /
M.A. Volker Röske
RWTH Aachen
Templergraben 55
5100 Aachen

Prof. Dr. Thomas Ellwein
Universität Konstanz
FG Politik-/Verwaltungswiss.
Postfach 5560
7750 Konstanz 1

Dr. Wilhelm Haneke
GMD-IDR
Postfach 1240
Schloß Birlinghoven
5205 St. Augustin 1

Dr. Ulrich Hanfland
Dr. Rosenkranz Beratungs-GmbH
Georgenstraße 24
8000 München 40

Prof. Dr. Norbert Henrichs
Gesellschaft für Information und
Dokumentation (GID)
Postfach 710370
Lyoner Str. 44-48
6000 Frankfurt/Main 71

Dipl.-Kfm. Bernd Jungesblut
Gesamthochschule Kassel
Forschungsprojekt Verwaltungsautomation
Mönchebergstr. 17
3500 Kassel

Prof. Dr. Rainer Kuhlen
Universität Konstanz
Informationswissenschaft
Postfach 5560
7750 Konstanz 1

Dr. Bernd Kummer
Ltd. Magistratsdirektor der
Stadt Frankfurt
Alte Mainzer Gasse 4
6000 Frankfurt/Main 1

Prof. Dr. Klaus Lenk
Universität Oldenburg
Fachbereich 3
Postfach 2503
2900 Oldenburg

Dipl.-Ing. (FH) Jürgen Mataré
Messerschmidt-Bölkow-Blohm GmbH (MBB)
Betriebsbereich Ottobrunn
Postfach 801220
8000 München 80

Dipl.-Ing. Dr.rer.pol. Heinz Munter
Philips Kommunikations Industrie AG
Hammerbrookstr. 69
2000 Hamburg 1

Dipl.-Volksw. Karl-Heinz Neumann /
Bernhard Wieland
Wissenschaftliches Institut für
Kommunikationsdienste der
Deutschen Bundespost
Postfach 1869
5340 Bad Honnef 1

Rainer Niebur
Hans-Böckler-Stiftung
Referat Betriebliches Personal-
und Sozialwesen
Uerdinger Str. 5
4000 Düsseldorf 30

Dr. Gerd Pflaumer
Presse- und Informationsamt
der Bundesregierung
Welckerstr. 11
5300 Bonn 1

Assoc. Prof. Mitsou Sasaki
c/o Universität Tamagawa
1-1, Tamagawa-gakuen 6-chome
Machidashi
Tokyo 194

Dr. Walter Schiebel
Wirtschaftsuniversität Wien
Institut für Absatzwirtschaft
Augasse 2-6
A-1090 Wien 9

Dr. Wolfgang Seibel
Gesamthochschule Kassel
Fachbereich 7
Wirtschaftswissenschaften
Postfach 101380
3500 Kassel

Dr. Ulrich Seidel
GMD-F3
Postfach 1240
Schloß Birlinghoven
5205 St. Augustin 1

Dr. Josef L. Staud
Universität Konstanz
Informationswissenschaft
Postfach 5560
7750 Konstanz 1

Dipl.-Ing. Fritz L. Steimer
Kienzle Informationssysteme
Postfach 1640
7730 VS-Villingen

Dipl.Hdl. Roland Stolz
Blütenstraße 8
8000 München 40

Dr. Christian Streit
Statistisches Bundesamt
Gustav-Stresemann-Ring 11
Postfach 5528
6200 Wiesbaden 1

Dr. Werner van Treeck
Gesamthochschule Kassel
Forschungsprojekt Verwaltungsautomation
Postfach 101380
3500 Kassel

Dipl.-Päd. Elisabeth Vogel
Universität Konstanz
Informationswissenschaft
Postfach 5560
7750 Konstanz 1

Prof. Dr. Harald H. Zimmermann
Universität des Saarlandes
FR 5.5 Informationswissenschaft
6600 Saarbrücken 11

Informatik – Fachberichte

Band 1: Programmiersprachen. GI-Fachtagung 1976. Herausgegeben von H.-J. Schneider und M. Nagl. (vergriffen)

Band 2: Betrieb von Rechenzentren. Workshop der Gesellschaft für Informatik 1975. Herausgegeben von A. Schreiner. (vergriffen)

Band 3: Rechnernetze und Datenfernverarbeitung. Fachtagung der GI und NTG 1976. Herausgegeben von D. Haupt und H. Petersen. VI, 309 Seiten. 1976.

Band 4: Computer Architecture. Workshop of the Gesellschaft für Informatik 1975. Edited by W. Händler. VIII, 382 pages. 1976.

Band 5: GI – 6. Jahrestagung. Proceedings 1976. Herausgegeben von E. J. Neuhold. (vergriffen)

Band 6: B. Schmidt, GPSS-FORTRAN, Version II. Einführung in die Simulation diskreter Systeme mit Hilfe eines FORTRAN-Programmpaketes, 2. Auflage. XIII, 535 Seiten. 1978.

Band 7: GMR – GI – GfK. Fachtagung Prozessrechner 1977. Herausgegeben von G. Schmidt. (vergriffen)

Band 8: Digitale Bildverarbeitung/Digital Image Processing. GI/NTG Fachtagung, München, März 1977. Herausgegeben von H.-H. Nagel. (vergriffen)

Band 9: Modelle für Rechensysteme. Workshop 1977. Herausgegeben von P. P. Spies. VI, 297 Seiten. 1977.

Band 10: GI – 7. Jahrestagung. Proceedings 1977. Herausgegeben von H. J. Schneider. IX, 214 Seiten. 1977.

Band 11: Methoden der Informatik für Rechnerunterstütztes Entwerfen und Konstruieren, GI-Fachtagung, München, 1977. Herausgegeben von R. Gnatz und K. Samelson. VIII, 327 Seiten. 1977.

Band 12: Programmiersprachen. 5. Fachtagung der GI, Braunschweig, 1978. Herausgegeben von K. Alber. VI, 179 Seiten. 1978.

Band 13: W. Steinmüller, L. Ermer, W. Schimmel: Datenschutz bei riskanten Systemen. Eine Konzeption entwickelt am Beispiel eines medizinischen Informationssystems. X, 244 Seiten. 1978.

Band 14: Datenbanken in Rechnernetzen mit Kleinrechnern. Fachtagung der GI, Karlsruhe, 1978. Herausgegeben von W. Stucky und E. Holler. (vergriffen)

Band 15: Organisation von Rechenzentren. Workshop der Gesellschaft für Informatik, Göttingen, 1977. Herausgegeben von D. Wall. X, 310 Seiten. 1978.

Band 16: GI – 8. Jahrestagung, Proceedings 1978. Herausgegeben von S. Schindler und W. K. Giloi. VI, 394 Seiten. 1978.

Band 17: Bildverarbeitung und Mustererkennung. DAGM Symposium, Oberpfaffenhofen, 1978. Herausgegeben von E. Triendl. XIII, 385 Seiten. 1978.

Band 18: Virtuelle Maschinen. Nachbildung und Vervielfachung maschinenorientierter Schnittstellen. GI-Arbeitsseminar. München 1979. Herausgegeben von H. J. Siegert. X, 230 Seiten. 1979.

Band 19: GI – 9. Jahrestagung. Herausgegeben von K. H. Böhling und P. P. Spies. (vergriffen)

Band 20: Angewandte Szenenanalyse. DAGM Symposium, Karlsruhe 1979. Herausgegeben von J. P. Foith. XIII, 362 Seiten. 1979.

Band 21: Formale Modelle für Informationssysteme. Fachtagung der GI, Tutzing 1979. Herausgegeben von H. C. Mayr und B. E. Meyer. VI, 265 Seiten. 1979.

Band 22: Kommunikation in verteilten Systemen. Workshop der Gesellschaft für Informatik e.V.. Herausgegeben von S. Schindler und J. C. W. Schröder. VIII, 338 Seiten. 1979.

Band 23: K.-H. Hauer, Portable Methodenmonitoren. Dialogsysteme zur Steuerung von Methodenbanken: Softwaretechnischer Aufbau und Effizienzanalyse. XI, 209 Seiten. 1980.

Band 24: N. Ryska, S. Herda, Kryptographische Verfahren in der Datenverarbeitung. V, 401 Seiten. 1980.

Band 25: Programmiersprachen und Programmentwicklung. 6. Fachtagung, Darmstadt, 1980. Herausgegeben von H.-J. Hoffmann. VI. 236 Seiten. 1980

Band 26: F. Gaffal, Datenverarbeitung im Hochschulbereich der USA. Stand und Entwicklungstendenzen. IX, 199 Seiten. 1980.

Band 27: GI-NTG Fachtagung, Struktur und Betrieb von Rechensystemen. Kiel, März 1980. Herausgegeben von G. Zimmermann. IX, 286 Seiten. 1980.

Band 28: Online-Systeme im Finanz- und Rechnungswesen. Anwendergespräch, Berlin, April 1980. Herausgegeben von P. Stahlknecht. X, 547 Seiten, 1980.

Band 29: Erzeugung und Analyse von Bildern und Strukturen. DGaO – DAGM Tagung, Essen, Mai 1980. Herausgegeben von S. J. Pöppl und H. Platzer. VII, 215 Seiten. 1980.

Band 30: Textverarbeitung und Informatik. Fachtagung der GI, Bayreuth, Mai 1980. Herausgegeben von P. R. Wossidlo. VIII, 362 Seiten. 1980.

Band 31: Firmware Engineering. Seminar veranstaltet von der gemeinsamen Fachgruppe „Mikroprogrammierung" des GI Fachausschusses 3/4 und des NTG-Fachausschusses 6 vom 12. – 14. März 1980 in Berlin. Herausgegeben von W. K. Giloi. VII, 289 Seiten. 1980.

Band 32: M. Kühn, CAD Arbeitssituation. Untersuchungen zu den Auswirkungen von CAD sowie zur menschengerechten Gestaltung von CAD-Systemen. VII, 215 Seiten. 1980.

Band 33: GI – 10. Jahrestagung. Herausgegeben von R. Wilhelm. XV, 563 Seiten. 1980.

Band 34: CAD-Fachgespräch. GI - 10. Jahrestagung. Herausgegeben von R. Wilhelm. VI, 184 Seiten. 1980.

Band 35: B. Buchberger, F. Lichtenberger: Mathematik für Informatiker I. Die Methode der Mathematik. XI, 315 Seiten. 1980.

Band 36: The Use of Formal Specification of Software. Berlin, Juni 1979. Edited by H. K. Berg and W. K. Giloi. V, 388 pages. 1980.

Band 37: Entwicklungstendenzen wissenschaftlicher Rechenzentren. Kolloquium, Göttingen, Juni 1980. Herausgegeben von D. Wall. VII, 163 Seiten. 1980.

Band 38: Datenverarbeitung im Marketing. Herausgegeben von R. Thome. VIII, 377 pages. 1981.

Band 39: Fachtagung Prozeßrechner 1981. München, März 1981. Herausgegeben von R. Baumann. XVI, 476 Seiten. 1981.

Band 40: Kommunikation in verteilten Systemen. Herausgegeben von S. Schindler und J.C.W. Schröder. IX, 459 Seiten. 1981.

Band 41: Messung, Modellierung und Bewertung von Rechensystemen. GI-NTG Fachtagung. Jülich, Februar 1981. Herausgegeben von B. Mertens. VIII, 368 Seiten. 1981.

Band 42: W. Kilian, Personalinformationssysteme in deutschen Großunternehmen. XV, 352 Seiten. 1981.

Band 43: G. Goos, Werkzeuge der Programmiertechnik. GI-Arbeitstagung. Proceedings, Karlsruhe, März 1981. VI, 262 Seiten. 1981.

Band 44: Organisation informationstechnik-gestützter öffentlicher Verwaltungen. Fachtagung, Speyer, Oktober 1980. Herausgegeben von H. Reinermann, H. Fiedler, K. Grimmer und K. Lenk. 1981.

Band 45: R. Marty, PISA – A Programming System for Interactive Production of Application Software. VII, 297 Seiten. 1981.

Band 46: F. Wolf, Organisation und Betrieb von Rechenzentren. Fachgespräch der GI, Erlangen, März 1981. VII, 244 Seiten. 1981.

Band 47: GWAI – 81 German Workshop on Artificial Intelligence. Bad Honnef, January 1981. Herausgegeben von J. H. Siekmann. XII, 317 Seiten. 1981.

Band 48: W. Wahlster, Natürlichsprachliche Argumentation in Dialogsystemen. KI-Verfahren zur Rekonstruktion und Erklärung approximativer Inferenzprozesse. XI, 194 Seiten. 1981.

Band 49: Modelle und Strukturen. DAG 11 Symposium, Hamburg, Oktober 1981. Herausgegeben von B. Radig. XII, 404 Seiten. 1981.

Band 50: GI – 11. Jahrestagung. Herausgegeben von W. Brauer. XIV, 617 Seiten. 1981.

Band 51: G. Pfeiffer, Erzeugung interaktiver Bildverarbeitungssysteme im Dialog. X, 154 Seiten. 1982.

Band 52: Application and Theory of Petri Nets. Proceedings, Strasbourg 1980, Bad Honnef 1981. Edited by C. Girault and W. Reisig. X, 337 pages. 1982.

Band 53: Programmiersprachen und Programmentwicklung. Fachtagung der GI, München, März 1982. Herausgegeben von H. Wössner. VIII, 237 Seiten. 1982.

Band 54: Fehlertolerierende Rechnersysteme. GI-Fachtagung, München, März 1982. Herausgegeben von E. Nett und H. Schwärtzel. VII, 322 Seiten. 1982.

Band 55: W. Kowalk, Verkehrsanalyse in endlichen Zeiträumen. VI, 181 Seiten. 1982.

Band 56: Simulationstechnik. Proceedings, 1982. Herausgegeben von M. Goller. VIII, 544 Seiten. 1982.

Band 57: GI – 12. Jahrestagung. Proceedings, 1982. Herausgegeben von J. Nehmer. IX, 732 Seiten. 1982.

Band 58: GWAI-82. 6th German Workshop on Artificial Intelligence. Bad Honnef, September 1982. Edited by W. Wahlster. VI, 246 pages. 1982.

Band 59: Künstliche Intelligenz. Frühjahrsschule Teisendorf, März 1982. Herausgegeben von W. Bibel und J. H. Siekmann. XIII, 383 Seiten. 1982.

Band 60: Kommunikation in Verteilten Systemen. Anwendungen und Betrieb. Proceedings, 1983. Herausgegeben von Sigram Schindler und Otto Spaniol. IX, 738 Seiten. 1983.

Band 61: Messung, Modellierung und Bewertung von Rechensystemen. 2. GI/NTG-Fachtagung, Stuttgart, Februar 1983. Herausgegeben von P. J. Kühn und K. M. Schulz. VII, 421 Seiten. 1983.

Band 62: Ein inhaltsadressierbares Speichersystem zur Unterstützung zeitkritischer Prozesse der Informationswiedergewinnung in Datenbanksystemen. Michael Malms. XII, 228 Seiten. 1983.

Band 63: H. Bender, Korrekte Zugriffe zu Verteilten Daten. VIII, 203 Seiten. 1983.

Band 64: F. Hoßfeld, Parallele Algorithmen. VIII, 232 Seiten. 1983.

Band 65: Geometrisches Modellieren. Proceedings, 1982. Herausgegeben von H. Nowacki und R. Gnatz. VII, 399 Seiten. 1983.

Band 66: Applications and Theory of Petri Nets. Proceedings, 1982. Edited by G. Rozenberg. VI, 315 pages. 1983.

Band 67: Data Networks with Satellites. GI/NTG Working Conference, Cologne, September 1982. Edited by J. Majus and O. Spaniol. VI, 251 pages. 1983.

Band 68: B. Kutzler, F. Lichtenberger, Bibliography on Abstract Data Types. V, 194 Seiten. 1983.

Band 69: Betrieb von DN-Systemen in der Zukunft. GI-Fachgespräch, Tübingen, März 1983. Herausgegeben von M. A. Graef. VIII, 343 Seiten. 1983.

Band 70: W. E. Fischer, Datenbanksystem für CAD-Arbeitsplätze. VII, 222 Seiten. 1983.

Band 71: First European Simulation Congress ESC 83. Proceedings, 1983. Edited by W. Ameling. XII, 653 pages. 1983.

Band 72: Sprachen für Datenbanken. GI-Jahrestagung, Hamburg, Oktober 1983. Herausgegeben von J. W. Schmidt. VII, 237 Seiten. 1983.

Band 73: GI - 13. Jahrestagung. Hamburg, Oktober 1983. Proceedings. Herausgegeben von J. Kupka. VIII, 502 Seiten. 1983.

Band 74: Requirements Engineering. Arbeitstagung der GI, 1983. Herausgegeben von G. Hommel und D. Krönig. VIII, 247 Seiten. 1983.

Band 75: K. R. Dittrich, Ein universelles Konzept zum flexiblen Informationsschutz in und mit Rechensystemen. VIII, 246 pages. 1983.

Band 76: GWAI-83. German Workshop on Artificial Intelligence. September 1983. Herausgegeben von B. Neumann. VI, 240 Seiten. 1983.

Band 77: Programmiersprachen und Programmentwicklung. 8. Fachtagung der GI, Zürich, März 1984. Herausgegeben von U. Ammann. VIII, 239 Seiten. 1984.

Band 78: Architektur und Betrieb von Rechensystemen. 8. GI-NTG-Fachtagung, Karlsruhe, März 1984. Herausgegeben von H. Wettstein. IX, 391 Seiten. 1984.

Band 79: Programmierumgebungen: Entwicklungswerkzeuge und Programmiersprachen. Herausgegeben von W. Sammer und W. Remmele. VIII, 236 Seiten. 1984.

Band 80: Neue Informationstechnologien und Verwaltung. Proceedings 1983. Herausgegeben von R. Traunmüller, H. Fiedler, K. Grimmer und H. Reinermann. XI, 402 Seiten. 1984.

Band 81: Koordination von Informationen. Proceedings, 1983. Herausgegeben von R. Kuhlen. VI, 366 Seiten. 1984.